中国古代藩属与朝贡
研究

李大龙 主 编
刘清涛 副主编

图书在版编目（CIP）数据

中国古代藩属与朝贡研究 / 李大龙主编；刘清涛副主编． -- 北京：华夏出版社有限公司，2022.10（2023.5重印）
ISBN 978-7-5222-0377-5

Ⅰ．①中… Ⅱ．①李… ②刘… Ⅲ．①边疆地区－政治制度－研究－中国－古代 ②朝贡贸易－研究－中国－古代 Ⅳ．① D691.2 ② F752.92

中国版本图书馆CIP数据核字（2022）第125641号

中国古代藩属与朝贡研究

主　　编	李大龙
副 主 编	刘清涛
责任编辑	王　敏
责任印制	周　然

出版发行	华夏出版社有限公司
经　　销	新华书店
印　　装	北京九州迅驰传媒文化有限公司
版　　次	2022年10月北京第1版 2023年5月北京第2次印刷
开　　本	787×1092　1/16
印　　张	27.5
字　　数	475千字
定　　价	98.00元

华夏出版社有限公司　　地址：北京市东直门外香河园北里4号　　邮编：100028
　　　　　　　　　　　网址：www.hxph.com.cn　　电话：（010）64663331（转）

若发现本版图书有印装质量问题，请与我社营销中心联系调换。

前言

中国边疆研究在经过"千年积累"之后,出现过三次研究高潮。第一次研究高潮出现在鸦片战争前后,列强对中国领土的蚕食鲸吞激发了爱国学人的研究热情,出现了大量著述阐述边疆问题,形成了研究热潮。第二次高潮是在二十世纪三四十年代随着日寇的侵华而兴起,亡国灭种的威胁促使一大批学界志士开展边疆研究,各种边疆研究学会、刊物及著作的大量出现,将边疆研究带到了一个新的高度,"边政学""边疆学"的呼声即出现在这一时期。中华人民共和国成立后,尤其随着改革开放所带来的社会科学研究的繁荣和1983年中国社会科学院中国边疆史地研究中心的成立,中国的边疆研究逐渐走入了又一个高潮时期。如果说刘宏煊《中国疆域史》、林荣贵主编《中国古代疆域史》、吕一燃主编《中国近代边界史》及马大正总主编的《中国边疆通史丛书》(7卷本)系列的出版代表着这一时期初期的辉煌,那么1991年《中国边疆史地研究》的创刊也是一个很重要的标志。2021年是《中国边疆史地研究》创刊三十周年,而由中国边疆史地研究中心改名而来的中国边疆研究所也即将迎来四十周年所庆,但遗憾的是中国边疆学依然没有被纳入国家认定的学科行列。

"边疆"一词首见于《左传》,而"边疆学"则一般认为是提出边政学概念的吴文藻提出的,在其《边政学发凡》中即明确提出:"边疆史地的研究,本为逊清末期倡行的学问。'九一八'以来,'中国之边疆学'复兴。"(吴文藻:《边政学发凡》,《边政公论》第1卷第5、6合期,1942年)但实际上早在1933年中国殖边社创办的《殖边月刊》第1卷第12期就有了"边疆学图书一览"之提法。尽管其间有关中国边疆和边疆研究的论著大量涌现,但对"中国边疆学"进行学科论证则是 1992 年邢玉林在《中国边疆史地研究》所刊《中国边疆学及其研究的若干问题》一文。当前，中国边疆研究吸引了来自历史学、政治学、民族学、宗教学、社会学、军事学及国际关系诸多学科学者的关注，而新世纪以来边疆问题日益凸显和"一带一路"倡议得到国际社会普遍重视也吸引着更多国人聚焦边疆，尽管有些大学开始培养硕博研究生，但"中国边疆学"依然没有出现在我国社会科学学科名录之中，有关中国边疆研究的学科体系、学术体系和话语体系建设更是任重道远。

为了积极推动"三大体系"建设，为我国边疆地区的稳定和发展服务，同时也为了纪念《中国边疆史地研究》创刊三十周年、中国边疆研究所即将迎来四十年所庆，我们从《中国边疆史地研究》已经刊出的文章中辑录了历代治边思想、历代治边政策、历代藩属和朝贡、历代边疆管理机构等专题文集，希望在学界同仁的共同努力下，推动有中国特色的中国边疆学学科建设早日完成。

主编谨识

2021 年 8 月 30 日

目录

藩属与朝贡理论探讨

□ 李云泉
朝贡制度的理论渊源与时代特征 / 3

□ 李云泉
话语、视角与方法:近年来明清朝贡体制研究的几个问题 / 11

□ 李元晖　李大龙
是"藩属体系"还是"朝贡体系"? / 24

□ 刘志扬　李大龙
"藩属"与"宗藩"辨析 / 33

□ 刘清涛
"宗主权"与传统藩属体系的解体 / 50

藩属与朝贡体制研究

□ 李大龙
不同藩属体系的重组与王朝疆域的形成 / 73

□ 程妮娜
汉至唐时期肃慎、挹娄、勿吉、靺鞨及其朝贡活动研究 / 86

□ 黄纯艳
北宋东亚多国体系下的外交博弈 / 113

□ 毕奥南
蒙古汗国与元朝关系的考察 / 131

□张 云
　舅甥关系、贡赐关系、宗藩关系及"供施关系" / 148

□罗 群
　"慕利"与"慕义" / 166

□陈尚胜
　朝贡制度与东亚地区传统国际秩序 / 181

□陈尚胜
　东亚海域前期倭寇与朝贡体系的防控功能 / 202

□祁美琴
　对清代朝贡体制地位的再认识 / 221

□尤淑君
　从《中朝商民水陆通商章程》论晚清宗藩体制之争议 / 233

□戴可来
　略论古代中国和越南之间的宗藩关系 / 248

□孙宏年
　传承与嬗变：从黎峻使团来华看晚清的中越关系 / 257

□马 琦　余 华
　乾隆朝中缅战争前后的贸易变动与宗藩关系 / 273

□周 娟　高永久
　试论清代中国西藏地方政府与不丹之间的宗藩关系 / 286

□柳岳武
　嘉庆至同治时期的中廓宗属关系 / 297

□陈 柱
　从满文档案看洪扎与清朝宗藩关系的建立 / 311

□钱文华
　清政府弱化琉球宗主权的历史考察 / 329

□权赫秀
　晚清对外关系中的"一个外交两种体制"现象刍议 / 337

□ 李云泉
  晚清东亚变局与近代"外交"一词的起源 / 355

书评与综述

□ 许建英
  "中国世界秩序"观之影响及其与中国古代边疆研究 / 371
□ 姚　胜　尚衍斌
  汉唐藩属体制的多维复原 / 387
□ 赖正维　李郭俊浩
  回顾与展望：中琉关系史研究三十年 / 393
□ 权赫秀
  中国古代朝贡关系研究评述 / 414

后记 / 429

藩属与朝贡理论探讨

朝贡制度的理论渊源与时代特征

李云泉

起源于先秦时代的朝贡制度，以四夷藩国的称臣纳贡和作为宗主的中国朝廷的册封赏赐为主要内涵，经过汉唐时期的发展，至明代臻于缜密完善，成为中国历代王朝"羁縻"四夷、"怀柔"远人的重要手段。① 这一制度之所以历代相沿不辍，既有源远流长的理论观念所本，又与一代一朝的局势特别是治边方略密切相关，因而，绥边睦邻为朝贡制度的实施提供了现实依据，并因时移势异使之呈现不同的时代特征。

一

华夏文化一以贯之，从无间断。秦汉大一统格局形成之后，历代王朝在建立和实施朝贡制度时，无不追溯《尚书·禹贡》的"任土作贡"原则和周代的服事制。就理论和思想渊源而言，历代相沿的朝贡制度源自先秦的华夏中心意识、大一统理念和"事大事小"的交邻之道。

民族自我中心意识曾是人类历史早期普遍存在的文化现象。不过，在其他文明古国的自我中心意识逐渐淡化以至消失的同时，华夏族却在与文明程度较低的"夷狄"的冲突和交往中，日益增强了自身的文化优越感，华夏中心意识成为一种普遍的社会心理。

华夏中心意识包括地理中心和文化中心两层含义。如果说华夏文化中心意识是以领先于"夷狄"的文化优势为据的话，那么华夏地理中心意识则是夏、夷限域的

---

① 关于朝贡制度的起源、发展情况，详见拙著《朝贡制度史论——中国古代对外关系体制研究》，新华出版社1994年版。

地理格局在观念上的反映。春秋时期，夏、夷之间虽无明确的地理界限，但夏、夷限域而治的观念已经产生。《尚书·禹贡》所载"五服"制和《周礼·秋官·大行人》所载"六服"制，依据血缘亲疏、尊卑高下、地理远近，确立了一套以王畿为中心向周边层层扩散的统治结构，将夷狄置于边远地区，处于"要服""荒服"地位。不管"五服"或"六服"在现实中是否推行，但至少在观念上，夷狄已被排除在中原的地理范围之外了。

战国以降，经过春秋"尊王攘夷"血与火的洗礼，夷狄要么被同化，要么被迫迁至边远地区。这样，在观念上，华夏与"夷蛮戎狄"五方之民共为天下；在地理上，形成华夏居中、四夷环居周围的大致格局，华夏与夷狄之间的地理和文化界限已经泾渭分明。故《礼记·王制》有"东夷南蛮西戎北狄"之论，甚至乾隆年间撰修的《皇朝文献通考》亦云："中土居大地之中，瀛海四环，其缘边滨海而居者，是谓之裔，海外诸国亦谓之裔。裔之为言，边也。"①

中国既然是天下中心、文明的渊薮，周边四夷和远方之国理应如百川归海般前来称臣纳贡，接受中华文化的熏染，以收"用夏变夷"之功效。这一观念自先秦以来便深入人心，其余绪直至近世仍清晰可见。

早在秦汉大一统政治格局奠定之前，"溥天之下，莫非王土；率土之滨，莫非王臣"的大一统观念即已产生。先秦时代各家学派打出的理论旗帜虽异，但在追求大一统政治目标方面却别无二致，"四海一家，化被天下"成为人们共同的心理趋向。如墨子倡言"天子唯能一同天下之义"，②孟子主张天下"定于一"，③而成文于战国的《尚书·大禹谟》则声称："皇天眷命，奄有四海，为天下君。"当大一统理念由秦汉大一统帝国的建立变成制度性现实之后，能否一统天下，成为后世衡量王朝兴衰、臧否帝王的重要标准。

古人所用"天下"一词，有狭义、广义之分并因时而异。前者指中国或中国政教所及之地，后者即《中庸》所谓"天之所覆，地之所载"之意。不管哪一类的"天下"，中国皇帝都居于至高无上的统治地位，负有抚驭、开化四夷的责任。大一统的理想境界是以中国为宗主、以四夷为藩属的华、夷一统。历代有作为或欲有作

---

① 《皇朝文献通考》卷193《四裔考一》。
② 《墨子·尚同上》。
③ 《孟子·梁惠王上》。

为的帝王，无不以此为鹄的，致力将"无怠无荒，四夷来王"①的理想变为现实。无论是汉武帝追求的"四海之内莫不为郡县，四夷八蛮咸来贡职",②还是明太祖向往的"万国来朝进贡，仰贺圣明主，一统华夷",③皆为"王者无外"心态的典型写照。正因为如此，古代史家常套用《尚书·尧典》中"光被四表""协和万邦"等词句，称颂圣君明主的丰功伟业。由先秦诸侯与天子之间的朝聘制度发展演变而来的朝贡制度，作为后世历代中央王朝处理民族关系、对外关系的主要模式之一，便是大一统理念在制度上的反映。

历史上中原华夏政权的宗主地位受到挑战发生动摇、进而被异族取代的现象并不鲜见，但华夏中心意识和大一统观念根深蒂固，难以撼动。异族政权也往往以华夏正统自居，沿用朝贡制度，在与周边民族和邻国的交往中确立自己的宗主地位。

不过，大一统无论在政治上还是地理上都是有限度的，宗主地位确立与否，往往取决于统治者的文治武功和夏、夷力量的强弱对比。在"五服"制描绘的以王畿为中心的同心圆统治结构中，距中央越远，政治隶属关系越弱，到了边远地区的要、荒二服及九州之外的蕃国那里，其政治隶属关系只剩下空洞的理论外壳。但只要上述国家、地区按规定"朝贡""来王"，就是对周天子"天下共主"地位的承认和对华夏文化的认同。这种重名轻实的观念对后世的朝贡制度产生了深远影响，故而政治上的臣属虽为朝贡的首要条件，但中国封建统治者将诸多海外国家纳入朝贡制度的框架，追求的仅仅是在朝贡文书和朝贡礼仪中反映出君臣主从关系的名分或形式，以及彼此之间等级的高低、地位的尊卑。

除此之外，孟子"事大事小"的交邻之道成为后世推行朝贡制度、发展对外关系的又一理论来源。齐宣王曾问孟子："交邻国有道乎？"孟子对曰："有，惟仁者能以大事小，是故汤事葛，文王事昆夷。惟智者能以小事大，故大王事獯鬻，勾践事吴。以大事小者，乐天者也；以小事大者，畏天者也。乐天者保天下，畏天者保其国。《诗》云：'畏天之威，于时保之。'"④

孟子所说的交邻之道，还有更古老的观念所本。《左传》曰："小所以事大，信

---

① 《尚书·大禹谟》。
② 《后汉书·祭祀志上》注引《风俗通》。
③ 《明史》卷63《乐三》。
④ 《孟子·梁惠王下》。

也;大所以事小,仁也。背大国,不信;伐小国,不仁",①即小国事大国要以诚信、大国事小国要以仁德为原则。同时,这种"事大事小"观又有鲜明的等级尊卑色彩,如《汉晋春秋》谓:"圣人称有君臣,然后有上下礼义。是故大必字小,小必事大,然后上下安服。"②秦汉一统帝国建立之后,基于仁政与礼制的"事大事小"观逐渐成为中原王朝与四夷属国交往所遵行的原则,并为朝贡制度的实施提供了理论依据。朱元璋平定中原之后,打出了"夷狄奉中国,礼之常经;以小事大,古今一理"③的理论旗帜。在此,"以小事大"又成为华、夷一统的重要表征。从朝贡制度的内涵来看,四夷藩国特别是属国定期向中国遣使,朝觐纳贡,采用中国年历年号,是以小事大的具体表现;而中国皇帝对四夷藩国国王、使臣的册封赏赐,则是宗主以大事小、行乐天之道以保天下的仁义之举。

二

朝贡制度建立伊始,它所体现的朝贡关系就具有层次性。周朝的朝贡关系包括天子与诸侯、周朝与边疆民族及域外蕃国三个层次。而秦汉以来的大一统格局奠定之后,随着中央对地方控制的不断加强,先秦天子与诸侯之间的朝贡关系失去了存在依据,逐渐为地方政府向朝廷缴纳土贡所取代,至唐代,文献中对各郡向朝廷所纳土贡的种类、数量已有明确规定。从内容上看,旨在满足宫廷生活所需的土贡制是"贡而不朝",不属朝贡关系的范围。这样,朝贡关系只剩下民族关系、对外关系两个层次。当然,历史上的民族关系、对外关系会因时间的推移和中国王朝力量的强弱不同而相互转化,原无清晰而明确的分界。

文本上的朝贡制度虽然常常将朝贡关系泛化得无远弗届,但那更多是天下共主意识的反映,落实到实践中,如何对周边少数民族进行有效的管理,并使邻国特别是属国心悦诚服地臣事天朝,才是朝贡制度得以确立和实施的主要目的。就边疆形势而言,历代中原王朝皆不同程度地面临来自北方游牧民族的压力与挑战,明代以来,海疆形势日趋严峻。因此,基于绥边睦邻的现实需要,朝贡制度便成为中国古

---

① 《左传》哀公七年。
② 《三国志》卷48《嗣主孙皓》注引。
③ 《明太祖实录》卷90,洪武七年六月乙未。

代王朝处理民族关系和对外关系的主要模式并一直延续至清末。

从现实效果来看，朝贡制度是古代中国统治者贯彻"羁縻"和"怀柔"政策，进行安全防御的有效手段。如果说周初的封建制旨在"选建明德，以藩屏周"[1]的话，那么，汉代以后范围不断扩大的册封制，则是以四夷属国为中国之藩属屏障。通过对四夷属国的封爵、赏赐以及朝贡贸易等形式，使其恪守藩臣之节，按时朝贡，保疆固土。正如费正清所言，朝贡制度的奥妙在于："外邦人只能按中国的条件与中国交往。这些条件有效地使他们承认并被纳入中国事务的体制，从而在某种程度上不再具有威胁性。"[2]所以每当朝贡一方挑起争端或有违天朝礼制，中国统治者往往以关闭朝贡大门做筹码。

古代中国实施朝贡制度时一贯奉行"厚往薄来"的原则，历来被论者视为无视经济利益的表现。的确，对所有朝贡使臣，无论是"慕义"还是"慕利"而来，中国统治者常常厚加赏赐，甚至一厢情愿地对其国王予以册封，以彰显天朝之君"以德怀远"之胸襟。但从治边角度而言，"厚往薄来"有更深刻的政治寓意和现实考虑。物质上的付出所换来的不仅是周边民族和属国对自己宗主地位的承认，更重要的是，彼此之间稳定的朝贡关系使中国获得了安定的周边环境，从而达到"守在四夷"的政治目的。对于贡封双方来说，朝贡制度的现实依据是利益的交换，而经济利益与政治利益孰轻孰重，恐怕历代中国统治者都会权衡。

汉代以后的朝贡制度尽管远祧先秦的服事制并以上述理论观念作铺垫，不过，历代历朝所面临的内外形势既有相似性，也有相异之处，所以不同朝代实施朝贡制度的目的虽一，并有相同或相似的理论背景，但不同时期，朝贡制度的特征不尽相同，兹择其荦荦大端，略说如下：

其一，朝贡制度所体现的政治上的"臣"与实际上的"治"可分可合，甚至可以贡而不臣，故有"臣而不治""亦臣亦治""不臣不治"三种不同形式。中华民族多元一体格局的形成，表现为一个漫长的历史进程，其间，对称藩内附的北方游牧民族的亦臣亦治，即使在中原王朝国力强盛之际，也是适度的因俗而治，即《礼记》所说的"修其教不移其俗，齐其政不移其宜"。[3]唐代勤于职贡的羁縻府州首领，有

---

[1] 《左传》定公四年。
[2] J.K.Fairbank, "Tributary Trade and China's Relations with the West", *The Far Eastern Quarterly*, Vol.1（2）, 1942, p.137.
[3] 《礼记·王制》。

"外臣""藩臣"之称，既然是外臣，管理方式上就可以有别于中原，《新唐书·地理七下》载羁縻州府"贡赋版籍多不上户部"便体现了这一特点；同样，清朝对定期朝觐、交纳"九白年贡"的蒙古诸部，实行的也是贡封体制下的因俗而治。

但是，在夏、夷对峙或强弱易位的格局下，对夷狄的亦臣亦治很难落实到实践中，臣而不治或不臣不治才是羁縻与怀柔的要义所在。班固在阐述汉、匈关系时，援引"内诸夏外夷狄"之古训："先王度土，中立封畿，分九州，列五服，物土贡，制外内，或修刑政，或昭文德，远近之势异也。是以《春秋》内诸夏而外夷狄。"接着以先秦"王者不治夷狄，不臣要荒"为据，将"圣王制御蛮夷之常道"概括为："外而不内，疏而不戚，政教不及其人，正朔不加其国；来则惩而御之，去则备而守之。其慕义而贡献，则接之以礼让；羁縻不绝，使曲在彼。"① 其中，对慕义贡献的边疆民族"接之以礼让"，在西汉强盛时期主要表现为臣而不治，而在东汉边疆收缩时则是实际上的不臣不治了。需要强调的是，同一历史时期，因朝贡关系疏密、政治隶属关系强弱不同，以上三种形式往往同时存在，不可一概而论。

至于历史上中国封建王朝与属国之间的关系，除了元世祖对朝鲜、越南并不成功的强权统治之外，一般采用的都是臣而不治的方式，正如有学者所说的，寻求象征性的"统"而不期望实际的"治"。② 只要属国不公开藐视天朝的权威，按期遣使朝贡，中国朝廷对其内政便不予干涉。明清时期对朝贡国的册封，也有形式上的不同。乾隆《清会典》谓："朝贡诸国遇有嗣位者，先遣使请命于朝廷。朝鲜、安南、琉球，钦命正副使奉敕往封；其他诸国，以敕授来使赍回，乃遣使纳贡谢恩。"③ 其中，"奉敕往封"之国仅限于朝鲜、安南、琉球三个属国，而对其他朝贡国采取"以敕授来使赍回"的册封形式，不过是天下共主意识的外在表现。

其二，不同历史时期，作为朝贡制度主要内容之一的朝觐礼仪不仅有所不同，而且能否实施、如何实施，与当时的形势密切相关。朝觐礼仪包括蕃王朝觐和蕃使朝觐两种礼仪。从文献记载来看，秦汉大一统王朝形成后的蕃王朝觐礼，确立于公元前1世纪中叶。西汉甘露三年（前51），汉宣帝对前来称臣朝贡的匈奴呼韩邪单于，"以客礼待之，令单于位在诸侯王上，赞谒称臣而不名"。④ 此后直到唐宋时期，

---

① 《汉书》卷94下《匈奴传赞》。
② 参见罗志田《后现代主义与中国研究:〈怀柔远人〉的史学启示》，《历史研究》1999年第1期。
③ （乾隆）《清会典》卷56《礼部·主客清吏司》。
④ 《汉书》卷78《萧望之传》。

蕃王朝觐大致遵循这一模式。明朝因朱元璋力图恢复先秦礼制，将蕃王的朝觐班位降至侯伯之下。与属国相比，清朝更注重与蒙古诸部的关系，朝觐时，属国国王位居亲王以下郡王以上。历代文献记载的蕃王朝觐礼看上去烦琐无比，实际上往往流于形式。例如，《周礼·秋官·大行人》关于九州之外蕃国"世一见，各以其所贵宝为挚"的记载，长期以来只是纸上空谈，直到元世祖至元元年（1264）令高丽国王"修世见之礼"，① 才有付诸实践的机会。《宋史·礼志》所载"外国君长来朝仪"，几乎就是《大唐开元礼》"蕃主奉见仪"的翻版，但有宋一代，从无"外国君长"来朝。明清时期的属国朝鲜、安南、琉球，只有安南国王阮光平于乾隆五十五年（1790）"亲诣阙庭，庆祝万寿"。② 即是现实中屡屡使用的蕃使朝觐礼，也可能因当朝皇帝的一时好恶而兴废。以明代为例，与明成祖大力发展朝贡关系、频频召见朝贡使臣形成鲜明对照的是，明穆宗即位后下令："四夷贡使俱不得至御前引见。"③ 此后直至明亡，除允许朝鲜贡使觐见皇帝外，其余贡使均不得朝觐，蕃使朝觐礼遂废止不用。

其三，朝贡的贸易属性历来为论者所重，甚至有人将朝贡关系等同于朝贡贸易关系，将朝贡制度等同于朝贡贸易制度。然而就实际情形来看，朝贡与贸易的关系并非一成不变，在不同时期，朝贡贸易的规模因中国朝廷内外政策的变化而呈现明显的时代性差异。贡物与回赐虽是以物易物的交换方式，但主要是君臣从属关系的物化表征，具有浓厚的政治和礼仪色彩，对贡封双方的物质利益微不足道。所以，朝贡贸易的主体是朝贡使臣在朝贡过程中所进行的贸易活动，有边境贸易和京师贸易两种形式。历史上大多数时期，除朝贡贸易外，还有正常的贸易渠道，如西北边疆的茶马互市、东南沿海的市舶贸易等，与此相比，朝贡贸易所占的份额十分有限。朝贡贸易长盛不衰的一个重要原因是，朝贡一方不仅享受贸易上的免税待遇，而且贡使一行的沿途所需及接待、供应全由中国朝廷负担。正因为如此，中国历代王朝皆对朝贡国的贡期、贡道、使团规模、进京人数等进行限制，以减轻财政负担。

至明朝前期，受海禁政策影响，朝贡成为贸易合法化的唯一渠道，形成朝贡与贸易合二为一的"贡市一体化"格局。在"四夷朝贡到京，有物则偿，有贡则赏"④

---

① 《明集礼》卷30《宾礼·蕃王朝贡总序》，文渊阁《四库全书》本。
② 《清会典事例》卷505《礼部·朝贡·朝仪》。
③ 《明穆宗实录》卷61，隆庆五年九月辛酉。
④ 《明宪宗实录》卷63，成化五年二月甲午。

的招牌下，来自四面八方的贡使除向中国皇帝呈献贡品外，还携带大量被称作"附进货物"的商品前来贸易，从而使朝贡贸易空前繁荣。时人笔下永乐年间"执圭捧帛而来朝，梯山航海而进贡"①的四夷朝贡场景，不是虚骄，而是事实。不过，发生在厉行海禁背景下的贡市一体化的变态朝贡贸易，在性质上与历代常态的朝贡贸易显然不同，而且注定是短命的。

费正清曾总结说："对于中国统治者而言，朝贡的道德价值是最重要的；对于蛮夷来说，最重要的是贸易的物质价值。"②但这一结论恐怕有失偏颇。不可否认，历史上不乏"慕利"而来的朝贡者；同样不可否认，"慕义"而来的朝贡者也大有人在，毕竟中国的礼乐文明对周边国家有巨大的感召力。至于中国封建王朝统治者实施朝贡制度是为了追求朝贡的道德价值，还是出自固边安邦的现实考虑，抑或二者兼而有之，也会因时而异、因势而异。还在时人为万邦来朝的盛景所陶醉时，深谋远虑的康熙皇帝即发出了盛世危言："外藩朝贡，虽属盛事，恐传至后世，未必不因此反生事端。总之，中国安宁，则外衅不作，故当以培养元气为根本要务耳。"③不幸的是，一个半世纪之后，康熙皇帝的担忧终成事实，在一个个弱肉强食的不平等条约面前，朝贡制度崩溃的命运只能由他的后世子孙来承担了。

原载《中国边疆史地研究》2006年第3期，
本文刊发时作者为史学博士，山东师范大学历史系副教授。

---

① （明）费信著、冯承钧校注：《星槎胜览·序》，中华书局1954年版。
② J.K.Fairbank," Tributary Trade and China's Relations with the West", *The Far Eastern Quarterly*, Vol.1（2）, 1942, p.139.
③《清圣祖实录》卷160，康熙三十二年十月丁酉。

话语、视角与方法：近年来明清朝贡体制研究的几个问题[*]

李云泉

若从费正清算起，海外学者对朝贡体制的关注和研究已逾半个世纪，然在国内学界，朝贡体制研究的蔚为壮观不过是近十年之事。其所以如此，大约不出以下两端：对现实中东亚问题的破解，很容易使研究者回溯与反思历史上曾经自成一系的东亚世界，朝贡体制自然成为一个无法回避的话题；更重要的是，近年来日、韩、美等国学者视角各异的相关研究，不仅冲击和解构着费正清的主流分析话语，也引发中国学者的热议和回应。事实上，与"朝贡"相关的现行概念多是古今杂糅的语汇。明代典籍中有"朝贡""朝贡通例"之说，既指对外关系，也指对外关系体制。清代典籍除沿袭这两个名称外，兼用"体制"一词指称有关朝贡的典章法规，偶用"封贡""天朝体制"等词。当今学界所用概念，有侧重文化意义的"华夷秩序""天朝礼治体系""中国的世界秩序"；有注重政治意义的"册封体制"；有体现双向互动的"封贡体制（体系）""朝贡体制（制度）""朝贡体系"等。其中，"朝贡体制""朝贡制度"和"朝贡体系"这三个称谓，乃费正清等欧美学者笔下"tributary system"（亦作"tribute system"）一词的不同中文译称。为行文方便，本文主要使用"朝贡关系"和"朝贡体制（制度）"两个概念。需要略加分辨的是，朝贡关系指历史上中外关系的实际形态，它是朝贡体制赖以建立的前提；朝贡体制主要指规范朝贡关系的制度性构建。以清代中外关系而言，朝贡体制的双向性仅体现于清朝与朝鲜、越南、琉球等少数国家之间，

---

[*] 本文为2013年度教育部人文社会科学研究规划基金项目"明清对外关系思想与体制研究"（13YJA770015）和2010年山东省社会科学规划研究项目"晚清朝贡体制与亚洲秩序的演变"（10CLSJ02）的阶段性研究成果。

其他国家与清朝之间，只存在形式上的朝贡关系，故较之朝贡体制，朝贡关系的适用范围更广。

一、历史话语与朝贡体制的虚实之分

长期以来，历史上以中国为中心的东亚朝贡体制，是一些欧美学者热衷于探讨而又迷惑不解的论题。例如，费正清的高足、以治中外关系史见长的卫思韩曾坦言："我对这一问题（朝贡制度）反复思考长达四十年之久，但是仍然没有把它理顺。"① 如同受现代主义浸淫的当下话语一样，历史话语也有一体两面的真与失真。是以若欲对朝贡体制作"深描"，一个绕不开的问题便是如何用"长时段"和互动的眼光，解读不同语境下的历史话语，尤其是理念层面的朝贡话语。当然，这不是新说，而是旧识。美国学者马克·曼考尔早就指出："不能根据西方的习俗和实践解释朝贡制度。如果想在传统中国的制度或观念中发现与现代西方相同的东西，就会造成误解：它们也许在结构或功用方面比较相似，但是，如果放在传统的儒家社会和现代西方社会的语境中加以考察，就会看到它们可能有着迥然不同的意义。朝贡制度更适合从传统中国的语汇和制度出发从整体上加以理解。"②

1968年费正清编的论文集《中国的世界秩序：传统中国的对外关系》迄今仍不失为一部镜鉴之作。③ 其中，杨联陞对经典儒家处理对外关系的两种传统的考察和王赓武对正史中优越感语汇的分析，揭示了传统中国对外关系中具有神话与现实的虚实之分。费正清则将基于文化优越感的"中国中心观"或"中国中心主义"作为朝贡体制的理论来源，并将朝贡关系划分为三个圈域——汉字圈、内亚圈、外圈，进而指出，即使异族入主中原，也是"通过经常使用中国中心主义的词汇来保持中国中心主义的理论，这在朝贡制度的各个方面都表现得很明显"。因此，传统中国对

---

① 转引自孙来臣《明末清初的中越关系：理想、现实、利益、实力》。该文系为牛军凯《王室后裔与叛乱者——越南莫氏家族与中国关系研究》（世界图书出版公司2012年版）一书写的序言。
② [美]马克·曼考尔：《清代朝贡制度新解》，[美]费正清编、杜继东译：《中国的世界秩序：传统中国的对外关系》，中国社会科学出版社2010年版，第58页。按：该段文字的英文原文两次出现"tribute system"一词，中译文一译"朝贡制度"，一译"朝贡体系"，本文引用时统一为"朝贡制度"。
③ 费正清虽以"中国的世界秩序"取代其先前使用的"朝贡体制"来概括传统中国对外关系的特征，但只是外延的扩大，核心未变，并在一定程度上可相互置换。

外关系的主要问题就是如何使理论与实际相符。① 显然，上述论说不乏创见与洞见。

近年来中国学者的研究，便是在此基础上的深化。在历史学界，陈尚胜在梳理了儒家经典话语体系之后提出，传统中国对外关系的基本理念包括四个方面的内容，即天下观、王霸观、华夷观和义利观。② 万明通过对明太祖诏令文书中所体现的对外关系理念的考察，发现明太祖即位之初"天下共主"和"一国之君"两种身份互用，而到执政后期则表现为"天下共主"身份的淡出和"一国之君"身份的凸显，这似乎意味着天下与国家的分野已渐趋清晰；而对周边国家"非有意而臣服"的说辞，则是普遍王权的帝国理念逐步走向有限王权国家理念的征兆。③

在国际关系和国际政治学界，有学者从"不变"与"变"两个层面尝试解构费正清的"朝贡体系"这一经典研究范式，进而提出建立更加完善、更具解释力的理论框架：一是"把朝贡体系看作对中国中心论和优越论的一种帝国话语叙述。这种话语叙述在中华帝国历朝几乎是一个不变量。甚至当其他政体威胁、挑战到帝国的安全与生存时，中国的统治者还是使用这种话语来掩盖具体实力关系的改变"。二是"把朝贡体系看作中国与其邻邦之间关系的互动形态。但是，相对于朝贡体系作为一种帝国话语的稳定性，朝贡体系作为一种互动形态则呈现了巨大的变动性"。④ 也有学者从历史上中国与周边国家的策略互动出发，认为"朝贡体制作为一种制度架构的存在，有赖于对外思想观念、对外政策的具体运作以及在其背后的战略、策略考虑等多方面因素的支撑"。⑤

无论是历史学界宏观的纵向考察、微观的个案分析，抑或国际关系与国际政治学界的理论构想，皆表明朝贡话语和朝贡关系具有多样性的特征。至于理念与现实如何对接，能否重叠，因时而异，因势而异。例如，同样源自儒家经典的就有不同话语体系，既有"王者无外""天下一家"的华夷一统论，亦有"王者不治夷狄，不臣要荒"的划疆而治观。从长时段看，前者更接近神话，《尚书·大禹谟》所谓"无怠无荒，四夷来王"，很难落实到实践层面；后者则更接近历史真实。对四夷外国的

---

① 杨联陞《从历史看中国的世界秩序》、王赓武《明初中国与东南亚的关系：背景分析》、费正清《一种初步的构想》，[美]费正清编、杜继东译：《中国的世界秩序：传统中国的对外关系》，中国社会科学出版社2010年版。
② 参见陈尚胜《试论中国传统对外关系的基本理念》，《孔子研究》2010年第5期。
③ 参见万明《明代外交观念的演进——明太祖诏令文书所见之天下国家观》，《古代文明》2010年第2期。
④ 张锋：《解构朝贡体系》，《国际政治科学》2010年第2期。
⑤ 周方银：《朝贡体制的均衡分析》，《国际政治科学》2011年第1期。

"不臣不治",并不意味着绝其往来。那么,如何交往呢?汉代班固为后世定下了处理华夷关系的基调:"来则惩而御之,去则备而守之。其慕义而贡献,则接之以礼让;羁縻不绝,使曲在彼。"①

其实,在封贡双方无利害冲突时,两种自相矛盾的话语体系可以并行不悖、交叉使用,一旦发生冲突,就需要找寻与现实相符的历史话语资源。例如,乾隆晚年出兵安南,以"兴灭继绝"②的春秋大义为口号,帮助安南黎朝末代之君黎维祁复国;而之后发布的撤兵谕旨,则以"天厌黎氏"③为遁词。陈志刚注意到,永乐出兵安南,也是以保护贡臣、恢复朝贡体制为口号。而此后实力衰落时,"兴灭继绝"的存祀主义就从明朝君臣政治话语中趋于沉寂消逝,取而代之的是不欲"疲中国以事外夷"的息兵谕和之词。④此外,以《中庸》为据的"厚往薄来"的利他主义话语,也并非完全与现实合辙,除元朝可作显例外,清初也有踪迹可觅,否则,康熙帝就不会以所赐"外国恩赉之物甚菲,于厚往薄来之道尚未允协"⑤为词,谕令增加对朝贡国的赏赐。至于"以德怀远"说,恐怕只是空洞说教。在朝贡关系中,比较切合实际的是当代语境下的宗主一方的"以礼服人""以力臣人""以利悦人",分别对应朝贡一方的文化认同、政治隶属、朝贡贸易。虽然随着时间的推移,各自的适用范围有所不同,但毫无疑问,朝贡贸易的适用范围最广。

需要强调的是,朝贡体制不构成现今意义上的权利与义务关系,而且就制度(非关系)构建而言,它体现的是古代中国王朝的单一意志。以此而论,它就是后现代语义上的"自然化了的霸权主义话语"。即使在明清完善而缜密的朝贡法规中,除封贡关系外,也找不出任何一条作为宗主一方应担什么责任和义务的记载。故此,当封贡双方利益相左甚至兵戎相向时,就不得不从朝贡法规之外寻求理论支撑,以不致进退失据。至于学界论及朝贡体制或朝贡关系时所用"保护藩属""不干涉内政"等话语体系,只是对既定历史事实的追认,没有历史上的法理依据。

有学者以古代中国与东南亚关系为例,认为朝贡制度并非如费正清所言是中国对外关系的模式,"而是满足中国统治者虚骄心理的自我安慰";它亦非滨下武志所

---

① 《汉书》卷94下《匈奴传赞》。
② 《清高宗实录》卷1315,乾隆五十三年十月丙辰。
③ 《清高宗实录》卷1319,乾隆五十三年十二月甲寅。
④ 参见陈志刚《有限怀柔与谨慎合作:明代封贡防卫合作的思维与实践》,《清华大学学报》2011年第6期。
⑤ 《清圣祖实录》卷123,康熙二十四年十一月乙亥。

认为的是东亚国际关系的主要体现:"所谓以中国为中心的东亚朝贡体系,很大程度上是根据一厢情愿的中国文献演绎出来的传统东亚国际关系体系。"所以,朝贡制度是虚幻的,不具实证意义。①显然,这对于分辨古代中国文献中朝贡语汇的真伪,并据此判定不同时期朝贡体制的虚与实,确是有益的提示。不过,在广义上的东亚范围内,某一局部论证并不能代替另一局部的论证。若以明清与朝鲜、越南、琉球的关系为例,凸显更多的则是朝贡制度实的一面。不仅如此,朝贡关系还可能成为周邻国家解读本国历史的一条途径,如韩国学者全海宗所言:"如果想要正确理解过去的韩国历史,就必须彻底弄清韩中间朝贡关系。"②故此,考察不同时空下朝贡体制之虚实,一个不太牵强的做法是对其赖以建立的朝贡关系进行分类。例如,按朝贡体制内涵及朝贡关系之差异,清代属礼部职掌范围的朝贡国与清廷的朝贡关系,便可划分为以下两种类型:③一是实质性朝贡关系。其主要表现形式是朝贡国国王向清帝称臣,奉正朔(使用清朝年历年号),按清廷规定的贡期、贡道遣使朝觐,交纳固定的贡物;清廷则对朝贡国国王进行册封、赏赐,并对其使臣在华的朝贡贸易免于征税。实质性朝贡关系以政治臣属为前提,是中国君臣关系在对外关系上的延伸形态,也是宗藩关系的具体体现。清朝与朝鲜、琉球、安南(越南)的关系,属于此类。三国受中国文化影响较深,长期使用汉字,每逢新王嗣立,清帝皆钦派使臣往封。其国王虽自居藩臣,却拥有处理本国事务的自主权。二是象征性朝贡关系。朝贡国国王虽受清廷册封、赏赐,按固定的贡期、贡道遣使朝贡,但贡期较长,与清朝的政治隶属关系徒有其表,本质上不属宗藩关系范畴,朝贡的经济属性更为明显。清廷对其国王的册封,只是象征性地交付朝贡使臣携回本国而已。清朝与南掌、暹罗、缅甸等国的关系属于此类。

此外,清朝前期特别是清初厉行海禁时,荷兰、葡萄牙等西方国家曾向清廷派遣使臣,假朝贡之名要求与中国通商,其使臣亦须按清廷规定,携带"表文"和"贡物",履行朝贡礼仪。清廷于例行赏赐外,也曾向其国王颁发"敕谕",但无册

---

① 庄国土:《略论朝贡制度的虚幻:以古代中国与东南亚的朝贡关系为例》,《南洋问题研究》2005年第3期。
② [韩]全海宗著、全善姬译:《中韩关系史论集》,中国社会科学出版社1997年版,第130页。
③ 拙文《再论清代朝贡体制》(《山东师范大学学报》2011年第5期)曾将清代中外朝贡关系分为"典型的朝贡关系""一般性朝贡关系""名义上的朝贡关系"三种类型。鉴于朝贡关系的虚实一体特征和朝贡一方认同程度的差异,本文做了必要的修正。除朝贡关系一词外,学界亦用"封贡关系"指称历史上中国与周边国家的政治关系,且就关系的双向互动而言,该词的含义更为明晰。

封之举。此类关系尽管被作为朝贡关系载诸史册,但虚而不实,它所体现的不过是天朝俯临万邦的心态而已。

二、视角与方法:中心、周边及其互动

近年来,与中国学者提倡的"从周边看中国"①前后呼应的,是海外学者从"周边"或"中心与周边互动"的视角对朝贡体制的探讨。

韩国学者郑容和对以往朝贡体制研究强调"中心"逻辑的"中国中心论"和"欧洲中心论"提出批评,认为朝贡体制虽然是以中国为中心的国际秩序,但其维持并非依靠中国单方面的强制或施惠,而是根据各自的利害关系来参与其中并依赖各周边国家的共同努力。因此,朝贡体制的考察应兼具中国和周边两个视角。作为周边国家的朝鲜之所以保持与中国的朝贡关系,不是因为中国的强制,"而是为了国家利益的最大化,主动而积极地运用了朝贡关系。而且,其国家利益的核心不是经济利益,而是政治利益,即朝鲜要通过与中国的同质化,形成与其他周边国家的差距,提高自身在东亚文明共同体内的地位;希望通过与'强大国'中国的政治联合,确保国家安全;借着'天子'的权威,获得政权的正统性,提高支配效率"。②

日本学者小泉顺子依据暹罗史料,考察了19世纪60年代至80年代中暹双方围绕是否恢复因太平天国起义中断的朝贡关系而展开的多次交涉,揭示了朝贡关系的多重面相。其中,暹罗王朝对光绪即位后"催贡"的反应表明,朝贡关系不是单纯的经济关系,两国实力的对比、暹罗国内庞大的华人社群的动向以及以条约关系取代朝贡关系的可能性等,皆成为其考量是否恢复朝贡关系这一"自古以来的惯例"的要素。所以,"暹罗史料中所见的中暹关系是由中国皇帝、暹罗国王、暹罗的中国人社群、华南地区的地方官及商人这些相互关系的四条轴构成的多轴的、多元的'复合关系'"。③

毫无疑问,周边视角下的个案分析,既是对中国中心视角观照下的"华夷等级秩序"结构的修正,也是对欧洲中心论固有的"冲击—反应""传统—现代"的简单

---

① 复旦大学文史研究院编:《从周边看中国》,中华书局2009年版。
② [韩]郑容和:《从周边视角来看朝贡关系——朝鲜王朝对朝贡体系的认识和利用》,《国际政治研究》2006年第1期。
③ [日]小泉顺子:《"朝贡"与"条约"之间》,《南洋问题研究》2007年第4期。

二元对立逻辑的辩驳。尽管如此，仍有两个问题值得注意：一是对周边国家而言，历史上大多数时期作为实力和文化中心的中国，不仅仅是中国优越论的话语体系，而且是一个现实存在，周边国家与中国的朝贡关系所体现的有实力上的自我定位、文化上的身份意识、物质利益的诉求等多重内容。故从中心与周边互动的视角进行探究，更能揭示朝贡体制之实像。二是用功利化的西方现代政治话语解读朝贡体制，容易掩盖不同时空下朝贡关系的多样性、差异性，从而导致这一业已消失的东亚国际关系体制的失真。比如，针对郑容和强调朝鲜保持与中国朝贡关系是为了国家政治利益的论点，有学者指出这一生硬的政治利害阐释，使包括"中原王朝与周边之间的亲缘或准亲缘传说"在内的伦理关系和"唇齿相依"的地缘关系隐而不彰，前近代东亚体系"得以维护，除了政治上的作用外，还有着重要的伦理支撑"。① 对暹罗而言，由于国内华人社群势力的不断增长，与中国保持朝贡关系就不单单是外交问题，还与内政密切相关。19世纪50年代以后，随着与西方国家一系列通商条约的缔结，"朝贡即服从，条约即平等"的西方话语在暹罗终占上风，并日益成为其抨击朝贡体制这一历史旧制的依据。

相比之下，日本学者滨下武志基于"中心—周边"视角的"朝贡贸易体系"论，引发了学界更大的反响。滨下先生认为，以中国为中心的朝贡关系以及在此基础上形成的朝贡贸易关系，是亚洲而且只有亚洲才具有的唯一的历史体系。在西欧"冲击"亚洲的同时，也要"面对一个有着自身规律的、按照自身秩序运行的亚洲朝贡贸易体系，也就是说，欧洲也有一个面对来自亚洲'冲击'的问题"。② 作为对欧洲中心论的理论回应和批判，滨下的论述颇具方法论意义。但是，具体到朝贡体制研究，滨下的论述却遭到来自中国学者的批评。批评主要集中于两个方面：一是其六种朝贡关系类型的划分，过于依赖稳定的"中心—周边"的框架和结构分类，难以完整地揭示朝贡实践的不断变化的历史内涵；③ 二是其朝贡体制靠贸易支撑的论点，不符合清代的实际。④ 除此之外，还有一个不可忽视的问题是，滨下将以中国本土为

---

① 韩东育：《关于前近代东亚体系中的伦理问题》，《历史研究》2010年第6期。
② [日] 滨下武志著，朱荫贵、欧阳菲译：《近代中国的国际契机——朝贡贸易体系与近代亚洲经济圈》，中国社会科学出版社1999年版，前言。
③ 汪晖：《亚洲想象的政治》，周方银、高程主编：《东亚秩序：观念、制度与战略》，社会科学文献出版社2012年版，第31页。
④ 参见祁美琴《对清代朝贡体制地位的再认识》，《中国边疆史地研究》2006年第1期。

主的朝贡贸易扩大为东亚海洋朝贡贸易网络的理论框架，可能导致实证的不足或错位。例如，笔者注意到，滨下的《全球化中的东亚地缘文化——"日本与亚洲"和"亚洲中的日本"的自他认识的异同》一文引用道光十九年（1839）的一道上谕说明清朝朝贡政策的转换，指出这道上谕颁布于鸦片战争爆发的前一年，极具象征意义，"因为鸦片战争一直以来只是被破解于英美一方为了贯彻自身的贸易利益，为了将封闭的亚洲开辟为市场用进行的一场战争。但是正如这一朝贡政策的转换所反映出来的，清朝自身较之以前采取了一种更为缓和的朝贡关系，并试图实行独特的重商主义政策。也就是说，通过改变朝贡政策，清朝更为了强化中央的控制力量，力图掌握不断激增的广东贸易，并为中央吸纳更多的资源"。① 之后在《朝贡和条约——谈判时代的海洋性亚洲和条约口岸网络（1800—1900）》一文中，滨下再次指出"这一政策变化也可以视为清政府由朝贡贸易向重商主义转变的开始"。② 上谕原文如下：

> 向来越南国二年一贡，四年遣使来朝一次，合两贡并进；琉球国间岁一贡；暹罗国三年一贡。在各该国抒诚效顺，不敢告劳。惟念远道驰驱，载涂雨雪，而为期较促，贡献频仍，殊不足以昭体恤。嗣后越南、琉球、暹罗，均著改为四年遣使朝贡一次，用示朕绥怀藩服之至意。③

尽管滨下先生关于近代亚洲以中国为中心的贸易网络的阐释以及对朝贡与条约关系的分析，视角独到，富于启迪，但以朝贡关系资料解读贸易关系，并视朝贡关系的缓和为重商主义的信号，恐有错失靶心之嫌。清朝是否实行重商主义政策并力图掌控不断激增的广东贸易，应该在与广州通商体制而不是朝贡体制相关的文献典籍中寻找证据。从朝贡的制度规定来讲，越南入贡道由广西，琉球入贡道由福建，只有暹罗属清人梁廷枏笔下的"粤道贡国"，且在三国中贡期最长。更重要的是，三国在华朝贡贸易有多大规模，也是个值得考虑的问题。从因果关系上讲，清朝缓和朝贡关系的举措，当与之前颁布的另一道谕旨有关。道光十七年（1837）三月，因此前有官员奏报越南贡使途经广西，所过驿站动用人夫多达四五千人，并有"搭差

---

① 中国社会科学研究会编：《中国与日本的他者认识——中日学者的共同探讨》，社会科学文献出版社2004年版。
② ［美］阿里吉等主编、马援译：《东亚的复兴：以500年、150年和50年为视角》，社会科学文献出版社2006年版，第30页。
③ 《清宣宗实录》卷320，道光十九年三月庚申。

搭贡"等弊，道光帝令广西巡抚梁章钜查明具奏，结果查无实据。于是，道光帝颁谕旨曰：

> 本年该国贡使进京，现已开关。该抚惟当于该使臣起行之日，酌定护送各官应用人夫数目，妥为伴送，不得稍有浮冒，仍随时严密查察。倘护送文武官员并该家丁人等仍有私带货物，及闲杂人等随途附搭等事，即著梁章钜严参惩办。其经过各省督抚，亦著一体认真稽查，照例办理，以肃驿政而杜弊端。①

朝贡体制与通商体制尽管有关联，且从清代文献中偶可发现朝贡贸易中假公济私的个人贸易行为，但二者分属不同的对外关系体制。所以，道光十九年（1839）的上谕所表明的，只是整顿朝贡关系的举措，与是否实行重商主义政策，似无必然的逻辑关系。至于清廷缓和朝贡关系的原因，上谕解释为"绥怀藩服"，揆诸中越朝贡关系史实，其具体表现是贡物减半，且有中越双方文献互证。越南文献记载如下：

> 清太平府发到其国礼部公文，叙我国与琉球、暹罗均改为四年朝贡一次。礼部以奏，帝曰：我国邦交典例二年一贡，四年一遣使来朝，两贡并进，循用已久。今云四年朝贡一次，较之向例，将何以异？所叙未得明晰，命移文于广西巡抚问之，则是改定四年遣使朝贡一次，照两贡方物减一半也。自是遂著为例。②

但更切合清廷原意的，恐怕是前引道光十七年三月的上谕所言"肃驿政而杜弊端"，以节省开支。所以，19世纪以降东亚海洋贸易网络的发展，与其说是同官方的朝贡贸易有内在关联，毋宁说是私人海外贸易日益膨胀及其与西方海外贸易互动的结果。

三、明清朝贡体制的异同

历代相沿的朝贡体制既有一以贯之的相对稳定性，又有因内外环境的变化而产

---

① 《清宣宗实录》卷295，道光十七年三月癸巳。
② ［越］张登桂等：《大南实录》正编第二纪卷207，明命二十年十一月，东京庆应义塾大学1961—1981年出版。

生的差异性，从而呈现不同的时代特征。是以对时空变换下的朝贡体制差异性的揭示，可以避免失之笼统的一般抽象化描述之弊。关于明清朝贡体制的异同问题，已有学者论及，① 以下是在其研究基础上的延展或补充。

其一，在与周边及海外国家建立朝贡关系时，明清两朝虽有相同的理论资源所本，如"天下一家""怀柔远人"等，但与明初洪武、永乐皇帝基于华夏中心意识而频繁使用的"天下共主""华夷无间""事大字小"等话语不同，以"夷狄"身份入主中原的顺治皇帝显然底气不足。例如，他曾于清兵平定广东时诏谕："南海诸国，暹罗、安南附近广地，明初皆遣使朝贡。各国有能倾心向化、称臣入贡者，朝廷一矢不加，与朝鲜一体优待。"② 如果联系此前皇太极用武力迫使朝鲜称臣纳贡之举，那么，"一矢不加"的说辞背后则是武力威慑。明初朝贡关系的建立，主要是实行"文化宣化"和"厚往薄来"的结果，所以随着时间的推移，其不稳定的特征日益明显，与明朝长期保持稳定朝贡关系的国家越来越少。而清前期与周边国家朝贡关系的建立，主要是实力展示的结果，如对朝鲜、廓尔喀靠军事打击，对安南、缅甸、浩罕靠武力威慑，从而将其纳入朝贡关系。显然，现代意义上的地缘战略，是清朝建立朝贡关系时优先考虑的问题。正如陈尚胜所言："与明朝相比较，清朝在处理涉外事务时在实际上已经摒弃了明朝二祖在海外世界扮演'天下共主'的理想，而专注于自身的边疆稳定和安全，使她的封贡体系具有周邻性和边疆防御体系的突出特征。"③ 当然，清朝也在一定程度上秉承了明朝的"柔远"之道，如在清朝的招抚之下，琉球、暹罗主要出于贸易需要，自愿加入朝贡关系。至于苏禄、南掌的朝贡，则完全出于自愿。与明朝不同，清朝与各国之间的朝贡关系建立之后，便具长期稳定性的特征。

其二，清朝虽沿袭了明朝对朝贡国的贡物、贡期、贡道等方面的规定，但在册封方式、管理体制方面与明朝有明显的不同。与明初四处宣谕、"有贡必封"而将朝贡关系空前泛化的做法不同，清朝不仅将缴纳故明所颁敕印作为册封安南、琉球等国的前提条件，而且依据朝贡关系的差异，确定了两种册封方式。据乾隆《大清会典》记载，"朝贡诸国遇有嗣位者，先遣使请命于朝廷。朝鲜、安南、琉球，钦命正

---

① 参见陈尚胜《试论清朝前期封贡体系的基本特征》，《清史研究》2010年第2期；祁美琴：《对清代朝贡体制地位的再认识》，《中国边疆史地研究》2006年第1期。
② 《清世祖实录》卷33，顺治四年七月甲子。
③ 陈尚胜：《试论清朝前期封贡体系的基本特征》，《清史研究》2010年第2期。

副使奉敕往封；其他诸国，以敕授来使赍回，乃遣使纳贡谢恩"。① 对同处汉字文化圈的朝鲜、安南、琉球三国国王遣使册封，显然基于文化认同的考虑，这也表明朝贡关系中文化因素的重要性。在管理体制上，明朝以礼部主管朝贡事务，清朝则以礼部管理外国朝贡事务，以理藩院管理包括朝贡在内的藩部事务。这种双重管理模式不仅使清朝的民族关系与对外关系较之明朝有了清晰的界分，也凸显了西北边疆在清朝视野中的重要地位。

其三，在朝贡贸易方面，明朝前期与清朝初年一样，受海禁政策影响，朝贡贸易成为唯一合法的贸易形式，从而出现"贡市一体化"现象。不过在同样的海禁背景下，明朝的做法是"四夷朝贡到京，有物则偿，有贡则赏"，② 即对朝贡使团的贸易物品由官方"给价收买"，对其贡物优厚回赐，并将"厚往薄来"的古训在实践中演绎到极致，由此带来朝贡贸易的空前繁荣。与此相比，清初不仅朝贡贸易的规模远不及明前期，而且直到康熙中叶才初显"厚往薄来"的迹象。明朝在隆庆元年（1567）开海之后，伴随私人海外贸易兴起的是朝贡贸易的衰落；清朝在康熙二十三年（1684）开放海禁之后，朝贡贸易与通商互市并行不悖。以往有关朝贡体制的研究，突出强调朝贡贸易的作用，如费正清、滨下武志皆视之为朝贡体制赖以建立和有效运行的基础。然朝贡体制之所以历代相沿不辍，对中国君主而言，所注重的首先是其政治属性，朝贡贸易只是多样性的朝贡关系的一个组成部分，且主要作为怀柔远人的手段使用。故而过分强调朝贡贸易的作用与独特性，反而容易弱化甚至背离朝贡体制的本质特征。至于朝贡贸易与周边互市的关联与互动，尚需进一步探讨。

其四，朝贡体制所体现的具有等级尊卑色彩的政治隶属关系，主要通过朝贡礼仪展现。《清史稿》所谓"咸同以降，欧风亚雨，咄咄逼人，觐聘往来，缔结齐等，而于礼则又为敌"，③ 虽为近代中西礼仪冲突的写照，却也折射出礼仪在朝贡体制中的重要地位。其背后隐含的不仅仅是简单的"平等"与"不平等"关系，还有文化差异与认同问题。其实，从周边的视角看，明朝时期，因华夏文化在东亚汉字文化圈的向心力，基本不存在朝贡关系中的礼仪之争。至明清鼎革，清朝以三跪九叩礼取代明朝的五拜三叩礼作为觐礼。由于朝鲜、日本、安南等国对清朝"夷狄"身份

---

① 乾隆《大清会典》卷56，文渊阁《四库全书》本。
② 《明宪宗实录》卷63，成化五年二月甲午。
③ 《清史稿》卷91《礼志·宾礼》。

的鄙夷，以往的文化认同消失殆尽，甚至作为文化表征的清人衣冠，也成为其讥讽的对象。①于是，日本出现了"华夷变态"论，朝鲜形成了"小中华"意识，越南增强了自身的文化优越感，由此拉开了东亚文化共同体消解的序幕。据越南文献记载，康熙年间，安南黎朝国王曾下令："严饬北人来寓者，一遵国俗。自清入帝中国，薙发短衣，一守满洲故习，宋明衣冠礼俗，为之荡然。北商往来日久，国人亦有效之者。乃严饬诸北人籍我国者，言语衣服，一遵国俗。诸北商来寓，无有知识人经引，不得擅入都城，沿边之民亦不得效其声音衣服，违者罪之。"②安南以法律手段禁止"胡服胡语"，较之朝鲜形式上的"口诛笔伐"，更加彰显了其对清朝礼俗的强烈抵制，正是文化认同出现了问题，清朝康熙至乾隆年间，面对数次前来册封的清朝使臣，安南君臣坚持行五拜三叩礼，而不是清朝的三跪九叩礼。③可见，在"西礼觐见"取代朝贡礼仪之前，东亚世界内部已然有了礼仪冲突。

其五，与明朝面临的"夷情"不同，晚清由于西方的强力介入，朝贡关系遭到以西方国家关系为蓝本的条约关系的挑战。但长期以来，这两种地区性国际秩序既互为竞争，又彼此渗透，并非简单的取代与被取代关系。如滨下武志所言："朝贡和条约关系并不是水火不容的，并且东亚的朝贡观念中还逐渐纳入了条约观念的成分。虽然东西方在观念认识上并不见得能够谁取代谁，但是从等级秩序观念中引申出来的朝贡观念仍占据了主导地位，条约关系则被摆在了第二位。"④中国学者的研究也表明，晚清朝贡体制与条约体制共存乃至兼容的"一个外交两种体制"的过渡性局面，维持长达半个世纪之久；近代朝鲜对外关系史上，也曾出现类似的所谓"两截体制"现象。⑤

四、结语

朝贡关系及其作为制度性构建的朝贡体制，不仅所本的话语体系或理论资源有

---

① 详见葛兆光《大明衣冠今何在》，《史学月刊》2005年第10期。
② ［越］潘清简等：《钦定越史通鉴纲目》正编卷34，黎熙宗正和十七年，台湾图书馆1969年影印本。
③ 详见牛军凯《三跪九叩与五拜三叩：清朝与安南的礼仪之争》，《南洋问题研究》2005年第1期。
④ ［日］滨下武志：《朝贡和条约——谈判时代的海洋性亚洲和条约口岸网络（1800—1900）》，［美］阿里吉等主编、马援译：《东亚的复兴：以500年、150年和50年为视角》，第30页。
⑤ 权赫秀：《晚清对外关系中的"一个外交两种体制"现象刍议》，《中国边疆史地研究》2009年第4期。

虚实之分，而且其自身就是一个虚实一体的历史存在，并因势异时移而发生虚实转化。例如，1883年7月，越南国王阮福时去世，其弟阮福升嗣位，拟请遣使由海道进京告哀、请封，不少清朝官员认为这是证明中越朝贡关系的现实存在以堵法人借口的有利证据和最佳时机。此时，李鸿章的上奏表达了他对中越朝贡关系虚实转化的看法："中国迭次与法人辩论，证明越南为属邦，各国亦深信无异词者，赖有封贡一说。是昔日之封贡，尚觉无足轻重，至今日则尤为紧要关键。趁此越王自来吁请，正可相机应付。"①

朝贡体制是传统中国对外关系的一种典型体制，但不是唯一体制，通过对不同历史时期朝贡体制、朝贡关系差异性及其与通商体制、条约体制内在关联的阐释，方能揭示传统中国对外关系的多重面相和变动不居的历史进程。在视角与方法上，西方中心论的破除并不意味着中国中心观的确立，或是相反。或许，注重中心与周边的互动才是折中而可行之道。不管中国是否曾为东亚中心的命题在多大程度上成立，但若一味用"朝贡即服从，条约即平等"的近代西方话语逻辑解读曾经自成一系的东亚世界，并一切以实力和政治为指归，则极易导致历史影像的模糊与失真。我们今天的确面临这样的问题。

原载《中国边疆史地研究》2014年第2期，
本文刊发时作者为历史学博士，山东师范大学历史与社会发展学院教授。

---

① 郭廷以、王聿均主编：《中法越南交涉档》（二），"中研院"近代史研究所1962年版，第1050—1051页。

是"藩属体系"还是"朝贡体系"?
——以唐王朝为例

李元晖　李大龙

在中国边疆学研究中,多民族国家疆域理论的研究是一个很重要的方面,而在疆域理论的探讨中对相关概念的厘清和统一则已经成为研究不断深入的迫切需要,对历史上东亚政治秩序的命名即是其一,事关对诸多政权之间关系的认识和阐述,有必要进行深入讨论。

一

历史上东亚地区的政治秩序,是一个得到国内外学界普遍关注的问题,可谓研究成果丰硕。综合分析这些已有的研究成果,尽管学者们讨论的对象是一个,但由于视角和应用理论的不同,对于这一很有特点的政治秩序却有着很多不同的命名和解读,体现了学者认识和阐述中的差异。依据研究视角的不同,大致可以将其归纳为以下数种类别:

第一种是朝贡体系。又有朝贡制度、朝贡关系、朝贡体制、朝贡贸易体系等不同命名。这是一类较为普遍的用法,国外学者中以美国的费正清和日本的滨下武志先生为代表,前者的代表性著作有杜继东翻译的《中国的世界秩序:传统中国的对外关系》,[1] 后者的代表性著作有朱荫贵等翻译的《近代中国的国际契机:朝贡贸易体系与近代亚洲经济圈》;[2] 国内学者则以李云泉的《朝贡制度史论——中国古代对

---

[1]〔美〕费正清编、杜继东译:《中国的世界秩序:传统中国的对外关系》,中国社会科学出版社2010年版。
[2]〔日〕滨下武志著,朱荫贵、欧阳菲译:《近代中国的国际契机:朝贡贸易体系与近代亚洲经济圈》,中国社会科学出版社1999年版。

外关系体制研究》①为代表。持此类观点的学者，其关注点更多的是放在东亚各政权之间存在的贸易活动，尤其是周边及边疆政权向中国古代王朝的朝贡行为等方面，可以说是试图从经济关系的视角来定义和解读东亚历史上各政权之间特有的这种朝贡关系，在这点上滨下武志先生的著作表现最为突出。

第二种是宗藩体系。又有宗藩关系、宗藩贸易等不同称呼，是中国学者中较为普遍的用法。代表性著作有张存武先生的《清韩宗藩贸易（1637—1894）》②孙宏年的《清代中越宗藩关系研究》③宋慧娟的《清代中朝宗藩关系嬗变研究》④等等。持有此类观点的学者多数是将中国历代王朝定位为"宗主国"，将边疆政权定位为"藩属国"，试图从宗主国和藩属国之间关系的视角来定义和解读东亚以中国历代王朝为中心的政治秩序。

第三种是藩属体系。又有藩属体制、藩属制度等称呼，是中国学者中的一种认识。代表性著作有李大龙的《汉唐藩属体制研究》、⑤张永江的《清代藩部研究——以政治变迁为中心》、⑥陈维新的《清代对俄外交礼仪体制及藩属归属交涉（1644—1861）》⑦黄松筠的《中国古代藩属制度研究》⑧等。持有此种观点的学者多是将在历代王朝外围即边疆分布的"藩臣"（藩部）和"属国"作为一个整体，从历代王朝在"藩属"地区构建的政治体制的视角来定义和解读历代王朝和"藩臣"（藩部）、"属国"之间的关系。

第四种是册封—朝贡体系。又有封贡体系、封贡关系、藩封等不同称呼，是中国学者的一种认识，以陈尚胜、⑨杨军、⑩李金明、⑪高士华⑫等学者为代表。持有这种

---

① 李云泉：《朝贡制度史论——中国古代对外关系体制研究》，新华出版社 2004 年版。
② 张存武：《清韩宗藩贸易（1637—1894）》，"中研院"近代史研究所 1978 年版。
③ 孙宏年：《清代中越宗藩关系研究》，黑龙江教育出版社 2006 年版。
④ 宋慧娟：《清代中朝宗藩关系嬗变研究》，吉林大学出版社 2007 年版。
⑤ 李大龙：《汉唐藩属体制研究》，中国社会科学出版社 2006 年版。
⑥ 张永江：《清代藩部研究——以政治变迁为中心》，黑龙江教育出版社 2001 年版。张永江在该书论述中标题用了"藩属制度"，而行文中则"宗藩关系""宗藩制度""封贡关系"混用，没有做明确区分，但在近期一次学术讨论会上他倾向于用"藩属体制"，故笔者将其观点归入此类。
⑦ 陈维新：《清代对俄外交礼仪体制及藩属归属交涉（1644—1861）》，黑龙江教育出版社 2012 年版。
⑧ 黄松筠：《中国古代藩属制度研究》，吉林人民出版社 2008 年版。
⑨ 陈尚胜：《试论清朝前期封贡体系的基本特征》，《清史研究》2010 年第 2 期。
⑩ 杨军：《东亚封贡体系确立的时间——以辽金与高丽的关系为中心》，《贵州社会科学》2008 年第 5 期。
⑪ 李金明：《明朝中琉封贡关系论析》，《福建论坛》2008 年第 1 期。
⑫ 高士华：《文明·秩序·边疆丛书·总序》，[美] 费正清编、杜继东译：《中国的世界秩序：传统中国的对外关系》，中国社会科学出版社 2010 年版。

观点的学者多是从中国历代王朝和藩属之间存在的册封和朝贡关系的视角来定义和解读各政权之间的关系。

比较上述各说，笔者认为单纯从朝贡的视角，或从双方的册封和朝贡政策的角度，或从宗主国和藩属国关系的角度来定义这种关系或秩序，都不是十分准确，笔者依然认为称呼其为"藩属体制"是最为准确的，因为无论是册封，还是朝贡，都是一种政策，不足以涵盖这种关系的全部，而持有"宗藩关系"观点的学者虽然试图将其和中国古代传统的"宗法制度"相联系，[①]但"宗法制度"中的"宗"是家族的观念，而且也容易和近现代殖民色彩很浓的"宗主国"混淆，并不适用于指称历代王朝处理和"藩属国"的关系。[②]

以下想以唐代"天下"观念、"天下"秩序为例，对这种体制应该称为"藩属体制"做进一步解读。

二

唐代，受传统观念的影响，唐王朝统治者用"天下"来称呼自己构建的东亚政治秩序，不过见于史书记载的"天下"似乎有狭义和广义之分。狭义的"天下"是指唐王朝正式设置府州的区域，经常见诸史书的"大赦天下"即是此种用法。如《旧唐书·玄宗上》有神龙元年（705）"睿宗御承天门，皇太子诣朝堂受册。是日有景云之瑞，改元为景云，大赦天下"。此"天下"即是唐王朝政令能够直接实施的区域，羁縻府州区域应该不包括在内。广义的"天下"则包含了羁縻府州及其外围的藩属区域，如《旧唐书·张镒传》有："唐有天下，恢奄禹迹，舟车所至，莫不率俾。"

"四海"也是唐王朝统治者经常使用的一个概念，而且往往被称之为"天子"的"家"的范围。《旧唐书·懿宗本纪》载："朕以四海为家，兆人为子。"《新唐书·陈子昂传》载：高宗崩，陈子昂上书言东都可以营造山陵："且天子以四海为家，舜葬苍梧，禹葬会稽，岂爱夷裔而鄙中国耶？"此可以视为其中的代表。从具体所指上

[①] 柳岳武对此有详细论述，参见柳岳武《中国传统宗藩体制述论》，《南京师大学报》2009年第6期。
[②] 有关"藩属"与"宗藩"的分析，参见刘志扬、李大龙《"藩属"与"宗藩"辨析——中国古代疆域形成理论研究之四》，《中国边疆史地研究》2006年第3期。

分析，上述两个例证中"四海"的范围不仅包括了唐王朝直接管辖的正式府州地区，也包括了羁縻府州在内，其涵盖的范围大体和广义的"天下"相当。

在唐王朝统治者眼中，"天下"秩序是分层次的，其中"九州"或"九瀛"是核心部分，但"九州"相比"九瀛"更为常用。《册府元龟·帝王部·亲征》所载唐太宗的话是典型的一例："辽东，旧中国之有，自魏涉周，置之度外，隋氏出师者四，丧律而还，杀中国良善不可胜数。今彼弑其主，恃险骄盈，朕长夜思之而辍寝，将为中国复子弟之仇，为高丽讨弑君之贼。今九瀛大定，唯此一隅，用将士之余力，平荡妖寇耳。然恐于后子孙，或因士马强盛，必有奇决之士，劝其伐辽，兴师遐征，或起丧乱。及朕未老，欲自取之，亦不遗后人也。""九州"则频见于史书记载，《旧唐书·崔融传》有"四海之广，九州之杂，关必据险路，市必凭要津"之语。虽然"九州"是一个不十分准确的地理概念，起源于我国历史上的传说时代，并且在不同的时期具有不同的含义，但在唐人尤其是唐太宗的话语中经常使用，其含义基本上是指称西汉王朝强盛时期的郡县区域，一方面表明唐王朝作为"华夏正统"，其疆域和前代有着继承关系，另一方面则表明唐王朝统治者对"天下"的认识也是源于中国传统的天下观。①

基于"四海"的观念，"海内"和"海外"也是唐王朝统治者经常使用的两个概念。"海内"是包括了"九州"在内的更辽阔的区域，和"四海"的含义基本是相同的，唐王朝统治者观念中的"海内"大致包括两个不同的组成部分：一是以汉人为主聚居的"九州"或称之为"中国"；二是以"四夷"为主聚居的"九州"之外部分。"海外"是和"海内"对应的一个词。"海外"在《旧唐书》和《新唐书》中涉及的具体民族政权主要有三个，一个是新罗，一个是百济，一个是吐蕃。如《旧唐书·地理二》有："归义州，总章中置，处海外新罗，隶幽州都督。"明确表明新罗是处于唐王朝统治者所认识的"海外"区域。

相对于汉代，唐王朝统治者的"天下"观念有了一定的变化，笔者认为最大的差别即是对皇帝之"家"的表述。《汉书·严助传》有"陛下以四海为境，九州为家"之语，而唐王朝统治者则认为"天子以四海为家"，将"四海"之内的非汉人聚居地区包括了进来，看作是"家"的组成部分。也就是说，在唐代，天子之"家"

---

① 这方面的例证很多，可参见李大龙在《汉唐藩属体制研究》中的有关阐述。

的范围已经由"九州"扩大到了"四海"即"海内"。之所以有这样的变化，一方面是唐王朝的管辖范围有了更进一步的拓展，安北、单于、安西、北庭、安南、安东等都护府的设置已经使唐王朝的有效管辖区域突破了汉代郡县的范围；另一方面，唐王朝和汉代没有实施有效管辖的边疆地区的政权也建立起了"藩臣"关系，因而天子之"家"的范围由"九州"扩大为"四海"也是很自然的。

观念的不同导致了统治秩序建构的差异。在唐王朝统治者的心目中，尽管不同的区域在人们观念中的重要程度不同，但都被视为一个整体。《旧唐书·李大亮传》有："中国百姓，天下本根；四夷之人，犹于枝叶。扰于根本，以厚枝附，而求久安，未之有也。"这一表述说明"九州"（中国）是最为核心的区域，天下稳定的核心，体现了传统统治观念对唐王朝统治者的影响，但"本根"和"枝叶"都是"天下"的组成部分，是一个整体。不过，尽管有诸如李大亮、魏征等大臣的反对，以唐太宗为代表的唐王朝统治者还是积极经营"四夷"地区，由此构建起的"天下"统治秩序也就有了府州统治区、都护府辖下的羁縻府州区、藩国区三个不同层次的划分。

对于府州统治区和都护府辖下的羁縻府州区，《大唐六典·户部尚书》载"凡天下之州府三百一十有五，而羁縻之州盖八百焉"即是对这两个区域的高度概述。而对于后者，《新唐书》《旧唐书》的《地理志》也都有记载。《新唐书·地理七下》对羁縻府州区域有如下记载："唐兴，初未暇于四夷，自太宗平突厥，西北诸蕃及蛮夷稍稍内属，即其部落列置州县。其大者为都督府，以其首领为都督、刺史，皆得世袭。虽贡赋版籍，多不上户部，然声教所暨，皆边州都督、都护所领，著于令式。今录招降开置之目，以见其盛。其后或臣或叛，经制不一，不能详见。突厥、回纥、党项、吐谷浑隶关内道者，为府二十九，州九十。突厥之别部及奚、契丹、靺鞨、降胡、高丽隶河北者，为府十四，州四十六。突厥、回纥、党项、吐谷浑之别部及龟兹、于阗、焉耆、疏勒、河西内属诸胡、西域十六国隶陇右者，为府五十一，州百九十八。羌、蛮隶剑南者，为州二百六十一。蛮隶江南者，为州五十一，隶岭南者，为州九十二。又有党项州二十四，不知其隶属。"通过这一记载，可以清晰地了解唐王朝对羁縻府州的统治方式。

值得关注的是藩国区。这一区域在都护府统治区之外，而且属于唐王朝统治者观念中"家"之外的区域，在唐王朝统治者的天下观念中位处最外层。在这一区域内的多是一些势力比较强大的边疆民族政权，诸如突厥、薛延陀、吐蕃、百济、新罗等。这些政权和唐王朝的关系大致可以分为三类：第一类是向唐王朝称臣的政权，薛延陀、南诏、百济、新罗等都属于此类。第二类是和唐王朝保持"舅甥"关系的政权，吐蕃即是。第三类是保持"敌国"关系的政权，唐王朝初期的突厥汗国属于此类。《汉唐藩属体制研究》对唐王朝三个层次"天下"秩序的建构有系统梳理，特别需要指出的是：唐王朝的"天下"秩序虽然大体保持三层结构的特点，但却是不断变化的，不同时期不同的层次涵盖的范围是不同的，如突厥最初是"敌国"，贞观十四年（640）之后成为"羁縻府州"，贞观后期又成为"藩国"。

对于上述史实，探讨东亚"天下"秩序的论著一般都有论及，笔者在此进行简要罗列的目的是想说明以下几个问题：其一是，"天下"是唐王朝皇帝的"家"，所谓"朕以四海为家，兆人为子"表明维持"天下"秩序最主要的是政治关系。其二是，"中国"（九州）是"天下"的中心，也是被藩卫的对象，对此无论是在唐王朝统治者的观念中，还是统治体系的建构中，都有充分的体现。其三是，"天下"尽管有狭义和广义之分，而且群体也有"中国之人"和"四夷之人"的分别，但二者却是一个整体，共同构成了"天下"。其四是，"四夷之人"分布的区域起着藩卫"中国"的作用，其在唐王朝"天下"体系中又可以分为羁縻府州区域内的"藩臣"和保持称臣纳贡关系的"藩国"，二者共同构成了唐王朝的边疆，这也是笔者主张用"藩属体制"来指称唐王朝构筑的政治秩序的主要原因。

三

对于藩卫"中国"的羁縻府州和"藩国"，唐王朝虽然实施的管理方式有差异，但是这种差异在很大程度上取决于其分布的范围和势力的强弱。一般而言，位处传统郡县区域之内的政权，唐王朝难以容忍其保持"藩国"的状态，高句丽似乎可以作为一个典型的例证。高句丽立国于"旧中国之有"的辽东，虽然在西汉后期逐渐强大，称雄东北亚，但最终招致了唐太宗、高宗持续不断的进攻，最终为唐王朝统一，被纳入安东都护府下的羁縻府州管理体制。[①]但对于传统的郡县区域之外的政权，

---

① 参见李大龙《都护制度研究》，黑龙江教育出版社2012年版，第267—280页。

势力强大者可以在唐王朝的"天下"秩序中保持"藩国"的形式,弱小者依然会被纳入羁縻府州管理体制。

面对众多的"四夷之人"构成的政权,唐王朝制定了系统的礼仪制度来规范与这些政权的关系,以及这些政权之间的相互关系。《礼记·曲礼上》对"礼"有如下解释:"夫礼者,所以定亲疏,决嫌疑,别同异,明是非也。"但实际上,"礼"对中国社会的影响是难以用如此简单的一句话完全概括的。唐王朝初在"隋礼"基础上制定了"贞观礼",后又制定了"显庆礼""唐礼""大唐开元礼"等,而且这些礼仪制度也广泛地传布到边疆地区。在这些礼仪制度中就有不少是用来规范"天下"秩序的,其中最主要的就是所谓的"宾礼"。

宾礼的确立原则是在汉代。《汉书·宣帝纪》载:甘露二年(前52),匈奴呼韩邪单于在匈奴内战中失败,遣使降于西汉。汉宣帝"诏有司"议定有关礼仪制度。当时"有司"的大臣们意见比较统一,咸曰:"圣王之制,施德行礼,先京师而后诸夏,先诸夏而后夷狄。《诗》云:'率礼不越,遂视既发,相土烈烈,海外有截。'陛下圣德,充塞天地,光被四表。匈奴单于乡风慕义,举国同心,奉珍朝贺,自古未之有也。单于非正朔所加,王者所客也,礼仪宜如诸侯王,称臣昧死再拜,位次诸侯王下。"主张采用周代就形成的传统礼仪制度。但大臣们的这些建议并没有为汉宣帝接受,因为他想借此显示自己的德绩,因而下诏:"盖闻五帝三王,礼所不施,不及以政。今匈奴单于称北藩臣,朝正月,朕之不逮,德不能弘覆。其以客礼待之,位在诸侯王上。"三年(前51)正月,呼韩邪单于来朝,"赞谒称藩臣而不名,赐以玺绶、冠带、衣裳、安车、驷马、黄金、锦绣、缯絮。使有司道(导)单于,先行就邸长安,宿长平。上自甘泉宿池阳宫。上登长平阪,诏单于毋谒(注谓:不拜见也)。其左右当户之群皆列观,蛮夷君长王侯迎者数万人,夹道陈。上登渭桥,咸称万岁。单于就邸。置酒建章宫,飨赐单于,观以珍宝。二月,单于罢归"。礼仪制度是唐王朝维持"天下"秩序的根本制度,而"藩臣之礼""舅甥之礼""敌国礼"构成了其主要内容。所谓"藩臣之礼"是唐王朝根据中原王朝传统的藩属观念而制定的一套礼仪制度。这套礼仪制度从边疆民族首领或使者的接待来看,主要性质即是藩属边疆民族首领或使者(包括边疆民族政权的统治者)的不断"再拜",反映着唐王朝和边疆民族政权的政治隶属关系。

朝贡是确立政治隶属关系的标志之一,但并非所有的边疆政权都有朝贡的资格,在唐代有以下几个与朝贡有关的例证值得关注。

一是平高昌。《旧唐书·西戎传·高昌》载：贞观十三年（639），高昌遣使者来朝，唐太宗对其使者说："高昌数年来朝贡脱略，无藩臣礼，国中署置官号，准我百僚，称臣于人，岂得如此！今兹岁首，万国来朝，而文泰不至。增城深堑，预备讨伐。日者我使人至彼，文泰云：'鹰飞于天，雉窜于蒿，猫游于堂，鼠安于穴，各得其所，岂不活耶！'又西域使欲来者，文泰悉拘留之。又遣使谓薛延陀云：'既自为可汗，与汉天子敌也，何须拜谒其使。'事人阙礼，离间邻好，恶而不诛，善者何劝？明年，当发兵马以击尔。"唐太宗罗列的讨伐高昌的理由包括：不朝贡、仿照唐王朝设置官职、不来朝见、阻碍其他民族使者入唐、挑拨其他民族和唐王朝的关系等，而其中"朝贡脱略"被列在首位，并与"无藩臣礼"直接联系在一起，可知对唐王朝来讲，是否前来朝贡是衡量一个民族或政权能否和唐王朝保持"藩臣"关系的基本标准，边疆民族和唐王朝建立起"藩臣"关系始于朝贡自然也是说得通的。

二是铜鱼制度。《唐会要·杂录》载："故事，西蕃诸国通唐使处，悉置铜鱼。雄雌相合，各十二只，皆铭其国名。第一至十二，雄者留在内，雌者付本国。如国使正月来者，赍第一鱼，余月推此。闰月赍本月而已，但校其雌雄。"既然唐王朝铸造雌雄铜鱼①各十二只，并将朝贡之国名称铭其上，自然也会对朝贡之民族政权和唐王朝的关系有一个清楚的认识。因为前来朝贡的民族政权必须携带铜鱼前来，两铜鱼相合才能算作朝贡，一方面唐王朝可以避免边疆民族使者冒用朝贡之名而行贸易之实；另一方面也可以对朝贡的边疆民族政权进行区分和管理。

三是东谢蛮朝贡事件。《新唐书·南蛮下》载：东谢蛮"建中三年，大酋长检校蛮州长史、资阳郡公宋鼎与诸谢朝贺，德宗以其国小，不许。诉于黔中观察使王础，以州接牂柯，愿随牂柯朝贺，础奏：'牂、蛮二州，户繁力强，为邻蕃所惮，请许三年一朝。'诏从之"。此处的"朝贺"在《旧唐书》中被称为"朝贡"。

四是康国求臣未许。《新唐书·西域下》：康国，"隋时，其王屈木支娶西突厥女，遂臣突厥。武德十年，始遣使来献。贞观五年，遂请臣。太宗曰：'朕恶取虚名，害百姓，且康臣我，缓急当同其忧。师行万里，宁朕志邪？'却不受"。

综合分析上述几个实例，以下几个问题需要关注：其一，唐太宗对称臣的民族

---

① 山东省东营市历史博物馆藏有一件唐代铜鱼，被认为是唐中晚期神策军调兵的凭证，似也可作为唐王朝朝贡政策执行进程中铜鱼存在实物的佐证。

或政权的范围有一个清楚的界定，高昌是必须称臣纳贡的，而康国则不是。换言之，在唐王朝的"天下"中称臣纳贡、保持"藩国"地位也是有标准的。其二，朝贡是确立和维持"藩臣"关系的标志之一。其三，唐王朝针对朝贡确立了铜鱼制度，一方面说明朝贡所具有的政治意义是第一位的，贸易方面的作用是衍生而来的，另一方面也表明唐王朝统治者已经觉察出了由此出现的"贸易"问题。其四，并非所有的边疆政权或民族都有资格朝贡，东谢蛮似乎是一个例子。也就是说，即便是有了朝贡的资格，也不是所有的政权都能够到唐王朝都城朝贡，地方州县也接受贡物。

四、结语

在唐王朝前期尤其是唐太宗时期构建和维护"天下"秩序运转的实践中，先秦时期的服事制和西汉王朝的实践活动起到了十分重要的指导作用。朝贡活动只是唐王朝前期构建和维持"天下"秩序运转的政策之一，其存在的前提是政治上的隶属关系，其次才具有"贸易"性质。当然，东亚历史上藩属体制的存在多数情况下呈现多样化，既有中原王朝主导的一个大藩属体制，也有数个藩属体制并存的情况，而在大的藩属体制之下也经常会存在着若干个小的藩属体制，其内部也会存在着各种不同的朝贡现象。但不管是何种朝贡，其存在的前提都是政治隶属关系的确立，尤其是在中国历代王朝构建的藩属体制中，无论是册封，还是朝贡，都是历代王朝维持这一体制运转的具体治策和措施，本意是"藩卫"核心地区的安全，因此称为藩属体系更为恰当，朝贡体系或朝贡贸易体系并不能准确反映其全部特点。

原载《中国边疆史地研究》2014年第2期，
本文刊发时作者为中国社会科学院研究生院研究生；
中国社会科学院中国边疆史地研究中心编审。

"藩属"与"宗藩"辨析
——中国古代疆域形成理论研究之四

刘志扬　李大龙

"藩属"和"宗藩"是在有关中国古代史和近代史论著中经常可以见到的词语，但二者的具体含义是什么，以及二者之间是否存在差异等，却没有学者进行过专文探讨。从"藩属"和"宗藩"两个词的使用状况看，二者在中国古代是经常使用的词语，且有着相对明确的含义，并与今天的用法存在较大差异，分清这些差异不仅有助于我们认识中国历代王朝与边疆民族乃至邻国的关系，也有助于认识中国古代疆域的形成和发展。因此，本文试图从分析古人对"藩属"与"宗藩"的不同用法入手，探讨这两个词的异同，并兼及今人在使用中存在的问题。

一、学界对"藩属""宗藩"的认识和使用

关于"藩属"和"宗藩"二词的关系，虽然学界没有专文进行过界定，但对于二词的具体含义却有一些学者做过程度不同的界定。

对"藩属"一词的含义，早在20世纪中期即有学者论及，如钱实甫先生《清代的外交机关》一书认为"藩属"是藩部和属国的合称；①21世纪初期，张永江先生《清代藩部研究——以政治变迁为中心》一书专列一节"藩属与相关概念辨析"，认为"藩属指与中央王朝保持宗藩关系的异民族或属国。清代可以理解为藩部和属国的合称，当然既包括藩部，也包括属国在内"，并对清代"藩部""属国"的含义进

---

① 三联书店1959年版，第1页。

行了阐述。①后者是笔者见到的对"藩属"一词进行考述最为详细的论著,但遗憾的是作者不仅对"藩属""宗藩"之间的关系没有做出明确的解释,而且在具体使用过程中也存在着"藩属""宗藩"混用的情况。

对于"宗藩"一词做出较全面界定的是赵炎才、魏开方先生。二人在《云南社会科学》2003年第1期发表的《中国传统宗藩制度基本特征述论》一文中对"宗藩"有如下界定:"宗藩制度是中国传统政治制度的有机组成部分,有广义与狭义之分。从广义而言,它涉及国内皇帝与宗亲、功臣等实力集团的关系,以及国际上古代中国与周边国家之间特殊的传统关系。而狭义的宗藩制度实乃围绕皇帝处理皇权与宗亲、功臣等地方实力集团关系而确立的重要行政机构。"但遗憾的是,作者所论没有翔实的史料作为支撑,其所论述的基本特征也并不是针对广义的"宗藩"而言的,是围绕作者自己认定的"狭义宗藩"展开。二人认为:"狭义的传统宗藩制度主要是围绕皇帝处理皇权与宗室、功臣等地方实力集团关系而设立的重要行政机构,其基本特征主要有四:制度设置上迷恋家族与偏爱国家并举,制度内涵表现为内在传承与外在发展互动,制度工具体现为一定理想与浓厚致用结合,制度运作归于目标合理与具体合理统一。它们在一定程度上顺应了古代中国政治制度的内在演化规律,比较符合当时社会的现实需要。"黄清根、陆妙春先生《中越宗藩关系简论》一文则从"宗""藩"二字的字义入手,对"宗藩"的含义做过考述,认为:"在宋代以前的经籍中,'宗''藩'二字的本义,互不相涉,更无厚薄统属之殊。'宗',是指景仰、尊崇的意思。'藩'即'藩篱',与'屏蔽''藩屏''藩翰'一类词含义相同,用现代汉语来表述,都是指捍卫、保卫的意思。到了宋代,'宗藩'二字始连用,最早见于南宋诗人陆游的《送大宗丞诗》:'宗藩虽旧识,莫遣得亲疏。'之后,'宗藩'一词广为应用,直至进入明清,成为中国与其周边国家关系上一种常见的用词。"②这是笔者所见到的对"宗藩"一词的形成和含义进行系统阐述的唯一专论,遗憾的是作者的观点并不正确,不仅对"宗""藩"二词的词义解释有误,而且对"宗藩"一词的形成与发展的阐述也毫无根据,是作者想当然的结论。

除上述这些研究性论著之外,一些辞书也有关于"藩属""宗藩"二词的解释。

---

① 黑龙江教育出版社2001年版,第23—32页。
② 《江汉论坛》1996年第11期。

如《汉语大词典》对"藩属"的解释是"旧指属国或属地";①《中文大辞典》则认为是"服属之地也。如朝鲜、安南、琉球、缅甸诸国，本皆我国藩属";②《现代汉语词典》将"藩属"解释为"封建王朝的属地或属国"，该辞书同时对与之相关的"宗主国"有如下解释:"封建时代直接控制藩属国的外交和国防，从而使藩属国处于半独立的状态的国家。在资本主义时代，殖民国家对殖民地也自称宗主国。"③

上述这些论著或辞书对"藩属"或"宗藩"的界定应该说是综合了学界的用法或通过简单的考述而得出的结论，其中比较突出的一点是认为"宗藩"代表着古代国际关系的观点较为普遍，这反映着学界在使用"藩属""宗藩"两个词汇时普遍存在的一种倾向。

为了深入了解学界对"藩属""宗藩"两个词汇的使用情况，笔者通过"中国期刊网"对1994年至今的所有相关论文进行了检索，发现"藩属""宗藩"的使用情况大致可以分为以下几种：

一是用"宗藩"来阐述明清和越南、朝鲜、缅甸、琉球等周边国家的关系。这是学界最为普遍的用法，笔者检索到的95%以上的论文都用"宗藩"来称呼明清和周边国家的关系。如林龙飞先生《晚清宗藩体制的解体》认为:"宗藩体制是东亚地区中国和朝鲜、越南等周边国家间的一种不平等的封建国际系统结构。封建宗藩体制的解体，是晚清对外关系史上的一个十分重要的问题。中国近代史上的许多重大问题，包括琉球问题、中法战争、中日甲午战争等都与这个问题有直接联系。"④该作者在《清代宗藩体制的形成及特点初探》一文中还认为:"宗藩体制是东亚地区中国和朝鲜、越南等周边国家间的一种不平等的封建国际系统结构。它的形成一方面是因为国力的悬殊，但更重要的还在于深刻的文化动因——儒家文化的博大精深。宗藩体制是通过朝贡、敕封等一系列封建礼仪来维系的。政治上表现为封建礼仪的上下尊卑的等级关系，经济上通过朝贡、赏赐及附载贸易，增进各国的经济交流，文化上促进了以儒家文化为核心的东亚儒家文化圈的形成。"⑤郑正伟先生《论中法交涉宗藩权与保护权之争的实质》探讨的是中、法围绕越南问题的交涉，也是用"宗藩"

---

① 上海辞书出版社1986年版，第9册，第609页。
② 台湾华冈出版有限公司1976年版，第12667页。
③ 商务印书馆2002年版，第344页、第1672页。
④ 《湘潭大学学报》2000年第3期。
⑤ 《长沙电力学院学报》2001年第2期。

来描述清朝与越南的关系。①苏苑先生《清韩宗藩关系的解体及中国半殖民地化的加深》则是用"宗藩"来描述清朝与朝鲜的关系。②郭渊、王静先生《从郑和下西洋看明王朝的宗藩思想》则是用"宗藩"称呼明朝和周边各国的关系。③此外,论及清朝和缅甸、琉球等国关系的论文也多是采用"宗藩"来表示。由此可知,在不少学者看来,"宗藩"的含义就是用来指称明清与邻国的关系。

二是认为"宗藩"和"藩属"相同,是指东亚的国际关系,并和册封朝贡制度相联系。如张世明先生《清代宗藩关系的历史法学多维透视分析》从宗藩关系的发生学分析、清代宗藩关系的语用学分析、清朝与属国宗藩关系的法理学分析等三个方面,对清代宗藩关系的形成和发展进行了探讨,认为"宗藩关系又称藩属关系,有时亦称之为朝贡关系或朝贡制度,是在亚洲地区源远流长的国际关系制度之一"。④同时,该文还引用了张存武先生《清代中朝关系论文集》⑤的相关论述来说明问题。吴宝晓先生《清季藩属观念调适与边疆政策变化》一文认为,19世纪70至90年代,面对列强侵略,清朝在传统体制框架内对藩属政策进行了调整,重心是扶持属国强大,以抵御侵略并巩固中国边防,并据此对属国采取不同对策,或强化宗主权,或采取消极政策;强化对朝宗主权及在越南、缅甸寻求建立缓冲区是这种政策变化的产物。⑥可知作者虽然标题用的是"藩属",但内容中屡用"宗主权"一词,反映了作者也是将"藩属"等同于"宗藩"的,并用其指称清朝和邻国的关系。

三是认为"宗藩"是指古代王朝内部册封的地方王侯。如张民服、徐晶先生《明代河南宗藩浅述》认为:"分封藩王是朱元璋建立明朝后采取的一项重要政治措施。河南是分封藩王较多的地区之一,自洪武十四年始,先后有周王、唐王、伊王等陆续到此就藩。明代其他皇帝的子孙许多也都被分封于河南。至明中后期,河南各地藩府林立。这些宗藩违制越轨,广占土地,擅杀人命,给社会造成了严重危害。"⑦赵全鹏先生《明代宗藩对社会经济的影响》一文所论及的"宗藩"也是明朝册

---

① 《天水师范学院学报》2003年第1期。
② 《江苏社会科学》2001年第2期。
③ 《求索》2005年第6期。
④ 《清史研究》2004年第1期。
⑤ 台湾商务印书馆1985年版。
⑥ 《清史研究》2002年第3期。
⑦ 《商丘师范学院学报》2002年第1期。

封的地方同姓诸侯王。①

四是认为"藩属"是中国统一王朝地方政权的另类构成形式。如黄松筠女士《中国藩属制度研究的理论问题》认为:"藩属是统一王朝地方政权的另类构成形式,它于王朝直属郡县之间实行一朝两制,于藩属政权内部实行地方自治与民族自治。因此,藩属制度属于国家政体的范畴。"②作者即将"藩属"一词指称的范围限定在了中国统一王朝的内部。

五是认为"藩属"是在清代才形成的概念,具体含义是指"奉朝朝贡之国",但该词是"藩臣""属国"等词语长期发展的结果,清代之前对边疆民族政权或邻国多用"藩臣""属国"来称呼。笔者在《古代中国高句丽历史续论》、③《不同藩属体系的重组与王朝疆域的形成》④等论著中都持此种观点。

上述诸多解释和各种不同的用法反映了学者们对"藩属""宗藩"的认识和使用存在着较大的差异。这些差异的存在,一方面说明学界对"藩属""宗藩"两词的形成与发展缺乏准确、统一的认识,另一方面则是学界对相关历史现象缺乏深入探讨的结果,由此也为相关研究的深入带来了许多疑问。诸如"藩属"和"宗藩"二词是何时形成的,其含义是否存在变化,二者的关系如何,是否具有相同的含义;对于中国古代王朝和邻国的关系是称之为"宗藩"还是"藩属";"藩属"是专指历代王朝和边疆地区政权的关系,还是包括了与周边邻国的关系……这些问题,实际上涉及的并不仅仅是"藩属"和"宗藩"二词的具体含义问题,也涉及如何准确认识历代王朝与边疆地方政权乃至周边邻国的关系,因而也是很有必要加以正确界定和区分的。基于这种认识,笔者试图从古人对"藩属"和"宗藩"两词的用法入手,以探求二者之间的差异和关系。

二、"藩属"的含义及其使用

笔者通过《四库全书》电子版、汉籍全文检索系统等数据库的检索发现,"藩属"一词,最早出现在《明实录》之中。《明神宗实录》卷497有"琉球列在藩属,

---

① 《河南师范大学学报》1994年第5期。
② 《社会科学战线》2004年第6期。
③ 参见马大正、李大龙等《古代中国高句丽历史续论》,中国社会科学出版社2003年版。
④ 《中国边疆史地研究》2006年第1期。

固已有年"之语，但《明实录》对"藩属"一词没有明确的解释，而对"藩属"做出明确解释的是《钦定四库全书总目》。该书卷68在介绍《钦定皇舆西域图志》时说："次藩属三卷，皆奉朔朝贡之国。"所谓"奉朔朝贡之国"，《钦定皇舆西域图志》卷44—46三卷列有如下民族或政权：左部哈萨克、右部哈萨克、东布鲁特、西布鲁特、霍罕、安集延、玛尔噶朗、那木干、塔什罕、拔达克山、博洛尔、布哈尔、爱乌罕、痕都斯坦、巴勒提。从史书的记载判断，这些民族或政权多是属于清朝的"属国"，那么清代的"藩属"是否专指"属国"？从"奉朔朝贡之国"的含义来理解的话，"属国"并不是有清一代"奉朔朝贡之国"的全部。从《清实录》《清史稿》等记录清代历史的史书记载看，"奉朔朝贡之国"不仅包括诸如左部哈萨克、右部哈萨克、霍罕、朝鲜、缅甸、越南、琉球等被称为"外藩""藩臣"的"属国"，也包括被称为"外藩"的蒙古各部、回部等接受清朝直接管辖的边疆民族。按照《清高宗实录》卷131乾隆五年十一月甲午条的记载："新修《大清一统志》书成。议叙总裁、纂修等官有差。御制序文曰：惟上天眷顾我大清，全付所覆，海隅出日，罔不率俾。列祖列宗，德丰泽溥，威铄惠滂。禹迹所奄，蕃息殷阜，瀛堧炎岛，大漠蛮陬，咸隶版图。置郡筑邑，声教风驰，藩服星拱，禀朔内附，六合一家……圣祖仁皇帝特合纂辑全书，以昭大一统之盛。卷帙繁重，久而未成。世宗宪皇帝御极之初，重加编纂，阅今十有余载，次第告竣。自京畿达于四裔，为省十有八，统府州县千六百有寄。外藩属国五十有七，朝贡之国三十有一。星野所占，坤舆所载，方策所纪，宪古证今，眉列掌示，图以胪之，表以识之。书成，凡三百五十余卷。"引文中所谓"外藩属国五十有七，朝贡之国三十有一"应该是"奉朔朝贡之国"所涵盖的范围，当然这是乾隆时期的情况。此外，从引文阐述的顺序看，"自京畿达于四裔，为省十有八，统府州县千六百有寄"是指以中原地区为核心的清朝直辖的区域，在十八省之外，分布的则是"外藩属国"，此即清人所用"藩属"一词涵盖的范围，它不仅涵盖了称为"外藩"的众多民族或政权，也包括了"属国"以及"朝贡之国"。之所以称为"藩属"，是因为这些民族或政权分布在十八省之外，对十八省的安全起着"藩卫""藩屏"的作用，一如中原地区卫护家之安全的篱笆，这也是"藩"的根本词义。

尽管清朝将"外藩属国五十有七，朝贡之国三十有一"都视为"藩属"涵盖的范围，但是否所有的"外藩属国""朝贡之国"都可以被称为"藩属"则是需要进一步考证的问题。一方面,由于清朝受到传统"天下观"的影响,有些和清朝并没有政治隶属关系的国家也被纳入朝贡国的范围之内;另一方面称呼一些在地理分布上并不邻近的民族或政权为"藩属"似乎也不合乎"藩属"的本义。

为了搞清楚清人"藩属"一词的具体使用情况,笔者选择了《清实录》《钦定大清会典》《清史稿》《钦定大清会典事例》《皇朝经世文编》《皇朝续文献通考》等电子文献进行了检索,发现"藩属"指称的对象大致包括如下民族或政权:

一是用于指称朝鲜、越南、琉球、缅甸、暹罗、东西布鲁特、左右哈萨克等周边民族或政权。

在清人的观念中,朝鲜不仅被视为清朝的"藩属",而且也被认为是前代的"藩属"。《清德宗实录》卷 344 有"谕内阁,朝鲜为我大清藩属,二百余年岁修职贡,为中外所共知"一语,此话出自皇帝之口,自然代表着清朝朝廷的认识。《钦定大清会典事例》卷 520《礼部》藩属饩廪条下列有:"崇德二年定,朝鲜国王子弟来朝,每日给鹅一、鸡二、鱼四、猪肉八斤、粳米二升、酒一瓶、细粉三斤、葱二斤、菜韭及酱各一斤、清酱八两、醋三两二钱、镫油六两。随从每人日各给猪肉一斤,并给盐米。"反映了在礼仪和具体接待制度方面清朝也是将朝鲜视为"藩属"的。类似的记载还有很多,对此学界的认识较为一致,无需一一列举。

越南在清人的观念中也是位列"藩属"的。《清史稿》卷 439 载有清人寿恒疏言,其中有"法以传教为事,今乃思辟商务,取径越南。越固我藩属,万无弃而不顾之理"一语。《清德宗实录》卷 144 有:"辛亥。谕军机大臣等,总理各国事务衙门奏法越兵端已起,亟宜通筹边备以弭后患一折,据称张树声函报二月十四五等日,突有法国兵船由西贡驶至海防进口,声称攻取东京等语。越南孱弱已甚,如果法人意在并吞,该国万难自全。论藩属之义,中国即应派兵救援。"可知越南也是清人所用"藩属"一词涵盖的对象之一。

称琉球为"藩属"见于《皇朝续文献通考》卷 331:"琉球,在日本萨峒马之南,东洋小国也……自前明以来世为中国藩属。"

称缅甸、暹罗为"藩属"见于《皇朝经世文续编》卷 103《洋务三·洋务通论下》:"……查缅甸、暹罗、越南三国,皆濒于海,为我藩属,世修职贡。华人旅居其地者,多至数十万众。诸国亦与华人相习,不分畛域……"

称左部哈萨克、右部哈萨克、东布鲁特、西布鲁特、霍罕、安集延、玛尔噶朗、那木干、塔什罕、拔达克山、博洛尔、布哈尔、爱乌罕、痕都斯坦、巴勒提等为"藩属"见于《钦定皇舆西域图志》，上已引述。

从这些例证看，被称为"藩属"的多是分布在大清周围的民族或政权，并和清朝保持着较为密切的册封朝贡关系。也就是说，并非所有被称为"外藩"的朝贡之国都被视为"藩属"，其中地理分布上的邻近是一个主要的因素。《皇朝经世文三编》卷53《兵政九·兵机三》载："嗟乎，今之世一防务着紧之世也。昔者藩属拱卫，固如复壁重墙，今则琉球夷于日，越南并于法，暹罗、缅甸沦于英。四顾茫茫，藩篱尽撤，以致唇亡齿寒。海陆并重，盖防务之不可忽也非一日矣。"由此记载或许可以推知清人确定"藩属"指称对象时地理位置是一个重要的依据。

二是用于指称被称为"外藩"或"内藩"的蒙古各部、回部、西藏、索伦等边疆民族或政权。

在清代，"外藩"是一个经常使用的词，张永江先生在《清代藩部研究——以政治变迁为中心》一书中对其含义及范围有过考述，认为"涵义是广泛而不确定的"。（第32页）笔者则认为"外藩"指称的对象是以理藩院所辖民族或政权为基础的所有"朝贡之国"。但是，从"藩属"的用法看，也并非所有的"外藩"都被称为"藩属"，被称为"藩属"的除上述周边民族或政权之外，还有蒙古各部、回部、西藏、索伦等边疆民族或政权。

《清德宗实录》卷301载："总理各国事务衙门奏：德使巴兰德来署面称，紫光阁为筵燕藩属之地，见诸记载。同治十二年以来各国使臣于此觐见，在圣意固属优待，而道路传闻，总疑视与国使臣等于藩属，于体面有碍。坚请代奏，另定处所。依议行。"可知紫光阁被外国使臣认为是清朝专门宴请"藩属"的地方。

《啸亭杂录》卷10《理藩院》载："王会司掌朝贡、会盟、聘享、武备诸政。令藩王凡充补近侍者岁一朝，余则三岁一朝，各于岁终分班入觐，分其名位，给以廪膳。凡朝，郎官领入大内，位宗室王公下，朝见如仪，元旦、上元复如之。岁朝，上宴诸藩于紫光阁，郎官领进，自阳泽门入，宴于阶次，奏乐，拜谢如仪。……典属司掌外尼堪四部落，北入瀚海，西绝羌、戎，凡青海、西藏诸土属焉。……徕远司掌回部疆土分封、朝会、聘享诸政。嘉峪关外回部有十，曰吐蕃，曰丕占，曰沙兰，曰昆辰，曰鄠颜，曰班，曰武始，曰韩干，曰叶羌，曰和阗，尽统属之。其旧疆建诸王二，咸如蒙古诸藩，余则置伯克司之。……外藩如布特、韩萨、安集延、爱乌罕诸属国，皆置译使以通其语，朝聘宴享，悉如朝鲜、琉球仪制。理刑司掌蒙古诸刑名，自斩绞外，罪止鞭朴，不及流徙，而以牛马作赎刑焉。……至若本朝，威德伟然，毡庐月窟之长，无不匍匐庭除，争为臣仆。故列圣裂土封之，世界其守，作我藩服，朝聘宴享，比隆三代，王者守四夷固如是也，岂汉、唐屠弱之主所能及哉？"

《钦定大清会典事例》卷520《礼部》藩属饩廪条列有："东方索伦、萨哈尔察、虎尔哈、库尔喀等部落，贡貂来朝。头领每日各给猪肉二斤、酒一瓶、镫油二两、盐一两，每三日给蒸饼一次。"

《清德宗实录》卷534载："庚午。谕军机大臣等，西藏为我朝二百余年藩属。"

综合这些记载，则"藩属"指称的范围不仅包括了朝鲜、琉球等"属国"，也包括了理藩院管辖的蒙古各部、回部、青海、西藏等众多边疆民族或政权。

三是用于指称清初的地方势力。

清初的"藩王"也是被称为"藩属"的，《清圣祖实录》卷96有如下记载："广东巡抚金儁疏言：平南藩都统王国栋，职居藩属，心在朝廷。每恐尚之信恣肆横行，与臣密商参奏，逆藩就絷，祸患削平，讵逆党李天植诱胁不从，反将王国栋攒杀支解。报国孤忠，临难不屈，允宜赐恤，以慰忠魂。"由此可证，地方势力也被称为"藩属"，但只是限于清初期，其后再无此种称呼出现。

四是用于指称大、小政权之间的隶属关系或是属下的代称。

清人有时也用"藩属"来指称大、小政权之间的隶属关系或属下。如《清史稿》卷525载有驻藏大臣升泰的奏疏，其中有："隆吐山南北本皆哲孟雄地方。英人虽视为保护境内，其实哲孟雄、布鲁克巴皆西藏藩属。"此外，《清史稿》卷254载："十六年三月，上命舒恕留兵守赣州，而授莽依图署江宁副都统，代舒恕佩镇南将军印，帅师规复广东，以额赫讷、穆成额参赞军事。自南康进南安，再进南雄，三桂所遣守将皆出降，之信亦率藩属归顺。"前例"藩属"似可以理解为哲孟雄、布鲁克巴与西藏有隶属关系，后例"藩属"则应该是指称尚之信的属下。

在清代"藩属"的上述几种用法中，第一、二种从使用的频率看应该是较为常见的用法，也反映了"藩属"一词在清代的基本词义。也就是说，清代的"藩属"既用于称呼朝鲜、缅甸、越南、琉球、哈萨克等属于"属国"的周边民族或政权，同时也用于指称蒙古各部、回部、青海、西藏以及东北地区的边疆民族。这一用法基本上和秦汉时期"藩臣"与"属国"的用法相同，取"藩"之"藩卫""藩屏"的含义，目的是在直接管辖区域十八省之外建立一个缓冲（保卫）区；不同的是，秦汉时期的"属国"是指称内迁到郡县区域内的边疆民族，而具有相对"独立"性的周边地区民族或政权则被称为"藩国"，面对中央王朝则自称为"藩臣"。

通过上述，笔者认为可以得出如下结论：将"藩属"看作是用于专指国际关系或中央王朝与边疆民族政权之间关系的认识都是不正确的，其含义在清代是用于指称邻近的"属国"和部分边疆民族或政权。应该说，"藩属"一词虽然是在明清时期才最终出现，但其指称的对象却早在秦汉时期就已经存在，只是史书以"藩臣""属国""外臣"等称之。自秦王朝实现对中原地区的统一之后，在中原汉人心目中的"天下"真正成了由"夏"和"夷"分布区域构成的"二元"结构，而为了保护"夏"的分布区——中原郡县的安全，继秦之后的汉王朝开始主动经营边疆地区，试图在郡县外围构筑"藩屏"区域，由此降服于汉王朝的边疆民族政权也有了"藩臣""外臣""属国"等称呼。① 当然，"藩臣"在用于指称边疆民族政权的同时，也有指称中央王朝内部分封的同姓或异姓诸侯王乃至地方势力的含义，不过随着分封制度的逐渐衰落，"藩臣"更多的还是前一种用法。也就是说，"藩属"一词是在明清时期才最终定型，但却是长期发展的结果，是在历代王朝经营边疆乃至邻近地区的过程中出现的特殊词语。

三、"宗藩"的含义及其使用

与"藩属"相比，"宗藩"一词形成的时间要早得多，在西汉时期成书的《史记》中即有"宗藩"一词。《史记·太史公自序》有："汉既谲谋，禽信于陈；越荆剽轻，乃封弟交为楚王，爰都彭城，以强淮泗，为汉宗藩。戊溺于邪，礼复绍之。嘉游辅祖，作《楚元王世家》第二十。"此被称为"宗藩"的楚王乃西汉皇帝册封的刘氏同姓诸侯王之一。另据《汉书·景十三王传·中山靖王胜》载："赵王曰：'中山王但奢淫，不佐天子拊循百姓，何以称为藩臣。'"说明汉代分封的刘姓诸王对天子也自称为"藩臣"。此"藩臣"即是取"藩卫"朝廷之意。

---

① 相关情况，参见李大龙《西汉王朝藩属体制的建立和维系》，《学习与探索》2005年第3期。

"宗藩"虽然是因分封制度的实施而出现,但笔者在有关先秦时期的史书记载中却没有查到该词。以周代为例,在周王朝王畿之外存在着诸多的侯国和蛮夷国。对于诸侯,《国语·郑语》记载:"当成周者,南有荆蛮、申、吕、应、邓、陈、蔡、随、唐,北有卫、燕、翟、鲜虞、潞、洛、泉、徐、蒲,西有虞、虢、晋、隗、霍、杨、魏、芮,东有齐、鲁、曹、宋、滕、薛、邹、莒。是非王之支子母弟、甥舅也,则皆蛮荆戎翟之人也。"吴人韦昭在其下注曰:"荆蛮,芈姓之蛮,鬻熊之后。申、吕,姜姓也。应、蔡、随、唐,皆姬姓也。应,武王子所封。邓,曼姓也。陈,妫姓也。卫,康叔之封;燕,邵公之封,皆姬姓也。翟,北翟也。鲜虞,姬姓在翟者也。潞、洛、泉、徐、蒲,皆赤翟,隗姓也。八国(指虞、虢、晋、隗、霍、杨、魏、芮——引者),姬姓也。虞,虞仲之后。虢,虢叔之后,西虢也。齐,姜姓。鲁、曹、滕,皆姬姓。宋,子姓。薛,任姓。邹,曹姓。莒,己姓,东夷之国也。王支子母弟,姬姓是也。甥舅,异姓是也。蛮荆,楚也。戎翟,北翟,潞、洛、泉、徐、蒲是也。戎或为夷。"之所以册封诸侯,按照后人的解释是"封建亲戚,以藩屏周"。① 也就是说,分封诸侯的目的是为维护周王室安全,虽然周代的诸侯对王室起着"藩屏"的作用,但并不称为"宗藩",而是多称为诸侯,"宗藩"的称呼在汉代才开始出现,用于指称内部分封的诸王。

汉代"宗藩"的这一用法在晋代也没有明显的变化,依然是用于指称地方同姓诸侯王或皇室后裔。如《晋书·五行志中》载:"太安中,童谣曰:'五马游渡江,一马化为龙。'后中原大乱,宗藩多绝,唯琅邪、汝南、西阳、南顿、彭城同至江东,而元帝嗣统矣。"此"宗藩"是用于指称皇室后裔。而《晋书·齐王冏传》载:"光熙初,追册冏曰:'咨故大司马、齐王冏:王昔以宗藩穆胤绍世,绪于东国,作翰许京,允镇静我王室……'子超嗣爵。"此处的"宗藩"则是地方同姓王的含义。

由于自汉代之后分封对于中原王朝来讲已经不是一项普遍采取的政策,所以"宗藩"一词在有关汉至南北朝时期的史书记载中并不常见,但自宋代之后,伴随着王朝内部分封制度的重新兴起,"宗藩"一词开始频繁见于史书记载。

宋代"宗藩"一词的用法主要有两种:

一是用于指称受封的同姓王或皇帝即位之前的状况。如《宋史·王博文传》载:

---

① 《惠氏春秋左传补注》卷2。

"陛下起自列邸，光有天命，然而祖宗基业之重，天人顾享之际，所以操心治身、正家保国者，尤在于勉强力行也。陛下昔在宗藩，已能务德好学，语言举动未尝越礼，是天性有圣贤之资。自疾平以来，于兹半岁，而临朝高拱，无所可否。"此"宗藩"是指宋英宗在即位前作为"藩王"的情况。

二是用于指称皇室宗族成员。如《宋史·宁宗纪四》载：嘉定十三年（1220）五月，"史弥远等上玉牒及三祖下第七世宗藩庆系录"。《宋史·职官志》宗正寺条载："宗正寺，卿、少卿、丞、主簿各一人。卿掌叙宗派属籍，以别昭穆而定其亲疏，少卿为之贰，丞参领之。凡修纂牒、谱、图、籍，其别有五：曰玉牒，以编年之体叙帝系而记其历数，凡政令赏罚、封域户口、丰凶祥瑞之事载焉。曰属籍，序同姓之亲而第其服纪之戚疏远近。曰宗藩庆系录，辨谱系之所自出，序其子孙而列其名位品秩……"此处所谓"宗藩"则是指称皇室宗族。

元朝是以蒙古族为主体建立的王朝，但在记录元代事迹的《元史》中"宗藩"一词也出现过。如《元史·明宗本纪》有："帝谓中书左丞跃里帖木儿曰：'朕至上都，宗藩、诸王必皆来会，非寻常朝会比也，诸王察阿台今亦从朕远来，有司供张皆宜豫备，卿其与中书臣僚议之。'"《新元史·徐毅传》也载："成宗即位，毅疏请早正东朝尊号，以严孝养……又请建立储贰，敦睦宗藩，选任台谏，教习亲军，勿事西南夷，而志备北边，凡十余事，上皆嘉纳焉。"此处的"宗藩"指称的是皇室宗族成员。

进入明代，由于分封制度重新成为明朝政治生活中的重要内容，"宗藩"一词也开始频繁出现于相关史书中。据笔者对《明史》和《明实录》的检索发现，在《明史》中"宗藩"一词共出现了四十九次，无一例外都是指称皇室成员或同姓诸王。而之所以有大量"宗藩"的存在，主要原因即在于"初，太祖大封宗藩，令世世皆食岁禄，不授职任事，亲亲之谊甚厚"。① 这些被分封到各地的朱氏诸王都称为"宗藩"。在《明实录》中，"宗藩"出现了二百六十三次，也全部是指称受封的朱氏诸王。如《明宣宗实录》卷20载：宣宗遣兵征讨高煦，"遣书谕高煦曰：'人言王反，朕初不信，及得王奏，知王志在祸生灵危宗社。朕兴师问罪，非得已也。王太宗皇帝之子，仁宗皇帝之弟。朕嗣位以来，事以叔父礼，不亏毫发，今何为而反

---

① 《明史》卷82《食货志六》。

耶?……今朕师已压境,王能悔祸,禽所倡谋者来献,朕与王削除前过,恩礼始终,王不失为宗藩,而子孙永保封国,善之善者也。'"

清朝废除了宗室分封地方的制度,但"宗藩"一词一直沿用,只是此时的"宗藩"只用于指称皇室宗族成员。笔者在《清实录》中检索到"宗藩"一词共出现了七十二次,其用法除作为名字之外,都是用于称呼皇室宗族。如多次出现的"赐宗藩宴"①、"赐皇子皇孙宗藩等宴"②等等。

以上是"宗藩"一词在正史或编年史史书中出现和使用的情况,应该说基本上反映了古人对"宗藩"一词的使用情况。值得注意的是,通过对数种数据库相关史书的检索,笔者没有发现出现很早的"宗藩"一词有指称邻国或边疆民族的用法,其指称皇室宗族或地方分封的同姓诸王的用法从汉到清没有发生过明显变化,由此可以认为"宗藩"是一个出现较早、有特殊含义且含义相对固定的词语。

对于"宗藩"一词的形成,笔者也认为是"宗""藩"二字结合的结果,但并不赞同上引黄清根、陆妙春先生的见解,因为二位先生的考述存在着较多问题,为避免认识的错误,实有辨明的必要。

其一,"宗藩"一词并不是在宋代才出现的。如前所述,在《史记》中已经有了这个词,且含义明确,其后《晋书》也有该词的不同用法,认为该词在宋代才出现的观点是难以成立的。

其二,"宗藩"之"宗"的含义并不是"景仰、尊崇的意思",而是"宗族"的意思。"宗"在古籍中是一个含义丰富的词,其含义大致有祖庙、祖先、宗族、宗主、嫡长子、派别、根本、尊崇、归向、先秦时期诸侯夏日朝见天子、官名、祭祀名、帝王庙号、量词等多种含义和用法。"尊崇"虽然是"宗"的含义之一,但从各类史书对"宗藩"的使用看,"宗"不可能是"景仰、尊崇的意思",而应该是指"皇室宗族",因为"景仰、尊崇"起不到保护帝王江山的作用。

其三,"宗藩"之"藩"也是一个古老的词,史书中又写作蕃或番,早在先秦时期就已经出现,其含义大致有八种,但本意是指篱笆。此外,领域、屏障、护卫、包围、遮掩、车帷等都是该词所具有的含义。同时,该词还用于指称王朝分封给诸侯、王的土地,或称臣的其他政权,或称臣的边疆民族或政权,如《汉书·食

---

① 《清高宗实录》卷158。
② 《清高宗实录》卷1222。

货志》有："王莽因汉承平之业，匈奴称藩，百蛮宾服，舟车所通尽为臣妾。""宗藩"之"藩"的含义，应是由"藩"之"篱笆""屏障"等词义演变而来的"藩卫""藩屏"之意，一如颜师古注《汉书·陈胜项籍传》"长城"曰："以长城扞蔽胡寇，如人家之有藩篱。"即称边疆民族或政权为"藩"是希望它们对中原地区起到保卫作用。

其四，"宗藩"的基本含义应该是指册封宗室、藩卫朝廷之意，也即"宗藩"是"宗"之"宗族"与"藩"之"藩卫""藩屏"之意相结合而出现的词。因此"宗"和"藩"不仅不是"互不相涉"的，而且二者关系紧密，二者的含义结合构成了"宗藩"的基本内涵。至于"宗藩"一词形成的历史根源，可以追溯到先秦时期的分封制度。在先秦时期，为保卫王权，夏、商、周三朝普遍采用了册封宗族成员、功臣等的制度，如周朝即"选建明德，以藩屏周"，① 其中对同姓的即皇帝宗族的成员册封即是后代"宗藩"一词指称的对象。

其五，"宗藩"一词在明清时期并没有"成为中国与其周边国家关系上一种常见的用词"，这一认识不仅是错误的，也是没有根据的。如前所述，"宗藩"一词随着皇室宗族成员被册封到地方而出现，之后随着各朝对册封制度的废与用，"宗藩"一词或消失于史，或频繁出现，但至清代其基本词义并没有发生明显变化，根本就没有指称"中国与其周边国家关系"的用法。相反，是在今人的一些论著中"宗藩"一词被用于指称"中国与其周边国家关系"。也就是说，用"宗藩"指称"中国与其周边国家关系"并不是明清时期的用法，而是今人的用法。②

总之，学界现在用于指称中国古代王朝和周边民族或国家关系的"宗藩"一词，与古人所用的"宗藩"一词并没有必然的联系，二者的含义是明显不同的，个别学者试图通过主观臆测将二者捏合在一起的做法不仅是不科学的，无助于我们认识历史，而且为我们正确认识历史带来了许多麻烦，乃至混乱。

---

① 《左传》定公四年。
② 今人用于指称明清和邻国关系的"宗藩"一词，很显然和我国清代以前所使用的"宗藩"一词没有继承关系，至于其来源，笔者在清人乃至民国时期的文献中广泛查找，也曾经向习惯使用"宗藩"一词的学者多方请教，但目前尚未有明确的结果，只是包括笔者在内的多位学者倾向于认为该词有可能来源于外来词"宗主国"和本土词"藩属国"的合称。限于篇幅，本文不对该问题展开讨论，将另文进行探讨。

四、几点余论

通过对古人"藩属""宗藩"两词用法的考察,我们不难发现今人的用法和古人存在着明显的差异,尤其是在"宗藩"一词的使用方面更是差异甚巨,几近南辕北辙。且不管学界目前广泛使用的"宗藩"一词来源如何,但因为该词在我国历史上有特定的含义,所以似有必要对"藩属""宗藩"的用法提出愚见,供相关学者参考。

一是以儒家文化为主要特征的东亚地区,其历史发展有着鲜明的与世界其他地区不同的特点,由此也形成了许多特有的专用词语,正确理解和运用这些词语是我们揭示历史真相的基础。

关于"藩属""宗藩"二词的来源,比较普遍的认识是认为源自先秦时期的分封制度,但实际上二词形成于以儒家文化为基础的中国古代文明的沃土之中,不仅受到了古代中国传统"天下观"的影响,也与传统的治国观念、夷夏观、政权结构模式,乃至由此产生的册封朝贡体制、羁縻统治方式等有着密切关联。二词的出现及用于指称边疆民族与周边民族或政权则是在秦王朝实现对中原的统一之后。尤其是汉王朝,为维护皇室而实施了秦王朝废弃的分封制度,并将这一制度及先秦时期服事制理论的有关原则施用于边疆地区,构筑起了相对完善的藩属体系,以保卫中原郡县地区的安全,由此导致了与"藩属""宗藩"二词密切相关的"藩臣""外臣""敌国""属国"等诸多概念的先后出现。汉王朝对边疆地区的经营以及处理与周边地区民族或政权关系的一些政策和原则对后代各朝形成了重大影响,其中藩属体制的构筑即是其中之一。尽管历朝各代在边疆治理和处理与周边民族或政权关系方面具有不同的特点,但通过采取以羁縻统治为核心的不同政策、措施来维持与边疆民族或政权乃至周边邻国的关系,进而维护以中原地区为核心的直接管辖区域的安全,则是历朝各代尤其是统一王朝在边疆治理方面的共同之处。历代王朝尤其是统一王朝与边疆民族乃至周边邻国的这种关系由此也被形象地称为藩属关系。

"藩属""宗藩"二词虽然有着相同的形成背景,且其具体指称对象也都有着"藩卫""藩屏"的性质,不过还是存在较大差异,尤其是指称的对象不同,"藩卫""藩屏"的目标也不相同。前者指称的对象一般是边疆民族及其外围民族或政权,历代王朝和这些民族或政权建立藩属关系的目的是维护边疆地区的安定,进而保障中原地区的稳定和发展。之所以如此,是因为历代王朝尤其是统一王朝的统治者多将中原地区视为立国之本,即史书所载"中国,天下本根,四夷犹枝叶也"。① 而后者指称的对象却是皇室宗亲,将皇室宗亲分封到地方的目的是为了维护皇权的稳定,保持家族对"天下"的控制。遗憾的是,从其具体实施效果看,将宗亲分封到地方以保护皇权的稳定不仅少有成功的例证,相反这些"宗藩"在很多朝代却成为导致皇权不稳的重要原因,乃至成为皇权的竞争者。也正是因为这一点,一些王朝不再沿用宗藩制度,其中清朝即是一个代表,虽有封王等做法,但不再册封于地方。

　　基于此,正确区分"藩属""宗藩"二词的差异,不仅有助于认识藩属、宗藩体制的形成与发展,也有助于正确认识历代王朝治国观念及边疆治理等诸多历史现象。

　　二是用"宗藩"来指称古代中国和周边国家的关系不仅是不科学的,也容易让人对历史产生误解。

　　今人对历史的描述和研究,运用现代的理论和概念是一个正常现象,但笔者认为要想准确描述一个历史现象,最好的办法还是要利用固有的一些词语,不然的话,不仅难以准确地描述一些历史现象,反而会造成更多的误解。学界对"藩属""宗藩"二词的混乱使用即是如此。应该说,用"藩属"来描述历代王朝与边疆民族乃至周边民族或政权的关系是很形象的,但以"宗藩"代之则不仅混淆了历史上存在的两种不同的制度,而且也由此出现了许多误解。一个明显的误解是,一般人多将"宗藩"与"宗主国"相联系。但所谓的"宗主国"往往被赋予了不平等乃至殖民地的色彩,如前述《现代汉语词典》对"宗主国"的解释,《中文大辞典》则更是直接认为:"一国使他国从属之,且有干预其内政外交之权力者,曰宗主国。"(第3907页)从历代王朝与周边民族或政权的关系看,运用武力来建立和维持与周边民族或政权的关系并不是历代王朝经常采取的政策,相反,周边民族或政权主动与历代王朝建立臣属关系的记载却不绝于史。也就是说,周边民族或政权与历代王朝建立臣属关系更多情况下并不是被迫的行为,更与近代的殖民地和宗主国的关系具有不同

---

① 《新唐书》卷99《李大亮传》。

的性质。因此，笔者认为用"宗藩"来指称古代中国和周边民族或政权在政治上的隶属关系并不恰当，不仅是不科学的，也容易让人对历史产生误解。

三是历代王朝和边疆民族乃至邻国的关系是一种"藩属"关系而非"宗藩"关系，这一观点的确立不仅有助于我们深入理解中国疆域、中华民族形成的历史，也有助于我们认识古代中国与周边地区关系的发展。

由前述古人使用"藩属""宗藩"二词的情况看，"藩属"涵盖的范围远比"宗藩"宽泛，历代王朝与周边民族或政权之间的关系只是其中的一部分，因而用"藩属"来描述这种关系远比"宗藩"要科学，如此不仅可以完整认识藩属体制及其相关观念，而且也有助于我们充分认识中国古代疆域、中华民族形成的历史。"藩属"是在中国古人夏、夷二元结构"天下观"基础上形成的特殊概念，同时也是自秦汉时期始历代王朝处理与边疆民族乃至周边民族或政权关系的一种体制或方法。受到中原地区为"天下本根"观念的影响，边疆地区一直被视为附属区域而长期处于羁縻统治状态，这也是"藩属"得以长期存在的基础。不过，在"藩属"状态下边疆地区和中原地区的联系却日益密切，而历代统一王朝的直辖区域也在不断向边疆地区拓展，尤其是清朝，云南、广西等边疆民族地区已经不再属于"藩属"涵盖的范围，在统治者的眼中已经成为王朝的直辖区域。笔者称这种现象为"边疆内地化"。遗憾的是，进入近代之后，中国疆域的这种自然凝固过程为列强的入侵所打断，"藩属"与中国的关系也由此出现了两种不同的发展趋势：一是处于边疆地区的"藩属"融入了中华民族，其活动地域则成为中国疆域的组成部分；一是具有较强"独立性"的"藩属"先是沦为列强的殖民地，之后与中国的关系发展成为现代意义的国际关系，朝鲜、越南、缅甸、哈萨克等都是如此。

总之，笔者认为用"宗藩"来描述中国古代王朝与周边民族或政权的关系并不恰当，一方面"宗藩"在中国古代有其特殊的含义；另一方面中国古代王朝与周边民族或政权的关系是"藩属"含义的组成部分，用"藩属"来称呼这种关系更有助于我们认识这种关系的形成和发展，也更加准确。

原载《中国边疆史地研究》2006年第3期，
本文刊发时作者为中山大学人类学系博士、讲师；
中国社会科学院中国边疆史地研究中心编审。

"宗主权"与传统藩属体系的解体
——从"宗藩关系"一词的来源谈起

刘清涛

今天的学界已经非常习惯用"宗藩关系""宗藩体制"来指称古代中国与周边国家、地区传统的关系和制度,以至于这些词在此意义上给人的感觉是源自传统的词语。然而李大龙先生率先指出"宗藩"一词并非古代用来指称中国与周边国家和地区关系的词语。通过检索,他发现古代汉语中"宗藩"一词仅仅是指皇家宗室受封诸王,从未用于周边国家和地区,并认为用该词描述传统中国与周边国家关系并不准确,不能反映该传统关系的特点,因而建议使用"藩属关系",因"藩属"一词正是用于指称周边国家和地区的传统词语。[①] 这一工作很有意义,让我们知道"宗藩关系"一词貌似古老,但实际却并非源自传统。

然而"宗藩关系"一词又是如何来的呢?什么时候出现的呢?这是值得继续探讨的问题。就目前所见,20世纪30年代邵循正先生《中法越南关系始末》[②] 中已经使用"宗藩关系"指称中国与越南的传统关系。该书"绪论"(下)标题即为"中国之宗藩关系问题",该部分文中说"法国既觊觎北圻,乃谋先破坏中越之宗藩关系。法国之说者异口同声,摈斥中国在越南之宗主权"。综观该书,"宗藩关系"一词实际上是在西方"宗主国""宗主权""保护国"等词语与传统汉语中的藩属、属国等词语一并混合的语境中使用的,力图确认中国与周边国家传统"宗藩关系"并非有名无实。由此可以推想"宗藩关系"大概是受到西方"宗主权""宗主国"词语及概

---

① 参见刘志扬、李大龙《"藩属"与"宗藩"辨析——中国古代疆域形成理论研究之四》,《中国边疆史地研究》2006年第3期。藩属一词涵盖较广,对清朝来说,既包括藩部,也包括属国,本文所讨论的传统藩属体系,主要指清朝与属国的关系。

② 参见邵循正《中法越南关系始末》,河北教育出版社2000年版。该著作是基于邵先生1933年毕业于清华大学的硕士学位论文创作的。

念的影响后，与传统的"藩属"合成的一个词。因为在这些西方词语传入之前，清朝周边国家一般被称为藩属或属国、属邦，而清朝一方被称为"上国"，没有一个表述双边关系的词语，当然"关系"本身这样一种表述也是近代以后的事情。"宗藩关系"一词，显然值得从合成词的角度去探求。另外，是否存在人们逐渐忘记宗藩一词的传统本义，而将其径直用于指代越南、朝鲜等藩属国的问题？至少在邵循正先生《中法越南关系始末》一书中，除了在指称清朝与越南的双边关系中使用"宗藩关系"一词外，并没有出现单称越南为"宗藩"的情况。

笔者曾经检索19世纪后期和20世纪初期一些有关中外交涉的文献，未见"宗藩关系"这样的表述。一方面是传统词语里"宗藩"本身指获得分封的皇室藩王，深受传统文化浸染的19世纪的士人断不会用其指称与属国的关系；另一方面"宗藩关系"如是一个合成词，要合成这样一个词，前提条件是"宗主国""宗主权"词语翻译的出现，然后才会与传统的藩属、属国等词合成为"宗藩关系"。此外，表达双边关系的语言习惯也要出现，这是现代汉语的习惯。因此，追溯"宗主权""宗主国"词语的出现，对理解"宗藩关系"一词的产生背景，以及近代中国与周边国家外交关系有着重要的意义。

一、"宗主权""宗主国"见于中文翻译的过程

在探讨"宗主国""宗主权"概念时，有些相关概念需要分辨。首先宗主权（suzerainty）、属国等概念并不是源于西方社会的传统词语。西方中世纪封建制度中，君主或领主所封授的对其有义务契约关系的封建主被称为vassal，但vassal并没有国家的意思，仅是指封建领主实体。[①] 随着近代西方民族国家体系形成及其在全世界的扩张，西方国家在建立自身殖民地体系并同时对一些传统帝国进行肢解时，才产生了宗主国、属国、保护国这些概念。一些国家尤其是帝国构成结构中作为下属的一些地方政权实体被称为vassal state。该词可以对应翻译为属国或藩属，取传统的vassal加国家政权。与此相对，拥有vassal state的这些国家便称为宗主国（suzerain state），其对属国之权被称为宗主权（suzerainty）。英语宗主权一词起源于法语，最

---

① 参见"suzerainty"词条，*The Encyclopedia Americana*（*International Edition*），Scholastic Library Publishing, Inc, 2006。

早见于19世纪早期。①也有人指出该词最早是在指涉奥斯曼土耳其帝国对其下属国家的权利关系时被使用的。②此外，还有一些词语用来指国与国之间的这种类似关系，即保护国（protectorate）。保护国的概念在国际法上更明确，从词义就能体现双方的关系，即一国受到另一国保护。因此，在近代的国际法著述中，这些概念一般都会在阐述完全主权国家之外的半主权或部分主权国家时被提及，有时候宗主国与保护国相对，有时候与藩属国相对。另外，还有朝贡国（tributary）一词，因其体现的法律意义较少，在国际法话语中更少被提及。

1864年，传教士丁韪良翻译的《万国公法》③刊印发行，这是中国近代史上第一部完整翻译的国际法著作。在《万国公法》有关国家自主之权不同情况的分类各节中，有涉及属国、藩属、保护等内容，但并未出现"宗主国""宗主权""保护国"的翻译。如：

> "释半主之义"节：以是观之，以阿尼自主之权，较之戈拉告相去远矣。盖戈拉告虽凭奥、普、俄三国之保护，犹依盟约，为自主、自立，得谨守局外之国，犹可谓全然自主也。而以阿尼诸岛，虽云合为一国，自主、自立，凭大英保护。然不但依盟约章程与护之之国相附，且其定法亦必请示于英，则其自主之权行于内外者，皆有所减。
>
> "进贡藩属所存主权"节：进贡之国并藩邦，公法就其所存主权多寡而定其自主之分。

《万国公法》的翻译首创了很多法律概念，如主权等，然而书中虽然有"保护"等国际法内容的阐述，但并没有径直翻译出"保护国"一词；有关于属国的权利及其与上国之间关系的阐述，但没有"宗主国""宗主权"的专有名词翻译。笔者对照了惠顿的英文原著，④确有"宗主国""宗主权"的出现，只是译者可能因汉语中没有

---

① 参见 "suzerainty"，*Oxford Dictionary of English*（*Third Edition*），Oxford University Press, 2010。另外，Merriam-Webster 在线词典指出 suzerainty（宗主权）一词源自法语 suzeraineté，第一次见用于1823年，参见 https://www.merriam-webster.com/dictionary/suzerainty，访问日期：2016年12月21日。

② 参见 https://en.wikipedia.org/wiki/Suzerainty，访问日期：2016年8月11日。

③ ［美］惠顿著、［美］丁韪良译、何勤华点校：《万国公法》，中国政法大学出版社2003年版。

④ 参见 *Elements of International Law*, by Henry Wheaton, the literal reproduction of the edition of 1866 by Richard Henry Dana, Jr., edited with notes by George Grafton Wilson, Oxford: Clarendon Press, London, 1936.

对应的词来翻译而选择了灵活的译法。如"释半主之义"节中：

【原文】The Principalities of Moldavia, Wallachia, and Servia, under the suzeraineté of the Ottoman Porte and the protectorate of Russia, as defined by the successive treaties between these two powers, confirmed by the treaty of Adrianople, 1829.

【译文】即如摩尔达、袜拉几、塞尔维三邦，凭俄国保护，而听命于土耳其。此土、俄历历有约，而定为章程者也。

【原文】In consequence of the measures subsequently taken by the contracting parties for the execution of this treaty, the hereditary Pachalick of Egypt was finally vested by the Porte in Mehemet Ali, and his lineal descendants, on the payment of an annual tribute to the Sultan, as his suzerain.

【译文】土国亦允其议，于是将埃及一邦，归之巴沙，并许其世代相传，惟令其每年进贡于土王，仍尊之为主。

从以上两段话英文原文和中文译文对比中可以看到，《万国公法》的译者并没有将"宗主权"（suzeraineté，原著这里借用了法语）、"宗主"（suzerain）这两个重要的名词翻译出来。这是有着相对较明确的国际法权利含义的名词，未能及早出现在中文中，应该说对近代中国人国际法观念的成长以及后面与列强关于朝鲜、越南等藩属问题的交涉来说，是一种损失。

到中法越南问题交涉时期，一些译自外国报纸的文献出现了"上邦之权"，这应当是英文或法文中"宗主权"（suzerainty）在当时的中文译法。光绪九年（1883）同文馆向总署呈送国外报纸有关法国动态的报道中有：

（光绪九年十月二十四日）"中历八月二十三日泰木新报馆得其本馆报事人自巴黎来书，论中法商议东京之事，今摘录其言曰：……试问目前商议，本于何题乎？本于中国上邦之权而权其轻重欤？"①

"中历八月二十四日代巴新报云：……夫宝使之约既未让地于中国，亦未认

---

① 张振鹍主编：《中法战争》第一册，中华书局1996年版，第664页。

中国上邦之权，不过建一瓯脱以界两国而已。""余非欲证政府及新报之自相矛盾也，不过叹其当时未肯虚心，一闻中国争上邦之权，辄讥笑之，不知检阅典籍，以资考证。使其观我国地学名士莱格吕所撰万国图说，则知越南属华为不虚矣。"①

清末，随着边疆危机的加深，清政府一些外交官员在与外国交涉中对当时西方国际法意义上的宗主国、属国等概念有了清晰明确的认识。如果说对于朝鲜、越南等传统属国，清政府还试图以对方为属国之名，争取"宗主国"之权，可是当涉及西藏等藩部地区时，清朝官员很清楚绝对不可接受"宗主国"之名，而是要坚决捍卫主权。英国在1904年第二次侵略西藏后，炮制了所谓"拉萨条约"，然清政府坚决主张只有中英两国才能立约。光绪三十一年（1905）外务部侍郎唐绍仪、参赞张荫棠等赴印度进行改订条约的谈判，当时英国欲以西藏之"宗主国"的名分加给清朝，遭到唐绍仪的坚决反对。清朝外务部官员何藻翔于次年受张荫棠邀请经印度赴西藏襄助查办开埠等事情，何后来在记录此行的书中补记了一年前唐绍仪与英国代表费利夏的谈判情形：

> （1905年二月）十七日会议。费只认中国为藏上国。查"上国"二字，英文系"苏索伦梯"，译言"所管为属国"，而属国自有治民之权。若自认为上国，则西藏等于韩、越、球、缅。"主国"二字，英文系"骚付伦梯"，译言"臣民推为极尊，归其管辖，而各事可定"者也。前数次会议，费愿认藏为华属，惟英文属国与属地本同一字。嗣彼声出"上国"二字，不能不竭力剖辨。费言："中国所施行于西藏，向不尽主国义务。倘中国能尽主国义务，则英不至称兵入藏。"辩论甚力，固执不移。"上国"二字，恐难更易。盖英若认我为主国，则藏约全无效力，不废自废。犹英与我各省督抚立约，我政府可以不认也。
> ……
> 五月初三日，以末次稿函寄费使：窃惟"上国"一款，初因费使不肯废拉萨约，另订新约，故必须声明西藏为我国属地，以伸主权。费提出"上国"二

---

① 张振鹍主编：《中法战争》第一册，第666页。

字，而不肯认为主国。彼既靳而不予，我亦万无可让之理，故元电有删去此款之议，意谓默许较朦于明认，免生他国波澜。且"拉萨约"第九款，业已更改。又声明每事由我督率藏番办理，则主权自不外移。故覆费使函第一条，拟改为英国允认中国在西藏原有及现时享受应得之权力，如此则主权不替，于我国亦毫无损失。①

以上引文中"苏索伦梯"即 suzerainty，也即"宗主权"；"骚付伦梯"即 sovereignty，也即"主权"，这里作者变通译作"上国"和"主国"。从中英谈判过程中这段细节可以看到，到清朝末年，清朝外务部官员对"宗主权"与"主权"的概念已经分辨得非常清楚，尽管"宗主权""宗主国"的译法还没有在这里见于使用，但清朝官员使用了中文中传统的"上国"一词与之对译。

然而"宗主国"一词恰在清末出现。从《万国公法》1864 年刊行后到清末，大量的国际法著作问世，有学者统计总数目达四十多种。这些著作多为译作，前期主要是译自英、法、德等西方法学家的著作，后期（进入 20 世纪后）主要是译自日本法学家的著作。②正是在后期也即清朝最后几年内中文国际法著述中出现了"宗主国""宗主权"的翻译，如作为"京师法律学堂笔记"之一种，由日本法学家岩井尊闻口述，熊元翰、熊元襄编的《国际公法》中已见"宗主国"一词。该书首次出版当在 1911 年。③在该书"国家之变态"节中有"保护国"一款：

保护国因保护关系而生。保护关系云者，即一国对第三国之攻击而保护他国，其受保护之国以其一部主权让与为保护之国之国际法关系也。受保护之国，曰保护国；与以保护之国，曰宗主国。④

笔者查阅了几部清末翻译或编写的国际法著述，发现"宗主国""宗主权"这些词的出现时间也是偏后的，而且也不是每部著述中都出现。

1902 年杨廷栋的《公法论纲》将国家分为主权国、保护国、半主权国（第二种

---

① 何藻翔著，季垣垣、黄维忠点校：《藏语》，黑龙江教育出版社 2015 年版，第 30—32 页。
② [美] 惠顿著、[美] 丁韪良译、何勤华点校：《万国公法》"点校者前言"，第 38—41 页。
③ 参见沈伟《〈京师法律学堂笔记〉的诞生及历史地位》，《中南大学学报》2014 年第 6 期。
④ [日] 岩井尊闻口述，熊元翰、熊元襄编：《国际公法》，上海人民出版社 2013 年版，第 75 页。

保护国）、属国（第三种保护国）："一国之中有君主、有政府，而所有主权俱为他人所有或半为他人所有，是为半主权国，或谓附庸国，而谓干涉之国曰母国，半主权国非特外交之权不足独立，内政亦有为人所干涉者。"①而该书中的"属国"被认为是昔为独立，被列强征服后委任原君主以行政权，概指西方国家的殖民地。该书没有出现"宗主国"，而是使用了"母国"一词。

1903年林榮编译的《国际法精义》②也没有使用"宗主国"一词。

1906年程树德编辑的《平时国际法》出现了"宗主国"一词："对于被保护国而行使其主权者，谓之宗主国（suzerainty）。"③

1908年翻译千贺鹤太郎的《国际公法》中没有出现"宗主国"一词："属国，即附庸国也，通常称曰半主权国或曰臣国 Vasallenstaat。""然则为附庸国者，就何事而受主国之支配耶？曰：此无一定之法规。""附庸国之外交，虽受主国之支配，然其内政当掌握固有之主权。"④该书中使用的是"主国"，而非"宗主国"。

初版于清末、1912年再版的中村进午《平时国际法》译本中有"宗主国"一词："因一国家主权之行使而与以承诺，或代之行使主权，此种之国家曰上主权国，或曰宗主权国。而为一部主权国，须有依条约行使其主权之宗主国之存在。"⑤

此外，1906年日本三省堂发行的《新译英和辞典》已经将 suzerainty 译为宗主权、保护权。⑥

综上推测，中文中"宗主权""宗主国"应当是引自日本的译法，但即便在20世纪最初的十年中，日语中"宗主权""宗主国"词语的翻译也是新出现，还未被全部接受成为常用词。

然而，进入民国时期以后，"宗主国""宗主权"很快成为被普遍接受的中文词，并进入了政府文书之中。在辛亥革命后，沙俄策动外蒙古"独立"，北洋政府几经交

---

① 杨廷栋述：《公法论纲》，出洋学生编修所光绪二十八年（1902）版。作者序言落款中称作于东京寓所，应是留日期间编写的，日期为壬寅三月，即公元1902年。

② 参见林榮编译《国际法精义》，东京闽学会光绪二十九年（1903）版。该书将半主权国分为"被保护国"与"永世中立国"。

③ 程树德编辑：《平时国际法》，上海普及书局光绪三十二年（1906）版，第54页。该书将国家分为完全独立国与不完全独立国，后者又包括"被保护国"和"从国"，以"被保护国"与"宗主国"对称，以"从国"与"主国"相对。程树德曾留学日本，毕业于日本法政大学法律科。

④ ［日］千贺鹤太郎讲述，黄炳言、卢弼翻译：《国际公法》，光绪三十四年（1908）版。

⑤ ［日］中村进午著、陈时夏译：《平时国际法》，上海商务印书馆1912年再版，第145页。

⑥ 参见《新译英和辞典》，三省堂书店1906年版。

涉，于1915年签订了《中俄蒙协约》。该条约第二条规定："外蒙古承认中国宗主权，中国、俄国承认外蒙古自治，为中国领土之一部分。"第三条规定："自治外蒙无权与各外国订立政治及土地关系之国际条约，凡关于外蒙古政治及土地问题，中国政府担任按照民国二年十一月五日（俄历一千九百十三年十月二十三日）中俄声明另件第二条办理。"①而1913年11月5日的中俄声明文件内容有："一、俄国承认中国在外蒙古之宗主权。二、中国承认外蒙古之自治权。"②可见，在1913年的政府文书中已经正式使用"宗主权"一词了。

民国时期，大量的国际法著作问世，"宗主国""宗主权"作为被普遍接受的专有名词自然出现在其中。如在《朝阳法科讲义》系列中，出版于20世纪20年代的金保康《平时国际公法》中就行使主权方面将国家分为主权国、被保护国、隶属国三类，其中：

> 第三　隶属国（Vassal State）：服从他国主权之国家曰隶属国，故非独立国。对于隶属国有最高主权之国，曰宗主国（Suzerain State）。隶属国为宗主国之一部，其对内对外之主权，惟宗主国得以享有行使，此原则也。隶属国与被保护国其形式颇相似，而其性质则有不同：（一）隶属国为宗主国之一部，非独立国；而被保护国则不失为独立国。（二）隶属国非得宗主国之许可承认，不得行使何等主权；被保护国则享有主权，且保护条约未设限制之事项，悉可自由行使。③

该书将"保护国"改成"被保护国"，将属国、藩属国改为"隶属国"，并对"被保护国"与"隶属国"做了区分，认为被保护国仍不失为独立国，而隶属国非得宗主国许可承认，则不可行使对内、对外之主权。

我国著名法学家周鲠生先生于1932年版《国际法大纲》"国家与主权"节中写道：

> 然亦有国家究未具有完全的主权，而于国政之一部分受外界支配，此等国

---

① 王铁崖编：《中外旧约章汇编》第二册，三联书店1957年版，第1117页。
② 王铁崖编：《中外旧约章汇编》第二册，第947页。
③ 金保康述、沈康疏、王靖点校：《平时国际公法》，《朝阳法科讲义》第八卷，上海人民出版社2013年版，第34—36页。

家，可称为非主权国（non-sovereign states，Etats non-souverains）或半主权国（half-sovereign states），或部分主权国（part-sovereign states）。凡在他国宗主权（suzerainty）下之属国（vassalstates）或在保护关系（protectorate）下之被保护国（protected states），均属此类的国家。①

周先生在该书"被保护国"和"属国"条目中进一步阐述称，一般被保护国不失为国际法主体，而属国在国际社会上不一定保有国际人格，要看具体情况，如对外关系全部为宗主国所有，则非国际人格者，而有些可视为国际人格者，如当时土耳其下之埃及和保加利亚。②

总之，清末随着日本国际法著述的引入，中文里终于出现了"宗主权""宗主国"的专有译名。进入民国时期，"宗主权"一词很快被接受，并出现在政府文件中。此后民国时期众多的国际法著作中都使用了这一专门词语，成为固定的专有名词。同时也可以看到，"宗主权""宗主国"词语代表了一种新的国际法或国际关系观念。

二、挑战与应对："宗主权"与传统藩属体系的解体

虽然中文"宗主权"一词出现很晚，但这种国际法上的宗主权观念对中国传统藩属体系的挑战却早于这个词的出现。③

当时国际社会视野下的宗主权观念，其内涵是相对明确的，具有排他性，即在国际社会中，属国从属于其宗主国的主权之下，一般在允许属国对内事务自治的同

---

① 周鲠生著、周莉勘校：《国际法大纲》，中国方正出版社 2004 年版，第 23 页。
② 参见周鲠生著、周莉勘校《国际法大纲》，第 29—30 页。
③ 有学者使用"一个外交、两种体制"对清朝在与列强实现平等外交后，与传统属国之间继续维持藩属关系的历史情况进行概括，参见权赫秀《晚清对外关系中的"一个外交两种体制"现象刍议》，《中国边疆史地研究》2009 年第 4 期。更多的论著研究了这段时期中国与传统属国外交往来的历史过程，学者们都认识到西方国际法对传统藩属体制的影响和二者之间的矛盾冲突，如［日］冈本隆司著、黄荣光译《属国与自主之间：近代中朝关系与东亚的命运》，三联书店 2012 年版；李云泉：《中法战争前的中法越南问题交涉与中越关系的变化》，《社会科学辑刊》2010 年第 5 期；尤淑君：《从〈中朝商民水陆通商章程〉论晚清宗藩体制之争议》，《中国边疆史地研究》2016 年第 4 期，等等。亦有学者专门探讨了"宗藩关系"的历史法学内涵和演变，如张世明《清代宗藩关系的历史法学多维透视》，《清史研究》2004 年第 1 期。总之，学界对清朝后期与传统藩属之间的关系以及"宗藩体制"等进行了大量研究，在此不再一一列举。而本文以下则在前文探讨"宗主权"一词翻译出现的基础上，主要在宗主国—属国体制与传统藩属体制之间理念与实践的差异对比中，对传统藩属体系是如何受到"宗主权"观念挑战并逐渐尝试冲破传统观念束缚进行调试以及最终未能成功的过程做简要分析。

时，宗主国拥有属国的外交权，或说属国在国际社会上不具有独立的国际人格，而由宗主国代表其行事。而中国传统的藩属体系，强调中国与属国的尊卑关系，以朝贡、册封等礼仪往来为内容，权利义务也仅限于双方之间。① 如中国对属国有册封的权利和兴灭继绝的义务，但没有防止第三方与属国进行交涉的排他性法律意义上的约定，更没有在进入国际社会时，属国自主之权是否受中国限制的考量及相关内容。这也是东亚地区的历史背景所决定的，因为以中国为中心的藩属体系基本没有受到其他国家的挑战。

中国与属国传统的藩属体系，与西方宗主国与属国关系（或保护国与被保护国）是两种不同的政治体系。邵循正先生曾概括传统藩属体系特征时称：

> 曩者中国雄踞亚洲，藩属环附，俨然自成一国际家庭，自有其法律习惯与基本精神。中国当时不知欧洲之国际法，若强以欧洲之国际法解释此国际家庭，则其必目之以国际怪象无疑也。在此制度下，中国之地位若君若父若兄，藩属之地位若臣若子若弟。②

近代随着西方势力的到来，两种体系不可避免地发生接触，传统藩属体系面临宗主国—属国体系的挑战。列强欲蚕食中国周边属国时，除了以实力为依靠外，也不得不面对中国的传统藩属体系，其往往是先找借口来否认清朝对属国的"宗主权"，如邵循正先生所言：

> 中越之宗藩关系，其历史根据至为充足，不生疑问。故即此辈亦不敢以强词抹杀。至于严格之法律问题，以时代精神之不同，中西观念之异趣，当然与近日欧西之国际法不能不有冲突。若以此遂谓中越之宗藩关系为有名无实者，实不公之甚也。按列强欲取中国藩属，其第一步，常先设法否认其与中国之历史上法律关系，如出一辙，竟成定例。日本将夷琉球，先谋阻贡，继议两属，

---

① 有关传统藩属体系研究，参见李大龙《汉唐藩属体制研究》，中国社会科学出版社2006年版；李云泉：《万邦来朝：朝贡制度史论》，新华出版社2014年版；[美] 费正清编、杜继东译：《中国的世界秩序：传统中国的对外关系》，中国社会科学出版社2010年版；孙宏年：《清代中越关系研究（1644—1885）》，黑龙江教育出版社2014年版；陈尚胜：《朝贡制度与东亚地区传统国际秩序——以16—19世纪的明清王朝为中心》，《中国边疆史地研究》2015年第2期。

② 邵循正：《中法越南关系始末》，第50页。

终谋合并。朝鲜问题发生之始，日使森有礼即利用总署答词之语病，强指中国在朝鲜之宗主权为空名。英于缅甸，法于越南，皆袭用此手段。①

邵循正先生声辩中国对传统属国的"宗主权"是实有的。然而，笔者想说的是，在传统藩属体系内，中国对属国的权利绝非空名，而是实实在在的，影响力体现在各个方面。然而面对列强，清朝要在国际社会中争得对传统属国的"宗主权"之名，或按照当时历史语境说，让列强承认传统藩属为属国——当时国际法上的属国，必须经历一个转变，如明确对属国的主权，特别是属国在国际社会上不能自主，其外交要受清朝制约，因为这些本是传统藩属体系中没有的内容。列强凭着武力为后盾，强以当时的西方国际法相关规范为依据来拆解中国的藩属体系，从而达到对中国传统属国进行侵占的目的。②同时反过来，当列强逐步蚕食属国时，清朝也试图利用西方国际法观念来捍卫自己的利益，但只是从传统藩属体系到西方国际法上的宗主国—属国关系的转变，没有强大的国力做后盾，再加之传统观念的束缚，是难以实现的。

试举中法越南问题交涉为例。

1874年法国与越南签订了《西贡条约》，该条约虽然没有把"保护国"明言写入条约，但实际上欲逐步确立"保护"之实；承认越南主权及对其他国之独立，但其外交关系须与法国保持一致。次年法国欲将条约内容照会清朝总理衙门，但不欲法国驻华公使罗淑亚过于清晰阐述该部分内容的实质情况。罗淑亚照会时主要要求中国处理在越南边境的军队和不再让军队进入越南以及开埠通商等，对条约规定法越关系性质的部分却"含糊了之"。③对清朝答复中"安南即越南国，自昔为中国藩属，中国边境之人民，与接境属国之人民常有商务关系，其性质随地而异"一语，法国公使馆却将"越南自昔为（法文应作'elle est depuis longtemps'）中国藩属一语，译为'昔之外藩'（'elle a été tributaire de la Chine'）"。④此后，清朝政府没有进一步过问，此事看起来像是不了了之。

---

① 邵循正：《中法越南关系始末》，第48—49页。
② 近代日本对清朝藩属体系的拆解，参见韩东育《日本拆解"宗藩体系"的整体设计与虚实进路——对〈中日修好条规〉的再认识》，《近代史研究》2016年第6期。
③ 参见邵循正《中法越南关系始末》，第64—66页。
④ 邵循正：《中法越南关系始末》，第64—66页。

从法国方面来看，其顾虑于中国的"宗主权"问题，所以想含混过关，除了将"自昔"翻译为"昔之"，还刻意将清朝所言藩属翻译为进贡国（tributaire），而不是属国（vassalite）一词。很明显，后面一词有着更强烈和明确的国际法上的从属关系，也即如使用了vassalite，就等于承认了清朝的宗主权，未经宗主国同意，就擅自与其属国签订条约，显然不合国际法惯例。

对于清政府而言，此时其对西方国际法上的宗主国对属国权利的内涵还没有明确的认识，其对传统属国与第三国之间关系的发生，似乎并不知道如何采取介入行动，或说没有采取行动的意愿，但这并不是说其对属国放弃权利，所以照会中指出越南是中国的属国，概声明自己的传统权利。在法国公使罗淑亚照会总理衙门之后，英国公使特意询问，如有外国愿意与越南签订合约，是越南可以自主呢，还是因为越南作为中国属国，需要先将事宜呈商中国核准才能议定呢？对此，总理衙门并没有给出正面的回答：

> 光绪元年六月二十日接据贵大臣照会内开：外国如有愿与安南国定议和约条款之举，是否彼国尚克自主，抑或因属中国藩服，意在仍应先将条款章程事宜呈商中国核明方为定议之处，究竟如何，希查明示知等语。查安南为中国属国，其与中国交际向有定例，至一切政教禁令，该国如何措置，历有年所，亦中外所共知。兹准前因，相应照复贵大（臣）查照可也。①

清政府只是强调安南为中国属国，其与中国的交际有传统定例，至于一切政教禁令，多年来该国如何处置，也是中外共知的。这是一种闪避、含糊的回答，从中也可以看出中西两种不同的"属国"概念是有很大差异的。如果说一下子让清政府把越南等属国的外交权收为己有，也不太现实，因为本来传统藩属体系里面没有这个概念和习惯。②

然而，中法越南问题并没有就此结束。1880年，曾纪泽出任驻英、法、俄公使

---

① 《总署重申越南为中国属国复威妥玛照会》，光绪元年六月二十三日，张振鹍主编：《中法战争》第一册，第3页。

② 实际上，列强早就基于朝鲜为清朝属国，在要求朝鲜允许传教、通商等事情时，请求作为上国的清朝出面解决，但是清朝并没有直面并"拾起"这些权利，而采取了对属国事务"不问"的态度。（参见柳岳武《清代藩属体系研究》，人民出版社2016年版，第184页）可见，列强并不是一开始就完全否定清朝对其传统属国的宗主权，清朝受制于传统观念的束缚，对列强与属国的交涉常采取"不问"的态度，这也对其藩属体系的解体产生了一定的影响。

期间，得到法国将用兵于越南北圻的消息，遂向法国外交部照会，要求法国外交部确认是否有此事，并声称越南为中国属国，越南有事，中国不会不过问。法国外交部的复文并没有给出明确答复，只是强调法国是按照法越间"1874年条约"办理而已。此后，曾纪泽则声称于"1874年条约"不能予以承认，因为1875年总署复罗淑亚照会中已经声明越南自昔为中国属国。曾纪泽实际是认识到西方国际法宗主国与属国关系的观念（尽管当时中文中还没有"宗主权/宗主国"的翻译），以越南为属国之名在国际法法理上否定法越之间的条约。此后曾纪泽多次坚持就此与法国交涉。① 而法方显然对曾的说法给予不理或以上述歪曲原意的法文译文声辩。可见，与几年前照会相比，清朝官员对当时国际法有关"宗主国—属国"关系的规范有了新认识，并以此来捍卫自身利益。

随着西方国家强势东来，中国传统藩属体系面临着如何融入以西方国际法为规范的国际社会的问题。在进入国际社会时，该如何对待这些传统体制内的属国，其实从清朝官员的思想和行动来看，并没有否认这些传统属国进入国际社会的权利，这也是传统藩属关系所没有规定的内容。清朝当然不能眼见属国被他国占领亡国而不管，但也不会为防止列强觊觎而将属国兼并为己有。即便按照当时的国际法重新明确与属国的关系，也是一个观念上渐进的过程。尽管曾纪泽有以越南为中国属国之名来否认"1874年法越条约"之举，但他当时并没有一套明确和彻底转变观念的认识，将越南对外主权置于中国之下以及按照当时国际法重新规范与越南之间的关系。② 这些属国在国际社会上与其他列强有何条约关系，只要于属国自身"无害"，或说更主要的是对中国与属国的传统藩属关系无损，清朝并不愿意干涉。这可以从曾纪泽解释为何清政府对法越条约未明确否认中看出：

商云：外部复文内既言条约业已行知中国，如中国有啡意之处，想已询明

---

① 参见《照译法国外部照会》，光绪七年十一月十二日，张振鹍主编：《中法战争》第一册，第98页；《照录致法外部照会》，光绪七年十二月二十日，张振鹍主编：《中法战争》第一册，第101—102页。

② 在这一时期，很多清朝官员特别是处理过对外事务的官员初步有了国际法观念，以求利用当时国际法规则来捍卫中国对属国的权利，如使美大臣郑藻如向总署报告在美谈法越事时称："查外洋官绅，凡有谈及法越事者，藻皆将越南为中国数百年藩属，封贡历来开导，即上年法越所立和约中国亦未肯认缘由，举以告之。"（《使美大臣郑藻如向总署报在美谈法越事函》，光绪九年十月，张振鹍主编：《中法战争》第一册，第658页）然而，一如纪泽，他们并没有按照国际法规则重新明确与越南等属国关系的进一步认识，如明确与属国在其对内、对外事务主权问题上的处置，并在国际社会的背景中争得承认，或许反映这些官员对国际法相关规范即便有所认识，也难一下子转变观念。

该国矣。

曾侯云：该国王并未报明中国，中国未便过问。然贵国认越南为自主一事，如果该国报明中国，中国岂能答应？且中国接准贵国公文之时，虽欲申辩，而姑未言者，其故有三：一因中国与贵国交情最厚，势无危急之状，未肯因保护属国之事遽然争执，恐伤睦谊；二因越南国王与贵国订约之事，该国并未报明中国，概越南是主，贵国是宾，必俟主人出言，然后中国可得干预；三为贵国订约系为保护其国，非为伐灭其国，中国亦不必过于坚执也。乃近来本爵屡闻贵国与越南不甚和睦，且闻有发兵情势，深不放心，概越南与中国连界之处甚广，无论越南系中国属邦，即以邻邦视之，中国亦当关切也。

……

曾侯曰：贵国如欲保护越南，原无不可，倘欲占据，中国岂能无言？①

从以上这段对话中可以看出，清朝传统藩属体系在进入国际社会时不断调适过程中的"扭捏"状态。一方面表现出囿于传统观念的迟钝，如藩属不主动报知就不过问；另一方面在关于属国是否自主的问题上，又开始萌生对属国自主之权进行掌控的观念。而实际所行的是，清朝不反对属国参与国际社会，与列强建立关系，但是不能接受列强将属国侵占，这也符合传统藩属体系内保护属国不绝祀的义务。当然，这里也反映出清朝官员即便是如曾纪泽这样的一些对国际法概念有所了解的人，对国际法还是缺少深入透彻的认识，或说存在一种受制于自身文化观念的、可以容受的、不以为意的认识，如法国对越南的"保护"并非仅是"保护"，而是将越南纳入法国控制之下，这与清朝自身对属国的权利是相冲突的，但曾却给予了认可。

有着国际法宗主权思维的法国一方，对中越传统藩属体制的从属关系有着矛盾的认识。一方面法国也如同其他列强一样，当想把势力扩张到中国的传统属国时，看到中国对属国之权是实实在在的，当其试图将越南变为保护国时，面对中国显然感到心虚，所以尝试用蒙混、试探的方式过关。一些外国人干脆就承认中国对属国的宗主权，如前文所引法国国内报刊中有些法国人就认为越南是中国属国，也即承认中国对越南的宗主权。另一方面，从中方对法越关系开展及一系列条约的反应看，

---

① 《曾纪泽向总署抄送与商犀会谈节略》，光绪七年二月十九日，张振鹍主编：《中法战争》第一册，第58—59页。

法国似乎觉得中国的宗主权是礼仪、形式、荣誉的。也有法国人认识到中国人之所以没有明确否认法越间条约，是因为不知道保护国为何物。邵循正先生在其书中注释称："按此种解释甚当，中国之不谙西人所谓保护国，犹西人不谙中国所云藩属也。"① 因此，自"1874年条约"签订后，法国一直处在这种焦虑中。从清政府虽未否认但也并未正面承认"1874年条约"，而且声明越南为属国，且要保有这种关系，加之越南国王继续向清朝朝贡，清朝派兵进入越南境内追讨盗匪（此为越南同意甚至邀请）等两国传统藩属体制运行的情况看，法国日益焦虑于这是中国宗主权的体现。因此按照其国际法思维，为坐实其对越南的"保护"关系，定要将中国对越南的任何权利体现都排除在外。而当法国出兵北圻时，中国则视为其对属国的完全占据，是"伐灭其国"，为保藩属、防边患，而不得不承担起责任。

作为越南一方，在其与法国长时间接触并签订一系列条约的时候，并未知会中国，但当其感觉到被法国进一步控制乃至占据的时候，一些越南官员也认识到国际法规则的可利用之处，想利用作为清朝属国的身份来避免法国的进一步占据。例如，清朝得知法国将用兵于北圻的消息后，派招商局道员到越南顺化，将消息秘密告知越方。在越期间，清朝官员与越南官员进行了多次笔谈。其中一段如下：

> 该尚书云：现在下国自度以力拒法，总难深恃，唯欲仰求天朝，明认下国为藩属，代向法人理论。曾大人现为各西国所敬服，前年天朝与俄人换约之事，闻皆系曾大人用言折服之。今法人于情理不顺，若得曾大人代下国理论，当令法人忌惮而止。
>
> 职道等答云：贵国原属天朝，亦西洋各国所共知。曾大人前此一闻此信，即为贵国辩论。奈法人以贵国前既立约与彼邻邦，云天朝何必过问为辞。私约一层，是贵国先授法人以柄，故今天朝虽有邻（怜）助之心，亦多未便。②

越南官员要清朝"明认下国为藩属"，实际是想利用当时国际法上宗主国对属国的排他性权利规则，让清朝阻止法国进一步侵占越南的行动。但问题是，若真把中越传统藩属关系转变为越南对内自主、对外之权归给清朝的西方国际法上宗主国

---

① 邵循正：《中法越南关系始末》，第72页注释3。
② 《照录唐道禀缴十二月二十三日以后与越南大臣笔谈各节清折》，张振鹍主编：《中法战争》第一册，第112页。

与属国关系,想其也未必经过进一步深思,其能想到的大概还是这种传统藩属关系。

中法两国经历战争后,最终于1885年6月9日签订了《越南条款》。该条款第二条规定"中国既订明于法国所办弭乱安抚各事无所掣肘,凡有法国与越南自立之条约、章程,或已订者,或续立者,现时并日后均听办理。至中越往来,言明必不致有碍中国威望、体面,亦不致有违此次之约",①实际确认了法国对越南的保护权,而清朝基本放弃了对越南事务的干涉权,只是保有了传统的朝贡关系。试对比前文所引《万国公法》中塞尔维亚三邦"凭俄国保护,而听命于土耳其",原文即"在土耳其宫廷宗主权之下(under the suzeraineté of the Ottoman Porte)",中国竟然连"宗主权"之名都未得到,当然那时"宗主权"一词还未出现在中文里。

其实,清朝对朝鲜问题的交涉与处理更能反映这一传统藩属体系受到挑战和清朝尝试按照当时国际法宗主国—属国关系规范确立朝鲜"属邦之实"的努力过程。

江华岛事件后,日本欲染指朝鲜,派森有礼来试探清朝的态度。从光绪元年(1875)十二月十四日到二年正月二十日,总理衙门与日使森有礼间反复照会五次之多,实际围绕的就是朝鲜作为清朝属国是否仅为空名的问题。清朝从一开始受到挑战就意识到不能落人口实,明言"既云属国,自不得不隶中国",并以朝鲜为属邦之名,将朝鲜包含在《中日修好条约》中"所属邦土不相侵越"一条之内。②然而,日使最终单方面认定属国只是空名,所以开启了与朝鲜间的直接交涉。这可以看作是日本利用当时国际法宗主国—属国关系规范对清朝传统藩属体系发起的挑战。

日本迫使朝鲜签订《江华岛条约》后,清朝为防止日本独霸朝鲜,便鼓励朝鲜与各列强都签订通商条约。李鸿章等官员已很清楚当时国际法的有关规范并试图照此将朝鲜属国之名坐实。在美国与朝鲜签订通商条约时,清朝主张第一款先声明朝鲜为中国属国,但遭到美方官员的坚决反对,认为这样"于两国平行体统有碍"。最后交涉的结果是去掉这一条款,朝鲜另照会美国,声明朝鲜为中国属国,于中国分内一切应行之事,与美国无关。之后朝鲜继续与英、德等国以同样的方式签订了类似条约。李鸿章最后不得不认为:

盖西洋属邦有所谓半主之国:通商税则可自订立,朝鲜自与英、德、美等

---

① 王铁崖编:《中外旧约章汇编》第一册,三联书店1957年版、1982年印,第467页。
② 蒋廷黻编著:《近代中国外交史资料辑要》中卷,东方出版社2014年版,第322—328页。

商订税则、设捕，随时变通，按之西例半主属邦，尚无不合。若必令将中华属国载在约内第一款，朝鲜即可遵行，美为合众联邦，尚不肯允，英德庞然自大，更无允行之理。彼与中国、朝鲜皆系立约平行。若朝约内明载中属，自觉有碍体面，我亦未便强令更正。但有照会另行声明载在盟府，日后各国设相侵凌，或朝鲜有背衅之处，中国尽可执义责言，不至竟成法越覆辙。是否有当，仍候卓裁。①

可以看出，实际是列强采取了实用主义的态度，对中朝之间的藩属关系并不干涉，但在国际社会层面，却将朝鲜作为自主之国对待，阻扰了清朝确立朝鲜"属国之实"的努力。

清朝1881年受邀出兵朝鲜后，便有了机会强化对朝鲜内政、外交的控制，以求按照当时西方国际法规范确立当时还没有见于中文的"宗主权"，或按照当时的话说，将朝鲜的属国之名坐实。就朝鲜方面来说，其愿意作为清朝的传统藩属，以清朝为依托来摆脱列强势力的进入，但当清朝欲掌控其内政、外交自主之权，将其变为西方国际法上的属国时，朝鲜未必乐意。如除了前述不愿在与列强通商条约中写明为中国属国外，还有与俄国签订"朝俄密约"、1887年自行任命驻外大使等事件，都反映了朝鲜自身的离心倾向。②尽管如此，清朝还是对朝鲜内政、外交进行了相当程度的掌控。然而这一切努力最终因清朝甲午战争的失败而葬送。

由此可见，随着西方列强的到来，当中国传统藩属体系进入国际社会时，受到了西方国际法宗主权观念的挑战。列强以西方国际法宗主权观念来挑战传统藩属体系，背后固然是以武力为后盾。由于西方国际法规则的强势，清朝实际上也在试图适应这些规则来重新解释或将传统藩属关系重新塑造，以切合当时的国际法规则。但这一转变实际很难突破，主要原因有：一是受到传统观念的束缚，对国际法宗主国—属国关系的内涵认识不够，观念与行动转变跟不上。二是当清朝想将传统藩属关系转变为明确的当时国际法上的宗主国—属国关系时，也会碍于国力衰弱和列强的干涉而做不到。三是还要涉及传统藩属自身的意志，传统藩属不配合，或说产生离心，也是重要因素。总之，在列强国际法"宗主权"观念的挑战下，清朝与属国

---

① 《李鸿章致总署书》，光绪九年十二月十三日，蒋廷黻编著：《近代中国外交史资料辑要》中卷，第339—340页。
② 参见石源华等《近代中国周边外交史论》，上海辞书出版社2006年版，第204—209页。

的传统藩属体系未能成功转型，最终被一一瓦解。

最后需要指出的是，当时西方国际法上的宗主权观念，也是一个被西方列强用作肢解传统帝国的工具。不管是清朝还是奥斯曼土耳其帝国，在西方没有介入之前，帝国与一些属国、属地的关系都不是后来西方国际法上那种所谓宗主国—属国关系。而西方通过将其明确为国际法上的"宗主国"与"属国"，实际是逐渐将一些属国、属地从帝国中剥离出来。西方没有介入之前，清朝与越南、朝鲜等属国更是结成一个独特的藩属体系。可惜的是列强甚至连宗主国的名分都没给予清朝，就靠强力将这些属国一个个占据，有时只是容许保留了对清朝的朝贡活动，从而将清朝藩属体系瓦解。但这些属国并不是"宗主权"利剑所指向的唯一部分，如前文提到的，西方列强甚至用此利剑试图将西藏、蒙古等藩部切离，把"宗主国"的名分加到清朝头上，这是清朝所绝对不接受的，西方也未能得逞。而民国初年，迫于沙俄背后支撑的外蒙古"独立"形势，民国政府一度妥协接受了对外蒙古的"宗主权"名分。

三、结语

19世纪，清朝传统藩属体系受到当时国际法上宗主国—属国关系规范或说宗主权观念的挑战，凭着国力为后盾，列强在国际法意义上否认中国传统藩属体系中对属国的宗主权，因而谋求将中国藩属蚕食占去。经历了越南问题、朝鲜问题交涉，清朝由于国力不够，未能将传统中越、中朝藩属关系重新转变为当时国际社会承认的所谓宗主国—属国关系，也即清朝实际上未能取得对越南、朝鲜的宗主权和宗主国之名，当然那时这两个词都还没有出现在中文里。这样一个专有名词的翻译缺位，实际也反映了对相关观念认识的不够明确。

"宗主权""宗主国"作为专有翻译名词出现是在清末最后几年，此时越南、朝鲜等传统藩属已经尽失。随着清朝的灭亡，传统的藩属体系也就不存在了，而"宗主权""宗主国"等概念却进入国际法和国际关系的中文术语中，成了主导后人相关认知的基本概念。后人实际是开始用这些概念重新认识或书写历史。在历史的书写中，后世学者们不仅在描述清朝与越南、朝鲜等传统属国的关系时，把"宗主权""宗主国"的名称直接赋予清朝，学界（包括日本学界在内）甚至将这些词语延伸至中国古代史上与周边政权藩属关系的描述中去,①而忽略了所谓宗主权、宗主国的观念只是19世纪殖民主义和帝国主义时代的产物,之前并没有这些观念和规范,20世纪后也逐渐消退于国际社会中。至于清朝与属国这种传统藩属体系内,清朝能否被认为是"宗主国",对属国拥有"宗主权"?宗主权一词见用于19世纪初奥斯曼土耳其与属国的关系以后,到后来涉及清朝时,西方列强并非自始就否认或所有西方人都否认清朝对属国的"宗主权",至今甚至还有百科全书也将朝鲜作为清朝曾经的属国、将埃及作为土耳其曾经的属国,来做解释"宗主权"时的例证。②可见"宗主权""宗主国"这些词的含义和使用本身也确实有模糊性。但从宗主权、宗主国这些概念产生及内涵的时代性上看,其与中国传统藩属体系里与属国的关系显然是不同概念。就当时"宗主权"的一般含义——允许属国内部自治的同时拥有其国际社会上的外交权,和列强对越南、朝鲜作为清朝属国之实极力否认以及争夺抢占的过程来看,清朝也没有争得对传统属国的所谓"宗主权",与此同时,其传统藩属体系却一步步被解体。

最后,笔者推想,正是在这样一种以"宗主国""属国"等概念重新认识并书写历史的语境中,"宗藩关系"一词才得以产生。20世纪30年代(就目前所见)中国的学者们不仅已经开始使用"宗藩关系"一词,还使用"宗藩观念"。如蒋廷黻先生20世纪30年代编著的《近代中国外交史资料辑要》中卷"朝鲜问题"引论中的一段话称:

> 本章第一节述森有礼与总理衙门及李鸿章的交涉。李与总署的态度大体是一致的:(一)朝鲜的内政外交,中国不干涉,也不负责;(二)朝鲜久为中国的藩属;(三)根据《中日条约》之所属邦土不相侵犯一条,日本不得侵犯朝鲜。森有礼谓中国既不负责,就无宗主权;有之,亦是礼貌的,有名无实的;所以日韩的关系,中国不得干涉。实在这个冲突就是中国传统的宗藩观念与近代的国际公法之宗藩观念的冲突。③

---

① 参见[日]田中健夫、石井正敏编《对外关系史词典》,"宗主国"条,吉川弘文馆2009年版。
② 参见"suzerainty"词条,*The Encyclopedia Americana*(*International Edition*),Scholastic Library Publishing, Inc, 2006。
③ 蒋廷黻编著:《近代中国外交史资料辑要》中卷,第321页。

这段话中不仅出现了当时根本没有的"宗主权"一词,还出现了"宗藩观念",说明至少在20世纪30年代"宗藩关系""宗藩观念"这些词已经进入学术界。人们很容易用现代产生的词语重新认识过去,用"宗藩关系"一词描述传统藩属体系中的双边关系亦无可厚非,但不应当把有了近代国际社会体系时才产生的"宗主权""宗主国"等词语用于描述古代历史。

　　以上是笔者围绕"宗主权"一词中文翻译的出现过程及其背后体现的当时西方国际法规范对中国近代属国外交的影响所做的粗略探讨,疏漏、不当之处,望各位专家、学者指正。

原载《中国边疆史地研究》2017年第1期,
本文刊发时作者为中国社会科学院中国边疆研究所编辑。

藩属与朝贡体制研究

不同藩属体系的重组与王朝疆域的形成
——以西汉时期为中心

李大龙

如何认识古代中国疆域的形成过程，是中国边疆史地研究首先要面对的问题。以往学者们在探讨这一问题时多是通过对形成过程进行分期来阐述古代中国疆域的形成，但严格意义上讲这只是表象的研究，并没有从根本上解决疆域形成的问题。本文试图从不同藩属体系互相作用的角度来探讨古代中国疆域的形成，以抛砖引玉，希望引起更多学者对此问题的关注。

一

"藩属"是在汉文化的土壤中形成的一个概念，其含义是指"奉朔朝贡之国"。[①] 尽管"藩属"作为一个完整的概念在清代才出现，但作为一种处理中央与地方尤其是与边疆民族政权关系的方式却早已存在，并影响重大。

藩，又写作蕃、番，是一个在先秦时期就已经出现的概念，其本意是指篱笆，但被赋予政治含义后则有了众多的变化。如果仅从政治层面上看，藩的含义大致可以归纳为三个方面：属于一个政权尤其是中原王朝因分封而形成的诸侯和王；分立的政权之间弱者对强者的自称；称臣的边疆民族或政权。也就是说，藩一般是用于表明相对强大的王朝尤其是中原王朝与其所分封的诸侯王、其他弱小政权、边疆民族政权甚至边疆民族政权之外称臣纳贡的政权之间的关系。之所以称其为"藩"，应该是取屏障、保卫之意，一如颜师古注《汉书·陈胜项籍传》"长城"时曰"以长城

---

① 《钦定四库全书总目》卷68《史部·地理类一》。

扞蔽胡寇，如人家之有藩篱"，只是对象不同而已。换句话说，作为中原王朝的统治者希望其所分封的诸侯王、其他弱小政权、边疆民族政权乃至邻近的其他政权成为自己的屏障和保卫者，故有"藩卫""藩屏"等称呼，而边疆民族政权乃至邻近政权臣服中央王朝也由此被称为"藩臣""外臣""藩附"等。

"属"用于指称地方乃至边疆政权则明确于汉代，其用法即是见于史书记载的"属国"。关于"属国"的含义，现代人一般认为它是指"封建时代作为宗主国的藩属的国家"，[1] 但实际上最初的含义并不是指这些"藩属国"，而是有其特殊的指称。据《汉书·武帝本纪》载：元狩二年（前121）"秋，匈奴昆邪王杀休屠王，并将其众合四万余人来降，置五属国以处之。以其地为武威、酒泉郡"。颜师古在其下注曰："凡言属国者，存其国号而属汉朝，故曰属国。"也就是说，属国最初用于指称边疆民族是指中原王朝为安置内迁边疆民族而设置的行政建制区域。这些边疆民族脱离了本民族主体，而内迁到了中原王朝正式的行政建制区域内，其名称往往依然在属国前冠以原有的民族名称，如匈奴属国、龟兹属国等。这些属国从史书的记载看，已经不是独立的政权，尽管其内部保留了原有的管理体制，但中央王朝也直接委派称为"属国都尉"的官员参与属国内部管理，从而使其成为中央王朝政权建制的一个组成部分。

"藩属"用于指称边疆民族是在"中国""四夷"二元结构"天下"观念形成的基础上出现的。先秦时期，中央和地方统治关系的构建是以"五服制"为主要内容的，《国语·周语上》所谓"夫先王之制，邦内甸服，邦外侯服，侯卫宾服，蛮夷要服，戎翟荒服。甸服者祭，侯服者祀，宾服者享，要服者贡，荒服者王。日祭、月祀、时享、岁贡、终王，先王之训也"，尽管也包含了边疆民族政权，但作为权力中心王畿"藩屏"的是受封的同姓或异姓诸侯。公元前221年，秦王朝实现的"大一统"极大地丰富和发展了先秦时期的天下观，皇权的确立、郡县制取代分封制以及文化制度的统一，一方面极大地缩短了先秦时期天下观和现实的距离，另一方面结束了中原地区在政治、文化、交通等诸多领域的分立状态，实现了多方面的高度统一，称之为"九州"的中原地区已经逐渐牢固地凝结为一体，"天下"真正形成了由"夏"和"夷"两个行政区域构成的二元结构，这为处理"夏"和"夷"关系的藩属

---

[1] 《现代汉语词典》，商务印书馆1992年版，第1068页。

观念的形成和实施奠定了坚实的基础。

就中原地区而言，早在夏、商、周三朝时期，为了卫护政治权力中心的安全，就已经有了被称为"五服制"或"九服制"的藩属体系，并形成了相对完善的藩属理论。但是，夏、商、周三朝时期的五服制体系并不是完善的藩属体制，最主要的原因是五服制体系的构建目的是保卫权力中心"王畿"的安全，此时的中原地区还没有形成一个整体；在统治结构上说也存在着王畿和诸侯区的明确划分，尚未形成统一集权的皇权；在民族构成上，华夏族还处于凝聚的过程；在经济、文化上，中原地区也没有达到统一。但是，这一时期的五服制已经将边疆民族纳入统治序列，所谓"蛮夷要服，戎翟荒服"即说的是这个问题，而且这一时期已经形成了完善的服事制观念和理论，这一理论对之后的历代王朝藩属体制的构建和维系起到了重要的指导作用。所以，可以将夏、商、周三朝的五服制体系视为中原王朝藩属体制的萌芽。

公元前221年，秦国完成了统一六国的重任，结束了中原地区分裂的局面，继其后的西汉王朝不仅继承了秦王朝的疆域，也继承和完善了萌芽于先秦时期的藩属观念，并将其应用于对边疆地区的管理，进而形成了独具东方特点的藩属体制，由此也确立了古代中国统一王朝"二元三层"的疆域观念和疆域结构。汉代人的观念中，在《诗经·小雅·北山》所记载的"普天之下，莫非王土，率土之滨，莫非王臣"的影响下确立了皇帝的绝对权力，皇帝主宰的"天下"是由"夏"和"夷"两种不同的人群组成的，统治区域则分为了"九州""海内""海外"三个不同的层次。"九州"是指在秦王朝疆域基础上形成的郡县统治区，也即《汉书·地理志》所载"十三部刺史"的管辖范围，这是"夏"的居住区域，也是皇帝直接管辖的地区，并被喻为皇帝的"家"。"九州"向外扩展被称为"海内"，其外则称为"海外"。所谓"陛下以四海为境，九州为家"，①清楚地道出了"九州"和"四海""海内"的这种内外关系。也正是因为有了"九州为家"的观念，为保护其安全，汉王朝在其外围开始构筑藩属体系。一是在"九州"之外、"四海"之内分布的和汉王朝保持"臣属"关系的众多边疆民族，被称为"外臣"或"藩臣""藩附"；二是还分布着一些和汉王朝没有臣属关系或联系不密切的民族政权。对于前者，由于它们处于"九州"的外围，直接毗连郡县区域，一方面是汉王朝重要的防范对象，另一方面汉王朝又

---

① 《汉书》卷64上《严助传》。

希望它们成为郡县区域的外层防线，担负起保卫郡县区域不受外来侵扰的重任。因"九州"被喻为"家"，这些民族政权所处的区域恰好形似卫护"家"的藩篱，自然就被称为"藩"或"藩臣""藩附"。而对于后者，由于它们处于"海外"，是防范的对象，汉王朝一方面希望被称为"藩"或"藩臣""藩附"的边疆民族政权起到牵制、防范它们的目的，同时也希望"德"及"海外"，从而达到"海外殊俗，重译款塞"①、天下太平的目的。

藩属观念的形成，尤其是夏、夷二元结构天下观的出现，虽然导致了以中原为核心的藩属体系的构建，但从当时东亚乃至世界政权分布的状况看，为保护权力中心的安全而在周边地区构筑藩属体系实际上是一个普遍的现象，政权分布也由此围绕相对强大的政权而形成了在政治上有一定统属关系的一个个不同的藩属体系。犹如不同的星系构成的宇宙一样，每一个藩属体系都有一个维持其运转的核心政权，一如太阳是太阳系的核心、地球吸引着月亮等卫星运转一样，不同的是，由不同政权凝聚成的众多藩属体系不像宇宙中的众多星系那样保持较长时期的稳定，不同藩属体系之间碰撞、重组，进而形成新的藩属体系分布格局是频繁发生的现象。王朝疆域的构成和变动就是在这种不同藩属体系之间碰撞、重组的过程中形成的。

二

在我国历史上，西汉王朝是较早将藩属观念由理论付诸实践的王朝，但在以西汉王朝为核心的藩属体系形成的前后，在中华大地及其周边地区就已经形成了大小不同的藩属体系，以西汉王朝为核心的藩属体系的出现即是不同藩属体系碰撞、重组的结果。

从西汉王朝初期的情况看，当时在中华大地上分布着以西汉王朝、匈奴为核心的两大藩属体系，而在两大藩属体系内部和外部也存在着相对较弱的藩属体系，笔者称前者为亚藩属体系，后者为弱藩属体系。

（一）两大藩属体系构建初期的状态

在先秦时期就已经形成的藩属观念的指导下，刘邦在建立西汉王朝之后即开始

---

① 《汉书》卷62《司马迁传》。

构筑藩属体系,并最终在惠帝时期构筑起了以"藩臣""外臣"为主要内容的藩属体系。闽越、东瓯是最早成为西汉王朝"藩臣"的边疆民族政权。《史记·东越列传》载:"闽越王无诸及越东海王摇者,其先皆越王句践之后也,姓驺氏。秦已并天下,皆废为君长,以其地为闽中郡。及诸侯畔秦,无诸、摇率越归鄱阳令吴芮,所谓鄱君者也,从诸侯灭秦。当是之时,项籍主命,弗王,以故不附楚。汉击项籍,无诸、摇率越人佐汉。汉五年,复立无诸为闽越王,王闽中故地,都东冶。孝惠三年,举高帝时越功,曰闽君摇功多,其民便附,乃立摇为东海王,都东瓯,世俗号为东瓯王。"这是对西汉将闽越、东瓯纳入藩属体系的简要记载。南越则是第一个被纳入"外臣"序列的边疆民族政权。《史记·南越列传》载:"汉十一年,遣陆贾因立佗为南越王,与剖符通使,和集百越,毋为南边患害,与长沙接境……(佗)乃顿首谢,愿长为藩臣,奉贡职。"这是对南越进入西汉藩属体系的简要记述,只是在西汉统治者的意识中,赵佗虽然也称为"藩臣",但却是被纳入"外臣"序列的。和南越一样,雄踞东北边疆地区的卫氏朝鲜也属于西汉藩属体系中的"外臣"序列。《史记·朝鲜列传》载:"会孝惠、高后时,天下初定,辽东太守即约满为外臣,保塞外蛮夷,无使盗边;诸蛮夷君长欲入见天子,勿得禁止。以闻,上许之。"这就是西汉藩属体系初期的情况。

在西汉构筑藩属体系的同时,匈奴也在构筑着自己的藩属体系。公元前206年,匈奴冒顿单于兴兵东胡,不仅摧毁了以东胡为核心的藩属体系,而且获得了对东胡余众乌桓、鲜卑的控制权,进而完成了对东部地区藩属体系的构筑。其后,冒顿单于乘胜"西击走月氏,南并楼烦、白羊河南王",将南部各民族纳入自己的藩属体系。其后,"北服浑庾、屈射、丁零、鬲昆、薪犁之国",[1]北部众多游牧民族也成了其藩属体系的组成部分。公元前174年,匈奴右贤王领军"灭夷月氏,尽斩杀降下定之。楼兰、乌孙、呼揭及其旁二十六国皆已为匈奴",[2]匈奴的西部藩属体系也由此构筑完成。

高帝九年(前198),在武力难以和匈奴抗衡的情况下,西汉高祖刘邦"乃使刘敬奉宗室女翁主为单于阏氏,岁奉匈奴絮缯酒食物各有数,约为兄弟以和亲"。[3]西汉王朝与匈奴建立起了对等的"敌国"关系:双方以长城为界,统治者以兄弟相称。

---

[1]《史记》卷110《匈奴列传》。
[2]《汉书》卷94上《匈奴传》。
[3]《汉书》卷94上《匈奴传》。

由此也奠定了西汉初期处于平等状态的两大藩属体系。这两大藩属体系的内部构造及关系可以用如下简图表示：

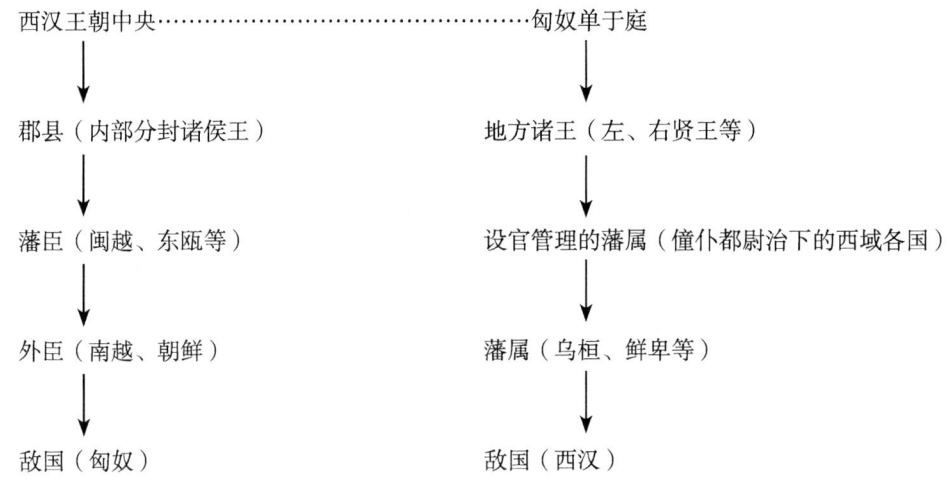

（二）亚藩属体系存在的状态

两大藩属体系的出现是对已有藩属体系重组的结果，但重组之后的两大藩属体系内部的融合还需要有一个过程，因而被纳入两大藩属体系的有些政权还保留着其原有的藩属体系。因为这些藩属体系和两大藩属体系不属于同一个层次，所以笔者称其为亚藩属体系。由于史书记载的原因，我们目前还难以了解两大藩属体系内部亚藩属体系的全部情况，但通过以卫氏朝鲜、南越为核心的亚藩属体系的形成过程可以了解其大概。

关于卫氏朝鲜亚藩属体系的构筑过程，《汉书·朝鲜传》有概要的记载："会孝惠、高后天下初定，辽东太守即约满为外臣，保塞外蛮夷，毋使盗边；蛮夷君长欲入见天子，勿得禁止。以闻，上许之，以故满得以兵威财物侵降其旁小邑，真番、临屯皆来服属，方数千里。"由此，卫氏朝鲜也得以构筑起了包括真番、临屯等政权在内的自己的藩属体系。南越亚藩属体系的构筑过程在《汉书·两粤传》中也有概要的记载："秦已灭，佗（赵佗——引者）即击并桂林、象郡，自立为南粤武王。"高祖十一年（前196），汉高祖"遣陆贾立佗为南粤王，与剖符通使，使和辑百粤，毋为南边害，与长沙接境"。赵佗由此构筑起了自己的藩属体系，其涵盖范围一度包括了闽越、西瓯等百越政权，"东西万余里"。但是，由于卫氏朝鲜和南越都是西汉王朝的藩属，所以其藩属体系构成状况与上述两大藩属体系不同，如下图所示：

（三）其他弱藩属体系存在的状态

在上述两大藩属体系没有波及的地区，尽管由于社会发展等众多方面的原因没有出现强有力的实现局部统一的政权，但也已出现了藩属体系或其雏形，西南地区的情况即是一个例证。按照《汉书·西南夷传》的记载，在西汉初期西南夷还处于分裂的状态，"南夷君长以十数，夜郎最大。其西，靡莫之属以十数，滇最大。自滇以北，君长以十数，邛都最大……自嶲以东北，君长以十数，徙、筰都最大。自筰以东北，君长以十数，冉駹最大……自駹以东北，君长以十数，白马最大"。尽管由这些记载难以断定各政权之间的关系，但所谓"最大"的夜郎、滇、邛都、徙、筰都、冉駹、白马等有可能与其周围的更小的"君长"具有某种统属关系，进而形成藩属体系的萌芽。以滇为例，其状态可以用如下简图表示：

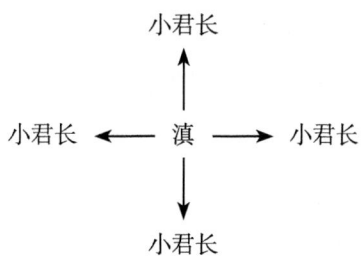

从西汉初期古代中国区域内政权的分布状态看，尽管不存在一个将所有政权或民族纳入其统治之下的中央王朝，但所有的政权或民族还是被分别纳入了不同的实现局部统一的政权统治之下，政治格局呈现大小不同藩属体系并存的特点。这些在古代中国疆域内存在的众多藩属体系，受到权力中心王朝或政权势力强弱的制约而在涵盖范围的大小、内部结构的严密程度、发展趋势等众多方面呈现较大差异。从发展的角度看，不同层次藩属体系涵盖范围的大小是由核心政权国力的强弱决定的，而核心政权国力的强弱一般而言是处于不断变化之中的，所以相邻藩属体系涵盖的范围也不是固定不变的。从西汉时期的情况看，正因为以西汉王朝、匈奴为核心构筑的两大藩属体系处于最高层次，所以西汉、匈奴两个王朝实力强弱的变化最终导致了上述不同藩属体系的碰撞、重组，而西汉王朝疆域的形成就是这种不同藩属体系碰撞、重组的结果。

三

西汉初期，以西汉王朝和匈奴为核心建立的两大藩属体系之所以能够建立起对等的关系，其原因是多方面的，但根本的原因是双方的实力对比处于一种相对的平衡状态。经过了秦王朝后期的战乱以及数年的楚汉之争，新兴的西汉王朝虽然充满朝气，但百业待兴，其实力根本就难以达到"臣服"匈奴的目的，公元前200年汉高祖刘邦遭遇"白登之围"就是这种状况的反映。在通过武力难以协调双方关系的情况下，西汉王朝的和亲政策为西汉与匈奴之间关系的建立和发展提供了一个新的出路：以长城为界的"敌国"关系。应该说，"敌国"关系的确立为双方构筑和完善自己的藩属体系提供了良好的外部环境。对西汉而言，利用这种机会先后将南越、卫氏朝鲜纳入自己的藩属体系；对匈奴而言，则是在文帝时期将处于辽阔西域的各政权发展为自己的藩属，设置僮仆都尉进行管理。相对宽松的外部环境也为西汉王朝国力的增长提供了良好机遇，经过文景之治，至汉武帝初期，"自天子不能具醇驷，而将相或乘牛车"的状况已经演变为"国家亡事，非遇水旱，则民人给家足，都鄙廪庾尽满，而府库余财。京师之钱累百巨万，贯朽而不可校"。[①]西汉国力的强盛为两大藩属体系的碰撞、重组提供了基础，而公元前133年汉武帝在马邑设伏暗算匈奴单于则成了碰撞、重组的导火索。这一过程如果以公元前52年呼韩邪单于降汉为截止时间来计算，则持续了八十余年。

在两大藩属体系碰撞、重组的过程中，对众多藩属政权的争夺和强化对藩属的控制能力成为西汉和匈奴的主要目标，但最终的结果却是以西汉为核心的藩属体系

---

① 《汉书》卷24上《食货志》。

不断扩展，而以匈奴为核心的藩属体系不仅日益缩小，而且匈奴也成为以西汉为核心的藩属体系的组成部分。两大藩属体系壮大、碰撞、重组的过程可以通过始于汉武帝时期的西汉王朝藩属体系的重新构筑完整体现出来，而西汉王朝的疆域就是在藩属体系重新构筑过程中最终奠定的。

西汉王朝藩属体系重新构筑的第一个结果是通过不断强化对藩属的控制，实现了初期藩属地区的"内地化"。建元三年（前138）"东粤（瓯）请举国徙中国，乃悉与众处江淮之间"。① 元鼎六年（前111）平南越，"以其地为儋耳、珠崖、南海、苍梧、郁林、合浦、交阯、九真、日南九郡"。② 与此同时，西汉也完成了对西南夷实施郡县统治的过程，先后设置了牂牁郡、越嶲郡、沈黎郡、文山郡、武都郡、益州郡等。元封三年（前108）西汉和卫氏朝鲜的"外臣"关系也得到了改变，西汉"定朝鲜为真番、临屯、乐浪、玄菟四郡"。③ 由此，包括百越、西南夷、卫氏朝鲜在内的西汉王朝前期的"藩属"或"外臣"成了接受西汉王朝直接统治的臣民，而上述政权或民族分布的区域自然也成了西汉王朝直接控制郡县区域的重要组成部分。

值得说明的是，由于藩属体系是处于不断变动过程中的，所以也存在着一种郡县"藩属化"的倾向。郡县"藩属化"是指在郡县内也会出现一些不断强大的政权，在这些政权势力达到一定程度时会取代郡县，成为一种新的藩属政权，高句丽政权即是例证。高句丽政权在建立之初是属于西汉王朝玄菟郡高句丽县管辖的一个县侯，但在王莽时期强大起来，并最终占据了西汉王朝乐浪、玄菟等郡辖地。应该说，郡县"藩属化"代表的是一种分离的趋向，不过有两点是需要注意的：一是这种分离是在藩属体系的框架内进行的，就是像称霸东北地区的高句丽政权也没有断绝和藩属核心王朝的藩属关系，接受册封、定期朝贡等即是表现；二是从发展趋势看，这些政权的分离多是暂时现象，其最终结果还是回到了古代中国疆域形成的轨道中，高句丽政权在668年被唐王朝统一即是表现。④

藩属体系重新构筑的第二个结果是通过和匈奴争夺藩属进而构筑起了由特设机

---

① 《汉书》卷95《两粤传》。
② 《汉书》卷95《两粤传》。
③ 《汉书》卷95《朝鲜传》。
④ 关于高句丽政权的情况，参见马大正等《古代中国高句丽历史丛论》（黑龙江教育出版社2001年版）和《古代中国高句丽历史续论》（中国社会科学出版社2003年版）。

构进行间接管理的藩属体系。其一是在大量匈奴人降汉的基础上设置了特殊的地方机构——属国，见于史书记载的属国有西河属国、北地属国、上郡属国、金城属国、天水属国、五原属国、张掖属国等，分别安置和管理匈奴、羌及西域降众。其二是通过"断匈奴左臂"，"徙乌桓于上谷、渔阳、右北平、辽西、辽东五郡塞外，为汉侦察匈奴动静"，①将原属于匈奴藩属的乌桓纳入管辖之下，设护乌桓校尉进行管理。其三是通过"隔断羌胡"政策的实施将部分羌众纳入管辖之下。元鼎六年（前111）冬十月"发陇西、天水、安定骑士及中尉、河南、河内卒十万人，遣将军李息、郎中令徐自为征西羌，平之"，"始置护羌校尉，持节统领焉"。②其四是通过"断匈奴右臂"将属于匈奴藩属的西域各国纳入西域都护的管辖之下，"（匈奴）僮仆都尉由此罢，匈奴益弱，不得近西域"。③西汉前期属于匈奴的乌桓、西域诸国等藩属由此变为了西汉王朝的藩属，其分布区域自然也成了西汉王朝疆域的组成部分。

　　值得说明的是，在由特设机构进行间接管理的藩属体系形成的过程中，一定时期内曾经存在着某些政权两属的状态。从史书的记载看，两属的政权大致分为两种情况：一是左右于匈奴和西汉王朝之间，但最终结果是被纳入以西汉王朝为核心的藩属体系中，脱离了和匈奴的依附关系。西域一些政权的状况多属于此种类型，其中楼兰的情况较为典型。《汉书·西域传》记载："初，武帝感张骞之言，甘心欲通大宛诸国，使者相望于道，一岁中多至十余辈。楼兰、姑师当道，苦之，攻劫汉使王恢等，又数为匈奴耳目，令其兵遮汉使……于是武帝遣从票侯赵破奴将属国骑及郡兵数万击姑师。王恢数为楼兰所苦，上令恢佐破奴将兵。破奴与轻骑七百人先至，虏楼兰王，遂破姑师，因暴兵威以动乌孙、大宛之属……楼兰既降服贡献，匈奴闻，发兵击之。于是楼兰遣一子质匈奴，一子质汉。"楼兰由依附匈奴到两属于匈奴、西汉，很明显是西汉进军西域的结果，而这种通过武力拓展藩属体系的基础即是西汉王朝国力的增强，但两属结果的形成则是双方在西域影响力处于均衡状态的一种表现。处于两大核心政权挤压下的楼兰，限于国力的弱小，两属是不得已的也是唯一的正确抉择，即如楼兰王所言："小国在大国间，不两属无以自安。"但是，这种状况毕竟是暂时的，随着西汉王朝影响力的扩大，楼兰的最终走向随着楼兰王被西汉

---

① 《后汉书》卷90《乌桓传》。
② 《后汉书》卷87《西羌传》。
③ 《汉书》卷96上《西域传》。

军正任文俘获到长安而确定下来,"上直其言,遣归国,亦因使候司匈奴。匈奴自是不甚亲信楼兰"的记载说明楼兰被纳入以西汉王朝为核心的藩属体系。第二种情况是有些政权被纳入以西汉王朝为核心的藩属体系,但这些政权和匈奴以前的依附关系还存在着某些保留,乌桓的情况即是例证。西汉王朝虽然通过将乌桓内迁、设置护乌桓校尉将乌桓纳入藩属体系管理之下,但是从《汉书·匈奴传》的记载看,匈奴直到西汉后期还一直向乌桓收取"皮布税",为此西汉王朝颁布了"四条"约定给匈奴:"中国人亡入匈奴者,乌孙亡降匈奴者,西域诸国佩中国印绶降匈奴者,乌桓降匈奴者,皆不得受。"不过并没有改变这种状态。"汉既班四条,后护乌桓使者告乌桓民,毋得复与匈奴皮布税。匈奴以故事遣使者责乌桓税,匈奴人民妇女欲贾贩者皆随往焉。乌桓距曰:'奉天子诏条,不当予匈奴税。'匈奴使怒,收乌桓酋豪,缚到悬之。酋豪昆弟怒,共杀匈奴使及其官属,收略妇女马牛。"乌桓和西汉王朝、匈奴的这种关系是西汉时期不同藩属体系碰撞、重组过程中的一个特例。

　　西汉王朝藩属体系重新构筑的第三个结果是将匈奴纳入藩属体系之中。甘露元年(前53),由于在争夺单于位的战争中遭到惨败,呼韩邪单于的部将左伊秩訾王建议呼韩邪单于南下向西汉王朝称臣,以求得西汉王朝的援助。甘露二年(前52),呼韩邪单于"款五原塞,愿朝三年正月"。"单于正月朝天子于甘泉宫,汉宠以殊礼,位在诸侯王上,赞谒称臣而不名。""单于自请愿留居光禄塞下,有急保汉受降城。汉遣长乐卫尉高昌侯董忠、车骑都尉韩昌将骑万六千,又发边郡士马以千数,送单于出朔方鸡鹿塞。诏忠等留卫单于,助诛不服。"[①]自高祖时期就形成的"外臣"匈奴的愿望,经过八代统治者的努力,在宣帝时期终于变为了现实,匈奴成为西汉王朝疆域最外层的藩属,匈奴活动的区域也由此成了西汉王朝疆域的组成部分。

　　不同藩属体系的碰撞、重组促成了西汉王朝疆域的形成,也决定了西汉王朝对辽阔疆域的统治采取不同的管理方式。这些管理方式是由严密到疏松依次分布的:处于核心地区的是中原及其毗邻地区,采取的是直接管辖的郡县方式,管辖方式最为严密;其次是属国管理方式,位于郡县区域的边缘,设置都尉进行管理,内附的边疆民族有一定"自治"权;再次是特设机构管理区域设置了西域都护、护羌校尉、护乌桓校尉等机构进行间接管理,并不具体管理边疆民族的内部事务;最外层则是

---

① 《汉书》卷94下《匈奴传》。

藩国区域，分布在这一区域的边疆民族和西汉王朝保持"藩臣"关系，如匈奴。重组之后以西汉王朝为核心的藩属体系呈以下状态：

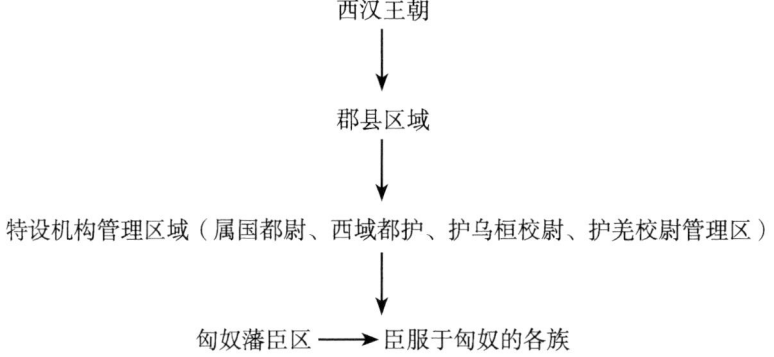

当然，上述只是对以西汉王朝为核心的藩属体系一个概要的表示，其实际状态要更加复杂，其中最主要的原因是西汉王朝虽然将众多的边疆民族纳入藩属体系，但多数情况下并没有打破这些边疆民族政权内部的统治体系。也就是说，众多藩属依然是一个个政治实体，一方面出于以夷制夷的需要，西汉王朝对它们之间已经存在的亚藩属关系并没有过多地加以限制或干涉，只是对像匈奴这样的强大政权存在明显的限制，所以一些亚藩属体系得以保留下来；另一方面，随着双方势力的此消彼长，在一些强大起来的边疆民族政权周围又会形成新的亚藩属体系。关于西汉时期藩属体系的这种复杂状况，笔者将另文探讨，在此不做深入阐述。

从藩属的角度来看西汉王朝的疆域，实际上我们很难用现代的一些疆域理论来确定西汉王朝的疆域范围，因为活动在中华大地上的众多民族或政权遵循独具特色的规则来发展相互之间的关系，在没有外力影响的情况下，其发展的趋势是不断地由分裂状态走向凝聚，并在凝聚之后出现分裂的状态下再走向更大的凝聚，形成于西方文化基础之上的现代疆域理论并不适合于认识中国历史上的疆域。另一个值得注意的问题是，由于历代王朝的统治者多推崇"德化被四海"，①主张通过"天子"的"盛德"来实现天下大治和处理与周边民族的关系，多数情况下并没有一个现代意义上的国界线，因而如何确定一个王朝的疆域便成为困扰学者们的问题。实际上，无论是从古代中国历代王朝的疆域思想，还是从具体边疆治理实践看，用一条线来

---

① 《汉书》卷22《礼乐志》。

划定古代中国一个王朝疆域范围的努力都是难以实现的,而且这种努力也不符合古代中国历代王朝疆域构成和不断演变的实际。无论是从藩属理论还是具体实践结果看,中国历史上统一王朝的疆域的构成都是包括了不同的区域的。其中,核心的区域是中原,或称之为"中国",这里既是王朝的直接统治区域,同时也是中国人口最多的汉民族的主要分布区域,获得了对这一区域的统治权即是得到了"中国正统"的地位,因而这一区域成为历史上众多王朝或政权争夺的对象。在中原地区之外是边疆民族的分布区域,统一的王朝为保卫中原地区的安定,以及显示自己的"德政",往往也经营这一区域,但一般情况下是作为中原地区的附属区域,即以"藩卫""藩屏"的性质来具体经营的,因而这一区域即是王朝藩属的分布范围。从管理方式等方面分析,这一区域又可以分为两个不同的部分,即设置机构进行间接管理的区域和不设置机构进行管理而只保持"藩臣"状态的区域。从统一王朝的具体实践看,受到王朝国力或其他因素的影响,各王朝对边疆民族分布区域的经营存在一定差异,其中最主要的表现即是对藩属区域的管理程度和藩属分布范围的大小存在不同,但从古代中国疆域形成的历程看,藩属区域和中原关系的日益密切,尤其是统治方式和中原地区的划一,促成了藩属和中原地区结成牢固的一个整体,笔者称之为藩属地区(或边疆地区)的"内地化"。古代中国的疆域就是在藩属地区的不断"内地化"过程中形成的。

原载《中国边疆史地研究》2006年第1期,
本文刊发时作者为中国社会科学院中国边疆史地研究中心编审。

汉至唐时期肃慎、挹娄、勿吉、靺鞨及其朝贡活动研究*

程妮娜

肃慎、挹娄、勿吉、靺鞨等族群的朝贡活动是汉至唐时期中原王朝对其认识、了解的最基本渠道，朝贡活动的疏与密，也决定着中原人对上述族群的认识程度。在朝代更替频繁，并且一度出现北方民族多政权并立的时代，不同文献之中关于上述族群的记载出现不相一致、令今人难解的现象，这也是引起学界争议的主要原因之一。[①] 因此，对汉至唐时期肃慎、挹娄、勿吉、靺鞨等族群的朝贡活动进行通盘系统梳理，在一个中长时段考察诸族的变迁及其在东亚范围内的活动，不仅可以对学界长期争论不休的上述族群之间的关系提出一个新的视角和诸种新的认识，而且更重要的是可以揭示中央王朝对东北边疆统辖的实态。

一、汉魏晋时期肃慎、挹娄及其朝贡活动

肃慎又作息慎，为先秦时期东北古族。《国语》载："昔武王克商……肃慎氏贡楛矢石砮。"[②]《尚书正义》曰："成王既伐东夷，肃慎来贺，王俾荣伯作《贿肃慎之命》。"[③]

---

* 本文为教育部哲学社会科学重大课题攻关项目"中国历代边疆治理研究"（项目批准号：10JZD0008）、国家哲学社会科学基金重点项目"古代中国东北民族朝贡制度研究"（项目编号：06AZS002）的阶段性成果。

① 有关研究状况，参见宋卿、陈鹏《肃慎、挹娄研究综述》，《中国史研究动态》2007年第9期；张晓光：《我国肃慎、挹娄、勿吉史的研究综述》，《满族研究》2008年第2期；姚玉成、杨海鹏：《肃慎族研究分类综述——近现代篇》，《满族研究》2010年第3期。

② 《国语》卷5《鲁语下》，上海古籍出版社1978年版，第215页。

③ 《尚书正义》卷18《周官第二十二》，《十三经注疏》上册，中华书局1980年版，第236页。

肃慎朝周，周人得知肃慎之名。① 挹娄为汉代东北古族，初臣服于夫余国，曹魏时始脱离夫余控制，单独遣使至中原朝贡。曹魏人鱼豢所撰《魏略》曰："挹娄一名肃慎氏。"②《三国志·挹娄传》亦曰：挹娄"古之肃慎氏之国也"。如果说肃慎之名来自西周人的记述，那么挹娄之名来自谁？魏晋人为何将肃慎与挹娄联系起来？魏晋史籍中挹娄与肃慎并行，是同一族群的不同名称，还是在挹娄部之外，另有肃慎部？这些问题曾引起学界热议，至今仍无定论。当今天再次讨论这些具有内在联系的问题时，以相关史料与不断积累的考古学材料相印证，可看到历史事实远比史书记载的复杂，然而古人关于这一族群的认识并不是混乱不清。

汉代挹娄臣属于夫余，夫余朝贡汉朝，汉人由夫余得知挹娄。《三国志·挹娄传》记载："（挹娄）自汉已来，臣属夫余，夫余责其租赋重，以黄初中叛之。夫余数伐之，其人众虽少，所在山险，邻国人畏其弓矢，卒不能服也。"曹魏时，挹娄人脱离夫余控制后，文帝黄初年间（220—226）开始自主遣使向魏朝贡，鄄城侯曹植作哀祭魏文帝的诔文中有"肃慎纳贡"之语。③《三国志》记载魏明帝青龙四年（236），挹娄人朝贡，因语言不通，需"重译入贡"。④ 两晋南北朝时期，中原人与前来朝贡的挹娄人进行交流，需要通晓挹娄人语言的夫余人、沃沮人、高句丽人的转译才能对话。⑤ 我认为"挹娄"并非是该族群的自称，而是夫余人对这一族群的称呼，即是他称。

中原人对挹娄人的了解十分有限，《三国志》首次为挹娄立传，但却是《东夷传》中字数最少的一个。裴松之注《三国志》时，对挹娄也未能补充只言片语，可见魏晋中原汉人对该族群的了解不多。魏晋人主要是依据挹娄人独特的交往习俗认定其是古肃慎之后。魏景元三年（262）四月，"辽东郡言肃慎（挹娄）国遣使重译入贡，献其国弓三十张，长三尺五寸，楛矢长一尺八寸，石砮三百枚，皮骨铁杂铠

---

① 《今本竹书纪年》卷上载"帝舜有虞氏……二十五年，息慎氏来朝，贡弓矢"。王国维在《今本竹书纪年疏证自序》中认为，《今本纪年》"所出本非一源，古今杂陈，矛盾斯起"。"年月又多杜撰，则其说为无征。无用无征，则废此书可。"（王国维：《古本竹书纪年辑校　今本竹书纪年疏证》，辽宁教育出版社1997年版，第37页）故舜时肃慎来朝的记载不足为凭，本文不取。
② 《魏略》久佚，唐李贤等注《后汉书》卷70《孔融传》时引《魏略》此句。
③ 《三国志》卷2《魏书·文帝纪》裴松之注引。
④ 《三国志》卷3《魏书·明帝纪》；卷4《魏书·陈留王奂纪》。
⑤ 《宋书》卷6《孝武帝》：大明三年十一月，"高丽国遣使献方物。肃慎国重译献楛矢石砮"。《十六国春秋》卷16《后赵录六》："挹娄国遣使通贡，虎召其使而问之，答曰：每候牛马向西南眠者三年矣，是知有大国所在，故重译来云。"夫余、高句丽、沃沮先后皆与挹娄比邻。

二十领,貂皮四百枚"。① 楛矢石砮是一种木杆石箭头的箭,在东北新石器时代和青铜时代文化遗址中普遍发现石镞,但史籍记载东北古族彼此交往时,以献上弓与以木石为材的箭表示友好、结盟或臣服的古族则十分少见。先秦肃慎人朝周时,贡献楛矢石砮,《国语·鲁语下》记下其形制:"长尺有咫。"挹娄人朝魏,同样贡楛矢石砮,"其弓长四尺,力如弩,矢用楛,长尺八寸,青石为镞"。② 在考古学界认定是挹娄文化的黑龙江蜿蜒河类型文化中出土了铁箭头和少量铁器。③ 但挹娄人仍以石木制的"楛矢石砮"作为贡物,应出自这一族群特有的习俗。挹娄人与先秦肃慎人都有这种习俗,二者所贡的楛矢石砮形制大体相同。魏人鱼豢据此认定"挹娄"即"肃慎",魏末晋初人陈寿同样也据此认为挹娄是古肃慎。南北朝时期拓跋鲜卑人认定勿吉是挹娄、肃慎,也是依据这一古老的习俗。

关于魏晋时期史籍中挹娄、肃慎二族名同时出现的现象,池内宏认为魏晋人出于对"肃慎来朝"的传统认识,有意将古肃慎比附在挹娄身上。④ 林沄认为当时人相信挹娄就是古之肃慎,故以肃慎为挹娄之雅称。⑤ 吉本道雅认为这是中原人"圣天子受命瑞象说"的表现,"肃慎"成为观察正统论的历史发展脉络的一份史料。⑥ 王乐文认为"肃慎来贡"被中原帝王作为体现威德及于四海的重要指标,贡纳楛矢石砮的挹娄被史家贴上了"肃慎"的标签。⑦ 这些看法从不同侧面探讨了魏晋人以肃慎指代挹娄的现象。要搞清楚为什么会出现这种现象,我认为理清史籍中如何使用这两个族名是至关重要的。在《三国志》中陈寿仅在《东夷传》中使用"挹娄"族称,《挹娄传》记述了挹娄人的地理、风俗、物产,及其与邻族的关系。在《夫余传》《沃沮传》中记述夫余、沃沮与挹娄有关的事迹时,同样使用挹娄族称。但是,在帝纪和人物传中,凡涉及挹娄人的事迹,尤其是朝贡活动,全部以"肃慎"指代"挹娄"。陈寿在一部书中记述同一个族群的事迹,在不同地方没有丝毫错乱地分别使用"挹娄"和"肃慎"两个族名,无疑有其特别的用意。

先秦时期,"肃慎来朝"已被时人视为蛮荒之人服事天子的典型事例。《国语》

---

① 《三国志》卷4《魏书·陈留王奂纪》。
② 《三国志》卷30《魏书·挹娄传》。
③ 参见黑龙江省文物考古研究所《黑龙江省双鸭山市滚兔岭遗址发掘报告》,《北方文物》1997年第2期。
④ 参见[日]池内宏《肃慎考》,《满鲜历史地理研究报告》第十三,东京帝国大学文学院1932年。
⑤ 参见林沄《肃慎、挹娄和沃沮》,《林沄学术文集》,中国大百科全书出版社1998年版,第421页。
⑥ [日]吉本道雅:《肃慎考》,《满语研究》2006年第2期。
⑦ 参见王乐文《"肃慎族系"略论》,《历史教学》2008年第2期。

曰:"武王克商,通道于九夷百蛮。使各以其方贿来贡,使无忘职业。于是肃慎氏贡楛矢石砮。"《左传》云:"肃慎、燕、亳,吾北土也。"① 秦汉时期,文人们常以肃慎朝贡之事颂扬三代圣王功德,烘托诸侯的霸业,如汉武帝元光元年(前134)的"诏贤良书"、西汉刘安的《淮南子》② 中都可以见到对先秦肃慎来朝的追述。三国鼎立时期,远夷朝贡称藩被视为拥有正统地位的重要标志。对于谙熟儒家经典、知晓肃慎氏贡楛矢石砮之事的士大夫来说,当东北挹娄人贡纳楛矢石砮时,自然会将二者联系起来。陈寿虽是私人撰史,却持有以魏为正统的观念,他关于"挹娄"与"肃慎"名称的使用,一方面出于魏晋人对该族群的认识,另一方面则出于他的正统观。《三国志·挹娄传》曰挹娄地"出赤玉、好貂"。挹娄人朝魏进纳的贡品中有貂皮、皮骨铁杂铠甲和楛矢石砮,然而魏朝最看重的恰恰是经济价值最低的楛矢石砮,显然楛矢石砮承载着更为重要的政治含义,陈寿撰《三国志》时有意加深了挹娄是古肃慎的政治用意。在祭奠魏文帝的诔文中有:"肃慎纳贡,越裳效珍,条支绝域,侍子内宾。"③ 魏元帝景元四年(263),钟会在对蜀檄文中称"(魏)布政垂惠而万邦协和,施德百蛮而肃慎致贡"。④ 魏晋士大夫将"挹娄"称为"肃慎",记述"肃慎"朝贡及其贡纳的"楛矢石砮",用以证明魏朝拥有正统地位。陈寿的《三国志》对后世文人、史家的影响很大,南朝宋人范晔撰《后汉书·挹娄传》基本是转录了《三国志》的内容,并开篇直言"挹娄,古肃慎之国也"。两晋时有人撰《肃慎国记》,可惜该书已佚。宋人李昉等撰《太平御览》中保存了《肃慎国记》的部分内容,⑤《晋书》取材于《肃慎国记》,而且弃"挹娄"之名作《肃慎传》,于开篇曰:"肃慎氏,一名挹娄。"晋承魏立国,肃慎朝贡在晋朝被视为皇恩远播、九夷称藩的体现,在朝廷举行盛大礼乐的歌词中有"肃慎率职,楛矢来陈"。⑥《晋书》除《肃慎传》的首句之外,全书只言肃慎,不提挹娄。

秦汉王朝在东北民族地区初建朝贡制度时期,臣服于夫余的挹娄人未能与汉朝直接发生朝贡关系。魏晋时期,挹娄人开始向中原王朝(政权)朝贡,曹魏和西晋

---

① 《国语》卷5《鲁语下》,第215页;《春秋左传集解》第二十二《昭公三》,上海人民出版社1977年版,第1320页。
② 《汉书》卷6《武帝纪》:"周之成康,刑错不用,德及鸟兽,教通四海。海外肃眘(慎),北发渠搜,氐羌徕服。"《淮南子》卷1《原道训》:"(舜)夫能理三苗,朝羽民,徙裸国,纳肃慎。"莲池书社1921年。
③ 《三国志》卷2《魏书·文帝纪》裴松之注引鄄城侯植诔文。
④ 《三国志》卷28《魏书·钟会传》。
⑤ 参见(宋)李昉等撰《太平御览》卷784《东夷五·肃慎》,国泰文化事业有限公司1980年版,第3472页。
⑥ 《晋书》卷22《乐志》。

时，挹娄人主要诣辽东郡、护东夷校尉府朝贡。①因其朝贡地点主要在边郡，偶尔至京师，故王朝史官关于挹娄人朝贡活动的记载极少，近百年间仅有四次：三次朝魏，一次朝西晋。若将诣边郡朝贡统计在内，挹娄人朝贡次数要远远超过这几次。晋室南渡，北方陷于分裂，挹娄人才开始至各政权的都城，即诣阙朝贡。但时值战乱，目前所见史籍中关于挹娄朝贡活动的记载仍然不多，一次朝东晋，两次朝后赵，两次朝前秦。所见史籍记载几乎都是"肃慎"朝贡，唯有北魏人崔鸿《十六国春秋》记载为"挹娄"通贡。后赵石虎建武六年（340）冬十月，"挹娄国遣使通贡，虎召其使而问之，答曰：每候牛马向西南眠者三年矣，是知有大国所在，故重译来云。初，李寿将李闳自晋来奔……中书监王波议曰：'……寿既号并日月跨僭一方，今以制诏与之，彼必酬反取诮戎裔。不若直书答之，因请以挹娄国所献楛矢石砮遗寿，曰使其知我能服遐荒也。'虎从之"。②此事又见于《晋书》和《资治通鉴》。《晋书·肃慎传》将"挹娄"改为"肃慎"，然《资治通鉴》仍记为挹娄朝贡，两书记载均较《十六国春秋》简略，当取材于后者。③这也说明在魏晋时期，中原人始终使用肃慎和挹娄这两个名称来称呼这个族群。如前所言，史籍记载王朝事迹时通常使用肃慎之名，十六国时期北方民族纷纷在中原建立政权，史家记载边疆民族事迹似乎不像以前那么严格地使用肃慎之名，于是史籍中偶见用"挹娄"之名记载该族朝贡活动。然唐人撰《晋书》还是依据晋朝史官的习惯，将该族群朝贡活动一并记为肃慎人。

《三国志》和《后汉书》撰写《挹娄传》，其他史籍中也时见挹娄之族名，说明魏晋时期中原人也称这一族群为挹娄，那么在什么场合使用"挹娄"之名呢？《三国志·挹娄传》曰：其地"出赤玉、好貂，今所谓挹娄貂是也"。郭义恭《广志》曰："貂出扶余、挹娄。"④挹娄盛产名贵貂皮，魏景元三年（262）"肃慎"朝贡，一次贡献貂皮四百张。具有很高经济价值的"挹娄貂"深受中原人的喜爱。对于尚处于前国家形态的挹娄人来说，朝贡活动的政治意义不如经济交往更具有吸引力，他们在进行朝贡活动时，积极开展物物交换。"挹娄貂"不仅在中原闻名，而且也是江

---

① 参见程妮娜《古代中国东北民族地区建置史》，中华书局2011年版，第80—83页。
② 《十六国春秋》卷16《后赵录六》。
③ 参见《资治通鉴》卷96，咸康六年三月条。
④ （宋）罗愿：《尔雅翼》卷21《释兽四·貂》引，文渊阁四库全书本。王利华考定郭义恭为北魏前期人（《〈广志〉成书年代考》，《古今农业》1995年第2期）。

南人喜爱的名贵物品，如南朝梁元帝作《谢东宫赉貂蝉启》有"挹娄之甑，曲降鸿恩"之句；陈人江总作《华貂赋》曰："贵丰貂于挹娄，饰惠文而见求。"① 显然挹娄之名为当时人所知晓。

汉魏晋时期中原人对于东北边远地区原始族群的认识还很模糊，长期处于地域族群文化认识的程度。"挹娄在夫余东北千余里，滨大海，南与北沃沮接，未知其北所极。其土地多山险。"② 挹娄南与沃沮大约在今牡丹江中游一带相接，西至张广才岭与夫余为邻，东滨大海为日本海，北不知所极。挹娄人在这一时期经历了原始社会末期族群迁徙、社会动荡与发展变化，然史籍中记载极少，更多地需要运用考古学研究成果来解读。目前考古学界比较一致地认为分布于黑龙江中下游地区的蜿蜒河类型文化（俄罗斯境内称为波尔采文化）为汉代挹娄文化，分布于绥芬河流域的团结文化（俄罗斯境内称为克罗乌诺夫卡文化）为沃沮文化。对两种文化之间，即东流松花江以南、张广才岭以东、三江平原南部和牡丹江中下流域的滚兔岭文化、东康类型文化的族属是否为挹娄人则有争议。据《三国志》记载，曹魏人曾到过挹娄之地，魏正始六年（245）幽州刺史毌丘俭率军征讨高句丽，高句丽王宫"遂奔买沟。俭遣玄菟太守王颀追之，过沃沮千有余里，至肃慎氏南界，刻石纪功"。③ 此处记载的"肃慎"即挹娄。汉代沃沮人的居地，根据团结文化的分布范围，在图们江流域、绥芬河流域、穆棱河上游，以及这一带的沿海地区。④ 玄菟太守王颀率领军队由沃沮北界进入"肃慎（挹娄）南界"，说明二者地域紧邻。那么挹娄南界在今何地？魏晋史籍记载挹娄"土地多山险"，"处山林之间"。⑤ 这与三江平原的蜿蜒河—波尔采文化分布地区的自然环境差别较大，却与团结文化之北的滚兔岭文化分布区的自然环境有些相似。滚兔岭遗址的绝对年代据碳14测定距今1955±70年和距今2140±70年，相当于两汉时期。⑥ 史籍中没有关于魏军渡大河（东流松花江）至肃慎南界的记载，高句丽王宫和魏军也不大可能深入到三江平原的腹地。据《三国志·挹娄传》云："未知其北所极。"有学者进一步提出："挹娄系统的物质遗存应包

---

① （明）张溥辑：《汉魏六朝百三名家集》第4册《梁元帝集》；第5册《江令君集》，江苏古籍出版社2002年版，第314、227页。
② 《三国志》卷30《魏书·挹娄传》；《后汉书》卷85《东夷传》。
③ 《三国志》卷28《魏书·毌丘俭传》。
④ 参见林沄《论团结文化》，《北方文物》1985年第1期。
⑤ 《三国志》卷30《魏书·挹娄传》。
⑥ 参见黑龙江省文物考古研究所《黑龙江省双鸭山市滚兔岭遗址发掘报告》，《北方文物》1997年第2期。

括波尔采—蜿蜒河文化和滚兔岭文化，而文献中所记的挹娄，当主要指滚兔岭文化的居民。"① 这种观点应给予充分重视，或可以称蜿蜒河类型文化拥有者为北部挹娄，滚兔岭文化拥有者为南部挹娄。

三国时期，挹娄人正处于原始社会末期发展阶段，频繁寇钞掠夺邻族，"挹娄喜乘船寇钞，北沃沮畏之，夏月恒在山岩深穴中为守备，冬月冰冻，船道不通，乃下居村落"。"夫余数伐之，其人众虽少，所在山险，邻国人畏其弓矢，卒不能服也。其国便乘船寇盗，邻国患之。"② 挹娄人的对外扩张和掠夺行为，导致邻近族群之间出现文化碰撞、交流和融合。这一历史现象被考古学文化记录下来，在黑龙江完达山西端与三江平原衔接地带、乌苏里江的支流七星河流域，即与滚兔岭文化分布大致相当的地域，分布着一种晚于滚兔岭文化的"堡寨群"遗存，被命名为"凤林文化"。自20世纪80年代到2004年，共发现四百多处遗址，其中城址一百一十三处、遗址三百一十三处。城址有单垣、双垣、三垣与四垣之分，按照城址的功能，又可分为防御址（八十三处）、瞭望址（四处）、要塞址（十八处）、祭祀址（八处），表现出很强的军事色彩。聚落址大小不等，一处遗址可见的地表坑（一般为房址）少则几个、十几个，多则几十个、几百个。③ 最大的城址位于黑龙江省友谊县境内的凤林古城，面积约一百一十四万平方米，城址呈不规则形，经对取自城墙底部第十九层草木炭标本的碳14测定，年代为公元215±89年。④ 但进行考古发掘的古城遗址仅有四处，不及全部遗址的百分之一，整体文化面貌尚未揭开。此外，凤林文化分布的边缘以及年代持续的下限还不清楚。对于已发掘的遗址，有学者认为，凤林文化是在继承滚兔岭文化的基础上，"向南、向北分别吸取周邻地区团结文化、蜿蜒河类型的因素，同时又发生了明显改进与嬗变，而发展成为一种内涵广阔、面貌复杂的新的文化遗存"。⑤

如此密集又保存完好的遗址，引起学界的极大兴趣，有人认为是挹娄—勿吉文化，⑥

---

① 贾伟明、魏国忠：《论挹娄的考古学文化》，《北方文物》1989年第3期。
② 《三国志》卷30《魏书·挹娄传》。《后汉书》卷85《东夷传》相关记载多同。
③ 参见许永杰《黑龙江七星河流域汉魏遗址群聚落考古计划》，《考古》2000年第11期；许永杰、赵永军：《七星河流域汉魏遗址群聚落考古的理论与实践》，《庆祝张忠培先生七十岁论文集》，科学出版社2004年版。
④ 参见黑龙江省文物管理委员会《黑龙江友谊县凤林古城址的发掘》，《考古》2004年第12期。
⑤ 赵永军：《黑龙江东部地区汉魏时期文化遗存研究》，《边疆考古研究》第3辑，科学出版社2004年版。
⑥ 参见靳维柏、王学良、黄星坤《黑龙江省友谊县凤林古城调查》，《北方文物》1999年第3期；魏存成：《靺鞨族起源发展的考古学观察》，《史学集刊》2007年第4期。

有人认为是沃沮文化,①有人认为是寇漫汗—豆莫娄文化,②还有人认为是挹娄、勿吉与北夫余、豆莫娄错居杂处的多族文化。③关于一种考古学文化族属的认定,不仅需要对该文化内涵、时代、谱系源流有较全面系统的认识和研究,而且还要与史籍相关记载相互印证。《三国史记》载:高句丽西川王十一年(280),"冬十月,肃慎来侵,屠害边民",王遣弟达买往伐之,"达买出奇掩击,拔檀卢城,杀酋长,迁六百余家于扶余南乌川,降部落六七所,以为附庸"。④时为西晋武帝太康元年,高句丽按照当时晋朝廷的惯例称挹娄为"肃慎"。此时团结文化的主人沃沮已很弱小,成为高句丽的附庸,挹娄所屠害的很可能是归附高句丽的沃沮人。西晋时期,史籍中出现诸多东夷小国频繁朝贡的记载,自晋武帝泰始三年(267)到晋惠帝永平元年(291),二十四年间东夷小国朝贡、内附达十七次之多。以每次记载为单位,一次朝贡十余国以上的为九次,最多时达三十余国;少则为二国、五国。《晋书·东夷传》记载了十个东夷小国的名称:"裨离国在肃慎西北,马行可二百日,领户二万。养云国去裨离马行又五十日,领户二万。寇莫汗国去养云国又百日行,领户五万余。一群国去莫汗又百五十日,计去肃慎五万余里。其风俗土壤并未详。泰始三年,各遣小部献其方物。至太熙初,复有牟奴国帅逸芝惟离、模卢国帅沙支臣芝、于离末利国帅加牟臣芝、蒲都国帅因末、绳余国帅马路、沙楼国帅钐加,各遣正副使诣东夷校尉何龛归化。"其中裨离、养云、寇莫汗(又作寇漫汗)、一群在东北部,与肃慎(挹娄)邻近;牟奴、模卢等可能是分布在朝鲜半岛南部的三韩小国。⑤然西晋时期前来朝贡的东夷小国远不止上述十国。考古调查者将凤林文化数百处遗址大体划分为十六个群,认为各个小的区域文化面貌或稍有差异,或存在明显差异。⑥不同遗址群具有一定差异,城堡林立,军事防御色彩浓重,它所体现的是一个各种势力并立争长的时代。那么是南北挹娄诸部的纷争,还是挹娄与邻族之间的纷争?我以为极有可能是二者兼而有之,从已有的迹象看,该文化的时间断限可能不仅限于魏晋时期。经五胡十六国到

---

① 参见许永杰、赵永军《七星河流域汉魏遗址群聚落考古的理论与实践》,《庆祝张忠培先生七十岁论文集》。
② 参见张碧波、庄鸿雁《关于黑龙江流域文明研究的几个问题的思考——从凤林古城址族属说起》,《北方文物》2010年第1期。
③ 参见干志耿《三江平原汉魏城址和聚落址的若干问题——黑龙江考古千里行随笔》,《北方文物》1999年第3期。
④ [高丽]金富轼:《三国史记》卷17《高句丽本纪第五》,吉林文史出版社2003年版,第212页。
⑤ 《三国志》卷30《魏书·东夷传·韩》记载三韩小国名称有"牟水国""莫卢国""牟卢卑离国"等,与牟奴、模卢、于离末利等国名相似。又《晋书》卷3《武帝纪》载:太康七年(286)"马韩等十一国遣使来献"。据此推测牟奴、模卢等可能是分布在朝鲜半岛南端的氏族部落。
⑥ 许永杰、赵永军:《七星河流域汉魏遗址群聚落考古的理论与实践》,《庆祝张忠培先生七十岁论文集》。

南北朝前期，这一地区一直处于各族群或氏族部落间争长状态，最终南下的蜿蜒河类型文化拥有者北部挹娄人（后称为勿吉人）成为这一地区的主要居民。

二、南北朝时期勿吉及其朝贡活动

5世纪初，拓跋鲜卑逐步吞并了北方各割据势力，中国进入南北朝时期，史籍中"挹娄"或"肃慎"之称为"勿吉"之名所取代。学界关于勿吉的诸多问题皆众说纷纭。①我无意评述各家观点，而是在前人研究的基础上，结合近年考古学研究成果，从朝贡活动的角度，对上述问题提出一些认识。

勿吉之名最早见于拓跋鲜卑首领郁律（平文皇帝）时期。《魏书·帝纪·序纪》载，平文帝二年（317），"西兼乌孙故地，东吞勿吉以西，控弦上马将有百万"。这应是拓跋鲜卑人首次与东流松花江流域或张广才岭以东的族群接触。张博泉（甫白）指出："勿吉是拓跋鲜卑对其称呼。"②此说极是。都兴智认为勿吉的族称应与马纪岭（即张广才岭）有关，③可备一说。在拓跋鲜卑人初用"勿吉"族称之时，东晋和北方政权仍以"肃慎"或"挹娄"称呼该族群。显然"勿吉"并非"肃慎"或"挹娄"的改称或音转，而是拓跋鲜卑语言对这一族群名称的记述。

大约在5世纪到6世纪初，勿吉（北部挹娄）人由原居地黑龙江中游南北、三江平原北部对外武力扩张，东南越过牡丹江流域，进入绥芬河流域和长白山地区，并溯东流松花江进入西流松花江流域，成为分布地域广阔的族群。《魏书·勿吉传》记载勿吉人初次向北魏朝贡的时间在孝文帝朝："延兴中，遣使乙力支朝献。太和初，又贡马五百匹。"《册府元龟·外臣部·朝贡二》将此事系于延兴五年（475）。三年后乙力支再次朝贡，"乙力支称，初发其国，乘船溯难河西上，至太沵河，沉船于水，南出陆行，渡洛孤水，从契丹西界达和龙"。魏人不仅记下了勿吉人的朝贡路线，而且很快搞清楚了由营州（和龙）到勿吉地的里程："勿吉国，在高句丽北……去洛五千里。自和龙北二百余里有善玉山，山北行十三日至祁黎山；又北行

---

① 日本学者津田左右吉首先撰文《勿吉考》（《满鲜地理历史研究报告》第一，东京帝国大学文科大学1925年版），其后池内宏、日野开三郎又分别作《勿吉考》，三篇专文观点虽有继承又有所不同。我国学者关于东北民族与历史的著作与论文也多有论及。
② 张甫白：《肃慎·挹娄·女真考辨》，《史学集刊》1992年第1期。
③ 参见都兴智《略论东北古代族名与山水之名的关系》，《社会科学战线》2001年第1期。

七日至如洛环水,水广里余;又北行十五日至太鲁水;又东北行十八日到其国。"接着又曰:"国有大水,阔三里余,名速末水。"① 实际上,《魏书·勿吉传》关于速末水的记载,与乙力支朝贡路线无关,勿吉进入速末水流域(即西流松花江)是在5世纪末6世纪初夫余国灭亡之后。但中外学界往往忽视了这一点,误将速末水与勿吉早期居地联系起来,引起关于勿吉前期居地的争论,津田左右吉认为难河即今嫩江,速末水即北流松花江(西流松花江),并认为魏人所记"东北行十八日",应为"东行"之误,勿吉地西到北流松花江,东到五常附近。池内宏则认为没有特别的理由不能否认魏人所记的行程方向,从太鲁水(洮儿河)东北行十八日到达勿吉的中心地,即今哈尔滨一带,速末水是西流松花江与东流松花江的全称。杨保隆与池内的观点同,干志耿、孙秀仁与津田的观点略同。② 关于难河,我赞同李健才的看法,指今嫩江、第一松花江(东流松花江)和黑龙江下游。③ 乙力支自东流松花江(难河)登船率使团朝贡北魏,这时勿吉的居地在东流松花江流域及其以东地区。

勿吉人为谋求对外发展主动向北魏朝贡,魏孝文帝太和二年(478)乙力支第二次朝贡时,"贡马五百匹","自云其国先破高句丽十落,密共百济谋从水道并力取高句丽,遣乙力支奉使大国,请其可否"。此时高句丽是东北最强大的地方政权,勿吉不仅出兵攻破高句丽十落,还要与百济合谋进一步攻取高句丽之地,可见勿吉已是拥有较强实力的族群。由于高句丽同是北魏朝贡制度的成员,故魏帝"诏敕三国同是藩附,宜共和顺,勿相侵扰"。④ 勿吉的请求没有得到魏孝文帝的允许,加上百济文周王出猎时被臣下弑杀,新君三斤王只有十三岁,⑤ 勿吉人的扩张企图只好暂时作罢。自太和九年(485),勿吉"复遣使侯尼支朝献",⑥ 到太和十七年(493),九年间勿吉共遣使朝贡五次,与北魏建立起比较稳定的朝贡关系,其中太和十二年、十三年勿吉人贡纳"楛矢石砮";另外三次,不记贡纳物,或许与乙力支一样贡纳马匹。此时勿吉人"邑落各自有长,不相总一",⑦ 各部单独遣使朝贡,贡物不同说

---

① 《魏书》卷100《勿吉传》。
② 参见杨保隆《勿吉地域西南部边至考》,《北方文物》1985年第4期;干志耿、孙秀仁:《黑龙江古代民族史纲》,黑龙江人民出版社1987年版,第208页。
③ 参见李健才《勿吉、豆莫娄、乌落侯、失韦的地理位置和朝贡路线》,《东北史地考略》第三集,吉林文史出版社2001年版,第183—187页。
④ 《魏书》卷100《勿吉传》。
⑤ 参见[高丽]金富轼《三国史记》卷26《百济本纪第四》。
⑥ 《魏书》卷100《勿吉传》。
⑦ 《魏书》卷100《勿吉传》。

明朝贡者来自不同地区。贡献楛矢石砮的勿吉部应来自张广才岭以东、汉魏以后的挹娄故地，①贡纳马匹的勿吉部可能来自偏西北地区。太和十七年，勿吉朝贡使"婆非等五百余人朝献"。②如此庞大的使团应是勿吉各部朝贡使臣结伴而行，表明勿吉各部之间有着各种联系，若干部联合起来对外进行军事扩张行动也是极有可能的。

魏孝文帝太和十八年到宣武帝景明三年（494—502），九年间勿吉一度停止向北魏朝贡。这期间勿吉人大举南下，一支向西南进入西流松花江流域夫余国领地，迫使国势衰落的夫余王携家眷投奔高句丽；③另一支向东南发展，进入长白山地区。故《魏书·勿吉传》记载："（勿吉）国有大水，阔三里余，名速末水……国南有徒太山，魏言'大白'。"速末水隋唐时为粟末水，即西流松花江；徒太山即今长白山。勿吉分布地区向南扩展后，对北魏的朝贡活动日益频繁起来，从宣武帝景明四年到孝明帝正光二年（503—521），十九年间勿吉各部遣使朝贡十七次，其中有四年（514、515、516、517）一年二次朝贡。魏人记载勿吉贡纳方物有六次，均为"贡楛矢"；另十一次没有记载贡何物。勿吉人最后一次"贡楛矢"是在孝明帝熙平二年（517）十月，④这也是这一族群朝贡史上最后一次贡纳楛矢，其原因可能与这一族群内部的部落迁徙、社会文化变迁有关（详见下文）。东魏时，勿吉又恢复了朝贡活动，自孝静帝天平三年到武定五年（536—547），十二年间朝贡六次，多则间隔三四年，少则间隔一二年。随着拓跋鲜卑皇室的统治地位被他族取代，勿吉这一族称也很快被靺羯（靺鞨）取代。

拓跋魏王朝对勿吉的认识，如《魏书·勿吉传》所云："勿吉国，在高句丽北，旧肃慎国也。"旧肃慎，即挹娄。现代学者对勿吉构成的看法归纳起来可分为二种：一是认为勿吉是肃慎、挹娄之后裔。由于学者们对挹娄与肃慎的关系没有达成一致看法，具体观点又有区别。二是认为勿吉诸部是由挹娄后裔、沃沮、夫余等不同族系的人群所构成。我认为应该分两个方面来认识这个问题：一是北朝人的认识，这一时期中原人对边疆族群的认识仍然很模糊，主要从朝贡者口中获得各种信息，如居住地域、语言、风俗、社会文化发展程度。北朝人没有记载各部名称，只是笼统

---

① 《北史》卷94《勿吉传》载："自拂涅以东，矢皆石镞，即古肃慎氏也。"学界一般认为拂涅部在张广才岭以东。
② 《魏书》卷100《勿吉传》。
③ 《魏书》卷100《高句丽传》载，魏宣武帝正始年间，高句丽朝贡使芮悉弗曰："今夫余为勿吉所逐。"［高丽］金富轼《三国史记》卷19《高句丽本纪第七》："扶余王及妻孥以国来降。"
④ 参见《魏书》卷9《肃宗孝明帝纪》。

地称为勿吉，说明他们对勿吉的认识更多地停留在地域族群文化的层面，并没有达到从族属传承的角度去考察勿吉来源的程度。二是现代史学与考古学研究所揭示的勿吉族源和构成，从考古学文化研究成果看，勿吉文化在主体上源于北部挹娄文化，随着勿吉南下扩张，又融入了不同地区的族群文化，这与史籍记载勿吉南下进入西流松花江与长白山地区相吻合。北朝人的认识与现代考古学研究成果都指向勿吉与挹娄有族源关系，勿吉是一个文化面貌既有一定地域差异，又彼此存在内在亲缘关系的族群。

东北部地区相当于南北朝时期的勿吉文化遗址，分布范围北越黑龙江，南抵西流松花江流域，西跨过东流松花江，东至日本海，分布之广远超过汉魏晋时期的挹娄文化。各地勿吉文化遗存既有同一性也有差异性，所谓同一性表现在最具有代表性的器物"靺鞨罐"上，① 这种标志勿吉—靺鞨文化的典型器物最早出现于黑龙江中游地区，南北朝时期开始由北向南迅速地大幅度扩展，与这种文化现象相伴的应是大规模族群迁徙、流动。勿吉人由东流松花江流域南下迁入各地后，是勿吉文化融入当地民族文化，还是相反？以吉长地区为例，董万伦认为："不是先进的夫余同化了落后的肃慎族系各支系，而是人数众多，性'凶悍'，文化落后的肃慎族系各支系，同化了人数稀少，性'谨厚'，文化先进的夫余族。"② 从考古学文化看，大约同样的现象发生于勿吉人南下的各个地区，南迁进入新地区的勿吉部落，在兼并当地人口的同时也吸收了当地的文化，致使勿吉文化出现了地区性差异。乔梁将现已发掘的靺鞨（勿吉）文化分为三区：一是黑龙江中游地区，与当地的挹娄文化（波尔采文化）之间有直接的承袭关系，没有发生明显的文化变异现象。二是牡丹江中、下游地区，靺鞨（勿吉）文化（河口四期遗存）之下的河口三期遗存，其族属目前尚不清楚。三是西流松花江一带的吉长地区，靺鞨（勿吉）文化之下是夫余文化。三个地区早期遗存时代皆可早到南北朝时期（421—581），并延续到8世纪初渤海建国时期，黑龙江中游靺鞨文化可延续到五代时期，与女真文化相衔接。③ 据已知的

---

① 俄罗斯学者将黑龙江流域与东部滨海地区继波尔采文化（下限进入魏晋时期）之后的考古学文化命名为靺鞨文化。我国学者在黑龙江、松花江、牡丹江等流域发掘了4—7世纪文化面貌有一定亲缘关系又有地域性差异的考古学文化，也将其认定为靺鞨文化，"靺鞨罐"是靺鞨文化的典型器物。靺鞨为勿吉的同名异称，两者在文化上具有连续性。据史籍记载，靺鞨（初为靺羯）之名初见于北齐武成帝河清二年（563），在靺鞨名称出现之前，该文化称为"勿吉文化"更为妥当。

② 董万伦：《关于粟末靺鞨几个问题的探讨——兼与靺鞨新说商榷》，《黑河学刊》1989年第1期。

③ 参见乔梁《靺鞨陶器分期初探》，《北方文物》1994年第2期；《靺鞨陶器的分区、分期及相关问题研究》，《边疆考古研究》第9辑，科学出版社2010年版。

考古学资料可大体做如下推断：4世纪后期，分布在黑龙江中游南北的族群由于自身社会发展的需求，开始逐渐向南扩展，他们越过东流松花江进入三江平原南部后，遭到七星河流域凤林文化拥有者的激烈反抗，许永杰、赵永军根据凤林古城内房址所存留的遗物推测该城址毁于战乱，进而推测七星河流域当时发生了一场涉及全流域的战事，七星河流域的居民因此而背井离乡。①在东流松花江南、北的挹娄部落的冲突中，最终是南下的部落取得了胜利。胜利者们继续向南进入牡丹江、绥芬河流域，然而强大的高句丽国阻止了勿吉人（即挹娄）南下的脚步，于是他们的南端停留在长白山地区。另外一支由原住地向西南方向扩张，如魏存成所言他们溯东流松花江南下，经阿什河、拉林河流域到达西流松花江中游地区，②于5世纪末6世纪初定居在吉长地区。北朝后期形成勿吉七部，各部都保持了以"靺鞨罐"为代表的传统文化，使之具有一定的同一性。也正是这种同一性表明了勿吉各部是一个具有文化亲缘关系的族群，不是一个多族群的混合体。

唐人李延寿在参加撰写《隋书》之后，又撰写了《北史》，他将《隋书·靺鞨传》中"靺鞨七部"的内容，抄入《北史·勿吉传》，改为"勿吉七部"，即粟末部、白山部、伯咄部、安车骨部、拂涅部、号室部、黑水部。虽然后人对此多有微词，但从考古学研究成果看，6世纪初或稍晚些勿吉七部已经基本形成，李延寿采取这种做法或许有一定依据。《隋书·靺鞨传》云："自拂涅以东，矢皆石镞，即古之肃慎氏也。"学界一般认为张广才岭以东的牡丹江中下游地区为拂涅部，我以为拂涅部可能主要分布在三江平原的南部，自魏晋起那里的挹娄人很长时期保持着向中原王朝贡纳"楛矢石砮"的古老习俗，勿吉拂涅部形成后仍保持这种习俗，从北魏太和十二年到熙平二年（488—517），勿吉八次向北魏朝廷贡纳楛矢。③值得注意的是大明三年（459），"肃慎国重译献楛矢、石砮"。④肃慎即魏晋之挹娄，这可能是三江平原南部挹娄（勿吉）人在尚未被江北部落征服之前，最后一次从海路向南朝刘宋朝贡。熙平二年之后不再见勿吉人贡纳楛矢石砮的记载，其原因是南部强大的高句丽阻断了拂涅部的朝贡道，还是勿吉人摈弃了当地这一古老传统？如是前者，熙平二年之后朝贡的勿吉部当以粟末部及其北边的部落为主。北朝末年政局不稳，社

---

① 参见许永杰、赵永军《七星河流域汉魏遗址群聚落考古的理论与实践》，《庆祝张忠培先生七十岁论文集》。
② 参见魏存成《靺鞨族起源发展的考古学观察》，《史学集刊》2007年第4期。
③ 据《魏书》卷7、8、9的记载统计。
④ 《宋书》卷6《孝武帝纪》。

会动荡，政权一再易主，勿吉人也停止了朝贡活动。

三、北朝末年到唐代靺鞨（靺羯）、黑水都督府及其朝贡活动

6世纪下半叶，东亚与北亚地区的政治形势都发生了重大变化。原居金山（阿尔泰山）之阳的突厥人崛起，很快发展成为横跨蒙古高原的游牧汗国。隋唐时期东部高句丽政权和西部突厥汗国极力向靺鞨地区发展势力，这使靺鞨诸部发生了明显的变化，形成分别依附于隋唐中央王朝、高句丽和突厥汗国的局面。7世纪中期高句丽灭亡后，7世纪末8世纪初，以南部靺鞨诸部为主建立了渤海国，①8世纪唐朝在北部靺鞨地区建立了黑水都督府。这里重点考察渤海国建立之前靺鞨诸部与渤海国建立之后北部黑水靺鞨集团及其朝贡活动。

（一）北朝后期到唐前期靺鞨及其朝贡活动

北齐建立后，在朝贡者中再次出现"肃慎"之名。《北齐书·文宣帝纪》载：天保五年（554），"肃慎遣使朝贡"。此时文宣帝登基不久，勿吉人来朝贡，史官认为勿吉，"旧肃慎国也"，②依照魏晋体例将其记载为"肃慎"来朝，意在突出北齐的正统地位。十年后，勿吉再次遣使朝贡，北齐史官则开始以"靺羯"之名记录之。③《北齐书》记载：武成帝河清二年（563），"是岁，室韦、库莫奚、靺羯、契丹并遣使朝贡"。勿吉与靺鞨的关系，如隋文帝时靺鞨朝贡使在说明其族属时所言：靺鞨"即勿吉也"。④《旧唐书·靺鞨传》亦曰："靺鞨，盖肃慎之地，后魏谓之勿吉。""靺羯"与"勿吉"音近，为同一语词在不同时期的异写。但在《北齐书》中"靺羯"又常写作"靺鞨"，如天统元年（565），"高丽、契丹、靺鞨并遣使朝贡"。⑤靺羯与靺鞨字形近。范恩实通过对史籍版本的考察，发现唐代史籍中主要写作"靺鞨"，但也

---

① 渤海国与唐朝中央政府的朝贡关系，参见拙文《唐朝渤海国朝贡制度研究》，《吉林大学社会科学学报》2013年第3期。
② 《魏书》作者魏收为北齐史官，在《勿吉传》中云："勿吉国，在高句丽北，旧肃慎国也。"勿吉即是古之肃慎，当是北齐士大夫的认识。
③ 目前所见的史籍中，靺羯（靺鞨）之名最早见于隋《北蕃风俗记》。参见李玲、东青《也谈"靺鞨"名称之始见》，《北方文物》1997年第2期。
④ 《通典》卷186《边防二·勿吉》。
⑤ 南北朝时期，中原王朝开始以"高丽"称呼汉魏晋时期的高句丽，到北朝后期基本不再用高句丽这一族称。隋唐时期，完全以"高丽"取代"高句丽"。

有若干使用"靺鞨"的例证,宋代以后才统一为"靺鞨"。①《北齐书》在北宋以后逐渐散佚,《钦定四库全书提要》云:"今所行本,盖后人杂取《北史》等书以补亡,非旧帙矣。"后人补入时改写为"靺鞨",却未注意前后用字统一。然而不仅《北齐书》如此,在隋唐史籍中也可见到这种现象。

北齐到隋朝,中原人对靺鞨的了解还基本限于对北朝后期勿吉七部的认识,《隋书·靺鞨传》载:"靺鞨,在高丽之北,邑落俱有酋长,不相总一。凡有七种:其一号粟末部,与高丽相接,胜兵数千,多骁武,每寇高丽中。其二曰伯咄部,在粟末之北,胜兵七千。其三曰安车骨部,在伯咄东北。其四曰拂涅部,在伯咄东。其五曰号室部,在拂涅东。其六曰黑水部,在安车骨西北。其七曰白山部,在粟末东南。"隋朝靺鞨社会中还没有出现高居各氏族部落之上的政治权威,仍处于分散的氏族部落阶段,靺鞨七部与勿吉七部同样是总体文化面貌具有一定的亲缘关系,又各自具有地域文化特征的七个靺鞨族群,并没有形成七个部落联盟。粟末部在西流松花江流域,黑水部在黑龙江中下游地区,拂涅部在三江平原的南部,伯咄部在粟末部之北,号室部在最东部,白山部在粟末部东南长白山地区,基本方位无大争议。只是对安车骨部的分布地学者们看法不同,《吉林通志》推定"安车骨部在今阿勒楚喀,五常厅境"。②以安车骨与金代按出虎水发音相近而推定在阿勒楚喀,即今哈尔滨阿城。津田左右吉认同此说。③但此说与上文记载安车骨部在黑水部东南的方位不符。张博泉认为该部在乌苏里江下游,④王承礼认为在牡丹江中下游地区。⑤

北齐时,靺鞨诸部各自遣使朝贡,据史籍记载统计,从河清二年到北齐后主武平六年(563—575),十二年间靺鞨朝贡十次,其中与室韦、库莫奚、契丹等西部族群同来朝贡有两次。室韦在嫩江大兴安岭地区,契丹、库莫奚在西辽河流域,皆在靺鞨诸部之西,与西邻各族同来朝贡的靺鞨人,很可能是位于西南部的粟末部。与东南部高句丽人同来朝贡有三次,可能是白山部。与突厥人同来朝贡有三次,⑥可能为靠西部的粟末部或伯咄部。靺鞨单独朝贡有两次,除受高句丽人控制较为严密

---

① 参见范恩实《靺鞨兴嬗史研究》,北京大学博士学位论文,2006年,第49页。
② 《吉林通志》卷10《沿革志一》,清光绪十七年(1891)刻本。
③ 参见[日]津田左右吉《勿吉考》,《满鲜地理历史研究报告》第一,东京帝国大学文科大学1925年版。
④ 参见张博泉《东北地方史稿》,吉林大学出版社1985年版,第146页。
⑤ 参见王承礼《中国东北的渤海国与东北亚》,吉林文史出版社2000年版,第11页。
⑥ 其中一次记载为勿吉朝贡,《北史》卷8《后主纪》记载:武平三年(572),"是岁,新罗、百济、勿吉、突厥并遣使朝贡"。此处"勿吉",即"靺鞨",当为撰者写作不规范所造成。

的白山部以外，其他六部皆有可能。

隋朝建立后，隋文帝开皇元年（581）七月，"靺鞨酋长贡方物"。①《隋书·靺鞨传》云："开皇初，相率遣使贡献。高祖诏其使曰：'朕闻彼土人庶多能勇捷，今来相见，实副朕怀。朕视尔等如子，尔等宜敬朕如父。'对曰：'臣等僻处一方，道路悠远，闻内国有圣人，故来朝拜。既蒙劳赐，亲奉圣颜，下情不胜欢喜，愿得长为奴仆也。'"这年八月，"突厥阿波可汗遣使贡方物"；九月，"突厥沙钵略可汗遣使贡方物"；十二月，"高丽王高阳遣使朝贡"。②可见靺鞨朝贡活动既早于突厥，也早于高句丽。据《隋书·高祖纪》记载，开皇元年到四年，靺鞨四次遣使朝贡。《隋书·靺鞨传》曰："其国西北与契丹相接，每相劫掠。后因其使来，高祖诫之曰：'我怜念契丹与尔无异，宜各守土境，岂不安乐？何为辄相攻击，甚乖我意！'使者谢罪。高祖因厚劳之，令宴饮于前。……然其国与隋悬隔，唯粟末、白山为近。"其时，白山部为高句丽所控制，粟末部有较大独立性，隋朝初年率先向中央政府朝贡的靺鞨人，极有可能是邻近郡县地区的粟末靺鞨。

隋朝忙于统一南方时期，高句丽也加紧了征服邻近粟末靺鞨的步伐，隋《北蕃风俗记》记载："开皇中，粟末靺鞨与高丽战，不胜。有厥稽部渠长突地稽者率忽赐来部、窟突始部、悦稽蒙部、越羽部、步护赖部、破奚部、步步括利部，凡八部，胜兵数千人，自扶余城西北，举部落向关内附，处之柳城，柳城乃燕郡之北。"③高句丽的夫余城，据李健才考证在今吉林市龙潭山山城。④与高句丽战败后，粟末靺鞨的厥稽部渠长突地稽率八部"千余家内属"⑤投附隋朝，以一家五口计，当在五千人以上。这次战争之后，高句丽并没有占据粟末靺鞨的全部地区，吉林永吉杨屯大海猛靺鞨遗址、永吉查里巴靺鞨墓地以及榆树老河深靺鞨遗址一直延续到渤海建国前，说明这里一直有粟末靺鞨人生活。但高句丽对粟末靺鞨的控制明显加强了，开皇五年到十年（585—590）靺鞨一度停止朝贡活动。十一年到十三年，靺鞨连续三年遣使向隋朝朝贡之后，再次停止了朝贡活动，其原因可能是受到高句丽人的阻止。

---

① 《隋书》卷1《高祖纪上》。
② 《隋书》卷1《高祖纪上》。
③ （宋）乐史：《太平寰宇记》卷71"燕州"条引，乾隆癸丑（1793）南昌万氏刊本。《隋书》卷81《靺鞨传》将突地稽率部内属之事，系于隋炀帝时期，误。
④ 参见李健才《东北史地考略》（续集），吉林文史出版社1995年版，第88—98页。
⑤ 《旧唐书》卷199下《靺鞨传》。

之后仅在炀帝大业十一年（615）贺正之日，见到靺鞨朝贡的记载："春正月甲午朔，大宴百僚。突厥、新罗、靺鞨、毕大辞、诃咄、传越、乌那曷、波腊、吐火罗、俱虑建、忽论、靺鞨、诃多、沛汗、龟兹、疏勒、于阗、安国、曹国、何国、穆国、毕、衣密、失范延、伽折、契丹等国并遣使朝贡。"①上述朝贡的属国、属部主要是北部和西北部民族，此时高句丽尚未恢复向隋朝的朝贡，因此前来朝贡的靺鞨部可能是北部邻近西部草原地区的伯咄等靺鞨部落。

隋末唐初，趁中原战乱，突厥势力东进，高句丽势力西进，东北边疆各族多受二族控制。靺鞨诸部"或附于高丽，或臣于突厥"。②东突厥颉利可汗时期（620—630），③兵强马壮，"以突利可汗主契丹、靺鞨部，树牙南直幽州，东方之众皆属焉"。颉利可汗受故隋义成公主的挑唆，④与唐朝为敌，岁岁寇边，控制了居地靠近西北的靺鞨诸部。太宗贞观四年（630），唐灭东突厥，原依附于突厥的靺鞨诸部才开始独立向唐遣使朝贡。五年（631）"室韦、倭、黑水靺鞨并遣使朝贡"，⑤这是首次见到冠有具体部落名称的靺鞨部落朝贡。《旧唐书·靺鞨传》曰："黑水靺鞨最处北方，尤称劲健，每恃其勇，恒为邻境之患。"大概因黑水部是当时唐人已知距离中原最远、最北边的靺鞨部，其部落名称便被明确记下，其他朝贡部落的名称直到唐玄宗朝才有明确记载。黑水部的朝贡暗示靺鞨西面的朝贡道已经通畅，越来越多的靺鞨部落相继遣使朝唐。《唐会要》载贞观十四年（640），"黑水靺鞨遣使朝贡，以其地为黑水州。自后或酋长自来，或遣使朝贡，每岁不绝"。⑥然而，北方草原上继突厥之后薛延陀兴起，贞观十五年（641），"薛延陀尽其甲骑并发同罗、仆骨、回纥、靺鞨、霫等众，合二十万，卒一人马四匹，度漠，屯白道川，据善阳岭，以击思摩之部"。⑦西部一些靺鞨部落受到薛延陀的控制，必然影响靺鞨诸部的朝唐活动。查阅史籍，在贞观十四年以后，只有十九年（645）正月"靺鞨、霫等遣使来贺各贡方物"。此后相隔六十多年，直到唐睿宗景云二年（711）十一月，才再见到"靺鞨、

---

① 《隋书》卷4《炀帝纪下》。文中两处记"靺鞨"，后一处当为衍文。
② 《旧唐书》卷199下《靺鞨传》。
③ 583年突厥分裂为东、西两部，靺鞨等东北民族主要与东突厥发生各种关系。
④ 隋文帝时以宗女义成公主妻东突厥启民可汗，启民可汗去世后，按照突厥人收继婚的习俗，义成公主先后嫁给始毕可汗、处罗可汗、颉利可汗。《隋书》卷84《突厥传》；《旧唐书》卷194上《突厥传》。
⑤ 《册府元龟》卷970《外臣部·朝贡第三》。
⑥ 《唐会要》卷96《靺鞨》。
⑦ 《册府元龟》卷985《外臣部·征讨第四》。

室韦遣使献方物"。①《唐会要》载黑水州设置之后靺鞨部遣使朝贡"每岁不绝"显然是夸大其词。实际上黑水州设置后不久便有名无实，并未起到加强唐朝对靺鞨地区羁縻统治的作用。

东面的高句丽政权自唐高祖武德二年（619）始连年向唐遣使朝贡。五年（622）"十一月靺鞨渠帅阿固郎来朝"。②两年后，又见"靺鞨渠帅阿固郎来朝"。③阿固郎两次赴唐朝贡，却没有留下此人属于哪部靺鞨的记载。此时突厥与唐朝交恶，在唐太宗灭东突厥以前，武德九年到贞观三年（626—629）靺鞨部四次向唐遣使朝贡。史载"白山部，素附于高丽"，④阿固郎紧随高句丽之后来朝唐，当是依附于高句丽的白山靺鞨部。贞观五年（631），高句丽与唐朝关系发生变化，因太宗"诏遣广州都督府司马长孙师往收瘗隋时战亡骸骨，毁高句丽所立京观。（高句丽王）建武惧伐其国，乃筑长城，东北自扶余城，西南至海，千有余里"。⑤高句丽加强了对唐朝的防备，不再允许自己所控制的靺鞨部对唐朝贡。自贞观五年以后，前来朝贡的靺鞨主要是分布在西部地区的部落，他们与西邻室韦、霤等族群结伴而来。

贞观十八年（644）唐太宗再次亲征高句丽，此后辽东战事断断续续一直持续到高宗后期。在唐朝与高句丽的战争中，白山靺鞨部民和部分粟末靺鞨部民受高句丽驱使与唐军作战，北边伯咄、安居骨、号室等靺鞨部亦与高句丽合兵对抗唐朝，"每战，靺鞨常居前"。贞观十九年（645）唐太宗再次亲征高句丽，"收靺鞨三千三百，尽坑之"。⑥总章元年（668）唐灭高句丽，受高句丽驱使的白山、粟末靺鞨的部众多被迁入郡县地区，北部伯咄、安居骨、号室等部"皆奔散，浸微无闻焉"。⑦接着唐将靺鞨人李多祚又率军北伐，"讨黑水靺鞨，诱其渠长，置酒高会，因醉斩之，击破其众"，⑧打击了东北边地靺鞨部中具有反唐倾向的势力，加强了唐朝对靺鞨地区的影响。⑨

---

① 《册府元龟》卷970《外臣部·朝贡第三》。
② 《册府元龟》卷970《外臣部·朝贡第三》；《新唐书》卷219《北狄·黑水靺鞨传》。
③ 《册府元龟》卷970《外臣部·朝贡第三》。《新唐书》卷219《北狄·黑水靺鞨传》关于阿固郎的记载有误，是将《旧唐书·靺鞨传》中突地稽的事迹错记其中。
④ 《旧唐书》卷199下《靺鞨传》。
⑤ 《旧唐书》卷199上《高丽传》。
⑥ 以上引文见《新唐书》卷219《黑水靺鞨传》；《旧唐书》卷199上《高丽传》。
⑦ 《新唐书》卷219《黑水靺鞨传》。
⑧ 《新唐书》卷110《李多祚传》。
⑨ 魏国忠、孙正甲《唐与黑水靺鞨之战》(《社会科学战线》1985年第3期）一文认为李多祚打击黑水靺鞨的时间大致在691—692年之间。

8世纪初前后，居住在营州的部分靺鞨人利用营州地区爆发了契丹反抗营州都督赵文翙虐政的斗争之机，返回靺鞨故地建立政权，初名"震国"，后因唐朝册封改名"渤海国"。渤海王大武艺曾与属下说：黑水靺鞨"旧请突厥吐屯，皆先告我同去"。① 可见，在震国建立之初曾一度归附突厥。突厥对诸部属"遣吐屯一人监统之，督其征赋"。② 黑龙江中游北面今俄罗斯阿穆尔州特罗伊茨基墓地，发现近千座靺鞨墓葬，年代为唐代中期到辽初，现已发掘了二百多座墓葬，出土陶器、串珠、马具、腰带牌饰、铁镞、铁刀等多种随葬品。其中陶器形制表现出明显受粟末靺鞨文化影响的因素，但陶器纹饰却与贝加尔湖、叶尼塞河中游的陶器风格非常接近，各种牌饰、蹀躞带具又承继了突厥带具的特点，文化面貌呈现多元文化特征。人类学研究的成果同样表明居住在黑龙江中下游两岸的黑水靺鞨居民，受到了来自贝加尔湖草原地带文化的影响和挤压，同时也导致了群体的迁徙与融合。③ 从贝加尔湖地带迁来的人群与突厥派遣吐屯是否有关系，还有待于新资料的发现，但它表明黑水靺鞨曾经与突厥发生过密切关系。我认为突厥发展的重点始终是北方和西北，虽对黑龙江流域有一定的经营，但由于室韦、黑水靺鞨尚处于分散的原始氏族部落阶段，很难建立起较为集中的统治，因此突厥文化对黑龙江下游及滨海地区的影响应视为经济贸易与文化传播的结果。

隋唐时期东北各族皆诣阙朝贡，中央三省六部之下管理边疆民族朝贡事务的机构日益健全。重要事务由礼部主客司主掌，隋朝"改主客郎为司蕃郎"，唐朝复为主客郎。具体事务则由鸿胪寺职掌。如朝廷对朝贡者的册封（袭封号）、赏赐物品的数额，由主客司奏请皇上批准，再由鸿胪寺具体执行。鸿胪卿常常亲赴边疆朝贡国对番王行册封礼，"诸蕃封命，则受册而往"。而且"凡蕃客至，鸿胪讯其国山川、风土，为图奏之，副上于职方"。职方，指兵部职方司，与边疆经略有关的事宜，要在兵部备案。在朝贡过程中，朝贡者们的经济贸易活动由少府监、户部掌管。④ 在地方政治统辖体系中，以边地府州管理边疆民族朝贡事务。在东北，先后以营州总管

---

① 《旧唐书》卷199下《渤海靺鞨传》。
② 《旧唐书》卷194下《突厥传》。
③ 参见冯恩学《特罗伊茨基靺鞨墓地的陶器来源》，《北方文物》2006年第4期；黑龙江省文物考古研究所、中国社会科学院考古研究所：《黑龙江绥滨同仁遗址发掘报告》，《考古学报》2006年第1期；冯恩学：《黑水靺鞨的装饰品及渊源》，《华夏考古》2011年第1期；张全超、冯恩学、朱泓：《俄罗斯远东地区特罗伊茨基靺鞨墓地人骨研究》，《人类学学报》2008年第2期。
④ 上述引文与各机构相关职掌参见《隋书》卷28《百官志下》；《新唐书》卷46《百官志一》、卷48《百官志三》。

府、营州都督府、平卢节度使、卢龙节度使、幽州都督府（节度使）管理靺鞨诸部的朝贡事务。① 随着中央王朝对靺鞨诸部朝贡事务的管理逐渐规范化，中原人对靺鞨族群的了解也从比较模糊到日益清晰。中原人对靺鞨的认识从地域文化意义上的族群，发展为对其族群内部各较大部落的认识，《旧唐书·靺鞨传》记载："其国凡为数十部，各有酋帅。"翻查史籍可发现在唐朝关于靺鞨的记载中，原有的靺鞨（勿吉）七部之名，除了黑水、拂涅两部还继续沿用外，粟末、白山两部在唐灭高句丽前后有所提到，其他三部只有在追述前朝事迹时才出现。显然唐朝人已经认识到靺鞨有众多不相统属的部落，"黑水部"和"拂涅部"因又是具体的部落名称而仍见于史册。

唐睿宗时东北政治局势已经稳定，唐朝重整一度陷于瘫痪状态的东北边疆朝贡制度，靺鞨又开始遣使朝贡。景云二年（711），"靺鞨、室韦遣使献方物"。② 随着唐朝进入鼎盛时期，唐朝再次在靺鞨地区设置羁縻府州，靺鞨诸部的朝贡活动也进入全面发展时期。

（二）黑水都督府下靺鞨部落及其朝贡活动

渤海国建立后，原靺鞨七部之地的南部纳入渤海，北部仍为靺鞨之地，唐人统称为黑水靺鞨。《新唐书·黑水靺鞨传》曰："其地南距渤海，北、东际于海，西抵室韦，南北袤二千里，东西千里。""分十六落，以南北称，盖其居最北方者也。"《新唐书·地理志》载贞元年间（785—804）宰相贾耽《道里记》云，营州入安东道，"至渤海王城，城临忽汗海，其西南三十里有古肃慎城，其北经德理镇，至南黑水靺鞨千里"。德理镇之北为黑水靺鞨，佟柱臣认为德理镇在今黑龙江依兰，③ 学界多承用此说。王承礼认为渤海国强盛时，黑水靺鞨南界退至今黑龙江省鹤岗、萝北、同江及其迤东一带。④ 8世纪时黑水靺鞨在东西千里、南北二千里的范围内，分布着十六个较大的部落。《新唐书·黑水靺鞨传》记载："初，黑水西北又有思慕部，益北行十日得郡利部，东北行十日得窟说部，亦号屈设，稍东南行十日得莫曳皆部，又有拂涅、虞娄、越喜、铁利等部。其地南距渤海，北、东际于海，西抵室韦，南

---

① 参见《旧唐书》卷38《地理志一》、卷39《地理志二》；《新唐书》卷39《地理志三》、卷43下《地理志七下》。并参见后文关于黑水都督府隶属关系的论述。
② 《册府元龟》卷970《外臣部·朝贡第三》。
③ 参见佟柱臣《我国历史上对黑龙江流域的管辖和其他》，《文物》1976年第7期。
④ 参见王承礼《中国东北的渤海国与东北亚》，第156页。

北袤二千里，东西千里。拂涅、铁利、虞娄、越喜时时通中国，而郡利、屈设、莫曳皆不能自通。"这里记载了九部的名称、方位和里程，除黑水部外，黑水部之南有四部：拂涅部在三江平原南部；铁利部大约在今牡丹江与松花江合流以北地区；虞娄部或在张广才岭之西；越喜部在铁利部之东近海处，《通典》载安东府"东至越喜部落二千五百里"。① 马一虹据此认为越喜在兴凯湖、密山以北一带。对于黑水部之北四部的分布地，马一虹在吸收日、中学界前贤研究成果的基础上又提出了自己的看法：思慕部在结雅河、布列亚河与黑龙江汇合处之间；郡利部在今黑龙江下游沿江；窟说部在今库页岛的北部；关于莫曳皆部，她不同意白鸟库吉认为在滨海地区"东岸"的土姆宁河流域，以及和田清等认为在日本北海道的观点，而是认为在库页岛的南部。② 另有七部的名称与居地不详。"其酋曰大莫拂瞒咄，世相承为长"，③ 从各部单独遣使朝贡看，黑水靺鞨诸部并未形成部落联盟。

开元十年（722），黑水靺鞨酋长倪属利稽入唐朝贡，请求归属，玄宗于其地设置勃利州，以倪属利稽为刺史。④ 张博泉认为勃利州在今俄罗斯哈巴罗夫斯克，⑤ 虽然建置规模不大，但这是唐朝在黑水靺鞨地区建立羁縻统治之始，也暗示黑水靺鞨与突厥关系转弱，或脱离了突厥的控制。开元十三年（725），"安东都护薛泰请于黑水靺鞨内置黑水军。续更以最大部落为黑水府，仍以其首领为都督，诸部刺史隶属焉。中国置长史，就其部落监领之。十六年，其都督赐姓李氏，名献诚，授云麾将军兼黑水经略使，仍以幽州都督为其押使，自此朝贡不绝"。⑥ 唐玄宗开元年间先后设置了勃利州、黑水军，最后以黑水靺鞨诸部中最大的部落黑水部设置黑水都督府。因靺鞨诸部不相统属，唐朝只能以黑水部酋长为黑水都督府的都督，赐其姓名为"李献诚"，授其官号为"云麾将军兼黑水经略使"，这是史籍关于黑水都督府建立及对黑水都督任命、册封的唯一记载。黑水都督府的所在地，张博泉认为在黑龙江下游俄罗斯境内阿纽依

---

① 《通典》卷180《州郡十·古青州》。
② 参见马一虹《靺鞨部族分布地域考述》，《中国文化研究》2004年第2期。张亚红、鲁延召《唐代黑水靺鞨地区思慕诸部地望新考》（《中国历史地理论丛》2010年第1期）认为，思慕部在今俄罗斯犹太自治州比罗比詹市，郡利部在今俄罗斯哈巴罗夫斯克边疆区阿穆尔斯克市，莫曳皆部在同区的苏维埃港市，窟说部在今俄罗斯萨哈林州奥哈市波吉比镇，可备一新说。
③ 《新唐书》卷219《黑水靺鞨传》。
④ 参见《新唐书》卷219《黑水靺鞨传》。
⑤ 参见张博泉《东北地方史稿》，第203—204页。
⑥ 《旧唐书》卷199下《靺鞨传》。

河口附近，①孙进已认为在今俄罗斯哈巴罗夫斯克（伯力）附近。②

唐朝设立黑水都督府后，强化了靺鞨地区的朝贡制度。黑水部以北四部因路途遥远且艰难，不能各自单独遣使朝贡，是否有随黑水部前来朝贡者已不得而知。南面四部与黑水部自开元年间起，频繁遣使朝贡，《新唐书·黑水靺鞨传》记载：黑水部"朝献者十五，大历世凡七，贞元一来，元和中再"。"拂涅，亦称大拂涅。开元、天宝间八来，献鲸睛、貂鼠、白兔皮；铁利，开元中六来；越喜，七来，贞元中一来；虞娄，贞观间再来，贞元一来。后渤海盛，靺鞨皆役属之，不复与王会矣。"实际上靺鞨各部的朝贡活动要多于这条史料的记载（详见后文）。

唐玄宗开元年间，史官比较详细地记载了前来朝贡的靺鞨部落名称、使者姓名，以及封授的官号与赏赐物品。根据对开元年间诸部朝贡活动的统计情况，几乎每年都有靺鞨朝贡使赴唐，他们来自黑水、拂涅（大拂涅）、越喜、铁利等靺鞨四部，常常是几部使者相伴而来，所献方物有马匹、鲸、鲵、鱼睛、貂鼠皮、白兔、猫皮，以及其他土特产。唐朝圣历三年（700）三月六日，武则天敕："东至高丽国，南至真腊国，西至波斯、吐蕃及坚昆都督府，北至契丹、突厥、靺鞨，并为八番，以外为绝域，其使应给料各依式。"开元四年（716）正月九日，玄宗敕："靺鞨、新罗、吐蕃，先无里数，每遣使给赐，宜准七千里以上给付也。"③唐朝赏赐靺鞨朝贡者的物品主要是绢帛，并时常封授前来朝贡的靺鞨首领、使者以官爵号。唐对靺鞨人的封授是表明双方臣属关系的重要标志，据《册府元龟》《新唐书》《旧唐书》相关记载，唐对黑水靺鞨首领、使臣授予的官爵号，除黑水部为黑水都督、酋长倪属利稽为羁縻州刺史外，所授予官号的军事色彩较浓，有武官官号（如折冲、果毅），亦有武散官和勋官的官爵号（如将军、中郎将、郎将等），这应与唐朝在靺鞨地区设置黑水军有关。俄罗斯特罗伊茨基墓地M84出土一组四件长方形铁带銙，冯恩学认为这种带銙和该墓地出土的玉环、玉璧为唐文化特色的装饰品。④《新唐书·车服志》记载："黄为流外官及庶人之服，铜铁带銙七。"据此推测，特罗伊茨基墓地出土的带銙、玉环、玉璧极有可能是唐朝在授予黑水靺鞨首领官爵号同时赐予的官服上的佩饰。黑水都督府与其他地区羁縻府州一样具有出兵协助唐朝征战的义务，黑水都

① 参见张博泉《东北地方史稿》，第209页。
② 参见孙进已、冯永谦主编《东北历史地理》第二卷，黑龙江人民出版社1989年版，第302页。
③ 《唐会要》卷100《杂录》。
④ 参见冯恩学《黑水靺鞨的装饰品及渊源》，《华夏考古》2011年第1期。

督府一旦出兵助唐征战,这些被授予官号的首领便是率军作战的将领。开元二十年(732),渤海王大武艺出兵攻袭唐朝州县。韩愈《乌氏庙碑铭》曰:"渤海扰海上,至马都山,吏民逃徙失业,尚书领所部兵塞其道,堑原累石,绵四百里,深高皆三丈,寇不得进,民还其居,岁罢运钱三千万余,黑水、室韦以骑五千来属麾下,边威益张。"① 黑水靺鞨与室韦派骑兵五千助唐,打退了渤海对唐朝的进攻,在战争中,应有被唐封授的靺鞨将领率军作战。

根据《唐会要》《旧唐书》《新唐书》《册府元龟》关于黑水靺鞨各部朝贡的记载统计,各部朝贡的次数为:拂涅部在玄宗开元年间十七次,有明确纪年最后一次朝贡是在开元二十七年(739)。铁利部在开元年间十四次,有明确纪年最后一次朝贡是在开元二十八年(740)。《唐会要·靺鞨传》云:"拂涅、铁利等诸部落,自国初至天宝末,亦尝朝贡,或随渤海使而来。"但天宝年间未见二部朝贡的明确记载。越喜部在开元年间十一次,德宗贞元十八年(802)一次,也是最后一次,共十二次。虞娄部在太宗贞观年间两次,最后一次德宗贞元十八年(802),共三次。黑水部在太宗贞观年间两次,玄宗开元年间十一次,天宝年间五次,代宗永泰年间一次,大历年间六次,德宗贞元八年一次,最后一次宪宗元和十年(815),共二十七次。②

综合各书记载,靺鞨诸部最后向唐朝贡时间为:拂涅、铁利,天宝末(755);越喜、虞娄,贞元十八年(802);黑水,元和十年(815)。唐玄宗时期,常见同一靺鞨部一年多次遣使朝贡的现象,如开元七年,拂涅部于正月、二月、八月三次遣使朝贡;开元十二年(724),铁利部于二月、五月,越喜部于二月、十二月,分别两次遣使朝贡;开元十三年(725),黑水部于正月、三月、四月、五月四次遣使朝贡。这反映了靺鞨地区始终没有形成统一的政治中心,黑水都督府建立后,各部仍是单独遣使朝贡,而且各部内也没有形成较强的政治势力,各部内的各氏族部落往往单独遣使朝贡。唐朝授予黑水都督的官职中有"黑水经略使"一职,含有使黑水都督尽快在黑水靺鞨诸部中建立起统辖关系的用意。为了加强黑水都督对黑水诸部的管理,唐朝曾派遣长史到黑水都督府,"就其部落监领之",协助黑水都督建立起对这一地区的统治,但效果并不明显。开元十八年(730),"正月壬子,大拂涅靺鞨

---

① (唐)韩愈:《昌黎集》卷26,光绪己丑年(1889)刻本。
② 靺鞨各部朝贡次数在参考宋卿《论唐代东北羁縻府州对中原王朝的朝贡》(吉林大学硕士学位论文,2002年)基础上又有所补充。另外,需说明的是玄宗以后,史籍记载靺鞨朝贡除个别记载具体部名外,一般只记"靺鞨",本文将这类记载都归入黑水部,其中不排除有其他靺鞨部的朝贡活动。

兀异来朝，献马四十匹，授左武卫折冲，赐帛三十段，留宿卫"。① 这是唯一一例黑水都督府辖区靺鞨部遣使留宿卫的记载。从记载上看，这一行为似乎并不是代表黑水都督，而是代表大拂涅部，这也表明拂涅部具有很强的独立性和一定的实力。

靺鞨各部停止朝贡活动与其南部渤海政权向北拓展势力有直接关系，据史籍记载，渤海有两个较大规模对外拓土时期。第一次在武王大武艺时期（719—736），"斥大土宇，东北诸夷畏臣之"。但大武艺向北拓土的欲望，被唐朝在靺鞨地区设置黑水都督府所遏制，并引发了渤海与唐朝之间唯一的一次战争。② 如上所述，这次战争中靺鞨出兵助唐军，最终大武艺向唐上表谢罪称臣。③ 第二次在大仁秀时期（818—829），"仁秀颇能讨伐海北诸部，开大境宇"，④ "惟郡利、莫曳皆三两部未至。及渤海浸强，黑水亦为其所属"。⑤ 关于渤海役属靺鞨诸部的时间，马一虹断定在8世纪中叶，认为《旧唐书·地理志》记载，"平卢军节度使，镇抚室韦、靺鞨，统平卢、卢龙二军，榆关守捉，安东都护府"。⑥ 其中"靺鞨"是指渤海，黑水靺鞨已不在其中。天宝元年（742）以后，唐朝放弃了对黑水靺鞨的羁縻政策，黑水靺鞨诸部对唐朝贡是作为渤海的附属而来。这一推论明显存在问题。首先，唐朝接受黑水靺鞨部落朝贡即表明唐朝认为他们是黑水都督府下的部落成员，按照唐朝的朝贡制度规则，朝贡成员之间禁止建立隶属关系，渤海事唐甚谨，不大可能明目张胆地挑战天朝权威。"靺鞨"并非单指渤海，应包括渤海与黑水靺鞨。其次，安史之乱后，平卢节度使南迁山东重组为淄青平卢节度使押领渤海、新罗，幽州卢龙节度使押领契丹、奚。此处虽然未提靺鞨，但应注意到，这里同样没有提到室韦。安史之乱之后，室韦与靺鞨皆并未停止对唐朝贡，大约在代宗朝后期唐朝设置了室韦都督府。⑦《册府元龟》记载会昌二年（842），武宗以幽州卢龙军节度副大使押奚、契丹两蕃张仲武"兼充东面招抚回鹘使，其当道行营兵马使及契丹、室韦等并自指挥"。⑧ 由此可推知在平卢节度使南迁后，直到宪宗元和十年（815），前来朝贡的黑水靺鞨与室韦

---

① 《册府元龟》卷975《外臣部·褒异第三》。
② 《旧唐书·玄宗纪》记载，开元二十年九月，"渤海靺鞨寇登州，杀刺史韦俊，命左领军将军盖福顺发兵讨之"。
③ 参见（唐）韩愈《昌黎集》卷26。
④ 《新唐书》卷219《渤海传》。
⑤ 《唐会要》卷96《靺鞨传》。
⑥ 《资治通鉴》将"分平卢别为节度"系于唐玄宗天宝元年（742）春正月。
⑦ 参见程妮娜《古代中国东北民族地区建置史》，第167—171页。
⑧ 《册府元龟》卷994《外臣部·备御第七》。

同由幽州卢龙节度使押领。再次，黑水靺鞨诸部先后在不同时间停止向唐朝贡，对此马一虹认为是由于渤海在各部地区设立建置（其又称为吞并）的时间不同，黑水部又一度独立于渤海所致。然而从前文统计结果看，紧邻渤海国的铁利、拂涅二部与地近滨海地区的越喜、虞娄二部，停止朝唐的时间相隔了几十年。① 很难想象渤海在已经吞并的靺鞨地区，设立建置的时间竟相隔近半个世纪，这与古代政权设立建置的一般规律不符。综上，马一虹否认《新唐书·黑水靺鞨传》载"后渤海盛，靺鞨皆役属之，不复与王会矣"的观点② 不能成立。我认为《新唐书》所言无误，黑水靺鞨诸部停止对唐朝贡时期便是开始被渤海国役属时期，黑水部停止向唐朝贡之时即是黑水都督府最后撤销时期。大约在渤海王大仁秀时在所占领的靺鞨地区设立建置：铁利部之地设铁利府，拂涅部之地设东平府，越喜部之地设怀远、安远二府，虞娄部之地设定理、安边二府。③ 渤海在黑水靺鞨诸部地区设置的府州属于羁縻性质，保留了靺鞨各部原有的社会组织和习俗，实行带有自治特点的统治。目前在黑龙江依兰以北三江平原地区很少发现渤海文化的遗物，加之渤海末年国势衰落后，原黑水靺鞨部落又纷纷脱离渤海统治，独立与中原王朝发生朝贡关系，五代以后称为女真，皆证明了这一点。

四、结论

通过对东北古族肃慎—靺鞨族群变迁史的通贯研究，考察中原王朝对这一族群的认识与政治统辖关系的进程与特点，可以得出如下几点结论：

其一，汉至唐时期，挹娄、肃慎、勿吉、靺鞨的族名均为他称，"挹娄"是夫余人的称呼，"肃慎"是中原人的称呼，"勿吉"是拓跋鲜卑的称呼。"靺羯"（后作靺鞨）是勿吉的音转，同样不是该族群的自称。

其二，以往学界均以"楛矢石砮"这一工具或武器，作为中原人认定魏晋挹娄是先秦肃慎之后的主要依据。我认为，东北古族使用弓与以木石为材的箭是十分普

---

① 《续日本国记》卷35，光仁天皇宝龟十年（779）九月庚辰条："渤海及铁利三百五十九人慕化入朝。"马一虹据此认为779年以前铁利虽被渤海役属，但未被渤海吞并。
② 参见马一虹《靺鞨、渤海与周边国家、部族关系史研究》，中国社会科学出版社2011年版，第93—104页。
③ 参见《新唐书》卷219《渤海传》。但是，《新唐书·渤海传》将虞娄记为"挹娄"。金毓黻认为该传中"挹娄"为"虞娄"之误。（金毓黻：《东北通史》上编，社会科学战线杂志社1981年翻印本，第281页）所言甚是，从之。

遍的现象，唯有挹娄人拥有在朝贡时献上这种弓箭以表示友好、结盟或臣服的习俗。在中原人对东北边疆族群认识模糊的时期，正是这种独特的交往习俗使中原士大夫将先秦的肃慎与汉魏挹娄，以及南北朝的勿吉联系在一起，这种联系承载着证明该王朝拥有正统地位的重要政治含义。

其三，魏晋时期"肃慎"与"挹娄"两个族名在不同领域并行不悖。对于该族的朝贡活动，中原王朝（政权）的君臣们看重其贡纳的"楛矢石砮"，强调其自三代起远夷朝贡的身份，以"肃慎"之名记载于史册；而在经济活动领域，中原人重视该族的"挹娄貂"等物产，用其最初通中原的"挹娄"之名。

其四，唐朝以前，中原人对于东北边远地区原始族群的认识不很清晰，往往以地理方位、某种特殊的物产或风俗作为该地区原始族群的标志，对肃慎—靺鞨的认识长期停留在族群地域文化的认识程度上。所谓勿吉—靺鞨七部，并不是部落联盟，而是基于地域文化差别而划分的七个部落集团。随着边疆各族与中原王朝联系日益加强，到唐朝才对该族群内部的部落组织有所认识，史籍也开始明确记载靺鞨各部具体名称及其分布的大体方位。由于受东（高句丽）西（突厥）强邻的控制，这一族群（渤海国除外）从未建立过长期大规模稳定的部落联盟。

其五，我不赞同学界已有的关于8世纪中叶唐朝放弃了对黑水靺鞨羁縻统治的观点，认为唐朝对黑水靺鞨的羁縻统治一直延续到9世纪初。尽管东部高句丽国与西部突厥汗国一度干扰、控制了该族群的朝贡活动，但从长时段看，该族群一直保持了与中原王朝的朝贡关系。随着突厥汗国、高句丽国的灭亡及唐朝的衰落，中原已知的靺鞨部落先后成为渤海国的附属。10世纪初，北部靺鞨又脱离了渤海统治，以"女真"名称见诸史籍记载。

其六，汉至唐时期，中原王朝对东北边疆政治统治的主要形式是朝贡制度。魏晋时期，挹娄、肃慎主要诣边郡（辽东郡、护东夷校尉府）朝贡，偶尔至京师。东晋十六国到隋唐王朝时期，挹娄、肃慎、勿吉、靺鞨主要诣阙朝贡，但同时仍由各王朝设在东北边地的护东夷校尉府、营州都督府、平卢节度使、幽州都督府等官署管理其朝贡活动。唐朝开始于靺鞨地区设置羁縻州、黑水都督府，在羁縻府州之下实行朝贡制度。这与唐朝将边疆各族纳入具有羁縻特点的地方政治制度体系，推进对边疆民族地区朝贡制度的管理是同步的。近年来我一直在探讨古代东北民族朝贡制度的实态和发展演变的轨迹，汉至唐时期，挹娄、肃慎、勿吉、靺鞨这一族群的朝贡活动与东北边疆其他古族、政权的朝贡活动有一个共同的特点，即受王朝政治制度体系中的边地官署所管辖，这与王朝域外属国的朝贡制度有明显不同。我认为是否由王朝地方官署管理朝贡制度，是区别边疆民族朝贡制度与域外藩属国朝贡制度的核心标准之一。

原载《中国边疆史地研究》2014 年第 2 期，
本文刊发时作者为吉林大学文学院历史系教授、博士生导师。

北宋东亚多国体系下的外交博弈

——以外交谈判为中心

黄纯艳

北宋国际秩序与春秋战国一样,是一种多国制衡的"多国体系"。[①]历史环境不同,北宋和春秋战国国际关系中的外交理念、关系形态都各有特点。春秋战国诸侯国之间的基本关系是周天子作为共主的法理上的水平关系。[②]而北宋既有宋辽、宋金的对等并立,也有宋、辽、金各自建立的等级制的朝贡体系。在这一格局下,大国的制衡和争锋、小国的图存与发展,构成了错综复杂的国际局势,外交博弈频繁而激烈。北宋各国如何在相互博弈中形成相对稳定的秩序,多国体系下的外交博弈体现了怎样的基本理念和基本关系?这是以往研究没有系统回答的问题。本文以外交谈判为中心对此做一讨论。

一、北宋东亚多国体系下国际关系的错综复杂

北宋总体上处于宋辽二元并存的格局。北宋建国伊始,继承后周形成的局势,与辽朝是东亚并立的两个最强大政权。到澶渊之盟,宋、辽双方以条约形式相互确

[①] 贾志扬将宋代多国制衡的国际秩序称为"多国体系",且指出宋代多国体系的稳定特点,以及对海上贸易的影响。参见贾志扬《宋代与东亚的多国体系及贸易世界》,《北京大学学报》2009年第2期。辛万翔等指出,春秋战国也是"多国体系",其特点是封建制下的诸侯国构成的多国体系。参见辛万翔、曾向红《"多国体系"中行为体的不同行为逻辑及其根源》,《世界经济与政治》2010年第3期。

[②] 有学者将中国的外交起源追溯到春秋战国,且认为除了名存实亡的周王外的各个诸侯国是独立国家,它们的外交关系近似于近代的独立主权国家关系,但也有学者提出不同看法。参见叶自成《中国外交的起源:试论春秋时期周王室和诸侯国的性质》,《国际政治研究》2005年第1期;杨宽、王欢:《春秋时期诸侯国是独立主权国家吗?——与叶自成先生商榷》,《中国边疆史地研究》2005年第4期;辛万翔、曾向红:《"多国体系"中行为体的不同行为逻辑及其根源》,《世界经济与政治》2010年第3期。

认了对等关系。双方以正式的外交文书和外交礼仪确立对等关系，文书用"书"，而不称"诏""制""敕"，互用皇帝尊号，以亲属关系相称呼，各自使用本国年号，不以陪臣对待对方使节。两国还相互承认各自建立的朝贡体系。西夏、高丽、高昌、河湟吐蕃等政权都是宋辽两大朝贡体系中的双重朝贡国。宋辽互不干涉这些政权与对方的朝贡和册封关系。①

但宋辽双方的制衡和争锋始终存在。这主要表现在两个方面：其一，双方始终在争夺对朝贡国的控制权，并利用周边政权牵制对方。雍熙战争后，辽朝对高丽用兵长达三十年，迫使高丽转奉辽朝正朔，不再接受宋朝册封。辽朝自称出兵的理由之一是"（高丽）与我连壤，而越海事宋，故有今日之师"，②致书问罪高丽"西向修贡事"，③指责其"东结构于女真，西往来于宋国，是欲何谋"。④高丽在辽朝的威慑下，自宋仁宗朝至北宋灭亡不再奉宋朝正朔。宋朝也曾有过争取高丽的努力。宋神宗开边时重启了与高丽的朝贡关系，即"神宗有鞭挞戎狄（契丹）之志"，通过商人招徕高丽朝贡"结之（高丽）以谋契丹"。⑤宋徽宗再次谋划恢复幽燕，欲联高丽制辽，不断提高高丽的外交待遇。首先是将高丽使节"升作国信，在夏国之上，改隶客省"，后又"特依大辽国例，隶属枢密院"。⑥但在争夺对高丽控制权上，994年以后辽朝始终胜过宋朝。

宋辽在对西夏和河湟吐蕃的控制上也相互角力。宋朝以唐及五代德运继承者自居，限于中原政权与西夏的传统关系和华夷之辨，不能册封西夏首领为国王，不能缔结和亲，只能给予优厚的岁币，开放互市，以辽朝不能给予的经济手段笼络西夏。辽朝则不仅将王子帐节度使耶律襄之女封义成公主，下嫁李继迁，而且封李继迁为夏国王，⑦不认可宋朝给西夏所赐赵姓，而复赐姓李。辽朝给予西夏宋朝所不能给的政治待遇，拉拢西夏，使其疏远宋朝，即张齐贤所说辽朝对西夏"置王爵以赐之，遣戎使以镇之。王爵至，则旄节之命轻矣"，"契丹虑迁贼感大国之恩，断右臂之势，

---

① 参见王赓武《王赓武自选集》，上海教育出版社2002年版，第71页；陶晋生：《宋辽关系史研究》第二章"宋辽间的平等外交关系"，台北联经出版公司1984年版，第23—42页；黄纯艳：《宋代朝贡体系研究》，商务印书馆2014年版，第83—89页。
② 《高丽史》卷94《徐熙传》，韩国国立首尔大学奎章阁藏本。
③ 《宋史》卷487《高丽传》。
④ 《高丽史》卷8《文宗世家二》。
⑤ 《续资治通鉴长编》卷452，元祐五年十二月乙未；《宋史》卷487《高丽传》。
⑥ 《宋大诏令集》卷237《高丽依大辽例隶密院御笔手诏》，中华书局1962年版。
⑦ 参见《辽史》卷11《圣宗二》、卷13《圣宗四》。

防患甚切，其谋甚深"。① 即使远离辽朝本土的河湟吐蕃，辽朝也实行和亲。宋神宗朝对河湟用兵，而"辽国与董毡结姻，于西夏有掎角之势"。宋神宗对此指责辽朝侵入宋朝的势力范围称"不自修其政事，而托婚数千里之外，所谓舍己之田，而耘人之田者也"。② 宋神宗令"李宪选使臣开谕董毡、阿里骨，以契丹与宗哥相去极远，利害不能相及，令监守前后要约，协力出兵，攻讨西贼"。③ 双方对吐蕃的争夺就是抑制与反抑制的斗争。

其二，抑制对方的扩张。北宋曾数次发动对外开拓，辽朝都给予高度关注并极力干扰和抑制。开宝二年（969）、太平兴国四年（979）宋太祖和宋太宗分别亲征北汉，契丹都来支援北汉，试图阻止宋朝灭亡北汉。④ 太平兴国七年（982），宋朝派王延德出使高昌，欲联合高昌牵制辽朝，辽朝也派使节到高昌，提醒高昌王"高敞（昌）本汉土，汉使来觇视封域，将有异图，王当察之"，⑤ 极力防止宋朝势力深入西域。宋神宗朝制定了北方依次"恢复"河湟、西夏和幽燕，南方"恢复"交趾的开边计划。辽朝很快看出宋朝的战略目的，积极阻挠宋朝的计划。辽朝与董毡结姻，与西夏结盟，共同钳制宋朝。为防止"中国（指宋朝）若已服夏国，当觇幽燕"，熙宁四年（1071）西夏向辽借兵，辽调兵三十万往西界，想"若乘中国有事之时，能挠我权，则其庸多矣"。⑥ 辽朝还三次遣使来议河东地界，王安石说："此不过以我用兵于他夷，或渐见轻侮，故生事遣使。"⑦ 这些都是为了阻挠宋朝的开边计划。元丰年间宋朝对西夏用兵，辽朝应西夏之请"遣人使夏国及宗哥"，促使西夏与董毡和解，联合对抗宋朝。⑧

宋神宗对交趾的战争也受到辽朝的牵制。宋越熙宁战争时有臣僚指出："国家锐意南讨，而忽于西边、北边之备设，万一有乘虚掩不备之寇，则其忧又大矣。"⑨ "师出安南，调兵及河东，又言王师南征，而取卒于西北，使蛮闻之，得以窥我。"⑩ 事实

---

① （宋）赵汝愚：《宋朝诸臣奏议》卷130 张齐贤《上真宗论陕西事宜》，上海古籍出版社1999年版。
② 《续资治通鉴长编》卷250，熙宁七年二月庚辰。
③ 《续资治通鉴长编》卷338，元丰六年八月己卯。
④ 参见《宋史》卷482《北汉世家》。
⑤ 《宋史》卷490《高昌传》。
⑥ 《续资治通鉴长编》卷220，熙宁四年二月庚午。
⑦ 《续资治通鉴长编》卷251，熙宁七年三月丙辰。
⑧ 《续资治通鉴长编》卷338，元丰六年八月己卯。
⑨ （宋）赵汝愚：《宋朝诸臣奏议》卷143 杨绘《上神宗论李宪讨交趾》。
⑩ 《宋史》卷464《李评传》。

确实如此。辽朝来宋使节耶律孝淳从宋朝接伴使朱温处探得宋朝对交趾用兵的消息后，辽朝迅速做出了反应。① 宋神宗在给交趾用兵主将郭逵的批示中说："北人缘朝廷方事南讨，欲乘时牵制。以此观之，安南之举惟万全速了为上。"② 宋朝因此不敢在南方持久作战。辽朝对宋朝在南方军事活动的关注和干扰并非只是宋神宗开边。皇祐间，侬智高叛乱肆掠两广，宋朝调集兵马南下平乱，辽朝就曾"于燕代之间点集兵马，声言西讨夏国"。宋朝大臣指出辽朝的用心，讨西夏"恐非其实谋……忽此点集，有可疑虑。兼广南蛮贼狂盛，陷没州郡，朝廷方诛讨用兵之际，契丹不宜有谋。若二寇并兴，四方可虑"。③ 辽朝实际是想干扰宋朝的军事行动，甚至乘机侵扰。

除了宋辽两大国的扩展与争锋，小国也在宋辽之间纵横捭阖，谋求生存与发展，交织成北宋错综复杂的若干区域秩序和三角关系。

一是宋—辽—丽三角关系。在此三角关系中，如上所述，宋辽双方都希望控制和利用高丽牵制对方。高丽作为夹于两大国之间的小国，其最根本的追求是国家安全，不得不根据宋辽争锋的结局来决定自己的政策，雍熙战争后逐步由完全靠拢宋朝、奉宋朝正朔转向靠拢辽朝、奉辽朝正朔。虽然宋神宗朝高丽恢复了与宋朝的朝贡关系，也想借此制约辽朝，但始终不肯改变只奉辽正朔的基本政策。

二是宋—辽—夏三角关系。在这组关系中，宋、辽极力利用西夏牵制对方。辽朝一方面抑制西夏壮大，阻止其向宋朝靠拢。对于西夏不听命的行为，辽朝不仅降爵，而且出兵征讨。另一方面它又竭力阻止宋朝进攻西夏，为西夏索要侵地，形成联夏制宋的局面。宋朝以军事和经济两种手段制约西夏的扩展和侵扰，同时用经济利益达到不使西夏完全倒向辽朝的目的。西夏则利用宋辽两大国的矛盾，获取自身的利益，对宋、辽一面称臣朝贡，一面在军事上强硬对抗，并积极向西扩张。

三是宋—夏—蕃三角关系。宋朝力图利用吐蕃制约西夏，西夏则始终觊觎吐蕃，吐蕃为对抗西夏的扩张，靠拢宋朝，但宋朝在联蕃制夏的策略中只是以经济利益笼络吐蕃，而从不给予吐蕃实际的军事支持。

四是宋—交—占三角关系。北宋在宋越熙宁战争以前一直以"恢复"交趾为目标，实行联合占城抑制交趾的策略，给予占城诸多特殊的外交待遇，干预交趾对占

---

① 参见《续资治通鉴长编》卷275，熙宁九年五月丙辰。
② 《续资治通鉴长编》卷276，熙宁九年六月壬子。
③ （宋）胡宿:《文恭集》卷7《论北界点集事宜》，文渊阁四库全书影印本第1088册，商务印书馆1990年版。

城的侵扰。占城为制约交趾的扩张，积极臣服宋朝，对抗交趾。熙宁战争以后宋朝放弃了"恢复"交趾的目标，同时放弃了联合占城抑制交趾的策略，交趾乘机迫使占城臣服于己。①

在复杂的制衡与争锋中，战争作为外交的极端手段一再使用。宋太宗、神宗和徽宗三朝曾策划并实施了"恢复"西夏、交趾、河湟，图谋幽燕的战争。这些战争都是意在实现重大政治目标，小规模的军事冲突和摩擦则更多。但在北宋一百六十余年的历史中，就任何一组双边关系而言，和平局面始终占大多数。国际制衡与争锋的博弈主要通过使节往来、谈判媾盟、政治联姻等外交方式进行。在和平环境中贺生辰、正旦等"常使"的往来主要是标示两国关系正常化的象征性交聘活动，除特殊情况外，一般不具有外交博弈的性质。围绕重要事件的谈判是外交博弈最直接、最综合的反映。北宋时期外交的制衡与争锋不断，因而重要的外交谈判与外交盟约也较多。宋辽之间重要的谈判有景德元年澶渊之盟、庆历年间议关南地、熙宁年间河东议界，宋夏间的重要谈判有庆历议和、元丰议界，宋越间有元丰议界，宋金间有海上之盟、宣和开封和议，辽丽之间有统和议和。这些围绕两国基本关系、领土边界的外交谈判充分反映了宋代外交博弈的目的和观念。

二、北宋东亚多国体系下外交博弈的目标

（一）外交博弈的首要目标是名分

现代国际关系的基本理念是国际社会的无政府状态，国家不分大小，都是水平与平等关系。现代国际关系中因军事或经济的优劣差异而存在事实上的等级制，但与国家关系基本理念是相悖的。②平等外交关系在古代东亚并非不存在，③但以"中国"自居的宋朝及辽朝，华夷君臣的名分秩序是外交博弈中的首要问题。

宋朝名臣范仲淹、余靖和尹洙等都强调名分是宋朝外交的底线，称"欲速成和

---

① 关于四组三角关系的论述，参见黄纯艳《宋代朝贡体系研究》，第187—245页。
② 参见熊玠《无政府状态与世界秩序》，浙江人民出版社2001年版；[美]戴维·莱克著、高婉妮译：《国际关系中的等级制》，上海人民出版社2013年版。
③ 除了上述澶渊之盟后宋辽关系外，北宋初期的归义军政权、甘州回鹘、于阗等政权间的外交关系都以对等的身份展开。参见黄纯艳《宋代朝贡体系研究》，第255—257页。

好而屈名分,则天下共耻之""鸿名大号,天下之神器,岂私假于人哉";① 对外夷"终不能以地与号假之"。②"地"是"汉唐旧疆"和祖宗基业,"号"是天下神器,都事关本朝政权合法性即名分。宋夏庆历谈判中,名分即是首要条件。

北宋统治者一直将宋夏关系规定为朝廷与藩镇关系。宝元元年(1038)元昊称帝,打破了宋夏名分秩序的底线。宋朝立即决定军事讨伐,并悬赏缉拿元昊。经过数年战争,宋军一再失败,损失惨重,西夏也因战争负担和宋夏经济交往中断而陷入困境。于是双方都有了谈判媾和的愿望。西夏放回囚禁的宋朝间谍王嵩,与西夏教练使李文贵赴宋。鄜延经略招讨使庞籍在延州接见夏使李文贵,首先商谈的是名分。西夏提出名分问题,即用皇帝号。庞籍要求西夏去皇帝号,待"名体俱正,当相为奏之"。李文贵回国报告,再入宋仍坚持"用敌国修好之礼"。宋仁宗表示"元昊果肯称臣,虽仍其僭名可也",而庞籍坚持"僭名理不可容,臣不敢奉诏"。西夏又提出"用小国事大之礼",文书称"男南面邦国令曩霄上书父大宋皇帝"。庞籍坚持西夏奉表称臣,否则"名体未正,不敢以闻",拒绝上奏朝廷。宋朝又派邵良佐与夏使贺从勖赴西夏交涉,最终元昊"自号夏国主,始遣使称臣"。贺从勖入宋赴阙,几经交涉,达成最终协议。宋朝册命元昊为夏国主,"岁赐绢茶银彩合二十五万五千,元昊乃献誓表"。③ 西夏在谈判中看似由皇帝号到父子关系,退而接受国主册封和君臣关系,实则改变了北宋前期以来封节度使、西平王的藩镇名分,升格为"国",④ 且获得巨额的岁币。

宋朝所考虑的名分问题除了维持宋夏已有的君臣关系外,还顾虑宋—辽—夏关系中的名分秩序。西夏同时与宋辽两国保持朝贡关系,若宋朝接受西夏敌国之礼,则西夏与宋朝并肩,而辽朝居于独尊地位,辽朝将提出"元昊本称臣于我,亦称臣于南朝。今元昊既于南朝不复称臣,渐为敌国,则是元昊与南朝等,惟我契丹独尊矣"。⑤ 宋朝将面临与辽朝礼仪名分的改变。辽朝若向宋朝"别求名分,不知此时以何辞答之",⑥ 所以宋夏两国的名分牵动着整体国际秩序,是整体国际秩序的组成

---

① (宋)陈均:《九朝编年备要》卷12,庆历三年正月"元昊请纳款",文渊阁四库全书影印本第328册;范仲淹:《范文正集补编》卷1《论元昊请和不可许者三大可防者三》,文渊阁四库全书影印本第1089册。
② (宋)尹洙:《河南先生文集》卷8《议西夏臣伏诚伪书》,四部丛刊初编本第821册。
③ (宋)司马光:《涑水记闻》卷11《安边御寇·西夏》,中华书局1989年版,第208页。
④ 参见黄纯艳《宋代对境外诸国和政权的册封制度》,《厦门大学学报》2013年第4期。
⑤ (宋)赵汝愚:《宋朝诸臣奏议》卷134富弼《上仁宗不可待西使太过》。
⑥ (宋)蔡襄撰、吴以宁点校:《蔡襄集》卷20《乞不与西贼通和》,上海古籍出版社1996年版,第354页。

部分。

北宋与金朝结海上之盟时，往来谈判，首先也是定名分。宣和元年（1119）金朝使节李善庆、散睹（散多）等到开封，宋徽宗分别封给修武郎、从义郎、秉义郎、团练使等官并给全俸。赐封使节就是视其为臣下或陪臣，同时也就视其主为臣，这是对待朝贡国使节之礼。① 散睹等因外交经验不足，无意中接受了宋朝规定的君臣名分，自宋回金后，金太祖"怒，杖而夺之"。② 李善庆等回金前，宋朝还讨论给金朝回书之仪，赵良嗣主张"用国书礼"，赵有开主张用君臣礼"止用诏足矣"。宋朝特别征求金使李善庆的意见，李善庆回答说"二者皆可用，惟朝廷择之"。宋朝于是用诏书。阿骨打对宋朝"不以书示，而以诏诏我"大为不满，回答宋朝："若果欲结好，同共灭辽，请早示国书，若依旧用诏，定难从也。"③ 为了达成灭辽的联盟，宋朝接受了与金朝的对等之礼，金朝国书称"大金皇帝谨致书于大宋皇帝阙下"，宋朝国书称"大宋皇帝谨致书于大金皇帝"。④ 此次谈判中，金朝迫使宋朝放弃了君臣名分，承认了自己的皇帝名号，取得了与宋朝对等的地位。

辽丽统和议和首要目标也是确定名分。993年，辽朝第一次对高丽用兵。高丽全力抵抗，在安戎镇打败辽军。辽朝不敢进，"遣人促降"，双方议和谈判。辽朝提出的条件是高丽朝贡称臣"若割地以献，而修朝聘，可无事矣"。高丽谈判使节徐熙最初以对等之礼与辽将萧逊宁相见。萧逊宁要求徐熙"拜于庭"，徐熙辩称："臣之于君，拜下礼也。两国大臣相见，何得如是？"于是两人"分庭揖升行礼，东西对坐"。⑤ 若确定辽丽的君臣名分，则徐熙为辽朝陪臣，地位当低于代表辽朝的萧逊宁。徐熙利用自己的外交技巧，使无外交经验的萧逊宁贸然接受了对等礼节，并要求辽朝夺取鸭绿江东数百里女真地，赐予高丽。⑥ 但两国最终还是在实力对比下确定了君臣关系。高丽担心"久不修聘，恐有后患"，⑦ 奉行辽朝正朔，994年"始行辽统和年号"，并遣使"如契丹，告行正朔"。⑧

---

① 参见（宋）徐梦莘《三朝北盟会编》卷3《政宣上帙三》，重和二年正月十日丁巳，上海古籍出版社1987年版，第16页。
② 《金史》卷2《太祖本纪》。
③ （宋）徐梦莘：《三朝北盟会编》卷4《政宣上帙四》，宣和元年三月十八日甲子、十二月二十五日丁酉。
④ 《宋大诏令集》卷228《报聘大金国书》。
⑤ 《高丽史》卷94《徐熙传》。
⑥ 参见《辽史》卷13《圣宗纪》。
⑦ 《高丽史节要》卷2，成宗十二年十月，韩国国立首尔大学奎章阁藏本。
⑧ 《高丽史》卷3《成宗世家》。

确立名分实质就是确立等级制的国际关系。在东亚朝贡体系基本理念的华夷观念下，建立一个君臣宗藩而非平等、水平的等级制国际关系体系被认为是合理且必需的。宋朝自认为是汉唐德运的继承者，与诸国的关系中"君臣名号，中国所以辨名分、别上下"，"蛮、夷、戎、狄，舍耶律氏则皆爵命而羁縻之。有不臣者，中国耻焉"。①而辽朝也自认为"本炎帝之后"，②辽圣宗后期明确自称承晋统而为水德，自居"正统"，与宋朝同为"中国"。③宋辽各自建立了以本朝为中心的一元化和多层次的朝贡体系。名分是朝贡体系中建立双边关系以及整体秩序的前提。

但是，如同现代认同的国际社会的无政府状态不可能是纯粹原则和实际存在一样，古代东亚的华夷观念也是具有弹性特征并因时变化的，而非固化和教条的，更不可能是所有国际关系的现实存在。宋朝对宋、辽名分关系的认识和变化过程即说明了这一点。北宋初，以实现华夷一统为目标，其最关键是降服甚至剪灭契丹。宋朝称辽朝官职为"伪"，称其使为"慕化而来"的"款附使"。④宋太宗发动雍熙战争以前，给高丽、渤海等国家和势力的诏书都明确提出剪灭契丹的目标，并对打败契丹充满信心。⑤雍熙战争惨败后，宋朝认识到军事上难以与辽朝争锋。澶渊之盟的谈判中，宋朝已放弃了华夷名分的交涉，而直接商讨关南地和经济补偿问题。谈判的结果是以"岁给金帛，助其军费"达成和议，这样不伤名分，于"朝廷之体，固亦无伤"。⑥宋辽谈判所争名分问题就是维持对等关系。宋辽熙宁河东议界谈判时，辽使枢密副使同中书门下平章事萧素欲因官阶更高而正南面坐，宋使坚持以宾主礼。双方会谈官员就礼仪之争交涉三个月，文移往返数十次，直至找到至和元年（1054）辽朝"国信使萧德带平章事与馆接使行马坐次，皆分宾主以报"的故事，才结束了这场旷日持久的争论。⑦

在宋辽势均力敌的格局下，看似不可逾越的华夷之辨已有变通。华夷对等的窘境可以通过孔子《春秋》"夷而进于中国则中国之"得到解说，因为契丹"得中国土

---

① （宋）尹洙:《河南先生文集》卷8《议西夏臣伏诚伪书》。
② 《辽史》卷63《世表》。
③ 参见刘浦江《德运之争与辽金王朝的正统性问题》，《中国社会科学》2004年第2期；赵永春:《试论辽人的"中国"观》，《文史哲》2010年第3期。
④ 《宋会要辑稿》蕃夷一，上海古籍出版社2014年版。
⑤ 参见黄纯艳《"汉唐旧疆"话语下的宋神宗开边》，《历史研究》2016年第1期。
⑥ 《续资治通鉴长编》卷58，景德元年十二月庚辰、癸未。
⑦ 参见《续资治通鉴长编》卷256，熙宁七年九月戊申。

地,役中国人民,称中国位号,立中国家属,任中国贤才,读中国书籍,用中国车服,行中国法令","所为皆与中国等","岂可以上古之夷狄视彼也",①说明华夷问题是一组可以互通和变换的关系。在对辽外交中,宋朝的华夷观念是因时而变的。庆历二年(1042),辽朝趁宋夏交战之机向宋朝索要关南地及提出和亲。尽管在朝中有人主张"和亲辱国,而尺地亦不可许",②富弼入辽朝谈判时却持国书二、誓书三,准备了几套方案,"姻事合,则以姻事盟。能令夏国复归款,则岁入金帛增二十万;否,则十万"。③宋朝自己制定的谈判方案中并非因华夷之别而不能和亲。即使是土地,宋朝也曾让步。宋神宗用兵河湟时,辽朝乘机遣使来议河东地界,经过四年的谈判,宋朝"东西弃地七百余里(一说五百余里)"。④宋朝对西夏、交趾和大理规定了君臣之礼,但并不干预其在国内行皇帝制度,也说明宋朝的名分追求是可以变通的。

(二)外交博弈的核心目标是利益

北宋外交博弈中不论大国还是小国,利益追求都是核心目标。而小国如西夏、河湟、交趾、高丽等在与自诩正统的宋朝和辽朝交往时,不必背负更多的名分追求,对土地、钱帛和互市等利益的追求更加直接。宋夏庆历议和,经过几个回合的谈判,最终宋朝以"岁赐"绢茶银彩"合二十五万五千",并许开榷场,换得西夏称臣。993年高丽与辽朝谈判,徐熙在辽朝大军压境的不利条件下,仍提出请辽朝驱逐鸭绿江以东女真,让高丽在其地"筑城堡,通道路,则敢不修聘"。⑤辽朝为了瓦解宋丽联盟,满足了高丽的请求。高丽虽转奉辽朝正朔,但得到女真地,且使其北进政策得到辽朝事实上的承认,获得了巨大的实际利益。

宋越熙宁战争以后,两国于元丰元年(1078)开始"画定疆界"的议界谈判。交趾索要广源、机榔等州县,而宋朝提出交趾若归还所掠邕、钦、廉三州人户,则宋许其所乞州县。⑥经过长达七年的谈判,元丰七年(1084)"边界已辨正","以庚俭、邱矩、叫岳、通旷、庚岩、顿利、多仁、勾难八隘为界,其界外保、乐、练、

---

① (宋)赵汝愚:《宋朝诸臣奏议》卷135 富弼《上仁宗河北守御十三策》。
② 《续资治通鉴长编》卷138,庆历二年十月戊辰。
③ 《续资治通鉴长编》卷137,庆历二年九月癸亥;《辽史》卷19《兴宗二》。
④ (宋)李心传撰、金圆整理:《旧闻证误》卷2,《全宋笔记》第六编第八册,大象出版社2013年版。
⑤ 《高丽史》卷94《徐熙传》。
⑥ 参见《宋会要辑稿》蕃夷四;《续资治通鉴长编》卷292,元丰元年九月癸未,卷287,元丰元年正月乙卯。

苗、丁、放近六县，宿、桑二峒"划给交趾。① 宋夏经过元丰大规模交战，至元祐四年（1089）开始划界谈判。该年"画界未定"，次年西夏提出"画疆界者不依绥州内十里筑堡铺供耕牧、外十里立封堠作空地例，以辨两国界"，宋朝表示同意。绍圣三年（1096）双方开战，西夏抗议道"夏国昨与朝廷议疆场，惟有小不同，方行理究，不意朝廷改悔，却于坐团铺处立界"。元符二年（1099）双方再次约定"我疆彼界，毋相侵犯"。② 宋朝首次与交趾、西夏正式划界，交趾和西夏从划界谈判中获得的不仅是实际的土地，更标志着宋朝放弃了"恢复"交趾和西夏的计划。特别是对交趾而言，意味着宋朝改变了自宋初以来视交趾为旧疆，以"恢复"交趾为目标的政策，事实上承认了交趾的独立地位。交趾完全消除了被宋朝吞并的忧患。

宋辽外交博弈中利益也是一个核心问题。澶渊之盟中，辽朝首先提出索要关南地，表示"今兹引众而来，本谋关南之地，若不遂所图，则本国之人负愧多矣"。宋使曹利用则答以"禀命专对，有死而已。若北朝不恤后悔，恣其邀求，地固不可得，兵亦未易息也"，并表示"北朝既兴师寻盟，若岁希南朝金帛之资以助军旅，则犹可议也"。辽朝见求地无望，退而"欲岁取金帛。利用许遗绢二十万匹、银一十万两，议始定"。辽朝从宋朝获得"三十万岁币"。③ 庆历二年（1042）宋辽谈判的核心问题也是利益。辽朝又以索要关南地为由头，知让地事关名分，宋朝不会轻许，辽朝实则意在增加岁币。富弼深知此意，对辽朝皇帝说："北朝若欲割地，此必志在败盟，假此为名，南朝决不从，有横戈相待耳。"若战，"胜负未可知。就使其胜，所亡士马，群臣当之欤？抑人主当之欤？若通好不绝，岁币尽归人主，臣下所得止奉使者岁一二人耳，群臣何利焉？""契丹主大悟。首肯者久之"，接受了增加岁币二十万的方案。④

北宋与金朝间海上之盟、开封退兵的谈判中核心问题也是利益。宋金达成的海上之盟除了约定联合灭辽的军事分工外，还约定"银绢依与契丹数目岁交，仍置榷场"。⑤ 宋金第一次开封之战危急之时，宋朝派同知枢密院李棁为正使，往金营谈判。李棁见金元帅斡离不，"北面再拜，膝行而前，恐怖丧胆，失其所言良久"。金人提

---

① 《续资治通鉴长编》卷349，元丰七年十月戊子。
② 《宋史》卷486《夏国下》。
③ 《续资治通鉴长编》卷58，景德元年十二月癸未。
④ 《续资治通鉴长编》卷137，庆历二年七月壬戌。
⑤ 《宋大诏令集》卷228《报聘大金国书》。

出的退兵要求是交纳犒师之物"金五百万两、银五千万两、绢彩各一千万匹、马驼骡驴之属以万计",尊金朝皇帝为伯父,归还在宋境的燕云之人,割让太原、中山、河间三镇之地,以亲王宰相为质。李梲"唯唯不能措一辞而还。金人笑之曰'此乃一妇人女子耳'"。① 且不说其他条件,仅索要的金银物资,宋朝倾国也难以支付。

宋朝在外交谈判中,对事关名分的土地尽可能不让步。辽朝两次提出关南地,宋朝都坚决抵制。但是,与辽朝河东议界、与交趾和西夏议界、开封宋金城下之盟,宋朝在土地上也做出了让步。在岁币、赔偿等经济利益上,宋朝却一直采取消极退让的态度。从宋辽澶渊之盟、庆历谈判,宋夏庆历议和,到宋金海上之盟和开封议和,宋朝都付出了岁币和赔偿的经济代价。宋人认为钱帛可散而复聚,无损名分。宋真宗评论后晋割地给辽说:"晋祖何不厚利谢敌,遽以土地民众委之,遗患至今。盖彼朝乏人故也。"② 宋人的看法是"岁遗差扰,然不足以当用兵之费百一二焉,则知澶渊之盟未为失策"。③ 宋朝将经济利益作为万灵之方,"北方以地为请,既以赂解之;西方以号为请,又以赂解之",④ 以至于有人说宋朝"庙谋胜算,惟以金帛告人"。⑤

实际上,不论大国还是小国在外交博弈中对名分和利益的追求,背后都是谋求国家安全。宋朝以岁币与辽朝和西夏订盟,目的都是以金帛换取和平和安全,使其贪恋财富而不轻易对宋朝用兵。毕士安针对朝中认为岁给辽朝"银绢三十万"太多的议论,说到"不如此契丹所顾不重,和事恐不能久"。⑥ 西夏一旦侵扰,宋朝就"绝在边和市",使西夏"上下困乏",而其国与宋交好,可以"称臣之虚名而岁邀二十五万之厚赂"。⑦ 而稳定的秩序符合双方对安全和利益的需求。小国的纵横捭阖更是为了谋求本国安全。苏轼曾说,高丽听命于契丹是因为"契丹足以制其死命,而我不能故也"。⑧ 嘉祐三年(1058)高丽曾讨论是否恢复对宋朝贡,有大臣认为"国家结好北朝,边无警急,民乐其生,以此保邦,上策也……其于中国实无所资,如非永绝契丹,不宜通使宋朝"。⑨ 针对宋神宗、宋徽宗要求再奉宋朝正朔的旨意,高丽

---

① (宋)徐梦莘:《三朝北盟会编》卷29《靖康中帙四》,靖康元年正月九日乙亥。
② 《续资治通鉴长编》卷55,咸平六年八月丙戌。
③ (宋)赵汝愚:《宋朝诸臣奏议》卷135富弼《上仁宗河北守御十三策》。
④ (宋)尹洙:《河南先生文集》卷8《议西夏臣伏诚伪书》。
⑤ 《欧阳修全集》卷102《论西贼议和请以五问诘大臣状》,中华书局2001年版。
⑥ 《宋史》卷281《毕士安传》。
⑦ (宋)赵汝愚:《宋朝诸臣奏议》卷136韩琦《上仁宗论西北议和有大忧者三大利者一》。
⑧ 《续资治通鉴长编》卷481,元祐八年二月辛亥。
⑨ 《高丽史》卷8《文宗世家二》。

解释其苦衷是"当国地接大辽","附之则为睦邻,疏之则为劲敌",有"北顾之忧","久已禀行爵命正朔,所以未敢遵承上命"。① 高丽的政治选择只能是国家安全至上。

三、北宋东亚多国体系下外交博弈的条件和手段

（一）综合实力是外交博弈的基础

"无政府状态"的基本理念并不能保证今天国际社会不存在控制与侵犯,古代东亚地区也同样不能空凭华夷观念来建立秩序,即使对于自居中华正统的宋朝也是如此。王安石对此看得十分透彻,他说宋朝对外开拓可用中华正统的天然权利,即"我欲行王政,尔乃擅命一方,便为可伐之罪",但事实上"不患无辞,患无力制之"。② 外交的基础是实力。

宋辽澶渊之盟中,宋朝正式放弃华夷一统、剪灭契丹的目标,作为夷狄的辽朝正式确立了与中华正统的宋朝的对等地位,这是辽朝强大的军事实力决定的。宋辽双方自宋朝建立以来多次冲突、交锋,宋朝与辽"大小八十一战,惟张齐贤太原之战才一胜耳",③ 特别是经过太平兴国四年（979）、雍熙三年（986）等大规模战争之后,宋辽形成了新的相互认识,并相应调适外交政策,促成了澶渊之盟的格局。澶渊之盟和庆历谈判,辽朝两次以索要关南地为由,向宋朝勒索岁币。宋朝都是慑于双方的实力对比,被迫交纳和增加岁币。

宋辽澶渊之盟是打出来的谈判,宋夏庆历议和谈判也是如此。西夏并不认为宋朝自居中华正统就俯首称臣,而是公然用皇帝称号。宋朝毫不犹豫地出兵讨伐,但"大小凡经十余战,每战必败",④ "山外之败,任福以下死者数万人。丰州之战,失地丧师。镇戎之役,葛怀敏以下死者又数万人。庙堂之上,成算安在？"⑤ 宋朝全无胜算。在此情况下,宋仁宗决定议和并曾想接受元昊的皇帝称号换取停战。而西夏单薄的综合实力也不具备与综合实力远胜于己的宋朝打持久战的条件,何况西夏经济本身对宋朝有强烈的依赖。于是西夏向宋朝称臣朝贡,宋朝将西夏由"藩镇"升

---

① 《高丽史》卷13《睿宗世家二》;《宋史》卷487《高丽传》。
② 《续资治通鉴长编》卷237,熙宁五年八月壬午。
③ （宋）陈师道撰、李伟国整理《后山谈丛》卷4,《全宋笔记》第二编第六册,大象出版社2013年版。
④ （宋）赵汝愚:《宋朝诸臣奏议》卷135富弼《上仁宗论河北七事》。
⑤ 《续资治通鉴长编》卷140,庆历三年四月壬戌。

格为"国",并赐给巨额岁币,许开榷场,西夏凭借自己的军事实力赢得了外交上的巨大胜利。

辽朝与高丽的外交博弈也是如此。高丽曾经流放辽朝的使节、饿死辽朝所送的骆驼,①对辽采取公然敌对态度,鲜明地站在宋朝阵营。辽朝为迫使高丽臣服,瓦解宋丽联盟,993年对高丽用兵。面对辽朝强大的进攻,高丽坚决抗击,并在安戎镇打败辽军,双方议和。辽朝用强大的军力迫使高丽改奉辽朝正朔,而高丽也以顽强的抵抗获得了江东六城。1019年双方最后一次大战,高丽军队在龟州大败辽军,并乘机与辽朝议和,彻底奠定了两国的和平关系。通过长达三十年的战争,特别是辽朝以强大的军事实力在与宋朝关系中占据优势地位,使高丽认识到与辽朝"若绝交,必贻祸",②选择疏离宋朝而靠拢辽朝。

北宋与金朝几次谈判也清楚地显示了实力变化决定了谈判双方地位的变化。双方达成海上之盟时,宋朝在金朝统治者眼中俨然是一个大国,而金朝连败辽朝,又被辽朝封为东怀皇帝,宋朝也认识到其实力,于是双方结为对等关系。第一次开封之战时,宋使李棁在金朝元帅斡离不面前卑躬屈膝,根本无谈判的资格,被迫接受巨额犒师费及割让三镇等条件。第二次开封之战前,宋朝派李若水往金营商谈以三镇租赋换取金朝罢兵及取消割让三镇。金朝国相厉声呵斥道:"既有城下之盟,许割与他三镇,那租赋便是这里底,怎生更上说也。若如此,便是败盟不割三镇。"李若水虽然比李棁有胆识,逗留金营,反复陈请,但金人态度强硬,表示"若不割得三镇土地人民,决不可和",且将"提兵直到汴京理会"。李若水不得不无功而返。③开封城破以后,宋钦宗虽向金朝称臣,奉正朔,但已完全丧失了谈判资格。金朝决意灭宋而后已,不再理会宋朝的谈判请求。

(二)对外政策是外交博弈的指针

外交博弈又并非单纯的实力较量,而与交涉双方的对外政策密切相关。澶渊之盟宋辽谈判的结果就与宋真宗的政策导向有直接的关系。宋真宗分析辽朝可能提出的谈判条件是关南地和岁币。曹利用第一次前往辽营谈判时,宋真宗交代道"契丹南来,不求地则邀赂尔"。④辽朝国书中提出索要关南地,宋真宗说"朕守祖宗基业,

---

① 参见《高丽史》卷2《太祖世家二》。
② 《高丽史》卷93《王可道传》。
③ (宋)徐梦莘:《三朝北盟会编》卷55《靖康中帙三十》,靖康元年九月十五日戊寅。
④ 《宋史》卷290《曹利用传》。

不敢失坠。所言归地事极无名",若"岁以金帛济其不足,朝廷之体固亦无伤"。他面诫曹利用"地必不可得,若邀求货财,则宜许之",①确定了可给岁币、不割让关南地的方针。曹利用第二次赴辽营谈判,行前向宋真宗"面请岁赂金帛之数",宋真宗回答"必不得已,虽百万亦可",进一步确定了谈判的基调。曹利用最终以三十万岁币达成和议,自辽营谈判归来时,真宗正用餐,派内侍来问所许之数,曹利用"终不肯言,而以三指加颊"。内侍猜测是三百万。真宗先说"太多",既而又说"姑了事,亦可耳"。当得知是三十万,宋真宗不觉大喜。②可见以岁币换和平的方案为宋真宗钦定,而且宋真宗心里的岁币额度是一百万。

寇准对此次谈判最初的预期是"邀使称臣,且献幽州地"。宋真宗希望用岁币换得辽朝早日退兵,寇准不得已,服从真宗意见。宋真宗许给曹利用岁币百万的谈判底线,寇准单独向曹利用交代道"虽有敕,汝所许毋过三十万。过三十万,吾斩汝矣"。曹利用果以三十万成约。③寇准"邀使称臣,且献幽州地"的谈判期望涉及辽朝名分和安全,无疑是不能实现的。辽朝虽折大将达览,但主力尚在,元气未损。若按寇准的目标谈判交涉,势必导致雍熙战争那样大规模的军事冲突。寇准凭借激进态度及交代曹利用所许岁币不能超过三十万,被誉为澶渊之盟最大功臣。而往来谈判、实现和议的曹利用的功劳却被遮蔽。

事实上,曹利用忠实执行了宋真宗指示,超预期地完成了宋真宗交给的任务。在酝酿使辽人选时,曹利用自荐"倘得奉君命,死无所避"。枢密使王继英也推荐曹利用。④赴辽营以前,曹利用又向真宗表示"彼若妄有所求,臣不敢生还"。当辽方提出索要关南地时,曹利用断然拒绝,并说"若岁求金帛以佐军,尚不知帝意可否。割地之请,利用不敢以闻";⑤"禀命专对,有死而已。若北朝不恤后悔,恣其邀求,地固不可得,兵亦未易息也"。⑥态度十分强硬。"契丹度不可屈,和议遂定。"《宋史》史家评论他"在朝廷忠荩有守,始终不为屈",⑦应该是公允的。

自宋初以后宋辽多次交战,宋虽遭几次大败,但双方军事力量都是自我防卫有

---

① 《续资治通鉴长编》卷58,景德元年十二月庚辰。
② 《续资治通鉴长编》卷58,景德元年十二月丁亥。
③ 《宋史》卷281《寇准传》。
④ 《续资治通鉴长编》卷58,景德元年十月乙巳。
⑤ 《宋史》卷290《曹利用传》。
⑥ 《续资治通鉴长编》卷58,景德元年十二月癸未。
⑦ 《宋史》卷290《曹利用传》。

余，攻灭对方不足。特别是澶渊之盟前，宋军击毙辽朝大将达览，河北各城皆坚守未下，宋朝实际上已在军事上取得优势，又是辽朝主动请求议和，宋朝不至于非要付出巨额岁币以求和平。虽难以实现如寇准提出的称臣及还燕云，但完全有可能不主动给予岁币即迫使辽退兵。宋真宗的政策是继承了乃父宋太宗守内虚外、消极退让的对外政策。非正常继统的宋太宗顾虑朝中不稳，本欲以外服契丹建立威信，而两次遭遇大败，甚至出现了有人谋立太祖之子的事件，使其深感内政险于外交，产生攘外必先安内的思想，逐步放弃了剪灭契丹、建立华夷一统的一元化秩序的目标。真宗继承了这一基本政策趋向，不惜以岁币换取与辽朝长期的和平。

宋真宗以岁币换和平是基于宋辽间长期外交关系做出的政策决策，而有些外交谈判是受更短期和中期政策的影响。如熙宁年间辽朝趁宋朝西部开边之机，提出河东议界，宋朝根据整体开边计划，做出让步。宋神宗北方开拓计划的三部曲是"首用王韶取熙河，以断西夏右臂，又欲取灵武，以断大辽右臂"，最后"恢复"幽燕。①辽朝极力阻挠宋朝的开边计划。而宋朝在未完成"恢复"西夏，即断大辽右臂计划以前，为避免两面受敌，在与辽朝的争两属户、雄州争置口铺、河东议界等一系列交涉中都采取隐忍态度。这是基于有最终攻取燕云的既定计划和打败辽朝的坚定信心，即"朝廷若有远谋，即契丹占却雄州，亦未须争。要我终有以胜之而已"，"自古大有为之君，其歙张取与必有大过人者"。②"若能经略夏国，即不须与契丹争口铺"，③一旦解决了西夏问题，争口铺乃至让雄州，在最终"吞服契丹"的大局中都会自然消解。④

熙宁七年（1074）三月辽使萧禧来正式商谈河东地界，宋朝组成了刘忱为"河东路商量地界"即正使，萧士元、吕大忠为"同商量地界"即副使的谈判使团，交涉无果。四月辽朝遣枢密副使同平章事萧素来议地界。经过数月的礼仪之争后，九月双方在大黄平正式谈判。刘忱与萧素多次会谈于大黄平，没有结果。次年三月辽朝再派萧禧来继续交涉，宋朝派韩缜等与之谈判。"自七年之春至十年之冬，前后历四年，而地界始毕，凡东西弃地七百余里"。⑤

---

① 《太平治迹统类》卷17《神宗平交趾》，文渊阁四库全书影印本第408册。
② 《续资治通鉴长编》卷238，熙宁五年九月丙午、丁未。
③ 《续资治通鉴长编》卷237，熙宁五年八月丁酉。
④ 参见黄纯艳《"汉唐旧疆"话语下的宋神宗开边》，《历史研究》2016年第1期。
⑤ （宋）李心传撰、金圆整理：《旧闻证误》卷2。

参与大黄平谈判的吕大忠提出的对策是拖延，即"为今之计，莫若因而困之"，"置地界局于代州"，"来则与之言，去则勿问，在我则逸，在彼则劳"。① 宋神宗与吕惠卿谈论让地时，吕惠卿主张"拒绝亦不可，遽与亦不可"，计策就是拖延，反复派使商谈"往来须逾年，足以为备矣。必欲其速了，何耶？"② 可见，拖延之术是宋朝的基本对策。代州谈判时，礼仪和地点之争就延宕了数月。萧素态度强硬，坚持以分水岭为界，先是不肯见宋使刘忱等，继以兵万众入代州界侵扰，想以此给宋谈判使节制造压力，未想宋使的办法本是拖延。当萧素邀请刘忱等到横都谷谈判时，刘忱等拒绝前往，又改地方相邀，刘忱等仍然不应，最后在大黄平见面商谈，共商谈三四次。谈判中刘忱及吕大忠态度强硬，吕大忠"屡折（辽使梁）颖，颖不能堪"，以至于"惟以公牒往还，不复会议"，③ 两国使节没法见面。针对宋朝在河东实地谈判的拖延之术，再入宋谈判的萧禧采取了在开封与宋朝纠缠的策略。宋朝令其与韩缜等到边界实地会谈，"禧不受命"。宋又许以长连城、六蕃岭为界，"禧犹不从，执议如初"。一般使者留京不过十日，萧禧不达目的，拒绝回国，"留京师几一月"。宋朝最后接受了以分水岭为界的要求，"禧乃辞去"。④

宋神宗在此次谈判中的另一基本态度是避战。宋神宗与吕惠卿谈论让地时说"不与，须至用兵"，他担心"忽然生事如何，谁能保其无他？"⑤ 为此，他一再否定坚决反对让地的意见。给萧禧做馆伴的韩玉汝"面陈山川形势，纤悉皆系利害，不可轻许"，坚决反对让地。宋神宗一面称赞"卿言大是"，一面威胁道"朝廷已许，而卿犹固执，万一北虏生事，卿家族可保否？"熙宁七年（1074）十月宋神宗就议界事征询于韩琦、富弼、曾公亮、文彦博四人，"四公悉持不予之论"。⑥ 宋神宗对这些看似"合理"的意见并不采纳。谈判正使刘忱反对"委五百里之疆以资敌"，表示"当以死拒之"，不做让步。谈判副使吕大忠态度也很强硬。宋神宗召回刘忱和吕大忠。宋神宗对刘忱说："敌理屈则忿，卿姑如所欲与之。"刘忱不奉诏。他又对刘忱和吕大忠说："卿等为朝廷固惜疆境，诚是也，然何以弭患？"刘忱和吕大忠仍不

---

① 《续资治通鉴长编》卷260，熙宁八年二月壬申。
② 《续资治通鉴长编》卷262，熙宁八年四月丙寅。
③ 《续资治通鉴长编》卷258，熙宁七年十二月壬辰。
④ 《续资治通鉴长编》卷262，熙宁八年四月丙寅。
⑤ 《续资治通鉴长编》卷262，熙宁八年四月丙寅。
⑥ （宋）李心传撰、金圆整理：《旧闻证误》卷2。

奉诏。宋神宗不惜罢免了其正副使之职。①

实际上如吕大忠所分析的，辽朝也会考量与宋绝交的得失，一旦断交，辽朝会损失岁币，加之其实力已非咸平、景德间可比，其国又有西夏和鞑靼外患之忧，不敢轻易断交。② 韩琦、富弼、曾公亮、文彦博四人也指出，辽朝提出议界，主要原因是见"朝廷诸边用兵"，"北人见形生疑，谓我有复燕、蓟之意"，"敌所以先期启衅"辽朝万一进犯，宋朝可"先绝其岁赐"，"严兵备之"。③ 但是，宋神宗出于谨慎的性格和先灭西夏的战略步骤，还是向辽朝做出了让步。在宋神宗的基本政策下，刘忱、吕大忠等谈判使节的外交努力注定没有实效。

外交博弈的基本影响因素就是综合实力和对外政策。此外，外交使节的谈判技巧对外交博弈也会产生一定的影响。如庆历二年（1042）宋辽关南地谈判中，富弼充分掌握了辽朝皇帝的心理，利用辽朝君臣利益差异和辽、夏矛盾，达到了不割地、不和亲，以增加岁币化解危机的目的。宋夏庆历谈判中，庞籍坚持名分为重，在宋仁宗准备接受元昊用帝号时，扭转局势，只给西夏国主名号。辽丽谈判中，徐熙不畏强敌，为高丽争取了江东六城和北进机会。宋辽澶渊之盟和河东议界谈判中宋使曹利用和刘忱、吕大忠都表现出舍生忘死、维护国家利益的胆识和精神，辽使萧禧也以坚韧的态度和滞留开封谈判的智慧实现了辽朝的外交目的。这些谈判使节的智慧和勇气对谈判产生了一定的积极影响，但不能改变谈判双方实力和对外政策形成的基本框架。赴金营谈判的宋使李若水有胆有识，为国力争，但仍无补于事。而那些谈判胆识和技巧都低劣的使节对实现谈判目标会产生消极影响。金使散睹接受宋徽宗的赐封，无意中将金朝降到宋朝臣下的身份。而宋使李棁赴金营谈判吓得魂飞魄散，乃至失言，不可能为宋朝争取任何利益。当然他们的表现也不能从根本上影响谈判双方的关系。

四、结论

北宋时期，在宋辽两大国制衡与争锋、诸多小国自存与发展的错综复杂的国际

---

① 《续资治通鉴长编》卷251，熙宁七年三月壬戌。
② 参见《续资治通鉴长编》卷260，熙宁八年二月壬申。
③ （宋）李心传撰、金圆整理：《旧闻证误》卷2。

关系格局中，外交博弈和外交谈判十分激烈和频繁。在华夷观念作为基本理念的背景下，建立上下等级制的名分秩序被认为是东亚各国关系基本和必需的格局。因而外交博弈中的首要目标是厘清名分，对以"中国"自居的宋朝和辽朝尤其如此。外交谈判的华夷君臣名分秩序不仅事关双边关系，也事关东亚整体国际秩序。但在实际的外交博弈中，华夷观念并非固化、教条的，而是具有弹性特征并因时变化的。不论大国，还是小国，利益都是外交谈判的核心，对于不必背负正统名分的西夏、交趾、高丽等小国尤其如此。而宋朝将经济利益换取政治名分作为基本对外策略。各国对名分和利益的追求实质都是谋求国家安全。

决定外交博弈结果的主要是各国的综合实力，即使对于自居中华正统的宋朝也不能空凭华夷观念建立秩序。宋朝将宋辽关系从宋初定位为华夷关系变成澶渊之盟中的对等关系，并给予丰厚岁币，正是宋辽实力对比导致的结果。宋辽与西夏、高丽、交趾等小国的谈判结果背后也是实力的较量，大部分是典型的打出来的谈判。另一方面，外交博弈又并非单纯的实力较量，而与一国的对外政策密切相关。宋朝在与辽朝的澶渊之盟、河东议界等谈判中都并非基于实力对比，而是基于对外政策导向，做出巨大让步。此外，外交使节的谈判技巧对外交博弈会产生一定的影响，但并不能改变大局。

在北宋东亚的多国体系下，外交博弈并非简单的双边关系，往往与错综复杂的多国制衡关系相互联动。北宋外交博弈既有构建华夷理念下等级制的国际关系格局、国家综合实力和对外政策决定外交博弈大局以及追求国家安全等各个历史时期的共性，也有多国并立格局下华夷观念弹性特征和现实关系复杂多样的特殊性。

原载《中国边疆史地研究》2017年第1期，
本文刊发时作者为历史学博士，
云南大学历史与档案学院院长、教授、博士生导师。

蒙古汗国与元朝关系的考察

毕奥南

13世纪蒙古势力的兴起，对中国史乃至世界史都产生了重要影响。这种影响，一方面被认为是用火与剑促进了东西方的交流，另一方面又因为蒙古汗国的征服战争，形成极为复杂的新的欧亚政治地理格局。在庞大的蒙古汗国统治区域内，包括了中国华北、中原（金朝）、吐蕃、辽东（东夏）、高丽及北亚、中亚、西亚、东欧等地。1260年大蒙古国瓦解。忽必烈在继承蒙古本土、金朝旧疆和大理国的基础上建立了元朝，并于1279年兼并了南宋，形成新的元帝国版图。由于元朝皇帝拥有蒙古大汗的称号，在若干历史时期曾被西方蒙古四大汗国认可，常使人误以为元朝就是蒙古汗国的继承者；元代汉文文献狃于华夏传统的正闰观，刻意强调元朝的正统，批判西北诸王的"叛逆"，暗示西北诸王应从属蒙古大汗（元帝），等等，这些都使元朝与四大汗国的关系变得模糊。因此，准确理解元朝和四大汗国的政治关系，对于把握元朝边疆范围，考量其边政边事，显然是必要的。笔者认为，如果深入了解蒙古汗国的分封制结构和汗位继承传统，将有助于我们理解蒙古汗国瓦解的原因，以及各封国之间新的政治关系。尽管许多学者对此已发表了不少有益的见解，然而依笔者愚见，蒙古汗国与元朝关系的表述仍欠明晰。以此之故，笔者不避浅薄，呈献管见，期望专家驳正。

蒙古汗国是在兼并草原诸部的基础上，按游牧民族传统建立起来的。

自公元840年回鹘汗国被黠戛斯部击溃后，蒙古高原诸部林立，各部互不统属，时有征战。至13世纪初，经过一系列兼并战争，蒙古博尔只斤氏的贵族铁木真分别战胜各部，统一了草原。1206年，蒙古各部在斡难河畔举行忽里勒台（quriltai，意为聚会），推举铁木真为全蒙古大汗，由此建立大蒙古国（也客·忙豁仑·兀鲁思，

yeke mongghol ulus)。大蒙古国的建立,结束了草原诸部各自为政、征战不休的动荡局面,形成以蒙古贵族为统治核心的封建游牧汗国。大蒙古国的政体组织,以千户制为基本结构。草原诸部按游牧民族传统,被编为十户、百户、千户、万户,千户是基本单位。实际上早在1203年击灭克烈部后,成吉思汗已建立了九十五个千户,①建国的分封只是再次肯定千户制。蒙古汗国的千户是"上马则备战斗,下马则屯聚牧养"的军政合一组织,由牧户(阿寅勒,ayil)和游牧地域(嫩秃黑,nuntuq)构成,各千户领有的牧户数及相应的牧地不尽一致,但牧户与游牧区域有着相对应的比例。千户属民的构成,有一部分是由同族组成,如弘吉剌、亦乞烈思、汪古、斡亦剌惕、札剌亦儿等,大多数千户是在打破部落界限后形成的。千户长(敏安·那颜,minggan noyan)一般多由功臣、亲信、贵戚担任。千户长之职可以世袭,在所管领地里,掌管着举凡征收税赋、分配牧地、差徭派役、处置刑罚、统领军队等军政大权,并可以任命下属官员,俨然是专制一方的领主。不过千户长除了一部分直隶大汗外,一般都同时具有首先是拥有分地诸王的家臣、然后又是大汗藩臣的双重身份。两者对千户长都具有支配权力。

蒙古汗国实行分封制,分封按性质讲可分为两类。第一类是黄金家族内家产式分封。从氏族社会理论上讲,整个汗国应归成吉思汗家族共同所有。所谓"太祖皇帝初起北方时节,哥哥弟弟每商量定,取天下了呵,各分地土,共享富贵",②讲的就是这个意思。根据蒙古人分配家产的传统,成吉思汗将国家臣民、军队分为若干份子,蒙古人称之为"忽比"(qubi),③分赐给诸子弟[蒙古语称为"可卜温"(kobeun),直译"儿子"]。受封者凭借"皇帝的福荫"(合罕·讷·速突儿,qagan-u sudur,元代圣旨常用语),组成自己的"兀鲁思"(ulus)。兀鲁思由人民和嫩秃黑(游牧地域或屯营地)构成。根据符拉基米尔佐夫的意见,"分地—忽必是由一定数量的游牧家族(兀鲁思)和足资他们生活的牧地与猎场(嫩秃黑)这两部分构成的","兀鲁思一词,在一定限度内可以译作'分地,领地';不过,作为纯粹游牧民的蒙古人,更喜欢把兀鲁思理解为人,而不理解为领土;事实上兀鲁思一词

---

① 参见《蒙古秘史》第202节,四部丛刊本。据学者考订,《元史·术赤台传》所记六十五千户更接近实际。见史卫民等《〈元朝秘史〉"九十五千户"考》,《元史及北方民族史研究集刊》第9期;韩儒林主编:《元朝史》,人民出版社1986年版,第84页注⑤。
② 《元典章》卷9《投下·改正投下达鲁花赤》,海王村古籍丛刊本。
③ 《蒙古秘史》第203节。

的原始意义本来也是'人'。因此，兀鲁思一词也可以译作'人民'，即'人民—分地'，'联合在某一分地里或建立分地—领地的人民'。到后来，兀鲁思又有'人民—国家'，'形成国家—领地的人民'和'国家'的意义了"。① 应该讲这个看法颇中蒙古游牧社会的肯綮。受封宗王，即兀鲁思的领主（ejen），在封国内具有绝对权力。他可以完全支配分属于他名下的百姓、那颜、嫩秃黑，再将其分封给亲族。在宗法关系比较牢固的情况下，尽管领主在分地内具有很大的独立性，但在大汗宗主权的制约下，领主以誓约的方式与大汗保持臣属关系，封主废立则由大汗决定；有义务听从大汗抽调其军队或其他人户；出席忽里勒台，贡献意见；襄助公共事务，如设置驿站；供应大汗护卫（怯薛，keshig）衣食、马匹、武器等。②

与家族分封不同，成吉思汗对功臣贵戚另有一种分封，称为"莎余儿合勒"（soyurqal），意为恩赐或赏赐，内容包括答剌罕（darqan）特权（豁免赋役、减免刑罚等），封授千户、万户、国王等。

对于主动降服的部族，成吉思汗往往封其首领，使统领旧部，如汪古、畏兀儿、斡亦剌惕等部；姻族也以旧部形式组成数个千户，如弘吉剌部、亦乞烈思部等。功臣如木华黎封国王，其他功臣也组成各自的爱马（ayimag，意为部，又作投下）。这种恩赏式的分封，虽然要比黄金家族"忽必"分配式分封低一个等次，但由于职位世袭，对部民具有很强的支配权，因而仍保持着相对的独立性，并有向领主演变的可能。③

根据成吉思汗的分封，长子术赤的封地是从海押立（今哈萨克斯坦塔尔迪·库尔干东）至花剌子模（中亚咸海南基发一带）、钦察草原；次子察合台的封地是从畏兀儿之西到河中（阿姆河与锡尔河之间）；三子窝阔台封地在也儿的失河（今额尔齐斯河）上游和叶密立（今新疆额敏县）地方。他们的后人，按蒙古人的习惯，被称为右手诸王，或西道诸王。幼子拖雷则继承成吉思汗在斡难—怯绿涟河之间的大斡耳朵（宫帐）；诸弟别里古台分地在怯绿涟河（今克鲁伦河）下游，合赤温分地在金朝边堡以北，大弟哈撒儿分地在额尔古纳河与呼伦湖一带，幼弟帖木哥斡赤斤

---

① ［苏］博·雅·符拉基米尔佐夫著、刘荣焌译：《蒙古社会制度史》，中国社会科学出版社1980年版，第162、177、155页。
② 参见《蒙古社会制度史》，第189—191页。
③ 参见［日］村上正二《蒙古王朝的采邑制度之起源》，《东洋学报》第44卷第3期；周良霄：《元代投下分封制度初探》，《元史论丛》第2辑，中华书局1983年版。

的分地在大兴安岭以东。他们的后裔，习惯上被称为左手诸王，或东道诸王。无论家产分配式还是恩赏型分封，分地——兀鲁思、爱马——投下都具有很强的独立性。一般在大汗权威强大时，大汗对藩臣、藩部能实行有效的控制；一旦汗权衰落，各兀鲁思往往自行其是，彼此甚至为争夺汗位兵戎相见。前者以蒙古前四汗及忽必烈控制东道诸王为典型，后者以四大汗国独立为著例。

游牧民族的汗位继承法引发了蒙古汗位争夺斗争。

经过打破部落界限的整合，封建游牧国家结构进一步完善，蒙古汗国积聚了强大的力量。随后，蒙古游牧贵族以追击仇敌为由，发动了一系列征服战争，使大蒙古国疆域不断扩大，诸王等封地又进行了若干调整（详后）。

1227年，成吉思汗在围攻西夏王国的战役中死去。根据蒙古人幼子继承家产的传统，拖雷继承了成吉思汗大部分属民和军队，并以监国身份摄政。由于成吉思汗生前曾指定三子窝阔台继承汗位，因此拖雷不能不按传统举行忽里勒台以推选大汗。1229年，经忽里勒台推举，窝阔台继位为蒙古国大汗。1232年，拖雷神秘死去。不久，窝阔台以大汗名义，将隶属拖雷家族的速勒都思等三个千户划归己子阔端。拖雷遗孀唆鲁禾帖尼隐忍未发，两系矛盾已见端倪。①

1241年，窝阔台卒，皇后脱列哥那摄政。窝阔台生前曾指定其孙失列门为继承人，脱列哥那则坚持以己子贵由继位，为此按传统邀请各支宗王及重要将领，召开选汗大会。除长支宗王拔都（术赤之子）因与贵由不和，托病拒绝参加，东、西道主要诸王、大臣于1246年出席了在和林附近召开的选汗大会。在脱列哥那的操纵下，贵由被推举为大汗。②1248年，贵由借口去封国叶密立（今新疆额敏）养病，率军西进。拖雷遗孀唆鲁禾帖尼认为其此行将不利于拔都，秘密派人向拔都报信。拔都闻讯遂严兵以待。由于贵由行至横相乙儿（乌古伦河上游河曲之处）地方暴卒，一场内部大战从而得以避免。③

贵由的死使汗位出现空缺。此时窝阔台系缺乏有管理国家才干、能继承汗位的合适人选。贵由妻斡兀立海迷失与两子忽察、脑忽之间意见不合，显得势力单薄；术赤系诸王则以拔都为首，兄弟团结，内部稳定，立国于南俄钦察草原，早已不服

---

① 参见［波斯］拉施特著，余大钧、周建奇译《史集》第1卷第2册，商务印书馆1983年版，第380—381页。
② 参见蔡美彪《脱列哥那后史事考辨》，《蒙古史研究》第3辑，内蒙古大学出版社1989年版。
③ 参见《史集》第2卷，第221页。

从大汗约束而自行其是。拔都因父亲出身血统有争议，无意争夺汗位，但不愿听命于窝阔台系汗王，为了加强与窝、察两系抗衡的力量，拔都采取了扶助对汗位有野心的拖雷系的策略。他一方面按惯例请贵由遗孀斡兀立海迷失摄政，另一方面以兄长身份，邀请各系宗王到其驻地，以便"拥立一个我们认为合适的人登临大位"。然而察合台系和窝阔台系的主要诸王认为拔都驻地不是成吉思汗的根本之地，在那里召开选汗大会违背传统，遂拒绝拔都邀请。斡兀立海迷失只派代表八剌参加会议。唆鲁禾帖尼派长子蒙哥率诸弟赴会，以示支持。在钦察草原的选汗大会上，拔都提议推举蒙哥为汗，八剌以窝阔台曾指定失列门为继承人为由加以对抗。由于拖雷系诸王拥有强大的军队，又有拔都率术赤系诸王鼎力相助，于是会议强行通过立蒙哥为汗的决议。当消息向察合台、窝阔台两系诸王传达后，这两系诸王以原先曾约定汗位应在窝阔台系传承为由，对决议不予承认。这使汗国陷入分裂境地。随后拔都派其弟别儿哥、脱哈帖木儿率大军卫护蒙哥返回蒙古本土，另行邀请各系诸王前去斡难（今蒙古国鄂嫩河）、怯绿涟两河故地重开大会。虽然东道诸王应邀赴会，但因窝阔台系和察合台系诸王中有许多仍加抵制，会议迟迟不能召开。见会议耽误已久，拔都下令不等窝、察两系诸王与会，强行开会拥立蒙哥即位，并发出威胁："那些背弃札撒的人都得掉脑袋。"1251年，选汗大会在和林附近召开。到会的诸王、大臣再次确认曾在拔都驻地开会的议案，蒙哥遂当上了蒙古大汗。①

蒙古汗国的继位问题，一直是影响汗国稳定的重要因素。成吉思汗生前虽然指定窝阔台为接班人，但蒙古社会固有的幼子优先继承权习俗和部落议事制，制约着这种"指定"。根据蒙古人的传统习俗，在一户蒙古家庭中，长妻所生的幼子被称为"斡惕赤斤"（odcigin），意为"守灶之主"，有留守家业的权利和义务，其他子女则在成年后分产另过，因此幼子在家中具有重要地位。这种习俗对蒙古社会政治也产生了影响。据史料记载，成吉思汗有意让拖雷继承汗位。他曾对拖雷讲："由你来掌管我的禹儿惕、大帐、军队和帑藏的职务，对你更好一些，你也可以更安心一些，因为你将拥有许多军队，你的儿子们将比其他宗王更为独立和强大。"事实上，作为成吉思汗钟爱的幼子，拖雷分得成吉思汗的大部分军队、属民、财富，并占据了大汗名下最好的牧地，完全具备称汗的实力。② 窝阔台对此十分清楚，他在逊辞

---

① 《史集》第2卷，第237—243页。
② 《史集》第2卷，第196—197页。

众人推举时曾讲到，"尽管成吉思汗的命令，实际上是这个意思，但是有长兄和叔父们，特别是大弟拖雷汗，比我更配授予大权和担当这件事，因为按照蒙古人的规矩和习俗，幼子乃是家中之长，幼子代替父亲并掌管他的营地和家室"，认为拖雷有权继位。① 后来窝阔台虽然登上了汗位，而且各系宗王也立下效忠的誓言，表示大汗之位永远在窝阔台一系内传承，但拖雷及后裔拥有强大势力，其服从与否，可以直接动摇汗位。蒙哥即位不仅得益于以拔都为首的术赤系后王和东道诸王的支持，而且本身也具备称汗的实力。这是汗位从窝阔台系转入拖雷系的真正原因。

窝、察两系的抵制已使大汗的权威受到削弱，当蒙哥正在欢庆自己的胜利时，窝阔台系宗王失列门、脑忽、忽秃黑等以参加会议的名义，带领军队企图突袭蒙哥大营。因偶然机会，有人发现有大批军械被运向和林，并伴有大量军队，马上向蒙哥汗告发。蒙哥派出大将忙哥撒儿领兵包围失列门等宗王，将其拘捕，带往汗廷；另派不怜吉带统兵十万，前往别失八里（今新疆吉木萨尔境内）与哈剌和林之间的兀鲁黑塔黑（今蒙古国科布多地区）、杭海（今蒙古国杭爱山脉），以防察合台汗国方面的进攻；派不花领兵两万前往乞儿吉思（鄂毕河上游至叶尼塞河之间）和谦谦州（唐努岭以北至叶尼塞河上游之间）的边境，② 胁迫斡兀立海迷失与其子忽察动身来和林觐见。经过蒙哥及其大臣的审讯，窝阔台系的宗王及谋臣、部将等相继承认阴谋。蒙哥借此机会进行大规模清洗，处死一大批从叛人员，"分迁诸王于各所：合丹于别石八里地，蔑里于叶儿的石河，海都于海押立地，别儿哥于曲儿只地，脱脱于叶密立地，蒙哥都及太宗皇后乞里吉忽帖尼于扩端所居地之西。仍以太宗诸后妃家赀分赐亲王"。在斡兀立海迷失及失列门母"以厌禳事觉"被处死后，又"谪失烈（列）门、也速、孛里等于没脱赤之地，禁锢和只、纳忽、也孙脱等于军营"。③ 经过残酷的镇压后，窝、察两系力量削弱，一蹶难振。通过铲除异己势力，蒙哥确立了自己的大汗权威。

蒙哥的胜利，实际上是拖雷系与术赤系联盟的结果。拔都辈居兄长，又有拥立之功，加上此前早已独立一方，在拔都和蒙哥在世时，双方尚能共同维护大汗权威，不过蒙哥已不能像成吉思汗和窝阔台两位大汗那样干预钦察汗国的内政了。无论是

---

① 《史集》第2卷，第29—30页。
② 参见［波斯］志费尼著、何高济译《世界征服者史》，内蒙古人民出版社1981年版，第690页。
③ 《元史》卷3《宪宗纪》。

钦察汗国,还是察合台汗国或窝阔台汗国,与蒙哥大汗不仅有着一定的地理距离,而且在统治家族内部,已出现深深的裂痕。

蒙哥当政期间,除原来宗王贵戚封地外,将大汗直辖地区划为三部分:东方各地区,汉文史料称为燕京等处行尚书省,委任马哈木·牙剌洼赤管理;突厥斯坦、河中诸城、畏兀儿诸城、费尔干纳、花剌子模等地,汉文史料称为别失八里等处行尚书省,任命马思忽惕伯管理;呼罗珊、祃拶答而、伊拉克、法儿思、起儿漫、罗耳、阿儿兰、阿塞拜疆、古儿只斯坦、亚美尼亚、鲁木、迪牙别克儿、毛夕里、合列卜等地,汉文史料称为阿姆河等处行尚书省,任命阿儿浑为长官。① 上述地区的税收均上交大汗国库,并作为黄金家族的共同财富,由大汗管理支配。此外,蒙哥派长弟忽必烈经略汉地,同时派次弟旭烈兀经略波斯等地,作为他控制东西方的左右翼助手。

蒙哥汗死后的争位战争促使大蒙古国分裂及元朝创建。

1259年七月,蒙哥猝死征南宋军中。蒙哥生前并没有指定继位人,虽然他曾说过窝阔台之孙失列门可以继位的话,但出于猜忌,他下令溺死了失列门,② 而蒙哥诸子年幼,无力服众,因此汗位继承再次引发危机。当时觊觎汗位者主要是蒙哥的长弟忽必烈和幼弟阿里不哥。阿里不哥似乎先于忽必烈得到蒙哥死亡的消息,在先朝诸臣阿蓝答儿、浑都海、脱火思、脱里赤等怂恿下,他利用自己受命留守汗廷老营的身份,命阿蓝答儿发兵于漠北诸部,脱里赤括兵于漠南诸州,为夺取汗位预作准备。忽必烈受蒙哥之命,开府漠南金莲川(今内蒙古正蓝旗东北境),经略汉地,当时正在进攻南宋军中。当年九月,亲王穆哥(忽必烈异母弟)从四川合州钓鱼山前线给忽必烈送来蒙哥猝死的消息,并请忽必烈北归。不久,在金莲川开平府的忽必烈妻子察必也派人向忽必烈密报,称有脱里赤、阿蓝答儿在漠南地区调兵,还不让忽必烈长子真金知道,要忽必烈速归。忽必烈闻讯匆匆和南宋订立和约,然后北返,归途中曾派使向阿里不哥询问抽调军队事。阿里不哥有意向忽必烈封锁消息,所遣使者含糊其词,引起忽必烈的怀疑。当忽必烈回到燕京时,正逢脱里赤括兵,面对忽必烈的诘问,脱里赤称是奉蒙哥"临终之命"。忽必烈认为事情可疑,便解散了

---

① 参见《史集》第2卷,第258页;《世界征服者史》,第699—701页;《元史》卷3《宪宗纪》。
② 参见《史集》第2卷,第12页。

脱里赤括集的军队。① 此后双方都派使臣去接管蒙哥生前所率领的军队。阿里不哥接受脱里赤的建议，一方面派出使者麻痹忽必烈，另一方面邀请各系诸王前去参加蒙哥的葬礼，准备在聚会时消灭对手，夺取汗位。见忽必烈和东道诸王拖延，倾向阿里不哥的宗王及大臣不愿再等，遂在牙亦剌黑—阿勒台地方召集大会，拥立阿里不哥为蒙古大汗，并造舆论称，"旭烈兀汗、别儿哥和宗王们已同意并宣布了我为合罕，不要听忽必烈、塔察儿、也松格、也可—合丹、纳邻—合丹的话，也不要服从他们的命令"。② 中统元年（1260）三月，忽必烈赴开平，亲王合丹、阿只吉率西道诸王，塔察儿、也松格、忽剌忽儿、爪都率东道诸王，表示愿拥立忽必烈为蒙古大汗。忽必烈按惯例三让，诸王、大臣固请，于是完成选汗仪式，即皇帝位。③ 忽必烈与阿里不哥都向对方派出使者，但存在的分歧只能诉诸干戈。

当时在汉地还有一些阿里不哥的支持者，控制蒙哥留在川陕的军队首先成为忽必烈和阿里不哥斗争的焦点，因为这支军队的向背，关系到汗位之争的大局，对忽、阿双方都至关重要。有人提醒忽必烈说，"刘太平、霍鲁海在关右，浑都海在六盘，征南诸军散处秦蜀，太平要结诸将，其性险诈，素畏殿下英武，倘倚关中形胜，设有异谋，渐不可制"，建议忽必烈"遣赵良弼往觇人情事宜"。忽必烈采纳了这个意见，派赵良弼前去京兆察访秦、蜀人情事宜。④ 据赵良弼报告，"宗王穆哥无他心，宜以西南六盘悉委属之。浑都海屯军六盘，士马精强，咸思北归，恐事有不意。纽璘总秦、川蒙古诸军，多得秦、蜀民心，年少鸷勇，轻去就，当宠以重职，疾解其兵柄。刘太平、霍鲁怀，今行尚书省事，声言办集粮饷，阴有据秦、蜀志。百家奴、刘黑马、汪惟正兄弟，蒙被德惠，俱悉心俟命"。⑤ 根据形势，忽必烈下令立陕西四川宣抚司，以八春、廉希宪、商挺、赵良弼主持，前去控制陕、川。赵良弼先至京兆，与断事官八春分析："今浑都海日夜思北归，纽璘迁延不即行，当先遣使奉上旨促纽璘入朝，刘太平速还京兆。"八春同意。使者至，纽璘果然移营准备入泾州，刘

---

① 参见《史集》第 2 卷，第 290—292 页；《元史》卷 4《世祖纪一》。
② 《史集》第 2 卷，第 293—294 页。
③ 参见《元史》卷 4《世祖纪一》。按，据《史集》记载，阿里不哥即位在前，忽必烈即位在后。《元史》则记忽必烈即位在前，阿里不哥"僭号"在后，意在表明忽必烈是"正统"所在。实际上两人都违反了蒙古选汗传统，"僭号"或"正统"只不过是相互攻击和自我肯定而已。
④ 参见《元史》卷 126《廉希宪传》。
⑤ 《元史》卷 159《赵良弼传》。

太平也将趋六盘山与浑都海会合,闻命乃止。①断事官阔阔出遣使向廉希宪报告:"浑都海已反,杀所遣使者朵罗台,遣人谕其党密里火者于成都、乞台不花于青居,使各以兵来援,又多与蒙古军奥鲁官兀奴忽等金帛,尽起新军,且约太平、霍鲁海同日俱发。"廉希宪得报,召僚属计议,认为"不早为之计,殆将无及",于是遣万户刘黑马、京兆治中高鹏霄、华州尹史广,掩捕太平、霍鲁海及其党,捕获后"尽得其奸谋,悉置于狱"。复遣刘黑马诛密里火者,总帅汪惟正诛乞台不花,然后派人向忽必烈奏告。当时关中无兵备,廉希宪命汪惟良将秦、巩诸军进军六盘山,汪惟良以未得忽必烈旨命为辞,廉希宪解所佩虎符银印授之,称:"此皆身承密旨,君但办吾事,制符已飞奏矣。"又付汪惟良银一万五千两,以充功赏,另出库藏钞币制作军衣,使汪惟良感激而行。廉希宪又发川卒更戍及在家余丁,推节制诸军蒙古官八春率领。廉希宪对八春讲:"君所将之众,未经训练,六盘兵精,勿与争锋,但张声势,使不得东,则大事济矣。"适有诏赦至,廉希宪恐有意外,先命绞太平等于狱,然后出迎诏,人心遂安。对于廉希宪自劾停赦行刑、征调诸军、擅以汪惟良为帅等罪,忽必烈深为赞赏,认为"《经》所谓行权,此其是也"。别赐金虎符,使节制诸军,并告知廉希宪:"朕委卿以方面之权,事当从宜,毋拘常制,坐失事机。"②此外,廉希宪还根据具体情况,以宽大的方式将反叛力量争取过来。史载,西川将纽邻奥鲁官将举兵应浑都海,八春获之,系其党五十余人于乾州狱,送奥鲁官等二人至京兆,请并杀之。奥鲁官等二人自分必死,廉希宪认为,"浑都海不能乘势东来,保无他虑。今众志未一,犹怀反侧,彼军见其将校执囚,或别生心,为害不细。今因其惧死,并加宽释,使之感恩效力,就发此军余丁,往隶八春,上策也"。此举确实收到了预期效果。当初八春拘执诸校时,隶属诸校的军士不无疑惧,"骇乱四出,莫可禁遏",在得知诸校获得保全,纽邻奥鲁官得释后,大喜过望,皆愿出兵效力。八春也释然开悟,于是得精骑数千,由八春率领西进御敌。③应该讲廉希宪采取的种种果断措施,在非常时期,对稳定形势显然很有必要。忽必烈的高度信任和不拘常规,也为廉希宪施展才干提供了必要的支持。

中统元年(1260)九月,阿里不哥大将阿蓝答儿自和林引兵南来,与哈剌不花、

---

① 《元史》卷159《赵良弼传》。
② 《元史》卷126《廉希宪传》。
③ 《元史》卷126《廉希宪传》。

浑都海遇于甘州西凉府。哈剌不花与阿蓝答儿不合，引兵北去。阿蓝答儿遂与浑都海合军而东，并战胜了拥护忽必烈的诸将军队，河右大震。拥护忽必烈的宗王只必帖木儿（窝阔台孙，阔端子）辎重皆空，只得就食秦雍。忽必烈谋士有议欲弃两川退守兴元者，廉希宪力言不可，加以阻止。① 随后宗王合丹率骑兵与八春、汪良臣兵合，分三道抵抗。两军对阵，大风吹沙，汪良臣令军士下马，以短兵突其左，绕出阵后，溃其右而出；八春直捣其前；合丹勒精骑邀其归路，大败其军于姑臧（今甘肃山丹境），斩阿蓝答儿及浑都海，"西土悉平"，② 稳定了关陇形势。在陕、川、陇争夺中，忽必烈充分利用多年储备的人才优势，即追随自己的蒙、畏、汪古、汉人"潜邸旧臣"，如廉希宪、商挺、赵良弼等人，使他们能在特殊时期表现出特殊才能，为忽必烈牢牢控制关陇地区立下汗马功劳。这种人才优势是他的幼弟阿里不哥所不具备的，也是忽必烈创建元朝的宝贵资源。

在布置关陇防务时，忽必烈已经开始为出兵漠北做准备。中统元年（1260）六月，忽必烈下诏让燕京、西京（今大同）、北京（今内蒙古宁城县西）三路宣抚司运米十万石，输开平府及抚州（今河北张北县）、沙井（今内蒙古四子王旗红格尔苏木）、净州（今内蒙古四子王旗卜子村）、鱼儿泺（今内蒙古克什克腾旗西达里淖尔），以备军储。七月，忽必烈亲自率军声讨阿里不哥。九月，忽必烈进至转都儿哥之地，以阿里不哥违命，下诏谕中外。十月，忽必烈进驻昔光地方，下令官府出钱雇用人、驼，往昔光地方运米万石。十二月，忽必烈从和林返回燕京近郊。

忽必烈此次出兵，调动了东道诸王的军队。据波斯史料记载，忽必烈的先锋，东道诸王也松格、纳邻—合丹领兵在巴昔乞地方击败了阿里不哥，迫使阿里不哥逃回自己的分地谦谦州（由他继承的拖雷家族封地）。为了拦阻忽必烈进军，阿里不哥派遣急使向忽必烈请求宽恕，称作为弟弟因无知而犯罪，兄长可以审判，待养壮了牲畜即去见忽必烈，并说别儿哥、旭烈兀和阿鲁忽也将前来。忽必烈表示同意，并告知阿里不哥：旭烈兀、别儿哥和阿鲁忽到那里时，让他们立即派急使来，以便确定聚会地点，希望阿里不哥在他们之前先来。这里所提到的宗王，分别代表了蒙古汗国西部势力，因为没有他们的承认，自立为大汗是不合法的。因此，无论是阿里不哥还是忽必烈，都需要他们的支持。在这种形势下，忽必烈派东道诸王之一的

---

① 《元史》卷126《廉希宪传》。
② 《元史》卷159《商挺传》、卷155《汪良臣传》。

也松格领十万军队驻守和林一带，监视阿里不哥，自己解散了征调的诸王军队，回到燕京。

由于忽必烈封锁了汉地对漠北的物资供应，阿里不哥陷入物资匮乏的境地，为此他派遣察合台之孙阿鲁忽回察合台汗国，要求阿鲁忽搜集武器和粮食来支援他，并且把守好质浑河（阿姆河），以防旭烈兀和别儿哥的军队来支援忽必烈。然而当阿鲁忽到达可失哈耳（今喀什）边境时，他聚集了十五万大军，开始不听阿里不哥的摆布了。此前，忽必烈为了控制察合台汗国，也任命了察合台重孙阿必失合为汗国君主，但阿必失合行至河西，被阿里不哥急使抓获，不久被害，这使忽必烈的计划落空。①

然而阿里不哥并没有信守诺言。中统二年（1261）秋，阿里不哥发兵前往和林，诈称归附忽必烈，对戍守的也松格军队发动突袭，攻占和林后继续南下。②忽必烈急调大军迎战。十一月，忽必烈大军与阿里不哥遇于昔木土脑儿之地，"诸王合丹等斩其将合丹火儿赤及其兵三千人，塔察儿与合必赤等复分兵奋击，大破之，追北五十余里"。忽必烈亲率诸军蹑其后，其部将阿脱等降，阿里不哥北遁。经过数次激战，双方都有较大伤亡，忽必烈"被迫撤退"，当年冬季，各自退回境内，和林被阿里不哥占据。③

因为物资匮乏，阿里不哥多次要求阿鲁忽支援武器和粮食，但阿鲁忽置之不理，积极扩张自己的势力，派人前往撒麻耳干（今乌兹别克撒马尔罕）、不花剌（今乌兹别克布哈拉）和河中地区，杀掉了钦察汗国别儿哥在该地区的统治代表，接管了原本应由大汗直辖的上述地区。当阿里不哥使者在察合台汗国境内征集了大批物资准备带走时，阿鲁忽杀死使者，夺取了这批物资，因此与阿里不哥决裂，并决定投靠忽必烈。愤怒之下，阿里不哥领兵攻打阿鲁忽，然而先头部队在速惕阔勒（今新疆赛里木湖）被阿鲁忽打败。随后阿里不哥的军队又趁阿鲁忽不备，攻取伊犁河地区及察合台汗国的京城阿力麻里（今新疆霍城西）。阿鲁忽带领残部逃往忽炭（今和田）和可失哈耳（今喀什），不久又迁往撒麻耳干。阿里不哥则在阿力麻里地方过冬。在阿里不哥离开哈剌和林后，忽必烈曾率大军收复该城，但因汉地发生李坛之乱，不得不匆匆撤军。

---

① 《史集》第2卷，第295—298页。
② 参见《史集》第2卷，第300页。
③ 《元史》卷4《世祖纪一》；《史集》第2卷，第300—301页。

由于阿里不哥处置政事不公，属下诸王那颜相继离他而去，加上阿力麻里发生饥荒，阿里不哥势力大为削弱。阿鲁忽闻讯前来进攻，阿里不哥放回兀鲁忽乃哈敦（阿鲁忽堂兄之妻、原察合台汗国摄政）以为缓兵之计。阿鲁忽随后娶兀鲁忽乃哈敦，又恢复了势力。阿里不哥在众叛亲离的情况下，不得不于中统五年（1264）七月来到开平向忽必烈投降。至此，争夺汗位战争以忽必烈胜利告终。①

阿里不哥与忽必烈争位，不同于蒙哥向窝阔台系夺权，这是一场拖雷家族内部的权力斗争。阿里不哥利用受命留守汗廷的机会，以拖雷幼子的身份，获得了包括蒙哥诸子在内的漠北诸王的支持，在形式上更符合蒙古传统。然而忽必烈拥有重兵和汉地的物质力量，并得到东道诸王和汉地世侯的支持，因此在实力上比阿里不哥略胜一等。尽管双方都用召开忽里勒台的方式证明自己即位的合法性，然而并不能掩盖背离传统的事实。在阿里不哥与忽必烈相见时，双方都流下了眼泪，彼此对话充满了哲学意味。忽必烈问："我亲爱的兄弟，在这场纷争中谁对了呢，是我们还是你们？"阿里不哥的回答意味深长："当时是我们，现在是你们。"②这实际上道出了这场战争的性质。

阿、忽争位以忽必烈胜利告终，然而胜利的代价是促进了蒙古汗国的分裂。因为术赤汗国虽未公开否认忽必烈的大汗地位，但早已不服从大汗的统辖。伊利汗国是承认忽必烈大汗地位的唯一汗国，然而旭烈兀未奉大汗之命，擅自据有原大汗辖地波斯建国，为此希望得到忽必烈的支持。旭烈兀与忽必烈的关系，与其讲是附属，毋宁说是同盟。至于察合台汗国和窝阔台汗国，根本就不承认忽必烈自封的大汗。察合台汗国向中亚的扩张已非名义大汗忽必烈所能控制。就在阿里不哥任命阿鲁忽为察合台汗时，为争夺物资，阿鲁忽杀死阿里不哥的使者与之决裂。耐人寻味的是，当时的使者扬言："这批财物是我们奉阿里不哥诏命征收的，与阿鲁忽有什么相干。"③这说明在使者心目中，全蒙古的大汗有权在服从他的属国征收物资。然而事实上大汗并不能随心所欲地这样做。例如，窝阔台大汗在晚年时就检讨过自己不该"取斡赤斤叔叔百姓的女子"。④他还未经与其他宗亲商议，便将拖雷名下速勒都思部的三个千户划归己子阔端，此举被认为违反了成吉思汗的诏令。在大汗强大时尚

---

① 参见《史集》第2卷，第302—306页。
② 《史集》第2卷，第307页。
③ 《史集》第2卷，第178、302页。
④ 《蒙古秘史》第281节。

且要恪守成规，汗权微弱时更不能违背传统。经过争位战争，大汗权威进一步削弱，忽必烈要重振蒙古汗国绝非易事。事实上游牧社会氏族议事制、家产分配制、军事民主制等传统，在汗权不振时，一直助长着汗国领主或封邑那颜的独立倾向。

忽必烈虽然打败了阿里不哥，但作为全蒙古大汗，他的地位并没有得到全体宗亲的承认。忽、阿争战之初，钦察汗国宗王别儿哥曾向双方派去使者，劝其和解；察合台汗国的阿鲁忽虽然示好于忽必烈，但并不服从他，并且积极侵占原属大汗直辖的河中地区。旭烈兀倾向于忽必烈，后来还派使者谴责了阿里不哥，这个立场应和旭烈兀敌视钦察汗国的别儿哥，又希望忽必烈承认其建国的合法地位有关。忽必烈为此派使者告知旭烈兀和阿鲁忽："各地区有叛乱。从质浑河岸到密昔儿的大门，蒙古军队和大食人地区，应由你，旭烈兀掌管，你要好好防守，以博取我们祖先的美名。从阿勒台的彼方直到质浑河，可让阿鲁忽防守并掌管兀鲁思和各部落。而从阿勒台的这边直到海滨，则由我来防守。"①钦察汗国的别儿哥据阿里不哥说是支持他的，窝阔台汗国的海都、忽秃忽（即霍忽，又作禾忽）则支持阿里不哥，反对忽必烈。②阿里不哥失败后，上述各方各自扩充自己的势力，形成与元朝相伯仲的四大汗国。

钦察汗国　根据成吉思汗的分封，长子术赤的封地原在也儿的失河及阿勒泰山一带。为预防兄弟不睦产生内讧，成吉思汗下令术赤向钦察草原出征以扩大版图。据此，术赤及其子拔都发动一系列战争，先后征服钦察草原东部、阿姆河、锡尔河下游的花剌子模，以及乌拉尔河以西、伏尔加河流域的钦察、不里阿耳诸族，并将斡罗思诸公国纳入统治。拔都建立的钦察汗国，东起也儿的失河，西至斡罗思，南达巴尔喀什湖、黑海、里海，北到北极圈附近。汗国都城建于伏尔加河下游的萨莱（今阿斯特拉罕附近）。1255年拔都去世，弟别儿哥即位。此时的钦察汗虽名义上对大汗称藩，但已具相当独立性。在忽必烈与阿里不哥争位时，别儿哥置身事外，并未对忽必烈或阿里不哥自封的大汗表示服从。

察合台汗国　察合台系成吉思汗次子，原封地在乃蛮部从阿勒泰山至阿姆河之间的营地。西征以后，其封地扩至撒麻耳干和不花剌。封地相邻的河中城廓地区曾为察合台所觊觎，但因直隶大汗而未能获得。汗国封主居阿力麻里的忽牙思，一直

---

① 《史集》第2卷，第299页。
② 参见《史集》第2卷，第13、180、309页；《元史》卷132《麦里传》。

是窝阔台系的支持者。迄至蒙哥即位，察合台之子也速蒙哥因拒命被诛。汗国数易封主，受到大汗的监督。忽、阿争位为察合台系后王的复兴提供了机会，阿鲁忽恢复旧疆后又向河中扩张，最终成为独立汗国。

窝阔台汗国　窝阔台是成吉思汗第三子，也是大蒙古国第二代大汗。他的原封地在叶密立和霍博（今新疆和布克赛尔）地区。即大汗位后，其封地有所扩展。在窝阔台后，长子贵由也登汗位，但在位期很短。贵由汗卒后，成吉思汗第四子拖雷的长子蒙哥即大汗位。由于蒙哥即位违背了早先约定汗位不出窝阔台系的传统，因而不为窝阔台系诸王承认。在遭到诛、贬镇压后，窝阔台系诸王势力大挫，封地被划为别失八里、也儿的失、海押立、叶密立、河西等地。争位战争使曾受蒙哥汗打击的窝阔台汗国出现振兴机会。在忽必烈和阿里不哥打得不可开交之际，窝阔台系后王不仅幸灾乐祸，而且趁机恢复旧疆，并积极争夺汗位。此后与元朝进行了数十年战争。

伊利汗国　与前三汗国有原封基础不同，伊利汗国形成较晚。1221年至1222年，成吉思汗西征时曾占领波斯东部呼罗珊诸城。1231年，大将搠里蛮奉窝阔台汗之命，率军三万西征波斯。击败花剌子模嗣君札兰丁后，次第征服波斯大部以及谷儿只（格鲁吉亚）、亚美尼亚、鲁迷（西亚塞尔柱王朝）。搠军受命镇戍波斯，并建行政机构统辖阿姆河以西的波斯地区。1251年蒙哥即位，设阿姆河等处行尚书省，以阿儿浑为长官，驻呼罗珊的徒思城（今伊朗马什哈德附近）。次年，蒙哥遣弟旭烈兀往镇波斯，统兵征讨未降地区，令搠里蛮和出征怯失迷儿（克什米尔）等处军队隶属于旭烈兀，还命诸王从各自的军队中抽出十分之二人员随从出征。1256年，旭烈兀大军攻灭祃拶答而（今伊朗马赞德兰省）的木剌夷国（伊斯兰教亦思马因派势力）。1258年攻陷报达（今伊拉克巴格达），灭黑衣大食（阿拉伯帝国阿拔斯王朝）。次年，旭烈兀军分三路侵入叙利亚。1260年春，蒙哥汗逝世的消息传到西亚军中，旭烈兀留先锋怯的不花继续进征，自率余部退往波斯。怯的不花于当年九月为密昔儿（埃及）军击败。此后蒙古军所占叙利亚诸地陆续丢失。在蒙古本土发生争夺汗位战争时期，原来作为大汗代表的旭烈兀，[①]遂据原属大汗所辖波斯地区建国。忽必烈为换取旭烈兀的支持，不得不承认他对原属大汗的阿姆河以南地区的占领。其疆

---

① 旭烈兀和忽必烈是作为蒙哥汗的左右翼派出去出征的。见《史集》第2卷，第265页；第3卷，第29页。

域东起阿姆河和印度河,西括小亚细亚大部,北至高加索山,南抵波斯湾。①

中统元年(1260)五月,忽必烈在他的建元中统诏中,曾表达过继承前代法统之意,并将蒙古汗国首都移至漠南开平(今内蒙古正蓝旗境内)。忽必烈任用汉地士人,内置中书省,外设十路宣抚司,建立起对原属大汗的中原地区的统治。中统五年(1264)八月,他以平定内乱诏告全国,将中统五年改为至元元年,表示要"鼎新革故",将原来的开平府改为上都,又改燕京为中都,统治重心进一步南移,开始以汉地经营为重点。在中统三年(1262)平定李壇之乱后,又成功地解除了汉人世侯的兵权。至元八年(1271)建国号"大元"。至元十一年(1274)发兵二十万征宋。至元十三年(1276)攻克南宋京城临安。至元十六年(1279)攻灭南宋赵氏残余势力,统一中国。

作为元朝皇帝,忽必烈同时还是名义上的蒙古大汗。四大汗国是大蒙古国的组成部分。按照传统,作为大汗宗藩,各汗国君主的废立应由大汗指定;封疆经大汗划定,不得擅自更改;大汗有权对其军队和属民加以抽调。事实上,封国君主虽具相对独立性,但始终处于大汗的统辖制约之下。因此,大汗对各封国的军政事务具有最高裁定权。为此忽必烈尝试恢复大汗的权威。如前所述,忽必烈曾以大汗的身份承认过察合台汗阿鲁忽、伊利汗旭烈兀的统治范围,但是阿鲁忽的汗位并不是忽必烈授予的,仅有忽必烈的承认,阿鲁忽并不放心,因此,当忽必烈征求他关于处理阿里不哥的意见时,他的回答是:"我也是未经合罕和兄长旭烈兀同意继承察合台之位的,现在全体宗亲聚集在一起,正可判定我当否继位,如果同意我继位,我才可发表意见。"②按蒙古传统,全蒙古大汗要通过忽里勒台推选方有效,封国国主一般由大汗任命。从阿鲁忽的话里,显然可以看出他对忽必烈的大汗地位并不完全肯定。阿鲁忽死后,兀鲁忽乃哈敦按照其异密们的意见,让自己的儿子木八剌沙继承了阿鲁忽之位,③这并没有事先征求忽必烈的意见。虽然后来忽必烈委派了另一个察合台后王八剌前去继位,但从八剌不敢出示忽必烈诏书说明来意看,忽必烈的大汗权威并不能使察合台汗国的人听命。当八剌夺得汗位却背叛忽必烈后,忽必烈因鞭长莫及而无可奈何。

---

① 四大汗国封地据《史集》第2卷《术赤汗传》《察合台传》《窝阔台合罕纪》,第3卷《旭烈兀汗传》。另参见刘迎胜《旭烈兀时代汉地与波斯使臣往来考略》,《蒙古史研究》第2辑,内蒙古人民出版社1986年版。
② 《史集》第2卷,第310页。
③ 参见《史集》第2卷,第179页。

钦察汗国别儿哥继兄长拔都之位是在蒙哥汗时期。在忽、阿争位之际，别儿哥的态度并不明朗，可能还倾向于阿里不哥。别儿哥以后，钦察汗国的汗位继承并不经过忽必烈同意与否。即使与忽必烈关系密切的旭烈兀，建国称汗也没等忽必烈批准，实际上蒙哥委任他西征时，还说过等他"返回本土"的话，可见并没有让他在波斯立国的计划；他还趁乱劫取了应由大汗直辖的中亚城廓地区。虽然他的儿子阿八哈在继位后形式上还等待忽必烈的批准，但他的继位是经过诸弟、宗王和异密"全体都真心实意地同意"在先的既成事实。① 此外，他和别儿哥开仗并非大汗的命令，这在前朝是要受到大汗严惩的事。伊利汗国之所以礼敬元帝，除了念祖先有兄弟之谊外，与元朝联盟以抵抗其他三汗国应是实际考虑。

在忽必烈征求各系宗王关于处理阿里不哥的意见时，曾经邀请旭烈兀、别儿哥、阿鲁忽前去蒙古本土参加忽里勒台。这可能是蒙古汗国最后一次重新团结的机会。受到邀请的还有窝阔台之孙海都，但他借口牲畜瘦弱迁延不去。不久，旭烈兀与别儿哥交恶开战，阿鲁忽则重病在身，三人相继死去。这使忽必烈希望借上述宗王出席忽里勒台使自己汗位合法的计划再也无法实现，各汗国自立的现实使大蒙古国的裂缝最终无法弥补。随后，察合台后王与窝阔台后王为争夺原大汗直辖的河中城廓地区而开战。经术赤系后王的调停，1269年，在中亚塔剌思草原，相关三方举行忽里勒台。除了约定各方在河中城廓地区的权益外，三国还结成了反对忽必烈和旭烈兀的同盟。至此，蒙古汗国公开分裂。② 以此之故，尽管四大汗与元朝往来时仍尊忽必烈为合罕（大汗）或"阿哈"（兄长），甚至将各汗国原属大汗的户册交送元朝，元朝也不时颁给赏赐，并将各汗国封主在中原的食邑租税送归原主；但这只是一种外交礼仪，或者讲是黄金家族共有天下的象征，并不能据此认定四大汗国与元朝有实质性的宗藩属国关系，元朝与窝阔台、察合台两汗国长期存在战争的事实也说明了这一点。

有学者认为，蒙古帝国的分裂是把帝国看作氏族共同财产的当权氏族的分裂，③ 这个看法有一定的道理，但是还应该看到，各汗国统治区域内，属民的族属、宗教、文化、经济等存在很大差异，这种差异是经过很长的历史时期形成的，并不能够简

---

① 《史集》第3卷，第103页。
② 参见《史集》第3卷，第110—111页；刘迎胜：《论塔剌思会议》，《元史论丛》第4辑，中华书局1992年版。
③ 参见《蒙古社会制度史》，第195页。

单地用军事镇压来消除,相反,这需要各汗国统治者去适应所面临的当地社会。作为适应的结果,钦察、伊利汗廷的伊斯兰化,又与元廷笃信藏传佛教形成差异。在经济、文化存在极大差异的情况下,仅凭军事武力来实现政治上的统一几乎是不可能的事,因此四大汗国各行其是遂成事实。

对忽必烈而言,既然无法恢复大蒙古国旧疆,而汉地已成为新的经营重心,那么创建元朝无疑是他必然的选择。忽必烈创建的元朝,不仅结束了中原自唐末以来宋、辽、金、西夏、大理等国的纷争,而且把蒙古草原与中原内地紧密联系在一起,这种联系的紧密性,远远超过了汉代的属国、都护府等,也与唐代羁縻州府不可同日而语。一个重要的原因在于,元朝的蒙古游牧贵族是以统治者的身份进入中原的,与以往封建王朝相比,统治集团发生了主客易位的变化,即蒙古统治者出于统治需要,积极主动地把蒙古草原和汉地连为一体。这种变化使元朝统治者的边政重心也与以往中原王朝有所不同,尽管有汉地儒士"以夏变夷"的努力,忽必烈也表示要"附会汉法",但是元朝边疆政策特别是北部边疆政策的制定,更多体现了蒙古游牧贵族的意志而非汉法。这是我们考察元朝边政时应予注意之处。

原载《中国边疆史地研究》2004年第4期,
本文刊发时作者为中国边疆史地研究中心副研究员。

舅甥关系、贡赐关系、宗藩关系及"供施关系"
——历代中原王朝与西藏地方关系的形态与实质

张 云

内地中原王朝和西藏地方关系的形态有多种，除了直接隶属的行政管辖关系之外，舅甥关系、贡赐关系、宗藩关系及所谓的"供施关系"是比较引人关注的形态。这些关系的内容和实质是什么，由这些关系引发的历代中原王朝对西藏的治策又有什么特点，以及这些关系类型的探讨对于研究中国古代边疆理论和边疆政策究竟有着何种意义，都是值得探究的问题。本文试就此略陈管见，并求教于专家读者。

一、舅甥和亲关系

政治和亲在人类历史上有着十分悠久的历史。在中国历史上，传说时代部落首领为了自身的发展和利益，即采取和亲的方式来建立政治同盟。先秦时代，列国争雄，和亲一直是各国统治者分化敌方阵营、扩大自身联盟的政治手段之一。作为一项备受学术界关注的政策，西汉高祖刘邦对匈奴的和亲政策，成为历史上统一的中原王朝与周边兄弟民族政治联姻的发端。

唐朝时期，作为和亲双方的唐朝和吐蕃都对政治联姻不陌生。就唐朝而言，中原王朝自西汉算起，政治和亲的实践已有八百余年之久，而唐朝甫一建立，即采取和亲政策，积极笼络周边各民族上层，为建立统一帝国和安定边疆而积极努力。与吐蕃邻近的突厥、回纥、吐谷浑等都得以尚公主，与唐朝结亲。从吐蕃方面来看，他们对于政治联姻也了如指掌，深谙其中奥秘，吐蕃悉补野王室在兴起和发展过程中，很早即采用和亲手法，联络邻近的部落贵族，结成政治同盟，扩大自己的势力与影响。在吐蕃名主松赞干布统一青藏高原地区、建立吐蕃王朝的过程中，和亲手段依旧是运用娴熟、屡试不爽的政治策略。松赞干布即位之初，父之属民怨，母之属民反，姻亲羊同、髦牛苏毗、聂尼、达布、工布、娘布全都反叛，说明与赞普家族有婚姻关系的就有羊同、髦牛苏毗、聂尼、达布、工布、娘布等。① 再以松赞干布本人而论，他娶有五位妃子，据《贤者喜宴》的记载，她们是羊同公主李娣蔓（Zhang zhung bzav Li tig man）、泥婆罗公主赤尊（Sras mo Lha gcig Khri btsun）、蒙妃赤江（Mong bzav Khri lcam）、党项公主茹雍妃洁莫尊（Ru yongs bzav rgyal mo btsun）及唐文成公主（Lha mo Mun sheng kong jo）。② 吐谷浑、苏毗、勃律等都与吐蕃有联姻关系，通过这一系列的联姻，吐蕃即与高原上的诸部以及唐朝、泥婆罗建立起密切联系。也正是以联姻为契机，兼之以长期经营，吐蕃相继将羊同、苏毗、吐谷浑、党项、勃律等纳入治下，扩大了其辖土。

　　吐蕃和唐朝的联姻，最为重要也较为曲折。《旧唐书》载："贞观八年，其赞普弃宗弄赞始遣使朝贡。弄赞弱冠嗣位，性骁武，多英略，其邻国羊同及诸羌并宾服之。太宗遣行人冯德遐往抚慰之。见德遐，大悦。闻突厥及吐谷浑皆尚公主，乃遣使随德遐入朝，多赍金宝，奉表求婚，太宗未之许。使者既返，言于弄赞曰：'初至大国，待我甚厚，许嫁公主。会吐谷浑王入朝，有相离间，由是礼薄，遂不许嫁。'弄赞遂与羊同连，发兵以击吐谷浑。吐谷浑不能支，遁于青海之上，以避其锋。其国人畜并为吐蕃所掠。于是进兵攻破党项及白兰诸羌，率其众二十余万，顿于松州西境。遣使贡金帛，云来迎公主。又谓其属曰：'若大国不嫁公主与我，即当入寇。'遂进攻松州，都督韩威轻骑觇贼，反为所败，边人大扰。太宗遣吏部尚书侯君集为当弥道行营大总管，右领军大将军执失思力为白兰道行军总管，左武卫将军牛进达为阔水道行军总管，右领军将军刘兰为洮河道行军总管，率步骑五万以击之。进达先锋自松州夜袭其营，斩千余级。弄赞大惧，引兵而退，遣使谢罪。因复请婚，太宗许之。"③

　　关于吐谷浑是否梗阻吐蕃与唐朝联姻事，学者有不同意见。事实上，吐谷浑切身见证了吐蕃扩张的野心，阻碍其与唐朝结亲以扩大势力即在情理之中，而不论吐

---

① 参见王尧、陈践译注《敦煌本吐蕃历史文书》（增订本），民族出版社1992年版，第165页。
② 参见巴卧·祖拉陈瓦《贤者喜宴》，民族出版社1986年版；黄颢译文见《西藏民族学院学报》1981年第2期。
③ 《旧唐书》卷196上《吐蕃》。

谷浑是否从中作梗，吐蕃都要寻机侵略吐谷浑。还有一点，便是被国外某些学者大肆渲染的唐朝与吐蕃和亲是畏惧吐蕃而被迫就范的问题。实际上，稍微用心分析上一段文献是不难得出结论的，吐蕃陈兵松州，确实具有胁迫唐朝的用意，但是，后来以唐朝派大兵打败吐蕃取得军事胜利而暂告一个段落，在此情况下唐朝又为什么同意吐蕃请婚呢？道理很简单，正处于强盛时期的唐朝，为了维护尊严和利益，不可能接受武力重压下的屈辱和亲。那样的和亲，如西汉匈奴不断索求的故事，是后患无穷的。西汉初年是迫不得已，而初唐时期完全不同，唐朝兵强马壮，正在用兵戡定边疆，自然不会屈和结亲。同时，从后来的事实看，唐朝与吐蕃和亲的主动权完全掌握在唐朝手里，而且是按照唐朝设计的方向发展的，如果是乞和结亲，肯定不会出现很长一个时期唐朝和吐蕃之间有利于唐朝的、不平等的交往关系。至于唐朝同意和亲，既是唐朝重视吐蕃崛起的产物，也是通过和亲实现控制与吐蕃未来关系发展走向的一种努力。

唐朝和吐蕃和亲建立的是一种舅甥关系，也有学者认为是兄弟关系。[①] 这种关系的建立，双方有不同的出发点和目的，在唐朝方面，通过和亲使唐朝和吐蕃建立一种政治上的隶属关系，或者依附关系，进而试图把握吐蕃王朝的发展趋向；而在吐蕃方面，则想通过和作为泱泱大国的唐朝之间的联姻，提高赞普的地位和吐蕃王朝的影响，巩固内部，进而对外和唐朝开展经济、文化交流，学习唐朝先进的科技文化与制度。

从史书记载来看，吐蕃是唐蕃联姻的主要受益者，主要表现在：首先，通过政治联姻抬高并巩固了赞普的地位，增强了吐蕃统治者的自豪感与自信心。松赞干布统一青藏高原腹心地区并建立吐蕃王朝之后，出于进一步扩张势力的需要，同时也为了提高自身地位，并巩固对已征服各邦国统治的需要，主动与唐朝结亲，这样可以通过简洁的途径，实现多种政治目的。因此，松赞干布十分看重与唐朝的结亲。史书记载，吐蕃迎娶文成公主"归国，自以其先未有昏帝女者，乃为公主筑一城以夸后世，遂立宫室以居"。[②] 其次，通过政治联姻打通了青藏高原腹心地带与当时世界文明中心之一的中原地区密切联系的通道，青藏高原地区与中原地区的经济、文

---

① 参见林冠群《唐代吐蕃对外联姻之研究》，《唐研究》第 8 卷，北京大学出版社 2002 年版。事实上，尽管形式上有兄弟关系的部分特征，但是，实质仍是舅甥关系。
② 《新唐书》卷 216 上《吐蕃》。

化交流上升到一个多层次、全方位、大规模的全新状态。文成公主入蕃后，唐朝与吐蕃之间建立起密切的往来联系，作为交通纽带，即后世著名的"唐蕃古道"东起长安，中经西宁，西达拉萨，在唐朝与吐蕃之间发挥了很好的桥梁作用。嗣后，吐蕃多次请婚，唐中宗时，金城公主再次出嫁吐蕃，吐蕃更私下里厚贿唐朝送亲使者杨矩，"请河西九曲为公主汤沐，矩表与其地。九曲者，水甘草良，宜畜牧，近与唐接。自是虏益张雄，易入寇"。第三，中原的物质文明因和亲之故，源源不断传入吐蕃，推动了吐蕃王朝的发展与繁荣。文成公主入蕃时带有大批工匠和技术人员，大昭寺、小昭寺的修建更是在文成公主的设计、指导和唐朝工匠的协助下完成的，既有唐朝建筑的风格也包含着唐朝内地建筑的技术。赞普又请蚕种、酒人与碾硙等诸工，唐朝均许之。金城公主入蕃，"帝念主幼，赐锦缯别数万，杂伎诸工悉从，给龟兹乐"。唐朝的建筑技术与风格以及植物物种，通过公主和使者相继传入高原地区。唐朝医学、历算等科学技术，也随着两位公主出嫁、双方人员往来以及吐蕃派遣留学生前往长安国子监学习等途径得以传入吐蕃，对百业待兴的吐蕃王朝产生了巨大而积极的影响。此外，唐朝的精神文明和制度文明也因此传入吐蕃。诸如，通过文成公主而传入吐蕃的佛教，以及被吐蕃借鉴并付诸实施的三省制度等。最后，唐人的生活方式也随着赞普的仰慕而影响到青藏高原地区的吐蕃人。文成公主入蕃，"弄赞率兵次柏海亲迎，见道宗，执婿礼恭甚，见中国服饰之美，缩缩愧沮……公主恶国人赭面，弄赞下令国中禁之。自褫毡罽，袭纨绡，为华风"。① 吐蕃人穿唐装、欣赏唐朝乐舞，特别是学习唐人饮茶习惯，乃至沾染唐人的赌博风气，都是文化影响具体的例证。

政治和亲，也使唐朝从中获得好处。主要有三点：第一，政治上的优势地位，即通过政治联姻而建立的舅甥关系，事实上是一种不平等的关系，于是就有了赞普受"擢驸马都尉、西海郡王"和"賓王"的史事，以及后来吐蕃要求平等相待的名分之争。第二，儒家文化的化导作用，主要有佛教文化和儒家文化的化导作用两方面内容。佛教通过出嫁吐蕃的唐朝两位公主的积极推动在吐蕃王室获得巨大的发展，而相继应邀前往吐蕃的唐朝僧人，更使中原佛教特别是禅宗的思想在吐蕃扎下根来。金城公主还通过佛教把中原人死后七七之祭的习俗传给吐蕃人，被翻译为藏文的汉

---

① 《新唐书》卷216上《吐蕃》。

文佛经更成为藏文大藏经的组成部分,而五台山则成为吐蕃僧人心目中的圣地,是观世音菩萨的道场。在吐蕃占领河西陇右后,河西地区特别是敦煌地区已经成为吐蕃佛教和中原佛教相互交流的重要舞台。儒家文化同样深入影响到吐蕃人的精神世界,文成公主入蕃后,松赞干布就迷上中原文化,立即"遣诸豪子弟入国学,习《诗》《书》。又请儒者典书疏"。① 第三,吐蕃文化无疑也是一股春风,给唐朝多元文化增添新的内容,吐蕃人的赭面受到唐朝仕女的特别喜欢,并形成"元和妆",由此可见一斑。

唐蕃政治联姻的结果是密切了两地、各族人民之间的联系,打破了唐蕃双方心理和文化上的壁垒,提高了唐朝对青藏高原地区的关注程度,也进一步刺激了吐蕃王朝向中原地区扩展,以及吐蕃文明东向发展的欲望。同时,在唐朝方面,也极大地冲击了所谓"夷夏之辨"的传统观念,我们知道唐太宗的民族政策是备受学界赞誉的,他的所谓"自古皆贵中华,贱夷狄,朕独爱之如一"的宣言,更成为古代"华夷一家"的经典名言。但是,从史实来看,不论是唐朝宰臣,还是皇帝,都很难摆脱传统的偏见,在唐朝历代皇帝讨伐吐蕃的檄文中,在唐朝谋臣上书奏议中,处处都流露着大民族主义的偏见。②

随着文成公主、金城公主相继出嫁吐蕃赞普,唐人对吐蕃歧视性的观念,应该说也在逐渐发生着变化。从情理上讲,对吐蕃赞普的恶意贬低和歧视,即是对贵为公主的王室成员的损伤,也是对唐朝自身所采取的和亲政策的讽刺,因此,在继续保存民族偏见的同时,唐朝内部坚持儒家文化化导立场的大臣,不断发挥作用,使我们从唐蕃关系的发展中,看到唐人不断由蔑视、仇视、怀疑到重视吐蕃,最后出现欣赏吐蕃风俗(如赭面习俗)的情况,使平等意识和华夷一家的思想在处理对蕃关系中凸现重要位置。这是一个艰难的过程,却一直朝着好的方向发展。玄宗开元十七年(729),朝廷派遣忠王友皇甫惟明和内侍张元方充使往问吐蕃,见赞普及公主,具宣上意。赞普等欣然请和,尽出贞观以来前后敕书以示惟明等,并令其重臣名悉猎随惟明等入朝,上表曰:"外甥是先皇帝舅宿亲,又蒙降金城公主,遂和同为一家,天下百姓,普皆安乐。中间为张玄表、李知古等东西两处先动兵马,侵抄吐

---

① 《新唐书》卷216上《吐蕃》。
② 参见唐太宗《宣慰剑南将士诏》,《全唐文》卷8;唐玄宗:《亲征吐蕃制》,《全唐文》卷21;陆贽:《论抵御吐蕃策》,《旧唐书》卷139《陆贽传》。

蕃，边将所以互相征讨，迄至今日，遂成衅隙。外甥以先代文成公主、今金城公主之故，深识尊卑，岂敢失礼！又缘年小，枉被边将谗构斗乱，令舅致怪……"①时吐蕃使奏云："公主请《毛诗》《礼记》《左传》《文选》各一部。"制令秘书省写与之。正字于休烈上疏请曰："臣闻戎狄，国之寇也；经籍，国之典也。戎之生心，不可以无备；典有恒制，不可以假人。《传》曰：'裔不谋夏，夷不乱华。'所以格其非心，在乎有备无患。昔东平王入朝求《史记》、诸子，汉帝不与。盖以《史记》多兵谋，诸子杂诡术。夫以东平，汉之懿戚，尚不欲示征战之书；今西戎，国之寇雠，岂可贻经典之事！且臣闻吐蕃之性，剽悍果决，敏情持锐，善学不回。若达于书，必能知战。深于《诗》，则知武夫有师干之试；深于《礼》，则知月令有兴废之兵；深于《传》，则知用师多诡诈之计；深于《文》，则知往来有书檄之制。何异借寇兵而资盗粮也！"最后"疏奏不省"，玄宗没有采纳他的主张，②因为支持皇帝赐书的朝臣为数更多。他们认为："西戎不识礼经，心昧德义，频负盟约，孤背国恩，今则计穷，求哀稽颡。圣慈含育，许其降和，所请书随事给与，庶使渐陶声教，混一车书，文轨大同，斯可致也。休烈虽见情伪变诈，于是乎生；而不知忠信节义，于是乎在。"③显然，主张用儒家经典和思想化导吐蕃的观点占据主流，并影响到决策。

由于唐蕃联姻和儒家文化源源不断传入吐蕃，吐蕃人不仅接受了舅甥关系的尊卑之序，而且也接受了中原文化的正统观，在武则天与李唐王室之间的皇位之争中，他们坚定地站在李氏一方，反对武则天篡权。④唐蕃之间战和无常，正是这种和亲政策与日渐增进的舅甥关系，帮助唐蕃双方度过了关系最困难的日子，时时弥合着双方之间的裂痕，同时也让后世的赞普子孙不能忘怀。宋朝时期，在河湟地区建立的唃厮啰政权依然以外甥自居，借舅甥关系与宋朝发展经济、文化关系，即是明证。

元朝时期，蒙元王室也采取和亲的策略，下嫁公主给萨迦地方世俗首领，并封授吐蕃驸马为"白兰王"。其中第一位白兰王是元朝西藏地方著名政治家和宗教领袖八思巴的弟弟恰纳多吉。他于1244年随同伯父贡噶坚赞前往凉州以后，阔端令其改着蒙古服装，学蒙古语，尚墨卡顿公主，封白兰王，所颁八思巴字玉印至今犹存。

---

① 《旧唐书》卷196上《吐蕃》。
② 《旧唐书》卷196上《吐蕃》。
③ 裴光庭：《金城公主请赐书籍议》，《全唐文》卷299。
④ 参见蔡巴·贡噶多吉著，东嘎·洛桑赤列校注，陈庆英、周润年译《红史》，西藏人民出版社1988年版，第17—18页。

嗣后继封白兰王的有索南桑布、贡噶勒贝坚赞、扎巴坚赞,他们均尚公主。《萨迦世系史》宣称,恰纳多吉获得"白兰王"封号,对整个西藏以及萨迦派来说,是最早获得"王"封号的人。① 他的儿子达玛巴拉也娶诸王只必铁木儿的女儿为妻。② 桑波贝长子索南桑布(《元史·英宗本纪》作"唆南藏卜",《释老传》作"琐南藏卜"),格坚皇帝(即元英宗)封他为白兰王,并将公主门达干(一作"布达干")嫁给他。桑波贝的小儿子贡噶勒贝坚赞,妥欢贴木儿(元顺帝)封他为白兰王,赐给金印和管领吐蕃三个却喀的诏书,并将以前的白兰王索南桑布的妻子门达干公主嫁给他。③ 喇钦索南洛追(即帝师索南洛追)之弟扎巴坚赞,妥欢贴木儿封其白兰王,置同知左右衙署,颁给他管领西土的诏书。④

我们看到元代西藏地方被纳入蒙元中央王朝的行政管辖之下,对西藏实施了有效的行政管辖,并没有通过和亲来建立舅甥关系,或者利用和亲加强对西藏地方的管理,这和唐朝的情况有很大不同。

二、贡赐(贸易)关系

贡赐关系或者贡赐贸易关系,是西藏地方和中原王朝之间事实存在的一种关系,在不同时期,其内涵有所不同,前后有所变化。这种方式恰恰是中原王朝或者中央政权对西藏地方或者藏族先民所建地方性政权没有实施直接行政管辖,或者管辖比较松弛的时候发生的,比如像唐朝时期,吐蕃王朝与唐朝并存,宋朝时期与唃厮啰政权并存,以及明朝时期对西藏和藏区的行政管辖相对松散等。这种贡赐关系有政治内容,也有经济含义,是一种复杂的关系,在不同时期政治与经济内涵的比重有差异。

唐朝和吐蕃的关系实际上存在着前后不同的变化,应该说两者都是当时中国并存的政权,吐蕃并不臣属于唐朝,但是在早期由于政治联姻的缘故,双方建立的舅甥关系本身就是政治上不平等的关系,唐朝从而也把吐蕃视为属部,这一时期史书使用的"朝贡"容或有其合法理由。随后,伴随着军事势力走向鼎盛,吐蕃改变了

---

① 参见阿旺·贡噶索南著,陈庆英、高禾福、周润年译注《萨迦世系史》,西藏人民出版社1989年版,第171页。
② 参见达仓宗巴·班觉桑布著、陈庆英译《汉藏史集》,西藏人民出版社1986年版,第208页。
③ 《元史》卷30《泰定帝二》记载:三年五月"乙卯,以帝师兄锁南藏卜领西番三道宣慰司事,尚公主,锡王爵"。另参见达仓宗巴·班觉桑布著、陈庆英译《汉藏史集》,第209—213页。
④ 参见达仓宗巴·班觉桑布著、陈庆英译《汉藏史集》,第213—214页。

这种关系的实质，唐朝依然使用"吐蕃使者朝贡"则完全是天朝至尊思想在作祟。到唐德宗时期，吐蕃赞普明确向唐朝提出这一问题，唐朝满足了吐蕃的要求，双方以平等关系处理，也就是兄弟关系。唐朝末年唐蕃关系的天平又倾向到唐朝一方，唐朝的册封认可对吐蕃地方首领的继承具有特殊意义。

宋朝时期，西藏本部地区政教势力割据，没有统一政权，在今甘肃、青海地区则有传为吐蕃王室后裔建立的唃厮啰政权。由于自托为赞普后裔之故，唃厮啰政权便也欣然继承了唐朝和吐蕃之间的舅甥关系，对宋朝以"外甥"自居，不断派遣使者前往内地"朝贡"，并获得朝廷的"赏赐"，以获得经济和政治上的利益。

元朝时期，西藏地方被纳入元朝中央王朝行政管辖之下，西藏地方政教首领前往元朝大都，不再使用"朝贡"两字，元朝帝师抵达元朝首都，史书使用"还京""至京"等，①是西藏在元朝治下，此时不存在所谓"朝贡"关系可以明确。

明朝时期，西藏地方政教首领应明朝之召请，纷纷上缴元朝故官印，接受明朝的官印，担任明朝的官员，史书再次使用"朝贡"来表述明朝和西藏地方的关系，因此其朝贡具有真实的政治隶属含义。这和唐朝时期的"朝贡"又不尽相同。明朝初年采取招降的方式吸引西藏和其他藏区的政教首领，放弃元朝封号与印信，接受明朝统治，并取得巨大成效。"洪武初，太祖惩唐世吐蕃之乱，思制御之。惟因其俗尚，用僧徒化导为善，乃遣使广行招谕。又遣陕西行省员外郎许允德使其地，令举元故官赴京授职。于是乌斯藏摄帝师喃加巴藏卜先遣使朝贡。五年十二月至京。帝喜，赐红绮禅衣及鞋帽钱物。明年二月躬自入朝，上所举故官六十人。"②

在西藏地方政教首领相继归附的基础上，明朝开始在西藏建立行政区划和行政管理体制，任命当地官员实施管理。洪武六年（1373），明"置指挥使司二，曰朵甘，曰乌斯藏，宣慰司二，元帅府一，招讨司四，万户府十三，千户所四，即以所举官任之"。并降诏曰："我国家受天明命，统御万方，恩抚善良，武威不服。凡在幅员之内，咸推一视之仁。乃者摄帝师喃加巴藏卜率所举故国公、司徒、宣慰、招讨、元帅、万户诸人，自远入朝。朕嘉其识天命，不劳师旅，共效职方之贡。已授国师及故国公等为指挥同知等官，皆给诰印。自今为官者务遵朝廷法，抚安一方。僧务

---

① 《元史》卷30《泰定帝二》记载：三年九月"辛亥，命帝师还京，修洒净佛事于大明、兴圣、隆福三宫"；《元史》卷36《文宗五》"三年三月庚午朔，帝师至京师"等。
② 《明史》卷331《西域三》。

敦化导之诚，率民为善，共享太平，永绥福祉，岂不休哉。"① "锁南兀即尔者归朝，授朵甘卫指挥佥事。以元司徒银印来上，命进指挥同知。已而朵甘宣慰赏竹监藏举首领可为指挥、宣慰、万户、千户者二十二人。诏从其请，铸分司印予之。乃改朵甘、乌斯藏二卫为行都指挥使司，以锁南兀即尔为朵甘都指挥同知，管招兀即尔为乌斯藏都指挥同知，并赐银印。又设西安行都指挥使司于河州，兼辖二都司。已，佛宝国师锁南兀即尔等遣使来朝，奏举故官赏竹监藏等五十六人。命增置朵甘思宣慰司及招讨等司。招讨司六：曰朵甘思，曰朵甘陇答，曰朵甘丹，曰朵甘仓溏，曰朵甘川，曰磨儿勘。万户府四：曰沙儿可，曰乃竹，罗思端，曰列思麻。千户所十七。以赏竹监藏为朵甘都指挥同知，余授职有差。自是，诸番修贡惟谨。" "八年置俄力思军民元帅府。寻置陇答卫指挥使司。十八年以班竹儿藏卜为乌斯藏都指挥使。乃更定品秩，自都指挥以下皆令世袭。未几，又改乌斯藏俺不罗卫为行都指挥使司。"②

  明朝尽管在西藏地方采取建立行政区划、任命官员、恢复驿站等各项措施，但是毕竟没有像元朝那样在西藏派遣军队，实施全面直接行政管辖，因此采取"多封众建，贡市羁縻"的策略便成为维护政治统一和对西藏管理的有效手段。明代西藏地方的朝贡，首先具有特殊的政治意义，相对分裂的西藏地方政教首领需要中原王朝的册封来取得合法的身份和地位，在明朝封授的众多法王中，既有失去权力但依旧拥有势力的萨迦派宗教首领，也有拥有权势的噶玛巴和帕木竹巴派首领，同时也有新兴的格鲁巴宗教势力；既有在西藏社会政治生活中扮演关键角色的宗教领袖，也有掌握实权的世俗首领。其次，朝贡毫无疑义也有经济意义。由于西藏地方百姓"宁可三日无粮，不可一日无茶"，对茶叶和内地日用品的依赖很重，而明朝政府加以利用，采取"赐大于贡"的方法，吸引西藏地方政教首领纷纷来朝，保持和朝廷的隶属关系。但是朝贡的次数、人数、年限乃至朝贡的路线，是由朝廷决定的。"初，成祖封阐化等五王，各有分地，惟二法王以游僧不常厥居，故其贡期不在三年之列。然终明世，奉贡不绝云。"三岁一贡为当时成例，特殊情况又特殊处理。对于法王继承的任命，也并不总是听由地方宗教首领做主，弘治三年（1490），"辅教王遣使奉贡，奏举大乘法王袭职。帝但纳其贡，赐赉遣还，不命袭职"。"弘治八年，王葛哩麻巴始遣使来贡。十二年两贡，礼官以一岁再贡非制，请裁其赐赉，从

---

① 《明史》卷331《西域三》。
② 《明史》卷331《西域三》。

之。""正德五年遣其徒绰吉我些儿等,从河州卫入贡。礼官以其非贡道,请减其赏,并治指挥徐经罪,从之。"① 可见,朝贡是否合法,其控制权在明朝手中。

由于利之所在,西藏朝贡过于频繁,乃至其他藏区商人巧借"朝贡"之名以获厚利的情况也时有发生,朝廷不得不采取金牌制、设立检查机构等,分辨真伪,限制不法活动。正统初,以供费不赀,稍为裁损。"成化六年,申诸番三岁一贡之例,国师以下不许贡,于是贡使渐希。"②

明朝和西藏的"贡赐关系",在洪武、永乐两朝统治者看来,首先是消除边疆地区的动乱和不安定因素,即所谓"太祖以西番地广,人犷悍,欲分其势而杀其力,使不为边患,故来者辄授官",并利用"其地皆食肉,倚中国茶为命,故设茶课司于天全六番,令以马市,而入贡者又优以茶布。诸番恋贡市之利,且欲保世官,不敢为变"。其次,建立行政区划,任命当地首领,实施羁縻管理。第三,封授法王及大国师、西天佛子等,以"俾转相化导,以共尊中国"为预期目的。③

三、宗藩关系

关于"藩属"和"宗藩"两词的来源,近来已有学者进行正本清源的辨析工作,厘清了"宗藩"的本意和用法,及其与"藩属"的区别,④ 对于正确使用这两个词语提出了有益的见解。"宗藩"使用最多的应是所谓"宗室藩属",系指被大宗分封、屏藩王室的血亲兄弟及其势力,所谓"封建亲戚,以藩屏周"的意思。从周朝开始,历代宗室受封藩王,都被称为"宗藩"即是如此。《史记·太史公自序》有:"汉既谲谋,禽信于陈。越荆剽轻,乃封弟交为楚王,爰都彭城。以强淮泗,为汉宗藩。"《元史·明宗本纪》有:"帝谓中书左丞跃里帖木儿曰:'朕至上都,宗藩、诸王必皆来会,非寻常朝会比也,诸王察阿台今亦从朕远来,有司供张皆宜豫备,卿其与中书臣僚议之。'"明朝"初,太祖大封宗藩,令世世皆食岁禄,不授职任事,亲亲之谊甚厚"。⑤ "宗藩"主要作"宗室藩王"来解释。

---

① 《明史》卷331《西域三》,"乌思藏大宝法王""大乘法王"。
② 《明史》卷331《西域三》,"朵甘乌斯藏行都指挥使司"。
③ 《明史》卷331《西域三》。
④ 参见刘志扬、李大龙《"藩属"与"宗藩"辨析》,《中国边疆史地研究》2006年第3期。
⑤ 《明史》卷82《食货志六》。

但是，"宗藩"也可以作为宗室（主）和藩属的简称，所谓的宗藩关系就是宗主与藩属的关系。《诗·大雅·板》："大邦维屏，大宗维翰。"毛传："王者天下之大宗。"郑玄笺："大宗，王之同姓之嫡子也。"王国维说："……天子诸侯虽无大宗之名，而有大宗之实。《笃公刘》之诗曰：'食之饮之，君之宗之。'传曰：'为之君，为之大宗也。'《板》之诗曰：'大宗维翰。'传曰：'王者天下之大宗。'又曰：'宗子维城。'笺曰：'王者之嫡子，谓之宗子。'……惟在天子诸侯，则宗统与君统合，故不必以宗名。"①也就是说，作为"王者"的皇帝即是天下的大宗，宗室家族成员可以成为宗藩，"藩部"和"属国"是不能称为"宗藩"的。但是作为"藩属"即"藩部"和"属国"，其职责同样在于屏藩王室，维护国家边疆安定。这样，它们和王室或者朝廷之间形成的关系，可以称为"宗藩关系"。这种关系应该是"宗藩"一词延伸到非血缘的政治隶属关系，即宗主和屏藩对举的关系。皇帝是天下宗主，王朝核心地区的外围是藩部，再外围则是属国。

"藩属"包括藩部和属国两部分。②诚如学术界所说的那样，藩部是中国的一部分，如新疆、蒙古、西藏等，其疆域包括在中国的版图之内，其行政系统归中央政府管辖，其内部事务纯属中国内政。属国的领土不在中国的版图之内，它有自己独立的行政系统和政治制度，同中国保持着一种从属的关系。根据《大清会典》所列属国表等，鸦片战争以前中国的属国有：安南（越南）、缅甸、锡金、尼泊尔、暹罗（泰国）、南掌（老挝）、高丽（朝鲜）、琉球、苏禄（菲律宾）等。③藩部事务归理藩院管理，属国事务归礼部。

清代西藏属于"藩部"，《清史稿》在列传三百十二藩部八列有"西藏"。史籍载："王会司掌朝贡、会盟、聘享、武备诸政。令藩王凡充补近侍者岁一朝，余则三岁一朝，各于岁终分班入觐，分其名位，给以廪膳。凡朝，郎官领入大内，位宗室王公下，朝见如仪，元旦、上元复如之。岁朝上宴诸藩于紫光阁，郎官领进，自阳泽门入，宴于阶次，奏乐，拜谢如仪……典属司掌外扎萨克四部落，北入瀚海，西绝

---

① 王国维：《殷周制度论》。
② 笔者赞同李大龙先生的意见，这里不能用"宗藩"，改用"藩属"。
③ 陈芳芝称："满洲以外，诸游牧部落统称藩部。漠南说内蒙古，漠北曰外蒙古，漠西及西南曰厄鲁特。天山南路曰回部，西藏曰唐古特。"见《清代边制述略》，《燕京学报》第三十四期，1948年6月。金启宗认为，"藩部，在清代一般是指蒙古、新疆和西藏等少数民族边疆地区"。见《清朝藩部要略稿本·序言》。

羌、戎，凡青海、西藏诸土属焉。"①

西藏为清朝藩部，属中国领土是极为明确的。乾隆年间，廓尔喀侵扰后藏，朝廷派将军（后为大将军）福康安率兵驱敌，廓尔喀首领和福康安的对话清晰地表明了这一点。乾隆五十七年（1718）三月，拉特纳巴都尔谨禀钦差公中堂大将军（福康安）台前："……我们原知道藏里是大皇帝的地方，原不敢滋扰，因藏里大人们没有把这些情由奏明大皇帝，我们想着若发兵边界来，藏里大人自然是要奏的了。所以上次才到协噶尔来的，并不是要抢占藏地……求大将军查一查，到底谁是谁非。""大将军檄谕廓尔喀拉特纳巴都尔知悉：……尔岂不思卫藏之地，即天朝之地，岂容尔等作践？况尔得受大皇帝封爵，宠荣逾格，乃尔竟全不知感激天朝恩典，反复无常，负恩藐法，实属罪大恶极，为覆载所不容。今本大将军奉命亲统大兵，问尔廓尔喀之罪，惟有将尔部落一举荡平，申明天讨。"②

我们知道，尽管哈萨克、缅甸、锡金等曾经要求归入清朝版图，康熙、乾隆等贤明皇帝并没有贪图扩大领土而接纳它们，但是对西藏地方则完全不同。乾隆五十七年（1718）八月二十二日内阁奉上谕，内称："朕临御五十七年，平定准噶尔、回部、大小金川，拓土开疆，不下二万余里。区区廓尔喀，以后藏边外弹丸，朕岂值利其土地，为穷兵黩武之举？第以卫藏为皇祖、皇考勘定之地，僧俗人众沾濡酞化百有余年，讵容小丑侵扰，置之不问。此朕不得已用兵之苦心，当为天下臣民所共知共见者。"③《乾隆大清会典》明白表述："承平以来，怀柔益远，北逾瀚海，西绝羌荒，青海厄鲁特、西藏、准噶尔之地咸入版图。其封爵、会盟、屯防、游牧诸政事，厥有专司。"④清朝末年，《清德宗实录》载，光绪三十年（1904）八月庚午，谕军机大臣等："西藏为我朝二百余年藩属，该处地大物博，久为外人垂涎。近日英兵入藏，迫胁番众立约，情形叵测。亟应思患豫防，补救筹维，端在开垦实边，练兵讲武，期挽利权而资抵御，方足自固藩篱。"⑤

因此，清朝和西藏之间的所谓"宗藩关系"实际上即西藏是清王朝版图的一部分，是清朝行政管辖下的一个地方。

---

① 昭梿：《啸亭杂录》卷10《理藩院》。
② 《卫藏通志》卷13中。
③ 《元以来西藏地方与中央政府关系档案史料汇编》（3），中国藏学出版社1994年版，第761页。
④ 《乾隆大清会典》卷98《理藩院·典属清吏司》。
⑤ 《清德宗实录》卷534。

四、供施关系

"供施关系"是一个宗教用语，即供应和施舍，也叫檀越关系，藏文称作"yon bdag dang mchod gnas"（施主与福田），或者简称为"yon mchod"（供施）。在僧人看来，他们给施主讲授佛法，精神上给予解脱，并因此获得施主物质上的馈赠，从而建立一种"供施关系"。这种关系又被一些人加以利用，用以解释西藏地方与中央政府的关系，特别是元朝和清朝时期西藏地方与内地中原王朝（或中央王朝）之间的关系，用意并不是在于说明历史真相，而在于否认中央政府对西藏地方的行政管辖。

西藏历史和史学有一些特点：一个是宗教在西藏地方历史发展过程中扮演着十分重要的角色，特别是自分裂时期（即宋朝）以来，西藏的政治和社会生活无不留下宗教影响的烙印。在1751年清朝政府授命七世达赖喇嘛建立噶厦政府以后，更形成政教合一的局面，宗教对社会的影响达到无以复加的地步。一个是知识的教授、传播都是在寺院，并由僧人来完成，西藏历史著作也几乎都是由僧人按照佛教神学史观来撰写的。基于上述两点，用佛教的观点来看待事物、解释历史现象反倒是最正常也是合理的事情。在这样的背景下，高僧大德使用"供施"一词，并用"供施关系"来表述世俗统治者和僧主之间的关系，甚至表述达赖喇嘛和中原王朝之间的关系，也是可以理解的。但是，西藏地方的世俗统治者，包括达赖喇嘛等宗教首领等在内，都十分清楚这是一种政治隶属关系，而不是一般意义上的施主与福田关系。这是历史，我们只在于说明或者略加分辨，无意苛求于古人。

问题是，自从上个世纪初在帝国主义入侵背景下出现"西藏独立"活动以来，所谓"供施关系"不断被赋予新的内容，在西藏上层反动集团叛乱失败、逃亡国外以后，更大肆鼓吹"西藏独立"，所谓"供施关系"几乎成了他们制造历史上"西藏独立"的理论根据和救命稻草。十四世达赖喇嘛宣扬"独立"的演说如此，夏格巴的《西藏政治史》如此，就连黎吉生、范普拉赫等这些反华分子的著作也奢谈"供施关系"的特殊意义。① 可见，就是这样一种并不复杂的历史现象居然能被翻出如此

---

① 参见黎吉生《西藏简史》（*A Short History of Tibet*, 1962）、范普拉赫《西藏的地位》（Michael C. van Walt van Praag, *The Status of Tibet, History, Rights and Prospects in International Law*. Colorado, 1989）。

之多的花样来。

最近，达瓦诺布出版的《中国政府的西藏政策》一书，[①] 依然用所谓"供施关系"来解释中央政府和西藏地方的历史关系，虽然这样做确实有其不得已的地方，因为他实在无法否定元朝以来中央政府对西藏地方行政管辖的事实，但是为何还有一些人相信这样的说法呢？

现以最有权威的达赖喇嘛为例，说明"供施关系"到底是一种什么关系。首先，达赖喇嘛名号是由朝廷封授的，他的政教权力来自皇帝的任命。因此，在达赖喇嘛不能履行皇帝授予的使命时，朝廷可以废除其名号，六世达赖喇嘛和十三世达赖喇嘛都曾经遭遇此等命运。其次，达赖喇嘛灵童的寻访、转世、认定要经中央政府批准，按照朝廷颁布的活佛转世制度办理，在达赖喇嘛受命坐床时刻，要向皇帝所在的方向磕头谢恩。第三，以达赖喇嘛为首的噶厦政府是清朝中央政府授命建立的，是清朝地方行政组织，噶伦等各级官员都是朝廷任命的地方官员。第四，清朝在西藏地方派驻驻藏大臣、驻扎军队、建立塘汛，驻藏大臣受命管理达赖喇嘛和班禅额尔德尼商上支出、对外交往、军队指挥等重大事宜。达赖喇嘛不是一个普通的僧人，而是朝廷钦命的西藏地方政府的首领，在清代西藏地方政教合一的行政体制中，他是拥有权力的行政官员，是有品级、有下属、自然也有主人的，他的主子就是清朝皇帝，他的一切政教权力来自皇帝的任命。

从一个细小的问题同样也可以看出这种关系的内容究竟是什么性质，这就是达赖喇嘛等向朝廷进"丹书克"制度。清朝时期达赖喇嘛、班禅额尔德尼等大活佛要在皇帝"万寿圣节"或者登基之际，向皇帝进呈"丹书克"（brtan bzhugs，意思是"长寿永生"）。从"丹书克"的用纸（规格高于达赖喇嘛和班禅）、折叠方式（跪拜顶礼格式）、称谓（称皇帝为文殊菩萨，自称"小僧"或"奴婢"）、内容（向皇帝恭谨上奏西藏事务）等等所有细节来看，无一不体现达赖喇嘛对清朝皇帝的恭顺臣属。[②] 难道这就是所谓的"供施关系"？其实早在元朝时期，根据西藏地方被纳入元朝中央政府行政管辖之下的事实，以及西藏地方首领呈奏皇帝奏疏的需要，国师八思巴就把内地对皇帝奏疏使用"抬格"以示敬重的格式带回西藏，他说："呈递大皇

[①] 参见达瓦诺布《中国的西藏政策》（Dawa Norbu, *China's Tibetan Policy*, Curzon Press, 2001）。
[②] 参见桑丁才让《略述清代西藏丹书克的有关问题》，《中国藏学》1997年第1期。

帝的奏书，遇到皇帝的名字时需要向前抬格，抬格的幅度大约二指长。"① 可见，用"供施关系"来解释西藏地方归属元以来中原王朝的历史，无异于缘木求鱼。

五、不同关系形态与相应治策

通过以上分析，我们可以看到，和亲是双方都需要和认可的手段，在不同时期、不同状态下，目的有差异，西藏地方和中原王朝之间和亲关系既出现在唐朝时期，也出现在元朝时期，内涵并不相同。朝贡关系同样既出现在唐朝时期，也出现在明朝时期，意义并不一致，唐朝只是一种调节手法，尽管也有政治上尊卑高低的内容，但更多是天朝至尊思想的反映，而明朝则上升为一种治策。宗藩关系存在于清朝时期，其实质既和传统的宗室藩王不同，也和近代以来西方殖民体制下形成的宗藩关系存在很大差异。至于"供施关系"，虽然在一些藏文佛教史书中不绝如缕，并被用来为制造"西藏独立"张目，但是丝毫无法改变西藏地方是清朝版图的一部分，属清朝地方一级行政组织的性质。据此，可以说，和亲是手段，朝贡是形式，供施是现象，宗藩关系则是政治隶属的一种形态，而不断加深的全方位交流，直至产生共生、依赖的局面才是西藏地方与中原王朝关系的实质。

不同历史时期，西藏地方和内地中原王朝关系的不同形态，部分地反映了当时历史发展的一些特点，而内地中原王朝依据这些特点所采取的政策，则更具体和全面地展示了这些关系的本质。唐朝时期，针对吐蕃王朝利用政治联姻来提高政治地位、巩固其内部统一的需要，以及渴望和唐朝加强政治、经济和文化联系以获得更大发展机遇的迫切需求，中央政府采取了政治上抑制其上升势头，利用新建立的舅甥关系保持在和吐蕃交往中的优势地位；经济上满足其迫切参与和唐朝以及当时中西丝绸之路贸易的要求，并在一定程度上利用控制贸易乃至中断交流的手法，抑制吐蕃军事上不断扩张的企图；军事上由于自然地理因素，以及军事决策、将领使用等多方面因素的制约，唐朝一直和吐蕃处在时和时战状态，终唐之世，也未能很好地解决对吐蕃战争的完全主动权问题；文化上，唐朝对吐蕃采取了积极引导的策略，不仅在物质文化交流方面给予积极支持，而且在精神文化上给予大力引导，除了给

---

① 转引自卫巴·木澎达瓦《书信格式》，青海人民出版社 1986 年版，第 16 页。

吐蕃带去佛教文明之外，儒家经典也源源不断传入吐蕃，儒家文化既对唐蕃两地人民之间心灵的沟通发挥了积极作用，也为双方日渐加深的民族认同搭建了一个广阔的平台。元朝的和亲与唐朝有所不同，它是蒙元王室为了笼络新被确立的西藏地方政教领袖昆氏家族而采取的一项策略，尽管起初具有分别扶持八思巴担任萨迦派乃至西藏地方和蒙元王朝佛教领袖、恰那多吉担任未来西藏地方行政首领的用意，但是随着蒙古王室内部汗权（从窝阔台系到拖雷系）的更替，以及恰那多吉的较早过世，他所获得的白兰王封号只是一个享有崇高荣誉的虚衔，并无列土受封之实，而在他之后，这一封号的三位继承者的地位更不可与恰那多吉相比。元朝通过设在朝廷的总制院（后改为宣政院）以及下辖的三路宣慰使司都元帅府来管理吐蕃地方，乌思藏宣慰使司（管辖今西藏地方）只是其一，萨迦派政教首领占据重要位置，其中作为国师（后为帝师）的萨迦派宗教领袖和作为乌思藏宣慰使的历代萨迦本钦，在西藏地方事务的管辖方面最具实权。

朝贡关系在明朝被赋予新的内涵，这就是以建立行政区划为基础，以分封政教首领为依托，以驿站和茶马（贸易）为纽带而确立的新型的统治关系。这项措施能够得以实施，既与西藏地方政教分裂的局面有关，也与明朝在西北和西南藏区的经营有关联。当然，这些是与明朝相对萎缩的控制范围和政治、军事影响力有关。明朝能够在如此条件下实现对西藏的羁縻管辖，并保持与西藏地方密切的政治和经济联系，以及西藏对明朝的归属，说明其治策是成功的。

清朝在西藏地方采取的政策有一个发展过程，起初"兴黄教即所以安众蒙古"，待五世达赖喇嘛朝清后，西藏问题的解决被摆上了重要议事日程，封授和硕特蒙古汗王和五世达赖喇嘛分别管理地方行政和宗教，是初步的策略。在西藏地方蒙藏首领发生激烈冲突，第巴桑吉嘉措被杀、和硕特蒙古汗王掌管地方政务之后的1709年，清朝认为"西藏事务不便令拉藏汗独理"，特派侍郎赫寿赴藏协同拉藏汗管理西藏事务，① 开始直接插手西藏事务。18世纪初，发生准噶尔势力扰乱西藏地方的严重事件。清朝分别在1718年和1720年两次出兵，驱逐准噶尔部，并结束了蒙古和硕特部在西藏的统治。1721年，清朝建立四名噶伦共管西藏制度。1727年，正式设立驻藏大臣办事衙门，派遣办事大臣和帮办大臣二人常驻拉萨，督办西藏事务。1751

---

① 参见《清圣祖实录》卷236，康熙四十八年正月己亥。

年,授命七世达赖喇嘛建立噶厦政府。1757年,确立摄政制度,解决了由于达赖喇嘛去世或年幼而带来的管理空缺问题。1791年,廓尔喀入侵西藏,乾隆皇帝命福康安率大军驱除,并以此为契机整肃西藏地方,于1793年颁布"藏内善后章程二十九条",明确通过金瓶掣签确定达赖喇嘛和班禅额尔德尼等大活佛的转世灵童;确定驻藏大臣办理西藏事务,其政治地位与达赖喇嘛和班禅额尔德尼平等;以及驻藏大臣掌控西藏地方财政、军事和外交等事宜,西藏行政体制和管理制度由此臻于完善。值得关注的是,清朝选择由达赖喇嘛掌管的噶厦政府来管理西藏地方,是有所用心的:一是因为格鲁派势力日渐上升,并有五世达赖喇嘛奠定的参政基础,由他们来管理西藏地方,具备客观条件和社会基础;二是时值郡王珠尔默特那木扎勒叛乱之后,乾隆皇帝对世俗贵族反复叛乱心存戒备,所以他没有答应公班智达渴望封王的请求,也放弃了由内地派官直接管辖的念头,而接受了章嘉国师若必多吉的建议,选择不关注世俗权力、清心寡欲的出家人——七世达赖喇嘛做西藏地方政府噶厦的首领。①这一策略确实给西藏地方带来了相对长久的安定局面,但是在一百多年以后,十四世达赖喇嘛利用群众的宗教信仰来搞"西藏独立"却也是乾隆皇帝无法预料的。

六、余论

从西藏与内地中原王朝关系的上述几种形态及相关史事来看,首先,它是一个曲折复杂的发展过程,并与中原王朝的稳定与否、强盛与否和控制范围大小、能力强弱有密切的关系。这就应了康熙皇帝谆谆教导子孙的那句话:"外藩朝贡,虽属盛事,恐传至后世,未必不因此反生事端。总之,中国安宁则外衅不作。故当以培养元气为根本要务耳。"②其次,与近代西方巧取豪夺的殖民政策及其武力征服相比,西藏地方与中原王朝之间的和亲关系、贡赐关系、宗藩关系,包括别有内涵的所谓"供施关系"等,都是一个自然历史过程,由交流、沟通乃至武力对立,逐渐发展成为共生、依赖和融合。第三,这些关系的产生和存在,与中原王朝占主导地位的儒家思想及"大一统"观念与"怀柔""羁縻"政策存在密切关系。第四,与边疆民族入主中原地区,以及他们所采取的特殊而行之有效的政治、宗教和民族政策有密切

---

① 参见土观·洛桑却吉尼玛著,陈庆英、马连龙译《章嘉国师若必多吉传》,民族出版社1988年版,第211—212页。
② 《清圣祖实录》卷160,康熙三十二年十月丁酉。

的关系，特别是与元朝和清朝成功的民族、宗教政策有关。第五，与中国的自然地理以及政治、宗教和文化生态环境有关系。高原自然地理环境对西藏的政治、宗教和文化发展方向产生了巨大的影响；而中原王朝与以汉族为主的中原文化"和而不同"的主导原则和"兼容并包"的博大精神，为西藏政治文明和文化融入中华文化提供了坚实的基础。由此可见，西藏与中原王朝千丝万缕的联系和不断加深的政治、经济、文化交流才是西藏被纳入中央政府行政管辖之下，以及成为中华民族多元一体中的重要组成部分的最坚实的基础。

原载《中国边疆史地研究》2007年第1期，
本文刊发时作者为历史学博士，
四川大学"985工程"南亚与中国藏区研究创新平台兼职教授，
陕西师范大学西北民族研究中心博士研究生导师，
中国藏学研究中心历史研究所研究员。

"慕利"与"慕义"*

——论西南地区土司朝贡的制度建构

罗 群

朝贡制度作为中国古代重要的政治制度，既是封建王朝处理与周边国家（和地区）外交关系的基本模式，也是中原王朝统辖周边少数民族的主要制度。其源自先秦，发展并完善于秦汉和唐宋时期，明清时期达到巅峰，最终结束于晚清时期，持续两千余年时间，一直是历朝各代实施边疆治理、处理民族关系与对外关系的一项基本制度安排，亦成为史学研究的一项重要课题，取得令人瞩目的成果。

综观已有成果，国内外学术界更多地是从中外关系的范畴关注朝贡制度，[①]将之视为中国古代外交的主要内容，有"中国的世界秩序"论、"朝贡贸易体系"论、"华夷秩序"论、"天朝礼制体系"论、"宗藩关系"论、"藩属体制"论等等。而在朝贡制度的对内方面，尤其是国内边疆民族与中央王朝之间的朝贡关系、制度建构等，却未给予足够的重视。[②]应该说，朝贡制度自设立之始，初衷主要是针对边疆民族地区，以建立、维护和发展边疆民族与中原王朝的政治隶属关系为中心。随着施行的范围不断扩大，由处理民族关系进而发展成为处理中外关系的一种模式，重点

---

* 本文系教育部人文社会科学一般项目（10YJA770035）、云南省哲学社会科学创新团队"西南边疆研究与中国边疆学构建"的阶段性成果之一。

① 参见［美］费正清编、杜继东译《中国的世界秩序：中国传统的对外关系》，中国社会科学出版社2010年版；［日］滨下武志著，朱荫贵、欧阳菲译，虞和平校审：《近代中国的国际契机：朝贡贸易体系与近代亚洲经济圈》，中国社会科学出版社1999年版；黄枝连：《天朝礼治体系研究》上、中、下卷，中国人民大学出版社1992、1994、1995年版；高明士：《天下秩序与文化圈的探索：以东亚古代的政治与教育为中心》，上海古籍出版社2008年版；李云泉：《朝贡制度史论：中国古代对外关系体制研究》，新华出版社2004年版；李大龙：《汉唐藩属体制研究》，中国社会科学出版社2006年版；［美］康灿雄著、陈昌煦译：《西方之前的东亚：朝贡贸易五百年》，社会科学文献出版社2016年版。

② 近年来，已经有学者开始关注朝贡制度在各朝代的阶段性特征以及边疆民族与中央王朝之间的朝觐纳贡关系，如张双智《清代朝觐制度研究》，学苑出版社2010年版；何新华：《最后的天朝：清代朝贡制度研究》，人民出版社2012年版；程妮娜：《古代东北民族朝贡制度史》，中华书局2016年版。

也由国内发展到国外,并形成一种新的东亚国际秩序。值得注意的是,相较中外关系而言,历代中原王朝的施政重点在国内而非国外,维护边疆地区的统一和稳定既关乎内地安危,更是王朝统治长治久安的根本所在。因此,深入研究历代边疆民族的朝贡关系及其制度建构,对于梳理与揭示朝贡制度兼具对内与对外层面的多层次性与复合性,研究意义重大,更能挖掘朝贡制度本身的特点和历史作用。

本文以西南地区为考察对象,分析探讨边疆民族地区土司朝贡形成与发展的制度轨迹,① 力图揭示朝贡制度在中国古代边疆治理过程中不可忽视的政治、经济与文化作用,剖析中国统一多民族国家在形成与发展过程中的复杂性与不平衡性,以及中原王朝与边疆民族地区民族关系演化的长期过程。

一、"慕利"——土司朝贡的正式(硬)制度建构:政治与经济

任何制度都是一定社会条件的产物,"制度提供了人类相互影响的框架,它们建立了构成一个社会,或确切地说一种经济秩序的合作与竞争关系",② 分为正式制度(硬制度)与非正式制度(软制度)。前者包括政治制度、经济制度、各种合同制度,既相互联系又相互制约;后者主要是指社会习俗、文化传统、道德规范、思想信仰和意识形态等不成文的、约定俗成的制度。

朝贡制度自先秦至清末,一直具有多层次性与复合性特征,随着中央集权和郡县制的确立、疆域的扩展、民族交流及中外交往的增多,"来朝纳贡者"的范围越来越广,有内地官员、边疆民族首领或使臣、外国使者,好似同心圆般由内向外延伸而又紧密相连。最内的核心层是中央与地方的朝贡,中间层是中央与周边少数民族的朝贡,最外层则是中外朝贡关系。清代康熙朝时正式废除外省官员定期进京考核

---

① 学界有关土司朝贡的相关研究,多散见于土司研究的各类专著中,缺乏专论。已有的部分研究,又多侧重于探讨土司朝贡中的具体问题,如朝贡事件、朝贡类型、朝贡时间与期限、朝贡人数与贡品、贡道等,时段以短时段为主,明代研究成果居多。研究区域则涉及东北地区与西南的云南、广西、四川、西藏等地,很少从制度层面展开整体研究。参见黄明光《明代壮族土官朝贡评述》,《民族研究》1987年第1期;古永继:《明代云南土官朝贡评述》,《思想战线》1993年第1期;李伟:《乌江下游土司时期贡赋制度考略》,《贵州社会科学》2005年第2期;洲塔、贾霄锋:《试析明代藏区土司的朝贡制度》,《西藏大学学报》2006年第3期;李良品、廖佳玲:《明代西南地区土司朝贡述论》,《长江师范学院学报》2015年第3期;朱皓轩、胡凡:《论洪武时期西南土司朝贡体制的形成》,《陕西学前师范学院学报》2016年第3期等。
② [美]道格拉斯·C.诺思著,陈郁、罗华平等译:《经济史中的结构与变迁》,三联书店、上海人民出版社1994年版,第225页。

的朝觐制度,①于是仅保留了对内处理民族关系与对外处理周边国家关系的朝贡制度,它为解决反复出现的中原王朝与边疆民族地区的边疆治理问题、中外关系问题等提供了一种由内到外、双方共同参与的、满足双方利益需要的固定的正式与非正式制度安排,对中国国家疆域的统一和稳固产生了积极而重要的作用。

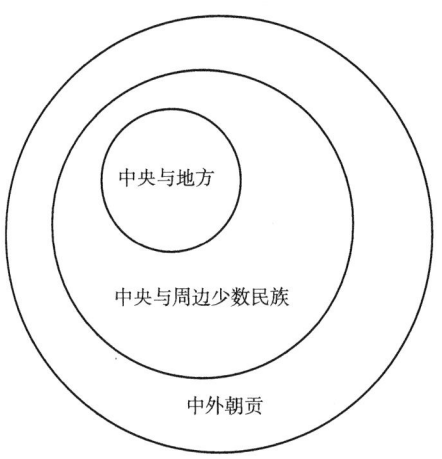

土司制度是元、明、清时期,中央集权的封建王朝对民族地区实行的一种特殊政治制度,是中央通过授给控制一定地域,掌握一定军事、政治、经济权力的各族首领不同级别的世袭文武官职,让其缴纳一定贡赋、承担一定义务的办法,把各族地方性军事、政治权力纳入中央王朝政权系统内的特殊政治制度。②朝贡作为土司制度中不能缺失的一环,集中体现了"慕利"前提下中央与地方在政治与经济利益中的考量。

首先在政治方面,中国历代王朝都非常重视民族与边疆问题,这是关系国家统一、社会稳定、王朝兴衰的重大问题。在"守中治边"与"守在四夷"的传统治边观念下,边疆民族的朝贡关系更直接反映出中原王朝在"大一统"前提下的边疆开发与治理模式。具体而言,土司作为边疆地区政治利益集团的代表,其政治态度是地方与中央关系的风向标。万历《大明会典》规定:"湖广、广西、四川、云南、贵州腹里土官,遇三年朝觐,差人进贡一次,俱本布政司给文起送,限本年十二月终

---

① 从制度层面而言,朝觐制度是内地外省官员定期进京、朝觐皇帝、参加考核的一种行政管理制度,与朝贡制度在性质上有所不同。

② 参见林荃《云南土司制度的历史特点及分期》,《云南民族学院学报》1993年第1期。

到京庆贺,限圣节以前谢恩,无常期贡物不等。"①即通过定期进京朝拜、贡献当地特产,表明土司的臣属身份及与中央王朝在政治上的隶属关系。土司虽为世袭,但其子孙袭职时,需要报请朝廷,履行相应程序:"凡袭替则必奉朝命,其无子弟者,即妻女皆得承袭。虽数年之后,万里之遥,亦必赴阙受职。"②承袭土司职位者需携带载有先世事迹、职任、所领境界人户、贡赋数额的册籍及邻近土职具结的证明文书等,亲自入朝申请,经核准后颁发印信、号纸,才得承袭。

在从自立转向内属之时,土司进京朝贡本身就是一种政治上臣服的标志,也是中央统一管理、有效施政的开始,一旦有变,轻则质问,重者动兵。因此,对土司的封赏与"厚往薄来"在朝贡中成为"固边安邦"的基本准则。从这一认识出发,中央对边疆地区实行相对宽松的羁縻统治,以丰厚的赏赐招徕土司入贡,以物质上的付出换来周边民族对自己"大一统"宗主地位的确立,要求各族朝贡成员"各守境土,防护边疆,勉于为善,竭诚报国",③力图实现"华夷万里,地图归一"。④正如明《抚安四夷舞曲》所载:"大一统,四夷来贡,玉帛捧。文轨同,世际昌隆,共听舆人颂。"⑤朝贡制度与和亲、互市、征伐、驻军等措施相互配合,构成对边疆治理与控制的正式制度安排,起到怀柔远人、维护和稳定边疆统治秩序的作用。

与此同时,朝贡关系越稳定,中原王朝管理边疆的有效程度就越高。相应地,中央维持良好政治统治制度的成本就越少,可以致力于内地发展,不再需要花费大量的人力、物力去备边。虽然在朝贡中实际要付出丰厚的封赏,花费可谓不少,但与可能的战争相比,制度实施的机会成本却要小得多,名义上及实际获得的利益甚至远远大于征伐所得。对边地土司而言,亲自(或派人)进京朝贡,政治上既得到来自中原王朝的认可与保护,又保持着在当地相对独立的自治权力,政治局势也就更加安定。反之,边疆民族如果背离中原王朝,朝贡活动就会受到限制。

其次在经济方面,朝贡贸易一直是朝贡制度中最重要的部分,"朝贡的贸易属性历来为论者所重,甚至有人将朝贡关系等同于朝贡贸易关系,将朝贡制度等同于

---

① (明)申时行:《明会典》卷108《朝贡四·土官》,中华书局1989年版。
② 万斯同:《明史》卷409《土司传·土司一》。
③ 《明宪宗实录》卷34,成化二年九月戊寅。
④ 《明太祖实录》卷56,洪武三年九月乙卯。
⑤ 《明史》卷63《乐志三·乐章二》。

朝贡贸易制度"。① 西南边疆民族地区多是山地或畜牧经济，人们日常生活用品如茶叶、盐铁、棉布等都依赖于内地的供给。故边疆民族地区与内地进行商贸往来，是不可或缺的经济活动。土司进京朝贡，一方面可携带并沿途贩卖本地土特产、手工艺品、马匹等，如明时规定土司特使到京城朝贡，会同馆可为土司特使开放三五日，他们可携带货物入馆公平交易。返程时则采购内地所产商品运回当地销售，获得经济利益，且贡使所需接待等均由中央及地方政府负担，因此，中国历代王朝对朝贡的贡期、贡道、使团规模、进京人数等均有严格限制与规定，也有出于减轻朝贡带来财政负担的经济因素考虑。另一方面，中央政府给予来朝者丰厚的封赏，确保其首领地位的确立与认同，也使朝贡者获得经济上的好处，恩威并施，双方各取"慕利"所需。回赐物品与贡品价值成正比，土司进贡物品越多、品质越好，回赐则越多。此外，还根据朝贡使臣的品级高低进行回赐。对于各类贡品，朝廷设有专门的管理机构及一定的交接制度。《明会典》相关记载如下：

> 湖广、广西、四川、云南、贵州腹里土官，朝觐进到方物及中途倒死马匹，例不给价。到京马匹，每匹赐钞一百锭，其赐各不同：凡三品、四品，回赐钞一百锭，彩段三表里（惟播州、贵州二宣慰使，赐锦二段、彩段六表里）。五品，钞八十锭，彩段三表里。六品、七品，钞六十锭，彩段二表里。八品、九品，钞五十锭，彩段一表里。杂职衙门并头目人等自进马匹方物，钞四十锭，彩段一表里（弘治十四年，琼州、崖州起送土官，每人赏钞三十锭，绢二匹，绢衣一套）。差来通事、把事、头目各钞二十锭，彩段一表里，随来土官弟男并把事头目人等，钞二十锭，从人伴吏钞十锭（播州差来长官，钞四十锭，一表里，通、把、头目人等各钞三十锭。贵州差来舍人，钞二百五十锭，二表里，把事十五锭，一表里，通事十锭，绢一匹，头目从人赏钞）。如例，凡进马一二匹及方物轻者，止照杂职例赏。嘉靖元年（1522）奏准，朝觐到京，以马数多寡为差，进马一二匹者，准一人作差来名色，赏钞二十锭，彩段一表里，三四匹者作二人，五六匹者作三人，彩段钞锭，照数递加。②

---

① 参见李云泉《朝贡制度的理论渊源与时代特征》，《中国边疆史地研究》2006年第3期。
② （明）申时行：《明会典》卷108《朝贡四·土官》。

其三在交通方面，朝贡为西南地区带来的沿途交通条件的改善成为"慕利"前提下朝贡制度安排的客观结果。朝贡本身是以地域为准绳向外拓展的，空间距离成为首要条件。由于西南地区地势复杂，山高谷深，山川阻隔成为对外交通的最大障碍，与外界交往历来不便。朝贡需要土司和朝贡人员跋山涉水，定期或不定期往返于边陲与京城之间，贡道的通畅与否至关重要。因此，中央及各地政府不仅要全面修缮朝贡道路，保障畅通，还要在沿途各省遍设驿站，为朝贡队伍提供食宿及所需的运输工具、草料等，甚至还要提供安全保障，确保朝贡的正常进行。"明代云南有两条著名的出国境至缅甸的道路，称'贡道上路''贡道下路'，或称'贡象上路'和'贡象下路'，顾名思义，是当时关于缅甸或边地少数民族入贡明朝所经由的两条重要道路。"①明时还规定，对于周边国家及少数民族边地进贡，各州府地方官和驿站官员要给予周到的接待，有责任"送往迎来，懋迁有无，怀柔远人而宣威德"。②驿站和沿途地方官转送朝贡使进京的制度一直延续到清代。道光年间，云南省有官员上奏："即贡使亦遂梯航之愿，至由滇起程，系照章由贵州、湖南、湖北、河南、直隶各省经过，会各省都抚，臣转敕沿途地方官，派人修理桥梁、道路，照例酌给马夫供应，以利遄行。"③

在元明清三代，中原王朝以强势姿态进入西南地区，运用各种有效手段对其实行强有力的开发，竭力将西南纳入与内地相一致的经营模式。对西南的经营思想不再局限于政治上的"归顺"和抵御外部势力入侵的屏障，而是将其视作国土的一部分，倾力进行开发：政治上的管理逐渐加强，趋向于和内地一致的制度模式；经济上大规模的移民垦殖，开发由内向外，范围不断扩大，使西南地区成为中央政权的重要经济来源。据此，中央将土司纳入国家行政系统与内地统治机构同样管理，出任土司有正式的品秩，在待遇、权利、义务等方面与内地官吏并无二致。土官受职后，就对中央王朝承担了贡赋的责任与义务，朝贡表示土司对中央王朝的臣服，纳赋表示土司地区归属中央王朝版籍。

元代，土司从归附起就要朝贡。朝贡的时间各土司不一致，但都有定数，有一年、两年或三年一次者，遇有重大喜庆节日，还要另有贡献。贡品主要为方物，品

---

① 陆韧：《云南对外交通史》，云南民族出版社1997年版，第224页。
② （清）陈梦雷编纂：《古今图书集成·方舆汇编·边裔典》第89卷《南方诸国总部》，中华书局1985年版，第25721页。
③ 岑毓英：《循例护解缅甸贡使晋京折（光绪元年乙亥二月二十日）》，李根源辑：《〈永昌府文征〉校注》（三）文录，云南美术出版社2001年版。

种、数量均有定额。土司朝贡后，元朝廷给予优厚的赏赐作为酬答。元代平定大理国后，即立赋法、定租赋。为此，普遍实行阅户籍民、清查民产和民田，建立户籍。赋有常赋（即常例的赋税）、增赋（即常赋之外岁增的赋税）。赋税的输纳主要是金银钞、粮、布三大类。一般来说，赋额较低，但这是土司对中央王朝是否臣服的重要标志，所以，对拒绝交纳赋税者，政府往往要发兵征讨。

明初，在明军强大军力的威慑和招抚之下，土司大多改旗易帜，归附朝廷，明廷对于"凡西南夷来归者，即用元官授之，而定其赋税差役，其土官名号曰宣慰司、曰宣抚司、曰招讨司、曰安抚司、曰长官司"。① 各个土司在接受政府月米的同时，也要承担向中央政府缴纳赋税差发并进京入贡的义务。土官缴纳的贡赋，通常以稻谷为计量依据，从一百五十石至八百石不等，这是土官承袭的前提条件之一。土司的赋税稻谷交到行省，作为地方储备或财政收入。在中央政府筹措某种费用（包括军粮）时，土司还必须提供银两和粮食。土司朝贡每三年入京一次，进贡马、象、孔雀、宝石等土特产品。②

清时，经过历代中央对土司的剿抚，各土司势力分割，部分地区内地化明显。清廷将土司集中分布的甘肃、四川、云南、广西、贵州等地建为直省，实施有效管理。在这种情况下，清廷已不需要土司进京朝贡表示臣属。顺治十二年（1655），云贵总督奏请停止土司进京朝贡，贡品送到省里，再以省解送京城。③ 到了康熙十一年（1672），清廷规定"土官袭职，停其亲身赴京"。④ 随着内地的巩固，清政府加强了对土司地区的管理，雍正年间加速改土归流的进程，改土归流、土流结合、改中有设、由大改小诸方针结合进行。湖广最为彻底，云南、贵州、广西以削地限权为主，四川保留了大量土司。土司仍享有对属地、属民的管辖权和一定的地方自治权，有缴纳赋税、守边卫土、随军出征的义务。中央的最终目的是将土司变成内地的府县，以地方督抚监管。

至此，清廷对土司的定位是"与内地编氓无异"，将大部分土司进京朝贡改为

---

① 万斯同：《明史》卷409《土司传·土司一》。

② 《大明会典》卷29及《明太祖实录》卷222载：洪武十五年，景东土知府一次进贡马160匹、银3100两、驯象2只；洪武十六年，寻甸土知府进贡马55匹及虎皮、毡衫等物；明永乐十二年，籠川平缅宣慰使思任发一次进贡马600匹及金银器皿多件。

③ 顺治十七年云贵总督赵廷臣"请停边贡，以省解送之"。（民国）刘显世、谷正伦修：《贵州通志·食货志·土贡附言》，贵阳书局1934年铅印本。

④ 龙云、卢汉修，周钟岳纂，牛鸿斌、文明元、李春龙等点校：《新纂云南通志》七，云南人民出版社2007年版，第660页。

贡赋制度，针对没有改流的土司，停止进京朝贡，保留贡品名义，规定以赋代贡的标准和缴纳方式，由各省地方直接管理。"凡宣慰、宣抚、安抚及长官等司之承袭隶兵部，土府、土州之承袭隶吏部，凡土司贡赋，或比年一贡，或三年一贡，各因其土产谷米牛马皮布，皆折以银而会计于户部。"①贡赋制度的特点在于：一是贡品折成银两缴纳，②入京朝贡成为一种荣誉而非普遍权利；二是由进京朝贡改为到当地缴纳，然后再统于户部，③与内地的赋税已经没有本质区别，土司不需要进京，朝廷也不需要回赐，减轻了双方的负担；三是土司一旦改土归流后，原土贡则一律豁免，与内地之民无异。④

从朝贡到贡赋，不只是纳贡方式的改变，更说明了自秦汉以后以朝贡为主的边疆治理与行政管理制度的变化与发展，即历史上长期以来一直与中原王朝保持藩属关系的西南民族和地区，不再以朝贡者的身份僻处边地，而是正式纳入清朝由中央直接控制的区域与范围，过去存在的中原王朝与边疆地区朝贡制度下的半隶属关系被清代中央与地方的完全隶属关系所取代。在从朝贡到贡赋制度变迁的轨迹中，集中体现了以政府为主导、自上而下的强制性制度变迁方式及特点。⑤随着中央政府对民族地区管理的加强，土司的战略地位下降，是中央政府为实现国家收益最大化而对政治与经济利益格局的重新调整与分配。

二、"慕义"——土司朝贡的非正式（软）制度建构：思想与文化

诺思认为，非正式制度（软制度）来自社会所传达的信息，是我们称之为文化与思想的一部分，传统文化是软制度的主要来源。非正式制度的建立早于正式制度，

---

① 魏源：《圣武记》卷9《雍正西南夷改流记》，中华书局1984年版。
② （清）谢启昆修《广西通志》卷2《训典》记载，乾隆二年，谕令四川贡马折银8两，广西折银8两。《大清会典事例》卷165《户部·土司贡赋》记载，嘉庆年间，广西布政使司所属土司岁贡马折银633两。
③ 嘉庆《四川通志》卷96、97记载：地方安抚司等"每年认纳麦粮一十五石七斗零五合赴茂州上纳"。瓦述色他长官司"每年认纳狐皮十五张折征银七两五钱解打箭炉同知衙门上纳"。
④ 嘉庆《广西通志》卷1《训典》，雍正五年十二月初九谕："泗城前系土府，是以有三年土贡之例。今既改土归流，自有纳赋税……着将土贡等物豁免。"
⑤ 诺思认为，制度变迁是制度不均衡时追求潜在获利机会的自发交替过程。制度变迁方式分为强制性制度变迁和需求诱致性制度变迁，强制性制度变迁是指国家在追求租金最大化和产出最大化目标下，通过政策法令实施的以政府为制度变迁主体、自上而下的制度变迁形式。参见卢现祥主编《新制度经济学》，武汉大学出版社2004年版，第174—177页。

后者是对前者的逐渐替代。① 在非正式制度中，意识形态处于核心地位，因为它不仅可以蕴涵价值观念、伦理规范、道德观念和风俗习惯，而且还可以在形式上构成某种正式制度安排的"先验"模式，即意识形态有可能取得优势地位或以"指导思想"的形式构成正式制度安排（硬制度）的"理论基础"和最高准则。在历史的发展过程中，"意识形态是主战场"。②

探究中国古代边疆民族地区朝贡制度建构、维系、发展的思想、文化、意识形态等非正式制度根源，主要发端于传统的"天下观"与"服事制"，其核心是儒家"大一统"思想，在建构和运行朝贡制度过程中"华夷之辨""因俗而治""修德怀柔远夷""厚往薄来""恩威并行"等思想在边疆朝贡制度发展过程中都发挥了程度不同的重要作用。③

传统以华夏文明为基础的古代中国，统治者十分重视"华夷有别"，并以此作为区分农业文明与其他文明、统治腹地与边陲地区的基本标准，提出"内华夏外夷狄""德泽洽夷""怀之以德"等观念，表现出明显的文化优越乃至文化自大的倾向。中原王朝的一些政治家，还分析了治边过程中德化（软制度）与军事（硬制度）相互依存的关系，如北魏高闾说："远人不服，则修文德以来之；荒狡放命，则播武功以威之。"④ 他以"文德"为治国要道五条中的第一条。唐人陆贽则提出"非德无以化要荒"，但"威不立，则德不能驯"的观点。⑤ 宋人亦有"威不足以服，则恩不足以怀"的说法。⑥ 明太祖朱元璋说："自古人君之得天下，不在地之大小，而在德之修否。"⑦ 明宣宗认为："若中国乂安，声教畅达，彼知慕义而来，王斯为善矣"，"能安中国者，未有不能驭夷者也。驭夷之道，守备为上。春秋之法，来者不拒，去者不追。盖来则怀之以恩，畔而去者，不穷追之"。⑧

---

① 就制度起源看，是先有非正式的习俗习惯、文化思想、伦理道德等制度，然后才有在此基础上形成的正式的法律、政治、经济制度等。非正式制度是正式制度产生的前提和基础，一定的正式制度常常是依据一定的价值观念、意识形态建立起来的；反之，一定的正式制度确立以后，必将约束人们的行为选择，并逐步形成一种新的行为习惯与社会文化，成为新的非正式制度。

② [美]道格拉斯·C.诺思著，陈郁、罗华平等译：《经济史中的结构与变迁》，第49页。

③ 参见程妮娜《古代东北民族朝贡制度史》，第572页。

④ （北魏）高闾：《请筑长城表》，陈延嘉等主编、（清）严可均辑：《全上古三代秦汉三国六朝文》第八册《全后魏文》卷30，河北教育出版社1997年版，第478页。

⑤ 《旧唐书》卷139《陆贽传》。

⑥ 《宋史》卷339《苏辙传》。

⑦ 《明太祖实录》卷76，洪武五年月辛未。

⑧ 《明宣宗实录》卷38，宣德三年二月。

在中原王朝发展的漫长岁月里，思想文化作为非正式制度的主要建构，在维护中央政治统治、行政管理与稳定社会秩序方面起到了不可替代的作用，并且这一作用一直在持续，渗透到社会生活的方方面面。因此，以内地的儒学文化熏陶边疆民族，广施德化，使之"慕义"并逐渐教化，一直是历代王朝重视的思想文化上（软制度）的治边方法，朝贡制度成为实施的载体。李秉曰："中国之待夷狄，来则嘉其慕义，而接之以礼，不计其物之厚薄也，若必责其厚薄，则虏性易离，而或以启衅，非圣朝怀远人厚往薄来之意。"① 中原王朝将与其发生联系的周边民族和国家纳入朝贡制度的框架，厚往薄来，更多的是追求君臣主从关系的名分或形式，进而形成通行天下的规范，而彼此之间等级的高低、地位的尊卑等，则多从朝贡文书和礼仪中有所反映。对边疆民族地区而言，"修德怀柔远夷"与"厚往薄来"成为主动归附中原王朝、确立和强化君臣观念的基础，即"慕义"的根本所在。

土司及贡使进京，沿途经过中原的广大地区，亲眼所见，亲耳所闻，接触汉族地区人民的生产生活方式，了解他们包括语言、思维、风俗习惯、价值观念等在内的各种非正式制度及构成，产生许多感性认识，随着朝贡次数的增多，逐渐对汉族为主导的中原文化形成认同，最终产生对中原王朝的归属感。诚如乾隆皇帝所言："此国家柔远绥遐之道，伊等目内地幅员之广，人民之富饶，回归土境，自必转相告语，同心向化。"② 清人记载四川土司"常往京师朝觐者，语言清利，全似燕音，几不复知为土著"，"其服饰仪文，虽中土人好自修饰者，亦无以过之"。③ 有的土司还在当地主动兴办教育，传播儒学，把华夏文明传播至边陲之地，使边地观念、习尚与内地逐渐合流。④ 在思想文化（软制度）潜移默化的作用中，通过朝贡传播文化的"慕义"与同心向化作用显而易见。

与此同时，在文化交流与传播的非正式制度安排中，中原王朝对边疆诸族进行教化，以推行教育取得的效果最为显著。弘治十四年（1501），明朝规定"土官应袭子弟，悉令入学，渐染风化，以格冥顽。如不入学者，不准承袭"。⑤ 明清两代在边

---

① 《明宪宗实录》卷35，成化二年十月甲寅。
② 程贤敏选编：《清〈圣训〉西南民族史料》，四川大学出版社1988年版，第56页。
③ 李心衡：《金川琐记》卷6，中华书局1985年版。
④ 欧阳玄《升州为路记》记载，（元）姚州路总管高明（白族土司）"近聘荆、益、关、陕之士以为民师，远购洙、泗、濂、洛之书以为民学，异时烨然，声容文物之盛，非蜀之文翁、闽之常衮欤？"
⑤ 《明史》卷310《土司·湖广土司·保靖州军民宣慰使司》。

疆办学达到较大的规模，并产生了深远影响。以西南边疆为例，据《滇志》记载统计，明代天启时云南省有儒学 63 所，包括府学 16 所，州学 23 所，县学 22 所，义学 2 所；另有社学 163 所，书院 48 处和文庙 4 处。崇祯末年，云南省有儒学 73 所，书院 65 处。① 清朝亦重视发展边疆教育，顺治十八年（1661），云南巡抚袁懋功上疏，建议于各地学校开课教诲土官子弟"俾知礼仪"，获准。康熙三十三年（1694），清廷在曲靖、澄江、广西、元江、开化、顺宁、武定、景东等八府设府学，在寻甸、建水等十七处州县设训导。以后又增设不少儒学、书院、义学和私学，义学多设于边疆地区。康熙至光绪间，云南府厅州县建义学 866 所，其中一些位于偏远地区。如腾越厅有义学 60 所，蒙化厅有 35 所。明代无办学记载的丽江，清代亦建义学 27 所。②

在土司进京朝贡的整个过程中，从中央到各级地方都非常重视礼仪问题，朝贡礼仪作为朝贡制度中重要的组成部分，历来为统治者所重视。诚如 18 世纪的法国启蒙思想家孟德斯鸠所认为的那样，中国人"把宗教、法律、风俗、礼仪都混在一起。所有这些东西都是道德。所有这些东西都是品德。这四者的箴规，就是所谓礼教。中国统治者就是因为严格遵守这种礼教而获得了成功"。③ 不仅朝贡奏章用语非常讲究上下尊卑，贡使到京后要先到礼部学习相关礼仪，练习一段时间礼节后才能觐见皇帝，觐见时一定要行跪拜之礼等，而且在土司进贡时除了赏赐外，还要举办宴席款待土司，并提前为土司宴请做出详细安排，包括宴席的流程、宴请食品、接待人员等，既体现中央对土司朝贡的高度重视，皇恩浩荡，也借此彰显以礼相待、以德怀远的中原文化的尊卑有序、德化浸润等。《明会典》对此有详细记载：

> 洪武二十六年，每正一桌，果子五色，按酒五色，汤三品，小割正饭用羊。
>
> 永乐元年，上桌按酒五般，果子五般，烧煠五般，茶食、汤三品，双下大馒头、羊肉饭，酒七钟；中桌按酒、果子各四般，汤二品，双下馒头、牛马羊肉饭，酒五钟。
>
> 天顺元年，上桌高顶茶食云子麻叶大银锭油酥八个，棒子骨二块，凤鹅一

---

① 参见方铁主编《西南通史》，中州古籍出版社 2003 年版，第 753 页。
② 参见《清圣祖实录》卷 2；《清圣祖实录》卷 164；《新纂云南通志》卷 134 至 136《学制考》。
③ ［法］孟德斯鸠著、张雁深译：《论法的精神》（上册），商务印书馆 1978 年版，第 313 页。

只，小银锭笑靥二碟，茶食、果子、按酒各五般，米糕二碟，小馒头三碟，菜四色，花头二个，汤三品，大馒头一分，羊背皮一个，添换小馒头一碟，按酒一般，茶食一碟，酒七钟；中桌宝妆茶食云子麻叶二碟，甘露饼四个，鲊鱼二块，大银锭油酥八个，小银锭笑靥二碟，果子、按酒各五般，菜四色，花头二个，汤三品，马肉饭一块，大馒头一分，添换小馒头一碟，羊肉一碟，茶食一碟，酒七钟；下桌宝妆茶食大银锭油酥八个，煠鱼二尾，果子、按酒各四般，菜四色，汤三品，马肉饭二块，大馒头二分，酒七钟。

弘治十年，令会同馆宴待夷人，礼部属官一员，光禄寺正官一员巡看，务要桌面丰腆，酒味真正。宴毕，待宴大臣宣布朝廷优待至意，回还之后各守恭顺，管束部落，毋得生事扰边。①

此外，在朝贡使臣不断往来于中原与边疆的过程中，朝贡也成为中原王朝与边疆民族首领获取双方信息的最直接、最便捷渠道，可以了解与把握中央对地方、地方对中央的态度与政策，边疆民族状况和边地局势变化等，从而为边疆管理提供决策依据。

至于中原王朝统治者实施朝贡制度更多是为了追求朝贡的道德或文化价值，还是出自固边安邦的现实考虑，"慕利"与"慕义"孰轻孰重，抑或两者兼而有之，则会因时、因势而异，呈现出在朝贡制度发展与变迁过程中的博弈与均衡。

三、"利"与"义"——土司朝贡制度中的博弈与均衡

制度是一系列被制定出来的规则、秩序和行为道德、伦理规范，旨在约束主体福利或效用最大化利益的个人（或集体）行为。②制度是一种社会博弈规则，控制着博弈中的个人或集体选择，为决策提供依据。制度形成是多次博弈的结果，也是博弈均衡，有学者将其看作是博弈的参与人、博弈规则和博弈过程中参与人的均衡策

---

① （明）申时行等修、赵用贤等纂：《大明会典》卷114《精膳清吏司·管待番夷土官筵宴》，《续修四库全书（第791册）·史部·政书类》，上海古籍出版社1996年版，第156页。
② 参见［美］道格拉斯·C.诺思著、刘守英译《制度、制度变迁与经济绩效》，上海三联书店1994年版，第225—226页。

略。①从深层次看，历史上的任何制度，都是当时利益博弈与均衡选择的结果。朝贡制度作为中国古代中原王朝处理与边疆少数民族关系及与周边国家对外关系的一项基本制度，表示的似乎是一种单向的活动，甚至有人把朝贡误解成以中原王朝为主导、凭借强大的政治与经济实力优势把自身的想法强加给周边邻国以及边疆少数民族的结果。实际上，在朝贡制度产生与推行的过程中，更多体现出的是各方博弈下"利"与"义"的冲突与均衡、竞争与合作的多层次、复合性结构关系。

从宏观上看，一直以来，中原王朝政权进行国家治理的重要内容之一就是统一边疆，将边疆民族从自立纳入国家有效管理的过程，任何中原王朝都追求对边疆民族的直接管理。而边疆民族僻处边地，环境艰险，强悍自立，大都具有较强的民族意识。即使是在汉唐、明清王朝强盛时，边疆各族仍各呈其强。虽然历代君王强调以治理为根本，以利益为导向，以朝贡为载体，以文化为先行，臣服各族，设府州，开贸易，办儒学，派官督理，但边疆民族又保持着程度不等的自治，国家统一在每个朝代都会出现反复。故中原王朝治边之要是先将边疆民族纳入国家统一的管理中，因俗而治，这个过程既艰苦又漫长，要付出巨大的人力、物力。更何况这样的内地化进程往往会改变边疆民族固有的风俗习惯，并直接涉及土司等既得利益集团的直接利益，因而各方阻力不小，始终贯穿着中央与地方各民族上层势力的政治与经济博弈。

就微观层面来看，朝贡是包含朝贡方与纳贡方的双向交往制度，政治与经济利益是双方博弈的前提与基础，互利互惠成为制度均衡的结果，这也是朝贡制度得以长期维系的根本原因所在。当然，在贡封双方的博弈中，各自的利益标准与原则不尽相同。对于居于宗主方的中原王朝而言，在"厚往薄来"的原则下，朝贡使团到来不仅要为其提供衣食住行等之便，更要回赐丰厚的物品，以示王朝的昌盛与怀柔，在看似不计成本的交往中，将政治目的寓于经济活动中，寻求的是"守在四夷"的周边统一与安全。此外，与博弈中可能出现的双方战争的结果相比，机会成本的考量至关重要。若以战争为主要手段，不仅代价高，实际支出往往高于封赏费用，而且治边效果未必理想，朝贡是更安全的一种防御制度。

---

① 日本学者青木昌彦认为："制度是关于博弈如何进行的共有信念的一个自我维系系统。制度的本质是对均衡博弈路径显著和固定特征的一种浓缩性表征，该表征被相关域几乎所有参与者所感知，认为是与他们策略决策相关的。这样，制度就以一种自我实施的方式制约着参与者的策略互动，并反过来又被他们在连续变化的环境下的实际决策不断再生产出来。"[日]青木昌彦著、周黎安译：《比较制度分析》，上海远东出版社2001年版，第28页。

对于称臣纳贡的边疆民族而言，经济上通过朝贡能够得到丰厚的赏赐物品以及交易之利，促进边疆与内地的双边贸易与经济交流，获取经济利益的最大化。在政治上，通过对中央王朝的政治臣服、接受封号等，实现对其认同，同时在保持自治的前提下又获得政权合法性的凭证，甚至在遇到外来侵略时，还可获得中原王朝的军事保护和援助，最终达成双方互利共赢的均衡局面。费正清曾说："对于中国的统治者而言，朝贡的道德价值是最重要的；对于蛮夷来说，最重要的是贸易的物质价值。"① 其实，很难区分"利"与"义"，政治、经济与文化因素在朝贡制度中谁更为重要，"这个制度的功能在皇帝看来主要是维护中国作为'中央国家'的安全和不可侵犯性。在贡国方面，它们获得的利益更多。它们的统治者由于皇帝的册封，统治合法化，因而他们的统治权威在人民面前提高了。他们受到帝国的保护而防止外国的侵略，而且还可以在遭受自然灾害时请求援助。由于朝贡，贡国从皇帝那里得到丰盛的赠品，而且更重要的是，它被允许与中国进行有利的贸易。朝贡关系也加强了双方之间的文化关系"。②

"土司制度的核心内容，就是明确规定地方土司与封建中央王朝之间的关系，具体体现在封建王朝所采取的一系列管理和控制土司的制度与措施之中。"③ 土司制度的推行，使得中央王朝和西南各民族上层在政治互利的基础上结成了政治与经济同盟。中央政府通过土司制度笼络各民族上层为其"谨守疆土，修职贡，供征调"，④ 使其统治"大为恢拓"，而各民族上层则通过中央政府的封赐取得对当地统治的合法地位，确保自身利益最大化。《明史》对此记载称：

> 西南诸蛮夷朝贡，多因元官授之，稍与约束，定征徭差发之法……其府州县正贰属官，或土或流，皆因其俗，使之附辑诸蛮，谨守疆土，修职贡，供征调，无相携贰。有相仇者，疏上听命于天子。⑤

在土司对中原王朝的朝贡中，中央从政治和经济上明确规定了土司应尽的职责

---

① 参见李云泉《朝贡制度的理论渊源与时代特征》，《中国边疆史地研究》2006年第3期。
② 王铁崖：《中国与国际法——历史与当代》，中国国际法学会主编：《中国国际法年刊（1991）》，中国对外翻译出版公司1992年版，第18—19页。
③ 蓝武：《从设土到改流——元明时期广西土司制度研究》，广西师范大学出版社2011年版，第220页。
④ 《明史》卷76《职官志五》。
⑤ 《明史》卷76《职官志五》。

和义务,"其所以图报于国家者,惟贡、惟赋、惟兵",①要"贡方物,表诚敬",②对土司朝贡的时间、人数、物品和纳赋等方面均有严格限制,进而实现对土司的有效控制,所谓"土地既入版图,当收其贡赋",③"岁输贡赋,示以羁縻",④"于厚往薄来之中,默寓招夷来远之道",将土司的进贡完全置于国家的严格控制之下,"如身之使臂,臂之使指,凡所调遣,莫敢不服"。⑤可见朝贡所具备的政治与经济意义同样重要。

由于朝廷赋予地方土司的权力过于庞大和集中,导致土司地区"山高皇帝远",具有很强的独立性与自主性,为确保自身利益最大化,双方在博弈中始终存在着合作与竞争、控制与反控制的关系。⑥土司一方面既是王朝统治边疆民族地区的有力助手,另一方面其势力的不断膨胀又使王朝深感畏惧,在不断完善各项制度的同时加强对土司的控制,采取各种限制措施。当中央政府借助土司制度稳固了对西南各少数民族的统治之后,便力图从这些地区获取更多的贡纳,实现国家收益最大化,需尽可能排挤掉土司,进行改土归流,以便实现对该地区的直接统治。最终,随着清代"改土归流"的日益推行,土司进京朝贡被废止,改为贡赋制度,折银征收,即是各方博弈后中央与地方政治格局的重新调整与经济利益的重新分配。至此,中原王朝与边疆民族的朝贡制度也仅剩下"天下共主""德泽洽夷"的表象意义,而此后以周边国家关系为主的朝贡制度恰好形成了由内而外、由传统的朝贡关系向近代条约制度的过渡与转变。

原载《中国边疆史地研究》2017年第1期,

本文刊发时作者为历史学博士,

云南大学历史与档案学院副院长、历史系主任、教授、博士生导师。

---

① (明)张萱:《西园闻见录(十)》卷79《土官》,沈云龙《元明史料丛编》(第二辑),文海出版社1988年影印本。
② 《明太祖实录》卷88,洪武七年三月癸巳。
③ 《明史》卷312《四川土司传二》。
④ 《明史》卷311《四川土司传一》。
⑤ (明)杨一清:《条处云南土夷疏》,陈子龙等《明经世文编》卷119,中华书局1962年影印本。
⑥ 《明史》卷311《四川土司传》对四川土司有如下记载:"夷性犷悍,嗜利好杀,争相竞尚,焚烧劫掠,习以为恒。去省窎远,莫能控制,附近边民,咸被其毒。皆由规模草创,未尝设立文武为之钤辖,听其自相雄长。虽受天朝爵号,实自王其地。"

朝贡制度与东亚地区传统国际秩序

——以16—19世纪的明清王朝为中心

陈尚胜

本文所说的"东亚地区",是指历史上使用汉字文化的中国、朝鲜(韩国)、日本以及越南诸国。学术界对于这一地区传统国际秩序的研究,肇自美国学者费正清(John Fairbank)。1963年和1965年间,他在美国先后组织过两次国际学术研讨会,分别讨论"东亚的国际秩序"和"中国的世界秩序"问题,并将"朝贡"制度作为分析东亚国际秩序和中国的世界秩序的基本模式。① 此后,"朝贡"制度逐渐成为西方学术界研究清朝以至整个中国传统对外关系的主流分析模式。② 近年间,我国学者也比较关注并撰文讨论,而且,人们不仅关注它的"历史性"内涵,还特别重视它在"现代性"背景下的转换。③ 不过,东亚地区传统国际秩序是否由"朝贡"制度所

---

① 关于两次会议的主要论文,会后由John K. Fairbank编集出版:*The Chinese World Order: Traditional China's Foreign Relations*, Harvard University Press, 1968。在这本论文集中收有Hae-Jong Chun, Ta-tuan Ch'en, Truong Buu Lam, Joseph Fletcher, John E. Wills, Jr., David Farquhar等人讨论清朝与朝鲜、清朝与琉球、清朝与越南、清朝与中亚、清朝与荷兰关系以及清朝对蒙古政策等方面的论文。近年,中国学者杜继东先生已将此论文集翻译成汉文,并由中国社会科学出版社于2010年出版。

② 关于这一方面的论著,可参见:Cranmer-Byng, J.L, "The Chinese Perception of a World Order", *International Journal* 24-1(1969), pp.166-171; Nigel Cameron, *Barbarians and Mandarins*(《外夷与官员》), University of Chicago Press, 1970; Morris Rossabi, *China and Inner Asia: From 1368 to the Present Day*, Pica Books (New York), 1975; Sarasin Virphol, *Tribute and Profit: Sino-Siamese Trade, 1652-1853*, Harvard University Press, 1977; Jonathan Spence and John Wills Jr. eds., *From Ming to Qing: Conquest, Region and Continuity in Seventeenth-Century China*, Yale University Press, 1979; Key-Hiuk Kim, *The Last Phase of the East Asian World Order: Korea, Japan, and the Chinese Empire, 1860-1882*, University of California Press, 1981; Aubery Singer, *The Lion and the Dragon: The Story of the First British Embassy to the Court of the Emperor Qianlong in Perking 1792-1794*, Barrie & Jenkins, 1992; Robert Bikers, ed. *Ritual and Diplomacy: The Macartney Mission to China 1792-1794*, The British Association of Chinese Studies and Wellsweep Press, 1993.

③ 本文所说的东亚地区传统国际秩序,是指在接受西方"条约体系"之前的以"朝贡制度"及"封贡关系"为核心的国际秩序。参见尚会鹏《"伦人"与"天下"——读以朝贡体系为核心的古代东亚国际秩序》,《国际政治研究》2009年第2期;[韩]郑容和:《从周边视角来看朝贡关系——朝鲜王朝对朝贡体系的认识和利用》,《国际政治研究》2006年第1期;付百臣:《略论日本在东亚朝贡体系中的角色和作用》,《社会科学战线》2007年第6期;周方银、高程主编:《东亚秩序:观念、制度与战略》,社会科学文献出版社2012年版。

构建，除了人们通常考察的中国封建王朝在与东亚邻国交往过程中推行"朝贡"制度的史实外，我们有必要关注朝鲜、日本以及越南诸国在地区国际事务中是否认同并采用这种交往模式。如果上述诸国认同并采用这种"朝贡"制度的交往模式，我们还应就朝贡制度对于东亚地区传统国际秩序尤其是地区安全有无保障作用进行考察。我认为，这些都是关乎它的"历史性"与"现代性"的重要问题。因此，本文拟以与现代紧密关联的16—19世纪为中心，对明清王朝如何通过朝贡制度机制处理与周邻国家的双边关系和地区安全问题进行讨论。

一、古代东亚邻国对朝贡制度的认同问题

对于学界多数人把"朝贡"制度视为古代中国与周邻诸国政治关系的基本模式的看法，近年有学者结合古代中国与东南亚诸国关系撰文提出批评，认为中国古代朝贡制度是一种虚幻的联结，更多时候只是中国封建王朝的一厢情愿而已。① 因此，我们很有必要考察同处东亚地区的朝鲜、日本、越南以及琉球诸国，对于中国封建王朝实行朝贡制度的反应和接受情况。

作为一种涉外制度的"朝贡制度"，② 它究竟肇始于何时？从史书记载来看，可知开始于西汉初期。据《史记》记载，南越王赵佗，本为秦朝南海郡龙川县令，后趁秦末之乱而自立为南越王。刘邦"定天下，为中国劳苦，故释佗弗诛。汉十一年，遣陆贾因立佗为南越王，与剖符通使，和集百越，毋为南边患害，与长沙接境"。③《汉书》中也记载，高祖"使陆贾即授玺绶，它（佗）稽首称臣"。④ 武帝初期，南越王还遣其太子入长安宿卫。而武帝后期，南越国王室请求内属，其身份也由汉朝的"外臣"转化为"内臣"。

在朝鲜半岛，据《史记》记载，燕人卫满于西汉初年率众破朝鲜而自立为王。"会孝惠、高后时天下初定，辽东太守即约满为外臣，保塞外蛮夷无使盗边，诸蛮夷

---

① 庄国土：《略论朝贡制度的虚幻：以古代中国与东南亚的朝贡关系为例》，《南洋问题研究》2005年第3期。
② "朝贡"制度，源于诸侯觐见周天子并向周天子进献贡品。后来，开始用于境内"藩臣"以及境外"藩臣"对中原地区封建王朝皇帝的觐见和进献活动。本文专门讨论境外范围的"藩臣"。
③ 《史记》卷113《南越列传》。
④ 《汉书》卷1下《高帝本纪》。

君长欲入见天子,勿得禁止。以闻,上许之。以故满得兵威财物侵降其旁小邑。"① 文中的"约",据高明士解释,当为"券书"言语之约。② 由此可见,在汉惠帝以及吕后执政时期,汉朝通过与卫氏朝鲜的"券书"言语之约,使朝鲜国王成为"外臣"。而作为"外臣"的重要义务,不仅自身要派遣使者向汉朝皇帝朝贡,而且也不能阻拦周邻"蛮夷君长"朝见汉朝"天子"。公元前2世纪末,由于人口之争而双方互相暗杀对方边将,汉武帝兴兵消灭卫氏政权,在朝鲜半岛北部设置乐浪等四郡。③ 而朝鲜半岛南部的韩人部落,也因此服属汉朝与曹魏的乐浪郡,"四时朝谒";"自服印绶、衣帻千有余人"。④ 两晋南北朝以及隋唐时期,朝鲜半岛出现了高句丽、百济和新罗三个政权。公元427年迁都到朝鲜半岛北部的高句丽,曾先后向前燕、后燕、东晋、北魏、南朝各政权、东魏、北齐、陈、隋、唐等朝贡,并获得这些政权的册封;位于汉江流域的百济,也先后向东晋和南朝宋、齐、梁、陈等政权以及隋朝、唐朝朝贡,并受到这些政权的册封;而偏居朝鲜半岛东南部的新罗,则先后向南朝的宋、齐、梁以及北齐政权和隋朝、唐朝朝贡,也受到相应的册封。⑤ 新罗和唐朝也保持着频繁的朝贡。⑥ 高丽王朝统治朝鲜半岛时期,也先后向后唐、后晋、后汉、后周、北宋、辽朝、金朝、元朝以及明朝称臣朝贡,其国王则相应受到这些政权的册封。⑦ 李成桂夺取政权后,即遣使明朝"请更国号",提出"朝鲜"与"和宁"两个国号方案,由明太祖确定为"朝鲜"。此后,朝鲜"贡献,岁辄四五至焉"。⑧ 清初,皇太极曾要求朝鲜断绝与明朝的朝贡往来,在朝鲜拒绝后即对该国发动战争,从而用武力迫使朝鲜放弃明朝并向其称臣。清朝定都北京后,为消除以前的战争阴影,对朝鲜主动加强了"怀柔"政策,而朝鲜每年定期向清朝派遣"三节使团"(指春节、冬至、皇帝生日三节),直至19世纪末一直向清朝朝贡。1894年清朝在甲午战争中战败,日本通过《马关条约》废止了朝鲜向清朝修贡典礼。⑨ 上述考察表明,

---

① 《史记》卷115《朝鲜列传》。
② 参见高明士《天下秩序与文化圈的探索——以东亚古代的政治与教育为中心》,上海古籍出版社2008年版,第76页。
③ 参见《汉书》卷95《朝鲜传》。
④ 《三国志》卷30《东夷传》。
⑤ 参见陈尚胜《分裂时代的外交竞争——魏晋南北朝时期的中韩关系述评》,北京大学韩国学研究中心:《韩国学论文集》第6辑,新华出版社1997年版。
⑥ 参见《旧唐书》卷199上《东夷列传》。
⑦ 参见《高丽史》卷1至卷46《世家》。
⑧ 《明史》卷320《朝鲜传》。
⑨ 王铁崖编:《中外旧约章汇编》第一册,三联书店1957年版,第614页。

朝鲜半岛上的政权接受了中国封建王朝的"朝贡"模式，并以"属国"的身份开展相互间的政治往来。

非但如此，朝鲜半岛上的政权，也将"朝贡"制度运用于周边弱小部落，用以构筑自己的周边秩序。早在汉武帝统治之初，朝鲜半岛上的卫氏政权，就曾"得以兵威财物侵降其旁小邑，真番、临屯皆来服属，方数千里"。① 高丽政权也曾以女真等部落为招抚对象，并一度开展由这些部落向他们"朝贡"的政治往来。② 高丽末期更是趁元明鼎革而东北地区王朝管理失控之际，积极推行北进的拓疆政策，大力招纳女真各部作为自己的藩屏。③ 此后的朝鲜王朝仍然继承了这一政策，大力招抚女真人并使他们向自己朝贡，直至努尔哈赤的建州女真势力兴起才改变这种政治关系结构。④ 同时，朝鲜还曾对海外的对马、琉球王国等政权，采用"朝贡"制度模式开展政治交往，力图构筑自己在海外世界的藩属体系。⑤

日本则是在汉武帝于朝鲜半岛设立乐浪等四郡以后，开始与汉朝进行政治交往的。据《史记》载，"乐浪海中有倭人，分为百余国，以岁时来献见云"。⑥ 在东汉建国之初的"中元二年，倭奴国奉贡朝贺，使人自称大夫，倭国之极南界也，光武赐以印绶"。⑦ 十分难得的是，东汉光武帝赐予倭奴王的这枚金印，1784年竟被发现于日本北九州的志贺岛，印文为"汉委奴国王"。⑧ 它表明，日本早在公元前后即已接受了汉朝的朝贡制度。此后，日本近畿的邪马台国对中国曹魏政权，飞鸟时代（600—710）、奈良时代（710—794）以及平安时代（794—1184）初期的倭国对中国的唐朝，皆有定期的朝贡。⑨ 只是平安时代中后期以及镰仓幕府统治时期（1069—1333），日本未向中国的宋朝和元朝进行朝贡。但到南北朝时期（1334—1392）以及室町幕府时期（1392—1573），日本又对明朝开展朝贡往来。⑩

不过，日本进入安土桃山时代（1573—1600）以后，不仅再未向中国明朝

---

① 《汉书》卷95《朝鲜传》。
② 参见［朝］李万运《增补文献备考》卷171至卷173《交聘考》，韩国明文堂1959年版。
③ 参见《高丽史》卷46《恭让王世家》。
④ 参见于晓光《明朝与朝鲜围绕女真人的交涉问题研究（1368—1619）》，山东大学博士学位论文，2006年。
⑤ 参见 Kenneth R.Robinson, "Centering the King Choson: Aspects of Korean Maritime Diplomacy, 1392-1592", *the Journal of Asian Studies* 59, no.1（February 2000）, pp.109-125.
⑥ 《汉书》卷28下《地理志下》。
⑦ 《后汉书》卷85《东夷列传》。
⑧ 参见［日］木宫泰彦著、胡锡年译《日中文化交流史》，商务印书馆1980年版，第12页。
⑨ 参见《三国志》卷30《东夷传》；《旧唐书》卷199上《东夷列传》。
⑩ 参见《明史》卷322《日本传》。

以及清朝称臣进贡，而且其关白丰臣秀吉也曾运用朝贡制度来构建日本的华夷秩序。① 1588年，丰臣秀吉通过萨摩藩岛津义久送达文书给琉球国王尚永："方今天下一统，海内向风，而独琉球不供职。关白方命水军，将屠汝国。及今时，宜遣使谢罪，轮贡修职，则国永宁，兹特告示。"② 显然，这是丰臣秀吉要求琉球国王向自己朝贡。1591年秋，丰臣秀吉又委托商人带书到吕宋："自壮岁领国家，不历十年而不遗弹丸黑子之地，域中悉统一也。由之三韩、琉球远邦异域，款塞来享。今也欲征大明国，盖非吾所为，天所授也。如其国者（按：此指吕宋），未通聘礼，故先虽欲使群卒讨其地，原田孙七郎以商船之便，时来往此，故绍介近臣曰：某早到其国，而备可说本朝发船之趋，然则可解辨献筐云。不出帷幄，而决胜千里者，古人至言也。故听褐夫言，暂不命将士，来春可营九州肥前。不移时日，可偃幡而来服。若匍匐膝行于迟延者，速可加征伐者必矣。勿悔，不宣。"③ 由此来看，他还希望把吕宋招纳到朝贡日本的藩属国中。1592年，丰臣秀吉又招谕台湾高山国："夫日轮所照临，至海岳、山川、草木、禽虫，悉莫不爱他恩光也。予际欲处慈母胞胎之时，有瑞梦，其夜已日光满室，室中如昼，诸人不胜警惧。相士相聚，占筮之曰：及壮年，辉德色于四海……冠盖相望，结辙于道，争先而服从矣。朝鲜圀者，自往代与本朝有牛耳盟，久背其约。况又予欲征大明之日有反谋，此故命诸将伐之。国王出奔，贼付一炬也。闻事已急，大明出数十万援兵，虽及战斗，终依不得其利。来敕使本邦肥之前州而乞降，由之筑数十个城营，收兵于朝鲜城中庆尚道，而屡决真伪也。如南蛮、琉球者，年年献土宜，海陆通舟车，而仰我德光。其国（按：指高山国）未入幕中，不庭之罪弥天。虽然，不知四方成享，则非其地疏志，故原田氏奉使命而发船。若是不来朝，可令诸将攻伐之。生长万物者日也，枯渴万物者亦日也。思不具。"④ 丰臣秀吉在这份国书中，运用了儒学的天命观来招谕外国，自称上承天命统一日本，而海外诸国也要秉承天命向他朝贡。他同时还向海外国家宣称，自己已发兵征讨大明，胜利指日可待。显然，丰臣秀吉是要在东亚地区建立以日本为中心的国际关系秩序。

事实上，丰臣秀吉正是在1592—1598年间发动了侵略朝鲜的文禄—庆长之役

---

① 参见陈文寿《近世初期日本与华夷秩序研究》，香港社会科学出版社2002年版，第33—55页。
② 伴信友：《中外经纬传》。转引自郑樑生《明日关系史研究》，东京雄山阁1985年版，第455页。
③ ［日］村上直次郎：《吕宋の入贡を促したる秀吉の書翰について》，《史学杂志》第36编第5号。转引自郑樑生《明日关系史研究》，第462页。
④ ［日］菅政友：《豊太閤贈台湾文》，《大八洲杂志》第二十七号。转引自郑樑生《明日关系史研究》，第463页。

（朝鲜称为壬辰—丁酉倭乱，明朝称为援救朝鲜之役），①企图以朝鲜为跳板进攻明朝。丰臣秀吉在战争过程中，甚至还提出过占领中国以后的"大唐关白"人选。②然而，丰臣秀吉本人却因发动这场战争未能如愿而一命呜呼。不久，德川家康在日本成为征夷大将军，灭丰臣遗族，建立起江户幕府。德川家康鉴于丰臣氏发动的侵朝战争失败，不得不改变对外扩张目标。1609年春，江户幕府通过萨摩藩加强了对琉球王国的军事行动，迫使琉球国王尚宁向萨摩藩称臣进贡。其实，德川家康的外藩国家目标并不仅仅是琉球，他还希望"朝鲜入贡，琉球称臣，安南、交趾、占城、暹罗、吕宋、西洋、柬埔寨等，蛮夷之君长酋帅，各无不上书输宾"。③显然，丰臣氏在东亚地区构建以日本为中心的国际秩序目标，已为德川氏所继承。

越南自脱离中国封建王朝管辖而独立建国后，也对中国各王朝称臣纳贡。公元10世纪初，交州土豪曲承美趁唐末五代割据之乱，自称节度使据有安南，后来曲氏虽被南汉将领所擒，但交州却陷入战乱。939年，据有交州的吴权击败南汉军队，"置百官，制朝仪，定服色"，④从此安南开始独立建国。安南独立后，曾先后有丁朝（968—980年）、前黎朝（980—1009年）、李朝（1009—1225年）、陈朝（1225—1400年）、胡朝（1400—1407年）、后黎朝（1428—1789年）、西山政权（1789—1801年）、阮朝（1802—1945年）政权，皆以"朝贡"的方式与宋朝、元朝、明朝、清朝开展政治往来。而且，"越南"作为国名，也是清朝对阮朝国王册封的结果。据史书记载："该国长请锡新封，陈明该国系先有越裳之地，今并有安南，不愿忘其世守，吁恳仍以'南越'名国。经疆吏据情入告，部臣议驳，以'南越'命名，与徼外封域未协。特念其叩关内附，敬抒悃忱，命用'越南'二字，以越字冠于上，仍其先世疆域；以南字列于下，表其新锡藩封。"⑤

越南历代王朝不仅完全采用了"朝贡"制度与中国各代王朝开展官方往来，而且其也以"朝贡"模式开展与周邻弱小部落和国家的政治交往，以建立自己的区域秩序。如阮朝鼎盛时曾对外称："缅甸附边则却之，万象有难则救之，多汉、南掌、火舍，慕爱义来臣，勉之以保境安民。至于洋外诸夷，如英吉利、富浪沙，于清、

---

① 参见樊树志《万历年间的朝鲜战争》，《复旦学报》2003年第6期。
② [日] 福尾猛市郎监修：《日本史史料集成》，第一学习社1980年版，第160页。
③ 京都史迹会编：《林罗山文集》，弘文社1930年版，第130页。
④ 陈荆和编校：《大越史记全书》外纪卷5，东京大学东洋文化研究所附属东洋学文献中心1984年版，第169—176页。
⑤ 《清仁宗实录》卷115，嘉庆八年六月己丑。

暹罗所傲视者，亦皆闻风而臣服。"①

与上述三国相比较，琉球王国加入对中国封建王朝"朝贡"的队伍时间相对较晚。直到明朝洪武五年（1372），明太祖派遣杨载诏谕琉球来朝，琉球遂派人前来明朝进贡。②从此，琉球王室被明朝以及后来的清朝规定为二年一贡，但琉球却不断以"探贡""接贡"等名义加派船只入闽，直到光绪五年（1879）其被日本吞并为止。琉球王室之所以积极入贡，无疑缘于重要的经济利益（财政）和政治利益（国家安全）。③其实，基于政治利益和经济利益的考量，也并非琉球王国所独有。从朝鲜、越南历代政权方面看，通过"朝贡"的方式与中国封建王朝发展政治关系，可以得到实力强大的中国封建王朝的政治认可，既可以维护自身的生存，也可以从外部空间获得该王权在本国统治的合法性。有人还认为是为了从中国获得贸易机会，④其实从宋朝、辽朝、金朝、元朝以及清朝所实施的商民互市制度看，这些国家也可以通过民间渠道得到这种贸易机会。显然，它不能成为朝鲜和越南各政权为了获取贸易机会而对中国封建王朝进行"朝贡"的理由。只有日本对隋唐王朝的朝贡，缘于引进中国文化以进行社会变革的需求；而室町幕府对于明朝的朝贡，则在于追逐自己的财政经济利益，⑤一旦中日民间海上贸易开通，日本对中国封建王朝的"朝贡"也就难以为继。由此可见，中国封建王朝所推行的"朝贡"制度体系，在古代东亚邻国中得以采纳，朝、日、越、琉各国所采纳的原因也不完全相同。也正是如此，日本于16世纪就已摆脱了中国封建王朝的"朝贡"体系，而琉球、越南和朝鲜三国则分别在日本以及法国的外力作用下，被迫终结了他们对清朝的"朝贡"。

二、朝贡制度与封贡关系

上节考察表明，朝鲜、日本、越南等国政权都曾不同程度地接受中国封建王朝的册封，而16—19世纪的朝鲜、日本、越南等国政权在与周边弱小国家交往过程

---

① ［越南］潘叔直辑：《国史遗编·明命政要·柔远》，香港中文大学新亚研究所1965年版，第312页。转引自韩东育《"华夷秩序"的东亚构架与自解体内情》，复旦大学文史研究院编：《从周边看中国》，中华书局2009年版，第82页。
② 参见《明太祖实录》卷71，洪武五年正月甲子；卷77，洪武五年十二月壬寅。
③ 参见［日］宫田俊彦《琉明·琉清交涉史研究》，东京文献出版1996年版，第277—284页；谢必震：《明清中琉航海贸易研究》，海洋出版社2004年版，第54—65、155—159页。
④ 王存刚、刘涵：《朝贡体系下古代东亚秩序形成与维系的内在逻辑》，《国际安全研究》2013年第4期。
⑤ 参见张声振、郭洪茂《中日关系史》第一卷，社会科学文献出版社2006年版，第104—107、312页。

中，也曾运用"朝贡"制度来构建自己的国际秩序。那么，对于以朝贡制度来构建的东亚地区传统国际秩序的名称应如何表达呢？学界在名称表达方面目前并不一致，有不少学者使用"朝贡体系"的概念；①也有学者称为"华夷秩序"，②或者称为"华夏秩序"；③而日本学者在回应"朝贡贸易体系"理论过程中还提出过"互市体系"论；④也有人提出"天朝体制"论。⑤显然，要讨论东亚地区的传统国际秩序问题，名称问题也有必要进行讨论。

所谓东亚地区传统国际秩序，我认为应是指古代东亚诸国在交往过程中形成的相对稳定的关系模式、结构和状态，尤其是它的关系结构和周邻各国关系所要达到的良好状态。多数学者所主张的"朝贡体系"论，虽然抓住了"朝贡制度"作为中国封建王朝开展与东亚邻国政治关系的主要模式这一点，但它仅仅着眼于这个地区主要国家的涉外核心制度，却没有表达出古代中国封建王朝与周邻国家政权之间的传统政治关系结构。这里所说的"关系"，当指两个以上事物的关联。显然，"朝贡体系"论中的"朝贡"，只是点明了周邻国家对中国封建王朝的单向性活动，未能表达出中国与周邻国家之间的主要政治关系。

顺便指出，不少论著常把在"朝贡"主导下的中国与周邻国家间的政治关系，概称为"宗藩关系"。如果不考虑某个特定时段的情况，将它视为一种常态，其实也未必符合历史实际。所谓"宗"即是"宗主国"的简称，而"藩"则是"藩属国"的简称。尽管历史文献中一直把向中国封建王朝进行"朝贡"的国家称为"藩邦""藩属"或"属国"，但中国封建王朝在"藩属"国面前一般却是自称"天朝"，而"藩属"国则称中国封建王朝为"上国"，却没有称呼为"宗主国"。所谓"宗主国"，本是人们对近代在亚非拉地区进行殖民统治的一些西方国家的称呼。因为这些西方国家曾宣布自己对其殖民地国家在政治上享有统治权力，这种权力被称为"宗

---

① 关于"朝贡体系"，最初为费正清（J.K.Fairbank）、杨联陞提出，但只限于清朝涉外事务（可参见J.K.Fairbank："On the Ch'ing Tributary System", *Journal of Asiatic Studies*, Vol.6, No.2, 1941）。后来，滨下武志提出"朝贡贸易体系"论以解释亚洲的贸易网络（参见滨下武志著、朱荫贵等译《近代中国的国际契机：朝贡贸易体系与近代亚洲经济圈》，中国社会科学出版社1999年版），学术界因此多用此概念讨论东亚地区的传统国际秩序。

② 参见何芳川《"华夷秩序"论》，《北京大学学报》1998年第6期；韩东育：《"华夷秩序"的东亚构架与自解体内情》，复旦大学文史研究院编：《从周边看中国》，第74—90页。

③ 参见黄枝连《亚洲的华夏秩序：中国与亚洲国家关系形态论》，中国人民大学出版社1992年版。

④ 参见［日］岩井茂树《16—18世纪东亚的国际商业与互市体制》，日本大阪经济法科大学亚细亚研究所：《东亚研究》第46号（2006年）。

⑤ 参见［日］檀上宽《明代海禁＝朝贡系统和华夷秩序》，京都大学学术出版会2013年版。

主权"。因此,人们常把近代西方国家与其殖民地国家的关系称为"宗藩关系"。而从"宗藩关系"的名称和性质的双重角度考虑,我们若使用它来表示在"朝贡"制度主导下的中国与周邻国家间的政治关系,则不符合中国历史实际,因为历史上中国封建王朝在大多数时间并不干预属国的内政(按:袁世凯在作为"钦差大臣"派驻朝鲜期间,曾有强化上国主导权的倾向,但这不是中国历史的常态)。此外,与"朝贡体系"相近的"藩属体系"论,[①]也只是点明了中国封建王朝对于周边秩序状态的追求,却未表达出东亚地区传统秩序的关系结构。

"华夷秩序"论,尽管考虑到关系的两方,但"华"与"夷"的概念从本质上只是认知问题,即如何认识"我者"与"他者",却不能准确地表达出两个国家之间涉外行为的模式、结构和状态。与此相近的"华夏秩序"论,虽然在一定程度上也表达出中国封建王朝的主导性意识形态,而这种意识形态可能在一定程度上也为其他东亚邻国所接受,但它如"华夷秩序"论一样,未能从本质上表达出东亚诸国相互关系的主要行为模式和结构。

"互市体系"论,虽然揭示出宋代及其以后中国与海外国家关系的一种模式,但它仅仅是一种经济关系模式,忽略甚至回避了这种经济关系制度安排的政治性前提。而地区间的国际秩序,从本质上讲是国家与国家间的政治关系。

"天朝体制"论的提出,是鉴于"朝贡体系"论与"互市体系"论各自的偏颇和不足,意在统合两者,但它的缺陷仍是仅仅着眼于中国封建王朝,尽管中国封建王朝在地区国际秩序中一直处于支配地位,但这一概念却未能兼顾其他国家在相互关系结构另一端的情况。而且,"天朝体制"作为中国封建王朝对外关系用语和概念,只是在清朝乾隆至咸丰时期的有限时段使用,其含义兼有"制度"和"权威"等意义。[②]显然,用一个短时期用语并且语义不定的概念来表达长时段中国封建王朝对外关系模式也不恰当。

既然东亚地区传统国际秩序主要是指这些国家尤其是中国与邻国之间政治交往的主要关系模式与结构,我认为,还是应该从中国封建王朝开展与东亚邻国政治关

---

① "藩属体系"是李大龙先生提出的中国古代疆域形成理论。参见李大龙《汉唐藩属体制研究》,中国社会科学出版社2006年版;李大龙:《不同藩属体系的重组与王朝疆域的形成》,《中国边疆史地研究》2006年第1期;李大龙:《关于藩属体制的几个理论问题——对中国古代疆域理论发展的理论阐释》,《学习与探索》2007年第4期。

② 参见陈尚胜《〈清实录〉中的"天朝体制"考论》,马明达、纪宗安主编:《暨南史学》第九辑,广西师范大学出版社2014年版。

系的主要模式——"朝贡"制度入手,来考察它们之间所形成的关系结构。一般来说,中国封建王朝在追求周邻国家来中国"朝贡"时,往往采取"册封"和"回赐"的方式予以回应。其中,"册封"是奠定双方关系的上下尊卑名分,而"回赐"则是上国对藩属国家王朝的经济奖赏。正是通过这种"册封"和"朝贡"双向活动的关联,中国封建王朝与周邻国家才结成了相互之间的政治关系,从而达到他们所期待的周边地区国际关系秩序。因此,东亚地区传统国际秩序的主要结构,是中国封建王朝通过朝贡制度与周边邻国所形成的"册封—朝贡关系"体系。所以,它的名称应称为"册封—朝贡关系"体系,简称为"封贡体系"。

三、朝贡制度与双边事务解决机制

据《清会典》记载:"顺治元年定,外国朝贡以表文、方物为凭,该督抚查照的实,方准具题入贡。康熙五年题准,凡外国奏疏不得交付遣往使臣带来,令专差官交该督抚转奏。六年定,外国投文到该督抚,该督抚即开阅原文议题。凡禁例:顺治元年定,凡外国人送该督抚礼物永行禁止。康熙六年题准,凡督抚、提镇等官不许擅自移文外国。"① 按:上述政令的具体内容则是,外国朝贡使团来华时,相关朝贡表文必须首先交由入境口岸的地方督抚,并由他们转奏朝廷。此外,外国在朝贡事务外,遇事还可另外投送公文给相邻的中国边地督抚,并由中国边地督抚开拆阅读原公文的具体内容,再具体商议回复内容并奏报朝廷。

根据朝鲜文献《同文汇考》记载,清朝与朝鲜之间凡涉两国关系的具体事务,遇事皆随时派遣官员前往对方送达"咨"文,以通报情况并合作解决。② 清朝咨文一般由礼部发出,有时户部、兵部也因所管事务而向朝鲜发送咨文;朝鲜咨文则以国王名义送出,称送达咨文的使员为"赍咨行",③ 以别于正式使节(包括定期的冬至使、贺正使、圣节使和不定期的谢恩行、奏请行、进贺行、陈慰行、进香行、问安行等)。朝鲜赍咨官通常由精通中文的司译院官员或由较低等级的武官担任,其官品低于正式使节。与正式使节承载着清鲜政治关系礼仪使命不同,赍咨官则承担着

---

① 雍正《大清会典》卷104《礼部·朝贡通例》,《大清五朝会典》本,线装书局2007年版。
② (朝鲜)承文院:《同文汇考》,韩国国史编纂委员会1978年影印本。
③ 关于朝鲜赍咨行问题,参见岳阳《清鲜关系中的朝鲜赍咨行研究》,山东大学硕士学位论文,2010年。

两国具体事务的通报使命,包括朝鲜请求历书、双边贸易、会勘边界、边境地区越境犯罪、海洋越境捕捞、海难救助等事务。

中朝边境地区的跨境犯罪问题,是清朝与朝鲜双方咨文通报与协商的重要内容。顺治时期对于朝鲜人越境采参和狩猎,一经发现即由户部发咨文通知该国,并专派敕使进入朝鲜交涉。① 不久,顺治帝还曾颁敕朝鲜告知:"盗参事小,封疆事大,若弗禁约,后犯必多。"② 而对于朝鲜人越境杀人等重大刑事案件,一般是由礼部咨告朝鲜,朝鲜则派赍咨官携国王咨文具体介绍情况。在得到皇帝颁旨后,双方派遣官员在凤凰城或在盛京会审,或在朝鲜境内由朝鲜官员自行审判。③

对于中国渔民越境至朝鲜沿海捕鱼事件,朝鲜也多次派遣赍咨官告知清朝礼部,并由清朝廷责令地方官府查实处置。如康熙四十年(1701)二月,朝鲜来使咨告:中国渔船侵扰其沿海地方。礼部获知后规定并告知朝鲜国王:嗣后如有中国渔采并贸易之人至朝鲜并侵扰该国地方者,请朝鲜国查验中国渔船的船票、人数、姓名、籍贯,一一开出写明通报礼部,再由礼部转告中国渔民原籍地方官府,由地方官府对这些侵扰朝鲜的渔民从重治罪。④ 六月,朝鲜国王送"咨文"通告清朝礼部,在其西部长渊府等沿海地区,先后发现来自登州福山、奉天金州等地渔船往来出没。于是,礼部通知山东、奉天等地官员严肃查处。次年,山东、奉天两地查实,礼部也咨告朝鲜国王,相关"犯人等杖责,地方官罚俸"。⑤

清朝在开放"海禁"后,礼部还曾专门以"咨文"告知朝鲜,"凡遇漂到者,有船则从海放遣,无船则领付凤城,以为式"。⑥ 文中所谓"漂到者",是指中国出海商民发生海难事件后漂流到朝鲜者,船存者直接帮助他们从海上回国,无船者则送交到中国凤凰城。事实上,朝鲜对于该国所发现的中国海难船民,在船只仍可维修的情况下则帮助修理帆船,并资助衣粮予以遣返;而对无法修复破损船只的漂流难民,则由政府出资收买其货,并登记海难商人的姓名、年岁、居住地、随身货物等,

---

① 《同文汇考·原编》卷49《犯越一》。
② 《清世祖实录》卷70,顺治九年十一月乙亥。
③ 参见柳岳武《清代中期以前中朝宗藩关系下的司法运作之研究》,《福建师范大学学报》2007年第2期;王燕杰:《试析乾隆二十九年的盛京会审——兼论盛京会审与凤凰城会审的差异》,《社会科学辑刊》2011年第4期。
④ 参见《同文汇考·原编》卷60《犯越十二》;《朝鲜王朝肃宗实录》卷35,肃宗二十七年三月丙辰,本文所据版本为韩国国史编纂委员会网站标点本(http://sillok.history.go.kr/)。
⑤ 《同文汇考·原编》卷60《犯越十二》。
⑥ 《朝鲜王朝肃宗实录》卷20,肃宗十五年二月辛亥。按:据该条记载,此事发生在丁卯年夏,即康熙二十六年。

派专人送至凤凰城交付清朝，并以朝鲜国王名义致咨文给清朝礼部予以通报。① 而清朝也曾规定，凡遇外国海难漂民，先由沿海发现之地施以援救，动用公银资其衣粮，修理船只遣返回国，并归还其所带货物。而对于无船可渡的朝鲜海难漂民的遣返安排，则由地方官查实身份，发现省份的按察司予以复审再转送礼部。礼部也要咨文告知朝鲜国王，并将其难民交由朝鲜朝贡使团带回国内；在没有朝鲜使团抵京的月份，礼部则直接派员护送至朝鲜义州交接。②

出于体恤藩属国民众的情怀，清朝对于个别地方发生的抢劫朝鲜海难漂民财物案件，则采取坚决措施抓捕罪犯。如道光十一年（1831）二月曾有朝鲜海难商船漂至浙江黄岩县境内，货物遭少数村民哄抢。黄岩县知县靳琨闻讯后，即派人接朝鲜难民至县城内安顿，将剩余货物一并封存。同时，靳琨又派衙役抓获抢匪王彝赏等五人，从抢匪家中搜出布匹等物，一并交付朝鲜难民认领。而道光皇帝在接到闽浙总督孙尔准的上奏后，即颁旨对朝鲜难民加意抚恤，而对尚未追回的被抢物件，责令黄岩县先行按数赔付，损坏船只则就地变卖作价，一并交与朝鲜难民收领。不久，漂流到黄岩的朝鲜难民在地方官员的轮流护送下进京，清朝礼部将朝鲜漂流难民救济情况以"咨文"通告朝鲜国王，并将这些朝鲜难民交由在京的朝鲜朝贡使团带回该国。③

在琉球王国编辑的《历代宝案》中，其第一集收录有从1424至1696年间琉球王国与周邻国家（中国、日本、朝鲜、暹罗、满剌加、爪哇、苏门答剌等国）的外交文书，其中主要为与中国明清王朝的往来文件。其卷一至卷三专门收录明清两代皇帝颁发琉球国王的诏敕，卷十二至卷十五则收录琉球国王给中国皇帝的表奏，显示出朝贡制度的基本礼仪。而该书卷四至卷七则收录有明清王朝礼部给琉球国王的咨文，卷八至卷十一则是福建布政使司等机构给琉球国王的咨文，卷十六至卷二十三则是琉球国王给礼部以及福建布政使司的咨文。显然，两国"咨文"文件所占篇幅更多。而咨文的内容，除了通告相关朝贡事务外，主要是双方通报相关贸易事务、航海及海难事件、海洋犯罪案件、倭寇情报及回复等。而第二集则收录1697至1858年间的外交文书，第三集收集1859至1867年间的外交文书。这两集与第一

---

① 参见《朝鲜王朝肃宗实录》卷40，肃宗三十年十月癸未；卷50下，肃宗三十七年十一月丙戌。
② 参见（光绪朝）《清会典事例》卷513，中华书局1991年版；汤熙勇：《清顺治至乾隆时期中国救助朝鲜海南船及漂流民的方法》，《中国海洋发展史论文集》第八辑，"中研院"中山人文社会科学研究所2002年版，第105—172页。
③ 《清宣宗实录》卷186，道光十一年三月壬午；中国第一历史档案馆编：《清代中朝关系档案史料续编》，中国档案出版社1998年版，第146—147页。

集不同，是将诏敕、表奏和咨文按时间先后编排。尽管如此，琉球国王与清朝礼部、福建布政使司之间的咨文仍占主要篇幅，咨文除前面所涉内容外，还包括夷情（英法等国情况）通报及回复情况。①

万历三十年（1602）由浙江提刑按察司发给琉球国王的一件咨文，则为调查该省官兵在近海所捕获的琉球人。当年，浙江官兵曾捕获在近海活动的琉球人熊普达等人，浙江官员认为他们有海盗行为嫌疑。经过审讯，"夷犯供词既屡支离，情伪终难悬断。如果真正岛倭，法当悬首藁街，用杜窥伺，自无异词。若果琉球所遣，何无文引可凭？既系差探封贡而来，何故杂以真倭数名？衣仗又系倭物，且当官兵追捕，何不请命乞哀，而敢操戈相向？意者阳为探听，阴为入犯，容或有之，讵可仓卒听信堕彼狡谋……况今春讯届期，海寇到处劫掠，不正浙省为然。如或海寇托言探贡以嫁祸于琉球，或琉球各岛乘机合谋以委罪于海寇，事属海外难以逾度，委应详为查明，庶便区处"。兵部要求"浙江抚按衙门将熊普达等暂为监候，并咨礼部将琉球陪臣（按：指琉球进贡使臣）蔡奎等速由浙江回将各犯详加认识。如系真倭，即照原议区处；若果的系琉球所差，交付陪臣顺带回国"。后经浙江琉球使臣蔡奎及通事梁顺等人辨认，确认熊普达等人为琉球国人。因此，浙江官府将熊普达等人移交蔡奎使团带回本国，并"给以咨文听其查明具奏"。②明朝在沿海海盗活动频繁的环境下，对于所捕有海盗嫌疑的琉球国人，及时组织琉球国朝贡使团成员进行辨认甄别，并将整个过程以咨文形式通报给琉球国王，说明朝贡制度已成为两国进行双边关系合作的基本机制。

明朝对于不良军人破坏琉球朝贡的犯罪行为，也曾采取措施予以严惩，并将相关情况咨告给琉球国王。如万历二十七年（1599），"福建等处承宣布政司为申明官兵惨掠事案照：先奉军门都御史金批该本司呈，详查得琉球国正义大夫使者、通事等官金仕历等进贡回至浙江丹阳县蓼花桥地方，被哨官侯成美等乘机劫掠财物，捏作正倭投县，转送沈游击申解浙江军门刘，连人押发温州府，署印罗同知审明。拟侯成美依白昼抢夺人财物伤人为首者斩罪，赃物追给明白等，缘由奉批。侯成美劫掠贡夷，既经浙省衙门明正典刑已当，厥辜即便，移文该国慰安夷心，用示天朝柔

---

① 《历代宝案》，台湾大学1972年影印本。按：台湾大学影印本共十五册，其中第一集为前两册，第二集为第三册至第十四册，第三集为第十五册。
② 《历代宝案》第一册卷8，第254—262页。

远之意,缴奉此拟合就行为此备由移咨贵国,烦为查照施行至咨者"。① 显然,朝贡制度为中琉两国司法合作提供了重要保障。

清朝与安南黎朝建立封贡关系后,两广总督、云贵总督等也曾以"咨文"形式与安南国王磋商两国边境贸易事务,甚至两国勘界事务。雍正初期,安南禄平州土官与广西思陵州那窝村土司发生土地纷争,广西巡抚李绂以"咨文"与安南国王,纷争随即得到平息。② 而云南开化府所属普园等寨一百余里土地,也因银铜矿产而为安南人所占。云南总督高其倬遂派员前往边境调查并上奏朝廷,同时咨告安南国王。而安南国王在收到高其倬咨文后,即派兵前往边境驻守。高其倬奏报称,若收回旧疆,安南必会抗拒,但封疆大臣,必以朝廷境土为重。未料雍正帝予以制止,"治天下之道,以分疆与柔远较,则柔远为尤重。而柔远之道,以畏威与怀德较,则怀德为尤重……安南国我朝廷累世恭顺,深为可嘉,方当奖励,何必与争明季久失区区弹丸之地乎?且其地如果有利,则天朝岂与小邦争利?如无利,则何必争矣。朕居心惟以至公至正,视中外皆赤子。况两地接壤,最宜善处,以安静怀集之,非徒安彼民,亦所以安吾民也"。③ 正是在雍正帝的怀柔思想指导下,清朝与安南黎朝不久就划定了两国边界。这也表明,朝贡制度不仅是当时双边事务通报的基本渠道,也是解决双边关系并进行边疆事务合作的重要机制。

四、朝贡制度与属国安全

中国封建王朝之所以采用"朝贡"制度开展对外交往,从汉朝最初推行的情况看,无论是使用于南越国还是卫氏朝鲜,还是运用于西域地区,它都带有构建自身周边安全秩序的战略意图。④ 而从中国最后一个封建王朝清朝在周边国家推行朝贡制度的情况看,它也带有构建自身防御体系的直接目的。⑤ 若从东亚地区国际关系角度考虑,中国封建王朝所推行的朝贡制度对于区域国际秩序又发挥着何种作用呢?我

---

① 《历代宝案》第一册卷8,第249页。
② 参见《广西巡抚李绂奏督臣已行文安南国王折》,《宫中档雍正朝奏折》第三辑,台北故宫博物院1978年版,第562页。
③ 《云南总督高其倬奏报交趾旧界详细情形折·附雍正上谕》,《宫中档雍正朝奏折》第三辑,第771—772页。
④ 参见《汉书》卷95《南粤朝鲜传》,卷96《西域传》。
⑤ 参见陈尚胜《试论清朝前期封贡体系的基本特征》,《清史研究》2010年第2期。

们知道，封贡关系的要义在于"事大"与"字小"。所谓"事大"，是对朝贡方（属国）而言，它应该臣服于"大国"（上国）；所谓"字小"，是对册封方（上国）而言，它应该爱护"小国"（朝贡国）。因此，我们还有必要从属国的安全角度来考察明清王朝是否承担了保护属国安全的责任。

先以朝鲜为例，朝鲜宣祖王二十五年（1592）四月十三日，日本太阁丰臣秀吉派军三十万人从对马岛出发渡海，十四日在釜山登陆，开始大规模入侵朝鲜。① 月底，日军迫近朝鲜王京。五月一日，朝鲜宣祖王一行前往开城避难，即有逃入中国之意，为其臣柳成龙所劝阻。② 五月二日，朝鲜决定向明朝兵部送咨文告急。③ 十日，明朝兵部在得到朝鲜国王咨文后，即开始在辽东和山东等地做御倭战争准备。④ 六月二日，明神宗"令辽东抚镇发精兵二枝，应援朝鲜，仍发银二万解赴彼国犒军，赐国王大红纻丝二表里慰劳之。仍发年例银二十万两，给辽镇备用"。⑤ 辽东都司所派遣的两支先遣部队，其将领分别为戴朝弁、史儒。"七月，游击史儒等师至平壤，不谙地利，且霖雨，马奔逸不止，儒战死。副总兵祖承训统兵三千余，渡鸭绿江援之，仅以身免。报至，朝议震动，以宋应昌为经略，员外刘黄裳、主事袁黄赞画军前。"⑥ 同时，明朝对于因为溃败而抗日信念不强的宣祖王，颁诏谕其不可坐等丧失国土，而要"集兵固守，控险隘以图恢复"，等待"天兵"（指明朝军队。当时明朝自称"天朝"，故有"天兵"之称）救援。⑦ 八月，明朝派遣行人薛潘前往朝鲜，"奉敕宣谕朝鲜"，⑧ 以此鼓励朝鲜君臣坚定抗日意志，并任命都督李如松为援朝御倭战争总兵官。在明朝大军尚未进入朝鲜抗倭期间，明朝兵部尚书石星曾任命浙江平民沈惟敬与日本和谈，以便为援朝战争的各种准备赢得时间。⑨ 在此和谈期间（1592年9月至10月），明朝方面明确拒绝了日本方面提出的分割朝鲜的方案。⑩ 十二

---

① 《朝鲜王朝宣祖修正实录》卷26，二十五年四月癸卯。
② 《朝鲜王朝宣祖修正实录》卷26，二十五年五月庚申。
③ 《朝鲜王朝宣祖修正实录》卷26，二十五年五月辛酉。
④ 《明神宗实录》卷248，万历二十年五月己巳。
⑤ 《明神宗实录》卷249，万历二十年六月庚寅。
⑥ （清）谷应泰：《明史纪事本末》卷62《援朝鲜》，中华书局1977年版。
⑦ 《明神宗实录》卷250，万历二十年七月己未。
⑧ 《明神宗实录》卷251，万历二十年八月壬辰。
⑨ 参见陈尚胜《壬辰战争之际明朝与朝鲜对日外交的比较——以明朝沈惟敬与朝鲜僧侣四溟为中心》，《韩国研究论丛》第十八辑，世界知识出版社2008年版，第329—354页。
⑩ 参见［韩］李完范《朝鲜的壬辰倭乱与明朝和日本的和谈》，陈尚胜主编：《儒家文明与中韩传统关系》，山东大学出版社2008年版，第149—176页。

下旬,李如松率明朝大军渡江,并于次年正月相继取得平壤大捷和开城胜利,但在进军至王京附近的碧蹄馆之战中受挫,和谈再起。然而,当日本方面再次提出分割朝鲜四道(京畿、忠清、全罗、庆尚)的要求后,明朝方面仍断然拒绝,坚决维护朝鲜的国土完整。① 1597年,日本水陆两军十六万人再次卷土重侵朝鲜,明朝将对日主和的兵部尚书石星撤职,任命邢玠为兵部尚书并令他总督朝鲜御倭全局军政事务,麻贵为备倭大将军,都御史杨镐为经略负责朝鲜军务,统率七万大军入朝作战,至1598年12月终于将日军完全逐出朝鲜。而明朝能够前后坚持七年,大量出兵调饷援救朝鲜,正是基于"字小"(上国应保护属国)和辽东安全保障的双重考量。② 面对明朝派遣大军进入,朝鲜王朝内部也有人担心明朝趁机占领其国。而明朝为了使朝鲜君臣消除顾虑,在战争结束后便及时做出了从朝鲜撤军的决定,以"庶不负抚危字小之仁矣"。③

鸦片战争后,西方国家开始向朝鲜扩张,清朝即以朝鲜为属国的理由,从外交上对朝鲜给予安全支持。同治四年(1865),法国驻华公使伯洛内(H.de Bellonet)密告清朝总理各国事务衙门(以下简称"总署"),该国传教士欲往朝鲜传教,请行文知照。总署答称:"朝鲜虽系属国,向只遵奉正朔,岁时朝贡,所有该国愿否奉教,非中国所能勉强,碍难遽尔行文,并劝其无庸前往。"④ 同治五年(1866)六月,伯洛内又照会总署称,本年三月间朝鲜因禁天主教而杀害该国传教士九人,法国拟兴师讨伐,中国不能过问。总署随即照复法国公使:朝鲜若有杀害法国传教士等事,宜先行据理查询,不必遽启兵端。⑤ 八月,同治帝谕礼部知照朝鲜,"事关军务,朝鲜自应妥为处置,不可稍有大意,贻误事机"。⑥ 然而,当年九月,法国军舰还是侵入朝鲜汉江口,并在江华岛登陆实施抢劫,制造了"丙寅洋扰"(因该年为干支纪年的"丙寅"年)事件。

此后,清朝还帮助朝鲜与美国交涉。同治七年(1868)二月,美国使臣卫廉士(S.W.Williams)照会清朝总署称:前年八月间,美国商船在朝鲜搁浅,船员死亡殆

---

① 参见[韩]李完范《朝鲜的壬辰倭乱与明朝和日本的和谈》,陈尚胜主编:《儒家文明与中韩传统关系》,第149—176页。
② 陈尚胜:《字小与国家利益:对于明朝就朝鲜壬辰倭乱所做反应的透视》,《社会科学辑刊》2008年第1期。
③ 《明神宗实录》卷329,万历二十六年十二月庚午。
④ 郭廷以、李毓澍主编:《清季中日韩关系史料》第二卷,"中研院"近代史研究所1972年版,第29页。
⑤ 郭廷以、李毓澍主编:《清季中日韩关系史料》第二卷,第28页。
⑥ 中国第一历史档案馆编:《清代中朝关系档案史料续编》,第343页。

尽。念美中两国多年和好，冀请转告朝鲜，详述本国商民在该国被害之由。① 于是，同治帝饬礼部以咨文转告朝鲜国王，妥筹办理。② 六月，李熙遣使携咨文，向礼部通报往时美国船在鲜滋扰情形。③ 十年四月，美国未理清朝劝阻，以七艘兵舰开进汉江并炮击沿岸朝鲜守军，制造了"辛未洋扰"事件。此时，美国等西方国家就朝鲜问题与清朝交涉，"大意皆以中国属国为词，美国思欲借属国二字，令中国势压朝鲜以遂其谋；朝鲜亦思借属国二字，请中国力制美国以资庇护"。④ 然而，清朝此时已无力与法、美等西方国家相抗衡。

日本明治维新政府建立后，"征韩"论就在日本政界形成。最初，长洲藩士木户孝允就向政府建议，应与中国和朝鲜建立邦交。木户孝允甚至提出，"如果朝鲜顽固不恭，日本应可举兵膺惩"。1868年11月，日本通过传统的日朝通交途径，由对马藩主宗义达派遣使节前往釜山递交日本天皇国书。朝鲜掌管对日交涉的官员安俊卿，看到日本国书中有"天皇""朝廷"和"敕"等文字，认为它含有把朝鲜视为日本藩国的意义，坚持不肯接受。而朝鲜拒收日本天皇国书，也使"征韩"论在日本朝野持续发酵。一些人认为，日本若不向海外发展就不能图强；日本不先下手占领朝鲜，西洋国家也将下手；征韩还可以为国内不得志的废藩藩主寻找到出路。⑤ 1875年，日本在朝鲜拒绝其不平等的外交文书后，即派遣"云扬"号军舰入侵汉江，迫使朝鲜与其签订《朝日修好条约》（又称《江华条约》）。该约载明日本承认朝鲜为自主之邦，两国互派使臣，朝鲜向日本商人开放仁川、元山两个口岸准其通商。⑥

如何应对日本以及西方国家对朝鲜的扩张，这不仅是朝鲜君臣争论的热点，也是与朝鲜保持有密切封贡关系的清朝政府官员极为关注的问题。早在同治六年（1867）二月十五日，总署就把从报纸中获悉日本将要进攻朝鲜的消息上奏同治帝："今新闻纸所载日本又欲发兵前往，朝鲜平日与日本有无往来，曾不结有嫌隙，中国无从得其详细。且日本之于中国，既无朝贡，又不通商，与各国在京者情形不同，

---

① 郭廷以、李毓澍主编：《清季中日韩关系史料》第二卷，第93—94页。
② 郭廷以、李毓澍主编：《清季中日韩关系史料》第二卷，第98页。
③ 郭廷以、李毓澍主编：《清季中日韩关系史料》第二卷，第101—105页。
④ 郭廷以、李毓澍主编：《清季中日韩关系史料》第二卷，第246页。
⑤ 参见陈志奇《中国近代外交史》，下册，南天书局2003年版，第653—654页。
⑥ 《朝鲜王朝高宗实录》卷13，十三年二月乙丑。

无从探悉事之虚实。原未便据为凭信,但既经各处新闻纸刊刻传播,事涉中外,殊有关系。相应请旨饬下礼部,可否密咨朝鲜国王访查明确,防患未萌,以便妥为办理之处。"①此议得到同治帝同意,并"训示遵行"。②三月初七日,朝鲜咨复清朝礼部:"敝邦与日本通好既久,凡有事端,辄为咨报。其说之全没着落,理应烛毕无余,固不足多辨。"③然而,清朝对于朝鲜的安全处境和闭关锁国政策极为担心,尤其是在光绪帝即位以后。光绪五年(1879)七月,总署奏称:"泰西各国欲与朝鲜通商,事关大局……日本、朝鲜积不相能,将来日本恃其兵力,逞志朝鲜,西洋各国群起而谋其后,皆在意计之中。各国既欲与朝鲜通商,倘藉此通好修约,庶几可以息事,俾无意外之虞。惟该国政教禁令,亦难强以所不欲。朝廷不便以此明示朝鲜,而顾念藩封又不能置之不问。"光绪帝根据总署奏请而得知"李鸿章与朝鲜使臣李裕元(按:李裕元时为朝鲜领议政。他当初作为朝鲜使臣途经永平府时,曾致书直隶总督李鸿章表达景仰之情;而李鸿章则回书以日本与朝鲜疆宇相望,嘱朝鲜应时加防备)曾经通信,略及交邻之意,自可乘机婉为开导。在该督必不肯轻与藩服使臣往来通问,而大局所关亦当权衡轻重"。因此谕令:"著李鸿章查照本年五月间丁日昌所陈各节,作为该督之意转致朝鲜,俾得未雨绸缪,潜弭外患。"④文中所称"丁日昌所陈各节",是指前福建巡抚丁日昌于光绪五年四月所上的《海防应办事宜十六条》。他在此条议中称,"朝鲜不得已而与日本立约,不如统与泰西各国立约。日本有吞噬朝鲜之心,泰西无灭绝人国之例。将来两国启衅,有约之国皆得起而议其非,日本不致无所忌惮"。⑤李鸿章深以为是,其意也从提醒朝鲜防日防俄,转为劝导朝鲜与西洋各国立约以牵制日、俄。⑥光绪五年七月九日,李鸿章在给李裕元的信中称:"日本比年以来,北图贵国,南吞琉球。近闻日本派战舰久驻釜山浦外,设有反复,中国即竭力相助,也恐远而不及事。尤可虑者,日本既聘西人教其水陆兵法,又谄事泰西各国,藉其势而侮邻邦。往岁西人欲往贵国通商,虽见拒而意未释。万一日本

---

① 郭廷以、李毓澍主编:《清季中日韩关系史料》第二卷,第51—52页。
② 中国第一历史档案馆编:《清代中朝关系档案史料续编》,第374页。
③ 郭廷以、李毓澍主编:《清季中日韩关系史料》第二卷,第64—65页。
④ 郭廷以、李毓澍主编:《清季中日韩关系史料》第二卷,第361页。文中所称李鸿章与李裕元通信之事,指李裕元在光绪四年十二月致信李鸿章,李鸿章也在光绪五年七月初九日回复李裕元。参见《清季中日韩关系史料》第二卷,第364—369页。另外,韩国民族文化推进委员会编辑的《韩国文集丛刊》第315册所收李裕元《嘉梧藁略Ⅰ》(韩国首尔,2003年)中,也收有他们两人往来的信件。
⑤ 中国史学会主编:《中国近代史资料丛刊·洋务运动》第二册,上海人民出版社1961年版,第395页。
⑥ 郭廷以、李毓澍主编:《清季中日韩关系史料》第二卷,第363页。

阴结英法美诸邦，诱以开埠之利，行其拓土之谋，贵国隐忧莫大焉。中国识者以为，援救于事后，莫如代筹于事前。贵国既不得已与日本立约，通商之事已开其端。为今之计，宜用以毒攻毒、以敌制敌之策，乘机与泰西各国立约，藉以牵制日本。"① 在清朝政府以及李鸿章的劝导之下，朝鲜对外通商的态度也有所变化，并于光绪八年至十年间先后与美国、中国、英国、德国、意大利、俄国等国签订通商条约。② 这表明，清朝在自身实力不济的情况下，企图以朝鲜与各国签约来使西方各国与日本等势力相互制约，从而来确保朝鲜国家安全。③ 尽管朝鲜王朝最后仍为日本所吞并，但清朝对于自己的藩属朝鲜王朝，还是尽力履行了自己维护朝鲜安全的义务。

琉球国王在遭遇法国扩张时，也曾通过咨文通报给福建布政使司："法国有借端生事之心，初欲结好并贸易，次求格外保护，后要传天主教。"④ 福建地方官员随即奏报于道光帝："琉球为天朝属国，称臣奉贡，最为恭顺。此次法国兵船突入其境，以通和、传教为词。该国王以素受中国丕冒之恩，再三辞却，更见其始终恪守臣节。我皇上为华夷共主，该国王既将此事源委备咨藩司，恳请转详，自不容置之不论。"清廷决定，法国侵扰琉球一事，由两广总督耆英向已来广东的法国使臣拉萼呢提出交涉。并向法国申明："中法商约既经定议，自不应再至天朝属国别生事端。"⑤ 而在光绪元年（1875）日本宣布"琉球处分"并准备吞并琉球王国时，清廷即指令驻日公使何如璋展开对日交涉。光绪四年九月，何如璋照会日本外务卿寺岛宗则："琉球国于咸丰年间与美、法、荷诸国缔约，其所用皆为吾国年号历朔，故欧美诸国无不知琉球为我国属国者。然今突闻贵国有禁其贡项我国之举，我政府以为日本堂堂大国，谅不肯背邻交、欺弱国，为此不信不义无情无理之事。"⑥ 寺岛宗则拒绝接受清使照会。光绪五年，日本又在琉球"废藩置县"，清朝加强了与日本的交涉，并请美国前总统格兰特（Ulysses Simpson Grant）居间调停。最后，清朝也因实力不济而未能

---

① 郭廷以、李毓澍主编：《清季中日韩关系史料》第二卷，第366—369页。
② 参见郭廷以、李毓澍主编《清季中日韩关系史料》第二卷，第552、679、694页；第三卷，第967—970页；《朝鲜王朝高宗实录》卷20，二十年十月甲戌；卷21，二十一年闰五月丁未、二十一年闰五月戊午。
③ 参见陈尚胜《李鸿章与朝鲜对西方的缔约开放》，《山东大学学报》1990年第2期。
④ 《历代宝案》别集《佛英情状》，第十五册，第8737—8739页。
⑤ 节自（清）文庆、贾桢、宝鋆等编《筹办夷务始末》道光朝卷73，道光二十四年十一月丙子（《续修四库全书》第416册，上海古籍出版社1994—2002年版，第31—33页）。并参见张存武《中国对西方窥伺琉球的反应：1840—1860》，《"中研院"近代史研究所集刊》1987年第16期。
⑥ 《日本外交文书》第11卷，第271—272页。转引自戚其章《日本吞并琉球与中日关于琉案的交涉》，《济南教育学院学报》2000年第5期。

阻止日本吞并琉球王国。

越南的情况也有些类似。1802年，原来一直在安南南方自立的后黎朝权臣阮福映，举兵北伐并消灭了定都于升龙（今河内）的西山阮氏政权，开始称帝并建元"嘉隆"，是为阮朝世祖。该年底，阮福映就遣使向清朝朝贡并请改定国名。清朝遂定其国号为"越南"，并册封阮福映为越南国王。从此，清朝与阮朝之间也建立起政治上的封贡关系。同治（1862—1874）初期，广西的天地会余党进入越南活动。阮朝向清朝请兵平乱，清朝以越南"久列藩封"，派遣苏凤文、冯子材统兵进入越南配合越南军队共同夹击天地会余党。[①] 此时，法国也利用以前阮福映曾寻求其支持为名，不仅在越南南圻（指南方地域，越南曾将其国土分为南、中、北三圻）进行侵略扩张，而且在北圻（指北方地域）为红河通航权而与越南交战，迫使越南与其签订《和平同盟条约》。法国通过条约不仅得到了南圻统治权，还得到在北圻诸港通商权以及领事裁判权，而且规定越南不可遵服他国。[②] 不过，越南国王仍对清朝皇帝恪守藩臣之礼，继续遣使朝贡。光绪四年（1878），越南北部发生农民起义，国王阮福荫遣使请求清朝出兵相助，光绪帝谕令冯子材督军前往越南进剿，以靖藩封。[③] 而法国也议向越南北圻出兵，清朝出使英法大臣曾纪泽闻悉，即与法国就越南的中国属国地位问题展开交涉。[④] 光绪八年（1882），法国从南圻派兵北上，与越军交战，河内失陷。清朝为保藩固圉，调刘永福所部黑旗军前往越南抗法。不过，随着战事发展，清廷意在主和，并由李鸿章与法国驻华公使签订《中法越南条约》，承认越南接受法国保护。

以上考察表明，明清王朝为保护属国曾在政治外交甚至军事层面上倾力援助，因此明清王朝所主导的封贡关系是维护东亚地区国际秩序稳定的主要机制。如果说在前近代明清王朝应付区域内国家对于地区秩序挑战还是胜算在握的话，那么到了近代其应付西方列强和日本维新政府对邻国的扩张却已力不从心了。因此，中国封建王朝在东亚地区以封贡关系所主导的国际秩序，也不得不让位于西方列强所主导的国际秩序。

---

① 《清穆宗实录》卷245，七年十月癸酉，并参见《大南实录》正编第四纪卷36，嗣德二十年三月；卷38，嗣德二十一年二月、嗣德二十一年四月，东京庆应义塾大学语学研究所1961年版。
② 参见中国史学会主编《中国近代史资料丛刊·中法战争》第一册，上海人民出版社1957年版，第379—387页。
③ 参见郭廷以、王聿均主编《中法越南交涉档》第一册，"中研院"近代史研究所1962年版，第91、122页。
④ 参见邵循正《中法越南关系始末》，河北教育出版社2000年版，第3—9、75—77页。

五、余论

明清王朝在东亚地区所构建的封贡关系体系,在与近代西方列强对抗时迅速消解,究其原因,一是由于清朝以及周邻属国自身缺乏实力,二是由于西方列强合谋对华侵略扩张。以西方国家所构建的国际关系体系为镜,凸现封贡体系自身的结构性缺陷。中国封建王朝通过朝贡制度所构建的封贡体系,旨在构建同心圆,而所建立的上国与属国之间关系完全立足于单边关系,各个属国与上国之间并没有形成有效的联盟,各个属国之间并没有围绕上国的核心而就国家安全事务开展合作和相互支持。所以,这种本质上属于单边关系的封贡体系,也就不能抗衡以满足相互需求为目的的多国合作的条约体系。于是,传统的封贡体系的结构性缺陷,实在难以满足现代东亚的地区安全和国际秩序稳定的需要。

不过,我们也应当看到,作为维护东亚地区传统国际秩序重要机制的封贡体系,虽然存在着上国与属国之间的礼仪不平等,但上国对属国的内政却不会轻易予以干预,所以它能够在较长时间内维系区域内国家间的和平与国际秩序的稳定。而且,封贡关系也成为明清王朝与周邻国家进行双边事务合作的基本机制,彼此可以进行相互贸易和文化交流,甚至边疆地区管控以及打击跨境犯罪的司法合作。另外,明清王朝在与东亚邻国缔结封贡关系后,作为上国一直本着抚危"字小"的立场,切实承担起保护藩属国家安全的义务。它的最后结局也从另一个层面昭示,要确保中国所在东亚区域安全和国际秩序稳定,不仅要有怀远以德、仁和邻邦、共享太平的良好理念和操守,也要有反应及时的双边以及多边关系事务处理机制,还应有厚实的军事力量以应对敌对力量的挑战与扩张。

原载《中国边疆史地研究》2015 年第 2 期,
本文刊发时作者为山东大学历史文化学院教授、博士生导师。

东亚海域前期倭寇与朝贡体系的防控功能

陈尚胜

从东亚海域史角度看,如果说在765—819年由唐朝淄青镇节度使李氏家族所主导的海上走私贸易,和828—841年由新罗清海镇大使张保皋所主导的唐罗日海上国际贸易,引导出9世纪后期普通商人从事海上国际贸易的现象,①那么到10世纪以后由于吴、越等国以及宋、元王朝相继采取海上互市体制,②和高丽王朝、日本镰仓幕府的国际贸易政策确立,商人开始活跃于东亚海域。③不过,14世纪中叶至16世纪中叶,则是倭寇的活跃时期。学术界对于东亚海域史中倭寇活动的研究,普遍分为前期和后期,前期倭寇从14世纪中叶至15世纪,后期倭寇则为16世纪前期至中期。从学术研究情况看,对后期倭寇研究多于对前期倭寇的研究,并且是中日两国学者关注的热点问题。④

就前期倭寇史的研究情况来看,学者们就倭寇的构成、组织者、行动路线等问

---

① 参见陈尚胜《东亚贸易体系形成与封贡体制衰落——以唐后期登州港为中心》,《清华大学学报》2012年第4期;Chen Shangsheng, "Jang Bogo and the Yellow Sea Silk Road", Jeong Moon-soo et al. : *The Maritime Silk Road and Seaport Cities*, Seoul, Sunin Publishing, 2015;[韩]车垠和:《明州出海唐商的兴起与东亚贸易格局》,《社会科学辑刊》2008年第5期;[韩]李成市:《东アジア王权上交易》,东京青木书店1997年版。

② 所谓"互市体制",是指准许商人从事海上国际贸易的管理制度。如宋、元朝设有市舶司机构进行管理。

③ 参见李东华《五代吴越的对外关系》,张彬村、刘石吉主编:《中国海洋发展史论文集》第5辑,"中研院"中山人文社会科学研究所1993年版;漆侠:《宋代市舶司抽解制度》,《河南大学学报》1985年第1期;[日]森克己:《新订日宋贸易の研究》,东京勉诚出版社2008年版。

④ 关于后期倭寇史的研究,中日学者所讨论的问题主要包括倭寇的背景(如与明朝海禁政策、日本国内银流通急速衰竭、明朝以银纳税和银不足、葡萄牙人东来的关系)、倭寇的结构问题(日本人与中国人所占的比例、相互关系及其头目)、倭寇的基地(日本五岛、平户,中国的闽浙海岛等)、倭寇与明朝政治生态、倭寇的情报与交涉、倭寇与铁炮东传等。主要论文有[日]田中健夫:《增补倭寇と勘合贸易》,至文堂1966年版;郝毓楠:《明代倭变端委考》,《中国史研究》1981年第4期;陈学文:《论嘉靖时的倭寇问题》,《文史哲》1983年第5期;郑樑生:《明嘉靖间倭督抚之更迭与赵文华之督察军情——1547—1556》,《汉学研究》第13卷第2期(1994);[日]村井章介:《倭寇の多民族性をめぐって——国家と地域の视点から》,大隅和雄、村井章介编:《中世后期におはる东アジアの国际关系》,山川出版社1997年版;樊树志:《"倭寇"新论:以"嘉靖大倭寇"为中心》,《复旦学报》2000年第1期。

题展开了深入讨论。如在倭寇的构成方面，日本田中健夫最早提出前期倭寇的主体来自对马、壹岐和松浦半岛，中村孝荣则认为主要来自对马、壹岐和博多三地，后来高桥公明认为倭寇中还有不少济州岛人，田中健夫随后也认为倭寇主体是高丽人（主要是高丽贱民阶层和漂泊民）与倭人的联合体，而藤田明良和檀上宽还提出元明之际的倭寇还包括方国珍残余势力。不过，多数学者还是认为来自日本对马、壹岐和九州沿海地区。① 倭寇是进行跨国抢劫活动，但学界对于高丽和明朝围绕倭寇问题跨国交涉的研究却不足。实际上，高丽以及朝鲜王朝、明朝都先后为解决倭寇问题，持续进行对日本的外交交涉活动。另外，明朝为了缉捕依附于倭寇的浙东兰秀山逃犯，也曾与高丽开展外交合作。因此，本文将具体考察14世纪后半期高丽（朝鲜）、明朝和日本三方是如何围绕倭寇问题进行交涉的，进而分析高丽（朝鲜）、明朝和日本三方是在什么情形下达成了管控甚至围剿倭寇的相互合作。

一、高丽围绕倭寇问题的对日交涉和对明求援

从历史记录看，朝鲜半岛南部最早受到来自日本对马、壹岐以及九州松浦半岛地区的倭寇侵扰之苦。据史料记载，早在1223年，倭寇就开始侵犯高丽金州。② 接着，倭寇又于1225年、1226年连年骚扰金州和熊神。1226年，高丽金州"防护别监卢旦发兵捕贼船二艘、斩三十余级"。1227年，高丽熊神县别将郑金亿也伏击倭寇斩杀七名，其余逃遁。在倭寇活动遭到高丽军事打击后，"日本国寄书谢贼船寇边之罪，仍请修好互市"。③ 为此，高丽专门派遣朴寅携带牒文前往日本进行交涉。高丽牒文曰："历世和好，不宜来侵。"日本镰仓幕府于是抓捕倭寇并"诛之，侵掠稍息"。④

14世纪中期，由于控制日本政治的镰仓幕府于1333年灭亡，在京都和吉野分别出现由不同武士集团所拥立的天皇，日本进入"南北朝"时期（1336—1392年），相互之间不断进行军事对抗，一些在战争中失败的武士，基于贫困而加入海盗队伍。

---

① 参见[日]桃木至朗编《海域アジア史研究入門》，东京岩波书店2008年版，第80—84页。
② 参见[朝鲜]郑麟趾等《高丽史》卷22《高宗世家》，十年五月甲子，孙晓主编"标点校勘本"，西南师范大学出版社、人民出版社2014年版。
③ 《高丽史》卷22《高宗世家》，十四年五月乙丑，并参据十三年六月甲申、十四年四月甲午、十四年五月庚戌。
④ 《高丽史》卷22《高宗世家》，十四年是岁。

他们在支持南朝而居于下风的松浦家支持下，不断对朝鲜半岛和中国沿海地区进行海盗活动，肆意抢劫财物、绑架人口，甚至杀戮生命，这就使得高丽的倭寇之患首先加剧。据学者统计，从1350年至1366年间，高丽几乎连年发生倭寇入侵事件。入侵的倭船少者五十余艘，多者则达二百余艘。而受倭寇侵掠范围，则包括庆尚道、全罗道、杨广道、西海道等沿海地区。倭寇每到高丽一地，则庐舍尽焚。而漕船也成为倭寇掳掠的主要目标，迫使高丽王朝最后改漕运为陆运。① 恭愍王十五年（1366）四月，"倭屠乔桐，留屯不去，京城大震"。而受命御倭的京城（今开城）宿卫军兵，居然"望贼不敢进"。九月，倭寇又至阳川县掠夺漕船。② 于是，高丽王朝又不得不派遣使节前往日本进行外交交涉。该年十一月，高丽派遣"检校中郎将金逸如日本，请禁海贼"。③《高丽史》所记"金逸"，日本文献记为"金龙"。《善邻国宝记》记载："后光严院贞治六年（1367）二月二十四日，高丽使万户龙右卫保胜中郎将金龙、检校龙右卫保中郎将于重文到著摄津国福原、兵库岛，通书。其略曰：海贼数多出自贵国地，来侵本省合浦等，烧官廨、扰百姓，甚至杀害，于今十有余岁，海舶不通，边民不得宁处。云同廿七日，重中请大夫前典义令相公金一来朝，四月十八日于天龙寺云居庵延接高丽使，为之，有伶人、舞乐。六月廿六日，将军家以高丽回书，授使者。"④ 日本北朝对于高丽使者的到来较为重视，幕府将军本打算回以国书，但日本公家（朝廷）却与武家（幕府）围绕着回应高丽国文问题而进行讨论，最后决定派遣天龙寺僧人梵盪、梵镠出使高丽。1368年，日本使者抵高丽，⑤ 但倭寇活动并未因此而停止。

1368年，明朝建立并遣使通告高丽，得到高丽王朝的积极回应。1369年，双方顺利建立起封贡关系。⑥ 明太祖从高丽回国的明朝使节那里了解到高丽佞佛，而沿海百姓却为倭寇侵扰所苦，急忙以敕谕告诫高丽国王王颛：

---

① 参见谭红梅《倭寇与丽日关系》，《北方文物》2014年第1期。
② 《高丽史》卷41《恭愍王世家》，十五年五月乙巳、十五年九月丁未。
③ 《高丽史》卷41《恭愍王世家》，十五年十一月壬辰。
④ ［日］瑞溪周凤：《善邻国宝记》卷上《后光严院》（贞治六年丁未），东京国书刊行会1975年版，第87—88页。
⑤ 参见《高丽史》卷41《恭愍王世家》，十七年正月戊子。
⑥ 明太祖向高丽首次遣使参见《明太祖实录》卷37，洪武元年十二月壬辰；高丽王朝遣使回应明朝见《明太祖实录》卷44，洪武二年八月甲子。本文所说的封贡关系，是指明朝皇帝在形式上册封高丽国王，而高丽国王以朝贡的形式与明朝开展政治交往的两国关系。明朝遣使册封高丽国王事，参见《明太祖实录》卷44，洪武二年八月丙子。高丽决定停止使用元朝"至正"年号，并遣使前往明朝朝贡事，分别参见《高丽史》卷41《恭愍王世家》，十八年五月辛丑、十八年五月甲辰。

近使者归自王国，朕问王国政俗、城郭、甲兵、居室如何？使者言："俗无城郭，虽有甲兵而侍卫不严，有居室而无听政之所；王专好释氏，去海滨五十里或三十里，民始有宁居者。"朕询其故。言："尝为倭奴所扰。"果若是，深为王虑之。朕虽德薄为天下主，王已称臣备贡，事合古礼。凡诸侯之国势将近危，故持危保国之道不可不谕王知之。古者，王公设险以守其国，今王有人民无城郭，民人将何所依。为国者未尝去兵，今王武备不修，则国威弛；民以食为天，今濒海之地不耕，则民食艰；凡国必有出政令之所，今王有居室而无厅事，则无以示尊严于臣下，朕甚不取也。历代之君，不间夷夏，惟修仁义礼乐，以化民成俗。今王弃而不务，日以持斋守戒为事，欲以求福，失其要矣。佛之道，三皇五帝之时未闻有也，而是时天下大治。后世务释氏而能保其国者，未之见矣。梁武之事可为明鉴，王岂未知之耶？夫王之所以王高丽者，莫不由前世所积，若行先王之道，与民兴利除害，使其生齿繁广，父母妻子饱食暖衣，各得其所，则国永兴长；修德求福莫大于此，王何不为此而为彼哉？！有国之君，当崇祀典。闻王之国，牺牲不育，何以供境内山川城隍之祀乎？古人有言：国之大事，在祀与戎。若戎事不修，祀事不备，其何以为国乎？今胡运既终，沙塞之民，无所总统，朕兵未至辽沈，其间或有强暴者出，不为中国患，必为高丽扰。况倭人出入海岛十有余年，必知王之虚实，此亦不可不虑也。王欲御之，非雄武之将、勇猛之兵，不可远战于封疆之外。王欲守之，非深沟高垒，内有储蓄，外有援兵，不能以挫锐而擒敌。由是言之，王之负荷亦重矣！智者图患于未然，转危以为安。前之数事，朕言甚悉，不过与王同其忧耳，王其审图之。①

明太祖闻悉高丽沿海人民饱受倭寇侵扰之苦后，即提醒高丽王朝整顿武备，而又担心高丽国王因佞佛而使武备不修，于是在两国建立政治关系之初专门写此国书，虽然在今天看来其行为颇有鲁莽成分，但在当时却充分显示出他的儒家文化情怀——"昔帝王之治天下，凡日月所照，无有远近，一视同仁"。②所以，他才有对邻邦倭患的密切关注与深深担忧，才有对高丽国王的坦诚告诫。

面对倭寇的频繁入侵，高丽也开始向明朝寻求帮助。据《高丽史》记载，恭愍

---

① 《明太祖实录》卷46，洪武二年十月壬戌。
② 《明太祖实录》卷37，洪武元年十二月壬辰。

王二十二年（1373）十一月，高丽国王"移咨中书省请赐火药。曰：'倭贼作耗，乍往乍来，二十余年矣。自来本国沿海州郡关隘去处，止是调兵守御，不行下海追捕。近年以来，贼势已炽，今欲下海追捕，以绝民患，差官打造捕倭船只。其船上合用器械、火药、硫黄、焰硝等物，无从可办，议合申达朝廷，颁降以济用度。'"①对于高丽的请求，明朝即予应允。据记载，恭愍王二十四年（1375）六月，高丽朝贡使臣郑庇从明朝带回如下咨文：

> 洪武七年（1374）五月初四日，准来咨，为打造捕倭船只、合用器械、火药、硫黄、焰硝等物，咨请颁降。准此。照得高丽国所造捕倭船只，未委是否堪中出海征进。况中国所用火药硝黄，预备虽多，需用亦广，岂有中国而资外邦之理。洪武七年五月初八日，中书省、大都督府、御史台官于奉天殿钦奉圣旨：高丽来关军器、火药、造船捕倭，我看了好生欢喜，却不似已前坐视民病，方才有救民之心，似这等行移与中国一般。王颛敢真个依着我的号令，若如此时，把咱的每号令行将去，他必是依着行，早发文书去教那里，打得五十万斤硝，将得十万斤硫黄，来这里着上那别色合用的药，修合与他去；那里新造捕倭的船，教差能干的将官率驾将来我看。钦此。省台官即奏：恐彼无此物。又钦奉圣旨：皆是同天共日，安得此有彼无？此等之物，处处有之。彼方但不会修合耳。恁宰相每只将这号令行将去。②

高丽派遣郑庇来求明朝给予军事援助，基本上排除了明太祖对于高丽通北元的疑虑，实现了明朝与高丽政治关系的正常化。他还得到明太祖手诏：

> 使者至，贡陈其礼，敷王极情。朕既听之，事大之心甚矣。表云："受侯服于东隅，祖朝鲜之苗裔，爰自五季，已事中华。"言无不当。然朕观上古之君，自甸、侯、绥服之外不治，其令土人主之。大概圣人之心，体天道以行仁，惟欲民安耳。未尝夸诈，所以不宝远物，不劳夷民，圣人之心弘哉！今朕虽不才，敢不保王之臣忠，却来诚之美贡？若汉唐之夷彼，隋君之伐东，在朕之今日，

---

① 《高丽史》卷44《恭愍王世家》，二十二年十一月。
② 《高丽史》卷41《恭愍王世家》，二十四年六月壬子。

非诈侮于我,安敢违上帝而劳扰生民者乎?若或不守己分,妄起事因,其天灾人祸,必有至者,王其审之!自今以后,薄来而情厚则可,而其厚来而情薄,是为不可,其王审之。①

从明太祖的这番表态看,他不在乎高丽朝贡物品多少,而在乎双方真诚相待,明朝绝不会无辜干涉高丽内政,更不会不顾民情而发动战争。而对于高丽请求明朝提供军事器械帮助他们抵抗倭寇一事,明太祖明确表示支持("好生欢喜")。但他要求高丽提供军船式样,明朝根据其样式制造;高丽还要自己准备硝、硫黄,明朝再补充其他成分以合成火药。而据稍后的《朝鲜王朝实录》记载:"本国钦蒙太祖高皇帝以'不分化外,一视同仁'之义,曾于洪武年间,颁降捕倭所用火㷁、火药物料。"② 依此记载,明太祖在当时即对高丽给予火药援助。不久,高丽人崔茂宣也在一次偶遇中与中国焰硝技术匠李元相识,遂求教其焰硝制作与合成技术,并令自己家童仿造终获成功。于是,根据崔茂宣的建议,高丽专门设置火爆都监以制造火药,用以反击倭寇。③ 可是,直到15世纪30年代,朝鲜仍然派遣使节请求与明朝贸易火药,因为"本国工匠未识煮取焰硝之法,制造未精"。④

1374年,王颛被杀,辛禑成为国王,高丽对外政策从明朝转向北元,又期待着用对日外交手段解决倭寇问题。翌年,高丽派遣典客寺事罗兴儒前往日本交涉。1376年,日本派遣僧人良柔回应,并携僧人周佐信件向高丽说明,"惟我西海道一路,九州乱臣割据,不纳贡赋二十余年矣。西边海道顽民观衅出寇,非我所为,是故朝廷遣将征讨,深入其地,两阵交锋,日以相战,庶几克复,九州则誓天指日,禁约海寇"。⑤ 不过,尽管日本北朝答应禁止倭寇,但却不能左右由南朝势力主控的九州海寇。1377年,高丽苦于倭寇频繁侵犯,又派判典客寺事安吉祥前往"日本请禁贼,书曰:本国与贵邦为邻,虽隔大海,或时通好,岁自庚寅,海盗始扰我岛民,各有损伤,甚可怜悯。因此丙午年间差万户金龙等报事意,即蒙征夷大将军禁

---

① 《高丽史》卷41《恭愍王世家》,二十四年六月壬子。
② 《朝鲜世宗实录》卷101,二十五年八月八日。《朝鲜王朝实录》据韩国国史编纂委员会网站公布之点校版本,网址为:http://sillok.history.go.kr/。访问日期:2016年11月24日。
③ 参见《高丽史》卷133《辛禑列传》,三年十月。
④ 《朝鲜世宗实录》卷101,二十五年八月八日。
⑤ 《高丽史》卷133《辛禑列传》,二年十月。

约,稍得宁息。近自甲寅以来,其盗又肆猖獗,差判典客寺事罗兴儒赍咨再达,两国之间海寇方衅实为不祥事意。去后,据罗兴儒赍来贵国回文言:称此寇因我西海一路,九州乱臣割据西岛,顽然作寇,实非我所为,未敢即许禁约,得此参详。治民禁盗,国之常典。前项海寇,但有禁约,理无不从。两国通好,海道安静,在于贵国处之如何耳"。① 日本对于高丽的责备,则以僧人出面予以回应:"覃窃之贼,是逋逃辈,不遵我令,未易禁焉。"② 不久,高丽又派遣前大司成郑梦周前往日本,再次敦请日本禁止倭寇。郑梦周所携高丽国书中称:"窃念本国北连大元,西接大明,常炼军官以充守御。乃于海寇,只令沿海州郡把截防御。贼徒侦候,乘间入侵,烧毁民庐,夺掠人口。及睹官军,随即骑船逃匿,为害不小。今蒙大将军言及谆谆,又于弘长老备谙厚意,其益图之。"③ 1378 年,日本九州节度使源了浚(日本《南方纪传》记为"今川了俊")派遣僧人信弘等率军捕捉倭寇,在兆阳浦战胜一艘倭寇船,尽杀该船海盗,将被掳高丽妇女"二十余人"解救出来,④ 并送还被倭寇所掳数百人。⑤ 高丽随即派遣版图判书李子庸、前司宰令韩国柱前往日本九州示谢,并请求继续禁倭。1379 年,日本大内殿义弘派遣朴居士率领一百八十六人来高丽,协助高丽防范倭寇。⑥

至此,日本与高丽开始就打击倭盗进行一定的军事合作,并主动送还被倭寇掳掠的高丽人口。1382 年"日本归被虏男女百五十人";⑦ 1383 年"日本国归被虏男女一百十二人";⑧ 1384 年"日本国遣使归所虏男女九十二人";⑨ 1386 年"日本霸家台归所虏一百五十人"(按:"霸家台",指博多的武家势力);⑩ 1388 年"日本国使妙葩、关西省探题源了浚遣人来献方物,归被虏二百五十人";⑪ 1391 年"日本九州节度使源了浚遣使来朝献方物,归我被虏男女六十八人"。同时,日本在致高丽国书中称:"予向贵国尽心交好,今四十年矣。越己巳十月间敬奉禁贼之命,以禁诸岛之贼。

---

① 《高丽史》卷 133 《辛禑列传》,三年五月。
② 《高丽史》卷 133 《辛禑列传》,三年八月。
③ 《高丽史》卷 133 《辛禑列传》,三年九月。
④ 参见《高丽史》卷 133 《辛禑列传》,四年六月、四年七月。
⑤ 参见《高丽史》卷 117 《郑梦周传》。
⑥ 参见《高丽史》卷 134 《辛禑列传》,五年五月戊寅。
⑦ 《高丽史》卷 134 《辛禑列传》,八年二月。
⑧ 《高丽史》卷 135 《辛禑列传》,九年九月。
⑨ 《高丽史》卷 135 《辛禑列传》,十年八月。
⑩ 《高丽史》卷 136 《辛禑列传》,十二年七月。
⑪ 《高丽史》卷 137 《辛禑列传》,十四年七月。

于前年十月周能僧陪来书曰：海贼今犹未绝，若不坚禁，彼此恐有损伤之事。予反为惭愧，稍有愤志，遣使诸岛，捕捉海贼。伏冀贵国大相各位俯鉴愚衷，永为和好。"①对此，高丽立即遣使报聘致谢。②1392 年，在御倭战争中成名的李成桂废掉高丽国君而自立，建立朝鲜王朝，从此他与日本、明朝的防倭合作进入了一个新的阶段。

二、明朝围绕倭寇问题的对日交涉及其合作

倭寇对于中国沿海地区的侵扰，在元末即已出现。至正二十三年（1363）秋"倭人寇蓬州，守将刘暹击败之。自十八年以来，倭人连寇濒海郡县，至是海隅遂安"。③元朝"蓬州"在内陆四川（今南充市蓬安县），此处当为"蓬莱"之误。至正十八年（1358），倭寇开始连年侵扰中国沿海。在刘暹率军反击下，倭寇活动曾短暂停息数年。不过，在明朝建立的次年（1369）二月至六月间，即发生倭寇对山东、苏州、淮安等地大面积侵扰事件；④洪武三年（1370），又发生倭寇侵扰山东沿海，接着转掠浙江明、台、温诸州，又入福建沿海郡县抢掠的严重入侵事件。⑤为此，明太祖从洪武二年（1369）借向日本通告元明鼎革之机，即就倭寇问题向日本展开外交交涉。

洪武二年二月，明朝派遣行人杨载持诏书前往日本。明太祖在诏书中称："自辛卯（按：指1351年，下同）以来，中原扰扰，彼倭来寇山东，不过乘胡元之衰耳。朕本中国之旧家，耻前王之辱，兴师振旅，扫荡胡番，宵衣旰食，垂二十年。自去岁以来，殄绝北夷，以主中国，惟四夷未报。间者，山东来奏，倭兵数寇海边，生离人妻子，损伤物命，故修书特报正统之事，兼谕倭兵越海之由。诏书到日，如臣，则奉表来庭；不臣，则修兵自固，永安境土，以应天休。如必为寇盗，朕当命舟师扬帆诸岛，捕绝其徒，直抵其国缚其王，岂不代天伐不仁者哉。惟王图之。"⑥从这封诏书可见，明太祖是希望与日本建立起封贡关系并以此解决倭寇问题。但他在双

---

① 《高丽史》卷46《恭让王世家》，三年八月癸亥。
② 参见《高丽史》卷46《恭让王世家》，二年十月甲子。
③ 《元史》卷46《顺帝本纪》，二十三年八月丁酉朔。
④ 参见《明太祖实录》卷38，洪武二年春正月；卷41，洪武二年四月戊子；卷44，洪武二年八月乙亥。
⑤ 参见《明太祖实录》卷53，洪武三年六月。
⑥ 《明太祖实录》卷39，洪武二年二月辛未。

方交往之初就用军事恐吓方式来逼迫日本主动禁止倭寇，最终不免使外交失败。据日本学者考察，当时杨载所至之处，为位于九州岛的征西府。日本南朝征西大将军怀良亲王看到这份诏书，杀害了明朝使团的五位成员，并将杨载等人拘留三个月后放还。①

不久，明朝从自日本逃脱的被俘人员那里了解到倭寇活动实非日本政府所指使，于是再遣使者前往日本交涉。然而，明太祖仍然没有改变其强势的外交风格，在给日本国王的诏谕中指责："蠢尔东夷，出没海滨为寇，已尝遣人往问，久而不答，朕疑王使之故扰我民。今中国奠安，猛将无用武之地，智士无所施其谋，二十年鏖战精锐，饱食终日，投石超距，方将整饬巨舟，致罚于尔邦。俄闻被寇者来归，始知前日之寇非王之意，乃命有司暂停造舟之役。呜呼！朕为中国主，此皆天造地设华夷之分，朕若效前王，恃甲兵之众、谋士之多，远涉江海以祸远夷安靖之民，非上帝之所托，亦人事之不然。或乃外夷小邦故逆天道，不自安分，时来寇扰，此必神人共怒，天理难容，征讨之师控弦以待。果能革心顺命，共保承平，不亦美乎？呜呼！钦若昊天，王道之常，抚顺伐逆，古今彝宪。王其戒之，以延尔嗣。"②明太祖外交文书中的恫吓语气，使日本征西府误认为明朝使节赵秩系元朝使者赵良弼后人，中国即将兵征日本，欲加害赵秩。可是赵秩遇危不乱，明确告知日本征西大将军："我大明天子，神圣文武非蒙古比，我也非蒙古使者后。能兵，兵我。"这种大义凛然的态度，反而使怀良亲王以礼相待。③稍后，怀良亲王也了解到中国的元明鼎革情况，于是派遣僧人祖来回访明朝。

据明朝官方文献记载，祖来一行于洪武四年（1371）十月抵达明朝京师（今南京），并送来被倭寇掳掠的明州、台州百姓七十余人。④明太祖感到围绕倭寇问题的对日外交有一定效果，并从祖来等人处了解到日本南北朝分裂情况，方知除了打交道的怀良亲王（属于南朝的大觉院统天皇势力）外，还有京都的持明院统天皇（北朝），于是派遣嘉兴府天宁禅寺住持仲猷祖阐和金陵瓦官寺住持无逸克勤作为使节，前往日本京都与北朝展开交往。祖阐和克勤一行虽然抵达京都，但却在回程经过博

---

① 参见［日］木宫泰彦著、胡锡年译《日中文化交流史》，商务印书馆1980年版，第512页。
② 《明太祖实录》卷50，洪武三年三月。
③ 参见《明史》卷322《日本传》。
④ 参见《明太祖实录》卷68，洪武四年十月癸巳。

多时为怀良亲王所拘留，直到洪武七年（1374）五月才返回京师。① 该年六月，日本送还所掠中国沿海居民一百零九人。② 十二月，日本又送还被倭寇所掳的中国人和高丽人一百五十名。③

明太祖的对日交涉在归还被掳中国人口方面有一定效果。不过，他的对日外交目的在于要求日本彻底禁绝倭寇。而倭寇侵扰中国沿海的活动，恰恰没有停息。④ 洪武九年（1376）、洪武十三年（1380）、洪武十四年（1381）间，日本南朝和北朝方面分别派遣使节前来中国，明太祖认为他们缺乏诚意，并在洪武十四年由礼部分别致书日本国王（怀良亲王方面）和征夷大将军，认为他们是"不奉上帝之命，不守己分，但知环海为险，限山为固，妄自尊大，肆侮邻邦，纵民为盗"，并警告说"若以舳舻数千泊彼环海，使彼东西趋战，四向弗继，固可灭矣"。⑤ 明太祖未料到日本怀良亲王对他的言论进行了针锋相对的抨击："臣闻天朝有兴战之策，小邦亦有御敌之图。论文有孔、孟道德之文章，论武有孙、吴韬略之兵法。又闻陛下选股肱之将，起精锐之师，来侵臣境。水泽之地，山海之洲，自有其备，岂肯跪途而奉之乎？顺之未必其生，逆之未必其死。相逢贺兰山前，聊以博戏，臣何惧哉！倘君胜臣负，且满上国之意；设臣胜君负，反作小邦之羞。自古讲和为上，罢战为强，免生灵之涂炭，拯黎庶之艰辛。"⑥ 史载明太祖阅悉日本国书时十分愤怒，但鉴于元世祖两次征日战争失败，终未出兵征讨日本。此后，他还将日本列为十五个"不征之国"之一。至此，明太祖放弃了用对日外交手段解决倭寇问题的计划，专心通过增设沿海卫所与墩堡、烽堠等措施以及严厉的"海禁"政策来加强海防。

在中、日外交文书争论之时，掌控北朝的足利幕府在南北朝对峙中逐渐得势。明朝洪武二十五年（1392），足利义满统一了日本。他在统一后大兴土木，却苦于财源枯竭。此时，日本博多商人肥富基于贸易目的而向足利义满建议与明朝通交，以便两国建立起正常的贸易关系。双方一拍即合，足利义满派遣自己的亲信僧人祖阿与肥富一起出使明朝。对于日本使节的主动"来贡"，明朝建文帝在"诏书"中予以

---

① 参见《明太祖实录》卷89，洪武七年五月甲午。
② 参见《明太祖实录》卷90，洪武七年六月乙卯。
③ 参见（明）宋濂《宋学士文集·补遗》卷2，"送无逸勤公出使还乡省亲序"，四部丛刊本，商务印书馆1929年版。
④ 如《明太祖实录》卷91洪武七年七月壬申记载"倭夷寇胶州"；卷91洪武七年七月甲戌记载"倭夷寇海州"；卷102洪武八年十二月癸巳记载"倭夷寇潮州"；卷132洪武十三年七月壬寅记载"倭夷寇劫广州府东莞等县"。
⑤ 《明太祖实录》卷138，洪武十四年七月戊戌。
⑥ 《明史》卷322《日本传》。

积极回应:"今王能慕礼义,且欲为国敉忾,非笃于君臣之道,畴克臻兹。今遣使者道彝、一如,班(颁)示大统历,俾奉正朔,赐锦衣二十匹,至可领也。呜呼!天无常心,惟敬是怀;君无常好,惟忠是绥。朕都江东,于海外国惟王为最近。王悉朕心尽乃心,思恭思顺,以笃大伦,毋容逋逃,毋纵奸宄,俾天下以日本为忠义之邦,则可名于永世矣。王其敬之,以贻子孙之福,故兹诏谕,宜体眷怀。"①这封"诏书"从"君臣之道"充分肯定了足利义满的主动遣使通交行为,认为足利氏"思恭思顺",称日本为"忠义之邦",或许反映了建文帝对于自己叔叔朱棣不守君臣之道而发动靖难之役争夺皇权的不满心情。而对于一直影响两国关系的倭寇问题,他反而只是含混地使用"毋纵奸宄"来予以规劝。显然,明朝内部的政治斗争,直接影响了明日外交的倭寇话题。

建文帝派遣使节道彝、一如回访日本,得到了足利义满的盛情接待。义满尽管已经了解到建文帝与其叔朱棣为争夺皇权而进行战争的情况,但他还是决定派遣坚中圭密作为使节跟随明使回访,并为此准备了两封国书(一封致建文帝,另一封致明成祖),以确保实现日本对明贸易的要求。其中,足利义满在致明成祖的国书中特别称赞:"钦惟大明皇帝陛下,绍尧圣神,迈汤智勇,勘定弊乱,甚于建瓴,整顿乾坤,易于反掌。启中兴之洪业,当太平之昌期。虽垂旒深居北阙之尊,而皇威远畅东滨之外。"②国书中的"勘定弊乱"与"启中兴之洪业"之语,对于刚刚使用武力从侄子手中夺得皇位的朱棣来说,无疑说到了他构建政治权威的心坎上。因此,明成祖不仅允许日本进行朝贡贸易,而且派遣使节"赐日本国王冠服、锦绮、纱罗及龟纽金印"。③这就意味着,明成祖顺势将中日关系纳入封贡关系的渠道。

明成祖正是凭借这种渠道,要求日本室町幕府禁止倭寇。据日本史书记载,明成祖曾在永乐二年(1404)通过日本使节带回一份有如下内容的国书:"日本国王源道义使臣回言,王修德乐善,忠良恭谨,朕深尔嘉。又能遵奉朝命,禁止壹岐、对马诸岛之人,不为海滨之害,用心勤至,尤为可嘉。自今王更宜戒戢其民,使皆就农乐业,王亦有无穷之令名,故敕。"④文中"日本国王源道义",即日本室町幕府征夷大将军足利义满。从"遵奉朝命,禁止壹岐、对马诸岛之人,不为海滨之害"的

---

① [日]瑞溪周凤:《善邻国宝记》卷中,《大明书》(建文四年二月初六日),第96—97页。
② [日]瑞溪周凤:《善邻国宝记》卷中,《日本国王臣源表》(应永九年),第97—98页。
③ 《明太宗实录》卷24,永乐元年十月乙卯。
④ [日]瑞溪周凤:《善邻国宝记》卷中,《大明书》(永乐二年十二月初二日),第103—104页。

行文看,明成祖曾要求过足利义满主动禁止倭寇。而从"自今王更宜戒戢其民"一语观察,明成祖已把禁止倭寇活动作为足利义满维护中日关系稳定发展的主要内容。

从日本方面看,足利义满确曾根据明朝的要求,出兵打击本国海盗。据一份保留在日本史书中的明成祖于永乐四年(1406)正月十六日的"敕谕"云:"对马、壹岐等远岛,海寇出没,劫掠海滨,朕命王除之,即出师歼其党类,破其舟楫,擒其渠魁,悉送京师。王之尊敬朕命,虽身在海外而心实在朝廷,海东之国从古贤达未如王者,朕心喜慰,深用褒嘉。自今海上居民无劫掠之虞者,王之功也。"① 据此可见,足利义满出兵围剿对马等岛海盗的行动,是根据明成祖的要求进行的。而据《明史》记载,此次擒获并送到明朝的海盗头目有二十人。② 此后,日本又多次向明朝移交他们所捕获的日本海盗。③ 至此,明朝与日本室町幕府围绕倭寇问题,开始有了比较密切的合作。而足利义满也通过这种合作,获得了与明朝进行朝贡贸易的机会。

三、兰秀山岛民反明活动与明朝和高丽合作缉捕逃犯

兰秀山实为兰山和秀山的合称,在明初是属于昌国州(今浙江省舟山市定海区)的两个岛屿。据明人郑若曾《筹海图编》记载:"国初,定海之外,秀、岱、兰、剑、金塘五山争利,内相仇杀,外连倭夷,岁为边患。"④ 按照郑若曾上述记载,兰秀山岛民在明朝初年即与倭寇勾结,在沿海地区进行侵扰活动。昌国州西边隔海紧邻明州(1367年朱元璋改元朝庆元路为明州府,1381年又改明州为宁波),是从明州出海前往高丽和日本的必经之地,对倭寇活动的熟悉以及与倭寇的联系应当可能。

《明实录》正好记录了兰秀山岛民在洪武元年(1368)就在浙东沿海为患的情况。洪武元年五月,"昌国州兰秀山盗入象山县作乱。县民蒋公直等集乡兵击破之。初,方国珍遁入海岛,亡其所受行枢密院印。兰秀山民得之,因聚众为盗。至是,入象山县,执县官,劫掠居民。公直与王刚甫率县民数百人欲击之。适知县孔立自府计事还,公直等走告之,遂据兵东禅山。盗来攻,公直乃先伏兵两山间,自领数十人应战,佯败走。盗追之,伏发尽擒杀之。事闻,遣大理卿周祯至县赏功,赐公

---

① [日] 瑞溪周凤:《善邻国宝记》卷中,《大明书》(永乐四年正月十六日),第106页。
② 参见《明史》卷322《日本传》。
③ 参见《明太宗实录》卷67,永乐五年五月己卯;卷79,永乐六年五月癸丑。
④ (明)郑若曾:《筹海图编》卷5《浙江事宜》,中华书局2007年版,第366页。

直、刚甫白金,人百二十两"。① 文中所提"方国珍",台州黄岩人,在元代以贩盐浮海为业,后蒙冤遭官府追捕,被迫举兵反元,据有庆元,横行海上,成为元末割据浙东地区的武装首领。1359年,方国珍降于朱元璋,被授予福建行省平章。但方国珍又接受元朝授予的江浙行省平章封职,每年派海船运粮至大都,后又与其他势力联合抵抗朱元璋集团。1367年,朱元璋遣兵进攻方国珍集团,方国珍再次投降。而文中所记兰秀山岛民因偶得方国珍的元朝"行枢密院印",即以此组织队伍并奔袭象山县衙,不仅轻描淡写,也颇具戏剧性。实际上,仅以方国珍的这枚官印而论,也显现出方国珍在浙东地区巨大的政治影响力。因此,兰秀山岛民集合起来袭击象山县衙事件,充分表明了方国珍残余势力反对明朝的立场。

值得关注的是,这一事件的严重性,在《明实录》另外一处史料中有所记载。洪武二年(1369)十二月,明太祖在对汤和论功行赏时,曾有如下叙述:"御史大夫汤和,总兵征南,先有浙江参政朱亮祖克取温、台诸郡。方国珍已闻风胆落,比师抵明州,国珍逃遁。及再调取福建,姑息太过,放散陈友定山寨余党,致八郡复叛,重劳师旅。及班师又不申明号令,以致兰秀山贼窥伺而叛,失陷指挥徐珫、张俊等官军,功过相折,量与白金二百五十两,文币十五表里。"② 按照朱元璋在称帝前的军事编制"所部兵五千人为指挥",③ 那么指挥徐珫、张俊所部官军则有五千人左右的队伍。而兰秀山岛民居然对这么大规模的军队发起袭击,其参与军事行动的人数当不在少数,而且他们还应有较高的军事素质和能力,否则纯粹是乌合之众也不至于造成徐珍、张俊等"指挥"级军官的阵亡。这一事件也显示出,所谓"兰秀山贼"中虽无法证明有倭寇参与,但其中不少人应是方国珍盘踞浙东时期的军事人员。可能明朝相关军事指挥员为了减轻自己的责任,以及朝廷受限于对相关信息的掌握,这些袭击者才被定义为"兰秀山贼"。

象山县衙被兰秀山岛民袭击事件,三年后受到明朝的严厉处置。据《明实录》记载,洪武四年(1371)十二月明太祖"诏吴王左相靖海侯吴祯,籍方国珍所部温、台、庆元三府军士及兰秀山无田粮之民尝充船户者,凡十一万二千七百三十人,隶各卫为军。仍禁濒海民不得私出海"。④ 依此而见,明朝的处置措施,一是将方国珍

---

① 《明太祖实录》卷32,洪武元年五月庚午。
② 《明太祖实录》卷47,洪武二年十二月己丑。
③ 《明史》卷90《兵志二》。
④ 《明太祖实录》卷70,洪武四年十二月丙戌。

部属连同兰秀山船户由原来的民户改为军户,并将他们分别纳入不同卫所的军事编制之中,从而分散他们的力量;二是继续实行禁止沿海百姓出海的政策,①用阻止社会流动的手段来维护沿海社会秩序的稳定。

兰秀山岛民袭击明朝地方官署事件,还促成明朝派人前往高丽并要求对方帮助缉捕躲藏在该国的逃犯。据《高丽史》记载,洪武三年(1370)六月明朝"中书省遣百户丁志、孙昌甫等,来究兰秀山叛贼陈君祥等。咨曰:君祥等积年在海作耗。大军克平浙东之后,本贼既降,复叛,劫杀官军。已尝调兵征讨,其贼畏罪逋逃。今有明州人鲍进保自高丽来告,君祥等挈同党,见于王京、古阜,匿罪潜居王国。(王)必所未知,抚以为民。其贼诡计偷生,奸心实在。若使久居王国,将见染惑善良,为患匪轻。忽然复归其穴,则往来既无少阻。请将贼徒解来,明正其罪,庶绝奸恶。王命并其妻子及赀产以送,凡百余人"。②文中的"中书省"即明朝的"中书省"(洪武十三年以后裁撤),为行政中枢机构;"百户"为明朝军事官员,洪武初年领兵百人为"百户"("百户"下级的军官有领五十人的总旗,领十人的小旗;"百户"上级的军官有领千人的"千户",领五千人的"指挥")。"王京"即高丽都城,今朝鲜开城;"古阜",据《高丽史》记载,全罗道有"古阜郡"(今属韩国全罗北道),③位于边山半岛西边的古阜川与东津江一带。从明州商人鲍进保所提供的关于陈君祥潜逃在高丽的情报来看,他分别在高丽王京和古阜见到陈君祥及其同伙,可知洪武初年有不少浙东商人活动于高丽的西部沿海地区。而据《高丽史节要》记载,明太祖"又遣百户丁志、孙玉来执兰秀山叛贼陈君祥、陈魁一等以归。先是,君祥等居江南诈降于明,杀其官吏,率其徒百余人航海而来,居于古阜"。④《高丽史》所记的"孙昌甫",在《高丽史节要》中写为"孙玉",其余姓名皆同。而陈君祥等潜逃到高丽的兰秀山岛民,据《高丽史节要》记载就有百余人,显然当时参加叛明活动的人数不少。而明朝中书省专门派人携咨文告知高丽国王,陈君祥等人已在沿海地区连年犯罪,容留陈君祥等百余名海洋犯罪分子,对于高丽王国的安全也具有

---

① 关于明太祖的"海禁"政策,曹永和先生在《试论明太祖的海洋交通政策》一文中推测,明朝在洪武元年二月至四月间,由于兰秀山岛民袭击象山县衙事件的发生,曾实行过海禁政策。该文载于中国海洋发展史论文集编辑委员会主编《中国海洋发展史论文集》第1辑,"中研院"三民主义研究所1984年版。
② 《高丽史》卷42《恭愍王世家》,十九年六月辛巳。
③ 参见《高丽史》卷57《地理志》。
④ [朝鲜]金宗瑞:《高丽史节要》卷29《恭愍王四》,三年六月,首尔亚细亚文化社1973年影印本。

极大危险性。明朝的目的,显然在于希望高丽王朝合作并派人协助,帮助明朝所派的丁志一行对陈君祥及其同伙实行抓捕并拘送回中国。

从保存在韩国的另外一份咨文来看,高丽王朝方面对这次抓捕兰秀山逃犯的行动进行了积极配合。这是一份事后由中书省发给高丽国王的咨文,内容为:

中书省据刑部呈:见钦奉圣旨,为分检审决兰秀山逆贼事。除钦依审决外,为是林宝一等所供情未尽实,再行问责,得林宝一供:系昌国县富七保住民,洪武元年正月二十四日,本保里长卢子中租赁张百户艚船一只,雇募宝一等充稍水,装运官盐赴京。于斜浦修船完备,忽有莽张百户到来,对说:兰山叶演三、长涂王元帅、秀山陈元帅等船都下海了,教我快赶船来,同打明州。令伊男张子安与宝一等,行船赶到招宝山,接见陈元帅。莽张百户船败阵前来,就拨宝一等船只,于定海港守把。至三月初七日有贼首陈魁四,提船等候,拦截大军。至四月十八日到于崎头,迎见吴都督军船,对敌败退,夏山躲避。后于六月初八日开洋,至十二日到于耽罗。宝一收买海菜,自趁本处洪万户船,到高丽,遇见陈魁五等。将布五匹雇请,肩驼绵布,到于古阜,就留伊家使唤。洪武三年五月二十四日,有朝廷差丁百户等官来,先将陈魁五捉获。各贼家小俱各逃避。陈魁八与宝一前去蒸山,藏避于邻人高伯一家,做饭吃食,将苏木等物与讫本人。至二十八日,宝一思忖得,陈魁八必是逃走,又见本贼身畔,藏带金银等物,贪图取要,窥伺陈八睡着,用大石块于本人胸堂上,打讫二下身死。将伊身畔金银物件,尽行收要入己。是实。及,责得高伯一供:系高丽人氏,见于全罗道住座。洪武二年五月二十八日,有陈魁八、林宝一到家,将锅做饭,与讫苏木、白矾并衣带八条。后见林宝一,不见陈魁八。问林宝一,说称陈魁八往镇浦去了。后又与讫玉色纱裙一条、白苎布衣二件。除外别不知道谋逆事情。是实。得此,洪武三年九月二十八日奏,奉圣旨:林宝一既从逆,拒敌官军,教处重了。高伯一发回高丽去。钦此。除钦依,将林宝一移付都官部处重外,据发回高丽一名高伯一,具呈,照验施行。得此,除将高伯一,就令高丽国差来左使姜师赞等收领前去外,都省合行移咨,请照验施行。须至咨者,右咨高丽国王。洪武三年十月初九日。①

---

① [韩]丘凡真:《吏文译注》上册,世昌出版社2015年版,第17—19页。

从兰秀山逃犯林宝一的招供状来看，文中的"莽张百户""兰山叶演三""长涂王元帅""秀山陈元帅""陈魁四""陈魁五""陈魁八"等人，皆是兰秀山居民起来举兵的主要组织者。而从一些人冠有"元帅""百户"的头衔看，应是方国珍割据浙东时期授予的官职。而"吴都督"则是明朝将领吴祯。他早期曾率兵破苏南的张士诚水寨，不久就转战浙东，逼方国珍投降，长于水战，后又率兵从海道攻福州，在延平擒获福建地区割据者陈友定。洪武元年（1368），他在从福建航海回师至昌国途中，遇兰秀山海寇准备袭击明州，即组织官兵进行围剿。① 而兰秀山岛民不仅袭击了象山县衙，而且还要攻打明州府，显然带有明确的反明目的。而反明活动的骨干人物在军事行动失败后，潜逃到高丽躲避，这与元末他们到高丽经商的经历有关。不过，他们未曾料到，自己的行踪被同在高丽经商的明州商人鲍进保发现并回国告发。而明朝正是凭借着与高丽王朝的政治（封贡）关系，由中书省咨告高丽国王，在两国间实施了抓捕逃犯的司法合作。而对于高丽移交来的该国古阜居民高伯一，明朝刑部则考虑到，尽管兰秀山逃犯林宝一等人躲藏在其家中，但高伯一并不知情，于是通过委托高丽朝贡使节将其带回国内的方式予以释放，并由中书省专门咨告高丽国王相关案件情况。

不过，明朝对于兰秀山岛民叛明事件的处置，洪武二十年（1387）又有更严厉的措施。是年，明朝"废宁波府昌国县，徙其民为宁波卫卒，以昌国濒海民尝从倭为寇，故徙之"。② 由此看来，兰秀山所在的昌国县岛民在洪武元年（1368）袭击象山县衙事件后，不少人又与日本海盗纠集在一起，继续在沿海地区从事海盗活动。而明朝政府为控制事态发展，在洪武四年（1371）底征兰秀山无田之民为兵之后，相隔十五年又废除昌国县建置，并将所有有田地的昌国县民从民户改为军户，分散迁移到各卫所。这种对昌国县民的惩罚，更为残酷，也意味着明朝为阻止沿海岛民与日本海盗相结合，开始采取放弃海岛政策。不过，这种空岛政策，恰恰为海寇结集沿海岛屿创造了地理空间条件，从而给明朝海洋秩序带来严重的负面影响，因此在后期倭患过程中明朝内部才有关于海岛在海防体系中的地位问题讨论。③

---

① 《明史》卷131《吴祯传》记载，吴祯"洪武元年进兵破延平，擒陈友定，闽海悉平。还次昌国，会海寇劫兰秀山，剿平之"。据此可知，兰秀山海寇尚在集合过程中即遭到路过此地的吴祯率部打击。
② 《明太祖实录》卷182，洪武二十年五月丁亥。
③ 参见陈尚胜《"怀夷"与"抑商"：明代海洋力量兴衰研究》，第七章《筹海之争》，山东人民出版社1997年版。

四、余论：朝贡体系与 15 世纪东亚海洋秩序

从 14 世纪后期高丽和明朝应对倭寇侵袭活动的过程看，两国除部署军事防御外，都先后采取外交手段请求日本禁止倭寇。高丽对日本的交涉内容，使节所携国书的基调在于强调两国历世友好，指出倭寇对沿海边民生活与官漕运输所带来的重大危害，外交表达只在请求禁倭。对此，日本南北朝对峙双方基本上都予以回应，派遣僧人作为使节传达政府意见。后来，日本北朝不仅解救并归还部分被倭寇所掳人口，最后甚至在九州地区采取军事行动打击海盗予以积极配合，双方进行较为密切的合作。

而明太祖在对日本交涉过程中，所遣使节的凛然正气也曾取得初步效果，日本也是通过派遣僧侣作为使节归还倭寇所掳的部分人口。不过，明太祖却缺乏持久外交的耐性，对日本国政治分裂的复杂情况也缺乏周详了解，并在交涉国书中过多指责日本官方的责任，甚至国书中不乏对日本动武的恫吓语气。而日本南北朝双方自然不愿承担倭寇之责，因此双方无法合作而交往中断。只是到室町幕府统一日本后，足利义满出于通过与中国贸易来解决财政来源目的，主动遣使与明朝通交。而刚刚通过武装政变登基的明成祖则从构建政治权威的目的，[①]充分把握了这个机会，即时将日本纳入由明朝主导的朝贡体系，并通过这种政治关系要求室町幕府打击倭寇活动。至此，明朝与日本终于在 15 世纪初实现了打击倭寇的政治合作。虽然足利义满于 1408 年去世后，其子足利义持成为"征夷大将军"时中断了与明朝的合作，放任倭寇对中国的侵略活动，但随着 1428 年足利义持的去世和足利义教成为新的"征夷大将军"，日本室町幕府又恢复了对明朝的朝贡政策，并在制止倭寇活动方面继续开展与明朝的政治合作。[②]

与日本相比较，明朝在建立之初就通过与高丽建立封贡关系，实现了与高丽在追逃海寇罪犯方面的合作，成功地实施了对兰秀山逃犯的跨国缉捕。此后，两国又在打击倭寇方面实现合作。明太祖出于对藩属国家的字小情怀，根据高丽要求提供

[①] 笔者曾经指出，明成祖由于靖难之役事件而在登上皇位之初其缺乏政治权威，因此采取积极"通四夷"政策，以制造"天子有德，四夷来归"的盛世景象。参见陈尚胜《中国传统文化与郑和下西洋》，《文史哲》2005 年第 5 期。

[②] 参见张声振、郭洪茂《中日关系史》第一卷，社会科学文献出版社 2006 年版，第 318—324 页。

火药等军事援助。而朝鲜王朝也通过事大政策，与明朝在封贡关系基础上进行防御倭寇情报合作。如《朝鲜王朝实录》记载，世宗元年（1419）正月，朝鲜庆尚道从倭寇所掳汉人逃回者金得观那里了解到，日本海盗正在造战舰，将要于三月间侵袭中国沿海。朝鲜王朝在得悉情况后，立即使用急传形式，通报明朝的辽东都司，以便预防。① 明成祖在获得朝鲜情报后，于该年四月"敕辽东总兵官刘江曰：'今朝鲜报，倭寇饥困已极，欲寇边。宜令缘海诸卫严谨备之。如有机可乘，即尽力剿捕，无遗民患。'"② 六月，明军在有备的情况下，于金山卫望海埚重创来袭的倭寇，"生获百十三人，斩首千余级"。③《朝鲜王朝实录》也记载"贼寇中国之境，为都督刘江所败，斩首一千五百级，生擒一百三名。贼之守船者谓所俘我国人曰：'汝国潜通我入寇之事，使我见败。'"④ 显然，明军取得望海埚大捷，是与朝鲜的情报支持分不开的。

以上考察表明，高丽在 14 世纪后期与日本南北朝以及明朝之间，在倭寇情报和防范、解救被掳他国人口、帮助缉捕海洋犯罪逃犯等方面，开始有了初步合作。而到 15 世纪初，随着明朝与朝鲜王朝、明朝与日本室町幕府之间封贡关系的建立，三者在防范、控制和打击倭寇活动方面有了进一步合作。

15 世纪后期，三国间围绕防范倭寇的合作仍在继续。如韩国所保留的"吏文"中，一件写于成化十二年（1476）的《倭人声息辽东咨》就反映了这种机制的运行状况。据该咨所记载，该年三月二十三日，日本对马岛商源茂崎向釜山镇金节制使报告说，日本赤间关（位于今日本福冈县北部）地面所居倭奴，计划乘船一百三十七艘前往上国（中国）沿海抢劫。而室町幕府得悉后，告诫当地大名大内政弘："如今俺要遣使进贡朝廷，你每严禁贼船，勿令侵犯上国。"源茂崎听说后，即在来釜山贸易时报告给釜山镇金节制使。釜山镇金节制使即向庆尚道水军节度使呈报，庆尚道水军节度使于是向议政府呈报，朝鲜议政府随即状启到国王，最后由国王以"咨"的形式将这份情报于五月初四日传到辽东都司。辽东都司呈报到镇守辽东御马监太监叶达，由太监叶达题奏给皇帝，明宪宗以"圣旨"颁告兵部尚书项忠，兵部尚书再题奏至皇帝，并抄送通知辽东总兵官都督同知欧信、巡抚右副都御史彭谊、辽东都司指挥刘准、山东总督备倭署都指挥金事高通、巡视海道副使张玽、

---

① 参见《朝鲜世宗实录》卷 3，元年正月戊午、元年正月庚申。
② 《明太宗实录》卷 211，永乐十七年四月丙戌。
③ 《明太宗实录》卷 213，永乐十七年六月戊子。
④ 《朝鲜世宗实录》卷 3，元年九月戊申。

扬州等处总督备倭署都指挥佥事都胜、浙江总督备倭署都指挥佥事张勇、巡视海道副使杨瑄等人，要求各地加强沿海巡查，若遇倭寇，并力攻剿。成化十二年八月初三日，明朝以辽东都司"咨"文的形式"文移朝鲜国王知会，嘉其通报贼情，见其事上忠义，终始不变，共享太平"。① 从这份"咨"文内容可见，日本室町幕府为了保持与明朝的朝贡贸易，要求筑前国大名大内政弘约束所辖赤间关海盗，不得进犯上国（中国）；而朝鲜王朝在得到这个消息后，立即用"咨"文形式通告辽东都司。"咨"文是官方的一种平行文书，多在同级官署往来公文中使用。而在明朝朝贡体系范围内，朝鲜国王与明朝六部以及地方主要军政机构的公文往来，皆属平级往来。显然，由明朝在东亚地区所构建的朝贡体系，已经成为15世纪维护东亚海域秩序的主要机制。

原载《中国边疆史地研究》2017年第1期，
本文刊发时作者为山东大学历史文化学院教授、博士生导师。

---

① ［韩］丘凡真：《吏文译注》中册，第126—131页。

对清代朝贡体制地位的再认识

祁美琴

一、明清朝贡体制的异同

朝贡体制发展到明清时期，经历了由盛到衰的过程，用朝贡关系中最为典型的明代的一些特征来解释清代的朝贡关系，就会夸大或者歪曲本来的历史事实。在以往有关"朝贡体制"的研究中，基本形成了这样一种认识，即"朝贡关系"成为古代中国与周边民族、国家和地区交往的唯一持久而普遍的关系，典型的表述如：朝贡制度是中国从汉代以来就与"'蛮夷'民族之间逐步建立起中心—外围型国际关系体系"；唐代是其走向发展和成熟时期，而"明清两代，特别是明代，该体系发展到了完全成熟时期"。[①] 这个表述概括了中国历史上朝贡制度发展过程的基本特点，但是，将明清两代的朝贡制度归属于一体的提法，似乎过于笼统，容易诱导读者忽略二者的差异，导致其结论的"普遍意义"有时缺乏科学的依据。

关于朝贡制度，学术界已经有较多的讨论，但是最新的也是较为系统和深入的研究应是李云泉的《朝贡制度史论——中国古代对外关系体制研究》（新华出版社2004年版）一书。该书对中国古代的朝贡制度做了细致入微的考察，对不同时期的朝贡制度的特点做了较为成功的概括。关于明清朝贡制度的关系，作者认为，虽然清代的朝贡制度是对明朝制度的沿袭，但是清朝统治者在沿袭明朝的朝贡制度时，也有自己突出的特点：第一，在与周边国家建立朝贡关系的过程中，除朝鲜外，没有采取主动出使的方式。明朝前期的几位皇帝在继位之初，均不断派出使者"诏谕"海外国家，赏赐其君王，邀请其入贡明朝。郑和下西洋更将这种"朝贡关系"推向

---

① 陈剑锋：《东亚与西欧国际体系差异的根源剖析——一种文化分析》，2000年博士论文，北京图书馆藏。

高潮。而清朝，除顺治初年颁布过一个欢迎"遣使入贡"的诏书外，并无其他的举措。康熙三十二年（1693），康熙阅罢俄罗斯"朝贡"表文，对身边的大学士说："外藩朝贡，虽属盛事，恐传至后世未必不因此反生事端。"① 第二，清朝改变了明朝"有贡必封"的政策，只对缴回明朝颁发的封诰印敕者，才与其建立新的朝贡关系。如安南国王在顺治十七年（1660）就"奉表投诚，附贡方物"，②但是一直拖延不交明朝敕印。康熙五年（1666）再次请贡时，礼部奏令安南"速将伪敕印送京，准其入贡。否则，绝其来使"。③ 安南只得照清朝的要求去做。第三，拒绝违反贡期规定的朝贡行为。虽然明代也有贡期限制，但是一般执行并不严格，尤其是前期。而清朝在康熙五年（1666）以后，严格执行非贡期不准贸易的规定。④

李云泉的研究揭示出，朝贡制度在明朝与清朝，不仅其存在的历史条件、存在的方式不同，而且两朝的统治者本身对这一制度的认识和所给予的定位也有明显的区别。因此，在研究明清时期的朝贡关系时，既不能笼统而言，更不能混淆明清两朝在此关系上的区别。

日本的滨下武志先生在用图示描述清代中国与周边国家（地区）的"朝贡关系结构"时，将"东三省、北方游牧民"置于"土司土官、藩部、朝贡、互市"圈内，将"蒙古西藏回部"置于藩部和朝贡圈内的做法，显然是将明朝的朝贡关系套用在了清朝的朝贡关系上，忽视了二者的区别。⑤ 因为：

其一，清代在东三省实行的是军府制度，与土司制度相比无论是统治方式还是统治效果都完全是两类制度。其二，清代的藩部是特指蒙古、回部和西藏地区，即使如张永江所述，将东北的索伦、达呼尔、巴儿虎各部居住的布特哈地区和呼伦贝尔地区"勉强列入，不足当时'满洲'的四分之一"，⑥ 与此处的东三省之谓相差远矣，如何能把整个"东三省"列入藩部之中。其三，东北的少数民族虽有贡貂和赏乌林制度，但是这里的贡物介于"土贡"和"纳税"之间，纳贡者是这个民族的全体成员，而非首领独有的权利，与宗藩关系下的朝贡有本质的不同。其四，清代实

---

① 《清圣祖实录》卷160，康熙三十二年十月丁酉。
② 《清世祖实录》卷140，顺治十七年九月癸丑。
③ 《清圣祖实录》卷18，康熙五年二月己卯。
④ 参见李云泉《朝贡制度史论——中国古代对外关系体制研究》，第二章、第三章。
⑤ 参见[日]滨下武志著，朱荫贵、欧阳菲译《近代中国的国际契机——朝贡贸易体系与近代亚洲经济圈》，中国社会科学出版社1999年版，第39页。
⑥ 张永江：《清代藩部研究——以政治变迁为中心》，黑龙江教育出版社2001年版，第102—103页。

行土司制度的地区有明确的范围,即云南、湖广、四川、贵州、青海诸地。滨下先生在文中虽然强调土司制度在唐、元、明、清的历史关系,但是却认为"朝廷对其内部事务并不干预,仅要求其在土司、土官交替之际履行按规定通报朝廷和按期朝贡这两种义务"。① 显然,这是对"贡物"的表面化认识。实际上这些"贡物"的本质是赋税,而非可有可无的贡品。所谓"凡土司贡附,或比年一贡,或三年一贡,各因其土产、谷米、牛马、皮、布,皆折以银,而会计于户部"。② 纳入户部统计的只能是国课,而不会是给皇上的贡品。况且改土归流以后,"朝贡"之名亦随之取消。

滨下先生的清代"朝贡关系结构"图实际上反映了国外部分学者对清代朝贡关系性质的认识,而且其观点对国内学界的影响很大。有的学者据此演绎为:"清王朝将朝贡国分类对待,根据中心对外围地区的影响力的强弱秩序,将其分为六个类型",即西南诸州的土司土官、女真及东北地区、朝鲜、琉球、暹罗、欧洲等六个层次。③ 这种观点显然是错误的。在廓清明清朝贡关系的区别时,还应从统治制度本身的演变中进行分析。

一般来看,朝贡制度是宗藩关系的基础,是其制度化表征,宗藩关系则是朝贡关系的实质性所在,二者互相依存。明清时期二者存在的条件显然已经发生了变化。以明清两朝的统治方式而言,明朝对中国的统治采取的是"多重"的方式,其关系以明廷为核心,包括以各级地方政府为直辖区的省县地区、以少数民族土官管辖的土司地区以及北方及西北蒙古所在的朝贡地区,其中省县地区与明廷的关系是中央与地方的直属关系,土司地区与明廷的关系是介于直属与朝贡之间的半隶属关系,而蒙古与明廷的关系体现为具有宗藩性质的中原王朝与边疆地区的朝贡关系。清朝对中国的统治采取的是"多元"的方式,其关系以清廷为核心,中央与地方的直属关系包括两部分:内地行省和边疆藩部,④ 而在藩部又根据不同的情况,采取了更为灵活的军府制、扎萨克制、伯克制、政教合一制等管理方式。可见,清代与明代相比,在中国本部统治的变化是,曾经在明朝时期存在的中原王朝与土司地区、蒙古

---

① [日]滨下武志著,朱荫贵、欧阳菲译:《近代中国的国际契机——朝贡贸易体系与近代亚洲经济圈》,第34页。
② 魏源:《圣武记》(下册)卷7《雍正西南夷改流记下》,中华书局1984年版,第297页。
③ 参见陈剑锋《文化与东亚、西欧国际秩序》,上海大学出版社2004年版,第49—50页。
④ 张永江在《论清代的藩部与行省》一文中指出,清代的中国政区包括藩部和行省两大部分,对在藩部与清廷关系问题上持"宗藩关系论"者进行了批驳。该文见《中国边疆史地研究》2001年第2期。

地区的半隶属关系和朝贡关系被清代的中央与地方关系所取代。

统治方式的变化必然导致朝贡关系的变化。与明朝相比，清朝在朝贡关系方面的变化主要体现在两个方面：一是将西洋诸国从朝贡范围内逐渐剔除，二是周边民族因内附而退出了朝贡行列。这种变化的原因，一方面在于清政府更加重视朝贡的政治依附关系，将朝贡与通市予以区分，明确藩属关系与通商关系的差异；另一方面，随着全国大一统的实现，历史上长期以来与中原王朝保持藩属关系的民族和地区，不再以朝贡者的藩属身份僻处于一方，而是被正式纳入清朝的直接统治，从而最终退出了朝贡、藩属的行列，成为中国本土的一部分。

宗藩关系作为朝贡关系的实质性所在，其变化显然应该与朝贡关系是一致的，也就是说，随着清代朝贡对象的单一化——限于属国，宗藩关系也不再具有多重或双重意义。从这个意义上来看，上述滨下武志所做的清代"朝贡关系结构"图示的立足点显然存在问题。

二、朝贡体制与朝贡贸易体制的异同

朝贡体制不等于朝贡贸易体制，强调贸易在朝贡关系中的核心地位应该具体问题具体分析，而不能一概而论。在"朝贡体制"成为概述历史上中外关系和中原王朝与周边少数民族及其民族政权之间关系的一种权威观点后，从这一观点延伸而来的认识则是"朝贡体制"下的"朝贡贸易关系"是"朝贡体制"得以存在的物质基础。目前在相关研究领域"朝贡贸易关系"几乎成为朝贡关系的"代名词"，将二者交替使用。甚至认为"在中国历史上朝贡体制得以长久维系的原因，便在于该体制已然成为贸易往来的一个'巧妙的工具'"。① "朝贡体系的一大特征是中国与周边国家之间一直存在着贸易逆差，中国只享受这种类似父母或长兄的那种天下大宗的荣誉。"② 这种笼统、抽象的定性带有很强的主观色彩。

"所谓朝贡贸易，即由政府遣使至海外诸国（主要是东南亚国家）颁赐明朝正朔，邀其入明朝贡，明政府对朝贡国正贡回赐，附载货物由官方给价收买或由贡使

---

① ［美］何伟亚转述费正清的观点，参见《从朝贡体制到殖民研究》，《读书》1998年第8期。
② 陈剑锋：《东亚与西欧国际体系差异的根源剖析——一种文化分析》，第5页。

自行出售的政策。"① 可见,"朝贡"之所以与"贸易"相连使用,主要表现在两个层面上:一是"正贡"物品的等价回赐,二是"附贡"物品的纯商品行为。明代规定:"四夷朝贡到京,有物则偿,有贡则赏。"② 李云泉在分析明代"正贡"与"附贡"的区别后认为:明代的"正贡"例不给价;且"真正意义上的贡物即向明廷呈献的所谓'正贡',只占很小的比例,其余皆为各国国王、贡使甚至商人的附进物品,因随贡物一同运至,称为'附至番货''附进货物'或'附至货物',其数量往往超过'正贡'的十倍乃至几十倍。因而,后者才是明代朝贡贸易的主要商品,正是大量'附至番货'进入中国,导致明代朝贡贸易的空前繁荣"。③

可见所谓的"有物则偿",是指对"正贡"以外的"附进货物"采取了官方给价收买的办法。明后期虽有"抽分"的规定,但实际贯彻抽分之举的时候并不多。所以,明代具备朝贡贸易的典型特征,甚至也可以说,明代朝贡关系的核心是朝贡贸易。

与朝贡贸易相比,学术界关于朝贡关系的解释则宽泛得多,"所谓朝贡体系,是古代中国与外国交流时形成的特殊的外交、贸易、政治、军事、经济、文化交流的制度和秩序。外国、外族向中国赠呈礼物称'朝贡';中国向外国、外族回赐礼物称'回赐'"。④ 可见,朝贡关系包括了双边关系的方方面面,而朝贡贸易只是朝贡关系中的一个方面,二者的联系与区别是不言而喻的。因此将中国历史上具有广泛意义的"朝贡体制"与明朝特有的"朝贡贸易体制"相等同的观点显然是不妥的。

但是以往关于清代朝贡关系的研究中,"贸易"的因素和经济的意义强调得过多,似乎"朝贡"成了东亚地区"贸易"关系的代名词。下面还以滨下武志先生的观点为例:

"朝贡的特征,首先在对贡物的回赐上实际采取了等价的支付,这实际上也可以说是一种交易活动。将朝廷看成是一个经济主体进行获得的理由也正在于此。""朝贡体制的根本点本来就是靠贸易关系在支撑。""朝贡的根本特征,在于它是以商业贸易行为进行的活动,也就是说,因朝贡关系而使得以朝贡贸易关系为基础的贸易

---

① 和洪勇:《明前期中国与东南亚国家的朝贡贸易》,《云南社会科学》2003年第1期。
② 《明宪宗实录》卷63,成化五年二月甲午。
③ 李云泉:《朝贡制度史论——中国古代对外关系体制研究》,第95—96页。
④ 陈洁华:《21世纪中国外交战略》,时事出版社2001年版,第86页。

网络得以形成。"①

首先，这里提到朝贡关系确立的标志之一在于"等价的支付"，但是正如上文所述，等价回赐只存在于明朝，清朝在回赐上没有规定明确的标准，因此在清代的朝贡关系中将清朝视为一个经济主体的理由是不能成立的。

其次，强调清代朝贡体制存在的基础是贸易关系，与清代的历史事实不符。清代海关口岸贸易发展的事实，从一个方面证明朝贡贸易不可能在清代对外贸易中占据主导地位。众所周知，清代顺治即位至1842年"五口通商"前有近二百年的历史，其中顺治前期（1644—1655）为传统朝贡贸易时期，顺治后期直至康熙前期（1656—1684）为海禁时期，此后一百五十八年则为开海贸易时期。其中四口通商时期为七十三年，所谓的"一口通商"时期为八十五年，所以清代完全开放四个港口供外国人来华贸易的时间与"一口通商"的时间基本接近。1717—1727年清廷颁布禁贩南洋之令，只适用于华人，外国人丝毫不受影响。所谓"内地商船，东洋行走犹可。至于外国商船，听其自来"。②即使影响外人来华贸易的广州一口通商制度实施以后（始于1757年），"从文献记录看来，清廷并没有严格执行这个政策，厦门、宁波在1757年之后仍有洋人船只停泊"。③笔者赞同徐映奇先生的观点：开海贸易从四口走向一口，并非标志着清代闭关政策的制度化抑或闭关政策的最后形成，而是"只能说明这种适应社会历史发展的新型外贸制度日益走向成熟，并逐步法制化"。④日本学者松浦章教授的《清代海外贸易史的研究》一书，也揭示了清代不仅存在官方形式上的海关贸易，而且民间出海贸易空前发展；不仅"福建的民间海外贸易超过广东而居首位"，而且已经出现了近代意义上的商业组织——"公司"。18世纪中叶，中国每年出海贸易的商船达到九十到一百一十艘，到1830年，增加到二百二十多艘，每年输入白银达到四百万到五百万两，当时已经"实现了以中国出口商品为主导的贸易全球化"。⑤松浦章的论断从另外一个角度揭示了清代海外贸易

---

① [日]滨下武志著，朱荫贵、欧阳菲译：《近代中国的国际契机——朝贡贸易体系与近代亚洲经济圈》，第43、37、38页。

② 《康熙起居注》，五十六年。

③ 张彬村：《明清两朝的海外贸易政策：闭关自守？》，吴剑雄主编：《中国海洋发展史论文集》第4辑，"中研院"中山人文社会科学研究所1991年，第54—56页。根据陈国栋先生的研究，清代中叶以后厦门的洋船贸易的主要地点是南洋。参见陈国栋《清代中叶厦门的海上贸易：1727—1833》，吴剑雄主编：《中国海洋发展史论文集》第4辑，第62页。

④ 徐映奇：《清代闭关锁国政策新论》，《广州社会主义学院学报》2004年第1期。

⑤ 黄启臣、张德信：《一部揭示贸易全球化的新著——读松浦章〈清代海外贸易史的研究〉》，《史学集刊》2003年第4期。

中朝贡贸易已经走向衰落的事实。

其三，即使是对于处在典型的朝贡贸易时代的明朝，"因朝贡关系而使得以朝贡贸易关系为基础的贸易网络得以形成"的观点也已经受到挑战。用中心—外围（边缘）概念解说古代社会的状况为萨米尔·阿明首创。他认为：前资本主义形态，不管其种类如何，都是由一个占统治地位的中心形态（纳贡制形态）和一系列外围形态（奴隶制、封建和贸易形态）所组成。①武心波在考察了中日之间朝贡关系的历史之后认为："古代世界与现代世界的一个区别是，由于生产方式和技术的限制，中心国家与众多外围国家不可能构成任何意义上的国际经贸体系，它们之间主要是一种政治和文化关系。"②即使我们承认在明代曾经存在过所谓的朝贡贸易网络，那么，正如张乃和指出的那样：朝贡贸易是一种被扭曲了的贸易关系，由此形成的海外贸易商品市场网络十分脆弱。16世纪初以来，随着西方殖民者东进以及明朝统治者内忧外患的加剧，朝贡贸易体系不断衰落。代之而起的是民间海外贸易商品市场网络的构建时期，并使白银开始作为一般交换手段出现在海外贸易领域。③这些论点说明，正是明代的朝贡贸易体制抑制了宋元以来中外之间形成的正常的市舶贸易的发展，从而也抑制了整个社会商品经济的发展。

三、清代朝贡体制的特征

明朝是朝贡贸易的极盛时期，清朝则是衰落时期。清代朝贡关系的实质是政治，而非贸易。李云泉将明代的中外朝贡关系划分为三大类型："典型而实质的朝贡关系""一般性的朝贡关系""名义上的朝贡关系"。其中"典型而实质的朝贡关系"的主要特征是朝贡国向明朝称臣，定期遣使朝贡，采用明朝年号、年历等；明朝政府则对其国王予以册封、赏赐，对其贡物进行回赐等。明代属于这类朝贡关系的国家主要是属国，有朝鲜、琉球、安南、占城等。"一般性的朝贡关系"指在一定程度上认同中国文化，并曾接受明朝皇帝授予的封号，定期或不定期来华朝贡，但是不具有君臣、主从关系的真实内涵，随意性较强，朝贡的经济意义更为明显。明代属

---

① 参见［埃及］萨米尔·阿明著、高铦译《不平等的发展——论外围资本主义的社会形态》，商务印书馆1990年版，第44页。
② 武心波：《日本与东亚"朝贡体系"》，《国家观察》2003年第6期。
③ 参见张乃和《近代早期中英海外贸易市场体系发育之比较》，《北方论丛》2003年第6期。

于这类关系的国家如日本、暹罗、爪哇、满剌加、苏门答腊、真腊、渤泥、三佛齐、苏禄等。"名义上的朝贡关系"指的是纯粹的贡赐贸易关系。由于明代前期的一切对外贸易关系皆以朝贡的形式存在，故而许多海外国家遣使来华，不过是借朝贡之名，行贸易之实。明代典籍所载一百多个朝贡国中，大多属于名义上的朝贡关系，而且终明之世，朝贡次数只有几次的国家占朝贡国总数的一半还多。①

根据李云泉的分类标准，笔者认为清代的朝贡关系具有以下特征：

其一，清代基本上只存在第一种类型的朝贡关系。与清朝政府建立正式的朝贡关系的国家是当时被称为"属国"的国家，数量只有七个，实际上与其保持长期而稳定的朝贡关系的更少，只有朝鲜、安南、琉球等国。至于后两种情况应该是明朝特有的现象，清代虽然也有资料记载欧洲等海外国家"入贡"的情况，但即使是当事者也都心知肚明这是普通的外交关系，要求的是"互市"，而非"贡赐贸易关系"。

其二，清代有正常的海外贸易渠道，朝贡贸易的对象仅限于有明确朝贡关系的属国。明代因为实行海禁，除朝贡贸易外，没有其他的贸易途径，因此，完全意义上的朝贡贸易时代只存在于明朝时期。清代有专门管理海外贸易的海关，无需通过建立朝贡关系实现贸易往来。如《清朝柔远记》记载雍正七年（1729）允许"西南洋诸国来互市"时称："先是，康熙中虽设海关与大西洋互市，尚严南洋诸国商贩之禁，自安南外并禁止内地人民往贩。比因粤、闽、浙各疆臣以弛禁奏请，是年遂大开洋禁。"②可见，清朝政府认为"海关"之设正是为了满足有"互市"要求的西洋诸国。在这种情况下，属国选择"朝贡"的方式进行贸易，只是为了获取更多的经济利益，或是为获得额外的赏赐，而非其实现贸易的唯一必要条件。因此"朝贡贸易"在清代只是中外贸易的一小部分，而远非贸易的全部。

其三，清代朝贡关系中居于主导地位的是政治，而非贸易。因为：

第一，清代没有对贡物给予"等价回赐"，"贡赐关系"不构成贸易关系。据统计，清朝从崇德五年（1640）到雍正六年（1728）的八十八年间，鉴于朝鲜岁供过重，曾先后九次减免。全海宗估算，即使在最后一次裁减以后，朝鲜年供及其他形式的贡物价值总额仍达十三万两左右，远远高于清朝回赐物品的价值。因此，全海

---

① 参见李云泉《朝贡制度史论——中国古代对外关系体制研究》，第71—72页。
② 王之春：《清朝柔远记》，中华书局1989年版，第78页。

宗否认在中朝朝贡关系中经济方面有利于朝鲜的传统观念。①李云泉也承认,即使在乾嘉道对朝赏赐增多的情况下,"朝鲜与清朝之间贡、赐物品的价值,恐怕也仅仅维持在大致相当的水平上,这与历代对外交往中'厚往薄来'的一贯做法尚有不小距离。以此而论,全氏的阐释更接近历史的真实"。②无独有偶,牛军凯在分析了清代中越朝贡关系中贡物和赏赐的变化后,指出:前期贡物与赏赐价值相当,或许贡物还大于赏赐的价值;此后则贡物不断减少,而赏赐又有增加,赏赐价值高于贡物价值。但是如果加上沿途的耗费,"其价值远远大于清朝赏赐物品的价值"。"所以,从经济角度上讲,朝贡对于清朝政府和安南政府,都是庞大的负担。这一点正如全海宗教授研究中韩关系时所得出的结论。"③

因此,所谓"每个朝鲜使团,都要携带大量贡品、礼品,而清政府也要对朝鲜国王及使团进行赏赐和回赠,这种以'朝贡'方式进行的物质交换,实质上是一种双边贸易"④的说法,是一种没有具体的历史背景和历史条件的一般性观点,不具有实证意义。李云泉虽然也称"从经济角度看,贡、赐之间,即是一种以物易物的商品交换关系",但是他强调朝贡制度下的"互市"才是朝贡贸易的主体。⑤

第二,朝贡关系下的互市贸易带来的经济利益是有限的。虽然清朝与属国之间的朝贡贸易额限于资料难以统计,但是仅从朝贡次数来看,也基本上可以推断"朝贡贸易"对双方的经济影响显然并没有有些人估计的那么高。在所有属国中,最准时、最频繁进贡的国家是朝鲜,但是朝鲜在朝贡关系中的贸易利益已经被全海宗否定;即使是后期朝贡次数有所增加的琉球、暹罗,朝贡间隔也至少在两到三年,在如此有限的朝贡活动中,哪怕是"借朝贡之名,行贸易之实",其贸易额也是有限的。有学者在研究清代中暹贸易时指出:"尤其是康熙末年以后,中国东南沿海'民食不足',鼓励中暹大米贸易,中国与暹罗之间的民间贸易日益活跃起来,控制官方垄断贸易的暹罗王室和贵族也把部分注意力转向中暹民间贸易。这样,贡使的经济职能就或多或少地被取代了。"⑥说明即使如暹罗这样借朝贡之名实现免税的大米贸易

---

① 参见全海宗《清代韩中朝贡关系考》,《中韩关系史论集》,中国社会科学出版社1997年版,第207页。
② 李云泉:《朝贡制度史论——中国古代对外关系体制研究》,第159页。但他认为清代的中朝关系是特例,在当时的中外朝贡关系中,不具有典型意义。
③ 牛军凯:《朝贡与邦交:明末清初中越关系研究(1593—1702)》,2003年博士论文,北京图书馆藏,第79—80页。
④ 祁庆富、金成南:《清代北京的朝鲜使馆》,《清史研究》2004年第3期。
⑤ 参见李云泉《朝贡制度史论——中国古代对外关系体制研究》,第168页。
⑥ 汤开建、田渝:《清代中暹贡赐往来及其影响》,《广西民族学院学报》2004年第3期。

的国家，其朝贡贸易的主体地位也受到了民间贸易的挑战。

张存武先生在《清韩宗藩贸易1637—1894》一书中也指出："准许贡使免税贸易的确非常有助于封贡关系之维持发展。然而各国之所以向中国朝贡，绝非如近代若干外国学者所说，全系基于贸易动机。朝鲜之服清乃军事战败的结果而非为贸易，其他邻接中国的国家如安南、琉球等，其朝贡之原因军政文化考虑也大于贸易。"①

牛军凯在研究清政府与安南之间的朝贡关系之后也说，单就中国与安南两国政府来看，朝贡完全是政治活动，只要能体现安南的"恭敬"，朝贡的次数、贡品的多少，都是次要问题。②

傅朗在分析《清代中琉关系档案选编》时指出：中国每年从琉球进口货物的税银仅约二三百两，出口商品的税银约二三千两。③如乾隆十二年（1747）琉球贡船到闽贸易，用于置买货物的银两为十万两，其中官方带银一万两，其他均为个人所带。④免税银两，乾隆三十二年（1767）为五百九十七两，最多一次是道光二十九年（1849），免税额为四千九百八十四两。⑤官方和私人贸易额与税银减免情况说明，朝贡国在维持朝贡关系的情况下可以在几年一次的朝贡贸易中获得从几百至几千两不等的免税银两，如此有限的经济利益到底能在多大程度上对其国民经济发生影响是值得置疑的。正如马克斯·韦伯所言："古代国际贸易的受益者并不是大众及其日常需求，而只是很小一撮富裕阶层。""历来关于古代史的讨论大多都集中在那些拥有船队从事国际贸易的城邦，从而常常使我们忘记，这种国际贸易在数量上是何等微不足道。"⑥

四、清朝的时代悲剧

明代郑和下西洋以及明朝"四方来朝"的兴盛局面会给人一种印象：明代在海外贸易上采取的是开放的政策，而清代是闭关的典型。这显然是一种误解。罗志田

---

① 张存武:《清韩宗藩贸易1637—1894》，《"中研院"近代史研究所专刊》（39），1978年。
② 参见牛军凯《朝贡与邦交：明末清初中越关系研究（1593—1702）》，第80—81页。
③ 参见傅朗《〈清代中琉关系档案选编〉述评》，《历史档案》1994年第3期。
④ 参见中国第一历史档案馆《闽浙总督喀尔吉善等为陈奏流求贸易情形事》，案卷号：4-260-3，转引自李云泉《朝贡制度史论——中国古代对外关系体制研究》，第171页。
⑤ 参见俞玉储《清代中国和琉球贸易初论》（下），《历史档案》1993年第4期。
⑥ [德]马克斯·韦伯著、甘阳等译:《民族国家与经济政策》，北京三联书店1997年版，第7、6页。

在《后现代主义与中国研究：〈怀柔远人〉的史学启示》一文中指出："具体到对马嘎尔尼使团的诠释，占主流也比较不那么牵强的看法是一个被贸易所驱动的英国的（帝国主义）的扩张与一个傲慢且自视为世界中心的中华帝国相遇并（因文化误解而）发生冲突；由于（顽固的）清廷与英使在是否按常规朝贡方式行三跪九叩礼这一问题上的争执，使团最后以失败告终。此事的失败体现了中国对外部世界的漠视和无知，最终导致了对中国极为不利的后果。"①

可是就在这次清政府的立场被国内外舆论普遍否定的"马嘎尔尼事件"发生的乾隆晚年，中国粤海关每年上交国库的税银就在百万两以上，这还不包括税关其他支出和税官贪污所得。而在明朝朝贡贸易时代，国库中是根本没有这项收入的。18世纪的法、英等国并未与中国建立朝贡关系，但却与中国建立了国际贸易关系，"对于许多法国人来说，这种国际贸易当时很大程度上是指同中国的贸易，它已逐渐成为英法经济贸易结构中的重要因素"。②说明清代的边境互市和海关之设，为正常的国际贸易开辟了途径，朝贡贸易虽然存在，但是与前者相比，并不占据主导地位。随贡而来的商业行为与边境互市、海关贸易之区别，仅仅在于能够获得免税的特权，而非贸易特权。

近代以来中国人所遭受的屈辱的历史，使人们总是把中国落后挨打的罪魁祸首归于清代中国的闭关锁国，指责清朝人没有世界眼光，把对外贸易仅仅局限在广州一地的做法，却看不到在清之前的明代（所谓资本主义萌芽时期）连一处通商口岸也没有的事实。清代中国不但设置了对外通商口岸，而且在很多时候并非只有广州一处。只是当时中国的这些"窗口"对欧洲殖民主义国家来说，是太小了，太少了。马克思在《对华贸易》一文中指出："每当亚洲各国的什么地方对输入商品的实际需求与设想的需求——设想的需求大多是根据新市场的大小，那里人口的多寡以及某些重要的口岸外货销售情况等表面资料推算出来的——不相符时，急于扩大贸易地域的商人们就极易于把自己的失望归咎于野蛮政府所设置的人为障碍的作梗，因此可以用强力清除这些障碍。正是这种错觉，在我们这个时代里，使得英国商人拼命支持每一个许诺以海盗式的侵略强迫野蛮人缔结商约的大臣。这样一来，假想中对外贸易从中国当局方面遇到的人为障碍，事实上便构成了在商界人士眼中能为天朝

---

① 罗志田：《后现代主义与中国研究：〈怀柔远人〉的史学启示》，《历史研究》1999年第1期。
② [美]史景迁著，廖世奇、彭小樵译：《文化类同与文化利用》，北京大学出版社1990年版，第49页。

帝国施加的一切暴力辩护的极好借口。"① 他们认为："东方应向西方开放；西方的统治者以他们的实力和利益为借口提出只许有一个世界，一个他们可以自由行动和经商的世界。"② 用何伟亚的话来说：这是一种"自然化了的霸权话语"，这里"自然化"指国家间应相互来往这一准则已成为大家接受的常识（其实一个国家或应有选择不与某些或所有其他国家交往的自由），而"霸权"则意味着没有此类交往传统的国家不得不按照他国制定的规则同意参与这样的国际交往。③

但是这种"霸权"规则在当时的东方封建帝国眼中是不合时宜的，即使这个封建帝国不是中国，而是欧洲中世纪的某一个帝国，结局未必就会有多大的差别。所谓"停滞的帝国"只是相对于资本主义世界而言的，就古老的中国自身的发展来说，无疑清朝的对外贸易关系比起明朝时期，已经有质的变化。正如何伟亚指出的，那种认为"只要中国向西方'门户开放'，那么，19世纪的灾难就可能不会发生。因此，晚清皇朝不但必须承担其自身走向崩溃的责任，而且也得对西方船坚炮利的对华政策负责"④的观点是站不住脚的。近代以来中外贸易冲突和战争的根源，不是中国与英国的矛盾和较量，而是西方近代工业经济社会与中国自给自足的农业经济社会这两种不同的生产力和社会秩序的交流与对抗，是封建专制的东方帝国与欧洲自由资本主义世界相遇后的必然冲突。这是清朝的时代悲剧。⑤

原载《中国边疆史地研究》2006年第1期，
本文刊发时作者为中国人民大学清史所副教授，《清史研究》副主编。

---

① 《马克思恩格斯选集》第一集，人民出版社1995年版，第755—756页。
② ［法］佩雷菲特：《停滞的帝国：两个世界的撞击》，台北风云时代出版公司1995年版，第16—17页。
③ 参见罗志田《后现代主义与中国研究：〈怀柔远人〉的史学启示》，《历史研究》1999年第1期。
④ ［美］何伟亚：《从朝贡体制到殖民研究》，《读书》1998年第8期。
⑤ 何况乾隆皇帝对英使的提防也不是毫无道理的，在如此周密的"监视"下，英使仍在可能的时候绘制地图，甚至还骗得松筠的信任，获得优质的"茶树苗"，带到印度广泛种植。见［法］佩雷菲特《停滞的帝国：两个世界的撞击》，第524—525页。

从《中朝商民水陆通商章程》论晚清宗藩体制之争议

尤淑君

一、前言

近代以前,儒教文明圈的中国及周边诸国存在等差位阶的名分礼法秩序。进入近代,清政府不敌列强的炮舰外交,被迫接受以"国际法"为中心的西方世界秩序观,并试着运用"国际法"保障中国利权及其属藩国的安全。与此同时,当清政府与属藩国往来时,清政府不用"国际法",仍沿用宗藩体制的许多惯例,引发属藩国的困惑与不满,因而造成许多体制上的争论,并集中在朝鲜开港后的中朝关系与商务纠纷上。中国商民在朝鲜的特殊权益之法理依据,即是1882年的《中朝商民水陆通商章程》(简称《水陆通商章程》)。因此,本文以《水陆通商章程》的体制争论为例,说明清政府如何调适宗藩体制与"国际法"两个不同的世界秩序观,并从这些体制上的争论,分析宗藩体制与条约体系无法调和的矛盾之处。

以往学界多将《水陆通商章程》的签订视作清政府强化宗主权的表现之一,或认为是清朝侵害朝鲜权益的不平等条约,[①]或关注《水陆通商章程》在中朝关系演变

---

① 参见[日]田保桥洁《近代日鲜关系研究》,朝鲜总督府中枢院1940年版;[韩]李元淳、崔柄宪、韩永愚合著,詹卓颖译:《韩国史》,幼狮文化出版公司1987年版,第267—277页;林明德:《袁世凯与朝鲜》,"中研院"近代史研究所1970年版,第123—144页;[韩]金锤圆:《朝清商民水陆贸易章程的缔结及其影响》,《韩国史》第16期,第134—137页;[韩]李阳子:《清朝对朝鲜政策与袁世凯》,《釜山史学》第5辑,第75—120页;[日]酒井裕美:《朝鲜外交的发展与最惠国待遇的讨论:以朝清商民水陆贸易章程成立以降为中心》,《大阪大学世界言语研究中心论集》第6辑,第17—35页。

过程中的意义,①或讨论清政府与朝鲜通商后的商务发展等问题,进一步分析中朝关系在政治、外交、经济上的变化。②这些研究成果却往往忽略了当时中朝两国本来就是地位不对等的宗藩关系,不能简单套用主权平等概念,或简单用数字化分析中朝两国通商让利的不合理情形。

  关于晚清中朝关系及宗藩体制问题也有许多成果。例如张启雄提出"中华世界秩序原理",并以袁世凯(1859—1916)的名分秩序观为例,考察中华世界秩序原理与西洋近代"国际法"原理的冲突。③日本学者冈本隆司同样主张研究者应重新观察清朝、朝鲜、英美国家对宗藩关系的认识,并动态地分析中、朝、美、英等国各自对"属国""自主""属国自主"的解释、立场及应对方式。④张启雄、冈本隆司皆指出中朝关系冲突问题之症结,即强调等差位阶的宗藩体制与讲求主权平等的条约体系有本质上的不同。当两种不同的外交制度及其世界秩序观欲谋合为一时,自然容易出现许多摩擦,尤其是属藩国以"国际法"为理由,挑战宗藩体制的名分礼法,继而造成体制上的各种争议。但是,张启雄只从袁世凯的名分秩序观去看宗藩关系,未能兼顾《水陆通商章程》商务委员的权限问题,忽略了朝鲜政府的态度及袁世凯引起的宗藩体制争论。冈本隆司讨论清政府的朝鲜政策时,着眼于马建忠(1845—1900)规划的朝鲜政策,与朝鲜、美国、日本的谈判焦点,及清流派对马建忠的攻击,未谈及《水陆通商章程》的条款、目的及其影响,更未讨论花房义质(1842—1917)与日本政府鼓励朝鲜自主,欲切断宗藩关系的意图,隐藏日本欲削弱中国、争霸东亚的意图。曹雯注意到清政府对"属国"的解释有其阶段性的变化,不同于西方国家主张的殖民地或保护国的概念,并指出清政府的"中外外"模式即"以西

---

① 参见[韩]金在善《袁世凯与十九世纪末的朝鲜》,《社会科学研究》1997年第6期;苑宏光、李荔:《论晚清时期的中朝关系》,《长春师范学院学报》2002年第4期;孙昉:《晚清中国用条约强化中朝宗藩关系的失败(1876—1895)》,《烟台大学学报》2005年第4期;权赫秀:《陈树棠在朝鲜的商务领事活动与近代中朝关系(1883年10月—1885年10月)》,《社会科学研究》2006年第1期;宋慧娟:《清代中朝宗藩关系嬗变研究》,吉林大学出版社2007年版,第185—190页;高伟浓:《走向近世的中国与"朝贡"国关系》,广东高等教育出版社1993年版,第245—254页;王明星:《韩国近代外交与中国(1861—1910)》,中国社会科学出版社1998年版,第206页。

② 参见张存武《清季中韩关系之变通》,《清代中韩关系论文集》,台湾商务印书馆1987年版,第150—163页;廖敏淑:《清代中国对外关系新论》,政大出版社2013年版,第229—239页;宋慧娟、李晓光:《简析〈中朝商民水陆通商章程〉对中朝关系的影响》,《吉林省教育学院学报》2006年第9期;费驰:《清代中朝边境互市贸易的演变探析(1636—1894)》,《东北师大学报》2006年第3期;陶勉:《清韩中江贸易述略》,《中国边疆史地研究》1997年第1期;王臻:《清朝对李朝图们江地区的边境贸易简论》,《东疆学刊》1999年第4期;王臻:《清朝与朝鲜在鸭绿江地区的边境贸易述论》,《延边大学学报》2002年第3期。

③ 参见张启雄《国际秩序原理的葛藤——袁世凯名分秩序观:以中韩宗藩关系为中心的讨论》,[日]山室信一编:《日本、中国与朝鲜间相互认识与误解的表象》,京都大学人文科学研究所1998年版,第39—58页。

④ 参见[日]冈本隆司著、黄荣光译《属国与自主之间:近代中朝关系与东亚的命运》,三联书店2012年版。

方近代观念来重新塑造宗属关系",引入"敌国"概念取代"互市国",而原本处于帝国之"外"的属藩国则移入帝国之"内",使中国与周边属藩国作为一个共同秩序圈的整体,再与西方国家建立外交关系。①只是"中外外"模式未必是清政府新创的对外体制,而是清政府延续传统"内外之分"的概念,将藩部、属国视为受天子教化的化内之境,互市国或敌国是不受天子教化的化外之国,②并将"内外之分"的概念移嫁到宗藩关系上。因此,清政府一面主张"属国自主",另一面仍可用传统的"名分秩序"去约束朝鲜国王与官员,再套用"国际法"的条约观念,将朝鲜对中国的义务形成实际的条文,使清政府能加强对朝鲜政经事务的控制。《水陆通商章程》既是清政府欲融合宗藩体制与条约体系的尝试,亦是晚清宗藩体制试图转型的明证。

因此,本文利用先前较少注意的 1882 年《水陆通商章程》,讨论缔约前后中朝两国对宗藩体制的争议,并分析中朝宗藩关系从合作走向疏离的制度性因素。

二、《中朝商民水陆通商章程》缔约背景

清韩宗藩关系建立于 1637 年。明末清初,清政府严格监视朝鲜君臣的行动,防止他们私通明朝,并要求朝鲜必须奉上大量金钱、粮饷、军队,作为清军的后援补给。明朝覆亡后,清政府逐渐放松控制,让朝鲜得到相当大的自主权,朝鲜国王只需恪守君臣名分,按期向清朝朝贡、觐见,清政府便不干涉朝鲜的内政外交。③1866 年"丙寅洋扰"与 1871 年"辛未洋扰"发生以前,法国和美国曾要求与朝鲜缔约,但朝鲜以"人臣无外交"作为拒交的理由。④法国和美国认为清朝既是宗主国,应为朝鲜处理善后。但总理衙门却以为:朝鲜是中国属邦,但其内政外交自主,中国不加干涉,也不需负责朝鲜引起的纠纷。⑤法国和美国于是直接出兵朝鲜,使朝鲜不得不与之缔约。在"江华岛事件"中,日本明治政府仿效 1874 年法国与越南订立《法越条约》的做法,⑥与朝鲜签订《江华条约》,并在《江华条约》第一款载明:"朝鲜为自主之邦,与日本

---

① 参见曹雯《清朝对外体制研究》,社会科学文献出版社 2010 年版,第 275—301 页。
② 参见尤淑君《宾礼到礼宾:外使觐见与晚清涉外体制的变化》,社会科学文献出版社 2013 年版,第 67—77 页。
③ 参见张存武《清韩宗藩贸易》,"中研院"近代史研究所 1985 年版,第 6—10 页。
④ (清)昆冈:《钦定大清会典事例(光绪朝)》第 6 册,卷 512《礼部·禁令二》,启文出版社 1963 年版。朝鲜作为中国属邦,不可随意与外国交往,必须先获得宗主国的允许,方可交际。
⑤ 参见《清史稿》卷 526《属国一》。
⑥ 参见[日]东亚同文会《东亚关系特种条约汇纂》,丸善出版社 1904 年版,第 289—291、703 页。

国保有平等之权"，①间接否定中国对朝鲜的宗主权，以便在朝鲜发展其势力。②

当时因琉球与越南的归属问题，清政府正处于有理难言的窘境，对宗主权归属不明的问题屡思补救之道。③为了阻止日本向朝鲜扩张势力，也为了防止美、法两国联合图谋朝鲜，直隶总督兼北洋大臣李鸿章主张朝鲜"体制外开国"，由中国出面，让朝鲜和西方列强签订条约，使列强势力均衡，保全中朝宗藩关系。站在中国的立场来看，既然朝鲜开国已不可避免，至少得防患未然，由中国主导朝鲜的外交政策，向西方列强明确中国对朝鲜的宗主权。④如中国驻日公使何如璋与朝鲜官员金弘集面谈时，便引用黄遵宪所著的《朝鲜策略》，⑤指出传统的中朝宗藩关系必须变通，朝鲜亦须改革其闭关锁国政策，主张朝鲜对外政策应以防范俄国为首要任务，而防俄之策为"亲中国、结日本、联美国"，以图自强。⑥何如璋也依据黄遵宪的《朝鲜策略》，撰写《主持朝鲜外交议》一折呈交总理衙门与北洋大臣李鸿章。《主持朝鲜外交议》同样提到朝鲜可稍变宗藩旧例，中国应按蒙古、西藏之例，在朝鲜设一驻扎办事大臣，却未提及朝鲜派使驻京之事，并强调朝鲜开港后，应"袭用中国龙旗，或围绕以云，微示区别，以崇体制"。⑦

何如璋的建议是允许朝鲜开国，然而北洋大臣李鸿章却未采用何如璋的建议，反而命令其幕僚马建忠撰写《代拟朝鲜与各国通商约章》，不但不强调朝鲜为中国属邦之事，还依据"国际法"的惯例，建议与朝鲜缔约通商之西方诸国，可在朝鲜设置总领事，并按照"国际法"规定，由各国驻华公使监督各国驻朝总领事的活动，间接让西方诸国承认中国对朝鲜有特殊权益之事实。⑧由此可见，李鸿章更认同黄遵宪的意见，并以为借由朝鲜开国的契机，中国可利用"国际法"的规定，让西方诸国承认中朝两国的宗藩关系。1882年4月李鸿章因母丧丁忧回籍，两广总督张树声署理北洋大臣，再加上法国利用1874年签订的《法越条约》，确立法国对越南的

---

① [韩]李萱根著、林秋山译：《韩国近代史》，中华丛书编审委员会1967年版，第33页。
② （清）吴汝纶编：《李文忠公全集——译署函稿》卷4《日本使臣森有礼署使郑永宁来署晤谈节略》，文海出版社1968年版，第2948—2950页。
③ 参见[日]西里喜行《清末中琉日关系史研究》，京都大学出版社2005年版，第296—302页。
④ 参见[日]伊原泽周《近代朝鲜的开港：以中美日三国为中心》，社会科学文献出版社2008年版，第157—218页。
⑤ 参见权赫秀《关于黄遵宪〈朝鲜策略〉版本及其原文校勘》，《韩国研究论丛》2007年第4期。
⑥ [韩]金弘集：《修信使日记》卷2《大清钦使笔谈》，国史编纂委员会1958年版，第187—189页；（清）何如璋：《茶阳三家文钞》，文海出版社1971年版，第38—43页。
⑦ 《清季中日韩关系史料》卷2《主持朝鲜外交议》，"中研院"近代史研究所1972年版，第441页。
⑧ 参见《清季中日韩关系史料》卷2《代拟朝鲜与各国通商约章》，第473页。

保护国地位,并于1882年4月进驻越南北部,清政府遂决心以朝鲜开国为契机,在《朝美修好通商条约》里加入"属邦条款":"朝鲜系中国属邦,而内政外交事宜向来均得自主",①向各国宣示朝鲜为中国属邦之事。

当时负责与清政府商议的金允植回报朝鲜国王时,具体说明了他赞同《朝美修好通商条约》里加入"属邦条款"的理由:朝鲜希望能同时得到宗主国与外国的协助,并保有自主地位,不必担心外国侵略或丧失利权。②由此可见,对朝鲜来说,若《朝美修好通商条约》加入"属邦条款",不仅能得到中国的帮助,也可吓阻他国进犯朝鲜的野心。同时,只要在条约上写明"自主"字句,朝鲜仍是一自主国家。③可是,美国特使薛斐尔以不符合缔约国间自主平等为理由,认为"属邦条款"违背《万国公法》"附庸小国不能自主",④拒绝接受在《朝美修好通商条约》里加入"属邦条款"。因为《朝美修好通商条约》一旦标明"朝鲜为中国属邦",在中美两国国交平行的情况下,美国是否也成为朝鲜的宗主国就会成为问题。薛斐尔说明自己只有签订商约之权,而"属邦条款"与商约无关,不宜混在《朝美修好通商条约》里一同处理。⑤对薛斐尔的抗议,李鸿章授意朝鲜政府,从《朝美修好通商条约》中删去"属邦条款",但朝鲜国王必须照会美国总统:"大朝鲜国为中国属邦,其分内一切应行各节,均与大美国毫无干涉",宣示中国对朝鲜的宗主权。⑥清政府利用这样折中的方式,暂时解决了"属邦条款"引起的体制争论,但从《朝美修好通商条约》是否附加"属邦条款"的体制争论,可见条约体制与宗藩体制的文化冲突,并不能形诸条约的形式,弥平两者在观念上的差距,徒使西方列强与中国在"宗主权"的解释上各说各话。

三、《中朝商民水陆通商章程》缔约前的体制争议

中国与日本、欧美各国对"属邦自主"一词的各自表述,难以协调,⑦可见宗藩

---

① (清)吴汝纶编:《李文忠公全集——译署函稿》卷13《代拟朝美订约十款》,第3158页。
② 参见[韩]金允植《阴晴史》,(朝鲜)高宗十八年十二月二十七日,国史编纂委员会1958年版。
③ 参见[韩]宋炳基著、杨秀芝译《一八八二年朝美条约的订立与清代中国》,乐学出版社2006年版,第207—221页。
④ [美]惠顿著、[美]丁韪良译:《万国公法》,中国政法大学出版社2003年版,第37—42页。
⑤ 参见(清)吴汝纶编《李文忠公全集——译署函稿》卷13《译美总兵薛斐尔拟照会》,第3165页。
⑥ 《清季中日韩关系史料》卷2《朝鲜国照会》,第617—618页。
⑦ 参见[美]惠顿著、[美]丁韪良译《万国公法》卷2第三章"论诸国平行之权",第124页。

体制"政教自主"的概念与实行,完全异于"国际法"的"属国外交限制权"。根据《万国公法》对"自主"的解释,可知国家的存在,在于保有"自主之权"。① 朝鲜陆续与欧美各国缔结商约时,同样仿照《朝美修好通商条约》的模式,由朝鲜国王以照会说明朝鲜为中国属邦,迂回宣示中朝宗藩关系。②

为了与美国通商之事,朝鲜国王命令李容肃随同贡使团赴北京谈武备之事,希望中国提供与各国缔结的商约文本,作为朝鲜开港通商的参考依据。③ 李鸿章命令马建忠及郑藻如(1824—1894)代为筹办朝鲜与西方各国的商约草稿,④ 并向朝鲜官员金弘集许诺中朝两国通商不必援引中国所定通商税则为例,尽量给予优惠,体恤属藩,将来清政府也会解除出洋禁令、鼓励华商前往朝鲜通商,预防日本商人垄断朝鲜商务。除此之外,李鸿章再次强调体制规定,隐露朝鲜是中国属邦之用意:朝鲜呈北洋通商大臣的咨文,应与呈交礼部的文书格式相同,不可自行变格;朝鲜留学生的来华路线,仍取贡道,由凤凰厅边门查验公文,再前往营口,搭船至天津;朝鲜回复日本的国书仍应用朝鲜国王的封号,不可失中国属邦之名。⑤ 在得到了李鸿章的保证后,朝鲜国王派鱼允中等人为问议官,前往天津商议《水陆通商章程》的具体细节。⑥

对于中朝两国开市通商之事,朝鲜代表鱼允中依据黄遵宪的《朝鲜策略》提出变通旧制的主张,希望中国能允许朝鲜遣使驻京,贺谢例表交由驻京使臣呈递,不用另行派使,节省往来费用,并询问"最惠国待遇"之意,质疑各国驻朝公使是否会借此要求朝鲜款待各国公使,须比照中国钦差大臣的待遇。⑦ 中国代表天津海关道周馥则先以李鸿章丁忧为由,回绝朝鲜变更旧制的要求,"此事本与通商无关,然将来亦可徐徐商议,相机为之。若辄改旧例,微论中国公议,必生是非"。再以越南与中法战争为例,向鱼允中说明"属邦条例"的重要性:"西人计诡,将来与贵国

---

① 参见〔美〕吴尔玺著、〔美〕丁韪良译《公法便览》卷1《必有之权有三》,同文馆1877年版。
② 参见(清)马建忠《适可斋记行》卷4《东行初录》,沈云龙主编:《近代中国史料丛刊》第153册,文海出版社1968年版,第351—354页。
③ 参见《清季中日韩关系史料》卷2《朝鲜中枢府知事李容肃带呈节略》,第464页。
④ 参见〔日〕冈本隆司《中国近代的马建忠》,京都大学学术出版会2007年版,第79—80页。
⑤ 参见《清季中日韩关系史料》卷2《酌复朝鲜询问各条》,第476—479页。
⑥ 参见《清季中日韩关系史料》卷2《照录朝鲜国王咨北洋通商大臣文稿》,第596—597页。
⑦ 参见《清季中日韩关系史料》卷2《光绪八年四月初三日津海关道周馥与朝鲜陪臣鱼允中、李祖渊问答节略》,第590—592页。鱼允中质疑"最惠国待遇"一词不明确,认为有可能会使朝鲜与西方列强龃龉,周馥则以此语为例行的形式劝慰,但事实证明,鱼允中的忧虑果然成真。参见〔日〕酒井裕美《朝鲜外交的发展与最惠国待遇的讨论:以朝清商民水陆贸易章程成立以降为中心》,《大阪大学世界言语研究中心论集》第6辑,第17—35页。

议约时，必有欲蹈越南之故智者，请贵国勿为所惑，说明中国属邦字样，于各国平行之礼不碍，于保邦之道有益无损，非中国要此虚体面也，智者当自知之。"并针对朝鲜对"最惠国待遇"一款的疑虑，说明各国平行的意义，还指出《水陆通商章程》系中国优待属邦之意，只适用于中朝两国之间，最后强调中朝通商的体制问题：中国驻朝商务委员只照应中国商民，不会援引礼部派出的钦差之礼。在仪节上，接待商务委员的规格也不会与各国驻朝公使差异太大，请朝鲜不用担心"仪节悬殊"的问题。①

对周馥不愿同意朝鲜变更旧例之事，鱼允中批评礼部拘泥成例，希望朝鲜对外事务由总理衙门与北洋大臣负责，不要再由礼部处理，也希望《水陆通商章程》能与他国缔结的商约相同，派使驻京，由驻京使臣负责朝贡活动兼协调通商事务。②对朝鲜欲改动宗藩体制的意图，清政府更重视"属邦"的意义，认为与宗藩名分相涉之原则，绝不可更改，通商事宜只能在宗藩体制的框架内进行，遂驳回了朝鲜的两项要求，可知清政府的底线是中朝两国通商事务只能在宗藩体制内进行，其他如进贡、陈奏、庆贺、谢恩等觐见活动，仍交由礼部办理，③不能更动宗藩体制的旧例。

正当朝鲜使臣鱼允中等人还在讨论《水陆通商章程》的体制问题时，朝鲜乱兵烧毁日本使馆，迫使朝鲜王妃闵氏出宫避难，大院君李昰应重掌政权，改组议政府，④暂时打断了《水陆通商章程》的进程。朝鲜国王李熙密令金允植等人向清政府求援。薛福成建议总理衙门：为了不重蹈琉球遭日本吞并的覆辙，中国必须以"讨乱"为由，出问罪之师，向日本说明朝鲜为中国属邦之事，方可在"壬午事件"上抢得先机。⑤正在朝鲜协定商约的马建忠，立刻与日本驻朝公使花房义质商议赔偿事宜，防止日本借口出兵，⑥建议吴长庆迅速处置李昰应，再与日本展开善后谈判，并

---

① 《清季中日韩关系史料》卷2《光绪八年四月初三日津海关道周馥与朝鲜陪臣鱼允中、李祖渊问答节略》，第591—593页。
② 参见《清季中日韩关系史料》卷2《光绪八年四月十八日津海关道周馥与朝鲜陪臣鱼允中问答节略》，第598页。
③ 参见《清季中日韩关系史料》卷2《总署收上谕》，第680页。
④ 参见[日]齐藤孝等编《李朝实录·高宗实录》第54册，第18卷《岭南儒生李晚孙等万人联疏略批示》，高宗十八年二月二十六日，东洋文化研究所1953—1967年版，第5—6页；[韩]李萱根著、林秋山译：《韩国近代史》，第61—77页。
⑤ 参见《清季中日韩关系史料》卷2《总署收署北洋大臣张树声函》，第768—772页。
⑥ 参见（清）马建忠《适可斋记行》卷6《东行三录》，第447—449页；《清季中日韩关系史料》卷3《照录马道建忠寄到笔谈问答》，第846—851页。

在日兵撤退之前，继续驻守朝鲜，以防日本趁机扩大实力。① 值得注意的是，马建忠以"欺王实轻皇帝"为由，② 指责李昰应竟威逼朝鲜国王，以下犯上，等于无视皇帝的权威，罪不可赦，必须交由中国处置。③ 马建忠问罪李昰应，确保朝鲜国王的统治权，借以证明中国皇帝与朝鲜国王的君臣关系。④

四、《中朝商民水陆通商章程》的宗藩体制争议

"壬午事件"的发生让总理衙门与北洋大臣加快了《水陆通商章程》的拟定进程。中国代表天津海关道周馥无视朝鲜的诉求，径由礼部奉谕旨，会同总理衙门与北洋大臣共同拟定《水陆通商章程》，并由周馥和马建忠实际负责《水陆通商章程》的草拟，以"彼此两有利益，而仍不悖属国交涉之体统"作为要点，强调朝鲜为中国属邦，所有优惠只为优待属邦，不在一体均沾之列，借以正名定分，与两国互订的条约不同，他国不得援以为例。鱼允中再三请求，清政府终不允许，礼部也反对朝鲜请求派使驻京的提案，以为过去朝鲜贡使均于事竣回国，从无驻京之例，朝鲜使臣请求常驻北京之事，与国家礼制有关，尤其直接关系到抚绥藩封之中寓维持宗藩体制之意，遂批评朝鲜轻视中国，竟敢提出如此荒唐的请求。⑤ 马建忠也警告鱼允中，朝鲜若想和中国平等往来，将有严重后果，令朝鲜不可只知畏日本，而不畏中国。⑥ 在清政府施加的压力下，朝鲜代表无不惊惧，只能放弃变更宗藩体制的想法，与周馥等人具体讨论《水陆通商章程》的细节事务。⑦

1882年10月12日，李鸿章向军机处呈交《水陆通商章程》的草案如下：（一）两国商务委员如遇纠纷，由北洋大臣裁定。中国商务委员专为照料中国商民，与朝鲜官员平行往来。如遇重大事件，中国委员呈请北洋大臣咨照朝鲜国王，转朝鲜政

---

① 参见《清季中日韩关系史料》卷3《照录丁提督汝昌马道建忠来禀》，第874—877页；[日]冈本隆司：《中国近代的马建忠》，第167—169页。
② （清）马建忠：《适可斋记行》卷6《东行三录》，第451—452页。
③ 参见《清季中日韩关系史料》卷3《总署收军机处交出张树声钞折》，第864页。
④ 参见[日]冈本隆司著、黄荣光译《属国与自主之间：近代中朝关系与东亚的命运》，第85—117页。
⑤ 参见故宫博物院编《清光绪朝中日交涉史料》卷3，文海出版社1970年版，第104号，第16页b—17页a；第105号，第17页b—18页a。
⑥ 参见《清季中日韩关系史料》卷3《总署收署北洋大臣李鸿章函》，第979—986页。
⑦ 参见[韩]金允植《阴晴史》，高宗十九年壬午五月十四日。金允植记周馥曾解释朝鲜请求派使驻京失败的原因："咨文中倘以贡使仍留在北京，以省往来之弊为辞，则或可无碍于事体否？直云驻京公使，则恐不可。"

府筹办。(二)中国商民在朝鲜境内犯罪时,由中国委员按照中国律法审断。(三)开通海上贸易,所有卸载货物与一切海关纳税则例,悉照章程办理。两国互有救助海难的义务。两国滨海渔民可往来捕鱼,不得私以货物贸易,违者交商务委员惩办。(四)经商务委员发给执照,准两国商民入内地采办土货,仍照纳厘税,但不可将各色货物运入内地。两国商民可在开放口岸租地、租房、建屋、售卖货物。(五)保留北京会同馆贸易。中国人可在朝鲜杨花津与汉城开设行栈。废除传统的边市贸易,两国人民商货可随时往来。(六)禁售鸦片、军器。由朝鲜进口的红参关税只抽百分之十五,以示体恤。(七)贡使可由海道往来。中国兵船巡弋朝鲜海域。自管驾官以下,与朝鲜地方官俱属平行,不得任意欺凌。①

从草案内容可知周馥和马建忠等人以自由贸易为前提,尽量给朝鲜较多的优惠,并酌量变通宗藩体制的旧例,避免商务委员干涉朝鲜内政。不过《水陆通商章程》虽区别商务委员与敕使、贡使的身份,但仍保留了宗藩体制的名分原则,并刻意将礼部与北洋大臣公署两套不同行政系统,分开办理,形成双轨制的对外交涉机关。10月31日,清政府以颁布皇帝敕令的形式,与朝鲜缔结《水陆通商章程》,直接命令朝鲜照章办理,细节部分再与北洋大臣商榷。这项安排不同于独立国家合议后才能缔约的外交惯例,借以彰显中朝两国是不对等关系。朝鲜国王既是中国皇帝的属臣,本来就没有外交权,即合"人臣无外交"的宗藩旧例,而朝鲜国王在品秩上又与中国直隶总督兼北洋大臣的地位相等,可以代为处理朝鲜对外交涉问题。因此,《水陆通商章程》的缔约,不需经朝鲜国王批准,只需皇帝的行政命令,咨照朝鲜国王办理。②《水陆通商章程》制订不久后,鱼允中欲变通其中的"陆路通商"条款。③针对陆路通商问题,礼部主张朝鲜贡使应由陆路贡道来京朝贡,并指出贡使若经由海路来京,贡物容易与一般货物混杂,实难免税。④若贡使走海路来华,不得携带货物,杜除走私的弊端。⑤清政府原本打算让北洋大臣李鸿章派员勘查,但盛京将军崇绮、奉天府尹松林联名上奏,主张中朝陆路通商不可全面开放,并指出边境互市虽可变通,但东北地区是根本重地,边禁尤宜注意,与沿海不同,应妥善商

---

① 参见《清季中日韩关系史料》卷3《总署收军机处交出李鸿章钞折》,第988—989页。
② 参见《清季中日韩关系史料》卷3《总署收署北洋大臣李鸿章文》,第1007页。
③ 参见《清季中日韩关系史料》卷3《李鸿章与鱼允中问答》,第1011—1012页。
④ 参见《清季中日韩关系史料》卷3《光绪八年十月二十二日奉上谕》,第1056页。
⑤ 参见《清季中日韩关系史料》卷3《十月二十二日军机处交出礼部钞折》,第1057—1058页。

议。① 针对《水陆通商章程》第五款，崇绮等人强调"此次变通互市旧章，实以设立关卡，稽察匪类为最要关键"，② 并建议在中江（朝鲜义州的对岸）设立关卡，两地边民只准在中江关卡处进行贸易，其余地方仍遵禁令，不可私行越界。若朝鲜商民欲进入内地采买土货，必须由凤凰边门出入，仍由贡道折返，不得肆意游历。又针对《水陆通商章程》第三款，崇绮等人也指出，鸭绿江以内与朝鲜平安道邻近各处河口，向来是盛京将军等衙门采办官鱼祭品之处，应严禁两国人民私往鸭绿江河口捕鱼。除此之外，崇绮更以"名分攸关，万难假借"为理由，反对《水陆通商章程》第一款：朝鲜商务委员与地方官平行往来。崇绮认为，朝鲜是中国属邦，该国官员应低于中国官员的位阶。若两国官员往来平行，以此类推，朝鲜国王是否与中国皇帝平行？为了顾全国体，应删除《水陆通商章程》的"平行"字样，③ 中国地方官不分品级，一概与朝鲜国王平行，方不失君臣名分。

分析礼部与崇绮的奏折内容，没有反对《水陆通商章程》，但以"维持旧制"为理由，强调宗藩体制的基础——君臣名分之别，并坚持朝鲜上呈的所有咨文必须由礼部转发，可见礼部暗中制约《水陆通商章程》的执行，④ 也显示了清政府对开放东北与朝鲜通商的疑虑，尤其是代表了若干保守派的意见，担心中国若不坚持名分原则，无形中破坏了宗藩体制的基础。对此，李鸿章将周馥、马建忠的建议，⑤ 转咨总理衙门，反驳崇绮等人的看法，并特别针对商务委员会晤两国官员一节，逐一反驳礼部的意见。周馥指出《大清会典》没有规定清朝地方官员与属国官员的相见礼，与朝鲜议定的通商章程也没有相关礼仪规范，并援引《周礼》，将朝鲜国王比附为"外诸侯"，将地方督抚比附为"内诸侯"，理当平行，驳斥保守派"维持祖制"的理由。除此之外，周馥还翻查过去贡使入京伴送之例，认为朝鲜现与日本及西方各国往来皆用平等之礼。若按照崇绮的方案，朝鲜委员在中国的地位低于各国领事，中国委员在朝鲜的地位却高于各国领事，将让朝鲜难堪，徒遭埋怨，遇事也多有不便。因此，周馥主张《水陆通商章程》可比照惯例：朝鲜委员见南北洋大臣时，可

---

① 参见《清德宗实录》卷154，光绪八年十一月丙申；《清季中日韩关系史料》卷3《总署收上谕》，第1064页。
② 《清季中日韩关系史料》卷3《总署收军机处交出盛京将军崇绮折》，第1065页。
③ 参见《清季中日韩关系史料》卷3《总署收军机处交出盛京将军崇绮等片》，第1063—1064页。
④ 参见《清季中日韩关系史料》卷3《总署收军机处交出礼部钞片》，第1134—1135页。
⑤ 参见《清季中日韩关系史料》卷3《总署收署北洋大臣李鸿章文》，第1076—1078页。

用"属官见长官"的仪节；朝鲜委员见道府以下地方官时，位阶上与之平行。①

《水陆通商章程》的订立与运作，本来属于北洋大臣的权限，但因皇帝敕旨已下，要求维持原议，北洋大臣自然不能挑战皇权请求重议，故决定《水陆通商章程》维持原议，不需删除"中国官员与陪臣往来平行"字样，但强调朝鲜国王若接见中国委员时，仍遵照朝贡旧例，不得援引章程。②最后，清政府兼采周馥主张"通商自由"与崇绮主张"维持旧制"的意见，在中朝两国的"陆路通商"方面，折中制订了《奉天与朝鲜边民交易章程》二十四款，举其大要：（一）"准随时往来"一款，只开放给奉天与朝鲜边界商民，其他各国不得援例。（二）鸭绿江以内与朝鲜平安道邻近各河口，严禁民间私捕。（三）九连城、义州设关收税。（四）不准两国商民在边界建屋设栈。（五）两国商民请领执照，入内地采办，但不准挈带外人，亦不准就地贩卖土货。入奉省采买土货者，只准由凤凰城边门出入，仍由贡道折回，不得游历。（六）盛京将军、奉天府尹及吉林将军咨商北洋大臣会派奉天、吉林督理税务人员。（七）民刑诉讼归地方官审办，互引渡罪犯。（八）遇有交涉事件，往来文书应遵体例，朝鲜必须尊称中国为"天朝"或"上国"。中国称朝鲜则称"朝鲜国"，以示优待。（九）朝鲜使臣赴京时，仍按朝贡旧例，所带贡物可定量免税，用作贸易者照章纳税。（十）中江互市不得仿照海关章程，商民贩运货物只交正税一次，且海口货物只准由海道贩运，皆不准在陆路贩卖。（十一）禁止边市的夜间交易，亦不准经纪包揽，悉听商民自由交易。（十二）商民贩运货物均需开单查验，不得夹带，且禁售鸦片、武器及违禁物品，买卖行使的铜钱亦不许转运出境。③随后，清政府又规定吉林宁古塔敦化县、吉林珲春、朝鲜庆源开设互市市场，并依《奉天与朝鲜边民交易章程》为底本，制订《吉林朝鲜商民贸易章程》十六款，其内容不再赘述。④

五、中国驻朝鲜商务委员的权限问题

为了维持与朝鲜的宗藩关系，清政府不能再无为而治，必须向西方列强证明中国对朝鲜的宗主权。中国驻日公使何如璋根据过去与日本交涉琉球归属问题的经验，认

---

① 参见《清季中日韩关系史料》卷3《总署收署北洋大臣李鸿章文》，第1073—1075页。
② 参见《清季中日韩关系史料》卷3《总署会奏片》，第1105—1106页。
③ 参见《清季中日韩关系史料》卷3《军机处交出李鸿章钞折》，第1187—1194页。
④ 参见张存武《清季中韩关系之变通》，《清代中韩关系论文集》，第162—163页。

为传统的宗藩关系必须变通，否则朝鲜将如琉球，势必遭俄国或日本并吞。早在《水陆通商章程》订立前，何如璋曾建议清政府变通宗藩体制，派遣大臣主持朝鲜与外国的缔约，确实掌握朝鲜外交活动，并在条约上声明"朝鲜奉中国之命缔约"，欲让朝鲜符合西方"国际法"中的"属国"身份。① 但是，清政府内部意见不一，各说各话。

李鸿章主张商务委员的人选不经吏部铨选，均由北洋大臣选派，刊给木质关防，② 显示商务委员只是临时派遣，直接听北洋大臣指挥，不受礼部干预，进而闪避中国官员与朝鲜官员在位阶上是否平行的礼制问题。李鸿章也主张商务委员不是钦差大臣，一旦让商务委员比照钦差大臣的待遇，将如同朝鲜的监国，势必与朝鲜政府渐生嫌隙，而中国也必须为朝鲜负实际责任。③ 对李鸿章来说，商务委员的定位就是北洋大臣派驻朝鲜的耳目，用以了解朝鲜动向，并以条约的形式，明确宗藩名分，中国对朝鲜的特殊权益也可以得到列强的承认，又不需负担朝鲜事务，与列强正面冲突。因此，清政府《派员办理朝鲜商务章程》十二条明确规定了商务委员的位阶、月给薪俸、出使经费及其相应仪节，如"总办、分办委员与朝鲜官员公文往来，自其政府统理衙门以下均用平行照会，与各国公使领事照会均用华文，亦可附洋文"，"遇朝鲜公会各国公使，朝鲜为中国属邦，中国总办委员为宾中之主，应坐于朝鲜官主位之上"，④ 表现出中朝两国之间的君臣名分与上下位阶。

当中国与朝鲜签订《水陆通商章程》，又有庆军驻扎朝鲜后，中国的宗主权获得强化，很快在朝鲜获得优势地位。⑤ 中国首任驻朝商务委员陈树棠不只是专责商务，还是北洋大臣在朝鲜的代理人，并协助朝鲜政府对外交涉，先后签订了三项有关通航与租界的章程。⑥ 眼见中国对朝鲜的影响日增，西方列强与日本却不愿清政府独占朝鲜的各项利权，也不满商务委员的地位高于他们，常常拒绝让陈树棠以"总办商务委员"的身份参与各国驻朝公使团的活动。陈树棠向李鸿章说明自己在公使团的窘境，指出各国驻朝公使们多坚持"国际法"，不承认商务委员的身份及其职

---

① 参见（清）何如璋《茶阳三家文钞》，第38—43页。
② 参见《清季中日韩关系史料》卷3《总署收军机处交出李鸿章钞折》，第1172页。
③ 参见（清）吴汝纶编《李文忠公全集——奏折》卷45《议覆张佩纶陈六事折》，第1385—1386页；《清季中日韩关系史料》卷3《总署收北洋大臣李鸿章文》，第1032页。
④ 《清德宗实录》卷151，光绪八年九月甲申朔。
⑤ 参见林明德《袁世凯与朝鲜》，第40页。
⑥ 参见权赫秀《陈树棠在朝鲜的商务领事活动与近代中朝关系（1883年10月—1885年10月）》，《社会科学研究》2006年第1期。

权，亦不承认《水陆通商章程》的外交效力，因而商务委员无法亲自与各国公使交涉，只能由朝鲜统理机务衙门代办。①根据美国驻朝公使的劝告，陈树棠向北洋大臣李鸿章请求改刊关防为"总办朝鲜各口交涉通商事务"，英文译名由具有"商务"用义的 Commissioner of Commerce，改成兼具"外交"职权之意义的 Commissioner for Diplomatic and Commercial Affairs，让各国驻朝公使不能再有借口，阻碍商务委员办理朝鲜对外交涉之事。②对此，英国驻华公使巴夏礼曾致函总理衙门，欲确认商务委员的身份及其职权。总理衙门复函说明：朝鲜是中国属邦，陈树棠是中国皇帝派遣的官员，在朝鲜就具有外交权，且官阶本为道员，自与各国总领事地位相等。③由此可见，李鸿章先前设定的商务委员身份及其职权范围，本是为了变通旧制，敷衍礼部的权宜措施，但无法得到西方列强和日本的认同。即使后来改变商务委员的职称，增加了外交权，也很难让各国驻朝公使认同中国与朝鲜的宗藩关系。

由于 1884 年 3 月中法战争的溃败、4 月"甲申易枢"的变局及 12 月"甲申政变"的刺激，清政府内部又出现各种朝鲜对策，尤其是保守派更大声疾呼，要求清政府应拿出具体办法，强化宗藩体制，不要只依赖外交斡旋的手段。李鸿章考虑到清政府内有"甲申易枢"的权力斗争，原本支持李鸿章的奕䜣等人全遭罢斥，④对外交涉也处于中法交涉的胶着状态，再加上保守派频频攻击，竟一反过去的消极态度，积极主张商务委员有必要扩大权限，借以换得醇亲王奕譞（1840—1891）的信任与支持，遂改商务委员的职衔为"驻扎朝鲜总理交涉通商事宜"，并改派袁世凯接任商务委员，加强干涉朝鲜内政外交事务。⑤从袁世凯的新职称来看，"交涉"被特意调至"通商"二字之前，表示袁世凯的职责主要在对外交涉。⑥为什么李鸿章不愿中国商务委员改称"中国驻朝鲜公使"呢？这涉及宗藩体制的根本原则：中朝两国是不对等地位的君臣关系。一旦赋予商务委员"公使"之名，等于承认中国与朝鲜两国地

---

① 参见《清季中日韩关系史料》卷3《总署收北洋大臣李鸿章文》，第1477页。
② 参见权赫秀《陈树棠在朝鲜的商务领事活动与近代中朝关系（1883年10月—1885年10月）》，《社会科学研究》2006年第1期。
③ 参见《清季中日韩关系史料》卷3《总署收北洋大臣李鸿章文》，第1494页。关于中外官员的品秩位阶问题，可参见尤淑君《宾礼到礼宾：外使觐见与晚清涉外体制的变化》，表4-3，第286页。
④ 参见林文仁《南北之争与晚清政局（1861—1884）：以军机处汉大臣为核心的探讨》，中国社会科学出版社2005年版，第146—187页。
⑤ 参见（清）吴汝纶编《李文忠公全集——译署函稿》卷17《议驳徐孙麒条陈并派袁世凯驻朝鲜》，第3287—3288页。
⑥ 参见《清季中日韩关系史料》卷4《总署收军机处交出北洋大臣李鸿章钞折》，第1951页；[日]坂野正高著、陈鹏仁译：《近代中国政治外交史》，台湾商务印书馆2005年版，第320页。

位平等，宗藩体制自然瓦解。因此，清政府在商务委员的名称上，极力避开"外交"或"公使"二字，借以彰明宗藩体制，有别于"国际法"的规定。

袁世凯就任后，美国驻朝公使福的（L.H.Foote）向袁世凯转述朝鲜官民的说法，并问袁世凯朝鲜到底是不是中国的殖民地。① 袁世凯虽向美使解释商务委员对朝鲜事务只有参预权、没有决定权，但经此事后，袁世凯意识到商务委员的体制问题无法用"国际法"解释，遂向李鸿章建议从商务委员"见朝鲜国王礼"着手，将商务委员地位抬高为宗主国派遣的监国大臣，视同皇帝的敕使，② 希望在任何场合，商务委员的位次都应在朝鲜国王之上，借以向各国公使展示中朝两国的不对等地位。可是，李鸿章担心激起朝鲜君臣的反感，不愿过度贬抑朝鲜国王的权威，于是否决了袁世凯的"敕使礼"方案，也未比照"文职属官见长官之礼"，③ 反而指示袁世凯商务委员见朝鲜国王时，应比照"司道谒亲郡王"礼仪，在宫门外候请降舆，仍向国王行三揖礼、侧坐，表现委员崇敬国王之意，以示宾主有别；但当朝鲜举行大典礼、朝会之时，商务委员排班必须在他国公使之前，设宴则坐宾中主位，向国王行礼时不行三鞠躬礼，改行三揖礼，向各国公使表现商务委员在朝鲜的独尊地位。④ 由此可见，李鸿章不采用袁世凯的方案、亲自新订"商务委员见朝鲜国王礼"的用意，不只为了展现上国的体统，维持宗藩体制的基本原则，也考虑了朝鲜国王的自主权，不希望朝鲜折损体面，引起各国公使的反感。李鸿章的设想虽好，却未能如其所愿，反而因中朝两国的不对等地位，衍生出各种外交问题，让中国对西方列强的质问很难自圆其说，尤其是宗藩体制造成的礼仪争议更加剧了中朝关系的恶化，使朝鲜不满清政府的压制，逐渐发展出脱离宗藩体制的自主意识。⑤

六、结语

清朝与朝鲜之间的宗藩关系，本是放任自主，但当朝鲜与西方列强陆续签订商

---

① 参见《清季中日韩关系史料》卷4《总署收北洋大臣李鸿章文》，第2002页。
② 参见（清）吴汝纶编《李文忠公全集——电稿》卷6《寄译署》，第3661页。
③ （清）昆冈：《大清会典事例（光绪朝）》卷409《礼部·相见礼一》，第570页b。
④ 参见（清）吴汝纶编《李文忠公全集——电稿》卷6《寄汉城袁道》，第3361页。李鸿章的方案只是大略的安排，详细的礼仪安排，参见《清季中日韩关系史料》卷4《总署收北洋大臣李鸿章文》，第2530页。但从朝鲜国王顾问德尼干预华员谒见朝鲜国王的礼仪安排之事，可见原先商务委员的礼仪安排实高于朝鲜国王的位阶，遂引起朝鲜王室的不满。
⑤ 参见《清季中日韩关系史料》卷4《总署收北洋大臣李鸿章文》，第2002页。

约后，清政府必须向西方列强证明中国对朝鲜的宗主权。清政府将西方"国际法"知识，套用于宗藩体制之上，遂有《水陆通商章程》的缔约。从黄遵宪的《朝鲜策略》、何如璋的《主持朝鲜外交议》、马建忠的《代拟朝鲜与各国通商约章》到最后的《水陆通商章程》之定稿，可见李鸿章的朝鲜政策一开始是偏向"国际法"的惯例，欲利用"属国"概念，说服西方列强接受中朝宗藩关系，但因李鸿章母丧丁忧、中法战争的刺激、清政府"甲申易枢"的权力斗争及朝鲜内部不稳、政变频繁等因素，使李鸿章不得不放弃黄遵宪与马建忠的方案，改行何如璋的方案，要求朝鲜与西方诸国交涉订约时，必须强调"属邦条款"，并透过《水陆通商章程》与中国驻朝鲜商务委员，逐步加强对朝鲜政治、外交、经济等事务的控制。

中国与朝鲜一开始就对"宗藩体制"的"属邦自主"认识迥异。清政府注重两国不对等地位的"宗藩关系"，而朝鲜君臣则注重一向政教自主的惯例，于是中朝两国发生许多不对等地位的体制争论。再加上东、西方世界秩序原理的基础全然不同，使中朝两国不对等位阶的做法很难被西方列强所认同，而西方列强施加的压力也使中国摇摆于"维持旧制"与"通商自由"之间，不敢轻易变通旧制，只能透过《水陆通商章程》扶持朝鲜不受列强侵略，也加强中国对朝鲜的干预。由于中朝两国对"属邦自主"的认知不同，北洋大臣李鸿章主张《水陆通商章程》必须在内容上明确表示朝鲜为中国属邦，其余皆可酌情变通，不愿过度挫伤朝鲜的体面，并在互市贸易上尽量给予朝鲜较多的优惠。但《水陆通商章程》的让利，却引起礼部与盛京将军崇绮的反对。为安抚保守派的不满，清政府在《奉天与朝鲜边民交易章程》陆路通商部分，大部分维持朝贡旧制，却难以达到优待属邦、维持体制的目的。更糟糕的是，这些宗藩体制之争议，往往以朝鲜政府忍气吞声作为解决之道，而《水陆通商章程》让中国商务委员的地位独尊，无形中损害了朝鲜国王的体面，中朝两国渐生龃龉，也引起各国驻朝公使不满于中国商务委员介入朝鲜内政外交，联合牵制商务委员，使其孤立，间接让朝鲜成为清政府与西方列强及日本冲突的种子。

原载《中国边疆史地研究》2016 年第 4 期，
本文刊发时作者为历史学博士，浙江大学历史系副教授、博士生导师。

略论古代中国和越南之间的宗藩关系

戴可来

越南古为交趾之地,中越关系源远流长。中国古籍中有关羲叔"宅南交",神农、颛顼、尧、舜等南至交趾或南抚交趾的记载,反映了早在传说时代,中国中原地区已与南方的交趾有了直接或间接的了解和交往。越南的信史,约有两千余年,其中隶中国郡县千余年,称"北属时期"或"郡县时代"。越南建立自主国家,亦近千年,但立国之后,仍是中国的藩属,两国之间始终保持着宗藩关系,直到1885年越南沦为法国的殖民地,这种关系才宣告结束。

一

越南的信史不能早于秦代。在此之前,越南历史属于传疑时代。传说中的文郎国和瓯雒国,不足凭信。比较可信的关于越南早期社会的记载是4世纪《交州外域记》中所说:"交趾者未有郡县之时,土地有雒田,其田从潮水上下,民垦食其田,因名为雒民。设雒王、雒侯主诸郡县,县多为雒将……""雒"即古越语中的"nac",现代越语中的"nuoc",意为水;或Lo、Lua,意为稻米。"其田从潮水上下",就是随潮水上下来灌溉田地,即"刀耕水耨"或"火耕水耨"。根据越南农村公社(村社)的长期存在和语言学、民族学中遗留下来的一些痕迹,可以合理推断越南早期社会的基层结构是农村公社。其时,私有土地尚未出现,全部耕地、山林、河川、塘池都属村社所有。在此基础上的雒王、雒侯、雒将,仅是村社或其联合体的首领,不能算作真正意义的国家,没有文字,社会处于文明的门槛上。

中国封建王朝的占领打破了越南历史发展的自然进程，使其越过奴隶社会，直接迈入封建社会。

中国封建王朝的统治，从公元前214年秦开岭南，设置桂林、南海、象郡开始。一般认为象郡包括今越南北、中部地区和广西南部的一些地方。秦末，边吏赵佗于公元前207年，"击并桂林、象郡"，建立以广州为中心的地方割据政权——南越国，于其地设交趾、九真二郡。越南古史把南越国列入王统，称赵佗为越武王，推尊为开国之君。公元前111年，汉武帝灭南越国，设九郡，其中交趾、九真、日南三郡在今越南，从此其地属中央王朝直接管辖。历代封建王朝在越南设置的郡县区划屡有变动。值得注意的是，东吴时期的交（州）、广（州）分治。226年，割据交州垂四十年的士燮卒，吴主孙权为铲除割据势力，实行交广分治。待消灭了士氏势力，分治的目的已达到，又复交州如故。及至263年，交州吴将吕兴叛吴，降魏，面对与魏争夺的严峻局面，为防叛乱的蔓延，再次交、广分治，而此后交广分治遂成定制。471年，南朝的刘宋置越州，割原属交州的合浦以及广州的一些郡县来属。因此交州的辖区减缩，已不再包括广西地区，而完全在越南境内，就成了日后越南自主封建王朝的基本地域。交广分治使交州和广州被视为"外地"和"内地"，沿着不同的道路发展。679年，唐于其地设安南都护府，因而越南又有安南之名。

随着中原移民的涌入和封建王朝统治的强化，越南逐步完成了封建化的进程。早从秦代就实行"以谪徙民，与越杂处"①政策，其后诸王朝继承和发展了这一政策。中原向交趾的移民，主要通过两条途径，一种是统治者把"罪人""投诸四裔"的强迫移民或称之为被动移民，如据《三国志·薛综传》载：自汉武帝以来"颇徙中国罪人，杂居其间"；另一种则是民间为躲避中原战乱或为谋生而自发的移民。②中原移民，不仅带去了先进的生产技术，而且也带去了封建的生产关系，成为促进当地封建化的一支重要的力量。郡县统治则是把封建统治贯彻到越南，一方面进行封建开发，提高生产力；另一方面教导民夷，使渐明礼义，或建立学校，导之礼义，大力灌输中国的封建文化，即从经济基础和上层建筑双管齐下，推进封建化。伴随中国封建统治的逐步加强，最后确立了越南的封建制度。秦朝虽设象郡，但统治情况

---

① 《史记》卷113《南越尉赵佗列传》。
② 参见陈玉龙《中越文化交流》，《汉文化论纲》，北京大学出版社1993年版，第357页。

不详。《水经注》卷37载：南越国是"从其俗而治"，仅派"二使者典主"。西汉虽有三郡之设，但被列为"初郡"，雒侯、雒将"主民如故"，且无赋税；及至西汉末、东汉初，三郡久列郡县，不复为初郡，封建王朝派去的地方官掌握了郡级政权，统治当地的人民，并开始征收"调赋"。这种统治政策的强化，使固有的氏族部落制度面临崩溃的危机，雒侯、雒将行将失去他们原有的地位，引发了他们与中央王朝的矛盾。同时，地方官中的残暴贪墨之徒，更激化了封建统治者与雒侯、雒将和人民的矛盾，终于在40年爆发了麓泠县雒将之女徵侧、徵贰领导的二徵起义。42年，东汉派伏波将军马援率军征讨，于次年镇压了这次起义。马援在镇压起义的过程中，"所过辄为郡县治城郭，穿渠灌溉，以利其民。条奏越律与汉律驳者十余事，与越人申明旧制以约束之，自后骆越奉行马将军故事"。① 二徵起义失败后，雒侯、雒将退出历史舞台，东汉的统治延伸到县级。马援最重要的建树，是把封建法律推行到交趾，以巩固封建生产关系。所以，中、越学者大都认为：二徵起义后，越南已完成了封建化进程，步入了封建社会。正是由于这个进程是在中国封建统治者的带动和影响下完成的，因而它内部的社会变革不够彻底。中国的封建统治主要体现于行政和军事，始终没有打破农村公社结构和公田、公土制度，并长期保存。这种制度在所有制上概括来说，就是土地国有、村社占有、农民世袭占有使用份地。地租和赋税是合为一体的，是对农民剥削的主要方式，因而使统治政权与农民的矛盾成为社会的主要矛盾。村社不仅不妨碍统治者的赋税、徭役的征课，反成为赋税、徭役征课的实体和保证，所以无论中国的封建统治者还是越南自主封建王朝都维护着这种村社制度。这成为越南历史的一个突出的特点。

在漫长的郡县时代，中原移民与越人的关系，主要是汉人越化或本地化，而不是同化了越人。尽管中国封建统治者大力灌输汉文化，但读五经四书、学汉字的，多是越人的上层，而对生活在封闭村社中的广大越人的影响则较小。由于越人上层在社会中处于主导地位，他们接受了中国的文化和典章制度、使用汉字，使越南成为濡染中国文化最深的国家。就整体而言，越人仍保存了自己的民族语言。在他们的语言中，吸收汉语的大量因素，形成了汉越语。这种情况并不能泯灭其民族性，因为借用或吸收其他民族的词汇，是常有的事。越人仍保存了其民族的基本特

---

① 《后汉书》卷24《马援列传》。

色,如高脚屋、嚼槟榔、用铜鼓、妇女的地位较高等等。汉文化对广大越人来说,只是或深或浅的影响而已。中原移民移居交趾若干代之后,在当地建功立业,逐渐融入当地社会,成为地方豪右。他们在政治上,有与本土离心的倾向。早有士燮在交州割据垂四十年之久,继之有陶璜四代五人任刺史,顾秘顾氏父子兄弟三人为刺史,杜瑗杜氏、其子杜慧度、慧度子弘文三代为刺史。这些巨族大姓,在边远的交州,形成了实际上的割据。到了越南自主王朝建立之后,越南的王朝,除后黎朝之外,也多为华裔所创建。① 上述史实说明,中原移民逐渐成为越南统治阶级中的一部分,他们所代表的是当地的利益。中国的郡县统治,引发当地越人和华裔的不断反抗,继二徵起义之后,又有东吴时的赵妪、赵国达的起义(248);李贲起义(541)并建万春国,称李南帝,初具自主国家的雏形。继李南帝之后,其将赵光复称赵越王;李贲之兄李天宝称桃郎王,族人李佛子称后李南帝。791年,又有冯兴、冯安父子起兵反抗唐朝的统治,民间尊冯兴为"布盖大王",因越语中称父为布、母为盖,即以冯兴为父母。除这些反抗斗争之外,还有交州地方军政官员反叛中央王朝的事件屡屡发生,也增强了离心力。上述斗争虽然遭到了失败,但开启了独立的先河,表明越人和中原移民构成的越南地主阶级渐趋成熟,为摆脱中国的郡县统治、建立自主国家奠定了阶级基础。

上述越南社会固有的村社制度以及它在郡县时代所受到的中国文化的濡染、熏陶,统治阶级的构成等历史史实,都与其自主封建王朝建立后和中国建立实施宗藩关系密不可分。

二

唐朝灭亡后,中国进入五代十国的混乱时期(906—960)。越南的封建主利用中原分裂动荡之机,纷起割据。在大约半个世纪的时间里,先后有曲承裕、杨廷艺、矫公羡、吴权及丁部领五氏崛起,被称为"小五代"。曲、杨、矫三氏皆自称节度使,至939年,吴权称王,但时仅六年。944年,吴权卒,"管内一十二州大乱",形成为时二十二年的"十二使君之乱"。② 直至968年,丁部领削平十二使君之乱,

---

① 参见张秀民《安南王朝多为华裔创建考》,《中越关系史论文集》,台湾文史哲出版社1992年版,第11—12页。
② 参见《宋史》卷488《交趾传》。

统一宇内，建立大瞿越国，摆脱了长达千年的中国郡县统治，开启自主王朝的新时期。丁部领建立的自主封建国家，在政治制度等各个方面完全仿效中国，一开始便确立了君主集权制度。丁部领在国内称皇帝，史称丁先皇，内政完全自理。这成为与中国确立宗藩关系不可或缺的条件。

当丁部领父子在越南建立自主国家的时候，中国出现了宋朝，结束了五代十国的混乱局面，重新获得统一。971年，宋太祖命大将潘美平岭南，南汉随之灭亡。丁氏父子害怕宋军乘余威荡平原属中国的交州，便主动于973年以丁部领之子丁琏的名义遣使贡方物，上表请封。宋太祖接受了丁氏的朝贡，封丁琏为检校太师、充静海军节度使、安南都护。至975年，丁氏再次入贡。宋朝承认了它是自己的"列藩"，破天荒第一次封丁部领为"交趾郡王"。这样，在宋太祖的时候，中越之间确立了宗藩关系，尔后不管名义如何，中国历朝历代实质上不再以自己的郡县而是以一个独立的实体来对待越南自主王朝了。

有宋一代确立了中越之间的宗藩关系，为以后的历朝历代奠定了基本模式，尽管以后在实施过程中遇到这样或那样的问题，但这种模式及其内涵没有本质的变化。因此，在中越关系史的研究中，宋朝时期占有重要的地位。

那么，宋代中越宗藩关系主要内涵如何呢？我们可以从以下方面进行考察。

首先，越南的自主王朝要向中国朝廷朝贡，表示臣服。越南从开宝六年（973）开始向宋朝朝贡，除两国关系交恶时外，大都没有间断。宋人李攸的《宋朝事实》概括了开宝至元丰年间（973—1078）越南对宋廷的朝贡。宋人周去非的《岭外代答》卷2则记述了南宋时越南的朝贡情况。根据他们提供的材料，可以看出：越南所贡"方物"，多属"珍奇异物"或"犀象无用之物"，而中国朝廷所赐"皆生生之具"的绫罗绸缎等物。周去非指出，绍兴二十六年（1156），越南除贡"常纲"之外，又贡"升平纲"，是贡品最为丰盛的一年。乾道九年（1173）的朝贡，虽不如"绍兴入贡之盛"，然而也是"扫府库仅能集事"。就此周去非在同一记载中指出：越南在政治上"得赐国之宠"，经济上"朝廷赐予优厚，复叨异恩"，因而"使者满意而归"。日本人山本达郎在其《越南中国关系史》一书中，统计自北宋开宝六年（973）至南宋淳祐十一年（1251）间越南共向宋朝朝贡达五十七次之多。后来到明朝时，洪武元年（1368）到崇祯十年（1637），朝贡次数更达七十九次之高峰。

自宋开始，中国的历代王朝对于"列藩"的朝贡，一贯采取有利于对方的"厚往薄来"的政策,不图利,唯"嘉其诚",而"优诏答之"。到明洪武八年(1375),明太祖下诏,令"尔中书知会安南……进见之物,须从至微至轻,必来使自捧而至,免劳彼此之民,物不在多,惟诚而已"。① 这更清楚地说明,中国朝廷对朝贡国的要求,只在于"诚",而不在于利,也就是说重在礼仪。对中国而言,"厚往薄来"政策不仅无利可图,而且有时候甚至是种负担。就安南所贡之象而言,连宋朝皇帝也说:"象乃无用之物,经由道路,重扰吾民,却不受。"② 所以,宋朝不止一次"却贡",提出"免使人诣阙。所进方物除华靡不受,余就界所交。从本路提刑司依例计价回赐"。③ 后经安南再三请求,才复准其"诣阙"。

越南的统治者之所以屡屡"乞贡",朝贡如此主动和频繁,是因为朝贡对他们来说有利可图。他们不仅可以得到中国的优厚"回赐",而且可以把其对本国劳动人民的剥削罪责,借朝贡和使臣往还之名,转嫁到中国的头上。早在越南立国之初,国王黎桓即以供奉为辞,因缘赋敛,而售其奸。同时,朝贡又是一条重要的贸易渠道,越南可以从中获取许多经济利益。周去非《岭外代答》卷2描写宋时越南朝贡队伍时说:交使衙官百人,"擎负贡物者固无几,而皆为使者负贩至都"。外交使团形同一个贸易商队。

其次,以朝贡换取中国的册封。越南统治者从中国王朝领受封号,政治上找到了有力的靠山,巩固了其在国内的统治地位。受"敬天事大"文化思想的影响,只有受到中国的册封,才算"正统",才能"服众",因而越南历朝历代的国王无不孜孜以求中国的册封。而中国皇帝也因朝贡、赐封,显示了其"天朝大国"的宗主地位。所以,两国的朝贡、请封、赐封赠官以及吊祭、袭封的使臣,络绎不绝,成为两国外交往还的主要内容。宋太祖开宝八年(975),初封安南国王为"交趾郡王",以后逐渐形成了"其王初立,即封交趾郡王,久之进南平王。死者,赠侍中南越王"的制度。这种王号册封的升迁,表明宋朝对越南的优宠,"示殊礼也","盖优礼也"。但此时,越南的"奏章文移,止称安南道","未显然为一国也"。直到南宋孝宗淳熙元年(1174),才赐安南国名,进封越南李明英宗李天祚为安南国王;二年(1175),赐安南国印;三年(1176),赐历日,从而正式承认安南王国。此后,越

---

① (明)张镜心:《驭交记》卷3。
② 《文献通考》卷330,四裔七,交趾条。
③ 《文献通考》卷330,四裔七,交趾条。

南"遂以国称,而天下以高丽、真腊视之,不知其为中国郡县矣"。①

以朝贡和册封为核心内容的宗藩关系,在实施过程中并非一帆风顺,随着双方国力的消长,也曾不止一次地出现过边衅和战争,暂时中断了宗藩关系。中越之间的战争,不全是中国侵略越南,其中也有越南侵寇中国者。宋朝是中国历史上的一个软弱的王朝,"开国不武",一切"务令谧静",越南统治者就以为宋朝软弱可欺,从前黎朝开始,频频对宋朝侵寇。到越南强盛的李朝时,终于在1075年底至1076年初对宋大举入侵。李朝派辅国太尉李常杰等领兵十万,入侵宋地两广边疆,攻陷钦、廉、邕州等地,屠杀居民几十万人,并掠三州大批百姓还国。宋朝被迫派郭逵等率兵还击,越军不敌,不得不与宋议和,恢复了一度中断了的宗藩关系。这次战争宋朝完全是正义的。

前面说过,越南历史的突出特点是长期保存农村公社制度。马克思在《资本论》第1卷中论东方农村公社时曾经指出:"这种自给自足的公社不断地按同一形式把自己再生出来。当它们偶然遭到破坏时,会在同一地点、以同样名称再建起来。这种公社简单的生产机体为揭示下面这个秘密提供了一把钥匙:亚洲各国不断瓦解,不断重建和经常改朝换代,与此截然相反,亚洲的社会却没有变化。"②农村对改朝换代和统治者更迭的淡漠,使改朝换代多在上层统治者中进行。越南的历史实际恰恰验证了马克思所论的无比正确性。其历史上大大小小的农民起义,由于村社的公田公土制,占有分散,都没有提出土地问题,且由于村社的封闭性,难于产生流民,因而限制了农民起义的规模,大多不足以推翻旧的王朝,建立新的王朝。所以,越南历史中的王朝更替几乎都是通过统治者的宫廷政变、篡位而实现的,前黎朝代丁朝、李朝代前黎朝、陈朝代李朝、胡季犛篡陈朝,莫不如此。后黎朝是黎利领导的民族起义驱逐明军建立的,也不是农民起义的产物。最后一个王朝阮朝则是镇压西山起义而复辟的。只有西山起义一度建立过为时不长的西山朝。

越南王朝的不断更迭,必然使它与中国的宗藩关系发生变化。被篡位的旧王朝亦即原藩臣,则向中国求告,寻求保护,因而引发中越之间的王朝战争。这类战争,中国大都以维护宗主权、讨伐叛逆、兴灭继绝、保护藩臣为由。太平兴国五年(980)宋太宗对越南的用兵,是因黎桓篡丁朝之位而起。宋太宗说这次用兵,是

---

① (明)张镜心:《驭交记》卷2。
② 人民出版社1975年版,第396页。

"兴师伐叛，皆有理而为之，且非无名之举也。顷以一境，篡夺相继，广西转运使有壮奏言，丁璿之家被贼遇害，乱靡有定，民将畴依。况累朝以来，修贡不绝，为人主者忍不救之？"①其后，明朝以恢复陈朝为名对越南用兵（1407），清朝乾隆帝于1789年因西山阮惠逐走后黎皇帝黎维祁而用兵越南，都属于这类性质的战争。唯元朝对越南的三次战争，具有明显的侵略性质。

自宋以降，中国历代王朝对与越南的宗藩关系，既有理想主义的一方面，也有现实主义的态度。其理想是维持这种宗藩关系的模式，保护藩臣，但当其不能阻止新王朝的篡立时，便采取实用主义态度，承认篡立的新王朝而继续与其保持宗藩关系。明末清初，越南存在南方的阮氏、北方挟后黎皇帝而令诸侯的郑氏和盘踞高平一隅的莫氏三个割据政权。南方阮氏无法与中国联系而游离于中越宗藩之外，而郑氏和莫氏，不管其是否正统，都受明清的册封，现实主义态度尤为明显。从总体上看，越南篡立的新王朝，即使在其与中国的战争中获胜，也自知无法与强大的中国长期为敌，往往遣使谢罪，吁恳请封，继续与中国的宗藩关系。因此，边衅和战争是短暂的，宗藩关系却绵延近千年之久。

中国在西周的时候，实行过贵族分权、封邦建国的政治制度，而秦统一六国后，废封建，设郡县，实行皇帝集权专制的政治制度。中国的中央集权制与西欧中世纪的领主、封臣封建制是截然相反的制度。一个严格要求统一、集权，另一个则趋向分裂和分散。由于封建和集权是相反的，所以，自秦以降中国基本上就不再封邦建国，虽然汉代实行过郡县和郡国并行制，但郡国制为时较短，且不断"削藩"，因而可以说中国的"封建社会"无封建。②从政治制度层面上讲，把国内已不推行的西周封建制和难于继续推行的汉代郡国制延伸到已经分裂、建国或中央王朝不能直接控制的边远地区，从而形成了与这些地区的"宗藩关系"。从思想观念层面上讲，"发轫于上古时代的'华夷'观念，在汉帝国时期开始引入中华帝国的对外关系中去……中华与'蛮夷'之间逐步发展出一种古代类型的国际关系体系，即所谓'华夷'秩序"。③以宗藩关系为主要内容的"华夷秩序"是中国社会、文化的产物，是一种不平等的关系，是儒家"君臣父子""忠孝节义"理念在对外关系中的延伸，要

---

① 《安南志略》卷5。
② 参见黄敏兰《近年来学术界对"封建"及"封建社会"问题的反思》，《史学月刊》2002年第2期。
③ 何芳川：《"华夷秩序"论》，《北京大学学报》1998年第6期。

求周边国家对中国以臣事君和以小事大。越南深受中国文化的濡染，政治制度仿效中国，实行皇帝集权制，在对外关系方面，也如法炮制，与比它弱小的周边国家占城、真腊（柬埔寨）、哀牢（老挝）等建立了同样的宗藩关系。我们可以称之为"亚宗藩关系"。

原载《中国边疆史地研究》2004年第2期，
本文刊发时作者为郑州大学越南研究所教授。

传承与嬗变：从黎峻使团来华看晚清的中越关系
——兼议清代东亚"国际秩序"的虚实

孙宏年

1868年（清同治七年，阮嗣德二十一年），越南阮朝派遣黎峻、阮思僩、黄𠍴率使团向清王朝岁贡。这次朝贡使团是在特殊背景下派出的，反映出清代中、越两国朝贡关系的一般特点，又在特殊条件下有新变化，具有"传承中有嬗变"的特点。鉴于目前学界尚未对此有专门研究，本文拟依据中、越文献，探讨晚清中越关系乃至清代东亚"国际秩序"[①]的相关问题，不当之处，恳请方家指正。

一、使团来华的背景、行程

1644年以后，清王朝与越南的高平莫氏、安南黎朝、西山朝建立"天朝"与"藩属"的关系。1802年，阮福映建国称帝。1803年清嘉庆皇帝赐予阮朝国名"越南"，1804年派齐布森册封阮福映为越南国王，双方正式确立宗藩关系。此后，越南按两年一贡、四年一朝按期朝贡，1839年后改为四年一贡。

1852年越南遣使岁贡之后，中越两国都受到西方侵略，国内又都变乱不止，清廷多次谕令越南缓期入贡，以致1853至1868年中断了朝贡往来。1868年，越

---

① 学界论及古代中国与邻国关系时使用的概念非常多，如"华夷秩序""朝贡体系""宗藩体系""藩属体系""属国体系""封贡体系"等等，本人学力有限，暂不展开讨论。本文中清代东亚"国际关系体系""国际秩序"都是指当时中国与朝鲜、琉球、越南等"属国"在内的国际关系体系。

南派遣黎峻等入贡，此时的中、越两国都发生了巨大变化。在中国，清政府镇压了太平天国和捻军起义，但各地的反清斗争仍未止息；对外割地赔款、开埠通商，列强加紧侵略中国的边疆地区和藩属国，边疆危机进一步加深。在越南，阮朝统治者虽镇压了各地农民起义军，但无法应付边境地区涌入的中国天地会余部和"游勇"；对外无力抵抗法国侵略，南部六省沦为殖民地。在此背景下，中、越两国对这次朝贡都极为重视，1868年5月清廷谕令：越南国王阮福时"请示进关日期"，以前因贡道不通，"该国例贡业经三次展缓，现在由太郡（广西太平府——引者。下同）至省道路既无梗阻，自应令其依期入贡，以遂其爱戴之忱"，并令沿途各省"妥为护送，以昭慎重"。① 此次越南使者将四次贡物一并呈进，清廷则将所"补进上三届例贡，命留抵三次正贡，赏赉如例"。② 接到清廷谕令后，越南的准备工作陆续展开：8月12日（戊辰年六月二十四日），甲、乙副使阮思僩、黄立和随行官吏到勤政殿"行望拜礼"，当晚领到嗣德帝阮福时的"御制诗"；13日，礼部通知"此次奉充使部，其公派、行随人等"先行"分起由驿领递、公货"前往河内，并检点"贡品各项"；15日正使黎峻"恭候拜命，奉领国书及预纸各道"，17日"恭进谢表"。8月18、21、24日（戊辰年七月初一、初四、初七日），黎峻、阮思僩、黄立和随行等人分批离开都城顺化，9月5日（戊辰年七月十九日）陆续到达河内，黎峻、阮思僩、黄立"会同检认品仪并打发物项，归置箱函"。9月8日，黎峻等率领使团离开河内，经过北宁、谅山，9月15日（戊辰年七月二十九日）到达文渊州（今越南同登）。③ 1868年9月16日（戊辰年八月初一日）使团入广西镇南关，1869年3月11日（己巳年正月二十九日）到北京，同年5月21日（己巳年四月十日）离开北京，12月15日（十一月十三日）出镇南关回国（详见表1）。

---

① 《清穆宗实录》卷229，同治七年四月甲午。
② 《清穆宗实录》卷252，同治八年二月癸卯。
③ ［越南］黎峻、阮思僩、黄立：《如清日记》，第4—7页，越南汉喃研究院藏钞本，编号A102，复旦大学文史研究院、越南汉喃研究院合编《越南汉文燕行文献集成（越南所藏编）》(18)［以下简称《集成》(18)］，复旦大学出版社2010年版，第79—86页。

表1 1868—1869年黎峻使团在华主要活动及日程表

	时间	主要活动/重要事件	《行程撮要》所记日程
镇南关至北京行程	1868年9月16日—9月17日	9月16日入关仪式。	镇南关—宁明州,陆路,行2日。
	1868年9月17日—11月10日	9月19日在宁明祭江神;10月1日在南宁阮思偑、黄垃拜会署理广西兵备道王达材等官员;10月3日使团行人、书吏阮得进病故,10月4日请永淳县代买棺木送回谅山;10月4日在横州阮伏波庙;10月18日在梧州祭奠以前出使时病故葬在此地的阮有绚、阮观通;在各地停泊时,沿途各知府、知州、知县和主要官员"具贴问好"。	宁明州—太平府—新宁州—南宁府—永淳—横州—贵县—平南—藤县—梧州—昭平—平乐府—阳朔—广西省城(桂林),水路,共54日,行37、泊17日。
	1868年11月11日—11月22日	11月12日广西布政使验贡;11月15日广西巡抚苏凤文接见越南使臣,款茶、款宴、演戏;11月16日再次接见,款茶并告知奉命派军到越南北部协助镇压天地会武装吴亚终等部;11月18日黎峻等派人到桂林文庙、文昌阁、伏波庙、关公庙进香;经过各州、县时,沿途各知州、知县和主要官员"具贴问好"。	桂林—灵川—兴安—全州,陆路,共13日,行4日,住9日。
	1868年11月23日—12月17日	停泊时,沿途各知府、知州、知县和主要官员"具贴问好"。	广西全州—湖南零陵—祁阳—衡州—衡山—湘潭—湖南省城(长沙),水路,共26日,行20日,泊6日。
	1868年12月18日—1869年1月9日	12月18日湖南巡抚刘崐接见越南使臣,款茶、款宴、演戏;12月27日在湘阴祭洞庭湖神;在各地停泊时,沿途各知府、知州、知县和主要官员"具贴问好"。	长沙—湘阴—岳州—湖北汉阳,水路,共30日,行12日,住18日。
	1869年1月10日—3月10日	1月11日署理湖广总督郭柏荫、署理湖北巡抚何璟等接见越南使臣,款茶、款宴、演戏;3月2日直隶总督官文接见越南使臣,款茶、款宴、演戏;3月4日再次接见越南使臣,询问该国幅员、兵力、国王年纪等;经过各府、州、县城时,沿途各知府、知州、知县和主要官员"具贴问好"。	湖北汉阳—黄陂—孝感—应山—河南信阳州—确山—遂平—临颍—许州—新郑—荥泽—新乡—淇县—汤阴—安阳—直隶磁州—邯郸—邢台内邱—柏乡—栾城—新乐—望都—直隶省城(保定府城)—安肃—定兴—涿州—良乡—北京,陆路,共56日,行42日,住14日。
在北京活动	1869年3月11日—5月20日	3月11日呈递国书;3月13—20日越南使臣与朝鲜使臣金有渊、南廷顺、赵秉镐笔谈,互赠诗文、礼物;3月14日颁发赏赐物品;3月18日—4月24日,同治皇帝到大高殿拈香,越南使臣三次到神武门外跪迎,"瞻仰天颜";4月5日同治皇帝到寿皇殿行礼,越南使臣到神武门外跪迎;4月15日,同治皇帝到大高殿行礼,越南使臣到神武门外跪迎;5月3日万寿节,两宫皇太后、同治皇帝在宁寿宫听戏、赐宴,越南使臣陪同;5月4日群臣在午门向皇太后、同治皇帝行礼,越南使臣参加;5月11日同治皇帝到太庙行礼,越南使臣在午门前跪迎;5月16日越南使臣到午门前拜领赏赐物品;5月18日越南使臣参加礼部宴。	一直在北京,住在内务府四译馆。

续表

	时间	主要活动/重要事件	《行程撮要》所记日程
北京至镇南关返程	1869年5月21日—7月3日	5月28日直隶总督曾国藩接见越南使臣,优礼相待,当晚薛福成、吴汝纶等前往拜访并笔谈;6月1日通言武登弟在正定府城病故;沿途各知府、知州、知县和主要官员"具贴问好"。	北京—良乡—涿州—定兴—安肃—直隶省城(保定府城)—满城—望都—定州—新乐—正定—栾城—赵州—柏乡—内邱—邢台—邯郸—磁州—河南安阳—汤阴—淇县—汲县—新乡—获嘉—荥泽—新郑—长葛—襄城—叶县—裕州—南阳—新野—湖北樊城,陆路,共46日,行39日,住7日。
	1869年7月5日—10月1日	7月26日—8月4日在汉阳、汉口购买货物;8月6日湖广总督李鸿章接见越南使臣,询问越南"年谷及幅员、兵象之数";8月21日在湖南湘阴县"买金银纸、香烛,谢洞庭湖庙";8月25日湖南巡抚刘崐接见越南使团;沿途各知府、知州、知县和主要官员"具贴问好"。	樊城—宜城—钟祥—荆门州—京山—潜江—天门—沔阳州—汉川—汉口—汉阳—江夏—嘉鱼—湖南岳州—湘阴—湖南省城(长沙)—湘潭—衡山—衡州—祁阳—广西全州,水路,共88日,行45日,泊43日。
	1869年10月2日—10月8日	在全州改为陆路行进,沿途各知州、知县和主要官员"具贴问好",安排车马。	全州—兴安—灵川,陆路,共7日,行3日,住4日。
	1869年10月9日—12月10日	10月12日广西巡抚苏凤文接见越南使臣,款茶、款宴、演戏,并告之清军到越南北部协助镇压天地会武装,吴亚终等部"败走太原,木马城现已解围",黎峻等人为此呈文致谢;11月12日在横州到伏波庙"行谒谢礼";沿途各知府、知州、知县和主要官员"具贴问好"。	灵川—广西省城(桂林)—阳朔—平乐府—梧州—藤县—平南—浔州—桂平—贵县—横州—永淳—南宁府—新宁州—太平府—宁明州,水路,共60日,行41日,泊19日。
	1869年12月11日—12月15日	在宁明州改为陆路前进,12月15日出关。	宁明州—镇南关,陆路,共5日,行3日,住2日。

说明:(1)本表主要依据黎峻、阮思僩、黄立《如清日记》[越南汉喃研究院藏钞本,编号A102,复旦大学文史研究院、越南汉喃研究院合编《越南汉文燕行文献集成(越南所藏编)》(18)]和阮思僩《燕轺笔录》[越南汉喃研究院藏钞本,编号A852,复旦大学文史研究院、越南汉喃研究院合编《越南汉文燕行文献集成(越南所藏编)》(19)]编制;(2)本表中的"时间"是指使团到达或离开沿途各地的时间,而"行程"根据《如清日记》中的《行程撮要》编排,二者所处的时间段大致接近,又不完全相同。

1869年,黎峻、阮思僩、黄立在回国后把"所有途间返往行走、事宜逐日登记",撰写了《如清日记》,向嗣德帝专门汇报情况,其中开篇就是介绍日程的《行程撮要》。在《行程撮要》中,黎峻等人报告说:从"八月初一日开关到本年正月二十九日抵燕京",实际行走117天,沿途住宿64天;在北京住70天;"本年四月初十日自燕京回程,至十一月十三日抵南关",实际行走131天,沿途住宿75天。①

---

① [越南]黎峻、阮思僩、黄立:《如清日记》,第2—4页,《集成》(18),第75—79页。

二、使团活动传承的朝贡规范、职能

黎峻率使团朝贡,从行前准备到出关回国的过程、礼仪中都反映了清代中越朝贡往来的礼仪、规范,该使团来华又同时承载着两国政治、外交、经济、文化往来的职能。

第一,朝贡是中越两国关系中的重大事件,有一整套的礼仪规范。这些礼仪规范既反映在朝贡前的申请和清王朝的审批上,又反映在批准后的准备、使团出发前的辞行和沿途拜祭之中,更反映在使团进入镇南关后到离开中国的全过程中。这些礼仪规范又基本遵循了1869年前的体制、惯例,包括朝贡前的申请和协商,在越南境内的沿途拜祭,在中国境内各项活动的规范、礼仪,以及进京后呈递国书、呈交贡物、觐见中国皇帝、颁赐物品等的礼仪。这些礼仪规范,包括会谒总督、巡抚时需要行一跪三叩礼等,早在康熙时期的《大清会典》中就明确规定。① 对于使团的上述各项活动,黎峻等人在《如清日记》《燕轺笔录》中做了详细的记述,尤其注重记载相关程序、礼仪。如3月12日,黎峻等人"各具朝服,带同行人、通事",前往礼部"奉递国书"。他们先随礼部官员到礼部,在主客清吏司房间内等候,随后进入礼部正堂。这时,正堂正中间已经摆放了一张黄案,礼部尚书万青藜站在黄案左边,提督四译馆卿、礼部主客司郎中裕宽和主客司员外郎松林等官员"各于左边站班"。黎峻等使臣被引导到正堂,行三跪九叩礼,而后都跪着,礼部官员"转将国书二劄文",正使黎峻"加额恭进,部司转交,尚书官捧置于皇上"。接着,黎峻等人起身,"向左边尚书立处行一跪三叩礼",每一次叩头,万尚书都"答揖",并"恭问我皇上安好,并慰问"使臣"一路辛苦",使臣们"随事应答"。然后,万尚书转回后堂,黎峻等使臣又向裕宽等官员"各行三揖礼,每一揖,各员均还揖"。这些礼仪结束后,他们上车回四译公馆。② 这些活动都让越南使臣感到"天下共主"的威

---

① 详见拙著《清代中越宗藩关系研究》,黑龙江教育出版社2006年版,第93—105页。从镇南关到北京的途中,黎峻使团经过广西、湖南、湖北、河南、直隶五省五十二个府、州、县,《如清日记》中对具体的礼仪、活动有详细记载,以后将专文探讨。
② [越南]阮思僩:《燕轺笔录》,第84—86页,越南汉喃研究院藏钞本,编号A852,复旦大学文史研究院、越南汉喃研究院合编《越南汉文燕行文献集成(越南所藏编)》(19)[以下简称《集成》(19)],复旦大学出版社2010年版,第175—177页。

严和"天朝"对属国的"体恤"。

第二，朝贡是中、越官方经贸往来的渠道，越南的朝贡活动本身承担着两国经贸的职能。对此，阮朝统治者从不回避，朝贡使团代表国家开展对华贸易，其出发前阮朝皇帝往往命令内务府开列购物清单，让他们到中国购买，明命帝强调："物各出于其所产，以有易无，古今通义，即如肉桂、荳蔻、燕窝等项均是本国所有，每遇如清之期，曾有附带多少，换易人参、药材、书籍、清贵之品，以充国用，非如市肆之贩买杂货图利者，向来已经成例，于国体何伤？何况清国易其所有，而得其所无，想亦未尝不乐？"① 这表明了他在这一问题上的明确立场：使团承担着中越两国互通有无的使命，对两国都是有利的，而且以物易物，更能发挥这种作用。在这种思想指导下，代表国家（或为皇室）开展对华贸易就成为朝贡使团的重要任务。因此，1868年8月黎峻使团出发前就准备好了"公货"，在中国境内多次有"买药材"、买书籍、"采办公货"等活动，有时也会向中国的地方官提出安排时间"采办公货"的要求（详见表2）。如，1869年1月16日（戊辰年十二月初四日），黎峻、阮思僴等人经过湖北时提出"采办公货"的要求，表示以前越南使臣"过汉口，必留歇采办公货"，湖北官员以"使部不可久留"为由婉言拒绝，让阮思僴等人很不满意。② 在北京，黎峻等人又几次让随行人员到"号铺"里查看"货项"，应当是委托了这些商铺销售使团从越南带来的"公货"。

表2 1868—1869年黎峻使团的商贸活动简表

时间	地点	活动
1868年9月24日	广西太平府城	支出白金，换兑取钱，买药材。
1869年1月16日	湖北汉阳	向湖北方面提出到汉口"采办公货"，被婉拒。
1869年3月14日	北京	派随员"遍往诸号铺看货项"。
1869年4月1日	北京	派随员处理"就铺买项"事务。
1869年4月7、8日	北京	德泰号陈如山把锦、缎、纱、绸送到四译公馆，供越南使臣挑选。
1869年4月9日	北京	买铁匣、药材备用。
1869年4月18日	北京	派随员到各商户"采买药材"。
1869年4月26日	北京	派随员"买书籍，载回公馆"。

① 《大南实录》正编第二纪卷218。
② ［越南］阮思僴：《燕轺笔录》，第66—67页，《集成》(19)，第137—140页。

续表

时间	地点	活动
1869年4月30日	北京	派随员"往各铺户看买书籍,载回公馆"。
1869年5月6日	北京	派随员买铁钉、松油,"补办箱函"。
1869年5月9日	北京	派随员买油纸、松油、桃色纸等物品。
1869年5月13日	北京	派随员买"药品、茶叶各项"。
1869年5月14日	北京	雇木匠,买铁钉,"补办箱函"。
1869年5月15日	北京	增买皮箱、麻绳、油纸,整理箱函;买药材,并"买油辛,贮各项参"。
1869年7月8日	湖北樊城	兑换银两,增买药材,随船备用。
1869年7月26日—8月5日	湖北汉阳、汉口	船只停在汉阳,兑换银两,派员到汉阳、汉口各商铺"寻买货项"及草纸、药材。

说明:本表主要依据黎峻、阮思僴、黄竝《如清日记》[越南汉喃研究院藏钞本,编号A102,《越南汉文燕行文献集成(越南所藏编)》(18)]编制。

第三,越南所派使者多为文学之士,与中国官员、文人诗文一路唱和,朝贡使团又成为中、越文化交流的使者,深化了双方"同文之邦"的认同感。

自宋代起,越南派往中国的使者都是当时"国内最优秀的学者和诗人",都"曾以科举状元领北使之衔",与中国历朝派往越南的使臣一样,"主要通过赠答酬和、请序题词、鉴赏评点、书信笔谈四种方式为中越文学交流写了最绚烂的一页"。① 阮朝在派遣使者来华时也继承了这一传统,正使、副使一般是进士、举人出身,具有良好的汉文化素养,以便在华期间能够参与宫廷宴会时的吟诗作对,与中国官员、文人诗文唱和,显示越南为"同文之邦"。1868年,阮朝所选派正、副使就是如此:黎峻是1850年举人,1868年授翰林学士,担任正使;阮思僴是1844年进士,1868年以鸿胪寺卿之职担任"如清甲副使";黄竝,举人,1868年任兵部郎中,改授侍讲学士,担任"如清乙副使"。

黎峻等人在华期间与探花李文田、湖南伴送委员吴嗣仲、衡州知府张士宽等清王朝官员及李辅耀(幼梅)等文人吟诗联对、互赠著作。在北京期间阮思僴等人与朝鲜使者往来密切,相互诗文唱和。1869年5月28日(己巳年四月十七日),黎峻、阮思僴、黄竝拜会直隶总督曾国藩,曾氏询问越南"试法、经学、诗文学如何",还问他们沿途有什么诗作,阮思僴出示了"近作"《过张桓侯庙》,曾氏认为这首诗

---

① 刘玉珺:《越南汉喃古籍的文献学研究》,中华书局2007年版,第314—363页。

"有盛唐风韵"。双方"笔话叠叠可观",阮思僴认为曾氏"稍称为贤相",只要看他所选用的"门客"薛福成、吴汝纶等人就知道这一点,而且大堂东间有曾国藩的自述楹联,内称"虽贤哲未免过差,愿诸公谠论忠言,常攻吾短;凡堂属亦同师弟,使僚友行修名立,方尽我心",可见曾氏的"谦恭雅量"!这天晚上,曾氏的部属薛福成、吴汝纶、陈兰彬、萧世本等人又前往拜访,与使者们笔谈了很长时间。第二天,曾氏派人送给三位使者每人一幅"手书楹联、横幅大字",给黎峻的大字是"鹿鸣敦好",楹联是"功业首传霄汉上,政声多在道途间";给阮思僴的大字是"龙翔凤翥",楹联是"新篇波澜情皓荡,古人廉陛要跻攀";黄㒱得到的大字是"东箭南金",楹联是"多才自有云霄望,犍思潜搜海岳空"。① 对于这次会见,双方都印象深刻,阮思僴在《燕轺笔录》中较为详细地记录了双方往来的过程;曾国藩、薛福成、吴汝纶在日记中都记述了与三位使者会见、笔谈的情况,也都记载了阮思僴的《过张桓侯庙》。② 其中,薛福成记载,曾氏问越南使者"途中所作诗",阮思僴呈《过张桓侯庙》,曾氏"批云'有盛唐风韵'。又问该国讲经学及能诗文者,思僴复举三四人以对",这三位使者"一为该国鸿胪卿,一为翰林院侍读学士,一为翰林院直学士。手皆执笏,衣冠尚近明制,不剃发。爵相各赠匾一方、对联一副"。③ 吴汝纶在日记中还提及三位使臣中,黎峻"官翰林院直学士,癸丑二甲进士,正三品;阮思僴官鸿胪寺卿,甲辰二甲进士,正四品;黄偕之官翰林院侍读,丙午举人,正四品"。④

对比阮氏与曾国藩等三人的记述,我们可以清楚地看到:无论中国的封疆大吏曾国藩,还是作为幕僚的薛福成、吴汝纶,对于越南的科学制度、经学、诗文、幅员、官制等都非常关心。吴氏强调三位使臣考中进士、举人的"功名",薛氏强调"爵相"曾国藩肯定阮氏《过张桓侯庙》的水准,还赠予楹联、赠匾,这些都表明了他们对越南这个"同文之国"的关注和认可。从越南使者的视角来看,阮思僴把曾氏视为"谦恭雅量"的"贤相",对这位"同治中兴"的名臣充满景仰之情,对于薛福成等人也十分赞赏,既是欣赏曾氏的"功业",又是诗文交流激发出来的文化认同。

---

① [越南]阮思僴:《燕轺笔录》,第115—117页,《集成》(19),第236—239页。
② 按:张桓侯庙即三国时蜀国大将张飞的庙,在今河北省涿州市。
③ 薛福成:《薛福成日记》,吉林文史出版社2004年版,第32页。
④ 吴汝纶:《桐城吴先生日记》卷7《外事》,李德龙、俞冰主编:《历代日记丛钞》(66),学苑出版社2006年版,第527—528页。

三、嬗变：黎峻使团朝贡期间的新变化

黎峻使团是在中、越两国都遭受西方侵略的背景下来华朝贡，遇到了1852年以前从未有过的新情况，也产生了一些新观念。这些新变化主要反映在以下方面：

第一，越南使者关注"天朝"和"同文之国"朝鲜遭受列强侵略的情况，并思考应对"洋人"之策。

从19世纪40年代起，作为"天朝"的中国遭受列强侵略，越南方面对此已经有所了解。1840年，越南明命帝就得知"红毛（英国）谋扰广东"，为此感叹"清人懦弱，我知之矣"。①19世纪60年代末，列强对中国的侵略进一步加深，黎峻使团在汉口、北京都深切地感受到"洋人""洋馆"的存在和影响。1869年1月，黎峻等人在湖北了解到，在汉口"俄罗斯、法兰西、英英吉通商"九年了，都住在汉口下街，有三百多家"洋行"、一千多"洋人"，经常有六七艘商船"自西南来"；列强在汉口"各设领事"，因"洋人"通商，汉口设立江汉税关，还在北面筑城，屯兵六处。②

在北京，黎峻、阮思僩等人对于被列强焚毁的圆明园印象深刻，所住的内务府四译馆附近又有天主堂，更直接地感受到"洋人"的活动，对于"洋人"侵略"天朝"的情况非常关心。阮思僩对此尤其关注，他的《燕台十二绝》共十二首诗，第十、十一首诗分别写了圆明园和宣武门天主堂（今称南堂）。第十首是："圆明园抱玉河湾，晻画楼台水木间。闻说天津兵火后，翠花不复到青山。"阮氏为这首诗做了注释：圆明园在京城西四十里，雍正初年建，四译馆的人讲"此地虽无土木金碧之美，而修然有山水之胜，列帝数岁临幸"，自辛酉年（1861）"西人闯入"，池沼、宫殿被毁，现在仍未修复！对于天主堂，他写道："天主堂开译馆东，当年历法召西戎。近闻和好删新约，要见王师不战功。"而且做了注释："内务府四译馆东数十步有天主堂，或云自康熙年间用洋人南怀仁、汤若望等参订历法，遂敕于京师建天主堂，凡数处。咸丰末年和约，近闻中国已向他删改，诸领事等方寄回。西方诸国阅

---

① 《大南实录》正编第二纪卷212，第32—33页。
② ［越南］阮思僩：《燕轺笔录》，第66—69页，《集成》（19），第137—144页。

定所约何款,事秘,不得知,亦未知将来如何究竟也。"① 他还专门记下:"使馆之东,隔数店有洋人屋,屋上作十字架形,不知洋人驻此多少",并感叹"中国自与洋约和以后,气挫势屈,虽京师根本重地,他亦杂处,不能禁"。②

此外,越南使者在北京还关心朝鲜遭受列强入侵的情况,并反思越南、朝鲜抗击列强侵略的得失。1869年3月19日(二月初七日),阮思僩秘密致函朝鲜使臣,询问"洋船曾否来扰"。朝鲜使臣回答说:丙寅(1866)秋,"洋船来侵,随机捍御",使他们"不能肆毒,自此以后渠反畏缩"。阮思僩又问"捍御之道",朝鲜使臣告诉他:"制敌之道,以其国之伎俩临辰外变,要在当场用。"阮氏为此感叹:盖"洋人"最初侵扰朝鲜时,让他们"未可大得志,故暂退",越南"未与洋约和之前",列强"屡来屡去",属于类似情形。③

第二,朝贡期间是中国与越南互相了解国情的重要机会,但越南使者并未主动报告本国遭受法国等西方列强侵略的情况,甚至在中国官员询问时故意隐瞒有关情况。

在华期间,黎峻、阮思僩、黄㽞多次与中国官员接触,甚至长时间"笔谈",涉及内容很多。其中,1869年5月28日(同治八年四月十七日),黎峻、阮思僩、黄㽞在保定拜会直隶总督曾国藩,曾氏"与之笔谈",陈兰彬、萧世本、薛福成、吴汝纶等前往拜会,笔谈很长时间。阮思僩在《燕轺笔录》中记述:曾氏"问我皇上安好及年谷好否,试法、经学、诗文学如何",使臣们"随事酬答"。曾氏又问"西洋人每往来我国否",使臣仅仅回答说"现在通商南陲海口"。④对笔谈的内容,薛福成、吴汝纶都有记述,其中吴汝纶在这年3月7日"宿北河,遇越南使臣阮思僩,与之笔谈","问及通商事"。5月28日,他又与黎峻等笔谈,得知:一是越南"国君即位已二十年,现年四十一岁。其相臣一为武仲平,一为阮姓,名知方";二是"考试之制与中国略同,翰林系由进士、举人升用。仕进之途有荫入监者、有由书算者,亦有捐资入宦者,不使之从政、治军";三是"官制多用前朝之制,如直学士本朝所无,又六部尚书之下有参知,位在侍郎上;不立宰相,大臣当国者二人";四是"养兵约三十万,每岁军饷米约五六百万斛,钱银之数约与米同";六是该"凡十三

---

① [越南]阮思僩:《燕轺诗文集·燕轺诗草》卷下,第14—15页,越南汉喃研究院藏钞本,编号A199,《集成》(20),第124—125页。
② [越南]阮思僩:《燕轺笔录》,第89—90页,《集成》(19),第183—185页。
③ [越南]阮思僩:《燕轺笔录》,第91—92页,《集成》(19),第188—189页。
④ [越南]阮思僩:《燕轺笔录》,第115—117页,《集成》(19),第236—239页。

省，幅员三千里。其民食，稻米最重，闻广东多有市越南米者"；七是该国"历代皆有国史，近又开局修纂地志"。①

如果结合阮思僩与薛福成、吴汝纶的记述，就可看到：尽管曾国藩向越南使臣问到了"西洋人"是否与越南往来，陈兰彬等人询问了"幅员、财赋、官制、考试、风俗"和"通商"等情况，但越南使臣并未主动告知法国入侵越南一事，反而关注中国与西方列强的关系，特别是中国与列强签约、中国人信奉"洋教"的情况。不仅如此，黎峻、阮思僩等人在回答中国其他官员询问时也采取了类似办法。1869年8月25日（己巳年七月十八日），黎峻等在长沙拜谒湖南巡抚刘崐，刘氏向他们询问云南与越南"接界处江道"，并问"古占城、真腊地"，他们仅仅"随事应答"。②对此，阮思僩在《燕轺笔录》中称：刘崐是云南人，"家居澜沧江之东"，所以询问"本国富良江发源所自"。他还问了"禄奈、东埔古今地名"，黎峻等"随事酬答"。③刘崐所问到的"禄奈、东埔"原来的确是"古占城、真腊地"，17、18世纪时已被阮福映祖先建立的南方阮氏政权吞并，1869年时已成为法国侵占下的殖民地，黎峻等仅仅用"随事酬答"敷衍中国官员，故意隐瞒了这一事实。笔者认为，黎峻等人之所以这样做，主要是因为这时阮朝尚未确定向中国求援以抗击法国，而使团的使命仅仅是进贡，他们不敢主动向清王朝官吏通报法国侵略越南的情况，只能"随事酬答"。

第三，越南使者在中、越都遭到列强侵略的情况下，强调中、越、朝等国"同文"，并强调越南并非"蛮夷"，希望"同文诸国"联合抗击西方侵略。

在这次出使中国期间，阮思僩见到《粤西地舆图说》中凡是广西与越南交界地方都标着"某国某夷州、夷县界"，为此写成《辨夷说》。这篇《辨夷说》强调越南受中国文化影响近两千年，独立建国后"累世职贡，不失事大之礼，天朝盖常许为同文国之一"，因此越南与中国"同文"，不应被称为"夷"。④这种越南与中国、朝鲜等国"同文"的思想，使越南使者对"同文诸国"充满亲近感，也成为越南使者联合抗击列强入侵的基础，如阮思僩就在《燕台十二绝》第十二首诗中借荆轲刺秦王的典故，抒发抗击列强的强烈愿望，诗中写道："易水风高九陌尘，荆郎去后几

---

① 吴汝纶：《桐城吴先生日记》卷7《外事》，李德龙、俞冰主编：《历代日记丛钞》（66），第527—528页。
② [越南] 黎峻、阮思僩、黄𢖯：《如清日记》，第89页，《集成》（18），第249—250页。
③ [越南] 阮思僩：《燕轺笔录》，第131—132页，《集成》（19），第268—269页。
④ 参见拙文《清代中国与邻国"疆界观"的碰撞、交融刍议——以中国、越南、朝鲜等国的"疆界观"及影响为中心》，《中国边疆史地研究》2011年第4期。

经秦。只今宣武门前路，燕市谁为击筑人（洋人在燕京者，惟宣武门为多）！"①他感叹"燕市谁为击筑人"，又加上"洋人"在宣武门为多，显然希望有更多的"击筑人"不畏强暴、勇敢地抗击"洋人"侵略。作为遭受法国侵略的越南官员，这隐约地表达了他希望中、越联合抗法的意愿。

第四，越南使者在汉口、北京等地感受到了清政府不同的外交体制，对中国依然限制"同文诸国"使者过多往来、却允许西方在华设立使领馆的"双重体制"产生了隐约的不满。

1869年1月15日（戊辰年十二月初三日），黎峻等人到达湖北，住在汉阳府。他们了解到，以前越南贡使经过湖北时公馆都设在汉口，这次安排在汉阳，是因为英、法、俄等国在汉口通商，又设了领事，湖北省官员不愿意让越南使团"居止相近，故于汉阳城中设馆"。16日，他们又提出派人到汉口"采办公货"的要求，湖北官员以"使部不可久留"为由婉言拒绝，阮思僩认为这只是托词，真正的原因是中国方面"西事受亏，恐惹外人"。②这年3月11日到达北京后，越南使团被安排住在正阳门附近的内务府四译馆，内务府专门发布告示，称"此次朝觐之越南国使臣等业已到京，在四译馆居住，理宜严肃"，附近军民不得在此喧哗、"擅行出入"。阮思僩从四译馆官员处得知，"洋人现居宣武门内，他习气不比同文诸国，故总管内务府大臣以日下本国本使到馆，严禁闲杂人，不得擅自出入，盖为洋人也"。他还得知，"朝鲜每岁冬来朝"，朝鲜"诸君贡务完，每可相见"。3月16日，阮思僩与朝鲜使臣金有渊、南廷顺、赵秉镐相约在玉成参店见面，谈及各自历史、疆域、官制等情况。会见分开后，阮思僩感叹：朝鲜使臣"所驻会同四译馆与本国使馆相去只四五十步，初请来馆拜会，他辞以中国法严不敢来"，才约在参店相会。可是"使馆之东，隔数店有洋人屋，屋上作十字架形，不知洋人驻此多少"。中国"自与洋约和以后，气挫势屈，虽京师根本重地，他亦杂处，不能禁"，可是又担心朝鲜、越南"诸国窥其深浅、护其轻重"，所以对于朝鲜、越南使臣，"虽不显禁其往来，而每每构阂，不得如从前之宽简"，内务部的告示，与"朝鲜使之不敢来会"，都是明显的证据。③

---

① ［越南］阮思僩：《燕轺诗文集·燕轺诗草》卷下，第15页，《集成》(20)，第125—126页。
② ［越南］阮思僩：《燕轺笔录》，第66—67页，《集成》(19)，第137—140页。
③ ［越南］阮思僩：《燕轺笔录》，第86—90页，《集成》(19)，第177—185页。

四、余论

1868—1869年，黎峻、阮思僩、黄竝率使团来华朝贡，是当时中越关系、中国与邻国往来的重要事件之一。笔者认为，这次使团活动和相关记述可以提供三个视角的思考：

第一，从朝贡使团本身的职能分析，朝贡活动兼具政治、外交、经济、文化及双边情报交流等多种职能。这次使团仍延续着1868年以前越南的封建王朝入贡清朝时的三个特点：一是程序、贡道、相关活动及礼仪都继承、遵循了清代的规范。无论朝贡前的申请和入关时的规范、礼仪，还是在华期间越南使者朝觐清朝"大皇帝"、呈递国书和贡物、领取颁赐物品以及与清朝官员会见时的礼仪，都反映了清代中越朝贡往来的礼仪规范。正因为朝贡有这些礼仪规范，黄枝连把以朝贡为载体、以中国为中心的国际秩序称为"天朝礼治体系"，认为"从小农经济发展而来的礼治主义体系，即是'汉族的文明'及由其组成的中华传统的主要精神及内容了"。①费正清、赖肖尔也认为，"中国统治者和其他国家之间的宗藩关系表现出传统的'文化主义'"，"简言之，把外国的统治者纳入尊卑关系以及按礼仪这样做，仅仅是把中国统治者企图在国内保持的儒家社会制度在外部世界的延伸"。②笔者认为这些认识都有一定的合理性。因为中国历代封建者推崇儒家经典中"非礼勿视，非礼勿听，非礼勿言，非礼勿动"③的观点，既适用于个人修养，也可扩大为社会、政治生活的理念、原则。这些礼仪又体现着上下尊卑的等级秩序，当越南使者庄重地向嗣德帝、朝顺化方向行"望拜礼"时，在中国境内向中国皇帝行"三跪九叩"礼和向总督、巡抚行"一跪三叩"礼时，这些礼仪反映着越南对清王朝的臣属地位，即清王朝是"天朝""上国"，越南是"仰荷天朝封殖，预列职方"的"属国"。二是越南使团朝贡承载着两国经济、文化往来的职能。无论是由贡物、赏赐构成的"朝贡贸易"，还是使团在华销售"公物"、购买中国商品的采购行为，都是当时两国经济往来的组成部分。无论是使团成员与中国官员的诗文唱和，还是他们与中国文人间互赠文集、

---

① 黄枝连：《天朝礼治体系研究（上卷）：亚洲的华夏秩序——中国与亚洲国家关系形态论》前言，中国人民大学出版社1992年版。
② [美]费正清、赖肖尔著，陈仲丹等译：《中国：传统与变革》，江苏人民出版社1996年版，第194页。
③ 《论语》第十二《颜渊》。

题字、楹联等活动，都使朝贡活动成为中、越文化交流的重要平台，而且这种文化交流还扩大到了越南、朝鲜使者之间，增进了中、越、朝"同文"的认同感。三是越南使团承担着交流包括军事信息在内的双方情况的职能。越南使者在华期间与中国地方官员交流了各自国家政治、军事、财政等方面的信息，其中就包括清军北部协助镇压天地会武装吴亚终等部的情况。基于此三点，笔者认为朝贡使团是中、越间的重大政治、外交活动，又附带着促进贸易往来、文化交流的职能，如果把它仅仅视为政治、外交活动，或者仅仅看成单纯以贸易为目的的"朝贡贸易"活动，都很难全面地反映朝贡活动的真实面貌。正是通过朝贡，清代的中国与邻国越南、朝鲜、琉球等国建立起了东亚的国际秩序。在清代官方文献中，各个时期对"朝贡之国""互市之国"有不同的记载，到了1899年《大清会典》有了清晰的区别，即"凡四裔朝贡之国，曰朝鲜，曰琉球，曰越南，曰南掌，曰暹罗，曰苏禄，曰缅甸，余国则通互市焉"。[①] 如果说康熙、乾隆时代还有可能把荷兰、英吉利等国看成"四裔朝贡之国"，此时清王朝的"属国体系"在列强入侵的冲击下基本崩溃，清朝已经较为清醒地区别"朝贡国""互市之国"。上述七个国家中有五个是东南亚国家，反映了清代中国与东南亚邻国往来的基本事实，即中国君主对这些"属国"君主进行册封，"属国"向"上邦"定期朝贡，都是双方政治、外交往来的主要内容之一，通过一系列的礼仪规范体现上下尊卑的等级秩序，又通过"朝贡贸易"建立起双边的官方经贸往来体制，通过文化交流形成一定程度的"文化认同"。这些政治、外交、经济、文化交往既在清代的汉文文献中有诸多的记载，又在朝鲜、琉球、越南的汉文文献中有反映，比如越南、朝鲜使者的"燕行日记"、诗文集和琉球的文献都是非常重要的材料。当然，"朝贡制度"和相关活动也有其目标，主要是在战略上实现中国封建王朝"守在四夷"、维护国家安全和巩固国防。到了19世纪中期列强入侵时这一战略已经无法实现，如果说"朝贡制度"不能给中国带来安全保障，再加上中国统治者的"厚往薄来"原则也无法使"朝贡制度"给中国带来实际的经济利益，因此从能否获利的角度看，"属国体系"在效果上有"虚"的一面。但是，这种"虚"不能否认"属国"向中国封建王朝朝贡的活动发生过，属国的"朝贡制度"在历史时期存在过的"实"。如果因为效果上的"虚"就认为"所谓以中国为中心的

[①] 《光绪会典》卷26，文海出版社1967年版，第149页。

东亚朝贡体系,很大程度上是根据一厢情愿的中国文献演绎出来的传统东亚国际关系体系",①恐怕有以效果的"虚"掩盖"朝贡体系"存在的"实"之嫌。因为中国、朝鲜、越南、琉球的文献中都有反映"东亚国际关系体系"曾经存在的大量记载,"属国"的求封、朝觐、进贡和清朝相对应的册封、"赏赐"等活动都是当时历史的真实。同时,安南后黎朝时期自称"大越",阮朝时期自称"南国",把邻近的南掌、万象、真腊、寮国(今分属老挝、柬埔寨)及火舍等看成"夷",迫使其向阮朝"朝贡",力图在中南半岛建立起自己的"国际体系"。这也从侧面表明历史上越南的封建王朝认为"朝贡制度"是可以仿效的制度。

第二,在延续、传承清代朝贡一般特征的同时,由于特殊的历史背景,1868—1869年黎峻使团的朝贡又有很多新特点,特别是越南使者关注中国、朝鲜遭受列强侵略的情况,注意到清朝对于"同文诸国"和"洋人"不同的外交体制,强调中、越、朝"同文",隐约地希望能够找到抵抗外国侵略的办法。由于他们不敢向中国方面透露法国侵略越南的情况,中、越两国对各自国家情况的"信息不对称",导致了中国与法国交涉越南问题时的被动。

1869年,阮朝尚未确定联华抗法政策,黎峻等使臣不敢主动通报法国侵越的情况,甚至故意回避、隐瞒有关事实。十年后,面对法国的步步紧逼,1879年嗣德帝向清朝上疏求援,称"臣国世受栽植,永作藩篱,虔供职贡,终始一心。从前中国义安,臣国幸亦无事,自咸丰年间,上国偶遭多故,臣国孤立,以致已失南陲六省土地,兵财渐形贫弱"。②他明确表达了加强两国关系、联手抗击法国侵略的意向。为援助越南,清政府向法、英等国强调中、越之间"上邦—属国"的关系,同时与越南协调行动。1883年3月,由于中方的协调,阮朝派范慎遹、阮述到天津,计划参加中、法、越三方会商,24日李鸿章接见他们时就责问越南为何不向中国报告法国侵略和越南被迫签约的情况。这是因为早在1869年8月6日(己巳年六月二十九日),时任湖广总督的李鸿章就接见过越南使臣黎峻等人,询问越南"年谷及幅员、兵象之数",黎峻等只是"随事应答"。③李鸿章对于越方隐瞒情况导致交涉被动非常不满,范慎遹、阮述只能"曲折辩明,仍请中朝代为伸理,妥为筹办"。④

---

① 庄国土:《略论朝贡制度的虚幻:以中国古代与东南亚的朝贡关系为例》,《南洋问题研究》2005年第3期。
② 黄国安等编:《近代中越关系史资料选编》,广西人民出版社1988年版,第85页。
③ [越南]黎峻、阮思僩、黄竝:《如清日记》,第86—87页,《集成》(18),第243—245页。
④ [越南]阮述著、陈荆和编注:《往津日记》,香港中文大学出版社1980年版,第31页。

同时，阮思僩注意到了1869年清朝对待列强和越南、朝鲜等"属国"不同的外交体制，1881年越南也提出仿西方体制的相关要求。这年2月间，清朝特派招商局官员唐廷庚和盐运大使马复贲前往顺化，以商办运粮事宜为名联络抗法事宜。阮朝派陈俶切、阮文祥与他们会谈，阮文祥还提出三项要求：派驻使节常驻北京，"若有何事得于总理衙门控诉"；设领事馆于广东，"以便来往商卖，通报信息，因与诸国交游，得以通达情意"；派人搭乘中国轮船往来各国"探学"。① 这些要求既有仿效西方近代外交体制的意识，又有利于加强中、越联系，从机制方面增强联合抗法的能力，力求得到更多的国际支持，提高越南的国际地位，以抗法自存。1884年，法国侵略者迫使越南签订二次《顺化条约》，1885年越南沦为法国殖民地，越南希望与中国参照西方近代外交体制发展关系的设想无法实现了。

第三，中国与越南、朝鲜等国通过文化交流形成"同文诸国"之间的"文化认同"，形成了"汉文圈"的"文化边界"。② 这种认同是在千百年间中国与邻国文化交流的基础上形成的，在19世纪60年代末又得到延续和巩固，越南、朝鲜、琉球等"朝贡之国"的朝贡使臣不自觉地把彼此视为"同文之国"，在华朝贡期间诗文唱和，而且相互关注。比如1869年3月，越南使团到达北京后，朝鲜使臣赵秉镐就"投柬相问"，阮思僩还向四译馆官员询问朝鲜使臣情况，并问"琉球使部何日到京"。③ 阮思僩在北京期间强调中国、越南、朝鲜"同文"，隐约地表达了联合起来抗击西方侵略的意愿。这一思想到1883年阮述来华时就更加清晰了，他同样强调越南与中国、日本"同文"，对曾根啸云倡导建立"兴亚会"更感欣慰，希望中、越、日等国联合抵制西方侵略。这种基于"文化认同"而联合抵制列强侵略的意识，对后来各国的民族解放运动产生了一定影响。

原载《中国边疆史地研究》2014年第2期，
本文刊发时作者为历史学博士，中国社会科学院中国边疆史地研究中心研究员。

---

① 《大南实录》正编第四纪卷66。
② 参见拙文《清代中国与邻国"疆界观"的碰撞、交融刍议——以中国、越南、朝鲜等国的"疆界观"及影响为中心》，《中国边疆史地研究》2011年第4期。
③ [越南]阮思僩：《燕轺笔录》，第86页，《集成》(19)，第177页。

乾隆朝中缅战争前后的贸易变动与宗藩关系 *

马 琦 余 华

乾隆朝中缅战争及其对中缅关系的影响多为学界所讨论,主要集中在两个方面:一是对乾隆朝中缅战争的研究。黄祖文《清代乾隆年间中缅边境之役》与《中缅边境之役:1766—1769》①较为详细地梳理了中缅战争的全过程。宁超《桂家、敏家及其与乾隆年间的中缅之战》②主要研究边境移民集团桂家、敏家与乾隆朝中缅战争的关系,认为边境移民集团是战争爆发的诱因之一。杨凡逸《乾隆朝中缅关系之初探》③述及中缅战争善后诸问题,对于越界边民的研究尤为关注。二是中缅宗藩关系研究。何瑜、张波《清代中缅宗藩关系述论》④梳理了中缅宗藩关系建立、发展与终结的历史过程。赵玉敏《清代中前期的中缅宗藩关系述论》⑤研究了乾隆朝中缅战争对中缅宗藩关系的影响。

但是,中外关系史学界对乾隆朝中缅战争的影响关注不足。王婆楞《中缅关系史》⑥以时间为线索,梳理了中缅关系历史发展的大体脉络,是较早研究中缅关系的发轫之作。余定邦《中缅关系史》⑦论述了中缅两国两千多年友好关系的发展历程,尤其关注清代中缅之间的政治关系,是研究中缅关系史较为全面的著作。然而,对乾隆朝后期的中缅关系研究仍存在一些难以阐释的环节,例如战后中缅宗藩关系恢

---

* 本文为国家社科基金一般项目"西南边疆矿业与清代国家安全研究"(16BZS105)的阶段性成果。
① 黄祖文:《清代乾隆年间中缅边境之役》,《四川大学学报》1988年第2期;《中缅边境之役:1766—1769》,新加坡南洋学会2000年版。
② 宁超:《桂家、敏家及其与乾隆年间的中缅之战》,《东南亚资料》1982年第1期。
③ 杨凡逸:《乾隆朝中缅关系之初探》,《史耘》2004年第10期。
④ 何瑜、张波:《清代中缅宗藩关系述论》,《江海学刊》2007年第2期。
⑤ 赵玉敏:《清代中前期的中缅宗藩关系述论》,《大连大学学报》2012年第1期。
⑥ 王婆楞:《中缅关系史》,商务印书馆1941年版。
⑦ 余定邦:《中缅关系史》,光明日报出版社2000年版。

复的动因。日本学者铃木中正认为,中缅双方恢复友好关系是因为边境地区的两国土司不堪忍受对立的局面而向两国派遣假使节而实现的,①但是这一观点难以令人信服。

近年来,部分学者开始关注中缅战争后宗藩关系恢复的原因。王巨新《清代中缅关系》②关注贸易在中缅宗藩关系恢复中的作用,思路颇有新意,但其研究的范围仅涉及滇缅边境,缺乏全面视野。杨煜达《乾隆朝中缅冲突与西南边疆》③对乾隆朝中缅冲突进行了系统研究,注意到贸易在中缅关系中的作用,但并未进行深入探讨。

中外关系史和中国边疆史研究均开始关注乾隆朝中缅宗藩关系恢复的动因,是基于当时战后复杂的中缅关系。乾隆三十四年(1769)《老官屯和约》的签订并未使中缅宗藩关系立即恢复,而边境地区长期处于紧张的军事对峙状态,直到乾隆五十三年(1788)缅甸遣使朝贡才结束。显然,缅甸并未因清政府的军事征伐而屈服。那么,促使缅甸主动恢复宗藩关系的动因就值得深入思考。因此,本文拟通过乾隆朝中缅战争前后的贸易变动,探讨清代中缅宗藩关系恢复的过程和原因,以期推进清代中缅关系史、中外经济史与中国边疆史研究。

一、战前中缅贸易与战时边境封锁

中缅贸易历史悠久。汉晋时期,自叶榆(今大理)往西,经博南山道(在今永平县境内)到永昌郡治寯唐(今云南保山),再往西翻越怒山、高黎贡山至滇越(今云南腾冲)以达缅甸,互通有无。④南诏时期,中缅贸易联系更加紧密。从羊苴咩城(今大理)出发,经永昌(今保山),至诸葛亮城(今龙陵)分途向西,经弥城(今腾冲盏西),南行至骠国国都蒲甘(今缅甸蒲甘)。⑤元代,马可·波罗奉旨出使缅甸,由金齿出境,沿伊洛瓦底江经江头城、太公城、安正国、马来城、蒲甘城五城,然后继续南行可至缅甸白古。⑥明代,由云南腾冲经陇川、猛卯(今瑞丽),沿瑞丽

---

① 参见[日]铃木中正《清缅关系(1766—1790)》,《中外关系史译丛》第1辑,上海译文出版社1984年版。
② 王巨新:《清代中缅关系》,社会科学文献出版社2015年版。
③ 杨煜达:《乾隆朝中缅冲突与西南边疆》,社会科学文献出版社2014年版。
④ 参见龙建民、唐楚臣《南方丝绸路与西南文化》,《云南社会科学》1988年第5期。
⑤ 参见(唐)樊绰撰、向达校注《蛮书校注》,中华书局1962年版,第183、231页。
⑥ 参见陈开俊等译《马可·波罗游记》,福建科学技术出版社1981年版,第147—154页。

江经孟乃、猛密（今缅甸蒙米特）、宝井（今缅甸抹谷）至缅甸，这也是明代开采转输宝石的道路。①

清代中缅贸易进一步扩大。由云南陆路进入缅甸的新街，然后沿阿瓦江（伊洛瓦底江）南下，至曼德勒、勃固港等地，出售中国的丝绸、纸张、茶叶、水果、杂货等，再将缅甸的棉花、生丝、盐、羽毛、黑漆等运回云南。②由缅甸进口的货物主要有棉花、海盐、鱼类以及珍稀动植物、矿物产品。正如乾隆皇帝上谕所言："彼处所产珀、玉、棉花、牙、角盐、鱼为内地商民所取资。"③棉花是缅甸输入中国最重要的产品。"木邦广产棉花，往时贩入腾越、永昌货卖。"④缅甸"土产棉花最多，每岁贩入云南者十数万驮"。⑤此外，还有燕窝、盐、象牙、鹿茸、琥珀、宝石等货物输入中国。"老官屯……其象牙、苏木、翡翠、碧珄理、翡翠玉、葱玉、木棉布、羽毛、缎布、大小尼、花洋编锦、碎花印花洋布、糖青，及波龙老厂、新厂之铜（当为银），恃云南官采买及商贩买。"⑥中国输入缅甸的主要产品为生丝、丝织品和日用品。云南所产的茶叶、金、铜、酒、火腿、水银，甚至针线大量输入缅甸。缅甸的蛮暮、新街和中国云南的腾越等处民众依赖贸易为生，贸易昌盛。缅甸官府在沿边一带设置税口，专门征收边贸商税。"缅夷仰给内地者，钢铁、锣锅、绸、缎、毡、布、磁器、烟、茶等物，至黄丝、针线之类，需用尤亟。""蛮暮、新街一带，闻向为缅夷贸易处所，沿江而下，并有缅夷税口，则其地交易之货必多。"⑦可见，乾隆三十年（1765）之前，中缅贸易已经颇具规模，商品种类繁多。当然，中缅贸易在促进双方经济发展的同时，也成为维系两国和平关系的重要纽带。

乾隆三十年（1765）爆发的中缅战争打断了中缅贸易的发展进程。从乾隆三十年到三十四年（1765—1769），长达四年的战争使滇缅沿边地区遭到严重破坏。"自新街、蛮暮一带，经兵火后，已成废墟，近亦无人到彼。"与此同时，清政府为配合军事征战，对边境进行封锁。"自用兵以来，各关隘久已禁人外出。"但战争初期，

---

① 参见陆韧《云南对外交通史》，云南民族出版社1997年版，第224—225页。
② 参见贺圣达《缅甸史》，人民出版社1992年版，第184页。
③ 《清高宗实录》卷808，乾隆三十三年四月丁卯。
④ （清）周裕：《从征缅甸日记》，李根源辑、杨文虎等校注：《永昌府文征》卷17《纪载》，云南美术出版社2001年版。
⑤ （清）黄懋裁：《西輶日记》，李根源辑、杨文虎等校注：《永昌府文征》卷21《纪载》。
⑥ （清）俞正燮：《缅甸东北两路地形考》，李根源辑、杨文虎等校注：《永昌府文征》卷19《纪载》。
⑦ 《清高宗实录》卷808，乾隆三十三年四月丁卯。

边境封锁措施并不严格，沿边土司地区"或有潜往商贩，亦所不免"。①因此，乾隆三十三年（1768）九月，乾隆皇帝谕军机大臣等"固当严其偷越边境，以防漏泄风声；并当禁其私带贼匪需用之物，出外贸易"。②不但封锁边境，而且重点强调禁止出外贸易。次年（1769）十月，乾隆帝谕："严禁民人偷越，以防匪徒逸出，潜为汉奸，泄漏内地情事。"③十一月又谕："严禁内地商贩，不得出关交易。"④显然，随着边境封锁的全面强化，两国人员往来和边境贸易亦被全面禁止。

二、战后边境驻防与查禁边贸

乾隆三十四年（1769），中缅双方在老官屯签订和约，军事征战宣告结束。但是，对于《老官屯和约》内容的不同理解使恢复中缅宗藩关系陷入困境。杨煜达认为：（1）缅甸进表纳贡（清方的要求），双方恢复传统友好关系（缅方的理解）；（2）释放所有战俘，即清方理解的"送出内地被留之人"；（3）双方互相尊重领土主权，即清方理解的"不得侵扰"；（4）恢复双方的贸易关系（缅方的要求）。⑤清政府意在恢复传统宗藩关系，缅甸则看重恢复双方贸易关系，双方后续交涉也由此展开。然而因双方不同的诉求，除停战之外，中缅双方均未认真履行和约的其他内容，宗藩关系和贸易关系亦未立即恢复。

中缅之间虽已签订和约，但是双方的敌对状态并未消弭。清政府意识到已不可能在军事上取得完全胜利，但唯有缅甸称臣纳贡才能维护天朝威严。同时，清政府意识到中缅贸易对于缅甸国内经济、生活的重要影响。如云贵总督富纲所奏："缅甸僻处遐荒，不独需用丝绸，针、纸各物皆须仰给内地，即其所产木棉，并指内地贩运，以饶生计"；"内地之尚足扼其肯綮者，惟贸易一节"。⑥既然军事上无法迫使缅甸称臣纳贡，那就从贸易上进行封锁，迫使其屈服。故乾隆皇帝谕："于沿边一带，实力严查，勿使奸劣商民丝毫透漏。"⑦因此，清政府将战时的贸易禁令发展成为战后

---

① 《清高宗实录》卷808，乾隆三十三年四月丁卯。
② 《清高宗实录》卷818，乾隆三十三年九月庚寅。
③ 《清高宗实录》卷844，乾隆三十四年十月戊午。
④ 《清高宗实录》卷847，乾隆三十四年十一月戊申。
⑤ 杨煜达：《乾隆朝中缅冲突与西南边疆》，第116页。
⑥ 兵部《题为内阁抄出云督富奏移会事》，《明清史料》丙编第十本，商务印书馆1936年版，第697—698页。
⑦ 《清高宗实录》卷854，乾隆三十五年三月癸未。

的贸易封锁，包括缅甸输入中国的全部货物。"凡夷地所产，贱则鱼盐棉花，贵则碧霞、玺翡、翠玉、葱玉"，都在封锁范围之内。同时，缅甸所需黄丝等货物"概不许其（商人）贩至潞江、缅宁隘口"。① 贸易封锁成为清政府迫使缅甸称臣纳贡的重要手段。"闭关禁市，绝其资生之路，原属制缅要策"；②"惟有绝其贸易，使彼生计困穷，或可渐知穷惧，最为控制该匪紧要关键"。③ 但是，中缅边境绵延千里，山谷纵横，道路歧出，为达贸易封锁目的，必须对重要贸易路线实施控制。因此，清政府命令云南边防军队前出布防于交通沿线，查禁边贸。然中缅边境地区夏秋时节瘴气横行，贸易凋零，同时为保障官兵人身安全，冬季出防，春季撤回，时人称为冬防。自乾隆三十四年（1769）开始，清军每年在滇西腾越地区派遣"提镇或四员，或五员，带领将备弁兵前往陇川、盏达、张凤街、三台山及各关隘地方分路驻扎，皆于秋深出防，至次年夏初撤出后，各处仍酌留兵一二十名至数十名不等"。④ 冬防军队沿边境交通线进行军事布防，可分为三大区域：（1）腾越防区。沿龙川江、南宛河一线的三台山（今芒市三台山镇，兵力一千名，由总兵带领驻防）、遮放（今潞西市遮放镇，弁兵二十名）、陇川（今陇川县城，驻防兵力七百名）、杉木笼（今陇川县护国乡杉木笼村，驻兵四十名）四处据点驻防；大盈江一线在张凤街（今陇川县章凤镇，驻兵一千四百名⑤）、盏达（今盈江县城附近，驻兵一千名⑥）两处驻扎。（2）顺宁防区以缅宁为中心。"缅宁需兵四百名，即于该汛兵内拨兵一百名，顺云营拨兵三百名"，⑦ 参将、都司各一员带兵四百名防守南汀河一线。（3）普洱防区。在茨通、补角（在今西双版纳州景洪市基诺乡境内，驻防一千名）、一碗水（在今普洱市澜沧拉祜族自治县境内，驻防一千名）、九龙江渡口（今西双版纳景洪市境内澜沧江，

---

① 《钦差大臣阿桂奏报酌定缅匪边境事宜事》（乾隆四十二年四月二十六日），《宫中档乾隆朝奏折》第 38 辑，台北故宫博物院 1985 年版，第 454 页。
② 《清高宗实录》卷 1031，乾隆四十二年四月戊午。
③ 《云贵总督李侍尧奏为遵旨于潞江缅宁等处缜密盘查违禁商货折》（乾隆四十三年八月初一日），《宫中档乾隆朝奏折》第 44 辑，第 421 页。
④ 《钦差大臣阿桂奏报酌定缅匪边境事宜事》（乾隆四十二年四月二十六日），《宫中档乾隆朝奏折》第 38 辑，第 452 页。
⑤ 《云南总督觉罗图思德奏报今岁官兵出关防守并关卡宁静事》（乾隆三十九年九月二十八日），《宫中档乾隆朝奏折》第 37 辑，第 61 页。
⑥ 《云南总督觉罗图思德奏报今岁官兵出关防守并关卡宁静事》（乾隆三十九年九月二十八日），《宫中档乾隆朝奏折》第 37 辑，第 62 页。
⑦ 《署云贵总督觉罗图思德奏本年办理腾越防务及边地情形事》（乾隆四十一年十月二十二日），《宫中档乾隆朝奏折》，中国第一历史档案馆藏，档号：04-01-30-0200-026。

清时称九龙江，驻防一千名①）四点驻防，扼守由九龙江通往缅甸的贸易路线。可见，由缅甸通往云南三个方向的通道上都有重兵防守，不但可以防止缅甸军队入侵，而且还能有效查禁边贸。

边防官兵巡查边隘、缉拿私贩，严格执行贸易封锁政策。云贵总督觉罗图思德"密饬留防镇将各员，加谨巡逻，严密查探"，"派守口员弁及抚夷等，每日带领兵目弩手在关卡内外，留心游巡盘诘，实力探听，昼夜瞭望"，"五日一次，委员与驻守各员，互相会哨，稽查勤惰。按照旧定章程，十日一报"。同时，派遣高级将领指挥边防军队查禁边贸。"札嘱驻防曩宋关之署提督开化镇总兵锦山，就近董率"。②此外，云贵总督定期巡察边境，检查贸易封锁政策实施情况。"臣逐一亲历、阅视、稽查，习其地利形势，仍严饬兵弁于各关隘小心防守，严禁奸民偷漏，匪夷私越。"③永昌的缅宁、顺宁的潞江因毗连缅甸，贸易封锁尤为严格，"潞江、缅宁等处将一切违禁货物概行严禁，毋许稍有透漏"。④针对沿边商民存在"只图觅利，未晓刑章"的情况，政府制定相应法律，严惩商民出境贸易：三人以下者"金妻流徙"，四人以上者"外遣"，二十人以上"为首者正法，从犯外遣"，如有泄露内地消息"审实即奏明正法"。对于执行查禁任务的关口员弁，"有失察、故纵情弊，查出，分别从重治罪"。⑤鉴于大量的外省商民前往中缅边境地区贸易生活影响到贸易封锁措施执行的实际，清政府在云南靠近缅甸的沿边地区推行保甲制度，强化人身控制，防止内地商民出关贸易。"仿照内地保甲之例，编造寄籍册档，登记年貌，互相保结。"如此，边境地区商民人身依附更为紧密，管理更加规范。清政府还对跨境"摆夷"执行严格的出入境管理，"俱用互结报明，官给印票，关口验明放行，回滇时仍验票放出。若无印票，即属新来之人，概不准以探视觅友等故，借词出外"。⑥希望通过实施严格的保甲制度与出入境管理，控制两国民间交往。此外，除沿边府厅州县外，贸易封锁还扩展至沿边土司地区。"如有内地民人在土司地界逗留者，立即严拿究治。"⑦

---

① 《云贵总督李侍尧奏报酌派出防官兵事宜折》（乾隆四十二年八月二十四日），《宫中档乾隆朝奏折》第39辑，第785页。
② 《云贵总督觉罗图思德奏报边关宁静情形事》（乾隆三十九年七月十六日），《宫中档乾隆朝奏折》第36辑，第96页。
③ 《云贵总督觉罗图思德奏复检点军旅操练兵马俾缅匪闻风悚惧事》（乾隆三十九年九月十四日），《宫中档乾隆朝奏折》第36辑，第712页。
④ 《云贵总督李侍尧奏为遵旨于潞江缅宁等处缜密盘查违禁商货折》（乾隆四十三年八月初一日），《宫中档乾隆朝奏折》第44辑，第421页。
⑤ 《钦差大臣阿桂奏报酌定缅匪边境事宜事》（乾隆四十二年四月二十六日），《宫中档乾隆朝奏折》第38辑，第454页。
⑥ 《钦差大臣阿桂奏报酌定缅匪边境事宜事》（乾隆四十二年四月二十六日），《宫中档乾隆朝奏折》第38辑，第454页。
⑦ 《清高宗实录》卷905，乾隆三十七年三月戊午。

至此，滇缅之间的贸易查禁基本到位，贸易封锁基本上切断了滇缅边境地区的贸易往来和人员流动。

三、对缅贸易封锁从云南扩展至全国

清政府认为"缅酋狡诈靡常，无可制其死命，惟有绝其贸易，使彼生计困穷，或可渐知穷惧，最为控制该匪紧要关键"，① 为此把对缅贸易封锁范围进一步扩大。沿边地区的贸易查禁基本封堵了中缅直接的陆路通道，但是中缅贸易仍可借道南掌、安南等国间接进行。乾隆四十四年（1779）二月廿七日，云贵总督李侍尧奏报抓获偷越南掌贸易的广西人陈文清，并言："南掌境连缅地，接壤交趾，内地民人偷越出口，往往滋生事端……临安、开化二府所属土司，均通外境，永昌、普洱既经设禁，盘查无从偷漏，恐奸民渔利，憨不畏死，即由该处夹带走私，绕出缅境，不可不防其渐。"故奏请在临安、开化等地"仿照潞江、缅宁等处章程，设立关口，专派员弁驻扎巡查"，② 其目的是封堵缅甸借道南掌、安南与中国进行贸易的通道，以配合对缅贸易封锁政策，进一步扩大陆路查禁范围。但是，中缅之间不仅陆地相邻，而且海路畅通，由缅甸南部港口出发，经马六甲海峡进入南洋，依然可以到达中国东部沿海地区。乾隆四十二年（1777）四月，甫经调任云贵总督的两广总督李侍尧奏称："近年外洋脚船进口全载棉花，颇为行商之累……初不知缅地多产棉花。今到滇后，闻缅匪之晏共、羊翁等处为洋船收泊交易之所……缅地棉花悉从海道带运，否则粤东近年何独骤多……滇省闭关禁市，有名无实。"故李侍尧建议将对缅贸易封锁扩大至整个沿海地区，"于海口严行查禁，如有装载棉花船只，概不许其进口，务当实力奉行，勿以空言塞责。仍不时留心访察，如有胥役等受贿私放者，立即重治其罪……嗣后倘再混装棉花入口，不许交易，定将原船押逐"。③

李侍尧的分析和建议具有较强的针对性，填补了对缅海上贸易封锁的漏洞，使

---

① 《云贵总督李侍尧奏为遵旨于潞江缅宁等处缜密盘查违禁商货折》（乾隆四十三年八月初一日），《宫中档乾隆朝奏折》第44辑，第421页。
② 《云贵总督李侍尧奏报盘获偷越南掌贸易民人审明定拟折》（乾隆四十四年二月廿七日），《宫中档乾隆朝奏折》第47辑，第8页。
③ 《两江总督杨景素奏报伏读圣谕抚驭缅匪之策略并将檄谕带送郑昭事》（乾隆四十二年五月初七日）转引李侍尧奏文，《宫中档乾隆朝奏折》第38辑，第549页。

对缅贸易封锁更为全面。因此,乾隆皇帝谕:"严查关隘,不许货物偷漏出入,以绝其求利之路。因并及各省海口,一体禁查,勿令缅地物产混行入口交易。"①遵照上谕,沿海各省督抚纷纷开始查禁缅棉。如广东"先将所带棉花尽数封贮,不许起驳投行。俟该夷商贸易事毕,开船回国,将所封棉花查与原数相符,令其带回",并饬令外商下次不许携带棉花来华;福建的查禁方式与广东相似。②山东规定:"海口各州县,毋任外洋棉花入境,如有船户装载缅甸棉花者,概不许其进口。"浙江省则采用授予客商销售执照的方式对内地棉花和缅棉区别对待:"各船户于江浙等省装载棉花之时,即报明本管地方官验明给照,然后开行。俟抵东省进口之时,亦必查验印照,然后准其投行售卖。如此则内地棉花仍得听其流通,而缅地棉花无从肆其窜入矣。"③奉天要求"沿海各口按处设有卡路,官兵巡查,商船进口出口倘有装载违禁货物,概行拿送治罪"。④直隶规定:"倘有携带棉花概不许其进口,仍根查来历,详报究办。"⑤此外,沿海各省要求官员严格查禁,防止舞弊。如广东巡抚李欣颖"严饬文武员弁,一体实力稽查"。⑥奉天要求"各该城守尉协州县等加意稽查,有无前项(胥役人等贿隐私放)等弊,按月结报"。⑦直隶规定"兵役受贿私放进口,即行究拟,从重治罪"。⑧山东饬令"该管道府不时留心稽查,倘有州县官一任吏胥贿放,匿不详报,即行据实指名揭参,严加议处"。⑨至此,对缅贸易封锁从云南陆路扩展到东部海路,对缅贸易封锁从区域性政策上升为全国性战略。

---

① 《江苏巡抚杨魁奏为遵旨准缅地棉花进口折》(乾隆四十二年六月二十三日),《宫中档乾隆朝奏折》第39辑,第183页。
② 《广东巡抚李欣颖奏报遵旨查禁外洋船只装载棉花进口事》(乾隆四十二年五月初七日),《宫中档乾隆朝奏折》第38辑,第550页。
③ 《山东巡抚布政使国泰奏复查禁外洋船只装载缅甸棉花进口事》(乾隆四十二年五月二十三日),《宫中档乾隆朝奏折》第38辑,第731页。
④ 《弘晌等奏报遵旨查禁棉花进口事》(乾隆四十二年五月初十日),《宫中档乾隆朝奏折》第38辑,第568页。
⑤ 《直隶总督周元理奏复查禁外洋商船进口棉花事》(乾隆四十二年五月二十三日),《宫中档乾隆朝奏折》第38辑,第726页。
⑥ 《广东巡抚李欣颖奏报遵旨查禁外洋船只装载棉花进口事》(乾隆四十二年五月初七日),《宫中档乾隆朝奏折》第38辑,第550页。
⑦ 《弘晌等奏报遵旨查禁棉花进口事》(乾隆四十二年五月初十日),《宫中档乾隆朝奏折》第38辑,第569页。
⑧ 《直隶总督周元理奏复查禁外洋商船进口棉花事》(乾隆四十二年五月二十三日),《宫中档乾隆朝奏折》第38辑,第726页。
⑨ 《山东巡抚布政使国泰奏复查禁外洋船只装载缅甸棉花进口事》(乾隆四十二年五月二十三日),《宫中档乾隆朝奏折》第38辑,第731页。

四、贸易制裁的效果与中缅宗藩关系的恢复

中缅贸易具有较强的互补性,单方面的贸易封锁会给双方经济发展带来不可估量的损失。战后清政府对缅贸易制裁的全面实施,对云南经济社会的影响率先显现。首先,受贸易封锁的影响,云南沿边地区商税严重下降。中缅战争爆发前"腾民强壮者,深入(缅甸)贸易而不忧;幼弱者,挈家就食而不恐。课税日益,赋贡日增,朝廷无满顾之忧,而边鄙乐太平之化"。① 但自战争毁坏及贸易封锁以来,商人"间有来者,不及十之一二,以致课额亏短"。为了实施全国性的对缅贸易制裁政策,云南地方政府不得不承受税收锐减的后果,"至现在关禁正严,税额短缺,细筹两不相碍之处,实无调剂良法"。② 其次,贸易封锁导致沿边地区的民众生活受到极大的影响,因此部分商民铤而走险,偷越关隘,前往中缅边境进行贸易。乾隆三十七年(1772),沿边居民李叶然等潜出铜壁关外,出售内地特产芦子,并购买缅地棉花、海盐等物贩回内地,被永昌防军拿获。③ 乾隆三十八年(1773),尹小生等欲将"杂货及丝、布、针、线、毡片等物,偷越小径,运往新街转售",④ 被防军拿获。乾隆三十九年(1774),波甕和貌乖因出售缅甸特产碧霞犀等物被防军拿获。⑤ 再次,全面查禁缅棉,亦导致云南纺织原料供应不足,棉花价格上涨。早在雍正九年(1731),缅甸就因"闭关索客,将汉人在彼为棉花客商者悉行驱逐出关。且将棉花一项,永禁不卖汉地",导致云南境内棉纺织业原料缺乏,"云南布缕丝絮之用窘矣"。⑥ 战后对缅贸易制裁全面实施,导致棉花价格上涨。乾隆四十三年(1778),李侍尧奏陈:"臣于旋省途次,访问内地棉花价格,即比往年价昂。"⑦ 为解决云南经济的困境,云南巡抚裴宗锡"以商贩裹足不前为言",希望弛禁边贸,但乾隆却认为

---

① 何自恺:《腾越边务得失论》,李根源辑、杨文虎等校注:《永昌府文征》卷14《纪载》。
② 《清高宗实录》卷945,乾隆三十八年十月壬子。
③ 参见《署云贵总督彰宝奏为续行全获潜出铜壁关外俞夷地私贩棉花等物人犯审明定拟请旨事》(乾隆三十七年六月六日),"中研院"史语所《内阁大库档》,编号:017112。
④ 《云贵总督彰宝奏报审办走私贩尹小生等事》[乾隆三十九年二月(日期不详)],《宫中档乾隆朝奏折》第34辑,第583—584页。
⑤ 参见《云贵总督奏报拿获之贩卖碧霞犀人贩事》(乾隆三十九年四月十二日),《宫中档乾隆朝奏折》第35辑,第292—294页。
⑥ (清)倪蜕著、李埏校点:《滇云历年传》,云南大学出版社1992年版,第616页。
⑦ 《军机处录副奏折》,外交类,第363号,转引自余定邦《中缅关系史》,第175页。

裴宗锡"平日办事未免近于好名"。显然,裴宗锡以恢复云南地方经济为目的,却忽视了以贸易制裁迫使缅甸屈服的国家战略。于国家层面而言,只要缅甸仍未称臣纳贡,贸易制裁政策就必须贯彻到底。"若边关要隘,自当权事理轻重,期于禁防有益。"因此,只能牺牲云南地方局部利益,顾全国家整体大局,"岂宜率就一偏之见,计其小而忽其大"。① 面对持续多年的贸易封禁政策导致的云南经济萧条,云南官民迫切希望恢复中缅贸易。乾隆皇帝称"开关通商一事,自图思德以至滇省文武官民人等无不愿为",② 又认为"从前图思德所奏(开关贸易),实被通省文武商民人等怂恿"。③ 但此实则反映出云南全省官民的解禁意愿。

贸易制裁政策对缅甸的影响更甚。战前大量中国生丝和丝绸通过边贸输入缅甸,是缅甸最为重要的衣料来源,同时缅王和贵族也通过向清朝贡获得回赐丝绸。乾隆十六年(1751),"缅甸国初次入贡,赐国王蟒缎、锦缎各六匹,闪缎八匹,青蓝彩缎、蓝缎、素缎、绸、纱、罗各十匹;王妃织金缎、织金纱、织金罗各四匹,缎、纱、罗各六匹;贡使彩缎六匹,里四、罗四、纺丝、绢各二匹;缅目四人,每人彩缎三匹,里二、绢一匹,毛青布六匹;象奴十有九人,缅役十有四名,各毛青布六匹;伴送官彭缎袍各一领……内库缎二十匹;贡使内库缎八匹,银八两"。④ 战争爆发后,清政府对缅贸易封锁中断了中缅贸易,势必影响缅甸民众的日常生活。以致缅王下令,从中国进口的丝绸"不得销售国外,恐人民无衣也"。⑤ 而中缅宗藩关系的中断,使缅王和贵族通过朝贡获得丝绸的通道也不复存在。同样,缅甸棉花因无法输入中国而大量积压,使缅甸国内棉花产业萧条。"恃云南官商采买者皆闭关罢市";⑥ "关外新街、蛮莫等处捆载棉花,积如山阜"。⑦ 贸易制裁制约了缅甸国内棉花种植业的发展,影响到缅甸民众的生活,加重了缅甸政府的财政危机。贸易制裁还造成缅甸统治阶级内部的分化。清政府对缅贸易封锁使缅甸财政经济面临巨大压力,而缅甸与暹罗的战争又在持续不断消耗着国力。

---

① 《云贵总督李侍尧奏为遵旨于潞江缅宁等处缜密盘查违禁商货折》(乾隆四十三年八月初一日),《宫中档乾隆朝奏折》第44辑,第421页。
② 《钦差大臣阿桂奏复对付缅匪之策略事》(乾隆四十二年四月十二日),《宫中档乾隆朝奏折》第38辑,第327页。
③ 《钦差大臣阿桂奏报与督臣李侍尧筹办滇省边防事》(乾隆四十二年四月十八日),《宫中档乾隆朝奏折》第38辑,第378页。
④ 《钦定大清会典事例》卷507,商务印书馆1909年版。
⑤ [英]哈威著、姚梓良译:《缅甸史》,商务印书馆1973年版,第362页。
⑥ (清)魏源:《征缅甸记》,李根源辑、杨文虎等校注:《永昌府文征》卷18《纪载》。
⑦ 《军机处录副奏折》,外交类,第363号,转引自余定邦《中缅关系史》,第175页。

事实上，早在乾隆三十四年（1769）十一月，傅恒、哈国兴率军入缅时，缅甸人已要求恢复中缅贸易。"傅公先行，缅人陈鼓乐，请哈君入寨，令其众跽而迎，且求通贸易。"① 乾隆三十九年（1774），清军在边境拿获缅人波一，据供："缅子地方只出布匹，其余货物仰仗天朝出产，自天朝用兵后，不准开关，一切货物都不出去了，就是洋里来的毡货等物，止够王子大头目使用，如绸缎、磁器、针黹等项，缅地久经缺了，各头目和众人等皆不便。"② 因此，缅甸国内一部分中下层头目为恢复中缅之间的正常贸易进行着努力。乾隆四十二年（1777）正月初十日，缅甸头目得鲁蕴差遣孟干"带有致送镇州象牙十对、黄哆呢一板、缅布二十匹、缅棉十匹前来"，称"得鲁蕴遣来致意大人们，如许其开关，得鲁蕴当即亲见前来送还官人，进表纳贡"。③ 得鲁蕴希望通过"进表纳贡"换取通关贸易。然而得鲁蕴仅是缅甸众多头目之一，④ 且缅甸内部并没有形成统一意见，此事最后不了了之。缅甸上层仍然不愿屈服，拒绝对清政府称臣纳贡，而统治阶级下层苦于贸易封锁带来的困局，擅作主张，遣使纳贡。虽然得鲁蕴没有达到目的，但已显示出缅甸内部在对清朝政策方面出现了一定的分化。

清政府对缅贸易制裁政策不但导致云南经济萧条，而且加深了缅甸国内统治危机，给双方经济、社会都造成了不同程度的损害。因此，在云南官民希望恢复滇缅商贸的同时，缅甸国内对清朝政策也出现一定程度的分化，甚至出现部分下层官员私自以对清朝称臣纳贡的方式来换取恢复中缅正常贸易的行动。

清政府对缅贸易制裁的持续，导致缅甸国内对华政策由局部分化转向整体性妥协。乾隆四十二年（1777）六月，缅甸方面决定释放扣押的清朝官员苏尔相，这为缓解双方关系提供了契机。消息送达朝廷，乾隆皇帝谕："今缅匪已将所留之苏尔相等遣人送还，其心颇知畏惧，如果悔罪纳款，奉表输诚，自可仍许其开关通市……宽以关市之禁令，濒海各省棉花入口，毋事禁防。"⑤ 随着上谕传送，东部沿海省份开始弛禁缅棉。江苏巡抚杨魁奏："此后如有外洋船只装载缅地棉花到口，即照例查

---

① （清）王昶：《滇行日录》，李根源辑、杨文虎等校注：《永昌府文征》卷17《纪载》。
② 乾隆三十九年二月十四日波一供，《乾隆朝上谕档》第7册，中国档案出版社1991年版，第540页。
③ 《云贵总督觉罗图思德奏报缅目到关订期投诚事》（乾隆四十二年正月二十六日），《宫中档乾隆朝奏折》第37辑，第642页。
④ 寸博学等供：《军机处录副奏折》，档号：7826-5，转引自杨煜达《乾隆朝中缅冲突与西南边疆》，第124页。
⑤ 《两广总督杨景素奏报奉谕停止查禁缅花进口情形折》（乾隆四十二年六月二十三日），《宫中档乾隆朝奏折》第39辑，第181页。

验纳税，准其入口，一体售销。"① 乾隆五十三年（1788）九月，面对清政府的积极回应，缅甸派出使团，由滇进京朝觐，乾隆皇帝饬谕缅甸国王孟陨云："正宜永戢兵端，修和邻好，俾尔人庶咸遂乐生，副朕眷怀。"② 自此，中断二十余年的中缅宗藩关系再次恢复，中方通过贸易制裁迫使缅甸称臣纳贡的目的业已实现。次年，考虑到云南地方经济萧条，清政府对缅甸棉花实行部分解禁。"惟闻该国货物内，如棉花等项，为滇省民人需用，似此等物件，于内地民人甚属有益，于例禁之中不妨稍存通变。"③ 乾隆五十五年（1790），清政府正式解除对缅贸易封锁。该年六月一日，腾越正式解禁，"准其通市贸易"。此外，与缅甸毗连的顺宁、普洱也随之开关，并在顺宁府城南河口设置税口，"请试抽一年，再行定额"。④ 从此，中缅贸易全面恢复，沉寂近二十年的中缅贸易又重新焕发生机。在腾越至阿瓦的陆路上，常有牛四百头、马两千匹这样的运输队伍，缅棉又重新占据了云南的纺织原料市场。⑤ 每年十二月起，滇省的商人就陆续抵达缅甸，商队驮马少则数百匹，多则上千匹，来往于滇缅之间。商业繁盛之际，每年甚至有一万余头（匹）牛马由云南出腾越，由陆路入缅甸进行贩运贸易。⑥ "马骡络绎，终年运载，相望于道。由龙至芒至遮，以达缅甸之木邦、新街等处。"⑦ 这样的景象一直持续到清末，"每年街、腾出入花货约三万余驼，可抽保路资银四万两之谱，除开官俸练饷及夜夷岗银等费外，尚有赢余银万余两，即将此赢余银以作买耕牛谷种给野匪归农之费，及练军开垦屯田山场之需，则绰绰有余裕矣"。⑧

五、结语

中缅贸易具有较强的互补性，双方经济往来历史悠久，是中缅关系中的主要方

---

① 《江苏巡抚杨魁奏为遵旨准缅地棉花进口折》（乾隆四十二年六月二十三日），《宫中档乾隆朝奏折》第39辑，第183页。
② 《清高宗实录》卷1312，乾隆五十三年九月癸亥。
③ 《清高宗实录》卷1325，乾隆五十四年三月辛巳。
④ 《兵部为云贵总督富纲奏酌筹开关通市货易缘由》（乾隆五十五年九月），"中研院"史语所《内阁大库档》，编号：092423-001。
⑤ 参见〔英〕哈威著、姚梓良译《缅甸史》，第298页。
⑥ 参见孙来臣《明清时期中缅两国贸易关系及特点》，《东南亚研究》1989年第4期。
⑦ 赵心得：《龙陵永安桥碑记》，李根源辑、杨文虎等校注：《永昌府文征》卷18《纪载》。
⑧ （清）姚文栋：《集思广益编》卷2《缕陈腾越所属七土司及一带野山利弊情形》，余定邦、黄重言编：《中国古籍中有关缅甸资料汇编》，中华书局2002年版，第1412页。

面。乾隆朝持续四年的中缅战争使中缅贸易处于停滞状态，出于军事需要，封锁边关，导致贸易中断。《老官屯和约》的签订虽结束了中缅双方的征战，但中缅宗藩关系并未恢复，边境地区仍处于紧张的军事对峙状态。因此，清政府凭借战前双方互通有无的贸易关系，从乾隆三十四年（1769）开始实施对缅贸易制裁，从中缅边境到东部沿海，对缅甸实行全面封锁，迫使缅甸在政治上屈服。然而，贸易制裁给中缅双方都带来巨大影响，不但导致云南边疆经济萧条、民众生活困苦，而且使缅甸国内经济压力大增、统治危机凸显、对华政策出现分化。乾隆五十三年（1788），缅甸遣使朝贡，中缅宗藩关系再次恢复，清政府通过经济手段达到了政治目的。乾隆五十五年（1790），清政府全面解除贸易制裁政策，中缅贸易开始正常化。通过乾隆朝中缅战争前后的贸易变化，可以看出经济因素在国际关系中所发挥的重要作用，军事征战无法达成的政治目的却可以通过经济手段予以实现，同时也表明清政府综合运用政治、经济、军事手段处理国家关系方面的能力和水平。

原载《中国边疆史地研究》2020年第3期，
本文刊发时作者为历史学博士，云南大学历史与档案学院教授、博士生导师；
历史学博士，西华大学文学与新闻传播学院讲师。

试论清代中国西藏地方政府与不丹之间的宗藩关系

周 娟　高永久

关于清代中国西藏地方政权与不丹之间的宗藩关系，国内仅有几篇文章论及，[①]缺乏系统、完整的研究。本文拟根据所掌握的资料，勾画出清朝时期，我国西藏地方政权与不丹之间宗藩关系的形成、发展以及破裂的演化历程，并阐述其特点。

一、背景

不丹在清代史书中被译为"布鲁克巴"，地处喜马拉雅山脉东段西半部的南坡，位于我国西藏和印度之间，国内多山。其国早期的历史资料大多毁于战火和地震，保留下来的记载较为贫乏。在西藏的相关记载中，最早提到今不丹地区的文献是在吐蕃的赞普松赞干布时期。当时的不丹地区部落林立，连同今西藏南部被统称为"门""门隅"或"门域"，属于吐蕃地方政权管辖的南部边境地区。

吐蕃王朝曾兴盛一时，松赞干布为了巩固统治、传播佛教，以当时的首都逻些城（今拉萨）为中心修建了一系列的寺院，这十几座寺院的地理分布准确地标出了吐蕃王朝盛极一时的势力范围和统治区域。640年，松赞干布在今不丹中部的布姆塘河谷修建了强巴寺；649年，松赞干布又在今不丹的西部帕罗河谷修建了基楚寺。吐蕃王朝将统治区域以"茹"为单位划分为五个行政区，"茹"部作为一级行政区，有

---

① 参见扎洛《〈五世达赖喇嘛1680年发给门隅、珞渝地方之法旨〉考释》，《中国边疆史地研究》2003年第4期；扎洛：《清宫档案中有关颇罗鼐平息不丹内乱之史料》，《西藏研究》2004年第4期；魏英邦：《不丹史略》，《青海民族学院学报》1978年第4期。

以"茹本"为首的一整套官僚体系，不仅如此，"茹"部还是军事组织，拥有自己独立的军事力量。不丹连同门域地区属于五"茹"的"约茹"的管辖范围，而且还有常备军——驻守戍边勇武军常年驻守该边疆地区。

9世纪，朗达玛的禁佛运动将吐蕃王朝拖入内乱的泥潭，对边疆地区的统治力逐渐弱化。后随着吐蕃王朝的分崩离析，其对包括今不丹在内的边疆地区的控制力消失殆尽。这一时期，不断有大批西藏僧侣或因逃难、或因传教进入不丹境内，在不丹形成了藏传佛教的几大教派共存的局面。其中的噶举派同当地的部落首领、贵族结成世代相传的联盟，其势力范围逐步扩展到整个中不丹和西不丹地区，成为不丹境内的统治力量。但是噶举派在一段相当长的时间内仍然没有实力统一不丹本土，直到17世纪初阿旺·纳姆加尔（ngag-dbang rnam-rgyal，1594—1651）进入不丹。阿旺·纳姆加尔是噶举派的分支主巴噶举派的母寺热坡寺的第十八世教主，由于在主巴噶举派内部的教权斗争中失利，1616年进入不丹境内避难。

阿旺·纳姆加尔进入不丹后，凭借噶举派在不丹的原有势力和他个人的威望，以中不丹和西不丹为根据地，短时间内统一了不丹境内的众多部落，于1637年建立政教合一的神权统治。阿旺·纳姆加尔自称法王，集不丹的宗教大权和世俗大权于一身，成为不丹国内的最高统治者和最高权威。他在不丹的地方建制上，仿效西藏地区的地方建制，设立"宗"作为基层的行政、军事单位。"宗"的长官称为"宗本"，他们依靠其拥有的独立于中央政权的军事力量，在国内扩展自身势力、捞取政治资本，成为阿旺·纳姆加尔死后不丹国内持续不断内乱的源头。

而此时的西藏地区，五世达赖喇嘛阿旺罗桑嘉措（1617—1682）与四世班禅罗桑却吉坚赞（1567—1662）和蒙古和硕特部的固始汗联合，于1642年最终除掉盘踞在日喀则的第悉藏巴·丹迥旺布，基本奠定了格鲁派在西藏地区的统治地位。五世达赖喇嘛巩固了在西藏的统治地位后，就开始着手恢复吐蕃地方政权时期对周边地区的统治，先后出兵尼泊尔、拉达克等国，重新使这些地区恢复对西藏地方政府的朝贡。

为了将不丹纳入西藏的势力范围，更重要的是为了消除不丹在今门隅地区的大肆扩张对西藏地方政权所造成的严重威胁，从1644年开始，西藏地方政府就对不丹连续用兵，大规模的武装进攻就达七次之多。频繁的用兵并没有使五世达赖喇嘛获取任何好处，反而丧失了门隅地区一部分原本属于西藏地方政权的土地。五世达赖喇嘛在把不丹纳入西藏版图无望的情况下，曾试图和不丹谈判，以期能够解决或缓和两地领土争端和由于教派不同而产生的矛盾，但是和谈并不成功。在1675年以后的相当长的一个时期，不丹和西藏的紧张关系不但没有丝毫缓解，反而愈演愈烈，双方中断了以盐、羊毛为主的贸易，并在从协噶尔至错那漫长的边界线上全面陷入对峙僵持。①

二、中国西藏地方政权同不丹之间宗藩关系的形成

西藏地方政权同不丹之间的僵持、对立局面一直持续到18世纪。

1707年，不丹国内发生了一件大事：不丹王国的缔造人、全国权力的中心阿旺·纳姆加尔圆寂的消息在他逝世五十年后终于被披露出来。此事的公开，使得不丹国内由来已久的对国家权力的争夺更加白热化。不丹的德布②掌管全国世俗事务，该职位成为国内各势力纷争的主要目标。每一位德布都是以地方势力为后台或者本身就是握有重兵的地方宗本。

1729年，不丹第十任德布米旁旺布（mi-pham dbang-bo，1729—1736年在位）为了巩固自身统治，消除前任德布竹·热杰（'brug rab-rgyas，1707—1719年在位）对不丹政局的影响，联合僧侣集团发动了对盘踞在帕罗宗的竹·热杰的公开讨伐。竹·热杰由于力量不济被杀，其家臣噶毕东罗布向西藏的贝子颇罗鼐求救。

当时的西藏地方在清朝中央政府的扶植下消除了准噶尔的外患和1727年的内乱，1728年颇罗鼐执掌西藏的世俗大权，西藏地方政权暂时稳定下来。接到不丹帕罗宗的求救后，颇罗鼐考虑到不丹内乱势必对西藏地区的边境安定产生威胁，因此，一方面着手从江孜城调兵增援边境帕里城，加强帕里城的军事力量，防范不丹乱军进入西藏境内，另一方面又在1730年派出了调解团，包括"颇罗鼐属下两人，班禅额尔德尼之一人，萨察喇嘛（即萨迦喇嘛——作者注）之一人，会同嘎尔玛巴两喇

---

① 参见五世达赖喇嘛《萨霍尔僧人阿旺洛桑嘉措幻化游戏之传记——云裳》（藏文），中册，第508页；扎洛：《〈五世达赖喇嘛1680年发给门隅、珞渝地方之法旨〉考释》。

② 1651年法王阿旺·纳姆加尔的领诵师丹增竹杰隐匿法王阿旺·纳姆加尔圆寂的消息，并自称为德布，掌管不丹的世俗大权。丹增竹杰为不丹的第一任德布。

嘛（即噶玛巴、夏玛巴两喇嘛——作者注）为使臣"，^①并随带兵丁二百人前往布鲁克巴调解争端。

颇罗鼐派出的调解团到达帕罗后，反被不丹德布出兵包围，后颇罗鼐从帕尔城调集马兵三百、步兵八百，从江孜调集马兵一千进入不丹，在噶毕东罗布的协助下，势如破竹，连下不丹西部几座城池。在蒙藏联军的强大攻势下，德布表示愿意接受调解。1730年藏历10月14日，在西藏使团的调解下，不丹的交战双方在廷布扎西曲宗（不丹的夏宫）签订停战协议。协议规定：双方停战，"安好如初，所攻取之五大城统归噶毕东罗布管辖"；德布派其叔作为人质到拉萨，"布鲁克巴诺彦林亲·齐类·拉卜济胞叔驻于招地，并于每年八月遣使向达赖喇嘛问安献礼"。^②随后，不丹德布再派刚定喇嘛为使臣，连同噶毕东罗布随使团前往西藏拉萨，进献礼物与奏书。鉴于颇罗鼐的功劳，1731年初雍正皇帝下谕封其为贝勒。^③

1731年，为了争夺对法王阿旺·纳姆加尔"语"^④的转世却列南杰（phyogs-las rNam-rgyal，1708—1736年）的控制权，德布米旁旺布同噶毕东罗布之间兵戈又起。闻讯后的颇罗鼐"差官前赴二家排解不就，复于冬十月差陕西督标前营游击和尚同颇罗鼐所差噶隆钟仔以及外委人员"^⑤带领西藏军队再次进入不丹，同时派出调停人员，于次年再次达成停战协议。

1732年达成的协议是在1730年和约的基础上形成的更为规范的协议。详细规定：除了执行1730年所规定的内容外，暂时把不丹分为东、西两个部分，任命噶毕东罗布为终身帕罗宗宗本，控制帕罗等西部"五城"，西藏方面负责保证他的人身安全；他去世后，所管辖的地区仍交回由不丹政府管理。除了帕罗，连同西部"五城"的其余地方由德布米旁旺布管辖。^⑥为监督双方履行协议，西藏政府在"每处各设第巴

---

① 雍正八年九月十二日《西藏办事大臣马喇等奏报派兵帕尔城设防折》，转引自中国第一历史档案馆《雍正朝满文朱批奏折全译》（下册），黄山书社1998年版，第1992页；扎洛：《清宫档案中有关颇罗鼐平息不丹内乱之史料》。
② 中国第一历史档案馆：《雍正年间平息布鲁克巴内乱史料（上）》，《历史档案》2005年第4期。
③ 参见雍正九年六月初一日《西藏办事大臣马喇等奏转颇罗鼐受封谢恩折》，转引自中国第一历史档案馆《雍正朝满文朱批奏折全译》（下册），第2024页；扎洛：《清宫档案中有关颇罗鼐平息不丹内乱之史料》。同时参见《清世宗实录》卷103，《〈清实录〉——藏族历史资料汇编》（一），西藏民族学院历史系1981年，第99—100页。
④ 阿旺·纳姆加尔的转世灵童分为身、语、意三个。其中其"身"的化身被认为是当时锡金国王的儿子，由于不属于一个国家，这个转世灵童从未来过不丹，不丹官方也未让其继位。截至1931年不丹共承认六位"语"的转世灵童和六位"意"的转世灵童。
⑤ 吴丰培整理：《西藏志》，载《西藏研究》编辑部编辑《〈西藏志〉〈卫藏通志〉合刊》，西藏人民出版社1982年版，第39—40页。
⑥ 参见 Michael Aris, *Bhutan: the Early History of a Himalayan Kingdom*, Aris & Phillips Ltd., 1979, pp.259-260.

一名，照看办事"。①

和约达成后，西藏使团"取永和印契，带二家贡使，于甲寅年（1734）正月旋藏"，②向中央政府禀告事情经过。随后清政府召请西藏和不丹使团进京陈述事情经过。雍正皇帝赐给不丹德布米旁旺布"额尔德尼第巴"的名号，并以此名号作为不丹德布的专有封号，截止到嘉庆八年（1803），已经有十三位德布得到该封号。噶毕东罗布被封为"噶毕东罗布喇嘛"。随后，雍正皇帝"遣使护送"不丹双方使臣"于雍正十三年（1735）夏五月到藏"，③颇罗鼐等遣人护送其前往不丹。"副督统马喇等会同贝勒颇罗鼐遵旨遣人，携带赏布鲁克巴之呼图克图等印记教书等项，著其使臣等护送，布鲁克巴之呼图克图等率众叩谢天恩，故将其原奏书一并奏闻。"④

1735年，噶毕东罗布逝世。西藏政府根据协议内容，将噶毕东罗布所管的不丹西部地区交给不丹政府管辖。其中有一百余户百姓不愿归附不丹德布，颇罗鼐安置其在不丹与西藏交界的达岭、达木桑两地居住，并配给牛羊、青稞和麦种。1736年（乾隆元年），卸任的德布米旁旺布亲赴拉萨，朝拜达赖喇嘛。

至此，不丹同西藏地方政府的宗藩关系正式确立下来。不丹在每年固定的时间内要派人到拉萨向达赖喇嘛朝贡问安，向噶厦方面汇报其一年的情况，并听取噶厦的指示。不丹德布和一些重要官员的最后任命必须通过以达赖喇嘛为首的噶厦的同意和授权，否则是无效的。不丹派出人质常驻拉萨，这一被称为洛恰（罗卡）的制度一直到1959年才终止。

可以说，"颇罗鼐巧妙地利用不丹的纷争，花费最小的力气就建立起西藏对不丹的控制势力"，⑤不仅结束了双方长期的战事和僵持对峙的局面，恢复了正常的贸易和民间往来，实现了西藏地方政府一百多年来的愿望，而且在不丹建立了西藏地方政府的绝对政治权威。西藏地方政府不仅作为不丹对立双方和谈的中间人和见证人，还成为和谈协议履行的执行人和监督人。整个事件的解决，清政府和西藏地方政府一直本着维护不丹的和平、安定、统一的原则，几次出兵使双方兵戈相息，并派遣

---

① 扎洛：《清宫档案中有关颇罗鼐平息不丹内乱之史料》。
② 吴丰培整理：《西藏志》，载《西藏研究》编辑部编辑《〈西藏志〉、〈卫藏通志〉合刊》，第40页。
③ 吴丰培整理：《西藏志》，载《西藏研究》编辑部编辑《〈西藏志〉、〈卫藏通志〉合刊》，第40页。
④ 《奏报赏呼图克图印记及敕书折》，转引自中国第一历史档案馆《雍正朝满文朱批奏折全译》（下册），第2632页。
⑤ [印]拉姆·拉合尔著、四川外语学院《现代不丹》翻译组译：《现代不丹》，四川人民出版社1976年版，第33页。

实力雄厚的宗教人士调解团几次赶赴不丹境内，还出资、出地解决不丹普通百姓的生存问题，使不丹政教上下心悦诚服。

三、特点

不丹作为西藏地方政权的附属力量，直接由噶厦负责，清朝中央政府并未将其纳入自身的属国范围内。但是这并不表明清王朝在二者的宗藩关系中丝毫不起作用。纵观西藏、不丹宗藩关系的历史发展轨迹，其始终贯穿着清朝中央政府、西藏地方政府和不丹三方的互动关系，呈现出与同时代的单一的两方之间的宗藩关系迥然不同的特色。

近二百年的西藏、不丹之宗藩关系发展史中，清朝中央政府和西藏地方政府的职责和所起到的作用是不同的。清朝中央政府赐予不丹德布"额尔德尼第巴"的封号，并以此作为不丹德布的专有封号。不丹除了在1734年派使臣到北京朝见之外，一百多年内没有一位不丹的使臣进入北京；不丹使臣在每年朝见达赖喇嘛的时候，必然要拜见驻藏大臣，然后再由驻藏大臣向清朝中央政府传达不丹的要求和敬意。清嘉庆朝后，不丹曾数次派人到拉萨，通过驻藏大臣向清中央政府请求赐予封号和印信。清中央政府赐予不丹德布相应的封号和印信，表明清中央政府对不丹成为西藏地方藩属的承认，显示出清中央政府对西藏地区绝对的毋庸置疑的主权。而另一方面，西藏可以独立地拥有自己的属国，是其具有一定自治权的充分体现。不丹具体事务的管理职责是由西藏地方政府来完成的。不丹德布的上任大都要经过以达赖喇嘛为首的西藏地方政府的批准。1886年，被派往不丹处理其内乱的后藏粮务刘韩文、噶布伦扎喜达吉就曾接到当时德布卡瓦·桑波的辞呈，刘韩文于是"饬令布番头目等公同保举众所悦服之人，禀请补充，并令以后如有部长及大头目缺出均须公同保举，禀由商上转请宪台补放，不得擅立"。① 另外，根据1730年的规定，不丹每年八月间都要派员赴拉萨向达赖喇嘛请安、进贡，呈报这一年内不丹的情况，请求达赖喇嘛的批示。

---

① 光绪十二年（1886）八月，"后藏粮务刘韩文等禀查办布鲁克巴情形并订断牌十条文"，吴丰培整理：《清光绪朝布鲁克巴秘档》（第二册），载拉巴平措、平措次仁、陈家琎主编，西藏社会科学院西藏学汉文文献编辑室编辑《西藏学文献丛书别辑》（第十四函），中国藏学出版社1995年版，第62—63页。

这种宗藩关系恰恰是当时西藏地方政府在清朝的特殊行政地位的最好体现，而这种特殊行政地位的形成是西藏地区历史发展的必然结果。早在清朝中央政府入关之前，五世达赖喇嘛阿旺罗桑嘉措就在蒙古固始汗的支持下奠定了格鲁派在藏区的统治地位。1721年，清朝政府借驱逐侵入西藏的准噶尔部的势力、护送七世达赖喇嘛格桑嘉措入藏的军事行动，加强了清朝政府对西藏地区的统治。此后，西藏地区经历了几次大的动荡，清朝政府权衡利弊，于1751年下令由七世达赖喇嘛格桑嘉措掌管西藏地方政权，建立格鲁派政教合一的西藏地方政权。至此，西藏地区就形成了在清朝中央政府控制下的具有一定自治权力、不同于内地行省的藩部政权。

另一方面，西藏、不丹宗藩关系的形成也是不丹同西藏地区由来已久的亲密关系的反映。从地理分布上看，两地之间具有紧密的地缘关系，经济、文化等各方面的交流一直没有停止。不丹、锡金和尼泊尔三国都处于喜马拉雅山区的边缘地带，作为西藏地区同印度之间的缓冲区，具有至关重要的战略意义，因此，无论是对清朝政府，还是对印度而言，与这几个政权结好就意味着控制了贯穿喜马拉雅山脉的贸易通道。18世纪后半叶，英印政府开始在该地区疯狂扩张，就是出于控制西藏地区向南的贸易通道，并进而控制西藏地区的这一险恶用心。从文化上看，虽然中国西藏地方政权同不丹之间的宗藩关系主要是政治朝贡性质的，但是这种朝贡却是以两地之间宗教的紧密关系为基础。不丹归附西藏地方政府却并不完全是因为武力的原因。不丹地区自古就是藏传佛教的传播地，境内最早的居民就是从西藏地区迁徙而来的，如今不丹一半以上的人口具有藏族血统，其生活方式、风俗习惯、语言文化等都深深受到藏文化的影响，与我国西藏门隅地区、亚东春丕地区的居民几乎没有明显的区分。不丹政权建立时确定的宗教是藏传佛教噶举派的一个分支——主巴噶举，不丹从上层首领到普通老百姓都以达赖喇嘛为最高宗教领袖，并以能到拉萨朝拜为最高殊荣。宗教文化的相近性自然而然地使不丹愿意亲近以当时强大的清朝中央政府为后盾的西藏地方政府，并自愿接受其领导。

不丹政府同西藏地方政府宗藩关系的形成是由当时的历史条件所决定的，也是清朝中央政府、西藏地方政府与不丹三方互动的结果。该宗藩关系的确立，符合不丹和西藏地方政府各自的发展需要，为喜马拉雅地区的安定发展创造了条件。其重要意义在于，不仅彻底结束了不丹同西藏地方政府的对立和边境地区的纷争，进一步促进了两地关系的发展，且为后来西藏地方政府抵御英印的扩张争取了盟友。

由于清朝政府一直没有视不丹为中央的属国，只是将其作为清王朝治下的西藏地方政府的属国，因此对不丹的重视程度较低。清朝政府对于包括不丹在内的喜马拉雅三地的一贯态度是，以维护西藏地方安定和保证其归属中央为第一要务。在此前提下，中央政府不干涉该三地同西藏地方政府的关系。这种近似不作为的态度充分显示了西藏地方政府的相对自主性，达赖喇嘛可以通过宗教的同一性，合理地对不丹进行行政管理。可是，也正是由于清朝中央政府这种不作为和不重视的态度，为以后不丹脱离西藏地方政府的治理转而投向英印政府的怀抱埋下了祸根。

四、中国西藏地方政权同不丹之间宗藩关系的发展及其破裂

1772年，不丹南部附属国库奇·比哈尔土王逝世，不丹与库奇·比哈尔就土王的继承问题发生了严重的分歧，不丹德布出兵库奇·比哈尔，拥立服从不丹政府的傀儡政权。当时，东印度公司驻孟加拉总督沃伦·黑斯廷斯以不丹侵略库奇·比哈尔为借口，出兵进入库奇·比哈尔地区，把不丹的势力驱逐出去，还趁机侵入不丹境内。第一次英不战争爆发。在英印政府军队的凌厉攻势下，不丹军队节节败退，英军先后侵占了阿姆巴里、法拉卡塔（今噶伦堡）等不丹领土。

不丹德布向当时的六世班禅罗桑贝丹益西（1738—1780）求救。1774年3月29日，班禅派人送给沃伦·黑斯廷斯一封信，信中重申不丹从属于西藏地方政府的事实："盖此不丹大君，乃达赖喇嘛之一臣属，达赖喇嘛驭御此方，具无限权威（惟因年甫冲龄，现今政务委托妙身），若阁下仍麾军深入不丹境内不已，势将激怒达赖喇嘛并其属民悉与阁下为敌，以故，俯念我方佛法民情，敢望阁下即此息争言和，是诚贬予以莫大之恩惠。"① 沃伦·黑斯廷斯收到该信后，为了博取班禅的好感，立刻停止对不丹的用兵，并于1774年5月派出乔治·波格尔进入西藏，发展同班禅的关系。

1772—1774年英不战争期间，八世达赖喇嘛绛白嘉措（1758—1804）还没有亲政，边疆的动荡势必会影响到西藏地区的稳定。六世班禅本着维护西藏本土和平稳定的原则，用一封书信缓解了不丹的兵戈之祸、稳定了西藏的边界地区。同时我

---

① ［英］乔治·波格尔：《乔治·波格尔出访西藏记事》，载［英］克莱门茨·R.马克姆编著，张皓、姚乐野译《叩响雪域高原的门扉——乔治·波格尔西藏见闻及托马斯·曼宁拉萨之行纪实》，四川民族出版社、中国社会科学出版社2002年版，第147页。

们也应该看到，英不战争的和平解决具有极大的偶然性，班禅亲笔写给沃伦·黑斯廷斯的信件正好为当时急于同西藏地区建立联系的英印政府提供了便利，为英印政府进入西藏地区、实施"北扩"政策提供了跳板，也使英印政府方面迅速退兵，并放弃了其在不丹的既得利益。六世班禅的做法表明了西藏方面对西藏附属国同第三国之间关系的态度：只要不危害西藏地区的利益和安全，就尽量采取和平解决的办法。因为由西藏地方政府派兵解决附属国同第三国的纠纷，是一项劳民伤财而且得不偿失的事情，不到万不得已是决不会采用的。后来随着清朝中央政府的国力渐衰，西藏地方为了保存实力，这一原则被长期应用于对不丹、锡金、尼泊尔等政权的管理上。

19 世纪，英印政府逐步蚕食不丹南部地区。1864 年 11 月 12 日，英印政府单方面宣布兼并孟加拉杜瓦尔地区，并派兵入侵不丹。经历了两次鸦片战争的清朝政府实力大衰，为了不得罪英印政府并保持在西藏地区的统治，没有派出一兵一卒去帮助不丹，只是加强西藏边界地区的守卫、派出宗教人士出面斡旋而已。结果不丹战败，1865 年 11 月 11 日，不丹被迫同英印政府签订了历史上第一个不平等条约——《辛楚拉条约》。不丹丧失了南部的大片领土，被迫开放边界口岸，而且英印政府还获得了不丹同周边国家的司法仲裁权。《辛楚拉条约》不仅是对不丹内政的践踏，也是对不丹同西藏地方宗藩关系的严重破坏。而清朝中央政府和西藏地方政府不但对该条约的签订浑然不知，而且还为西藏边境地区战争威胁的消除长松了一口气。

19 世纪 80 年代，不丹同萨宗的宗本乌颜·旺楚克（O-rgyan dBang-phyug，1861—1926）在不断的内战中实力壮大，逐步打败国内的其他地方势力，控制了不丹国内的世俗大权。在乌颜·旺楚克进行国内统一时，西藏地方政府和驻藏大臣曾就不丹的内战问题派出官员进行干涉，但由于英印政府侵略西藏的步伐加大，英国与西藏地方政府的关系日趋紧张，西藏地方政府和清朝中央政府均无暇南顾，派出一个粮务官员来解决不丹内战问题，只拿回"一纸空文"敷衍了事，并没有解决实际问题。

19 世纪末，英国发动了第一次侵藏战争，1890 年迫使清政府签订《中英会议藏印条约八款》，正式确定锡金由英国保护并督理。锡金成为英印政府的保护对象，不仅使锡金对清朝政府彻底失望，也完全打碎了不丹对清朝政府抱有的最后一丝幻想。不丹清楚地认识到，再一味依赖清朝政府和西藏地方政府，其结果会和锡金一样，成为主权丧失殆尽的"被保护"对象。以第一次侵藏战争为转折点，不丹的当权派乌颜·旺楚克重新衡量了北方清朝所属的西藏地方政府和南方的英印政府的实力，从巩固自身统治和不丹的国家利益出发，做出了对不丹历史产生深远影响的重大决定：全面改变不丹在过去几百年一直奉行的"亲藏"的基本国策，正式向英印政府靠近。

1904年，在英国发动的第二次侵藏战争中，乌颜·旺楚克亲自到英军军营，积极协助英军的行动，并以藏、英双方调停人的身份捞取了不少政治资本和物质奖励。不丹在第二次侵藏战争中以其实际行为正式向世人宣告其亲近英印政府的倾向，标志着不丹的基本政策从亲近西藏地方政府正式转为向英印政府靠近，在以后的各种国家行为上都以此基本国策为准则并体现该国策。不丹的这一重大政策的转向，是不丹、西藏关系史上标志性的事件，标志着西藏和不丹之间关系发生了根本性的变化，不丹同西藏地方政府由以前的宗主附属关系开始转向平等的地区之间的关系。当时西藏经受了两次英印政府的入侵，西藏地方政府深刻感受到了自身的落后和清朝政府的腐败无能，因此对不丹的分离倾向，西藏地方政府虽然有所觉察，但已是自顾不暇、无力阻挠了，只能承认既成事实。不丹同西藏地方政府之间百年的政治附庸关系趋于瓦解。

1905年，锡金政务官布兰德·怀特亲自到不丹，为乌颜·旺楚克颁授二等高级爵士勋章。1907年12月17日，乌颜·旺楚克在英印政府的支持下，正式宣布废黜沙布东和德布王，将不丹的政教合一的政体改为世袭君主制，乌颜·旺楚克成为不丹的第一任国王。至此，不丹长达三百年的神权统治正式宣告结束。1910年1月8日，英国、不丹在普纳卡签订了一个修订1865年《辛楚拉条约》某些条款的条约，该条约以明确条文的形式，向国内、国外正式宣布了不丹成为英印政府保护国的这一事实。条约中规定，从1910年1月10日起英国政府把给予不丹政府的津贴从每年五万卢比增为十万卢比，作为交换，不丹政府同意在外交关系方面以英国意见为指导。

清朝政府察觉到不丹的变化，曾派靖西关同知马吉符于1908年（光绪三十四年）到不丹境内调查，结果连乌颜·旺楚克的面都没有见到，只是取得几个地方官的一纸空文交差。1910年，清政府曾经力图挽回对不丹、尼泊尔的控制权，遭到英国政府的无理拒绝。1911年，辛亥革命爆发，此后的中国陷入内战之中，也无暇再顾及喜马拉雅地区的事务，中、英关于尼泊尔、不丹等问题的交涉被无限制地搁置。不丹同我国西藏地方政府的宗藩关系正式结束。

综上所述，西藏、不丹宗藩关系的建立充分体现了西藏地方政权在整个藏文化圈内的主导地位，也体现出作为中国不可分割一部分的西藏地方的相对自治权。清朝中央政府在其中所体现出的作用也是举足轻重的，如果没有康乾时的文治武功，就没有足够的能力去协助西藏地方建立与喜马拉雅三个地方政权的藩属关系。由于晚清的实力不济、软弱无能，使西藏地区先后丧失了以上的属国。

原载《中国边疆史地研究》2007年第3期，
本文刊发时作者为兰州大学西北少数民族研究中心博士研究生；
南开大学周恩来政府管理学院民族研究中心教授。

嘉庆至同治时期的中廓宗属关系*

柳岳武

乾隆时期中廓宗属关系之确立为此后双方交往提供了前提,其后嘉庆、道光、咸丰、同治各朝均在此基础上继续发展中廓宗属关系。但与乾隆时期相比,其后四朝维系该关系时因袭处多,创新处少。不仅如此,清朝实力削弱,还直接导致其应对中廓交涉时捉襟见肘,因应无力。此等行为不仅导致嘉庆、道光时期清朝对廓尔喀王国求援活动置之不理,而且导致了廓尔喀利用咸丰时期太平天国起义扰乱西藏,迫使清朝签订和约。进入同治时期,在清朝怀柔政策影响下,廓尔喀继续同清朝维系传统关系,而清朝则企图用此烘托天朝权威、支撑即将崩溃的宗属体制,亦在于怀柔廓尔喀,防其生事。嘉庆至同治时期中廓关系呈现相同特点:清朝实力削弱后,宗主国并不能彰显"一统天下"角色;相反却遭受欺凌,只能用传统政策对属国进行怀柔。此等史实亦揭示了清代宗属体制的严重弊端,其运作状况始终以王朝盛衰为转移,清晰彰显了该体制内宣传与实际运作状况间的明显背离。

针对清代中廓关系,此前研究多集中于乾隆朝廓尔喀两次侵藏战争和中廓宗属关系确立等方面,[①] 而对嘉庆朝及以后的中廓关系较少关注。据寡薄所见,目前仅有《近代外国驻藏机构及其官员的活动》《晚清尼泊尔五年进贡使团研究(1852—1906)》两论文涉及晚清中廓关系,[②] 但亦主要关注晚清廓尔喀驻藏外交机构和晚清廓

---

* 本文系年度国家社科基金项目"清代宗属体制研究"(项目批准号10CZS019)、中国博士后科学基金第53批面上资助项目"清代中国边疆危机及应对研究"阶段性成果。

① 研究乾隆朝中廓关系的主要有赵荣耀:《乾嘉时期清朝与廓尔喀封贡关系研究》,山东大学2009年博士毕业论文;骆威:《清代抗击廓尔喀侵藏战争背景及意义新探》,《民族研究》1998年第2期;梁俊艳:《试论英国在廓尔喀两次入侵西藏中的角色问题》,《中国藏学》2008年第3期;高鸿志:《英国与18世纪后期的中尼战争》,《中国边疆史地研究》1998年第4期;戴逸:《一场未经交锋的战争——乾隆朝第一次廓尔喀之役》,《清史研究》1994年第3期。

② 参见房建昌《近代外国驻藏机构及其官员的活动》,《中国边疆史地研究》1999年第3期;冯树清:《晚清尼泊尔五年进贡使团研究(1852—1906)》,河北师范大学2010年硕士毕业论文。

尔喀五年进贡使团活动方面。基于此，本文拟对嘉庆至同治时期中廓关系做一梳理，以期抛砖引玉。

一、嘉庆朝中廓关系

嘉庆时期中廓宗属关系在乾隆时期基础上继续发展，廓尔喀对清朝例贡及其他表贡仍在进行。如嘉庆元年（1796），廓尔喀请求遣使进京，并将嘉庆二年（1797）正贡合二为一，一同呈进。清朝同意了廓尔喀的请求。① 嘉庆七年（1802）、十二年（1807）、十七年（1812）、二十二年（1817）、二十七年（1822）为廓尔喀正贡之年，廓尔喀是否遣使进贡，中方史料并未提及。另外，此时期除了正贡外的其他表贡活动亦有发生。如嘉庆八年（1803）十二月，川督转奏驻藏大臣奏折称：廓尔喀准备表贡，表贡理由为"欣闻内地军务大功告竣，敬备叩贺天禧表文及呈进贡物"。由于不是正贡，驻藏大臣与川督均未允许进贡人员前往京师，只将贡物表文护送京师，并准备将清朝赏赐物品带回西藏，转由驻藏大臣赐给廓尔喀。② 嘉庆二十五年（1820）廓尔喀探知嘉庆皇帝驾崩，特向驻藏大臣进呈表文，表示哀悼，③ 驻藏大臣亦将此奏报清朝廷。

第二次中廓战争期间英国虽表面维持了中立，实际上对东亚和南亚次大陆的扩张并未停止。随着英国海外殖民势力的扩大，加速了对中国、廓尔喀的入侵。嘉庆六年（1801），英国特派使节驻廓尔喀都城，但遭到廓尔喀反对。该驻使于1802年撤出，此后英属印度与廓尔喀之间纷争不断。嘉庆十九年（1814），英属印度又以廓尔喀屡次侵扰为口实，大举进攻廓尔喀，攻占珈蓝伽城，虽遭廓尔喀顽强抵抗，但英国最终败廓尔喀人于加里河外。嘉庆二十一年（1816），英属印度复攻陷廓尔喀首都加德满都，与廓尔喀订城下之盟，廓尔喀丧地无数，英国得以在廓尔喀都城派驻使节。④

---

① 参见《奏为檄谕廓尔喀王遣使表贡事》（嘉庆元年二月八日），《军机处录副奏折》，档号03-2816-010，缩微号199-3176，中国第一历史档案馆藏。
② 《为廓尔喀进贡事致军机处咨呈》（嘉庆八年十二月十九日），《军机处录副奏折》，档号03-1608-032，缩微号110-2407，中国第一历史档案馆藏。
③ 参见《奏为代廓尔喀王呈进表文事》（嘉庆二十五年十二月二十日），《军机处录副奏折》，档号03-2816-004，缩微号199-3164，中国第一历史档案馆藏。
④ Lamb, *Britain and Chinese Asia: the Road to Lhasa*, Routledge and Kegan Paul, 1960, pp.23-30.

面对英属印度不断侵犯廓尔喀，清朝未能做出有效应对，仍以天朝上国怀柔万国姿态处理这些重大事件，故对英人入侵廓尔喀及廓尔喀的求援活动，仍执"蛮触相争，不闻不问"政策。① 与天朝上国运行机制迟钝相比，此时期的廓尔喀却反应灵敏，当遭英属殖民势力进攻时，马上向清朝呈报，要求清朝帮助驱逐英人。嘉庆二十年（1815）十二月十八日，驻藏大臣喜明等接廓尔喀来信，廓尔喀在信中不仅向清朝汇报了英廓冲突，更希望得到清朝在钱粮方面的支持。② 廓尔喀如此要求，一方面是基于宗主国对属国应尽保护义务的传统宗属体制理念，另一方面也在于以此体现属国履行保护宗主国藩篱不受侵犯之义务，即廓尔喀称其要保护西藏免遭英国染指，在廓尔喀写给驻藏大臣、达赖喇嘛、班禅额尔德尼等的信中均对此做了重点强调。如写给驻藏大臣的信中就特别强调了披楞（英属印度）"无故探听道路，欲侵扰唐古特地方"一事："披楞之人偷探唐古特路径，在尼曾达拉登十五处屯扎"，廓尔喀"若抵挡不住，必往唐古特闹事"。又如在写给达赖喇嘛的信中则更为明确地表示："倘若将廓尔喀占去，披楞仗势必来侵占唐古特，此话必有一定的……今将廓尔喀地方保守得住，唐古特方才清吉。若披楞大兵前来，如无钱粮给兵，怎能与他打仗抵敌。若没了廓尔喀，唐古特也难以保守。"在给班禅的信中也重点强调了此点。③

针对廓尔喀的请求，驻藏大臣喜明在回信中强调了三点：其一，披楞与唐古特并无仇隙，探路之说难以相信。其二，如果披楞方面果有侵扰唐古特图谋，作为属国的廓尔喀理应发挥藩篱作用，保护西藏。其三，拒绝了廓尔喀要求钱粮援助的请求："尔王求本大臣等奏恳赏给金银各物件等语，大皇帝抚育万国，一视同仁，从未有耗费中国金银赏助外夷之理。"④ 驻藏大臣的答复得到了嘉庆皇帝的认可，因为在他看来，披楞与廓尔喀争斗，只不过是夷狄之间的"争界"。同时，嘉庆皇帝进一步指示喜明，如廓尔喀再次派人赍表来藏，仍当驳回，谕以"尔国与披楞此时尚未释争，所进表文，不便转奏。大皇帝抚育万国，一视同仁，从无偏助一国之事。设此时披楞造作言词来天朝赴诉，岂肯即偏助披楞，加兵尔国乎？"⑤ 清朝做出的唯一积

---

① 王锡祺辑：《小方壶斋舆地丛钞》，杭州古籍书店1985年版，第3帙第100页。
② 参见中国藏学研究中心等编《元以来西藏地方与中央政府关系档案史料汇编》，中国藏学出版社1994年版，第837—842页。
③ 中国藏学研究中心等编：《元以来西藏地方与中央政府关系档案史料汇编》，第837—842页。
④ 中国藏学研究中心等编：《元以来西藏地方与中央政府关系档案史料汇编》，第837—842页。
⑤ 中国藏学研究中心等编：《元以来西藏地方与中央政府关系档案史料汇编》，第842页。

极反应是在中廓边界加强防御,"如廓尔喀人等果有阑入边界之事,则当示以兵威,痛加剿杀,俾知震慑,以固边圉"。①

清朝所为体现出实力不足状况下的有限因应,但这一做法却又与其仍想维持传统的宗属体制相冲突,尤其与该体制所应包括的逻辑法理背离。当驻藏大臣秉承皇帝旨意回复廓尔喀后,廓尔喀在回信中称:若果清朝对廓、英冲突不予过问,那么廓尔喀遭挫败后,就不能继续进贡天朝,只能投诚披楞,向披楞进贡。但清朝却不能容忍廓尔喀如此做法,清朝皇帝在给驻藏大臣的指令中明确提出了一个在今天看来似乎非常荒谬的要求,即指示驻藏大臣给廓尔喀回信,声称廓尔喀"与披楞或和或战,即或竟投诚披楞,天朝总置不问,但届至贡期,仍当按例进贡。倘至期不来,即当奏闻大皇帝发兵进剿,彼时尔国追悔何及"。②如此要求真实暴露了中国传统帝制时期宗属体制内的习常做法:对属国是否遭其他国家兼并,当宗主国实力受限时多不关注,其过问的主要是属国是否按期向宗主国进贡以表达忠诚。

清朝虽不过问廓尔喀与英属印度之间的战争,但廓尔喀却要求给其一个明确答复。不久后廓尔喀使节又到西藏,在给驻藏大臣的信中不仅强调了英国侵占廓尔喀土地、都城危急等事,还又一次要求宗主国清朝拿出具体对策、发挥上国功能。这次廓尔喀对清朝明确提出了三项要求:其一,要求敕书披楞头人,劝令退回所占领土。其二,派人至廓、英交界地方救护。其三,如以上均不可,亦可叫廓尔喀去投诚披楞,但"须与我一个字样"。接信后,驻藏大臣喜明在回信中首先指责了廓尔喀频年骚扰邻邦,其次拒绝了廓尔喀要求清朝敕书英属殖民地退回所占廓尔喀土地的要求,同时谴责了廓尔喀威胁要投诚披楞的说法,认为那是对上国的背叛。③清朝虽不准备干预英人侵占廓尔喀的活动,但还是担心英人干扰西藏,因而不仅命成都将军赛冲阿以奉旨询问达赖喇嘛呼毕勒罕为名,④率绿营兵五百名前往西藏防范,⑤而且让驻藏大臣派西藏地方兵加以防御。⑥当赛冲阿到达硕板多后,英、廓已经议和退兵。针对这一情况,嘉庆皇帝仍指示赛冲阿等:其一,若披楞扰及藏地边界,必应

---

① 中国藏学研究中心等编:《元以来西藏地方与中央政府关系档案史料汇编》,第842页。
② 《清仁宗实录》卷315,嘉庆二十一年正月癸卯条。
③ 中国藏学研究中心等编:《元以来西藏地方与中央政府关系档案史料汇编》,第846页。
④ 参见中国藏学研究中心等编《元以来西藏地方与中央政府关系档案史料汇编》,第848页。
⑤ 参见中国藏学研究中心等编《元以来西藏地方与中央政府关系档案史料汇编》,第847—848页。
⑥ 参见《奏为边界营官禀探廓尔喀与披楞构兵情形事》(嘉庆二十一年三月十七日),《宫中朱批奏折》,档号04-01-03-0049-004,缩微号04-01-003-002-1551,中国第一历史档案馆藏。

痛剿驱逐，切勿贪功穷追；其二，若廓尔喀王子情急，本身来投，亦可收留，妥为安插，严堵披楞，勿令阑入；其三，若两处讲和罢兵，"汝即回成都可也"。①

赛冲阿于四月十五日抵达前藏，他到西藏后明显违背了嘉庆皇帝最初的旨意，公开致信廓尔喀和英属印度，追究"让路阻贡"之事。不久，嘉庆皇帝又传谕赛冲阿"就此时两国情形而论，披楞势颇披猖"，但依然没有改变赛冲阿对披楞的无知和傲视："披楞惟僻处海隅，未通朝贡……该番因屡受廓尔喀欺凌，兴师报复，本无觊觎唐古特之心。今复驰檄晓谕，示以兵威，而于廓尔喀捏词嫁祸（朱批：一派梦话）等情，仍为白其冤诬（朱批：大奇）。"②嘉庆皇帝认为无论阻贡来自英方还是廓尔喀，凭清朝此时实力都不能对他们兴师问罪。③嘉庆二十一年（1816）三月，西藏地方官员从营官口中探知，英廓双方讲和成功。④廓尔喀因面对英属殖民地的侵略，仍渴望清朝能为廓尔喀提供保护，战争一结束就向驻藏大臣报告准备进贡。清朝要求廓尔喀仍照常贡年限进行（嘉庆二十二年进贡）。

廓英战争虽然结束，但英人却要求在廓尔喀都城阳布设立领事，定期居住。为此，廓尔喀致信驻藏大臣，要求清朝劝令英人不要在廓尔喀居住："至王子差小的们求见的缘故，因披楞现差人住在阳布，我廓尔喀不敢阻他，怕被披楞占了阳布去，要求施恩驱逐（朱批：实属狡诈）。"但驻藏大臣还是答应了廓尔喀的要求，致书披楞，劝说对方退出都城阳布。⑤驻藏大臣致信披楞要求其撤出阳布驻使，当然不是出于对西方殖民帝国殖民行为的抵制，主要目的乃在借此慰藉廓尔喀，让其继续效忠天朝，按期纳贡。客观上此际廓英冲突虽使驻藏大臣对披楞的了解有所增长，但仍非常有限，如驻藏大臣上奏清帝时称："奴才等察看廓尔喀畏惧披楞，几于朝不保夕，真有万分惶恐之象，今见披楞君臣效顺，其感畏我皇上恩威，自更倍于从前。"⑥但从廓尔喀方面看，此时清朝仍是一个重要的依赖对象，此点可从廓尔喀使节的言行中得到证明。当驻藏大臣公开向他们展示致披楞书信劝说对方驻使撤出阳布后，

---

① 《奏为边界营官禀探廓尔喀与披楞构兵情形事》（嘉庆二十一年三月十七日），《宫中朱批奏折》，档号04-01-03-0049-004，缩微号04-01-03-002-1551，中国第一历史档案馆藏。
② 中国藏学研究中心等编：《元以来西藏地方与中央政府关系档案史料汇编》，第853页。
③ 参见中国藏学研究中心等编《元以来西藏地方与中央政府关系档案史料汇编》，第857页。
④ 参见《奏为边界营官禀探廓尔喀与披楞构兵情形事》（嘉庆二十一年三月十七日），《宫中朱批奏折》，档号04-01-03-0049-004，缩微号04-01-03-002-1551，中国第一历史档案馆藏。
⑤ 中国藏学研究中心等编：《元以来西藏地方与中央政府关系档案史料汇编》，第867页。
⑥ 中国藏学研究中心等编：《元以来西藏地方与中央政府关系档案史料汇编》，第868页。

廓尔喀使节特向驻藏大臣"叩头谢恩,叩谢再三",并称"披楞最爱颜面,蒙将军大人们如此教导,披楞一定遵奏,我廓尔喀从此可以永远仰承大皇帝恩典,我君臣百姓都是大皇帝赏给生命。小的们回国,将此恩典禀知我国王子,要叫我阖部落的人都得放心乐业。我王子还要重赏小的们哩"。①

纵观嘉庆朝廓英冲突,廓尔喀对清朝仍寄厚望,期望天朝上国在两者冲突中发挥保护属国功能,但清朝限于自身实力只能采取"置之不问"政策。当然,嘉庆朝如此对策亦受其他因素影响,其一为乾隆时期廓尔喀两度扰藏和对周边部落的侵扰;其二为嘉庆时期清朝对英国在东方殖民扩张的无知。嘉庆皇帝曾给驻藏大臣等如下指示:"廓尔喀贪诈刁顽,即或另起衅端,亦与天朝无涉。其来禀称,有事总欲禀知,此时尽可付之不答,将来即有禀求之事,亦仍置之不问。惟当加意训练汉番兵丁,慎守边疆,是为至要。"②

二、道光朝中廓关系

英廓关系至道光朝仍然紧张,英方对廓尔喀的侵略并未停止,两者连年交兵,廓尔喀屡为披楞所败,"西面地方致被占去一半"。为此,廓尔喀于道光十七年(1837)向清朝呈贡表文,"有求赏银两以备防堵"事,但再次遭到清朝拒绝。其后廓尔喀于道光二十二年(1842)呈进表文时又再次申明"该国屡被披楞欺凌,求赐银两发兵堵御",清朝回文仍加拒绝。不过这次清朝特命地方官员进行了调查,稍后川督奏报了调查结果,声称情况基本属实,但双方已经言和,其交兵"系属从前之事,近虽复图侵占,尚属该头人悬拟之词,并非实被欺凌"。为此川督要求廓尔喀国王"妥抚百姓,积睦邻番,以仰副大皇帝绥安番服之至意"。③可见,道光朝仍继承了嘉庆朝的政策,对廓尔喀与披楞之间的争端采取不予过问政策,实质上也默认了英属殖民地对清朝传统属国廓尔喀的染指。

尽管如此,道光朝中廓宗属关系仍在继续发展。道光皇帝登极,廓尔喀要求遣使进贡,祝贺登极,并请求仿照嘉庆元年(1796)旧例,将道光二年(1822)正贡

---

① 中国藏学研究中心等编:《元以来西藏地方与中央政府关系档案史料汇编》,第868页。
② 中国藏学研究中心等编:《元以来西藏地方与中央政府关系档案史料汇编》,第870页。
③ 《奏为遵旨查明廓尔喀与披楞挑衅情事事》(道光二十三年四月二十五日),《宫中朱批奏折》,档号04-01-30-0128-001,缩微号04-01-30-010-0379,中国第一历史档案馆藏。

一并进呈。① 清朝同意廓尔喀道光二年正贡之年一道进贡。② 道光二年（1822）、七年（1827）、十二年（1832）、十七年（1837）、二十二年（1842）、二十七年（1847）均为廓尔喀正贡之年。③ 在这些年份，据廓尔喀资料显示，廓尔喀均实施了进贡。④ 除此之外，某些非正贡活动仍在进行，如道光二年（1822）廓尔喀贡使噶箕抵藏，通过驻藏大臣向清朝呈递禀件、贡物，禀件包括欲向驻藏大臣"面呈吁恳"等内容。驻藏大臣文幹、保昌等认为肯定又是廓尔喀的非分请求，因此决定"若似从前妄求行使该国所造银钱或仍求驱逐披楞人不入该国境内贸易，自应严词饬驳，以杜冒昧干请之心"。但结果并非如此，廓尔喀希望清朝继续赐予该国新任国王和亲贵重臣顶戴花翎，以示恩宠。驻藏大臣等认为该国王所请诸事"俱征涵濡声教，企慕华风"，遂向清帝奏请恩准。⑤ 道光二十四年（1844）二月，发生了贡使返回廓尔喀时于西藏边界私走捷径一事，清朝为此专门惩办了护送官员应国锐等。⑥

三、咸丰朝中廓关系

咸丰时期，廓尔喀表面上仍以清朝属国身份同清朝维持交往，其例行朝贡活动也在进行，而清朝也仍以上国身份对其进行怀柔，以体现万国来朝威仪。如咸丰元年（1851），廓尔喀国王向清朝请进登极表贡礼，清朝认为咸丰二年（1852）为该国例贡之年，仍可缓至该年一道进呈，以省跋涉。廓尔喀遂于咸丰二年派使进京朝贡，⑦ 贡使于咸丰三年（1853）三月到达北京。⑧

---

① 参见《禀为大皇帝登基恭赍表贡与例贡来年随同一并进呈事》（道光元年），《军机处录副奏折》，档号03-2816-082，缩微号199-3366，中国第一历史档案馆藏。
② 参见《奏为檄谕廓尔喀王遣使表贡事》（道光元年四月二十一日），《军机处录副奏折》，档号03-2816-023，缩微号199-3214，中国第一历史档案馆藏。
③ 参见《呈廓尔喀贡使人员名单》（道光二十三年四月二十五日），《宫中朱批奏折》，档号04-01-30-0128-003，缩微号04-01-30-010-0391，中国第一历史档案馆藏。
④ Dr.Vijay Kumar Manandhar, *Cultural and Political Aspects of Nepal-China Relations*, Adroit Publishers Delhi, 1999, pp.69-88.
⑤ 《奏为廓尔喀噶箕抵藏呈递该国王寄来禀件并面呈吁恳情节据实具奏事》（道光二年七月十五日），《宫中朱批奏折》，档号04-01-14-0057-078，缩微号04-01-14-007-1763，中国第一历史档案馆藏。
⑥ 参见《奏议严议四川叠溪营游击应国锐等护送廓尔喀贡使回国任听该噶箕等恩由捷径回家事》（道光二十四年二月十二日），《军机处录副奏折》，档号03-2927-032，缩微号206-1824，中国第一历史档案馆藏。
⑦ Dr.Vijay Kumar Manandhar, *A Documentary History of Nepalese Quinquennial Mission To China 1792-1906*, Adroit Publishers, New Delhi, 2001, p.238.
⑧ 参见《清文宗实录》卷87、88，咸丰三年三月辛亥条、甲子条。

咸丰三年（1853），廓尔喀利用鸦片战争清朝战败的机会，对中国西藏提出领土要求。该年三月驻藏大臣穆腾额等就向清廷奏报廓尔喀同西藏争夺纪尔巴、甲玉两处地方。该两处地方本属唐古特，后来租给廓尔喀放牧，"每年议给租钱"，乾隆五十七年（1792）福康安所订章程早已申明此点。时清朝驻藏大臣非常软弱，伙同西藏僧俗官员将两块土地让给了廓尔喀，"嗣后归廓尔喀管理，以息争端"。① 清朝亦无暇顾及，同意了驻藏大臣怀柔廓尔喀的做法，反而鼓励了廓尔喀趁太平天国起义之机进一步骚扰西藏。

咸丰四年，正值清朝面临太平天国起义巨大压力之际，正月廓尔喀国王向清朝呈递表文，要求派兵随同剿贼。驻藏大臣谆龄迟至三月后才"代奏"，清廷于同年五月命军机大臣传旨谆龄，要求该国王"恪遵定制，毋庸派兵助剿"。但驻藏大臣"因病延搁"，未能"迅速檄谕"，至给对方口实。② 同年十二月，廓尔喀国王又给清朝书信，不仅要求清朝给付廓尔喀出兵费，而且又借口唐古特所属营官"不遵旧章、征收税课"，欺负、抢劫、伤毙该国民人等，欲向中国西藏兴师问罪。针对廓尔喀要求的西藏代赔兵费一事，清朝称廓尔喀行为"尤属居心叵测"，"该国欲派兵助剿本与唐古特无干，况尚未有旨允准，何得藉口兵费"。针对贸易纠葛问题，清朝则要求西藏地方应"照旧贸易""秉公查办"。③ 但廓尔喀并不理睬，于咸丰五年（1855）授予干布康松汪堆顶戴、官职，又至后藏济咙地方传集村民，让干布康松汪堆接管营官职务，同时还派巴勒布旧头人热玛松达尔向藏内呈递表章，不遵从前由塘转递旧例。清朝认为廓尔喀这些举动均属"居心叵测"，但限于内乱和力不从心，只能先派噶布伦汪曲结布、粮务委员张祺先后驰往后藏定日一带，以查案为名，暗为布置。④

咸丰五年二月初六日，驻藏大臣谆龄等接廓尔喀国王书信，信中声称如果唐古特不以银两、地方前来说和，其将五处发兵往扎边界。同月初八日，中方委员又收到该国头人热玛松达尔所递书信，"情词极为悖谬"。而达赖喇嘛又向驻藏大臣报告了噶布伦汪曲结布所探信息："济咙、聂拉木两处边界，各来有廓兵四五百名，下立账房扎营，勒逼唐古特百姓投降，并将探信番民二人捉住拷问，施放空枪警吓，剥

---

① 《西藏研究》编辑部编：《清代藏事辑要》（一），西藏人民出版社1983年版，第461—462页。
② 《清文宗实录》卷155，咸丰四年十二月丁巳条。
③ 《清文宗实录》卷155，咸丰四年十二月丁巳条。
④ 《清文宗实录》卷159，咸丰五年二月己酉条。

去衣物释放。"①糟糕的是，清朝藏内兵力"甚单"，势难"望其抵御"，驻藏大臣只能从定日、后藏两处额役番兵一千五百名中酌拨数百名，暗地派往各处防守。除此之外，他一面拟给廓尔喀檄谕，逐层指驳，晓以大义，期望廓尔喀国王将发出之兵撤回，听候谕旨遵办；一面译咨达赖喇嘛和孔雍、察木多、乍丫、类乌齐、达木八旗、三十九族各处土兵，务于三月初间赶到边境，听候"汉番委员"调遣。②

鉴于藏内兵力不足，清朝无力驱逐廓尔喀人，驻藏大臣认为要妥善完结此案，并不容易，"五中焦灼，状无可名"。廓尔喀要求赔款数目为"该国银钱六百千元"，合唐古特银钱"七百千元"，合"内地纹银七万两"，以此试探清朝能否接受以银贿和要求。清朝虽深知廓尔喀本意所在，但在内困外忧下，也只能对廓尔喀施行"怀柔"，尽量满足廓尔喀无理要求。此点被稍后的咸丰五年三月间谕旨所证实，其谕旨称："谕军机大臣等，寄谕驻藏大臣赫特贺……总由该国前此欲助兵剿贼，该大臣不及早阻止，并多收税米，阻挡商民各案未能赶紧秉公查办，以致该国藉口与唐古特寻衅滋事。""该国此次动兵，不过要求唐古特给与银两，亦未明言与中国抗拒。"此等言论当属掩耳盗铃、自欺欺人，为此清廷在谕旨中不仅没有对廓尔喀扰藏行为加以谴责，相反却要将廓尔喀与唐古特"一体对待"，竟荒诞声称："唐古特、廓尔喀均隶我屏藩，自来一视同仁，毫无偏袒。"③

驻藏大臣赫特贺等虽照清朝皇帝的口吻传谕了廓尔喀人，但廓尔喀并不接受停兵要求，于咸丰五年三月二十九日、四月初七日先后占领了补仁、绒辖两处土地。至此，济咙、宗喀、聂拉木、补仁、绒辖均被廓尔喀占领。驻藏大臣非常震惊，加速了与廓尔喀的谈判，所给断牌八款即是驻藏大臣与廓尔喀谈判的证据：第一，因济咙营官擅自加收廓尔喀贩米商民税米（定例每米一背系税收一木碗，今收两木碗），计自道光二十七年（1847）后每年约收米一百八十余石之数，每石按时价八两计算，唐古特应赔银一万零八十两，交给廓尔喀承领。第二，济咙米盐交易，废除长头余利之税，自道光二十四年（1844）至咸丰四年（1854），所得长头米盐至二百六十余石之多，断令唐古特认赔银二千一百五十两发给廓尔喀承领，以补扣取米盐之数。另又判济咙营官头人等赔缴所扣盐斤长头余利银三百两给廓尔喀承领。

---

① 中国藏学研究中心等编：《元以来西藏地方与中央政府关系档案史料汇编》，第970—972页。
② 中国藏学研究中心等编：《元以来西藏地方与中央政府关系档案史料汇编》，第970—972页。
③ 《清文宗实录》卷163，咸丰五年三月乙酉条。

第三，因协噶尔营官在孔布地方私带盐斤，摊派差役，不给脚价，特判唐古特补给廓尔喀脚价银五百两。第四，因协噶尔营官业巴夺结殴毙廓尔喀民人青叠夺卡碾，特判按照夷例赔给命价五十两，令对方承领。第五，廓尔喀人吉巫朗咱等被抢，判令唐古特赔给价银五十两。第六，宗喀廓尔喀人被杀被抢一案，命判给命价银二百两（每名五十两），牛价银一千八百零九两（时价每头三两），其他各物二百八十两，共计二千二百八十九两，命唐古特赔给廓尔喀承领。第七，廓尔喀头人被劫赔给纹银三十四两。以上合计唐古特应赔给廓尔喀银一万五千四百五十三两。①

尽管驻藏大臣进行妥协，但廓尔喀并没有接受。咸丰皇帝也认识到廓尔喀的侵藏野心仅靠一万多两白银很难满足，在驻藏大臣请求派兵助剿的情况下，特命四川总督黄宗汉拨川兵三千交乐斌带领，赴藏相机办理，似乎已经做好了惩办廓尔喀的准备。但是，四川地方却称"进剿非时"，即"据该将军等奏称，已遵旨预备屯兵一千名，营兵二千名。惟本省兵力不敷，饷需不继，沿途支应亦有掣肘，藏地寒冷，进剿非时"。咸丰皇帝认为四川将军等所奏"自系实在情形"，进剿之议，遂终止。②在等待川兵救援无望的情况下，西藏地方只能自救。达赖喇嘛特请驻藏大臣拨借汉库贮藏之药铅火器分发各隘，以备防范。但汉库仅存火药三千六百斤、五钱重铅子一百八十余颗，与达赖要求的拨给火药八千斤、铅子一万三千斤的要求相差甚远。③

咸丰五年（1855）九月二十四日，廓尔喀发动了对帕嘉岭的进攻，清朝认为进攻已开始，"兵难中止"，但因忙于镇压太平天国运动，内地无兵可调，遂又决定用中央拨款、西藏地方出兵的方案抵抗廓尔喀。为此咸丰皇帝特向川督降旨："著黄宗汉迅速筹拨银五六万两解往后藏，交该大臣作为犒赏之需，俾藏属番土各兵鼓舞奋兴，咸知用命，或可即仗本地兵力以御外寇，无烦内地征调。"④十二月十二日传来了廓尔喀占领聂拉木的消息，最终清朝决定："现当中原贼匪未平，兵饷两缺，此次藏属用兵，诚出万不得已。而控驭外夷之道总宜恩威并济，剿抚兼施。"⑤至此，清朝无疑完全认可此前驻藏大臣等所奏六条怀柔廓尔喀办法，又责成喇嘛设法开导，并将

---

① 参见中国藏学研究中心等编《元以来西藏地方与中央政府关系档案史料汇编》，第975—976页。
② 《清文宗实录》卷171，咸丰五年七月戊辰条。
③ 参见中国藏学研究中心等编《元以来西藏地方与中央政府关系档案史料汇编》，第987—988页。
④ 《清文宗实录》卷183，咸丰五年十一月辛未条。
⑤ 《清文宗实录》卷186，咸丰五年十二月辛丑条。

生擒夷人中的绝大多数放归廓尔喀以为怀柔。① 在清朝主动言和下，廓尔喀与西藏言和。关于这一言和，《清史稿》曾做出如下评述："廓番闻大兵将至，惧，遣其噶箕来藏上表乞和，诏许罢兵。"② 此"乞和"之说当属梦话，咸丰六年（1856）双方所订十条和约可以为证：

> 一，唐古特每年与廓尔喀交给阿乃银钱十千元。二，唐古特、廓尔喀两家本是恭顺大皇上之人，西藏地方均系喇嘛寺院，又系念经作善坐静受戒之人住所，从此以后如有别国与唐古特地方打仗者，廓尔喀自当帮同唐古特护守……七，唐古特商人、百姓自相争讼者，廓尔喀之官不准审办。在藏之廓属百姓与阳布生长之卡契回民争讼者，唐古特之官不得审办。如唐古特百姓与廓尔喀之人争讼者，两家官员会同审讯，应罚赎藏番之项唐古特官员经收，罚赎廓尔喀商人、百姓、卡契之项廓尔喀官员经收。八，唐古特之人在廓属杀人逃往藏地者，唐古特将人交还。廓尔喀或唐古特之人在藏属杀人逃往廓属者，廓尔喀将人交还唐古特。九，廓尔喀商人、百姓财物被唐古特百姓抢劫者，唐古特之官查明，将财物退还廓尔喀失主。如行劫之人将财物一时不能归结者，唐古特之官勒限日期，取结追还。唐古特商人、百姓财物被廓尔喀百姓抢劫者，廓尔喀之官查明，将财物退还唐古特失主。如行劫之人将财物一时不能归结，廓尔喀之官勒限日期，取结追还。十，此次打仗时，唐古特百姓裹入廓尔喀之内，廓属百姓裹入唐古特之内者，自此和息之后，两家都不得记恨，扰害人财。③

以上十条不仅要求西藏地方对廓尔喀分年赔款（第一条），廓尔喀又单方面将"治外法权"加在中国西藏身上，不仅规定廓尔喀人在藏发生纠纷时，西藏地方不能单独审理（属人原则），而且要求廓尔喀人与唐古特人在藏内发生纠纷时，西藏地方也不能单独审理，必须双方会审等。④

咸丰六年（1856）七月十八日，清朝正式降旨接受这十条。⑤ 咸丰皇帝特降旨称：

---

① 参见《清文宗实录》卷186，咸丰五年十二月辛丑条。
② 《清史稿》卷525《藩部·西藏》。
③ 中国藏学研究中心等编：《元以来西藏地方与中央政府关系档案史料汇编》，第1002—1003页。
④ 参见中国藏学研究中心等编《元以来西藏地方与中央政府关系档案史料汇编》，第996页。
⑤ 参见《清文宗实录》卷204，咸丰六年七月癸酉条。

"朕念该国久列藩服,向来恭顺,此次与唐古特构衅,不过边徼蠢愚,罔知大体,特命赫特贺驰赴后藏协噶尔地方,剿抚兼施,晓以利害……自聂拉木等处官兵叠胜以后,该夷悔罪畏威,撤退各口番兵,求与唐古特和好。兹复据赫特贺奏报,该国王奉表输诚,恳求赦罪,察其情词,尚为肫切,自应与以自新,宽其既往。著赫特贺等传谕该国王,嗣后但当谨守藩封,与唐古特永敦和好,毋以小嫌微隙,再起争端,以仰体朕怀远推恩、一视同仁之意。"① 如此宣谕似乎表明廓尔喀最终退兵并非在于十条和约的达成,而在于对天朝的恭顺。②

此次侵藏行为影响了廓尔喀的进京朝贡活动。咸丰七年(1857)为廓尔喀正贡之年,咸丰皇帝特允免除,虽然谕旨称免贡系"惟念该国与唐古特构衅,甫经息兵,若令其赍进方物,远道前来,非所以示体恤",③ 但亦包含有对廓尔喀扰藏行为的厌恶之情。廓尔喀似乎也意识到此点,其后廓尔喀向清朝呈递谢恩表文就表达了不满。其呈文称:此次"蒙恩准免本年朝觐者,原为小的与唐古特构兵,甫经和息……但向来五年呈进例贡一次,小国使臣转回,蒙大皇帝赏赐敕书,恭赍到阳布,小的跪领……此次例贡蒙恩免其呈进,则不能稍抒悃忱,小的中心之所抱歉也"。④ 为此,驻藏大臣去信解释,称"大皇帝一视同仁,并未稍分畛域",此次免贡只为体恤廓尔喀而已。⑤ 但廓尔喀仍然不依,驻藏大臣又去信加以说明,称:"即如唐古特本年巴雅尔堪布例贡经奉旨停止,足征大皇帝一视同仁并未稍分畛域,尔王既奉到此次恩旨,自宜将感激图报缘由善具表文递藏,由本大臣代为转进圣主明见万里,自然默鉴忠忱,将来温谕宠颁,定必优加奖励。"⑥ 随后清廷又让驻藏大臣赫特贺檄谕廓尔喀王,加以奖励。⑦ 同年年底,清朝又特地重赏了廓尔喀国王及办事大小头目人等很多

---

① 《清文宗实录》卷214,咸丰六年十二月丙戌条。
② 参见《奏报遵旨办理廓尔喀与唐古特善后事宜情形事》(咸丰七年二月初四日),《军机处录副奏折》,档号03-1185-084,缩微号285-1857,中国第一历史档案馆藏。
③ 《呈抄录廓尔喀国王表底单》(咸丰七年五月十一日),《军机处录副奏折》,档号03-4175-121,缩微号284-1645,中国第一历史档案馆藏。
④ 《呈抄录廓尔喀国王禀底单》(咸丰七年五月十一日),《军机处录副奏折》,档号03-1175-122,缩微号284-1648,中国第一历史档案馆藏。
⑤ 《呈抄录廓尔喀国王禀底单》(咸丰七年五月十一日),《军机处录副奏折》,档号03-4175-123,缩微号284-1651,中国第一历史档案馆藏。
⑥ 《呈抄录已行廓尔喀国王檄谕稿底单》(咸丰七年五月十一日),《军机处录副奏折》,档号03-4175-124,缩微号284-1653,中国第一历史档案馆藏。
⑦ 参见《呈已行檄谕廓尔喀国王稿底单》(咸丰七年五月十一日),《军机处录副奏折》,档号03-4175-120,缩微号284-1644,中国第一历史档案馆藏。

礼物，其目的仍在于怀柔廓尔喀的最终言和与归顺清朝。①

清朝如此怀柔廓尔喀，获得巨大收益的廓尔喀似乎也没有令清朝完全失望。咸丰八年（1858），廓尔喀王又一次向清朝进表谢恩。乘此机会，清朝又赏该国王红宝石顶戴花翎，赏总噶箕增格八哈都尔二品珊瑚顶戴花翎。②为此，廓尔喀王又于咸丰九年（1859）特具"叩谢天恩表文"，让驻藏大臣代为转进。③同治元年（1862）又是廓尔喀五年一贡的常贡之年，廓尔喀要求照例进贡，但清朝却担心贡道是否畅通、贡使是否能顺利来京，特令地方官进行调查。驻藏帮办大臣满庆乘机向清朝建议恢复廓尔喀常贡，声称："查该国王前于咸丰七年遵旨未经差人赴京进贡，已怀觖望，此次又值例贡届□□□，仍前阻止，致□□内情权术得伸入狄之意。况现在川省□此大道已通，若不允其循例照办，□消藉口。"④但随后川督兼驻藏大臣崇实却以"贼氛未靖、道路梗阻"为由，要求暂缓廓尔喀进贡活动。鉴于此，清朝又照上次成案，免予进贡，并吩咐将廓尔喀例贡推迟至丁卯年（1867）进行。⑤这是自咸丰二年（1852）后清朝第二次免除廓尔喀进京朝贡，这也间接表明廓尔喀自咸丰二年后没有获得进京朝贡机会。

四、同治朝中廓关系

咸丰驾崩，同治登极，清朝照例给廓尔喀颁发了敕书，但敕书重点强调该国应慎守屏藩，对廓尔喀应照定例遣贡使朝贺等并未提及。为此廓尔喀通过驻藏大臣向清朝提出了遣贡使朝贺的请求，但同治皇帝再次吩咐廓尔喀至同治六年（1867）正贡之期一同进贡。同治二年（1863）廓尔喀再度进呈谢恩表文。至同治六年（1867），因"陕西道路未靖"，清朝又命廓尔喀"无庸来京"，"以示体恤"。⑥

需要说明的是，未能至京并非说廓尔喀未曾向清朝进贡，实际上进贡活动仍在进行，只不过活动区域主要限制于廓尔喀与西藏或成都之间。每逢正贡之年，廓尔

---

① 参见《清文宗实录》卷240，咸丰七年十一月甲午条。
② 参见《清文宗实录》卷270，咸丰八年十一月壬辰条。
③ 《奏为谢赏顶戴花翎并献金丝缎事》（咸丰九年七月），《军机处录副奏折》，档号03-4143-110，缩微号281-0380，中国第一历史档案馆藏。
④ 《奏为廓尔喀国王例贡届期请觐事》（咸丰十一年四月二十一日），《军机处录副奏折》，档号03-4162-121，缩微号283-0628，中国第一历史档案馆藏。
⑤ 参见《奏为廓尔喀国王遵檄将来年例贡待至下界丁卯年再为呈进等事》（咸丰十一年十月二十九日），《军机处录副奏折》，档号03-4179-108，缩微号284-3137，中国第一历史档案馆藏。
⑥ 《清穆宗实录》卷194，同治六年正月己未条。

喀均准备好进贡物品,并派使团前赴中国进贡。虽然因遵循清朝皇帝旨意,未能前赴京师,但他们均达到西藏,附带朝贡贸易主要也在藏内进行。当清朝允许其将贡物运至四川时,廓尔喀贡使也有可能到达成都。如同治六年(1867)廓尔喀贡使即到了四川境内。当他们被阻回西藏后,"颇露不逊情形","与唐古特不甚相洽,时存挟制之心"。① 驻藏大臣认为主要是因为"未遂其入贡之计",② 而笔者以为廓尔喀不满主要是因为未获得进京朝贡时沿途贸易的商机,也丧失了清朝多次赏赐的机会。

五、结语

嘉庆至同治时期中廓关系的建立和发展,既有清中央政权对传统宗属体制的因袭,亦有西力东渐状态下抵制英、法等殖民势力对南亚次大陆的侵渗而做出的消极因应,而对于廓尔喀来说,其更期望清朝能给予实质性的支持。嘉庆后,实力削弱的清朝一方面仍固守传统"以藩屏周"的理念,另一方面却又置廓尔喀等周边属国遭受西方殖民帝国侵略于不顾,并将其概括为蛮夷之争。当然,清朝如此做法亦包含有对廓尔喀多次侵扰西藏行为的惩罚。为此,当英、廓相争时,清朝往往带着矛盾心理去对待这些事件:既不希望英国侵占吞并廓尔喀而日渐接近西藏,亦不希望廓尔喀借机扩张、侵扰西藏。廓尔喀却不认可清朝如此做法,因此当嘉庆朝英国侵犯廓尔喀时,廓尔喀要求清朝资助军费或派兵驱逐英人。当清朝表示不同意后,其又要求清朝通过外交方式劝说英人从廓尔喀撤出。可见,在西方殖民势力大兵压境情况下,作为属国的廓尔喀只看重宗属体制的实际功效——对属国的保护功能,但清朝仍停留于形式上,双方无法契合,最终的结果只能是廓尔喀日益成为英国的保护对象而亲英,中廓传统宗属关系至此终结,廓尔喀成为英国势力范围。

原载《中国边疆史地研究》2014 年第 2 期,
本文刊发时作者为史学博士,
河南大学历史文化学院近代中国研究所副教授、河南大学中国史博士后流动站人员。

---

① 《清穆宗实录》卷 260,同治八年六月辛丑条。
② 《清穆宗实录》卷 261,同治八年六月己巳条。

从满文档案看洪扎与清朝宗藩关系的建立[*]

陈 柱

一、引言

洪扎（Hunza）位于今巴基斯坦吉尔吉特—巴勒提斯坦（Gilgit-Baltistan，原称北部地区）的北部，紧邻帕米尔高原，东北接新疆塔什库尔干，东南邻巴勒提和那噶尔（Nagar），西南通吉尔吉特河流域，西北抵兴都库什山和瓦罕（Wakhan）。洪扎地处喀喇昆仑山脉主干西端及偏南一条支脉与兴都库什山脉偏东一条支脉环抱而成的深山峡谷中，中心地区分布于洪扎河中游右岸，控制着洪扎河上游及两条主要支流星峡尔河（Shimshal）流域和贾帕尔桑河（Chapursan）流域，与新疆塔什库尔干有基里克、明铁盖、红其拉甫和星峡尔四个山口相通。相较于其他地区，洪扎与新疆的交通最为便捷。由于自然环境的制约，洪扎物产较为贫乏，众多物资仰赖于新疆，历史上新疆一直是洪扎重要的物资获取地。当今的中巴喀喇昆仑公路和建设中的中巴经济走廊以新疆喀什为起点，经红其拉甫山口穿越洪扎全境通往巴基斯坦。

洪扎汉文名称颇为繁杂，又称谦珠特、喀楚特、乾竺特、坎巨提、棍杂、棍扎、罕萨等。前四个是"Kanjut"①一词的音译，后三个和"洪扎"则是"Hunza"一词的音译。两词的语源及含义说法不一，兹不赘述。清光绪朝以来的汉文文献多使用"坎巨提"一词，西方文献一般使用"Hunza"一词。为了避免混淆和便于行文，本文统一使用"洪扎"一称，这也是该地现今通用的汉文名称。

洪扎地区是古代中国与南亚、中亚交通往来的重要通道，丝绸之路的枢纽之一，

---

* 中国国际广播电台陆水林先生对本文的修改提出了许多宝贵意见，谨致谢忱。
① 清代满文档案中对应满文的拉丁转写为"kiyanjut"，文中首字母未大写的专有名词，皆为满文的拉丁转写。

与中国的联系历史悠久。该地汉代为乌秅国所在,是西域南道支线"罽宾道"的一个节点。① 魏晋至隋唐时期,此地是勃律的一部分。唐代勃律有大小之分,当时称今洪扎、雅辛(Yasin)、吉尔吉特等地在内的地区为小勃律。② 勃律一称,《出三藏记集》和《高僧传》分别作"波沦""波伦",③《洛阳伽蓝记》作"钵卢勒",④《魏书》作"波路",⑤《大唐西域记》作"钵露罗",⑥ 均系同名异译。这一时期,中国与南亚、中亚地区的交往非常频繁,彼此间的官方使节、僧侣和商人往来常取道于此。这不仅在汉文官方史籍、高僧传记和求法僧人行记中留下不少记载,也在当地岩刻中保留着众多遗迹。如后秦高僧智猛赴印度求法,即经由该地。⑦ 当地著名岩刻群"洪扎灵岩"⑧ 第2号灵岩上刻有一行汉文"大魏使谷巍龙今向迷密使去",反映了北魏太武帝统治晚期,使者谷巍龙途经该地出使迷密国(即隋唐时期的米国,今塔吉克斯坦喷赤干)的情况。⑨ 宋代汉文史籍称此地为"布路沙",北宋乾德四年宋太祖赵匡胤所遣一百五十余人的大型僧团经新疆往印度西北求法即取道该地。⑩ 元明时期汉文史籍对此地缺载,双方往来情况不详。15世纪中叶,吉尔吉特"特剌汗(Trakhans)"王朝王子撒希伯汗(Sahib Khan)成为洪扎统治者,建立洪扎王国。15世纪后期,洪扎统治家族发生变更,

---

① 参见马雍《巴基斯坦北部所见"大魏"使者的岩刻题记》,《西域史地文物丛考》,文物出版社1990年版,第134—136页;余太山:《塞种史研究》,中国社会科学出版社1992年版,第145页;余太山:《两汉魏晋南北朝正史西域传要注》,中华书局2005年版,第97—98页。汉代乌秅国的记载参见《汉书》卷96上《西域传上》和《后汉书》卷88《西域传》。

② 参见《旧唐书》卷198《西戎传·罽宾》;《新唐书》卷221下《西域传下·大勃律》。《新唐书》称大勃律又作"布露"。

③ (梁)释僧祐撰,苏晋仁、萧鍊子点校:《出三藏记集》卷15《智猛法师传》,中华书局1995年版;(梁)释慧皎撰、汤用彤校注:《高僧传》卷3《宋京兆释智猛》,中华书局1992年版。

④ (北魏)杨衒之撰、范祥雍校注:《洛阳伽蓝记校注》,上海古籍出版社1978年版,第297页。

⑤ 《魏书》卷102《西域传·波路国》。

⑥ (唐)玄奘、辩机撰,季羡林等校注:《大唐西域记校注》卷3《钵露罗国》,中华书局2000年版,第299—300页。

⑦ (梁)释僧祐撰,苏晋仁、萧鍊子点校:《出三藏记集》卷15《智猛法师传》;(梁)释慧皎撰、汤用彤校注:《高僧传》卷3《宋京兆释智猛》;陆水林:《佉沙国地望及交通初探》,《西域研究》2012年第3期。

⑧ "洪扎灵岩"位于洪扎首府以东一处名为哈勒德伊基什(Haldeikish)的地方,上面刻有众多岩画和题记,包括大量佛塔、人物、动物、器物图像和贵霜帝国时期的佉卢文铭文、笈多王朝时期的婆罗米文铭文,还有少量粟特文、吐蕃文铭文。这些内容反映出洪扎地区在亚洲内陆交通史和佛教传播史上的重要地位。参见Ahmad Hasan Dani, "The Sacred Rock of Hunza", *Journal of Central Asia*, Vol. VIII, No. 2, December, 1985, pp. 5-124.

⑨ 参见马雍《巴基斯坦北部所见"大魏"使者的岩刻题记》,《西域史地文物丛考》,第129—137页。

⑩ 伦敦博物馆藏敦煌写本《西天路竟》(斯坦因S.0383);(宋)志磐撰、释道法校注:《佛祖统纪校注》卷44,上海古籍出版社2012年版,第1019页;《宋史》卷490《外国六·天竺传》;陆水林:《佉沙国地望及交通初探》,《西域研究》2012年第3期。《西天路竟》佚名,黄盛璋先生考证其作者为该僧团成员之一,参见黄盛璋《〈西天路竟〉笺证》,《敦煌学辑刊》1984年第2期;黄盛璋:《敦煌写本〈西天路竟〉历史地理研究》,《中外交通与交流史研究》,安徽教育出版社2002年版,第88—110页。僧团另一成员峨眉山僧人继业归国后也记录了此次行程,参见(宋)范成大"吴船录",《布路州国》,《范成大笔记六种》,中华书局2002年版,第204页。钱伯泉、黄盛璋两位先生称"布路州"即"布路沙",参见钱伯泉《大石、黑衣大石、喀喇汗王朝考实》,《民族研究》1995年第1期;黄盛璋:《继业西域行记历史地理研究》,《中外交通与交流史研究》,第122—124页。

来自瓦罕的阿雅什（Ayasho，阿雅什一世）登上洪扎王位，开启了一直延续至20世纪70年代的洪扎阿雅什王朝。① 这一时期，新疆地区仍保持着与此地的密切联系。15世纪末16世纪初，东察合台汗国军事贵族米尔咱·阿巴·癿乞儿征服并控制了博洛尔。②1528年，叶尔羌汗国赛德汗又派遣赖世德·速檀和《赖世德史》作者米尔咱·马黑麻·海答儿率军征服博洛尔。当时的博洛尔就包括洪扎地区在内。③

藩属制度是清朝处理边疆民族事务及与周边民族和政权关系的基本政治制度。藩属制度在中国有着悠久历史，清朝的藩属制度是对中国古代藩属制度的继承和发展，具有自身的特点。清代藩属由藩部和属国（部）两部分组成。藩部包括蒙古各部、西藏和新疆回部等，清朝中央政府对其事务进行直接管辖。属国（部）是臣服于清朝的周边民族和政权，可分为朝鲜、安南、琉球等沿海"属国"和哈萨克、布鲁特、浩罕、巴达克山等内陆"属部"。清朝通常将内陆周边的民族和政权称为部落（aiman），而非视为国家，故它们属于清朝的"属部"。清朝对属国（部）并不直接统治，一般不干涉其内部事务和对外活动，但彼此间存在一定的权利和义务。清朝一般对属国（部）首领进行敕封，拥有对属国（部）内部事务和对外活动进行干预的权利。属国（部）政治上臣服于清朝，定期纳贡，清朝对各属国（部）的贡使、贡物、贡期和贡道有着不同的具体要求，并给予丰厚赏赐。属国（部）有义务维护清朝边境和各自辖境的安定，与周边民族和政权和睦相处。

乾隆皇帝平定准噶尔和大小和卓叛乱、统一新疆后，阿雅什王室统治下的洪扎开始向清朝称臣纳贡，成为清朝在新疆边外的属部。此后，除个别年份外，洪扎王每年都遣使至新疆进贡砂金，清朝则赏赐其丰厚物品，并对其事务进行一定管辖。双方关系是清朝宗藩体系的组成部分，学界对此已多有研究。④ 洪扎与清朝宗藩关系

---

① 参见［塔］M.S.阿西莫夫、［美］C.E.博斯沃思主编，华涛译《中亚文明史》第4卷（上），中国对外翻译出版公司2010年版，第163—165页。
② 参见米尔咱·海答儿著、王治来译注《赖世德史》，上海古籍出版社2013年版，第303、373—374页。
③ 参见米尔咱·海答儿著、王治来译注《赖世德史》，第172、179、450—451页。
④ 参见《清史稿》卷529《属国四·坎巨提》；倪志书：《中英两属之坎巨提》，《新亚细亚》1934年第8卷第5期；华企云：《中国近代边疆界务志》，《新亚细亚》1935年第9卷第2期；华企云：《中国近代边疆藩属志》，《新亚细亚》1935年第10卷第4期；萧飏曾：《坎巨提述略》，1936年蒙藏委员会印行，马大正主编：《民国边政史料汇编》第24册，国家图书馆出版社2009年版；Irmtraud Müller-Stellrecht, *Hunza und China (1761-1891)*, Wiesbaden: Franz Steiner Verlag, 1978；张大军：《新疆风暴七十年》第4册第11章第3节，兰溪出版有限公司1980年版；许建英：《近代英国和中国新疆（1840—1911）》第7章第4节，黑龙江教育出版社2004年版；纪宗安、李强：《中英两属坎巨提》，《新疆大学学报》2005年第1期；毛梦兰、樊明方：《英国侵占坎巨提的经过及相关的中英交涉》，《西域研究》2009年第3期；林孝庭：《朝贡制度与历史想象：两百年来的中国与坎巨提（1761—1963）》，"中研院"近代史研究所集刊》2011年第74期；许建英、陈柱：《清政府对英国侵占洪扎的交涉及有关问题的解决》，《社会科学研究》2013年第5期等。

的建立是清朝平定准噶尔和大小和卓叛乱的结果，既是该地与古代中国悠久深厚关系的延续，也是清朝对叶尔羌汗国和准噶尔汗国遗产的继承。中国第一历史档案馆所藏清代满文档案详细记录了双方关系正式建立的具体经过，目前学界鲜有人关注和研究。本文尝试利用这些满文档案，结合有关汉文史籍记载，对此进行考察。

二、洪扎与清朝宗藩关系建立的背景

清朝西北疆域的开拓和西北宗藩体系的建立与准噶尔汗国的历史活动密切相关。在亚洲内陆地区与清朝同时崛起的准噶尔汗国长期与清朝对峙，对其构成严重威胁，清朝历经康熙、雍正、乾隆三代七十余年努力终将其平定。一方面，准噶尔汗国疆域除被沙皇俄国吞并的部分外，其余均成为清朝西北疆域的一部分；另一方面，原臣属于准噶尔汗国的众多部族和政权在准噶尔汗国灭亡后转而向清朝称臣纳贡，促使清朝西北宗藩体系建立起来。洪扎与清朝宗藩关系的建立，正是其中一环。

准噶尔是卫拉特蒙古一部。噶尔丹统治时期，对内加强集权，对外四面扩张，建立起强大的准噶尔汗国。准噶尔汗国疆域辽阔，不仅统治着天山南北、七河地区和阿尔泰山以北的乌梁海地区，还将势力扩展到哈萨克草原、费尔干纳盆地和河中地区（Transoxiana）。这些地区的众多部族和政权都臣服于准噶尔，向其缴纳贡赋。[①] 此后经策妄阿拉布坦和噶尔丹策零父子的励精图治，准噶尔汗国在亚洲内陆的势力范围更加扩大、控制更加深化。[②] 噶尔丹策零死后，准噶尔汗国陷入内乱。几经争战，达瓦齐登上汗位。清朝乘机进军天山北路，于乾隆二十年（1755）擒获达瓦齐，初次平定准噶尔。被准噶尔统治者拘禁在伊犁的大小和卓兄弟向清军投诚。阿睦尔撒纳反叛清朝，小和卓霍集占随后反叛。乾隆二十二年（1757），清军平定阿睦尔撒纳叛乱，收复天山北路。霍集占逃入天山南路，劝诱其兄大和卓布拉尼敦，以叶尔羌、喀什噶尔为基地，发动反清叛乱。清廷派人前往招抚未果，遂于乾隆二十三年（1758）初命雅尔哈善率大军进攻库车，于八月初取得库车，但霍集占逃脱。清

---

① 参见［日］宫胁淳子著、晓克译《最后的游牧帝国——准噶尔部的兴亡》，内蒙古人民出版社2005年版，第10、132—133页；《准噶尔史略》编写组编著：《准噶尔史略》，广西师范大学出版社2007年版，第82—85页。

② 参见［俄］巴托尔德著、赵俪生译《七河史》，中国国际广播出版社2013年版，第90页；［日］宫胁淳子著、晓克译：《最后的游牧帝国——准噶尔部的兴亡》，第142、144、146页；［日］佐口透：《俄罗斯与亚细亚草原》，第158—159页，转引自《准噶尔史略》编写组编著《准噶尔史略》，第130页。

廷改派兆惠领兵进讨，阿克苏、乌什先后归顺。但兆惠军在进攻叶尔羌时在"黑水营"被大小和卓叛军围困长达三月之久。乾隆二十四年（1759）六月，清廷又命兆惠和富德兵分两路分取喀什噶尔和叶尔羌，发起总攻。大小和卓自知难敌，抢掠物资，挟持回众，于闰六月取道色勒库尔（šarhul 或 šarahul，又译作色呼库勒、塞勒库勒、沙尔珲）逃往巴达克山（badakšan，又译作拔达克山、巴达赫尚）。清军一路追击，八月，大小和卓兄弟为巴达克山首领苏勒坦沙（sultanša）擒杀。① 至此，叛乱全部平定，清朝收复天山南路，统一新疆。

清朝平定准噶尔时，乌梁海、哈萨克和一些布鲁特部落（burut，即今柯尔克孜人）归顺清朝。此后，清军在进攻天山南路过程中，为防御大小和卓逃脱，分别遣使周边布鲁特、浩罕（hohan，又译作霍罕）、安集延（anjiyan，后被浩罕吞并）、巴达克山等部，要求其协助堵截和缉拿大小和卓。大小和卓逃亡巴达克山后，清军又遣使博洛尔（bolor，又译作博罗尔）前往。② 清军的行动和声威极大震撼了新疆周边地区，改变了亚洲内陆的地缘政治局势。乾隆二十四年十月前后，原本臣属于准噶尔的布鲁特、浩罕、安集延、巴达克山、博洛尔、瓦罕等部纷纷向清朝遣使称臣纳贡，请求赴北京朝觐，一时成为潮流。③

浩罕、布鲁特、巴达克山、博洛尔等部朝觐使臣于乾隆二十四年十月至十一月间自叶尔羌起程进京，先后于二十五年（1760）正月初九、初十日抵达北京，分别在乾清宫受到乾隆皇帝接见。初十日乾隆皇帝在丰泽园设宴隆重款待了诸部使臣，清廷二品以上文武大臣都参加了宴会。④ 此后，一直到正月二十八日，乾隆皇帝又多次召见和宴请诸部使臣，并赏赐物品。⑤ 二十五年二月初，乾隆皇帝分别向浩罕首领额尔德尼伯克（erdeni bek）、巴达克山首领苏勒坦沙、布鲁特额德格讷部（edegene）首领阿济比（aji bii）及齐哩克部（cirik）首领卓尔玛特（iomat 或 iomet）、博洛尔首

---

① 参见新疆维吾尔自治区民族研究所编著《新疆简史》（第一册），新疆人民出版社1978年版，第261—266页。
② 清代博洛尔的地域范围较前大为缩减，其地大致在今巴基斯坦奇特拉尔（Chitral）境内。
③ 参见《参赞大臣富德奏报护送博洛尔使臣盖毕伯克赴京折》（乾隆二十三年九月，笔者案：目录该时间似有误，根据原折内容，上奏时间当在乾隆二十四年十月间），中国边疆史地研究中心、中国第一历史档案馆合编：《清代新疆满文档案汇编》第33册，广西师范大学出版社2012年版；《定边右副将军富德等奏瓦罕部伯克米尔莽苏尔修书投诚折》（乾隆二十四年八月二十九日）、《定边右副将军富德等奏巴达克山归附并献霍集占尸骨折》（乾隆二十四年十月初二日），《清代新疆满文档案汇编》第41册；《定边将军兆惠等奏贺平定大小和卓之乱及浩罕安集延遣使归诚折》（乾隆二十四年十月初七日）、《定边将军兆惠等奏安集延浩罕等遣派使臣修书投诚折》（乾隆二十四年十月十三日）、《定边将军兆惠等奏喀尔提锦布鲁特使臣进京陛见折》（乾隆二十四年十月二十九日）等，《清代新疆满文档案汇编》第42册。
④ 参见《清高宗实录》卷604，乾隆二十五年正月乙卯、丙辰。
⑤ 参见《清高宗实录》卷604、605，乾隆二十五年正月丁巳、己未、辛酉、壬戌、乙丑、甲戌。

领沙瑚沙默特（šahošomet）颁发敕书，申明各部先前被准噶尔侵扰，嘉奖其率部归诚，督促其约束部众，安居乐业。① 随后便将各部使臣遣回，分为两队，巴达克山、博洛尔使臣为一队，选派侍卫额勒登额、明仁等人护送；浩罕、布鲁特使臣为一队，选派侍卫索诺木车凌、伍岱等人护送，分别携带敕书和丰厚赏物前往各该部。②

额勒登额、明仁一行率领官兵护送巴达克山、博洛尔使臣，乾隆二十五年七月底到达叶尔羌，③ 八月二十三日抵达帕密勒（pamil）地方。此处为布鲁特游牧地，水草良好，额勒登额等将随行官兵分出三十名留于此地牧养马匹牲畜，率另外三十名继续前行。④ 此帕密勒当属小帕米尔地区。定边将军兆惠曾奏称："查色哷库勒附近之帕密勒，西通博罗尔、巴达克山，北通安集延等处。"⑤ 额勒登额一行八月二十四日经沙喇奇番（šaracifan）地方转往巴达克山。⑥ 此沙喇奇番当即《赖世德史》中记载的撒里·却盘（Sarigh Chupan），也即今阿富汗瓦罕地区的萨尔哈德（Sarhad），其地在喷赤河上游瓦罕河谷。⑦ 额勒登额等九月初七日抵达巴达克山。向巴达克山首领苏勒坦沙颁给乾隆皇帝敕书、赏赐物品后，九月二十二日起程返回。⑧ 十月初四日回至沙喇奇番，初五日回至帕密勒地方，给留于此地的三十名官兵办理行粮后，仍旧带领三十人于初六日前往博洛尔，十一日抵达博洛尔首领沙瑚沙默特驻地。向沙瑚沙默特颁给乾隆皇帝敕书、赏赐物品，并接受沙瑚沙默特贡物后，额勒登额等十一

---

① 参见《清高宗实录》卷606，乾隆二十五年二月丙子。"卓尔玛特"实录原文如此，似与满文不符，据满文当译为"尤玛特"或"尤默特"。

② 参见《清高宗实录》卷605，乾隆二十五年正月丁卯。

③ 参见《叶尔羌办事大臣新柱等奏派往巴达克山侍卫明仁等路经叶尔羌折》（乾隆二十五年八月初一日），《清代新疆满文档案汇编》第46册，第439—442页。

④ 参见《乾清门侍卫明仁等奏报到巴达克山颁谕赏物情形折》（乾隆二十五年十一月二十六日），《清代新疆满文档案汇编》第49册，第130—131页。"八月二十三日"原文作"九月二十三日"，对照下文及其他满文档案可知原文有误。"帕密勒"即帕米尔。

⑤ 《清高宗实录》卷592，乾隆二十四年七月丁巳。

⑥ 参见《乾清门侍卫明仁等奏报到博洛尔等处颁谕赏赐情形折》（乾隆二十五年十一月二十六日），《清代新疆满文档案汇编》第49册，第120页。

⑦ 参见米尔咱·海答儿著、王治来译注《赖世德史》，第345、415—416、451页。

⑧ 参见《叶尔羌办事大臣新柱等奏报询问侍卫明仁等巴达克山等处地方情形折》（乾隆二十五年十一月二十六日），《清代新疆满文档案汇编》第49册，第112—113页；《乾清门侍卫明仁等奏报到巴达克山颁谕赏物情形折》（乾隆二十五年十一月二十六日），《清代新疆满文档案汇编》第49册，第130—136页。《平定准噶尔方略》续编卷8，乾隆二十五年十二月丁酉，《叶尔羌办事都统新柱等疏奏三等侍卫明仁等奉使拔达克山等处情形》，全国图书馆文献缩微复制中心1990年版，第2620—2621页。

月初二日自博洛尔起程返回，经过帕密勒时带走留于此地的官兵。① 十一月初七日回到色勒库尔，稍作休整后于初九日起程前往叶尔羌，② 二十日回到叶尔羌。③

三、洪扎两次遣使请求臣属和进贡

（一）关于洪扎两次遣使的满文奏折

德国学者艾尔门特罗德·米勒 – 斯特勒里查特在《罕萨与中国的贡属关系》一文中正确地推测出洪扎与清朝最初接触和建立宗藩关系的背景，但作者并未弄清双方关系建立的具体经过。④ 正是在清军平定大小和卓叛乱、新疆周边部族和政权纷纷向清朝称臣纳贡的潮流下，与新疆毗邻的洪扎迫切希望归附清朝，于乾隆二十五年（1760）先后两次派出使臣，以同清朝建立联系。清朝在遣使联络新疆周边地区堵截和缉拿大小和卓时，并没有联络洪扎，洪扎此两次遣使是清朝与洪扎的最初接触。中国第一历史档案馆藏有一份满文奏折，详细记录了洪扎两次遣使的情况。现将其内容汉译如下：

> 奏。奴才新柱、额敏和卓谨奏。为奏闻事。明仁、额勒登额告奴才等"我等此次向博洛尔颁降敕谕、赏赐物品后，回至色勒库尔，乾竺特伯克黑斯娄（heisreo）派其子米尔匝（mirdza）呈献上奏皇上之帕尔西（parsi）字书一封、致吐鲁番郡王书信一封，告称：'我等先前系叶尔羌所属，今年三月曾派人前往叶尔羌，向大皇帝进贡金子一两五钱，欲将略表诚心之处转奏大皇帝，因恳请叶尔羌之大臣等呈送。叶尔羌之大臣告我等：既先前系叶尔羌所属，现叶尔羌

---

① 参见《叶尔羌办事大臣新柱等奏报询问侍卫明仁等巴达克山等处地方情形折》（乾隆二十五年十一月二十六日），《清代新疆满文档案汇编》第49册，第113—114页；《乾清门侍卫明仁等奏报到博洛尔等处颁谕赏赐情形折》（乾隆二十五年十一月二十六日），《清代新疆满文档案汇编》第49册，第120—128页。《平定准噶尔方略》续编卷8，乾隆二十五年十二月丁酉，叶尔羌办事都统新柱等疏奏三等侍卫明仁等奉使拔达山等处情形》，第2622页。

② 参见《叶尔羌办事大臣新柱等奏出使巴达克山等处之侍卫明仁等路经沙尔库勒回京片》（乾隆二十五年十一月十六日），《清代新疆满文档案汇编》第49册，第8—9页。档案目录将"色勒库尔"译为"沙尔库勒"。

③ 参见《叶尔羌办事大臣新柱等奏报询问侍卫明仁等巴达克山等处地方情形折》（乾隆二十五年十一月二十六日），《清代新疆满文档案汇编》第49册，第111页；《乾清门侍卫明仁等奏报到博洛尔等处颁谕赏赐情形折》（乾隆二十五年十一月二十六日，《清代新疆满文档案汇编》第49册，第128页。

④ ［德］艾尔门特罗德·米勒 – 斯特勒里查特（Irmtraud Müller-Stellrecht）著、朱炳耀译：《罕萨与中国的贡属关系》，《中国边疆史地研究导报》1989年第2期。该作者曾对洪扎与清朝关系做过深入研究，著有 Hunza und China（1761-1891）一书，但未关注和利用有关满文档案。

业已归顺大皇帝为臣仆,尔等乾竺特部落亦即一体为大皇帝臣仆。现若尔伯克亲自前来,或遣其子弟一人、亲近大头目向大皇帝进贡金子,呈献奏书,我等自当收受金子,代尔等上奏。现自尔处派出尔如此一甚小回人,送来金子一两五钱,我等若即代尔上奏,非恭敬大皇帝之礼等语。未收我等金子,将我等遣回。现我等仍照旧预备金子一两五钱前来呈献,恳请大臣等将我贡金、奏书转为呈奏大皇帝。'我等嘱乾竺特之人:'我等系奉大皇帝谕旨出使巴达克山、博洛尔而来之大臣,此等事均由现驻叶尔羌办事之钦差大臣等办理。我等先将尔奏书携示叶尔羌之大臣等商办。尔等若诚愿进贡金子,望派体面大头目至叶尔羌。'遂将其两封文书携来。"奴才等将两封帕尔西字文书粗译阅看,一封为上奏皇上之书,一封为致奴才额敏和卓之书。上奏皇上之书内写道:彼等向来进贡河两岸砂金共三两,后游牧遭卡合耶木(k'aheyem)蹂躏,力量穷乏,不能再贡金子三两,自此只得贡金子一两五钱。其所遣之人摩罗哈丕斯(molohapis)到达,将金子一两五钱呈献后,恳请查收等语。又致奴才额敏和卓书信内称:黑斯娄曾欲派遣其子,现因有战事,不得去,故派遣摩罗哈丕斯等语。奴才等先将粗译上奏皇上之书、致奴才额敏和卓之书各一封,与原书一并恭呈御览。除此外,查得,今年三月,奴才额敏和卓与阿里衮一同办理叶尔羌事务之时,乾竺特地方曾遣人来叶尔羌进贡金子一两五钱。奴才额敏和卓与阿里衮一同看得,所来为首之人并非大头目,系一甚小回人。若将其奏书、金子收受上奏,于恭敬大皇帝之礼不合。故奴才等告其来人:"现叶尔羌等地均已归顺大皇帝为臣仆。尔等既先前系叶尔羌所属,今亦即一体为大皇帝臣仆矣。尔伯克若亲自前来,或派其子弟、亲近大头目奏进金子,我等自当收受,代为上奏。今尔一甚小回人前来,我等若收受金子、将来事上奏,非恭敬大皇帝之礼。故不可代为上奏。尔等将奏书、金子一并带回,告尔伯克:若每年竭诚恭敬派员进贡金子,或尔伯克,或尔伯克之子弟、亲近大头目,酌选一人,遣至叶尔羌,我等必定办理。"如此相告后遣回。现乾竺特伯克黑斯娄致奴才额敏和卓之书内,写有派遣摩罗哈丕斯之语。奴才额敏和卓犹记今年三月,乾竺特地方派往叶尔羌者,有名为摩罗哈丕斯之人。先前奴才额敏和卓与阿里衮一同商议未收受乾竺特金子、奏书者,特因所派之人甚为卑微,非恭敬大皇帝之礼,故将其遣回。并非因贡金寡少,阻碍其愿为圣主臣仆之心。现明仁等将其奏书携来,故奴才我等一同商议：俟乾竺特所派名为摩罗哈丕斯之人来至叶尔羌，奴才额敏和卓详加察看，倘非先前所来小回人，而系其一亲近体面大头目，即将其金子收受，议定其按年进贡之事，回文著其遵行。若来者仍系先前所来小回人，按理即当将其遣回。惟若屡屡遣回，恐有损外藩回人等输诚归顺天朝之心。奴才等上体圣主垂仁、使普天之下皆一体为臣仆之至意，一同议定：亦酌将金子收受，命其预备进贡，每年各进贡金子一两五钱，照此施行。若又有奏书，亦收受奏上。此后若每年仍派人至叶尔羌，务必派子弟一人或亲近大回人前来，断不可一再遣派如此小回人为首。将此写为帕尔西字书，明白晓示乾竺特伯克黑斯娄，教谕遵行。奴才等愚钝，如此议定，当与不当，伏乞圣主明鉴训示。为此谨奏闻。

十一月二十六日

乾隆二十五年十二月二十七日奉朱批：照所奏施行，钦此。①

这份奏折是清朝叶尔羌办事都统新柱和吐鲁番郡王额敏和卓于乾隆二十五年（1760）十一月二十六日向乾隆皇帝禀报当年洪扎两次遣使请求进贡情况的折子（以下简称《新柱等奏报乾竺特两次遣使进贡折》）。它是迄今所见关于洪扎与清朝最初接触最为详细的报告。与这份奏折一起的还有两份波斯文文书及其满文译文，详见下文。

《平定准噶尔方略》也简要记载了此事："明仁等接受（博洛尔沙瑚沙默特奏章及贡物），起程行至沙尔珲。有谦珠特之伯克黑斯娄，向系叶尔羌所属，每年纳金三两。因年来被兵力薄，仅交一半。而所遣又非大头目，前经办事大臣驳回。今仍恳代进。明仁等受其帕尔西字奏章一件、吐鲁番郡王书一件，与臣新柱、臣额敏和卓会议：该伯克情颇恳诚，仰体圣主万物一体之至意，酌量收受其每年常贡；若遣伊子弟及大头目等交纳，即照常代进。伏候训示。奏入报闻。"②方略因体裁所限，对此记载非常简略，虽交代了事情梗概，但许多重要细节被删减，幸得有这份满文奏折可赖以得其详情。额敏和卓、舒赫德和阿里衮是清军征讨大小和卓叛乱的参赞大臣，

---

① 《叶尔羌办事大臣新柱等奏将巴达克山等国奏书呈览折》（乾隆二十五年十一月二十六日），《清代新疆满文档案汇编》第49册，第138—143页。本文所引满文档案汉译文，均为笔者所译。"帕尔西字"是清朝对波斯文的称呼，波斯文是洪扎与清朝往来的官方文字。"卡合耶木"所指不详。

② 《平定准噶尔方略》续编卷8，乾隆二十五年十二月丁酉，《叶尔羌办事都统新柱等疏奏三等侍卫明仁等奉使拔达克山等处情形》。《平定准噶尔方略》此处将"色勒库尔"译为"沙尔珲"，将洪扎之名译为"谦珠特"。

乾隆二十四年（1759）叛乱平定后，仍以参赞大臣身份留驻叶尔羌办事，称驻叶尔羌办事参赞大臣。乾隆二十五年正月，乾隆皇帝命阿里衮回京，调正蓝旗蒙古都统新柱接任。① 二月，舒赫德离任赴阿克苏，四月，吏部侍郎海明至叶尔羌接任，加封都统衔，称叶尔羌办事都统侍郎或叶尔羌办事都统，额敏和卓留任。② 阿里衮向海明交接完事务后，前往喀什噶尔巡查，迟至八月才正式起程回京。③ 七月，新柱到任，称叶尔羌办事都统，海明随后离任，额敏和卓仍留任。乾隆二十八年（1763）三月乾隆皇帝召新柱回京，新柱八月离任。④ 额敏和卓于乾隆二十九年（1764）正月离任进京。⑤ 乾隆二十五年（1760）三月，洪扎遣使至叶尔羌请求进贡时，正好阿里衮和额敏和卓在任；当年十一月洪扎第二次遣使请求进贡，侍卫额勒登额、明仁等将其文书带回叶尔羌，正好新柱和额敏和卓在任。

（二）洪扎第一次遣使

从《新柱等奏报乾竺特两次遣使进贡折》内容来看，洪扎对清朝在新疆的情况非常了解，第一次向清朝遣使是在乾隆二十五年三月。当时在位的洪扎王是黑斯娄，⑥ 他派遣一位名叫摩罗哈丕斯的使臣携带致乾隆皇帝奏书一封和砂金一两五钱来到叶尔羌。阿里衮和额敏和卓接待了洪扎使臣。摩罗哈丕斯向二人禀告，洪扎先前是叶尔羌地方所属，现在意欲归附清朝，请求将其输诚纳贡之心转奏乾隆皇帝，将奏书、贡金代为呈献。

摩罗哈丕斯指出洪扎先前是叶尔羌所属，并以此作为向清朝请求归附的理由。可见洪扎与此前的新疆地方存在臣属关系，对此下文将进一步讨论。阿里衮与额敏和卓告知摩罗哈丕斯，既然洪扎先前是叶尔羌所属，现在叶尔羌已经纳入清朝治下，故洪扎自然也成为清朝所属，"一体为大皇帝臣仆"。可以认为，阿里衮和额敏和卓

---

① 参见张浩森《补乾隆朝叶尔羌参赞办事大臣表》，内蒙古师范大学2010年硕士学位论文，第28—29页。
② 参见张浩森《补乾隆朝叶尔羌参赞办事大臣表》，第10—13页。
③ 参见《驻叶尔羌办事参赞大臣阿里衮奏将叶尔羌事宜交付海明赴喀什噶尔巡查折》（乾隆二十五年四月初八日），《清代新疆满文档案汇编》第45册，第87—88页；《参赞大臣阿里衮奏遵旨自喀什噶尔起程回京折》（乾隆二十五年八月十九日），《清代新疆满文档案汇编》第47册，第125—126页。
④ 参见张浩森《补乾隆朝叶尔羌参赞办事大臣表》，第28—29页。
⑤ 参见《叶尔羌参赞大臣额尔景额等奏额敏和卓由叶尔羌起程进京朝觐日期折》（乾隆二十九年正月二十一日），《清代新疆满文档案汇编》第66册，第380—381页。
⑥ 洪扎王黑斯娄，西文文献中称为Mir Khusro或Shah Khisro Khan，满文称bek heisreo。"米尔（Mir）"是洪扎王的波斯语称号。"伯克（bek）"是清朝对新疆地方各级穆斯林官吏及新疆周边地区统治者、部落首领、地方头人的称呼。浩罕、巴达克山、博洛尔、瓦罕、洪扎统治者都被称为"伯克"，实际上他们都有本土名号。从"伯克"这一称谓来看，清朝似乎有意比照新疆地方官吏来看待周边地区的统治者。

口头接受和承认了洪扎对清朝的臣属,但两人以洪扎所派使臣地位卑微为由,拒绝接受其奏书、贡金。两人也未对此事给予重视,没有及时奏报清廷。迟至当年十一月二十六日,新柱与额敏和卓奏报洪扎第二次遣使进贡情况时,才详细汇报此事。不过,阿里衮和额敏和卓向洪扎王建议,如果每年或者亲自或者选派子弟、亲近大头目一人到叶尔羌进贡,必定办理。这让洪扎了解到清朝对进贡贡使的具体要求,影响着日后洪扎与清朝正式建立和发展关系的具体形式。

这是洪扎与清朝的首次正式接触。此前清朝遣使联络周边地区堵截和擒拿大小和卓时未联络洪扎,可见那时洪扎尚不为清朝所知。至此,洪扎才进入清朝驻新疆地方官员的视野,但并未引起重视。洪扎第一次向清朝遣使请求称臣纳贡,事情并不顺利。虽然驻叶尔羌官员口头接受和承认洪扎对清朝的臣属,然而拒绝接受其贡金和奏书,也未奏报此事。不过,洪扎并未就此放弃。

(三)洪扎第二次遣使

洪扎不仅有通往新疆塔什库尔干的道路,还有通往博洛尔、瓦罕和巴达克山的捷径,①消息很灵通。洪扎第一次向清朝遣使称臣纳贡未达到目的,但仍密切关注着清朝的动向。洪扎王抓住清廷所派官员额勒登额、明仁等护送巴达克山、博洛尔朝觐使臣返回各该部后返回新疆的时机,派遣使臣等候在紧邻洪扎的色勒库尔,求见额勒登额等,再次向清朝表达臣属和进贡的意愿。

根据《新柱等奏报乾竺特两次遣使进贡折》,当乾隆二十五年(1760)十一月初七日额勒登额等自博洛尔回到色勒库尔时,洪扎王黑斯娄使其子米尔匝②前来呈献砂金一两五钱、上奏乾隆皇帝的波斯文奏书一封、致额敏和卓的波斯文书信一封,再次请求臣属和进贡,恳请代为呈进奏书和贡金。米尔匝将三月间洪扎遣使叶尔羌的详情禀告额勒登额等。额勒登额等未敢擅自应允,没有收纳贡金,告诉米尔匝他们是奉旨出使巴达克山和博洛尔的使臣,各部归诚入贡之事由驻扎在叶尔羌的钦差大臣专门办理,建议洪扎王选派"体面大头目"作为使臣前往叶尔羌。不过,额勒登额等接受了洪扎王的两封文书。十一月二十日回到叶尔羌后,他们将此告知叶尔羌办事都统新柱和郡王额敏和卓,将文书交给新柱等译看,一起商办。

新柱和额敏和卓将洪扎王的两封文书大体内容译成满文。《新柱等奏报乾竺特两

---

① 参见陆水林《贾帕尔桑河谷及其交通初探》,《西域研究》2013年第3期。
② 西文文献中称为Mirza Khan,其日后弑父即位,被称为米尔匝汗二世(Mirza Khan II)。

次遣使进贡折》转述了两封文书内容，但过于简略，有幸两封文书的满译文完好保存了下来。其中致乾隆皇帝奏书内容如下：

> 粗译黑斯娄上奏皇帝之书。
> 乾竺特地方黑斯娄伯克之书。
> 奏闻统驭四方、如同杰穆希特（jemsit）之时一般居住天宫、拥有多如星辰军队之大皇帝。为进贡金子事。从前向叶尔羌地方、准噶尔纳贡之时，黑斯娄我之先祖每年将我游牧河两岸金子共三两进贡。后库拉伯（kūlab）地方一名为卡合耶木之人领兵将我游牧蹂躏。故力量甚为穷乏，已全然不能再进贡金子三两，自此遂进贡金子一两五钱。今我乃已归顺大皇帝之人，不可不实言相告。今若仍照先例进贡金子三两，我委实力量穷乏，不能进贡。乞请体恤我全游牧之人曾遭蹂躏。现派摩罗哈丕斯来献我之贡金一两五钱，恳请收受。其余不能进贡之金子一两五钱，恳请宽免。①

致额敏和卓书信内容如下：

> 粗译黑斯娄致奴才额敏和卓之书。
> 乾竺特地方黑斯娄之书。
> 启请总领众伯克为首郭兴阿（gosingga）伯克、王之安。为贡金事。从前向叶尔羌地方、准噶尔纳贡之时，黑斯娄我之先祖每年将我游牧河两岸金子共三两进贡。后库拉伯地方一名为卡合耶木之人领兵将我游牧蹂躏。故力量甚为穷乏，已全然不能再进贡金子三两，自此遂进贡金子一两五钱。今我乃已归顺大皇帝之人，不可不实言相告。今若仍照先时旧例进贡三两，我委实力量穷乏，不能进贡。乞请体谅我全游牧之人曾遭蹂躏。恳请收受现我所贡金子一两五钱。惟于进贡此金之时，我理当派遣我子米尔匝送纳。现因我近邻名为库拉伯之地

---

① 《乾竺特黑斯娄伯克进贡金子等物书》（乾隆二十五年十月，笔者案：该时间有误），《清代新疆满文档案汇编》第48册，第312—313页。"杰穆希特"是传说中的伊朗古代国王。"库拉伯"所指不详。

方兴兵作乱，故不得派遣我子。特差派摩罗哈丕斯进献。①

这两封文书非常有价值。洪扎王在文书中解释，洪扎曾臣属于叶尔羌地方和准噶尔，每年向其进贡金子三两，后因力量穷乏将贡金减为一两五钱。洪扎两次所遣使臣向清朝官员报告洪扎"先前系叶尔羌所属"显然是指这一情况。这里的"叶尔羌地方"当指叶尔羌汗国。1528年，叶尔羌汗国赛德汗曾派赖世德·速檀和米尔咱·马黑麻·海答儿率军征服包括洪扎在内的博洛尔地区。洪扎应该是从此时开始臣属于叶尔羌汗国。文献中未见准噶尔出征洪扎地区的记载。准噶尔首领噶尔丹推翻叶尔羌汗国、征服天山南路后，很可能洪扎便转而臣属于准噶尔汗国。清朝平定准噶尔和大小和卓叛乱后，洪扎试图借助与叶尔羌汗国和准噶尔汗国的这层关系，向清朝请求称臣纳贡作为藩属。虽然洪扎首次遣使时阿里衮与额敏和卓口头接受和承认洪扎对清朝的臣属，但洪扎两次遣使清朝并未正式接受其臣属和进贡。然而洪扎王黑斯娄已自认为是清朝臣属，在两封文书中一再自称"今我乃已归顺大皇帝之人"。两封文书中还详细解释贡金为何只有一两五钱，其意显然是担心清朝因贡品微薄，不接受其称臣纳贡。洪扎王的心思被额敏和卓察觉，洪扎再次遣使请求进贡似乎让额敏和卓担忧乾隆皇帝会责怪其前次未允洪扎进贡和转奏。所以在上述奏折中，额敏和卓辩解："未收受乾竺特之金子、奏书者，特因所派之人甚为卑微，非恭敬大皇上之礼，故将其遣回。并非因金子寡少，阻碍其愿为圣主臣仆之心。"从两封文书内容可以了解到日后洪扎每年向清朝进贡砂金一两五钱的由来，清朝获得洪扎臣属是从叶尔羌汗国、准噶尔汗国一脉相承而来。

洪扎王两封文书都指出第二次遣使进贡所派使臣是摩罗哈丕斯，并在致额敏和卓书信中解释为何未派遣其子米尔匝。然而实际情况却是，此次前来的使臣是米尔匝。因而可以断定这两封文书其实是当年三月洪扎王第一次遣使时已呈递过的文书，由于当时阿里衮和额敏和卓拒绝接受，故洪扎王此次遣使时又重新呈递，并且未对其内容作任何修改，虽然实际所派使臣已非文书中所述。

新柱、额敏和卓处理两封文书时，完全没有意识到这一点，误将其当作洪扎王

---

① 《乾竺特伯克黑瑟柔为照准噶尔例贡献黄金事致额敏和卓文》（乾隆二十五年十二月，笔者案：该时间有误），《军机处满文录副奏折》，档案号03-0179-1858-018，缩微号058-3392—3396，中国第一历史档案馆藏。其中3392为摘由，3393—3394为满译文，3395—3396为波斯文原文。"郭兴阿伯克"所指不详。

对下次遣使进贡的"预报",于是商定:(1)洪扎王下次遣使来叶尔羌进贡,如果所派不是第一次遣使所派那位地位卑微的摩罗哈丕斯,而是"亲近体面大头目",则将贡金收纳,并要求洪扎日后按年进贡。(2)如果所派之人仍是前次之人,按理应照旧遣回,贡金不予收纳;但又担心一再如此会有损外藩"输诚归顺天朝之心",为了彰显乾隆皇帝的宽厚仁爱和一视同仁,故即使所派仍是前次之人,也酌情将贡金收纳,并要求洪扎日后按年进贡。(3)如果除贡金之外,还有奏书,也予以收纳并代为呈奏。(4)洪扎王此后每年派人到叶尔羌进贡,必须选派其子弟或者亲近大头目前来。(5)将清朝对贡使、贡品和贡期的具体要求写成波斯文回文,命洪扎王遵行。商定后,新柱和额敏和卓联名于十一月二十六日将洪扎两次遣使情况上奏,并将两封波斯文文书原件及满译文一道呈进,请乾隆皇帝裁断。乾隆皇帝十二月二十七日降旨批准新柱和额敏和卓遵照商定结果执行。

洪扎第二次遣使仍未能实现向清朝臣属和进贡,贡金未被接受。但与前次相比,还是取得了很大进展:洪扎王的两封波斯文文书被清朝驻叶尔羌官员接受,并被译成满文呈献给乾隆皇帝。驻叶尔羌官员详细商议了应对洪扎下次遣使进贡的各种预案,决定接受其下次进贡,届时再将对进贡的具体要求行文洪扎王遵行,获得乾隆皇帝批准。

四、洪扎与清朝宗藩关系的正式建立

洪扎最初两次遣使请求臣属和进贡虽未能如愿,但经过两次接触,了解到清朝对进贡的具体要求,清朝也最终决定接受其进贡,这为洪扎与清朝宗藩关系的正式建立铺平了道路。乾隆二十六年(1761)六月,洪扎第三次遣使进贡,洪扎王黑斯娄遵照清朝要求,派遣其子米尔匝来到叶尔羌呈献金子一两五钱。叶尔羌办事都统新柱奏报洪扎此次进贡情况的奏折目前尚未见到,不过乾隆皇帝在当年七月二十日针对该奏折所颁满文谕旨被保存了下来。《乾隆朝满文寄信档》收有该谕旨全文,内容如下:

> 新柱等奏乾竺特伯克黑斯娄,遣伊子米尔匝呈进贡金一两五钱、奏书一件。遂将米尔匝等留住十日,赏给黑斯娄、米尔匝缎匹,赏给随员布匹遣回等语。

外藩小部落人等输诚入贡，赏赉遣回甚是。新柱等虽已赏赐，惟伊等业已上呈奏书，著再加恩赏缎二匹。嗣后，此等伯克等进贡方物，或亲自前来，或遣其子弟前来，理应如此赏赉遣回。若有不亲自前来，而浼人附进者，不必赏赐。如讷格尔（neger）、吉勒梯（gilti）头目，与黑斯娄同为伯克，伊等应当进贡之物，若不亲自送来，而由黑斯娄代进，此断不可也。何谓？伊等同为伯克，其应当进贡之物，不亲身送来，而由黑斯娄代进，此即视黑斯娄为首矣。如此行之日久，便成黑斯娄之属人矣。此风断不可长。今既已赏赐黑斯娄遣回，嗣后，若有其他小部落人等闻信前来输诚入贡，视其贡物，酌量赏给绸缎遣回。若不亲自前来，又不遣派子弟前来，而浼人转为代进，非但不加赏赉，其附进之物，亦不可收受。此事著新柱等善加留意。钦此。①

《平定准噶尔方略》和《清高宗实录》将该谕旨称为《谕叶尔羌办事都统新柱等办理外藩入贡事宜》，收录其梗概，并将洪扎此次进贡情况简记为"新柱奏谦珠特伯克黑斯娄遣伊子贡金，随酌量赏给"。②学界研究洪扎与清朝关系者普遍重视这一记载，将其视为洪扎和清朝的最初接触及洪扎向清朝称臣纳贡的开始，并将谕旨颁发时间误作洪扎进贡时间和新柱上奏时间。不少研究者引用这一记载时甚至将新柱之名误作"新桂"，③以讹传讹。

清代从叶尔羌到北京经驿道递送公文需要费时一月左右，乾隆皇帝颁发谕旨的时间是七月二十日，可推测新柱上奏时间当在六月二十日前后，而洪扎使臣米尔匝到达叶尔羌进贡的时间当更在此之前。根据乾隆皇帝谕旨，米尔匝前来叶尔羌进贡，叶尔羌办事都统新柱等将米尔匝一行安置歇息了十天。由此推测，米尔匝至叶尔羌进贡时间当在六月上旬。洪扎此次遣使进贡，新柱等按照此前商定的预案，将洪扎贡金和奏书接受并呈奏乾隆皇帝，分别赏赐洪扎王黑斯娄、使臣米尔匝及其随从绸

---

① 《寄谕都统新柱等外藩部落首领等若有浼人贡物者不必收受》（乾隆二十六年七月二十日），中国第一历史档案馆编：《乾隆朝满文寄信档译编》第2册，满文见第376—378页，汉译文见第631页。此处所引译文系笔者根据满文原文、参照该译编汉译文另译。"讷格尔"即那噶尔，"吉勒梯"即吉尔吉特。

② 《平定准噶尔方略》续编卷12，乾隆二十六年七月丙辰；《清高宗实录》卷641，乾隆二十六年七月丙辰。两书误将"讷格尔""吉勒梯"两个部落名（地名）当作人名。

③ 如倪志书《中英两属之坎巨提》，《新亚细亚》1934年第8卷第5期；华企云：《中国近代边疆界务志》，《新亚细亚》1935年第9卷第2期；张大军：《新疆风暴七十年》第4册，第1750页；纪宗安、李强：《中英两属坎巨提》，《新疆大学学报》2005年第1期；吕一燃主编：《中国近代边界史》（下卷），四川出版集团、四川人民出版社2007年版，第663页；毛梦兰、樊明方：《英国侵占坎巨提的经过及相关的中英交涉》，《西域研究》2009年第3期。

缎布匹等物。以此为标志，清朝正式接受了洪扎的臣属和进贡，洪扎成为清朝藩属，双方宗藩关系正式建立起来。当年七月乾隆皇帝接到奏报后，认可新柱等对此事的办理，还追加赏赐洪扎王绸缎两匹，进一步确认了洪扎的藩属地位。和看待内陆周边其他部族和政权一样，乾隆皇帝和清朝官员将洪扎视为一个"部落"，称其为"外藩""外藩部落"，并比照新疆地方官吏伯克将洪扎王称为伯克。因此洪扎在清朝藩属体系中属于"属部"。洪扎此次进贡的方式成为此后的定例，即贡使为洪扎王子弟；贡期为每年一次；贡道为就近到叶尔羌（后期改为喀什噶尔）进贡而不用进京；贡品为砂金一两五钱，由清朝驻当地军政长官代为呈奏并赏给丰厚物品；绸缎两匹也成为清廷对洪扎王进贡的正赏。

上述谕旨述及，此次洪扎进贡时，洪扎邻部那噶尔和吉尔吉特也由洪扎贡使米尔匝代进贡物。清朝一再强调周边部落进贡必须首领亲自前来，或者选派子弟、大头目前来，那噶尔和吉尔吉特经由他部代为进贡显然不合体例。乾隆皇帝自然不予接受，不但不予赏赐，贡物也拒绝接收，并严厉要求禁断此类行为。对于"外藩部落"进贡，乾隆皇帝并不看重其贡物的多寡厚薄，而是注重其态度是否虔诚和恭敬，这主要体现在贡使的人选上。由此可见清朝对洪扎贡使的要求具有普遍意义。

从此，除个别年份外，洪扎王每年都派遣子弟到叶尔羌进贡金子一两五钱，由清朝在叶尔羌的驻扎大臣①受理。清廷定例洪扎每年进贡一次，但洪扎为了获得更多优厚赏赐，经常发生一年多贡的情况。虽然清廷一再要求洪扎按定例进贡，但仍无法完全阻止洪扎寻求一年多贡的愿望。当然，洪扎与清朝的宗藩关系并非仅限于进贡和赏赐往来，清朝时常督促洪扎保持境内安定，与邻部和睦相处，随时汇报内部和周边情况。洪扎内部出现动荡，或者与邻部发生纠纷，清朝时常予以调解和劝诫。②同治三年（1864），浩罕军官阿古柏窃据新疆。洪扎不肯屈从阿古柏势力，同

---

① 不同时期，叶尔羌的驻扎大臣职衔有所变化。如前所述，乾隆二十四至二十八年，叶尔羌的驻扎大臣分别称驻叶尔羌办事参赞大臣、叶尔羌办事都统侍郎、叶尔羌办事都统。乾隆二十八年八月，叶尔羌办事都统新柱离任，额尔景额接任，被授为总理回疆事务参赞大臣。自此至乾隆三十一年，叶尔羌的驻扎大臣称叶尔羌参赞大臣。乾隆三十年乌什事变发生后，清廷将总理回疆事务参赞大臣移驻乌什，称乌什参赞大臣。乾隆三十一年十月，额尔景额奉旨回京，叶尔羌不再任命参赞大臣，改由办事大臣驻扎。此后直到道光十一年，叶尔羌长期由办事大臣驻扎。受"张格尔之乱"和"玉素甫之乱"影响，道光十一年七月，清廷下令再次将总理回疆事务参赞大臣移驻叶尔羌，直到同治三年。乾隆四十三年情况较为特殊，当年洪扎进贡是由乌什参赞大臣永贵受理的。

② 这些情况都在清代满文档案中有详细记载，参见《清代边疆满文档案目录》新疆卷（中国第一历史档案馆等编译，广西师范大学出版社1999年版）和《清代新疆满文档案汇编》。关于洪扎一年多贡的情况，也可参见德艾尔门特罗德·米勒－斯特勒里查特著、朱炳耀译《罕萨与中国的贡属关系》（《中国边疆史地研究导报》1989年第2期）的有关论述。

清朝的往来因阿古柏势力的阻隔而一度中断。光绪四年（1878）清军收复新疆后，天山南路军政事务暂由驻扎在喀什噶尔的刘锦棠统管，洪扎恢复向清朝进贡，到喀什噶尔呈进贡金一两五钱，由刘锦棠受理。① 此后，洪扎贡道便从叶尔羌转移到喀什噶尔。光绪十七年（1891）底，英国殖民者侵占洪扎，洪扎与清朝宗藩关系受到剧烈冲击，虽经清朝向英国极力交涉，洪扎终成为中英两属之邦。英国殖民者出于自身整体利益考虑，指示洪扎继续向清朝进贡，洪扎与清朝宗藩关系得以在形式上维持下来。② 这种关系在清朝覆亡后为中华民国所继承。

林孝庭认为洪扎（坎巨提）在盛清时期从不被清廷视作藩属，洪扎在清朝的藩属地位、双方宗藩关系是晚清时期清廷在与英帝国等西方列强交涉过程中为了树立国威、挽回边疆残局想象与建构起来的，此前并不存在。③ 林先生对洪扎与清朝关系的认识颇嫌论据不足，值得商榷。乾隆二十六年（1761）和乾隆五十七年（1792）洪扎遣使进贡是林先生仅知的两次洪扎与清朝发生往来的例证，满文档案所载洪扎乾隆二十五年（1760）两次主动向清朝遣使请求臣属纳贡以及此后每年遣使进贡和其他频繁密切往来的情况，完全未被注意。此外，一些著作或将洪扎与清朝宗藩关系建立时间定在乾隆二十九年（1764）正月，④ 或认为洪扎对清朝三年一贡，⑤ 或将洪扎由喀什噶尔入贡的情况视作整个清朝通例，⑥ 忽视此前洪扎长期由叶尔羌入贡的情况，都是不符合史实的。

五、结语

洪扎地区是中国、南亚、中亚之间交通往来的重要通道，与中国尤其是新疆地区的联系非常紧密，历史源远流长。洪扎王国建立后，洪扎先后臣属于新疆的叶尔

---

① 参见《陕甘总督左棠片》（光绪四年十月二十三日），中国第一历史档案馆编：《光绪朝朱批奏折》第111辑《外交·坎巨提》，中华书局1996年版。
② 参见许建英、陈柱《清政府对英国侵占洪扎的交涉及有关问题的解决》，《社会科学研究》2013年第5期。
③ 参见林孝庭《朝贡制度与历史想象：两百年来的中国与坎巨提（1761—1963）》，《"中研院"近代史研究所集刊》2011年第74期。
④ 参见（清）王之春著、赵春晨点校《清朝柔远记》，中华书局1989年版，第114—115页。
⑤ 如华企云《中国近代边疆界务志》，《新亚细亚》1935年第9卷第2期；华企云：《中国近代边疆藩属志》，《新亚细亚》1935年第10卷第4期；葛绥成：《中国近代边疆沿革考》，上海中华书局1934年版，第205页；曾问吾：《中国经营西域史》，《民国丛书》第1编，上海书店1989年版，第260页；纪宗安、李强：《中英两属坎巨提》，《新疆大学学报》2005年第1期。
⑥ 国内有关研究普遍持此看法。

羌汗国和准噶尔汗国。根据满文档案记载，清朝平定准噶尔和大小和卓叛乱、统一新疆后，原臣属于准噶尔汗国的亚洲内陆众多部族纷纷归附清朝，成为清朝西北藩属。在此背景下，洪扎王黑斯娄以曾经臣属于叶尔羌汗国和准噶尔汗国为名，于乾隆二十五年三月和十一月两次遣使新疆，向清朝请求臣属和进贡，但都未被清朝正式接受。不过，经过两次接触，洪扎了解到清朝对进贡的具体要求，清朝也最终决定接受其臣属和进贡。乾隆二十六年六月，洪扎王黑斯娄派遣其子米尔匝到叶尔羌呈进贡金和奏书，叶尔羌办事都统新柱等予以接受和呈奏，并赏给洪扎王黑斯娄、贡使米尔匝及其随从绸缎等物。自此洪扎正式成为清朝属部，与清朝的宗藩关系正式建立起来。当年七月二十日，乾隆皇帝又向洪扎王追加赏赐绸缎两匹，进一步确认了洪扎的藩属地位。此后，除个别年份，洪扎王每年派遣子弟到叶尔羌（后期为喀什噶尔）向清朝进贡砂金一两五钱，清朝则赏赐其绸缎等丰厚物品，并对洪扎事务进行一定管辖。洪扎与清朝宗藩关系的建立是该地与古代中国悠久深厚关系的延续，也是清朝对叶尔羌汗国和准噶尔汗国遗产的继承。

原载《中国边疆史地研究》2017年第4期，
本文刊发时作者为德国波恩大学东方与亚洲研究所博士后。

清政府弱化琉球宗主权的历史考察

钱文华

近代,在西方列强的侵略下,中国在东亚的国际地位日趋低下。中国国力虚弱,已经难以支撑长期坚守的华夷秩序。体现华夷秩序核心内容的宗藩关系此时受到严峻考验,中国与琉球的宗藩关系便是其中之一。日本在明治维新后,逐渐走上了向亚洲邻国扩张的道路,琉球成为其侵吞的首要对象。清政府与日本在琉球问题上进行了一定的争夺,但由于安全环境和实力等因素的影响,清政府在日本进逼面前步步退让,最终任由日本将琉球吞并。

一、宗主权弱化的开端:《北京专条》

琉球,古称流虬、留仇或流求,后更名为琉球。它位于日本萨祠马岛之南、中国台湾之北,由三十六岛组成,其中北部九岛,中部十一岛,南部十六岛。1874年,大久保利通称:"琉球两属状态,自中世纪以来,因袭已久,难于遽加改革,以至因循至于今日。"① 从历史情形分析,琉球国自古就有"两属"地位一说,但理由并不充分。

中国对琉球拥有宗主权可以追溯到明朝。史书记载:"明、清两代共有二十四次册使遣往琉球。"②1372年,杨载奉朱元璋之命出使琉球,中山王察度开始对明朝称臣,并且派遣弟弟期泰随杨载来华,上表称臣,向明朝贡方物。此后每年或者隔年必定遣使来朝贡。当时琉球的山南、山北和中山三王互相争斗,明朝政府敕令他们

---

① 王芸生:《六十年来中国与日本》(第一卷),三联书店1979年版,第149页。
② (清)李鼎元:《使琉球记》,陕西师范大学出版社1992年版,第1页。

息争，并分封三王。等中山王统一琉球各岛后，封察度为琉球王。1392年，朱元璋又赐闽人善操舟者三十六姓与琉球。1407年，琉球王以尚思绍名义派遣使节朝贡，之后琉球王就一直使用"尚"姓。中琉之间长期维持着比较稳固的宗藩关系，这种关系的维持不是靠武力，而是中国的国力和礼仪赢得了琉球人民的信赖，琉球愿意采用中国人的姓氏就是其心向中国的最好例证。1663年与1756年，康熙与乾隆分别赐印给琉球王，表示继续承认琉球的属国地位。中山王尚穆死后，世孙尚温派向国垣、曾谟为正副使"进例贡，表请袭封"。① 1855—1859年间，琉球与美国、法国以及荷兰签订了通商条约，琉球国在条约文本中使用的都是"咸丰"年号，中国与琉球的宗藩关系得到了西方认可。长期以来，清政府把琉球视为四个主要藩属国之一（四个藩属国指朝鲜、越南、琉球和缅甸）。另外，1879年琉球国王派紫巾官向德宏来华递求援信，信中称："溯查敝国前明洪武五年隶入版图，至天朝定鼎之初，首先效顺，纳款输诚，叠蒙圣世怀柔，有加无已，恪遵《大清会典》，间岁一贡，罔敢衍期。"② 历史上琉球的所作所为都证明了一件事：中琉之间存在的宗藩关系确属无疑。

"两属"地位说是非常勉强的，日本显然夸大了事实。从地理位置上看，日本离琉球较近，历史上双方形成自然往来关系是极为正常之事。然日本强行拉近与琉球关系，主要靠武力为后盾，并非琉球国自愿。琉球"贫弱特甚，世受役于日本"，③ 日本史书中曾经杜撰了一段史事企图证明琉球为日本属国：唐开元二十三年（735），琉球已纳税贡于日本；日人测量琉球海面浅深，建立石碑。对此，王韬曾著文辩驳："考日本史：文德天皇仁寿三年秋，僧圆珍附唐商钦良晖舶赴唐，路遭飓风，漂至琉球，遥见数十人执戈矛立岸上，良晖哀号曰：'我等将为琉球所噬，若何！'圆珍祈佛，忽得东南风，获免。按其时为唐宣宗大中七年，相距彼言纳贡之时一百八十年，日本人应与之久相稔熟，何以祈佛求免，一若从未相通者邪？此其可疑者，一也。测量海道，志其深浅，此泰西诸国立约通商之后，航海舟师方传此法，在唐千余年前，何得于此！盖伪造之言，一时流露于不自觉，此其可疑者，二也。"④

1591年丰臣秀吉用兵朝鲜，派岛津家徵至琉球征集粮饷，为琉球王所拒。1602年日本擅自把琉球归入萨摩藩。1606年，岛津家久领兵入侵琉球，"日本强定琉球

---

① （清）李鼎元：《使琉球记》，第6页。
② 王芸生：《六十年来中国与日本》（第一卷），第165页。
③ 王韬：《弢园文录外编》，辽宁人民出版社1994年版，第217、218页。
④ 王韬：《弢园文录外编》，第218页。

税额，清查户口，检查土地，设立机关，又迫琉王不得与明朝通好"。① 日本所说的两属地位，仅仅指近代以来日本在行政区划上强行对琉球控制造成的局面，并非历史形成。1872 年，日本逼迫琉球朝贺明治天皇亲政。琉球王无奈，派王子尚健和三司官等到东京朝贺，天皇借机封琉球王尚泰为藩王。次年，将琉球划入日本内务府管辖，使之与日本其他郡县并列。但没有得到琉球的同意。日本与琉球之间在历史上没有形成自然的、双方认可的宗藩关系，在性质上是一种单向关系。因此，历史上琉球的"两属"地位说不能成立。严格意义上说，琉球"两属"地位只是到中日《北京专条》签订后才被清政府确认。清政府主动弱化对琉球宗主权，主要原因是：经过两次鸦片战争和太平天国运动，中国国力受损严重。19 世纪 70 年代，中国经济正步入较快发展阶段，清政府害怕出现新的战争而使发展中断，因此，在《北京专条》中做出妥协，承认日本侵台为"保民之举"。

二、宗主权进一步弱化的标志："延宕之法"

明治维新后，木户孝允等开始讨论和研究侵略朝鲜计划，扩张思想付诸行动。这时，俄、英两国也虎视东北亚。俄国正向南扩张，欲侵略朝鲜，而"英国对琉球很感兴趣，企琉球作为第二个新加坡"。② 这种情形加速了日本的扩张步伐。历史上，日本经常欺压在地缘上紧靠自己的琉球国，在战略上视琉球为后院，琉球却甘愿臣服于中国。日本看到，夺取琉球的最大困难是中国与琉球的宗藩关系，因此，必须在与中国打交道的过程中，寻找有利时机削弱或割断这种关系。1871 年 11 月，一艘琉球船因飓风漂到台湾，与岛上高山族人发生冲突，死五十四人。1873 年 5 月，日本外务卿副岛种臣来华换约，总理衙门大臣毛昶熙在日本使节质问下竟说："杀人者皆属生番，姑且置之化外，未便穷治。"③ 日本认为抓住了把柄：既然清政府承认台湾东部高山族是"生番"，高山族就不是清政府管辖的臣民；既然是"未便穷治"，就不是清政府进行治理的地方。那么，日本出兵惩罚"生番"也不构成对中国的侵略。"化外说"助长了日本国内的"征台"呼声。

---

① 王芸生：《六十年来中国与日本》第一卷，第 148 页。
② 吴廷璆主编：《日本史》，南开大学出版社 1994 年版，第 410 页。
③ 王芸生：《六十年来中国与日本》（第一卷），第 65 页。

1874年5月，日本政府任命陆军中将西乡从道为台湾事务总督，率兵三千六百五十八人出发征台，以"惩治凶手"为名向清政府施加压力，试探清政府对台湾和琉球的关注程度。清政府急于平息战事，在10月31日签订的中日《北京专条》中，承认"日本国此次所办原为保民义举起见，中国不指以为不是"。同时，中方也得到日本的承诺：台湾生番"中国自宜设法妥为约束"。① 承认日本是"保民义举"，实际上承认了琉球人为日本所管。清政府为保台湾，开始承认琉球的"两属"地位，这意味着清政府不再死守宗藩关系，而是有意弱化对琉球的宗主权。

《北京专条》签订后，日本加快了吞并琉球的步伐。1875年5月，日本军队侵入琉球进行殖民统治，阻止琉球向中国进贡，阻贺光绪登极大典。1877年4月，琉球密使向德宏到福州向闽浙总督何璟、福建巡抚丁日昌陈述日本阻贡事。清政府一面命出使日本的何如璋进行交涉，一面令"琉球使臣及通事人等，即著何璟、丁日昌饬令统行回国，毋庸在闽等候"。② 准备通过外交途径解决日本"阻贡"问题。

何如璋奉谕和日本就琉球问题进行交涉，据理力争，希望保住琉球的独立地位。1878年5月29日，他在给李鸿章的信函中谈了自己的看法："阻贡不已，必灭琉球；琉球既灭，行及朝鲜。否则，以我所难行，日事要求，听之，何以为国？拒之，是让一琉球，边衅究不能免……况琉球迫近台湾，我苟弃之，日人改为郡县，练民兵；琉人因我拒绝，甘心从敌；彼皆习劳苦耐风涛之人，他时日本一强，资以船炮，扰我边陲，台澎之间，将求一夕之安不可得。是为台湾计，今日争之患犹纾，今日弃之患更深也。"③ 从地缘政治出发，他一方面强调琉球对于朝鲜、台湾的重要性，另一方面为失去琉球而深为中国将来边境安全担忧，因此，他提议对琉球"不得不争"。李鸿章在复何如璋函中对琉球问题的态度则显得轻描淡写："琉球朝贡，本无大利，若以威力相角，争小国区区之贡，务虚名而勤远略，非惟不暇，亦且无谓。"④ 他把琉球问题的处理看成是为了争贡，在他看来，琉球离中国太远，不必去和日本争夺。

关于应对琉球危机，何如璋在给总理衙门函中提出上、中、下三策：上策，先遣兵船，责问琉球，征其入贡，示日本以必争；中策，据理言明，约琉球令其夹攻，示日本以必救；下策，反复辩论，若不听从，或援万国公法以相纠责，或约各国使

---

① 王芸生：《六十年来中国与日本》（第一卷），第98页。
② 王芸生：《六十年来中国与日本》（第一卷），第152页。
③ 王芸生：《六十年来中国与日本》（第一卷），第154页。
④ 王芸生：《六十年来中国与日本》（第一卷），第155页。

臣与之评理。李鸿章认为,"遣兵舶责问,及约球人以必救,似皆小题大做,转涉张皇"。① 他这么做,一方面是迫于"清流派"压力,另一方面是怕惹恼日本动武。因此,他不主张对日采取强硬政策,没有采纳何如璋的上、中策,仅强调采用下策。他认为对日本的策略是"惟言之不听时复言之",这样做可一举两得:一方面,日本"自知理绌",可能不会急于废藩改县,这样琉球可以自保;另一方面,中国也无须派兵远涉重洋。李鸿章的意见最终为总理衙门采纳。在得不到清政府全力支持的情况下,何如璋还是在日本进行了有力交涉。1878年9、10月间,他多次和日本外务卿寺岛宗则谈判,态度强硬。但是李鸿章在背后拆台,他致函总理衙门,议论何如璋的行为容易引起中日争端,认为何"虽甚英敏,于交涉事情历练未深,锋芒稍重"。② 1879年初,左宗棠在一封关于琉球问题的奏折中认为,琉球在经济上贫困,土产也远逊日本,在政治上不敢开罪日本,因与日本岛屿相连,地势相迫,成为甥舅之国。结论说,日本兼并琉球亦在意中,中国可置之不论。③ 他的奏折附和了李鸿章的主张。

1879年3月27日,日本对琉球实行废藩置县,把琉球改为冲绳县。琉球国请求清政府紧急援助。国王先是派毛凤来向中国驻日本公使何如璋求救,又托赴日闽商带密函给福建督抚,还直接遣使紫巾官向德宏到天津叩见李鸿章,"泣请援琉"。总理衙门担心舆论压力,便提醒李鸿章,废琉球事关体统。5月,李鸿章等请来华游历的美国前总统格兰特居间调停。日本根据格兰特的建议,提出"分岛改约论",将靠近台湾的"琉球之宫古岛、八重山岛定为中国所辖,以划两国疆域也"。④ 但条件是修改《中日通商条约》,日本取得在中国内地自由通商和"一体均沾"的利益。清总理衙门在谈判中提出"三分琉球"建议(北部各岛属日本,中部各岛复琉球,南部各岛归中国),遭到日本拒绝,清政府"复琉"的努力失败。此时,清政府正在和俄国交涉伊犁问题,担心日、俄勾结,准备同意日本的要求,"虽两岛地方荒瘠,要可借为'存琉'根本"。⑤ 面对东、西两面交涉,清政府统治者内部对于和日本谈判琉球一事有不同的意见:"有的主张中日旧约不宜改,琉球案不宜马上了结,

---

① 王芸生:《六十年来中国与日本》(第一卷),第157页。
② 王芸生:《六十年来中国与日本》(第一卷),第163页。
③ 参见董守义《李鸿章传》,哈尔滨出版社1996年版,第307页。
④ 王芸生:《六十年来中国与日本》(第一卷),第177页。
⑤ 王芸生:《六十年来中国与日本》(第一卷),第179页。

如右庶子陈宝琛;有的主张中日旧约可以改,琉球案可照议了结,如左庶子张之洞等。"也有人"恐怕日本与俄国勾结,事情更加不好办等等"。① 议论纷纷,莫衷一是。1880年11月11日李鸿章在奏折中认为:"日本公使宍户玑屡在总理衙门催结球案,明知中、俄之约未定,意在乘此机会图占便宜。臣愚以为琉球初废之时,中国以体统攸关,不能不亟与理论。今则俄事方殷,中国之力暂难兼顾,且日人多所要求,允之则大受其损,拒之则多树一敌,惟有用延宕之一法,最为相宜。盖此系彼曲我直之事,彼断不能以中国暂不诘问而转来寻衅。俟俄事既结,再理球案,则力专而势自张。"② 对日可以采用"支展之法,专听俄事消息以分缓急",主张对日"缓允改约"。③ 李鸿章承认,中国不能而且无力同时与俄、日进行交涉,否则必然外交上再次吃亏;认为对付外来压力,要集中力量,这样,所订条约才能避免更大损失。可以说,这是李鸿章办理外交中积累的经验之谈。他用有力的形势分析说服了朝廷,否决了"存琉"方案。

李鸿章的"缓允改约"方案提出后,日本谈判代表宍户玑含愤回国,琉球问题被搁置起来,清政府对"存琉"一事从此没了下文。事实上,1876年日本强迫朝鲜签订《江华条约》后,清政府把注意力逐渐由琉球转向朝鲜问题,琉球问题的紧迫性退居朝鲜之后。中国对琉球的宗主权名存实亡。宗藩关系是清朝守驭四方、显示大国风范的一种标志。宗主国通过对属国国王册封的形式,表示对该国的承认,在道义上承担起保护其安全的责任。一般来讲,宗主国不向属国派兵,而属国则称宗主国为上朝,奉宗主国为正朔。清政府主动弱化对琉球的宗主权是放弃保护琉球的标志。

三、宗主权弱化的一种后果:"防日"思想上升

清朝统治集团内部"防日"思想的上升是进一步弱化对琉球宗主权后的一种反映。琉球被日本吞并后,清政府增强了防备日本进一步侵略的警惕性,"防日"思想加强具体表现在保住藩属国朝鲜的安全。在实践中,李鸿章、何如璋和黄遵宪等人

---

① 杨公素:《晚清外交史》,北京大学出版社1991年版,第185页。
② 孔昭明:《清光绪中日交涉史料选辑》(全),《台湾文献史料丛刊》第四辑(73),1984年版,第39页。
③ 孔昭明:《清光绪中日交涉史料选辑》(全),《台湾文献史料丛刊》第四辑(73),第41页。

积极推动实行对朝鲜的新政策。李鸿章直接给朝鲜太师李裕元写信,告知开放与闭关的利害关系,提出朝鲜如果主动对"泰西"各国开放通商,牵制日本则"绰乎有余",并且可以杜绝俄国"窥视",劝朝鲜开放实现自保。何如璋、黄遵宪通过另外一种方式影响朝鲜政府,他们与朝鲜赴日使团直接沟通。1880年8月朝鲜礼曹参议金宏集率使团到达东京,何如璋向他阐述了清政府对朝鲜的新政策,指出朝鲜的外交政策要坚持"亲中国,结日本,联美国"。他还让黄遵宪把写好的《朝鲜策略》交给金宏集带回国内,呈送朝鲜国王。尽管李鸿章和何如璋等在阐述对朝鲜新政策时侧重点略有不同,但他们的目的是一致的,就是要求朝鲜开放。

在清政府内部,出现为防备日本侵略而要求加强海防建设的言论。在"分岛改约"提出后,总理衙门就上奏,要求增购《防海新论》一书,禀称该书"前经上海道刊印兹送前来,臣衙门尚存十余部,现已遵旨先行分寄东三省各数部。一面仍饬上海道赶紧刷印,寄交臣衙门续再补发;并拟知照南洋大臣就近多为购买,分行沿海各督、抚转给诸将领细心讲求,以资练习"。① 可见,琉球事件引发清政府对海防建设的高度重视,总理衙门的建议得到了朝廷同意。1880年,清政府下令福建巡抚岑毓英"将台湾防务悉心规划与何璟会商布置,务期有备无患"。②1881年3月3日,军机大臣左宗棠在给总理衙门函中主张沿海各省应加强戒备,以防日本派兵来犯。"复球之案,不能拟结,日本且自绝于中国,尚何睦谊之可言?睦谊中乖,尚何改约一体均沾之足云乎?"应该"请旨饬下海疆各督、抚、提、镇,密饬防营,预为戒备,静以待之。大约以防俄之法防日,蔑不济矣"。③ 左宗棠的"防日建议"意在提醒清政府注意日本的威胁。他认为,一方面,日本在与中国整个交涉过程中,没有表现出和中国平等相处之意,相反,日本在仿效西方列强,想借机从中国得到好处;另一方面,中国在谈判中废弃成议的做法可能会激怒日本,应该在沿海地区进行防范准备。在清朝廷内部,对中日关系认识有些见地的人开始呼吁,日本进攻台湾并吞琉球,用心险恶,中国如果不加强国防建设,边疆安全将难以保证。

比"防日"思想更加激进的言论是:有人提出用武力制服日本,以消除后患。1881年3月29日,翰林院编修陆廷黻上奏,"请征日本以张国威而弭敌患",称对

---

① 孔昭明:《清光绪中日交涉史料选辑》(全),《台湾文献史料丛刊》第四辑(73),第26页。
② 孔昭明:《清光绪中日交涉史料选辑》(全),《台湾文献史料丛刊》第四辑(73),第44页。
③ 王芸生:《六十年来中国与日本》(第一卷),第188页。

曰"不可不征者五而有可征者三"。"不可不征者五"指：(1)"岂有大一统之天下而甘受小邦之侵侮"。(2)"不服日本，何以复琉球"。(3)"日本不内恤其政而外求逞于人，何异狂疾！不先发以制之，虎狼无厌，又将肆其西封；东南数省，遭害必同明代"。(4)"彼日夜窥我动静，我强则退，我柔则进。使日本一小国犹不能制，益将轻我而启戎心，何以弭伺我者之隙"！(5)"若坐视琉球之亡而不救，朝鲜必为其续矣"。"可征者三"指：一曰名有可居也，"今奉辞伐罪，责其何以倾人社稷、覆我屏藩，名正言顺，彼必帖然无辞"。一曰机有可乘也，日本君长"虐用其民""多借国债"，"财匮于上，民怨于下，上下离心，罔有固志"。一曰势有可因也，"数日本之罪明告通商各国，寻遣一介以告日本，要其必复琉球而后止。复于东南各海口盛张兵威以待之"。[1] 陆廷黻看到了日本对外极力扩张带来的危害性，如果不采取有效措施迅速制止、慑服日本，朝鲜将步琉球后尘，中国非但屏藩难保，自己的国土也会受到极大威胁。当然，这种激烈的言论并非当时的主导思想，然而，它一定程度上反映了日本扩张对中国国家安全的巨大威胁。

总之，日本吞并琉球造成清政府统治四面受敌局面。清政府原来主要对付的是来自西方、北方的强敌，现在又增加一个东方对手。清政府统治集团在失去琉球后感到了空前压力，心情是极其复杂的。

近代中、日两国关于琉球问题的交涉，两国的目的是有本质区别的。中国争的是一种享有宗主权的宗主国名分，还要履行宗主国保护属国安全的责任；而日本不仅要争名分，更要夺取领土，要把琉球国的独立国家身份抹掉，使之变成自己的一个行政县，为以后对外扩张扫清道路。

原载《中国边疆史地研究》2006年第2期，
本文刊发时作者为华东师范大学国际关系与地区发展研究院2004级博士生、
东华大学人文学院副教授。

---

[1] 孔昭明：《清光绪中日交涉史料选辑》(全)，《台湾文献史料丛刊》第四辑(73)，第74—75页。

晚清对外关系中的"一个外交两种体制"现象刍议

权赫秀

按照美国学者费正清(John King Fairbank)的说法,朝贡关系体制不仅是历史上中国与周边国家关系的基础,而且还是近代中国与欧美国家关系的依据。① 正因为如此,有关中国古代朝贡关系的研究,不仅成为古代中国对外关系研究的一个重要内容,同时也是近代中国对外关系史研究的一个重要领域。② 从近代化的视角而言,中国近代历史无疑就是一个由传统(或前近代)向近代转变的过程,对外关系领域自然也不能例外。近人刘锦藻在《清朝续文献通考》一书中,就曾明确指出近代以前的中国对外关系不过是"(中国)自抚其藩属,非外交也"。③ 无独有偶,学者梁伯华也指出:"根据欧美学者一般的说法,在鸦片战争及《南京条约》签订以前,中国是没有所谓'现代的外交关系'的,因为传统中国没有用西方的国际公法处理对外关系,也没有派外交使节到别的国家去。"④

因此,"条约代替朝贡制度"⑤被认为是中国历史近代化过程的一个重要内容,一部中国近代外交史被记述为中国对近代国际关系由最初抗拒到逐步接受及适应的过程,亦即中国被迫放弃朝贡制度并逐步接受西方外交制度的过程。⑥ 19世纪末清

---

① 参见 John King Fairbank and Ssu-yu Teng(邓嗣禹),"On the Ch'ing Tributary System",*Harvard Journal of Asiatic Studies*, Vol.6, No.2, 1941.
② 详见权赫秀《中国古代朝贡关系研究评述》,《中国边疆史地研究》2005 年第 3 期。
③ 刘锦藻撰:《清朝续文献通考》卷 337《外交考一》,浙江古籍出版社 2000 年第 2 版。
④ 梁伯华:《近代中国外交的巨变——外交制度与中外关系的研究》,台湾商务印书馆 1991 年版,第 6 页。
⑤ John King Fairbank, *Trade and Diplomacy on the China Coast: the Opening of the Treaty Ports*, 1842-1854, Cambridge, Mass.: Harvard University Press, 1964, pp. 462–468.
⑥ 参见 Masataka Banno(坂野正高), *China and the West 1858-1861, The Origins of the Tsungli Yamen*, Cambridge, Mass.: Harvard University Press, 1963;坂野正高:《近代中国外交史研究》,东京岩波书店 1970 年版。

政府对外派出符合近代条约关系体制原理的常驻使节，也就理所当然地被解释为中国进入"外交时代（the diplomacy phase）"乃至"国际大家庭（the family of nations）"的主要象征。① 应当看到，这样一种认识并不仅仅限于西方学界，国内学界有关中国近代对外关系的主要概论性著作也无一例外都是始自鸦片战争，② 仿佛中国对外关系自从鸦片战争以来便立即而又全面地完成了近代性转换。

笔者认为，有关近代中国对外关系史的上述认识与记述至少存在着如下三点缺憾：

首先，将传统朝贡关系体制视为不符合近代化或西方现代化定义的现象，从而排除在中国近代历史研究范畴之外，实际上是美国学者柯文所指出的对近代中国历史的"另一种偏见"。柯文认为："在克服了一种视中国无力自我转变而要靠西方引进现代化的偏见之后，我们是否无意中又对中国历史形成了另一种偏见，即中国历史中只有那些符合西方现代化定义的发展轨迹才值得研究？"③

其次，认为中国近代对外关系只有或者主要包括对欧美列强及日本的大国关系，而忽略了具有悠久历史的对周边国家的关系。其实后者也是中国对外关系近代化历史进程的一个重要组成部分。事实上，近代以来中国与周边国家关系的变化以及以中国为中心的传统朝贡关系体制的逐步瓦解，直接影响和威胁到中国的国家安全，成为近代中国逐步沉沦的一个重要原因，从而也应是近代中国对外关系史研究不可或缺的重要内容。民国初年编成的《清史稿》属国传在历述中国周边朝贡国家被列强蚕食鲸吞的史实之后，就明确指出："藩篱撤而堂室危，外敌逼而内讧起，藩属之系于国也如此。传曰'天子守在四夷'，讵不信哉？"④ 然而，按照上述的对近代中国对外关系的认识与记述，中国与周边国家的关系通常被简单和笼统地纳入近代中国与欧美列强（包括新兴日本）关系的范畴，如近代中琉关系史实际上成为近代中日关系史的一部分，近代中朝关系史则成为近代中日关系甚至中日甲午战争的一段前史，近代中越关系史则成为近代中法关系史甚至中法战争的一段前史，近代中缅

---

① 参见 Hsü, Immanuel C. Y.（徐中约），*China's Entrance into the Family of Nations: the diplomacy phase 1858-1880*, Cambridge, Mass.: Harvard University Press, 1960.

② 参见刘培华《近代中外关系史》上、下册，北京大学出版社1986年版；顾明义：《中国近代外交史略》，吉林文史出版社1987年版；王绍坊：《中国外交（鸦片战争至辛亥革命时期1840—1911）》，河南人民出版社1988年版；杨公素：《晚清外交史》，北京大学出版社1991年版；王曾才：《中国外交史要义》，五南图书出版股份有限公司1993年版；于建胜、刘春蕊：《落日的挽歌——19世纪晚清对外关系简论》，商务印书馆2003年版；李恩涵：《近代中国外交史事新研》，台湾商务印书馆2004年版；熊志勇、苏浩：《中国近现代外交史》，世界知识出版社2005年版。

③ [美]柯文著、林同奇译：《在中国发现历史——中国中心观在美国的兴起》（增订本），中华书局2002年版，第233页。

④ 赵尔巽等修：《清史稿》卷526《列传三百十三属国》，中华书局1977年版。

关系史也被视为近代中英关系史的一个背景内容。①这样一种只重视近代中国与欧美大国关系而忽视与周边弱小国家关系、只强调西方列强侵略近代中国的历史而忽略近代中国与周边国家复杂互动关系史的趋向,其实是在对外关系研究领域中"西方中心视角"的又一种翻版。②

第三,认为中国对外关系体制的近代性转换是一蹴即就的简单变化,而没有认识到中国对外关系由传统朝贡关系体制向近代条约关系体制的转换,其实是经过相当漫长及复杂的过渡阶段才逐步实现的一个历史过程。应当看到,中国对外关系的近代转型过程并"不是以派遣驻外公使作为终结"。③即便从1840年中英鸦片战争促使中国历史进入近代时期算起,朝贡关系作为一种地区国际关系体制,也是在半个世纪后的1895年中日签订了《马关条约》才最终瓦解的。日本学者滨下武志甚至认为,东亚传统的朝贡体制经过自19世纪中叶起亚洲各国之间国家关系与朝贡宗属关系的共存时期之后,到1912年中国通过成立中华民国而表明国家主权,才从中心与边缘两个方面宣告终结。④总之,在这样一个超过半个世纪的历史过程中,存在过传统朝贡关系体制与近代条约体制一度兼容与共存的过渡性阶段,笔者曾在有关近代中朝关系史的研究中将其称为"一个外交两种体制(One Diplomacy Two Systems)"。⑤拙文便是对上述"一个外交两种体制"现象进行归纳性综合分析的一种尝试。

一、朝贡关系中心视角的观察:一个由内而外的客观现实

众所周知,1842年的中英《南京条约》不仅意味着中国近代历史的开端,同时也标志着中国已经无法继续按照传统朝贡关系的原则和惯例来处理与英国等欧美列强

---

① 中国人民大学李文海教授在谈及近代中韩关系史研究时曾对笔者的上述评论表示赞同。详见[日]伊原泽周《近代朝鲜的开港:以中美日三国关系为中心》,社会科学文献出版社2008年版,李文海所作"序言",第2页。
② 参见[美]柯文著、林同奇译《在中国发现历史——中国中心观在美国的兴起》(增订本),第106—165、250页。柯文在该书中指出"帝国主义(或更贴切的说法是'帝国主义—革命')的研究取向"正是"西方中心观"所表现的三种偏见之一。
③ 梁伯华:《近代中国外交的巨变——外交制度与中外关系的研究》,第109页。
④ 参见[日]滨下武志《朝贡贸易体系与近代亚洲》,岩波书店1997年版,第105页。
⑤ 参见权赫秀《马相伯在朝鲜的顾问活动(1882年11月—1884年4月)》,《近代史研究》2003年第5期;权赫秀:《关于近代中朝关系史(1876—1910)的几点认识》,中国朝鲜史研究会编:《中国朝鲜史研究》第一辑,香港社会科学出版社2004年版,第38—54页;权赫秀:《陈树棠在朝鲜的商务领事活动与近代中朝关系(1883年10月—1885年10月)》,《社会科学研究》2006年第1期;Quan Hexiu, "The two systems of diplomacy of late Qing China: External relationship, Modernization and Transitional phase", *Journal of Northeast Asian History*, vol. 5-1, pp. 21-44.

的关系。早在 20 世纪初，英国学者马士就在《中华帝国对外关系史》第一卷中历述第一、二次鸦片战争的史实之后，断然宣称："以前中国是处于命令的地位去决定国际关系的各种条件，而现在是西方各国强把他们的意图加在中国身上的时候了。"① 然而，中国与欧美列强关系的近代化并没有立即和直接导致与周边国家关系的变化，中国与周边国家之间的传统朝贡关系体制即使在中英鸦片战争之后仍然继续存在。一方面，"中国仍坚持传统的外交方法及仪礼，仍以天朝自居及要求亚洲诸国纳贡以示臣服"；② 另一方面，周边国家的"朝贡使节继续前来北京，好像什么也没有发生似的"。③

关于晚清时期与中国保持朝贡关系的国家，清代文献的相关记载并不完全一致。据晚清时期编纂的光绪朝《大清会典》记载，所谓"四夷朝贡之国"包括朝鲜、琉球、越南、南掌、暹罗、苏禄、缅甸等七国，"余国则通互市焉"。④ 至于民国初年编纂的《清史稿》属国传，所依次列举清王朝的"属国"分别为朝鲜、琉球、越南、缅甸、暹罗、南掌、苏禄、廓尔喀、浩罕、坎巨提。以下则以晚清时期主要周边朝贡国家朝鲜、琉球、越南、缅甸为例，列表1说明这些国家在1840年至1894年期间仍与中国保持传统朝贡关系的史实。

表1　1840—1894年间主要周边国家与中国保持朝贡关系情况简表⑤

项目 国别	对华朝贡周期	最后一次接受中国册封之年	最后一次来华朝贡之年	对华朝贡总次数
朝鲜	一岁一贡	1864年（国王） 1866年（王妃）	1894年	54次
琉球	两岁一贡	1866年（国王）	1862年	11次
越南	四岁一贡	1849年（国王）	1880年	7次
缅甸	十岁一贡	缺	1875年	3次

---

① ［英］马士著、张汇文等译：《中华帝国对外关系史》第一卷，上海书店出版社2000年版，第696页。
② 梁伯华：《近代中国外交的巨变——外交制度与中外关系的研究》，第37页。
③ ［美］费正清编、中国社会科学院历史研究所编译室译：《剑桥中国晚清史：1800—1911年》上卷，中国社会科学出版社1985年版，第288页。
④ 昆冈等纂：《光绪朝续修大清会典》卷39《礼部·主客清吏司》。
⑤ 本表有关朝鲜部分史实主要参照权赫秀《19世纪末韩中关系史研究——以李鸿章的朝鲜认识与政策为中心》，白山资料院2000年版；刘为：《清代中朝使者往来研究》，黑龙江教育出版社2002年版。有关琉球部分史实主要参照米庆余《琉球历史研究》，天津人民出版社1998年版；谢必震：《明清中琉航海贸易研究》，海洋出版社2004年版。有关越南部分史实主要参照孙宏年《清代中越宗藩关系研究》，黑龙江教育出版社2006年版。有关缅甸部分史实主要参照王婆楞《中缅关系史纲要》，正中书局民国三十三年版；余定邦：《中缅关系史》，光明日报出版社2000年版。按：有清一代各国贡期屡有变化，此处则以晚清时期已经确定的贡期为准。缅甸之无最后一次接受中国册封时间，是指在1840—1894年间所无。

由表1可见，中国遭受西方列强侵略并被迫与之建立近代条约关系的事实，在相当长一段时间内并没有改变中国与周边国家之间的传统朝贡关系，中国的册封与周边国家的朝贡依旧按照古老的朝贡关系原则和惯例而开展，中国依旧是东亚地区传统朝贡关系体制的中心国家。另一方面，作为东亚传统朝贡关系体制之边缘的周边朝贡国家，也在这一时期开始遭受欧美列强的侵略，并开始被迫与之建立近代条约关系体制。下面仍以上述四个国家为例用表2加以说明。

表2 1840—1894年间主要周边国家与欧美列强及日本建立条约关系情况简表①

国别 \ 项目	建立条约关系的国家	最后一次来华朝贡之年	备注
朝鲜	日、美、英、德、意、俄、法、奥（依缔约顺序）	1894年	清政府首先劝导朝鲜与欧美缔约通商／各约均用汉文及中国年号，并照会声明朝鲜为"中国属邦"
琉球	美（1854）、法（1855）	1862年	琉法条约使用汉文及中国年号
越南	法（1862/1874/1883/1884）	1880年	1884年沦为法国殖民地
缅甸	英（1826/1866）、法（1884）	1875年	自1824年起经过三次英缅战争，至1866年沦为英国殖民地

由表2可见，当时中国周边诸国在继续保持与中国的朝贡关系的同时，又先后与欧美列强建立了近代条约关系。不仅如此，朝鲜与欧美列强以及琉球与法国之间签订的条约均使用汉文以及中国年号，朝鲜王朝还要在签订条约之后另附一份照会，以专门声明朝鲜为"中国属邦"。缅甸甚至在沦为英国殖民地之后，仍于1885年7月《中英会议缅甸条款》第一款中明确规定，按照"缅甸每届十年向有派员呈进方物成例"，由英国殖民当局"允由缅甸最大之大臣每届十年派员循例举行"。②根据清政府总理衙门的奏报，当初英国公使欧格纳曾表示"若言贡献，有失彼国之体"，而清政府方面"坚执不允"，才争取到了上述"尚属得体"的结果，③可以说是清政府至少在表面上暂时维护了与缅甸的传统朝贡关系之存续。

---

① 本表有关朝鲜部分史实主要参照［韩］金源模编著《近代韩国外交史年表》，檀大出版部1984年版；权赫秀：《19世纪末韩中关系史研究——以李鸿章的朝鲜认识与政策为中心》。有关琉球部分史实主要参照张启雄主编《琉球认同与归属论争》，"中研院"2001年版。有关越南部分史实主要参照郭振铎、张笑梅主编《越南通史》，中国人民大学出版社2001年版；孙宏年：《清代中越宗藩关系研究》。有关缅甸部分史实主要参照王婆楞《中缅关系史纲要》；贺圣达：《缅甸史》，人民出版社1992年版；余定邦：《中缅关系史》。
② 王彦威、王亮编：《清季外交史料》卷67，清季外交史料编纂处民国二十一年（1932）铅印版，第26—27页。
③ 参见王彦威、王亮编《清季外交史料》卷67，第24—26页。

当时的中国清政府对于周边国家与欧美列强建立近代条约关系，基本上没有采取反对和阻挠的立场（姑且不论清政府是否具有能够反对和阻挠的实力，以及是否充分意识到如此放任的立场与政策的实际意义），如朝鲜王朝甚至是在清政府的反复劝导和协助之下才开始了与欧美列强的"缔约通商"。① 凡此种种，都表明了这些周边国家与欧美列强建立近代条约关系后，在相当长一段时期内并没有根本改变它们与中国的传统朝贡关系。

众所周知，朝鲜是晚清时期与中国保持传统朝贡关系最久也最典型的国家。关于当时朝鲜王朝既保持对华朝贡关系又与欧美（包括日本）建立条约关系的复杂国际关系现实，近代朝鲜著名开化派人士俞吉浚曾将其概括为"两截体制"，称："此之谓赠贡国（按：指朝鲜）之体制，向受贡国（按：指中国）及诸他国（按：指中国、朝鲜之外的世界其他国家，主要指当时与朝鲜建立近代条约关系的列强国家）为前后之两截，受贡国之体制，对赠贡国及诸他国，亦为前后之两截。"② 从东亚传统朝贡关系体制的视角而言，朝鲜王朝末期的所谓"两截体制"，与当时中国清政府的"一个外交两种体制"对外关系，恰好形成了由内而外的相互表里关系，从而表明由传统朝贡关系向近代条约体制的过渡与转变，是广泛涉及东亚地区各国的一个普遍现象。

之所以说"一个外交两种体制"现象在晚清时期一度成为由内而外的对外关系现实，还因为这一现象并不止于上述几个主要周边朝贡国家。如1855年第二次中尼战争并未改变中国与尼泊尔之间的传统朝贡关系，清政府在1902年仍能加封尼泊尔首相为"兵马果敢王"；而尼泊尔的五年一贡之例则一直维持到1908年，直到进入中华民国时期的1924年，尼泊尔还有人到中国来表示修贡愿望。③ 又如1910年1月不丹与英国签订《普那卡条约》规定其对外关系要接受英国"指导"，而中国驻藏大

---

① 有关清政府及李鸿章"劝导"朝鲜与欧美列强"缔约通商"以牵制日、俄之史实的研究，参见［韩］权锡奉《清末对朝鲜政策史研究》，一潮阁1986年版；［韩］宋炳基：《近代韩中关系史研究——19世纪末的联美论与朝清交涉》，檀大出版部1985年版；［日］原田环：《朝鮮の開国と近代化》，溪水社平成九年版；权赫秀：《19世纪末韩中关系史研究——以李鸿章朝鲜认识与政策为中心》；权赫秀：《韩中关系近代转换过程中的一个秘密外交渠道——以李鸿章与李裕元往复书信为中心》，《韩国学论集》第37辑；［日］冈本隆司：《属国と自主のあいだ：近代清韓関係と東アジアの命運》，名古屋大学出版会2004年版。

② ［韩］俞吉浚：《西游见闻》，《俞吉浚全书》编纂委员会编：《俞吉浚全书》Ⅵ，一潮阁1995年版，第116—117页。按：《西游见闻》为韩汉混用文体，此处由笔者迻译为中文。又，韩国学者郑容和等将"两截体制"英译为"dual system or inconsistency system"，意即"双重体制或相互矛盾体制"，见［韩］郑容和《文明的政治思想：俞吉浚与近代韩国》，文学与知性社2004年版，第219页。笔者认为，依俞吉浚关于"两截体制"的具体表述，似也可以译为"two side system"。

③ 参见刘宏煊主编《中国睦邻史——中国与周边国家关系》，世界知识出版社2001年版，第325页。

臣仍能以居高临下姿态行文不丹国王，表明清政府继续视不丹为自己的"藩属"。①

简言之，无论是在东亚传统朝贡关系体制的中心（中国），还是在处于边缘的周边各国，19世纪末传统朝贡关系与近代条约关系之一度共存与兼容，为一个不争的客观现实。按照前述西方中心视角或者条约关系中心视角的观点，中国近代外交史不过是中国对近代国际关系从抗拒逐步转为适应的过程，亦即中国逐步被迫放弃朝贡制度而接受西方外交制度的过程。相反，如果从中国中心视角或者朝贡关系中心视角来看，历史的真实却是近代条约关系体制逐步楔入东亚传统朝贡关系体制，并通过一定时期的共存与兼容之后才逐步取而代之。可以说，近代与传统之两种国际关系体制一度共存与兼容，正是以中国为中心之东亚传统朝贡关系体制以及中国传统对外关系向近代条约关系体制转变过程中的一种过渡性特征与现象。

二、对外关系制度层面的具体反映：传统与近代两种对外关系机构长期共存

按照功能主义的学说，制度是需要的产物。1840年以后西方列强的"炮舰政策"，给清政府带来的是一种全新形态的对外关系，亦即近代条约关系，清政府已经无法继续用传统朝贡关系的原则和惯例来处理与欧美资本主义国家的关系。早在1844年11月，曾经先后代表清政府签订中英《南京条约》、中美《望厦条约》以及中法《黄埔条约》的两广总督耆英，就已经向道光皇帝奏报：对英、美、法等国"若绳以藩属之礼，则彼又以不奉正朔、不受册封，断不肯退居越南、琉球之列，此等化外之人，于称谓体裁，昧然莫觉"。② 其实问题不在于西方资本主义列强不了解中国的所谓"称谓体裁"，而是西方资本主义各国所坚持的近代条约关系体制根本无法接受传统的朝贡关系体制。

到1860年第二次鸦片战争之后，恭亲王奕䜣等人更是十分明确地向咸丰皇帝奏报英、法、美列强"其意必欲中国以邻邦相待，不愿以属国自居，内则志在通商，外则力争体面"。③ 较之乾隆朝《会典》将西洋各国一概列入"贡无定期"之朝贡国

---

① 参见刘宏煊主编《中国睦邻史——中国与周边国家关系》，第331页。
② 《道光朝筹办夷务始末》卷73，上海古籍出版社2008年版，第18—20页。
③ 《钦差大臣奕䜣等复奏办理和议情形折》，齐思和等编：《第二次鸦片战争》（五），上海人民出版社1978年版，第269—270页。

家的传统对外认识及其制度,①上述奏报内容显然更加符合与欧美列强关系发生根本性逆转的客观现实,而此后清政府逐步建立起所谓"洋务外交体制",正是出于处理与西方列强之新型对外关系的现实需要。

早在鸦片战争之后中国与英、美、法三国所签订的第一批不平等条约中,就已经开始出现清政府对外关系制度变革的相关内容。中英《南京条约》第十一款规定,英国"住中国之总管大员,与大清大臣无论京内、京外者"可以直接文书往来;中美《望厦条约》第三十一款则规定,日后"应由中国办理外国事务之钦差大臣或两广、闽浙、两江总督等大臣"负责"代奏"美国国书;中法《黄埔条约》第三十四款也明确规定日后将由"办理五口及外国事务大臣"或总督负责"代为进呈"法国国书。②在这些对外条约中屡屡出现的所谓"中国办理外国事务之钦差大臣"或"办理五口及外国事务大臣"等名目,已经不是处理传统对外关系亦即朝贡关系事务的礼部尚书或理藩院,也不再是广东十三洋行体制下的广东地方督抚,而是为处理与欧美列强之新型外交关系而出现的全新型职官。这一变化,实际上意味着清政府开始被迫接受由中央政府直接管理与西方各国的新型外交关系,亦即"说明英、美、法等不同于'属国',也不同于过去的一般'外国';清政府已被纳入'近代式'的外交关系"。③

此后清政府设置五口通商大臣,在其主观动机与实际作用上,可以视为上述各项条约中所出现之"办理外国事务之钦差大臣"等名目的具体落实。1844年4月,咸丰皇帝谕令对两广总督耆英"颁给钦差大臣关防"以"办理各省海口通商文移事件",亦即"专办夷务"。④这个钦差大臣实际上就是负责办理与西方资本主义国家新型外交关系事务的"兼职","不同于过去的市舶司,也不同于已有的理藩院,乃是和'夷官'具有对等性质的职位",可以说在清政府对外关系体制上最早开始"具有'近代'式外交的性质",⑤甚至被认为是"事实上由两广总督兼职的常设外务大臣(陆上对俄除外)"。⑥对此,台湾学者王尔敏明确指出:"当时不过把夷务和通商看成一回事,也就是把通商和外交看成一回事,所以通商大臣分内须办外交……这一时期

---

① 乾隆朝《大清会典》卷56"礼部",详见钱实甫《清代的外交机关》,三联书店1959年版,第19—20页。
② 王铁崖编:《中外旧约章汇编》第1册,三联书店1957年版,第32、56、64页。按:该书第58页中法《黄埔条约》第四款还曾出现"总理五口大臣"字样。
③ 钱实甫:《清代的外交机关》,三联书店1959年版,第58页。
④ 《道光朝筹办夷务始末》卷71,第18—19页。
⑤ 钱实甫:《清代的外交机关》,第61、72页。
⑥ 樊百川:《清季的洋务新政》第一卷,上海书店出版社2003年版,第532页。

的南洋大臣正应该是中国的外交总长，当时更没有第二个总揽外交的机关了。"①

换言之，通常被称为"钦差五口通商大臣"以及后来被称为"南洋通商大臣"的这一新职位，不仅其工作内容是与传统朝贡关系事务完全不同的近代对外关系业务，与所谓"夷官"相对等的性质也符合相互对等的近代外交关系原则。从此以后，清政府与西方资本主义国家的新型外交关系便统交这个由两广总督例兼的钦差五口通商大臣来负责处理，如1847年琉球贡使控诉英法势力入侵事件、英国侵略西藏问题、1850年拒绝英国公使文翰直接交涉要求以及1858年拒绝比利时使臣要求交涉照会等，莫不如此。

这种通过地方督抚加钦差衔的临时变通方式来处理对西方各国关系的临时性体制，历耆英、徐广缙、叶名琛及黄宗汉四任总督，还包括1859年1月改由两江总督何桂清兼任钦差大臣时期，②如果算到1861年1月设立总理衙门，则共计十七年。必须指出，1859年1月改由两江总督兼任钦差大臣"办理各国事务"，在清政府国内政治方面固然是一个"很值得注意的"变化，③实际上仅仅在1859年春上海"换约交涉"期间起过一段短暂的作用，随后就因英国等列强拒绝与这个两江总督兼钦差大臣交涉并要求直接进京换约而被冷落，直到第二次鸦片战争爆发。尽管这个钦差五口通商大臣不过是两广总督及后来两江总督的兼职，亦即尚未在清政府统治体制内部取得一个明确而又稳定的法定地位，却也"反映出原来的对外关系引起了很大的变化。具体说，即是结束了过去片面设想的'朝贡关系'，开始此后的'投降关系'。虽然在清政府的意识里并不承认"。④所谓"投降关系"倒也未必，事实是清政府在对西方资本主义国家关系方面"割除了传统排外意识所依托的朝聘制度，使得'蛮夷'从此成了'洋大人'"。⑤

然而，英、法、美、俄等"西方的四个强国现在都向中国要求着同他们各自的政府和商人之间的商业与外交关系的扩大与改进"，⑥因此与清政府中央机构直接交

---

① 王尔敏：《弱国的外交：面对列强环伺的晚清世局》，广西师范大学出版社2008年版，第165页。
② 参见《咸丰朝筹办夷务始末》卷32，第15—18页。咸丰八年十二月廿六日（1859年1月29日）上谕："至上海现办通商事宜，与广东相距较远，著即授两江总督何桂清为钦差大臣，办理各国事务，所有钦差大臣关防，著黄宗汉派员赍交何桂清祗领办理。"按：钱实甫《清代的外交机关》第106—107页引用该上谕内容，其中"办理各国事务"误作"办理各国商务"。
③ 参见钱实甫《清代的外交机关》，第107页。
④ 钱实甫：《清代的外交机关》，第62页。
⑤ 王立诚：《中国近代外交制度史》，甘肃人民出版社1991年版，第52页。
⑥ ［英］马士著、张汇文等译：《中华帝国对外关系史》第一卷，第539页。

往，便理所当然地成为西方列强的进一步要求。早在1850年春天，英国公使文翰就曾撇开兼任钦差大臣的两广总督徐广缙，试图直接照会清政府大学士穆彰阿、耆英以要求"驰赴北京面议，商订大事"，还曾派船北上天津递交交涉公文。清政府则以中英条约"并无朝中大员与英国使臣通信之条"而拒绝，并要求英国方面"如有商办之件，仍应照会广东钦差大臣"。① 到1856年英、法两国发动第二次鸦片战争时，要求外国公使常驻北京以便与清政府中央机构直接交涉，已成为一个主要的要求。

1857年英国外交大臣给新任驻华公使包令的训令第一条便明确提出："在任何与中国签订的新条约中，第一件事就是要提供公使驻京的权利，因为倘若没有这种与中国最高当局接触的保证，其他一切让与多少都是不稳定的。"② 到1858年6月，经过第二次鸦片战争第一阶段战事之后签订的一系列《天津条约》的相关内容，就是上述要求的具体落实结果。中英《天津条约》规定清政府"皇上特简内阁大学士尚书"一人与英国"钦差大臣"直接交涉；中美《天津条约》亦规定美国驻华公使将以"平行之礼"与"大清内阁大学士文移交往"；至于中俄《天津条约》更是具体地规定"嗣后两国不必由萨那特衙门及理藩院行文"，而是由俄国驻华公使直接与清政府军机大臣或"特派之大学士往来照会，俱按平等"。③

根据上述条约内容，"不但旧的会同四译馆、理藩院制度被撇在一边，在这以前实行了十几年的总理五口通商钦差大臣体制也被否定"。④ 清政府中央机构与西方资本主义各国按照近代条约关系原则与惯例直接开展外交活动，无论在条约义务上还是在实际局势上都已经是无法避免的。于是，俄国首先开始将"照会专送军机处"，⑤ 中、俄之间通过理藩院交涉的旧例从此被废弃，到1860年11月中俄《北京条约》之后，驻北京的俄罗斯馆更是直接转变为俄国驻华公使馆。⑥ 至于英、法两国，更是从1859年春天起便拒绝与新兼五口通商钦差大臣之职的两江总督何桂清交涉，其理由便是即便加有钦差衔，"总督只能管通商事务不能管国家大事"。⑦ 1860年春第二

---

① 《咸丰朝筹办夷务始末》卷1，第10、16页。
② Hsü, Immanuel C. Y.（徐中约），*China's Entrance into the Family of Nations: the diplomacy phase 1858-1880*, p. 26.
③ 详见王铁崖编《中外旧约章汇编》第1册，第97、90、87页。
④ 樊百川：《清季的洋务新政》第一卷，第535页。
⑤ 《咸丰朝筹办夷务始末》卷72，第20页。
⑥ 有关理藩院与中俄关系，参见赵云田《清朝理藩院和中俄关系》，《西北史地》1981年第3期；赵云田：《清代治理边陲的枢纽——理藩院》，新疆人民出版社1995年版；张永江：《清代藩部研究——以政治变迁为中心》，黑龙江教育出版社2001年版；蔡鸿生：《俄罗斯馆纪事》（增订本），中华书局2006年版。
⑦ 《咸丰朝筹办夷务始末》卷53，第41—42页。

次鸦片战争第二阶段战事的再起，便是与上述要求直接有关。

到英法联军占领北京并与清政府"钦差便宜行事全权大臣"恭亲王奕䜣等人议订条约期间，英国代表卜鲁斯已经通过照会明确表示，此后绝不接受各省疆吏以钦差大臣的身份来办理外务，只愿与奕䜣或京师的外务大臣交涉。英国全权代表额尔金更是直接函告恭亲王奕䜣，表示不再接受沿海钦差大臣制度，进而明确要求清政府设立外务部，并希望由奕䜣等人而不是逃到热河之主战派势力主持。① 法国新任驻华公使布尔布隆也是在到任之初便照会恭亲王奕䜣，直接表示自己已经将奕䜣视"为总理各国聘商事宜、外部尚书之职"。② 英、法等国的上述举动，实际上是在迫使清政府设立一个"专门总理外国侵略事务的所谓京师外务部"，而且"不仅确定了设立这一机构的意向，指定了主持人，甚至还大致拟定了名称"。③ 清政府与英、法、俄各国签订一系列《北京条约》，并承认 1858 年《天津条约》有关外国公使常驻北京的内容，则可以说是通过近代国际法的形式来具体落实上述要求。

从此，清政府对西方资本主义国家的"闭关政策被全部冲垮，过去对外国的一切限制和条件则一扫而空……'天朝尊严'已不能维持下去，甚至连'夷'字也不能公开使用"，④ 也就是马士所谓不再是"中国处于命令的地位去决定国际关系的各种条件"，而是由"西方各国强把他们的意图加在中国身上的时候了"。⑤ 1860 年 11 月 8 日，即《北京条约》签订不到一个月之际，清政府派恒祺、崇厚在天津"办理海口通商事宜"（后来演变为三口通商大臣及北洋通商大臣），⑥ 又过一个月之后则在北京设立总理各国事务衙门，这可以视为清政府从对外关系制度层面对中西关系根本逆转之上述客观现实的因应结果。

1861 年 1 月 11 日，恭亲王奕䜣等原"抚局"成员联名上奏《通筹夷务全局折》，提出对西方列强应"按照条约，不使稍有侵越，外敦信睦，而隐示羁縻"，而为此"酌拟章程六条"之第一、二条便是"京师请设立总理各国事务衙门，以专责成"与"南北口岸请分设大臣以期易顾"。⑦ 当时，恭亲王奕䜣等人已经认识到西方列强要

---

① 参见 Masataka Banno（坂野正高），*China and the West 1858-1861, The Origins of the Tsungli Yamen*, p.210。
② 《咸丰十年十月二十五日钦差大臣奕䜣等奏附件一》，齐思和等编：《第二次鸦片战争》（五），第 309 页。
③ 樊百川：《清季的洋务新政》第一卷，第 536—537 页。
④ 钱实甫：《清代的外交机关》，第 130—131 页。
⑤ ［英］马士著、张汇文等译：《中华帝国对外关系史》第一卷，第 696 页。
⑥ 《咸丰朝筹办夷务始末》卷 68，第 17 页。
⑦ 《咸丰朝筹办夷务始末》卷 71，第 19—20 页。

求派遣公使常驻北京,"其意必欲中国以邻邦相待,不愿以属国自居,内则志在通商,外则力争体面"。① 然而,清政府统治集团在主观意识上仍不肯放弃所谓"天朝体制",总理衙门在其制度设计上一开始就强调所谓"内崇外卑"原则,并刻意使其地位低于主管对朝贡国家事务的礼部。正因为如此,先是由咸丰皇帝谕令由礼部颁给总理衙门"关防",并谕令"所有各国照会及一切通商事宜"的奏报要由礼部"转咨"总理衙门,② 最终仍由恭亲王奕䜣等人明确规定了总理衙门地位低于礼部的原则:"臣等初拟于礼部设立公所,办理一切,惟礼部为考论典礼之地,体制较崇,该夷等往来其间,殊于体制未协。且大堂为该部堂官办公之所,若臣等借用,则于大堂接见该夷,尤多窒碍,如仅用司堂,该夷必不心服。因别设衙门,在该夷视之,以为总理之所,名目甚大,而在臣等则视同四译馆等衙门之例。是以议定司员官役及考查经费等事,一切规模,因陋就简,较之各衙门旧制格外裁减,暗寓不得比于旧有各衙门,以存轩轾中外之意。"③

换言之,作为近代中国第一个中央外交机构的总理衙门,一开始却不过是在"各国使臣驻京后"作为"汇总之地"并"以示羁縻"的一个临时合议机构,后来才由"变相的'外交部'"演变"成为经办一切洋务的衙门,以至成为实际上的'洋务内阁'"。④ 因此,美国学者芮玛丽指出,恭亲王奕䜣等人"成功地把一个近代外事机构——总理衙门嫁接到古老的官僚体制上",并将其视为清政府开始"同治中兴"努力的一个重要标志。⑤ 应该说总理各国事务衙门是"清政府企图在旧的政治体制基础上适应西方外交的产物",尽管它一直"彷徨于西方强权与中国传统之间,地位起伏不定",却也"毕竟开辟了一条通往近代外交方式的道路"。⑥

清政府设立总理衙门的初衷与实际结果如此大相径庭,恰好证明了中国对外关系的近代化并不是一蹴即就的制度化(institutionalization)过程,而是在外力与内因交相作用下经过一定过渡阶段曲折且又艰难地实现的一个历史进程,实际上就是中

---

① 《钦差大臣奕䜣等复奏办理和议情形折》,齐思和等编:《第二次鸦片战争》(五),第269—270页。
② 参见《上谕》,《筹办夷务始末》(咸丰朝)八,第2691—2692页。
③ 《奕䜣桂良文祥奏总理衙门未尽事宜拟章程十条呈览折》,《筹办夷务始末》(咸丰朝)八,第2714—2719页。
④ 钱实甫:《清代的外交机关》,第279页。
⑤ 参见[美]芮玛丽著、房德邻等译《同治中兴:中国保守主义的最后抵抗(1862—1874)》,中国社会科学出版社2002年版,第9页。
⑥ 王立诚:《中国近代外交制度史》,第71页。有关以总理衙门为中心的"洋务外交体制"以及总理衙门法定地位不稳定问题的论述,详见该书第66—167页。

国后发外诱型近代化进程在对外关系领域的具体反映。事实上，以外交为最主要职责的总理衙门在其存在四十年间所执行的外交原则，可以归纳为"守定和约"，即按照条约办理外交，而这一原则恰恰就是从所谓"羁縻"的传统思想导引而来的，①其实际作为也远未完全达到欧美列强当初期待的水准。②

正因为如此，到八国联军侵占北京之后的1901年7月24日，清政府才"降旨将总理各国事务衙门，按照诸国酌定改为外务部，班列六部之前"，同年9月7日西方列强则将该上谕内容正式列入《辛丑条约》第十二款。③外务部的设立，不仅解决了此前"总理衙门所存在的症结问题——赋予专职的中央外交机关以法定地位问题，从而为外交机构的正规化开辟了道路"，④还标志着中国近代对外关系制度之近代化进程的基本完成。从清政府角度而言，这是在对外关系领域由单一的传统朝贡关系体制，经过"增加一种附属性的特殊职官"即钦差五口通商大臣（历时十七年）以及"添多一套双轨式的特殊机关"即总理衙门等"洋务外交体制"（历时四十年）的过渡阶段，⑤并最终实现外交一元化及其近代化的历史过程。从外交一体化的角度而言，则可以看作清政府对外关系在制度层面逐步实现近代转型（modern transition），进而完全接受并被纳入近代资本主义国际关系体制的标志。

事实上，在上述"洋务外交体制"持续期间，按照传统朝贡关系原则与惯例来处理朝贡关系事务的礼部依然存在，仍在继续维持着与近代条约关系格格不入的传统朝贡关系。作为主要朝贡国家之朝鲜王朝对清朝的朝贡，一直持续到甲午战争爆发的1894年。随着中法战争之后甲午中日战争的失败，中国传统的"藩属制度不仅在理论上而且在实践上也被粉碎，这标志着帝国与外国交往的传统的彻底崩溃"。⑥然而，1895年中日《马关条约》之后传统朝贡关系体制的实际瓦解，并没有直接导致清政府对外关系领域主管朝贡机构的立即裁撤，两者之间存在着相当长的"时间差"。具体说来，清政府礼部具体主管朝贡国家事务的主客清吏司与会同四译馆直

---

① 参见吴福环《清季总理衙门研究》，文津出版社1995年版，第147页。
② 参见 Masataka Banno（坂野正高），*China and the West 1851-1861: the origins of the Tsungli yamen*, pp. 244-246。欧美学界有关总理衙门的研究还可参见 Meng Ssu-ming（蒙思明），*The Tsungli Yamen: Its Organization and Functions*, Cambridge, Mass.: Harvard University Press, 1962。
③ 参见王铁崖编《中外旧约章汇编》第1册，第979页。
④ 王立诚：《中国近代外交制度史》，第175页。
⑤ 参见钱实甫《清代的外交机关》，第291页。
⑥ [美]费正清编、中国社会科学院历史研究所编译室译：《剑桥中国晚清史：1800—1911年》下卷，中国社会科学出版社1985年版，第88页。

到1903年清末新政时期才最终废省。①

如果从1842年中英《南京条约》签订之时算起，晚清对外关系在制度层面传统与近代两种不同体制共存的过渡局面，截至1901年总理衙门改组为外务部时则有五十九年之久，占据晚清七十一年（1840—1911）历史的83%；如果截至1903年主管朝贡关系事务之礼部会同四译馆裁撤时则有六十一年之久，达到晚清七十一年历史的85%有余。近人刘锦藻于《皇朝续文献通考》专列"外交考"，以记述与清政府"有约之国"的关系，对周边朝贡国家关系则仍列"四裔考"，并明确指出此前对周边国家的遣使册封，不过是中国"自抚其藩属，非外交也"，②便是对晚清时期双重国际关系共存现实的如实反映。正如论者所指出的，晚清时期"中国政府在处理外交关系中实在是施行两套外交制度，新旧两种外交制度同时并存，这也是从十九世纪中叶到末叶中国外交的特色，但无可避免地亦是中国外交的矛盾"。③这样一种对外关系制度与政策方面的结构性矛盾，可以说就是晚清时期传统朝贡关系体制以及"一个外交两种体制"过渡性局面彻底瓦解并最终导致对外关系近代转型的主要内在原因。

笔者认为，这样一种近代与传统两种对外关系制度共存半个世纪以上的历史事实，归根到底还是由于晚清对外关系领域"一个外交两种体制"之过渡性局面使然。也正因为如此，民国初年成书的《清史稿》于列传部分专设"邦交志"与"属国传"，开中国正史纪传体例之先，并被时人评价为"时代变迁使然"的一个"新创"。④应当看到，这样一种亦新亦旧、传统与近代共存兼容的过渡性局面与现象，既反映了清政府统治集团在观念与制度层面顽固坚持"昔日的'中央帝国'的世界观"的保守性，同时也表明了清政府统治集团出于内外压力而不得不"决心履行中国的条约义务，使它的外交活动现代化"。⑤偏废其主观保守性与客观进步性的任何一面，都无法对这样一种过渡性历史现象及其相关政策与制度给予符合历史事实的客观评价。事实上，既不得不开始近代化进程而又继续坚持传统统治体制的对外政策，与晚清时期清政府试图通过"向西方学习"的"洋务自强"努力以维护传统旧

---

① 参见王静《中国古代中央客馆制度研究》，黑龙江教育出版社2002年版，第254—255页。
② 刘锦藻撰：《清朝续文献通考》卷331《四裔考一》、卷337《外交考一》。
③ 梁伯华：《近代中国外交的巨变——外交制度与中外关系的研究》，第109页。
④ 参见蒋廷黻《评〈清史稿·邦交志〉》，原载北平《北海图书馆月刊》第二卷第六号（民国十八年六月），转引自蒋廷黻《中国近代史研究》，里仁书局1982年版，第1页。
⑤ ［美］费正清编、中国社会科学院历史研究所编译室译：《剑桥中国晚清史：1800—1911年》下卷，第87页。

体制的统治方针，可以说是互为表里，一脉相承。

如前文所述，在近代朝鲜历史上也曾出现过近代与传统两种对外关系制度共存的局面。1880年12月，朝鲜王朝高宗政府于议政府下设立统理机务衙门，该衙门所辖十二司的"事大司"继续负责对中国朝贡关系事务，而"交邻司"则负责对明治日本政府的近代条约关系，其制度设计理念便是模仿清政府的总理各国事务衙门。① 作为朝鲜王朝对外关系基本制度文献而一直"续纂"到19世纪80年代的《通文馆志》一书，也是将对华"事大"部分与对日"交邻"内容，继续列为19世纪末朝鲜王朝对外关系的两大主要内容。② 到1883年1月，经过清政府推荐之外交通商顾问马建常、穆麟德的咨询与赞画，统理机务衙门改设为主管对外关系事务的统理交涉事务衙门（又称外衙门或统署）与主管内政事务的统理军国事务衙门（又称内衙门）。③ 作为当时朝鲜王朝对外政策主管机构的统理交涉事务衙门，不仅设有负责处理与日本及欧美各国的近代条约关系的"交邻司"与"通商司"，同时还设有负责处理与当时中国清王朝的传统朝贡关系事务的"事大司"，而作为近代朝鲜最早驻外使节而从1884年起派驻中国天津的天津驻扎督理通商事务南廷哲，便是由这个统理交涉事务衙门直接派出并管辖。④ 这样一种近代与传统共存的所谓"两截体制"对外关系现实及其制度，与晚清对外关系领域中新旧两种制度一度共存的现实如出一辙，实际上都可以视为两国对外关系在制度层面由传统而近代之过渡阶段的共同特征。

三、结语

众所周知，按照费正清等西方学者的研究，清政府统治集团曾经"试图把西方的新商业国家视为纯粹的朝贡国。在证明行不通时他们没有能力改变古老的理论以适应新形势"。⑤ 按照这样一种西方中心乃至条约关系中心的视角和立场，"条约取代朝贡"就会理所当然地被认为是一种历史的必然结果，西方所带来的条约关系体

---

① 详见［韩］全海宗《关于统理机务衙门设置的经纬》，《历史学报》17、18辑，第687—714页。
② 详见［朝］金相南、金庆门撰修《通文馆志》，景仁文化社1972年影印本。
③ 参见［韩］田美兰《关于统理交涉通商事务衙门的研究》，《梨大史苑》第24、25辑，第213—250页。有关马建常在韩活动史实，参见权赫秀《马相伯在朝鲜的顾问活动（1882年11月—1884年4月）》，《近代史研究》2003年第3期。
④ 参见权赫秀《两截体制与19世纪末朝鲜王朝的对华外交——以首任天津驻扎督理通商事务南廷哲的活动为中心》，《韩国民族运动史研究》51，2007年6月。
⑤ John King Fairbank, *Trade and Diplomacy on China Coast: The Opening of Treaty Ports*, 1842-1856, p.33.

制也随之成为近代乃至进步的代名词。对此,美国学者何伟亚通过对1793年马戈尔尼使华事件的研究而明确指出:"部分由国际法所定义的国际关系是一种已经自然化的权势话语,它作为欧洲人全球扩张的典型产物,从16世纪一直存在至今。自然化是指它已被接受为民族国家处理国际关系的一种通行方式。这种霸权是葛兰西(Gramscian)意义上的,是指那些在其传统中并没有这样的外交方式的国家,不论愿意与否,都不得不按照外国(在本例中是欧美)定下的规则参与国际交往。"①

日本学者滨下武志先是通过对亚洲朝贡贸易体系的研究,指出:"以朝贡贸易关系为基础的亚洲区域贸易圈,即使到了近代,也规定着西方'进入'和'冲击'的内容……从朝贡体制向条约体制的变化,并不能给近代亚洲区域打上阶段性的印记。"②滨下武志继而通过对朝贡体制与亚洲近代化关系的研究,进一步指出:"迄今为止,亚洲的近代被认为是通过由朝贡到条约的方式来寻求国家形成的发展方向。这意味着不仅没有从亚洲自身内部来寻求其固有的历史活力,相反是从对外关系乃至按照对欧洲的文脉来议论亚洲的近代,可以说是一种极其外在的甚至是放弃思考地区固有历史之尝试的做法。"③

简言之,从中国以及亚洲乃至朝贡关系中心的逆向视角,对源自西方的近代条约关系进行一种他者化的客观分析与评价,不仅在理论上十分必要,在史实上也完全可行。如果从中国以及亚洲乃至朝贡关系中心的视角来重新审视晚清时期的对外关系,就不难发现与许多相关论著所认识与叙述之中国近代对外关系史大不相同的另一番景象,即不是中国及亚洲的朝贡关系被源自西方的条约关系所简单取代,而是源自西方的条约关系作为一种外来的异己体制而逐步地侵入中国及亚洲原有的朝贡关系体制,并经过相当长一段相互冲突、调适甚至一度共存的过渡性时期,最终凭借其背后"坚船利炮""声光电化"的综合实力逐步取而代之,实现了包括中国与亚洲在内的全球范围内条约关系一元化局面。唯有如此,才能将包括中国在内的东亚地区国际关系体制由传统而近代之根本性转换的动力,不仅仅求之于所谓"西方的冲击"的外部因素,同时甚至主要地求之于中国以及东亚内部的力量与因素,从而使我们对堪称有史以来最巨大、最深刻变化之近代历史的理解和解释更为合理与

---

① [美]何伟亚著、邓常春译:《怀柔远人:马嘎尔尼使华的中英礼仪冲突》,社会科学文献出版社2002年版,第29页。
② [日]滨下武志著,朱荫贵、欧阳菲译:《近代中国的国际契机:朝贡贸易体系与近代亚洲经济圈》,中国社会科学出版社1999年版,第29—30页。
③ [日]滨下武志:《朝贡贸易体系与近代亚洲》,前言,第6页。

全面。另一方面，即便考虑到国内外学界有关朝贡关系起源的不同观点，以中国为中心的亚洲传统朝贡关系至少存在了数千年，仍可以说是一个不争的事实。① 这样一种拥有数千年历史传统的国际关系秩序，当然不可能一下子就被另一种外来的国际关系秩序所完全取代。旧的传统体制不肯完全"让位"于新的外来体制的过渡性历史现象，正是具有数千年悠久历史亦即其历史远远超过西方近代条约关系体制的东亚朝贡关系体制所特有的一种历史惯性，而这样一种古老体制的历史惯性则可以说是从中国乃至东亚的视角来解释中国乃至东亚近代历史之际所必需考虑到的一个重要因素。

有鉴于此，笔者认为，至少在1840年至1895年的半个多世纪期间，中国传统的朝贡关系与西方列强所强加的近代条约关系由相互冲突到相互调适、兼容乃至一度共存的所谓"一个外交两种体制"过渡性局面，是19世纪后半叶晚清对外关系的真实全景。而且，在中国以外其他非西方地区和国家接受如今"已经自然化的权势话语"之近代条约关系体制的历史过程中，上述过渡性局面也应是一个普遍的现象，如在近代朝鲜。具体说来，作为朝贡关系秩序中心的中国，在通过第一次鸦片战争而被迫接受欧美列强所强加的近代条约关系之后，与周边属国的传统朝贡关系仍得以继续维持相当长一段时间，如琉球对中国朝贡持续到1862年、缅甸对中国朝贡持续到1875年、越南对中国朝贡持续到1880年，至于朝鲜对中国的朝贡则一直持续到了甲午中日战争爆发的1894年。不仅如此，上述主要朝贡国家在对中国进行朝贡的同时，也已经分别与欧美列强建立了近代条约关系，如朝鲜与美国建立条约关系甚至是由清政府直接斡旋和促成的。简言之，无论是处于传统朝贡关系体制中心还是边缘的国家，都曾普遍地存在传统与近代两种不同性质的国际关系体制兼容甚至共存相当长一段时期的过渡性现象。

正是作为这样一种普遍而又客观的现象在制度层面的具体反映，晚清时期在处理传统对外朝贡关系事务的礼部会同四译馆等机构继续存在并发挥作用的同时，在处理与欧美国家新型对外关系方面，先是采取地方督抚加钦差衔的临时变通办法长达十七年，继而是实行总理各国事务衙门半新半旧的"洋务外交体制"长达四十年，

---

① 参见 Yu Ying-Shih（余英时），*Trade and Expansion in Han China*, Berkeley: University of California Press, 1967；黎虎：《汉唐外交制度史》，兰州大学出版社1998年版；李云泉：《朝贡制度史论——中国古代对外关系体制研究》，新华出版社2004年版；陈尚胜主编：《中国传统对外关系的思想、制度与政策》，山东大学出版社2007年版。

直到1901年才改设外务部从而实现了近代外交机构的正规化。就是说，在清朝中央政府内部同时存在处理传统与近代两种不同性质对外关系事务之制度与机构的所谓"半新半旧、半传统半近代"现象，即便算到1901年也已有五十九年之久，占晚清七十一年历史的83%。同时，作为当时中国周边一个主要的朝贡国家，朝鲜王朝也曾存在传统与近代两种不同性质的对外关系一度共存的所谓"两截体制"现象，在对外关系制度层面上也是表现为负责对外关系事务的中央机构中，既有处理与欧美及日本新型条约关系事务的"交邻司""通商司"等部门，同时还有处理对华传统朝贡关系事务的"事大司"。

总之，无论从客观事实角度还是从对外关系制度层面，晚清对外关系领域毋庸置疑地存在着一个超过半个世纪的"一个外交两种体制"现象，而这样一种现象在本质上应是晚清对外关系由传统而近代之转型过程，是近代条约关系由西方而东方之全球化过程中所出现的一个过渡性现象与特征。[①] 必须指出，拙稿有关晚清对外关系领域"一个外交两种体制"现象的探讨，仅限于客观事实及对外关系制度两个方面极为初步的"刍议"，显然有待于今后更加深入全面的探讨与论述。

原载《中国边疆史地研究》2009年第4期，
本文刊发时作者为文学博士，东北师范大学历史文化学院教授、博士生导师。

[①] 有关中国对外关系由传统而近代之转型过程的新近研究，参见李兆祥《近代中国的外交转型研究》，中国社会科学出版社2008版。

晚清东亚变局与近代"外交"一词的起源*
——以中朝关系为中心的考察

李云泉

时至今日,"外交"作为主权国家彼此交往的惯用词语,早已耳熟能详,尽人皆知,以至当我们不假思索地将其用以描述19世纪60年代以前的清代中外关系时,可能丝毫意识不到,其时近代意义上的"外交"一词尚未出现,更遑论其现代意义了。当然,无外交之名不等于无外交之实,这是常识。不过,值得深思的是,近代"外交"一词的缘起与流变,不单单具有语言学意义,更为重要的是,它是西方主导下东亚变局的直接产物,并与中朝关系的近代转型密切相关。限于篇幅,本文对于前人的研究不做评述,但文中会有涉及,以下主要从文献学和中外关系史的角度对这一问题做简要考察,以期有所发微,便于学界对相关问题做更深入研究。

一、朝贡体制下的"人臣无外交"

明清鼎革之后,清朝在对外交往中承袭明代朝贡体制,先后与朝鲜、琉球、安南、暹罗、苏禄、南掌、缅甸建立了朝贡关系,隶礼部职掌。除上述礼部所辖朝贡国外,在清朝向西北方向拓疆置土的过程中,中亚、南亚的一些国家或地区亦与清朝建立朝贡关系,并被纳入理藩院管辖之下。乾隆中叶,理藩院所辖的朝贡外藩有:"哈萨克左、右部,布鲁特东、西部,安集延,玛尔噶朗,霍罕,那木干四城,塔什罕,拔达克山,博罗尔,爱乌罕,奇齐玉斯,乌尔根齐诸部落汗长。"[①]迄乾隆末年,

---

* 本文为2013年度教育部人文社会科学研究规划基金项目"明清对外关系思想与体制研究"(13YJA770015)的阶段性研究成果。
① 乾隆《大清会典》卷80。

相继与清朝建立朝贡关系并属理藩院管辖的国家和地区包括布鲁克巴、廓尔喀、哲孟雄、哈萨克、布鲁特、塔什罕、浩罕、博罗尔、坎巨提、巴勒提、巴达克山、爱乌罕等。

朝贡体制下的中外交往，以礼仪上的君臣尊卑关系为主要表征，与基于条约体制的近代西方外交有所不同。是以成书于1912年的《清朝续文献通考》谓："迄乾隆五十年，我为上国，率土皆臣，无所谓外交也，理藩而已……国朝尚遣使册封朝鲜、琉球、越南等国矣，此自抚其藩属，非外交也。"①在朝贡体制业已崩解、西方外交观念日益深入人心的背景下，后人追述往事的这段文字虽有夸大失实之处，难以涵盖清代前期对外关系的全貌，但毕竟有其真实依据。清朝与藩属之间的关系，的确不具西方意义上的外交特征，也是近代西方列强难以理解和意欲打破的一大障碍。

从词源上讲，现代意义上的"外交"一词，不仅在中国出现甚晚，在西方亦复如此。1648年签订的《威斯特伐利亚和约》，虽在欧洲范围内确立了主权国家作为国际关系和国际法的主体地位，也明确了主权国家的对外交往在国家关系中的作用，但当时现代意义上的"外交"一词尚未产生。英语"外交"（diplomacy）一词源自希腊语，原意为"一折为二"，本系古代希腊公使出使时由君主或元老院授予的折叠式证书之谓，至18世纪末，英语"diplomacy"方有今天"外交"的含义。②

在中国，"外交"本是古已有之的词汇，但其含义显然有别于今日"外交"一词。先秦秦汉文献中的"外交"，有"与之交往的外国"、③"人际交往"、④"结交外国"、"人臣私见诸侯"等不同含义。其中，最接近现代外交含义的是"结交外国"，语出《淮南子·诠言训》："外交而为援，事大而为安，不若内治而待时。"不过，语中"外交"一词虽指涉国与国之间的交往，但主要是作为一种策略。而流传最广、对后世中外关系影响至深的则是"人臣私见诸侯"之意，源自春秋时代诸侯彼此相见的行为规范。其典据有二：一是鲁隐公元年（前722）祭国君出访鲁国，《春秋》载其事为"祭伯来"，而非"祭伯来朝"。对此，《穀梁传》释曰："寰内诸侯，非有

---

① 刘锦藻：《清朝续文献通考》卷337，商务印书馆1936年版，总第10781页。
② 张世明：《新历史法学的取向：清代宗藩关系多维透视分析》，杨念群等主编：《新史学：多学科对话的图景》，中国人民大学出版社2003年版，第613页注释①。
③ 如《国语·晋语八》谓："彼若不敢而远逃，乃厚其外交而勉之，以报其德，不亦可乎？"韦昭注曰："谓赂其所适之国，厚寄托之而劝勉焉。"
④ 如《墨子·修身》云："近者不亲，无务求远；亲戚不附，无务外交。"再如《史记·邓通传》所言邓氏"不好外交"，意指不喜交际。

天子之命，不得出会诸侯；不正其外交，故弗与朝也。"一是《礼记·郊特牲》所载的违礼私觌行为："朝觌，大夫之私觌，非礼也……为人臣者无外交，不敢贰君也。"及秦汉一统帝国建立之后，随着对外交往范围的不断扩大，先秦时期诸侯与天子之间的朝聘制度遂延伸至对外关系领域，形成历代相沿的朝贡体制。这样，先秦特定语境下的"人臣无外交"，成为中外关系的专用词语，不时出现于后世的文本之中。

有清一代，"人臣无外交"主要作为一种观念而存在，实践层面并无多少事例可寻。通过检阅《清实录》《上谕档》《宫中档奏折》等清代官方档案文献，笔者发现，清初至19世纪40年代，与古典外交含义相关的事例只有乾隆朝和道光朝两例，且都属人臣私交外国的违礼违禁行为，兹征引相关文献如下。

乾隆五十六年（1791），两广总督谕福康安奏称接到安南国王阮光平咨文，并以其母年届七十，附带礼物致送。福康安以人臣义无私交，有违体制，欲婉词照会，却而不纳。为此，乾隆帝特令军机大臣传谕福康安：

> 阮光平备位藩封，恪恭侯服，渥承恩眷，比于近臣。上年该国王祝嘏来京，福康安仰体朕抚育深仁，尽心照料，途中往返数月，朝夕相晤，结契良深。友朋交际往来，原属人情所不废，况系因福康安之母七旬生辰，备仪称祝，尤不应固辞，拂其美意。所有阮光平送给仪物，福康安竟当收受，优加酬答，以见投报之情，不必以人臣无外交之义，过于拘执也。①

道光十五年（1835）正月，内阁奉上谕：

> 前据理藩院奏称，浩罕夷使在该衙门呈递禀词，恳求奏请恩施，该衙门撰给驳饬谕帖，一并进呈，办理尚属得体。昨日召见大学士长龄，奏称该夷使曾到伊寓所，馈以土物，仅收受葡萄一盘。该夷使复向长龄呈递禀词，经长龄接受，缮写呈览。人臣义无外交。长龄身为大臣，自当深知国体，该夷使馈赠土物时，长龄即当谕以天朝体制，概行拒绝。至所递禀词，亦应当即驳饬，令其向理藩院衙门自行呈递。乃长龄并不正词晓谕，绝其妄渎，率行收受葡萄，并

---

① 《清高宗实录》卷1384，乾隆五十六年八月丁巳。

将原呈代奏，殊属不合。长龄著交部议处。①

以上两个相似的事例，结局却迥然有别，耐人寻味。事实上，清代属国使臣向清朝封疆大吏、朝中大臣呈递禀文，馈贻规礼，乃至与各级官员诗文酬答，事属常态，并未因此受到责罚。故福康安的行为不过故作姿态罢了，乾隆帝亦非格外开恩。鉴于安南西山朝统治者阮光平刚刚受清廷册封为安南国王，且曾亲诣阙下为乾隆帝祝寿，乾隆帝鼓励臣子与藩臣之间交谊的行为就更容易理解了。与此相比，道光年间清朝与浩罕的封贡关系则日显紧张。自道光十三年（1833）开始，浩罕多次对喀什噶尔所属帕米尔地区用兵，并在喀什噶尔对外国商人自行征税。而上述浩罕贡使向长龄所递禀帖之意，即为要求清廷允其在巴达克山和克什米尔两地征收商税。②因事关国体，清廷断然拒绝。所以，道光帝祭出"人臣无外交"的古训惩治长龄，本不在于他收受了一盘葡萄和一封禀文，而是他不识时务，代奏禀文。如此一来，他也就成了道光帝的出气筒。如果不对中外关系的实际形态予以考察，仅作语义上的训诂解读，并以此作为清廷是否恪守古训的依据，恐难揭示不同时空下中外关系的多重面相。

尽管朝贡体制下属国彼此之间的交往一般不受限制，但在深受儒家思想影响的朝鲜，基于春秋大义的"藩臣无外交"作为一种事大理念，成为约束其对外交往的行为规范，即便在其以"小中华"自居、视清人为文化"胡虏"的时代，亦是如此。康熙五十六年（1717），有朝鲜渔民遭风漂至琉球获救送还，朝臣中有人援引万历年间事例，建议借进京朝贡之机，向琉球贡使递送谢咨，转付其国王。礼曹判书宋相琦疏言不可：

  皇朝时则视我犹一家，凡于朝聘交际之间，不甚拘禁。臣未知即今彼中之坦然无疑阻，果如皇朝耶？若谓藩服之自相通书，犯外交之戒，或有啧啧之言，则其将以皇朝时亦有此事为解，而可以杜彼之说耶？且万历时，则我使值彼使朝贡之日，仍为传之，譬如列国缟纻之赠，初非王室之所禁也。至于公移礼部，

---

① 中国第一历史档案馆编：《嘉庆道光两朝上谕档》第30册，广西师范大学出版社2000年版，第25页。
② 事见《清宣宗实录》卷236，道光十三年四月壬戌；卷249，道光十四年二月丙申；卷261，道光十四年十二月癸巳。

窃恐当时亦不敢为此也。①

此议为肃宗采纳。可见,朝鲜君臣对于是否恪守藩臣之礼,还是相当慎重的。

清朝与朝鲜的封贡关系赖武力高压确立,康熙至雍正年间,清廷先后九次减免朝鲜岁贡,两国关系随之缓和。据朝鲜史料记载,雍正元年(1723),朝鲜朝贡使臣归国后,向景宗国王奏报说,清廷主动示好的这一举措,得力于一个名叫常明的朝鲜人后裔。其曾祖于"丁卯之役"(1627)被掳,从此世代为清朝子民。其母对康熙帝有养护之恩,凭此"阿保之功",常明受宠于康熙、雍正二帝,并与王公大臣过从甚密。正是他从中斡旋,才有清廷的一次次蠲贡之举。不过,撰修《朝鲜景宗实录》的史臣言及这段史实时,却有以下评语:"前后奉使之臣,辄因常明,虽得济事于一时,而私交邻国之嬖臣,已非正大之道。且常明虽曰我人之后,既为他国之臣,而敢有外交,其为人之不能谨重,亦可知矣。如或彼我之间,利尽衅开,君臣之际,宠衰疑生,则安保此等事不为常明之罪,而患及我国乎?吁可戒也已!"② 在此,藩臣义无外交,又作为朝鲜正统史观的内涵之一而载诸史册。这一理念在朝鲜可谓根深蒂固。

道光十二年(1832)六月,英国东印度公司雇员胡夏米乘船驶抵朝鲜古代岛,欲求通商,当地官员以"藩臣无外交"拒之,朝鲜国王随即咨文清朝礼部,言其始末。③ 为此,道光帝特颁谕曰:"该国王谨守藩封,深明大义,据经奉法,终始不移。诚款可嘉,宜加优赉。著赏赐该国王蟒缎二匹,闪缎二匹,锦缎二匹,素缎四匹,寿字缎二十匹,用示嘉奖。"④ 至同治年间,清朝已与多国立约通商,洋务事起,而朝鲜则仍持闭关锁国之策。同治五年(1866),法国借口朝鲜迫害传教士而派军舰入侵朝鲜江华岛,是为"丙寅洋扰"。事后,朝鲜政府不仅以"藩臣无外交"为凭拒与法国交涉,且以此为罪名,将曾以贡使身份向清朝礼部尚书私自投书谈论此事的李兴敏"谴罢"。⑤

---

① 《朝鲜肃宗实录》卷59,肃宗四十三年正月丁巳。
② 《朝鲜景宗实录》卷13,景宗三年九月丙戌。
③ 《朝鲜纯祖实录》卷32,纯祖三十二年七月乙丑。
④ 《清宣宗实录》卷222,道光十二年闰九月壬寅。
⑤ 参见权赫秀《东亚世界的裂变与近代化》,中国社会科学出版社2013年版,第146—147、180页。

二、近代"外交"一词之起源与早期流通

有论者指出，将近代"外交"一词用于国际关系讨论，在中国始见于光绪五年（1879）薛福成的《筹洋刍议》。① 揆诸史实，尽管近代"外交"一词的起源与西力东渐有关，但将薛福成所言"彼西人之始至中国也，中国未谙外交之道，因应不尽合宜"②之语作为近代"外交"一词发端的标志，未必精当，故有必要进一步申说。

如果说西方列强对东亚的侵略改变了近代东亚政治版图的话，那么，基于西方区域性经验的国际法的传入和流通，则荡涤着东亚固有的秩序观念，朝贡体制的瓦解仅仅是时间问题了。在此背景之下，近代"外交"一词的初见，不可避免地打上了西方意识的印记。

如所周知，谈及国际法的传入，美国人丁韪良于同治三年（1864）所译其同胞惠顿的《万国公法》一书，是一个重要节点。正是在该书中，近代意义上的"外交"作为一个译词，首次出现于汉语词汇之中。该书在论诸国"自然、自主之权"时，援引1827年英、法、俄三国所订敦促希腊、土耳其两国复合之约，其中第二条"略述英、俄前议希腊之内政、外交也"。③ 有趣的是，作为古词新意或古词转义的这一译词的初见，与"内政"一词对举并用，与今天的汉语表述习惯并无二致。这恐怕是译者当初始料未及的。不过，"外交"一词出现于汉文版《万国公法》，仅此一例，若用现代汉语翻译，文中本该译为"外交"的，则多用"交际"一词。例如，刘禾注意到，《万国公法》中有这样一段文字："欧罗巴、亚美利加诸国奉耶稣之教者，与中国迩来亦公议和约，中国既弛其旧禁，与各国交际往来，无论平时、战时，要皆认之为平行自主之国也。"④ 对照英文原文，文中的"交际往来"，便可用现代白话译作"外交往来"。⑤

近代"外交"一词虽已启用，但似乎并未立即引起人们注意。两年后的同治五

---

① 前引张世明文。该文经修改删节后发表于《清史研究》2004年第1期，题为《清代宗藩关系的历史法学多维透视分析》。
② 薛福成：《筹洋刍议》，徐素华选注：《筹洋刍议——薛福成集》，辽宁人民出版社1993年版，第66页。
③ ［美］惠顿著、丁韪良译、何勤华点校：《万国公法》第二卷第一章第九节，中国政法大学出版社2003年版，第67页。
④ ［美］惠顿著、丁韪良译、何勤华点校：《万国公法》第一卷第一章第十节，第20—21页。
⑤ 刘禾：《帝国的话语政治》，三联书店2009年版，第182页。

年（1866），它才再次出现于汉文文献，其使用者是英人威妥玛，并有清朝官员予以回应。

同治四年（1865），海关总税务司赫德向总理各国事务衙门递交《局外旁观论》，翌年年初，英国驻华公使阿礼国以照会的形式向总理各国事务衙门递交其使馆参赞威妥玛所撰《新议略论》。应该说，"两论"是中西关系一度紧张的产物。当时，依据中英《天津条约》议定的条约口岸，唯独潮州因当地官员极力抵制，尚未开放，致使中英纷争不断；而同治初年发生的法国传教士被杀的贵州教案，也一直悬而未决，招致列强不满。故"两论"劝言清政府改革弊政，信守条约。赫德陈词中未用"外交"之词，使用"内政、外交"称谓的是威妥玛。至于威氏用词是否受丁译《万国公法》的影响，不得而知。

在《新议略论》中，威妥玛以"中国内患甚深，外交或有未至失和，大概亦皆冷淡"为词，劝说清政府派遣驻外公使，进而指出内外形势的古今之别："盖其内政、外交两节，今已互结，不能分论，此系今时与古不同之要处也。"①该文的主旨是希望清政府"内改政治，外笃友谊"，以此而论，威氏所用"外交"一词的内涵，承续了"结交外国"或"对外交好"的古典外交语义。时过境迁，这一古词新用，竟出自西人之手，可谓意味深长。

随后，恭亲王奕訢以"两论"入奏，称其"所陈内治、外交各种利弊，反复申明，不无谈言微中"。提出"由该督抚大臣各就各地，亟早筹维，仍合通盘大局，悉心妥议"。②又"请预筹遣使之道，并与各国君臣相见礼节，密慎妥定，切宜周备，此外交第一要义"。③这是清代奏折中首次出现近代"外交"一词，且所指并不限于一般意义上的对外交往，而将清廷所面临的派遣驻外使节及其相关礼节等问题纳入其中，并视之为外交第一要义。自此，近代外交的内涵逐渐丰富。针对奕訢所奏，清廷谕旨中将赫德所论归为"内事、外事"两端，并在提及威妥玛《新议略论》时谓："所论外交各情，如中国遣使分驻各国，亦系应办之事。"④这是清代上谕中首次出现近代"外交"一词。接着，清廷命封疆大吏对"两论"条分缕析，悉心妥议，速行密奏。但在所有奏议中，唯有三口通商大臣崇厚言及"外交"一词："外

---

① 《筹办夷务始末》（同治朝）卷40，第24、26—27页。
② 《筹办夷务始末》（同治朝）卷40，第11页。
③ 《筹办夷务始末》（同治朝）卷41，第28页。
④ 《清穆宗实录》卷169，同治五年二月庚戌。

交之道，我处心信而是彼不疑。守信之法，务在中国官民，均以条约为准。"①这似乎表明，当时清朝官员对这一概念并不熟悉，而且崇厚笔下的"外交"，语义仍属古意的策略范畴。

此次围绕《局外旁观论》和《新议略论》的讨论，范围仅限于恭亲王奕䜣和少数督抚大臣之间，且系专折密奏，故"外交"一词虽为数人多次使用，却未流通。仿佛突然间来了一场偏东雨，来也快去也快。此后近十年间，无论是官方档案还是精英文献中，皆无其踪迹。

进入19世纪70年代，随着西方列强入侵的加剧，东亚朝贡体制岌岌可危。时人王之春曾从"理藩"的角度，谈及这一态势：

> 固边者不可不恤藩，以藩服即边疆之屏障也。国朝边藩有四：曰安南，曰缅甸，曰暹罗，曰南掌；海藩有二：曰高丽，曰琉球。缅甸见侵于英，国势日蹙；暹罗依附于英，朝贡不入；南掌介于暹罗之间，已有不能自存之势。是三国者，无庸高论矣。安南屡为法人所侵削，现虽割地求和，而西贡不复，东京堪虞，势亦岌岌矣……琉球既为倭人所灭，夷为县鄙，幸此案至今未结，尚有转机……高丽历遵圣教，恪守藩封，而北逼于俄，南迫于倭，式微之叹，几不能免。②

在此背景下，"外交"作为讨论国际关系的一个词，逐渐引起时人关注，并通过国际法和中朝关系两条途径得以流通。

光绪元年（1875）二月，直隶总督李鸿章奏请向日本派驻公使，认为"自来备边驭夷，将才、使才二者不可偏废。各国互市遣使，所以联外交，亦可以窥敌情"。③文中的"联外交"之说，置于现代汉语语境下，语义较前已有模棱之感，盖为本自古意的"联外国"。数月后，日本挑起"江华岛事件"，朝鲜局势的走向日益引起清廷关注。是年年底，李鸿章在给朝鲜领中枢府事李裕元的复函中询及韩日交际情形，并于次年致函总理衙门称曾借此"略及外交之意"。④这是有关中朝关系的中方文献

---

① 《筹办夷务始末》（同治朝）卷41，第28—29页。
② 王之春：《清朝柔远记》，中华书局1989年版，第374—375页。
③ 王彦威、王亮编：《清季外交史料》卷1，书目文献出版社1987年版，第10页。
④ 《李文忠公全书·译署函稿》卷4，第31—32页。

首次使用近代"外交"一词。此后,李鸿章与李裕元多次书信往还,并为两国当局所认可和鼓励,其行为本身颇合现代国家高层政治外交的惯用做法。① 至于朝鲜汉文文献中的近代"外交"一词,据笔者目力所及,最早出现于光绪五年(1879)李裕元致李鸿章函中。是年七月,李鸿章致函李裕元,劝言朝鲜"与英、德、法、美通商,欲为牵制日本,防止俄人窥伺"。李裕元则在复函中以"敝邦僻在一隅……自治方内,未暇外交,而况泰西之学,有异吾道"② 为词婉拒。

与此同时,近代外交概念又凭借国际法的传播而渐为时人熟悉。继《万国公法》之后,光绪二年(1876),丁韪良又与其同文馆弟子合译了德人马顿斯的《星轺指掌》一书。该书已在多处使用西方意义上的"外交"一词,如第一章第一节的标题为"论外交缘由";第二节"论总理大臣之职"中提道:"该大臣务须熟悉万国公法、近代政治、天下权势、通商利弊以及富国强兵之策,立约联盟之法,内治外交之道。"第二章第二节对"半主之国"解释说:"凡邦国能自理内政,而无外交之权者,谓之半主之国。"③ 同年,清朝开始派遣驻外使臣,《万国公法》《星轺指掌》以及此后译刊的《公法便览》(1877年)、《公法会通》(1880年)等,成为驻外使臣的必读和必备书,驻各国公使、领事等由此成为最早通晓和使用近代外交概念的一个重要群体。

《星轺指掌》刊印的第二年即1877年就已通过日本驻朝公使花房义质传入朝鲜,一同传入的还有《万国公法》。④ 自此,"外交""万国公法"等近代新名词渐为朝鲜士人所知,并出现于官方文献中。令人感叹的是,朝鲜最早使用"外交"新名词的李裕元,尽管其与李鸿章的通信联系出自高宗国王之意,然因顽固守旧,拒与欧美立约通商,于1881年经各府司联名参劾,遂被流配平安道,其罪名依然是违背"人臣无外交"的君臣大义。⑤

19世纪80年代以降,日本将琉球废藩置县的前车之鉴,使清政府更加关注朝鲜局势,以防其步琉球后尘。在此背景下,清朝开始干预朝鲜的内政外交,"外交"遂

---

① 关于李鸿章与李裕元的书信往来,参见权赫秀《中韩关系近代转型视野下的李鸿章—李裕元书信联系始末及其意义》,《东亚世界的裂变与近代化》,中国社会科学出版社2013年版,第18—37页。
② 《朝鲜高宗实录》卷16,高宗十六年七月辛巳。
③ [德]马顿斯著,联芳、庆常译,丁韪良校核:《星轺指掌》,中国政法大学出版社2006年版,第6—7、11页。
④ [韩]金容九著、权赫秀译:《世界观冲突的国际政治学》,中国社会科学出版社2013年版,第88页。
⑤ 《朝鲜高宗实录》卷18,高宗十八年闰七月辛巳。

为中朝两国讨论朝鲜对外立约通商问题时的常用词语。

光绪六年（1880）十月，驻日公使何如璋以朝鲜愿与美国通商函告总理衙门，并附送自拟《主持朝鲜外交议》，其中说道："应请朝廷会议，速遣一干练明白、能悉外交利害之员前往朝鲜，代为主持结约，庶属国之分因之益明。"①总理衙门以此征询李鸿章的意见，李于复函中指出，何议"虑及听朝鲜自行结约，他国皆认其自主，而中国之属邦忽去其名，固不为无见。但使朝鲜能联络外交，以自固藩篱，则奉吉东直省皆得屏蔽之益"。②次年年初，总理衙门以"朝鲜近日情形，亟宜联络外交"，奏请"嗣后遇有洋务紧要之件，请由北洋大臣及出使日本大臣与该国通递文函，相机开导"。③文中"联络外交"一词，显系照搬李鸿章用语。不仅如此，这一用词还出现于其他官员的奏牍中。是年七月，会办南洋海防大臣丁日昌致函总理衙门称，越南近为法人蚕食，当派人与其君臣密商"自强事宜并联络外交之法"。④这是"外交"一词用于越南对外关系讨论的最早记载。

也是在光绪七年（1881），朝鲜吏曹参议金允植奉国王之命，率七十余人赴天津学习兵器制造，其间他在与李鸿章会晤笔谈时，曾多次使用近代"外交"一词。⑤光绪八年（1882）年，在中方马建忠的主持下，朝鲜与美国签订《朝美修好通商条约》，同时，朝鲜政府以照会形式向美方声明："朝鲜素为中国属邦，而内治、外交，均由大朝鲜国君主自主……至大朝鲜国为中国属邦，其分内应行各节，均与大美国毫不干涉。"⑥至此，"内治、外交"概念出现于朝鲜官方的对外关系文书中。随后，朝鲜相继与英、法、德立约通商，并援朝美条约先例，向各国递交"属邦宣言"的照会。

三、晚清"外交话语"及其思想史意义

现行各种版本的外交学和国际关系学著作，在讨论外交概念时，一般皆从其古

---

① 全文见郭廷以、李毓澍主编《清季中日韩关系史料》第2卷，"中研院"近代史研究所1972年版，第437—442页。
② 郭廷以、李毓澍主编：《清季中日韩关系史料》第2卷，第449—450页。
③ 《清德宗实录》卷126，光绪七年正月戊子。
④ 郭廷以、王聿均主编：《中法越南交涉档》（一），"中研院"近代史研究所1962年版，第158页。
⑤ 笔谈内容见［韩］金允植《天津谈草》，［韩］林基中编：《燕行录全集》卷93，韩国东国大学校出版部2001年版。
⑥ 《清光绪朝中日交涉史料》第3卷，第13页。

典语义直接跳转到现代语义。与20世纪初年英国外交官兼学者萨道义的经典外交定义①相比，今人的外交释义更加精细和多元，但即便如此，用以衡诸近代外交的具体形态，很可能捉襟见肘，难尽本意。事实上，自近代"外交"一词起源到现代外交概念固化并成为常识之间，曾长期存在一个无论现代语言学还是国际关系原理均难以观照的"中间地带"。借用语言学的概念，这一地带是一个新旧词汇杂糅的"语义场"，其构成要素可称之为由近代外交概念衍生或相伴而成的"外交话语"。新名词在中国近代大量涌现，是众所周知的事实，更重要的是，其流通与流行，在某种程度上影响着人们的思维方式和价值观念。对此，已有学者论及并且指出，"就中国近代新名词的整体结构而言，仅仅将其理解为单纯语言学含义上的词汇，还远远不够。实际上它们乃由三个层面的内涵构成，即：语言学意义上的词汇本身；它们各自表示的特定概念和直接凝聚、传达的有关知识、观念、思想和信仰；以及由它们彼此之间所直接间接形成或引发的特定'话语'"。② 晚清"外交话语"，就具有这样一种特定"话语"的特征。

在"人臣无外交"的语境下，一提到"外交"，人们总会不由自主地联想到这样一些词语：违礼、欺君、惩戒、恐惧等。现代汉语的"里通外国"，亦隐约与之存在某种关联。光绪末年，由近代"外交"一词衍生而来的"外交官""外交方针"乃至"国民外交"③等词汇已频频出现于各种文献。它们虽然属于晚清"外交话语"的范畴，但本文所探讨的，主要限于近代"外交"一词起源至19世纪八九十年代之间的特定语境之下，与"外交"概念相伴共生、新旧词语杂陈的如下概念：交际、交邻、交涉、内政、内治、自主、独立、干涉、宗主、属国、事大、进贡等，它们彼此之间构成了当时以中朝关系为中心的典型"话语"，或谓话语体系。而对这一问题的讨论，可从不同侧面揭示东亚朝贡体制与近代外交体制之间的"过渡相"。

晚清外交话语中，有两个不易为人察觉且于今天难以理解的现象。其一，如前所述，"内政、外交"对举并用，最早见于《万国公法》，且为当代惯用表述方式，

---

① "外交是运用智力和机智处理各独立国家的政府之间的官方关系，有时也推广到独立国和附庸国家之间的关系；或者更简单地说，是指以和平手段处理国与国之间的事务。"杨立义等译：《萨道义外交实践指南》，上海译文出版社1984年版，第2页。
② 黄兴涛：《近代中国新名词的思想史意义发微——兼谈对于"一般思想史"之认识》，杨念群等主编：《新史学：多学科对话的图景》，中国人民大学出版社2003年版，第324页。
③ 关于清末民初"国民外交"概念的讨论，参见周斌《清末民初"国民外交"概念的形成及其含义述论》，《安徽史学》2008年第5期。

但在对赫德《局外旁观论》和威妥玛《新议略论》讨论时，官方档案文献将"内政"一词改换成"内治"，这一用法一直持续至清末并影响到朝鲜。"内政""内治"作为两个含义相近的概念，同为古词，①而今，"内治"一词早已失其本意。至于为何如此置换，于史无征。或许，一个不太牵强的解释是，晚清对国内事务的戡乱治理，事关中外关系大局，故改用含义具有动态特征的"内治"一词。而这一做法，很可能受英国驻华公使阿礼国的影响。阿礼国在向总理衙门呈送威妥玛《新议略论》的照会中，对中国内外局势分析说："更思外交增减，全在内地治乱能否速平。"②若此说成立，则恭亲王奏折中首用并于此后流通于档案文献的"内治"一词，便可视为阿礼国笔下"内地治乱"的缩写，而非对古词的借用。

其二，李鸿章于1876年致总理衙门函中所用"外交"概念，在此后的上谕中改成了"交邻"。1879年，清廷以"泰西各国欲与朝鲜通商，事关大局……朝廷不便以此明示朝鲜"，允准总理衙门奏请并传谕李鸿章，略言："据该衙门奏，李鸿章与朝鲜使臣李裕元曾经通信，略及交邻之意，自可乘机婉为开导。"③这显然不是简单的笔误所能解释。"交邻"一词出自《孟子》的"交邻国"。齐宣王曾问孟子："交邻国有道乎？"孟子对曰："有，惟仁者能以大事小，是故汤事葛，文王事昆夷。惟智者能以小事大，故大王事獯鬻，勾践事吴。以大事小者，乐天者也；以小事大者，畏天者也。乐天者保天下，畏天者保其国。《诗》云：'畏天之威，于时保之。'"④此即后世朝贡体制所本的"事大字小"观。上谕中对"外交"一词的改写，一方面与当时"外交"概念生僻有关，另一方面似乎提示着，朝鲜与欧美的交往，只是中朝朝贡体制的延伸，与中西关系判然有别。而在朝鲜，即使在19世纪80年代末派驻美国公使成行之后，时人仍然认为"交邻"与"事大"可以并行不悖，但前者已属古词新意，用以指称条约体制下朝鲜与欧美的关系；后者则承载了原属前者的本意，用以指称朝贡体制下朝鲜与中国的关系。⑤

近代"外交"一词起源之后，因其主要是官方和精英所用术语，传播渠道不畅，

---

① "内治"的出处，一如前述。"内政"出自《后汉书·陈蕃传》："臣闻齐桓修霸，务为内政……内政不理，心腹之患。"
② 《筹办夷务始末》（同治朝）卷40，第22页。
③ 郭廷以、李毓澍主编：《清季中日韩关系史料》第2卷，第361页。
④ 《孟子》卷2《梁惠王下》。
⑤ 参见[日]冈本隆司著、黄荣光译《属国与自主之间——近代中朝关系与东亚的命运》，三联书店2012年版，第442—443页。

故很长时期内，使用而不流通，流通而不流行。直到19世纪90年代之后，它才成为社会各界广为接受和流行的一个词语。其间，频频见诸各种文献并可与"外交"置换的是"交际"和"交涉"。前者典据《孟子·万章下》："敢问交际，何心也？"朱熹注谓："际，接也。交际，谓人以礼仪币帛相交接也。"后者则主要是晚清的一个流行词。基于礼尚往来古意的"交际"一词的使用，显示了对外交往的平等意识，这在朝鲜与欧美的交往中亦有所反映。而"交涉"之所以在晚清成为流行词，是西力冲击的必然产物，举凡通商、边务、签约、遣使乃至礼制的更张，皆属"交涉"范畴。其中，同治年间中西双方围绕西使觐见礼仪问题旷日持久的交涉表明，清人对传统礼仪的重视和执着，远远超出今人的想象。正是由于这两个词语的广泛使用，薛福成才将近代"外交"的内涵分为交际与交涉两途，继1879年刊行的《筹洋刍议》作如此区分之后，他又在1890年奏疏中更明确地解释说："查外洋各国风气，交际与交涉，截然判为两事。交际之礼节，务为周到；交涉之事件，不稍通融。唯其厚于交际，故可严于交涉。"①

具体到中朝关系，日本学者冈本隆司已从不同层面对"属国（属邦）"与"自主"之间的关联与抵牾做了详尽而富有启迪的论述，②无须复言。需要强调的是，"属国自主"概念提出时，清廷所重的只是朝鲜的属国名分，它不仅是清廷对中朝关系以往形态的如实描述，亦是借以对列强宣称不欲干涉朝鲜事务的托词。但随着时间的推移，在朝鲜局势紧张的压力面前，清廷从"保藩固圉"的立场出发，开始干涉朝鲜的内外事务，并从国际法中找到依据，将传统意义上的属国概念，置换成西方意义上的属国概念。朝鲜同样以《万国公法》和《星轺指掌》的相关阐释为据，欲争其自主权利，从而凸现了两国现实利益之间的冲突，并由此引发朝鲜独立意识的反弹。这显然是西方语境下难以理解的东亚独有现象。朝鲜"事大派"的代表人物金允植曾从传统与现实调和的角度，谈及中朝关系的走向："我国服事中国，自有数百年相守之典礼。然海禁既开，我国亦以自主自立于万国之中，则内治、外交，中国不便干涉。而我国素昧交际，若无中国襄助，则必随事失误。故中东（指中朝——引者注）两国须加意亲密，随机暗帮，如一室无间，则亦可以御外人之侮。

---

① 《预筹各国使臣和请觐见片》，《庸庵文别集》，上海古籍出版社1985年版。此前薛福成在《筹洋刍议》中谓："盖尚考西人之俗矣，西人以交际与交涉判为两途，中国使臣之在外洋，彼皆礼貌隆洽，及谈公事，则截然不稍通融。中国之于各使，亦宜以此法治之，是让以虚而不让以实也。"
② ［日］冈本隆司著、黄荣光译：《属国与自主之间——近代中朝关系与东亚的命运》，三联书店2012年版。

此亲中国之利也。"① 然而，事实证明，如此"话语"，理想化的成分太浓。

1901年李鸿章去世后，正在日本流亡的梁启超随即撰写《中国四十年来大事记》（一名《李鸿章传》）以言事抒怀。其中说道："李鸿章之负重望于外国也以外交，李鸿章之负重谤于中国也亦以外交，要之李鸿章之生涯，半属外交之生涯也。"② 其时，"外交"已为社会各界广为使用的流行词语，然李鸿章作为使用近代"外交"概念已达几十年之久的清朝重臣，临终前却将刚刚取代总理衙门的一个新机构命名为"外务部"。他为什么不选用"外交部"，而是用"外务部"这样一个称谓，究竟是从"夷务"到"洋务"再到"外务"的固有思维模式的延伸，还是"半属外交生涯"触发心中的愤懑所致？个中缘由，已无从查考，只能凭后人不无想象地予以解读了。

美国天才历史学家列文森曾沿着费正清"冲击—回应"模式的研究思路进一步发挥说："一个社会的语言变化，从客观方面看，它是外国全面入侵，而不仅仅是纯粹的思想渗透的背景下作出的新的选择；从主观方面看，它是日益增长的思想紧张的背景下作出的新的选择，这是一种迫使外国思想本土化和本土思想理性化的强大力量的努力所造成的紧张，一种在普遍的理性要求和特殊的理想要求之间永远存在着的背离所造成的紧张。"③ 或许，这可以成为后人对包括语言变迁在内的近世东亚世界的解读，提供思想史意义上的脚注。

原载《中国边疆史地研究》2015年第2期，

本文刊发时作者为历史学博士，

山东师范大学历史与社会发展学院教授、博士生导师。

---

① [韩]金允植:《天津谈草》，[韩]林基中编:《燕行录全集》卷93，韩国东国大学校出版部2001年版，第209页。
② 梁启超:《中国四十年来大事记》，《饮冰室合集》专集第2册，上海中华书局1936年版，第42页。
③ [美]列文森著，郑大华、任菁译:《儒教中国及其现代命运》，中国社会科学出版社2000年版，第141页。

书评与综述

"中国世界秩序"观之影响及其与中国古代边疆研究

——费正清《中国世界秩序：中国传统的对外关系》读后

许建英

作为美国著名的中国学家，费正清在中国学研究和世界中国学建设上都做出了杰出的贡献。在费正清研究中国对外关系的著作中，《中国世界秩序：中国传统的对外关系》是值得重视的一本书。该书共分为十四章，分别由包括费正清在内的美国历史学家、华裔历史学家、日本及韩国历史学家共同完成。该书不但系统研究了费正清长期关注的朝贡制度，而且正式提出并阐述了"中国世界秩序"的理论框架，对其形成、实质、演变及其在清代之状况分别进行了考察，可以说它是费氏研究朝贡制度的总结和升华。关于费氏的这一理论，以往论者多从中国古代对外关系角度关注，笔者认为它对研究中国古代疆域的形成与演变也有着重要意义。兹借助翻译该书的机会，对该书内容及其所涉及理论的影响做简要介绍，同时初步探讨该理论在中国古代边疆研究中的意义。不当之处，恳请方家指正。

一、费正清之"中国世界秩序"观

在《中国世界秩序：中国传统的对外关系》开篇中，费正清正式提出关于"中国世界秩序"的理论框架。该框架是费正清研究中国历史特别是中国近代史所依赖的研究取向（approach）[①]和思想资源。在该理论框架中，费氏提出"中国中心主

---

① 为便于和前人的研究呼应，本文采用"研究取向"译法。但是，笔者认为译为"研究路径"或者"方法"似乎更明确。

（sinocentrism）"的概念，并概括了其基本理论和问题，阐述了该理论的起源与发展。

费正清认为，无论是从历史发展、面积大小或者是从财富等方面看，古代中国都是东亚地区的中心，故称之为"中国中心主义"。中国古代文明对朝鲜、越南、日本以及琉球王国影响巨大，例如中国表意文字书写体系、儒家关于家庭及社会秩序的经典教义、科举考试制度以及中国皇朝君主制度与官僚制度等都深刻影响着东亚这些国家。在地理上，该地区和西方及南亚分离开来，使其在所有伟大文化区域中最具特点。这个近代欧洲人所说的"远东"世界是以中国为中心的"天下"，而且"天下"都在天子管辖之内，或者说当时人类已知世界的大部分都是在中华帝国的管辖之内。在处理与周边地区关系或者说与"非中国"民族关系时，中国都带有中国中心主义观念和中国优越自负的色彩。像中国的社会本身一样，中国对外关系也是等级制的和不平等的。在漫长的历史发展中，在东亚形成了一种中国对外关系的网状结构，它大致与欧洲所发展起来的国际秩序相当。费正清将这种关系称为"中国世界秩序"。

费正清所勾勒的古代"中国世界秩序"是等级制的，又是同中心的。他将其划分为三个主要地带：第一，中国化地带，是由最邻近的、文化上最相似的朝贡国越南和朝鲜组成，它们的部分地区在古代曾经被纳入中国的统治之内；琉球群岛也包括在内，并且在有些短暂的时期内日本也属于该地带。第二，内陆亚洲地带，由内陆亚洲游牧民族或者半游牧民族的朝贡部落及朝贡国所组成。第三，外围地带，一般是由"外夷"组成，处在海外或者陆地外围更远地方，包括后来的日本和东南亚、南亚的其他国家以及欧洲的国家。费正清认为，从理论上讲，所有这些"非中国"的国家和民族都要向中央之国的天子朝贡，但是事实上，该理论经常得不到遵守。费氏认为中国对外关系的主要问题实际上是如何使理论和事实相符，如何使意识形态上的主张和实际实践相符。此外，中国对外秩序与其对内秩序密切相连。

费正清认为以中国为中心的世界秩序和中国文化区域并不相关联。一方面，东亚的中国化地带，例如朝鲜、日本、越南和琉球等，通过诸如中国书面语言和儒教等文化纽带被维系在其中；另一方面，内陆亚洲地带的民族，诸如满人、蒙古人、维吾尔人、藏人等民族，虽然社会和文化基本上与中国不同，但是，他们也在中国世界秩序之列。费氏认为，中国文化上和经济上比内陆亚洲优越，这常常是控制拥有强大军事力量的内陆诸民族的手段，但是这种手段也有不足为恃的时候。中国古代的元朝和清朝都是由内陆亚洲民族建立起来的王朝。这些王朝在体制上虽然有颇多创新，但是总的来说，它们以中国传统来统治中国，并且在很大程度上其对外关系亦如此，朝贡制度被严格地维系下来。

在勾勒出古代中国中心主义的基本框架后，费正清从十五个方面描述了中国世界秩序的起源和历史发展。这些方面分别是中国的世界秩序起源于以农业为本的古代社会的扩张、中国的天下观从未丧失其统一的意义和文化完整性、等级制的中国世界秩序理论核心是以孔子哲学为基础而形成上统下属的"三纲"论、维持中国世界秩序和天地和谐的是具有无限权能的主宰者——天子、以高尚的德行来表现正确的义理并以此强调正统思想、以经典和教义灌输来维持正确的标准和以有效的法规与奖惩制度来维持社会秩序、天子是"礼治"和"法治"的掌控者、君臣关系和官僚体制是皇帝所依赖的两种行政统治方式、受儒家学说熏陶并效忠皇帝的士绅阶级维持社会的基层统治、效忠皇帝的意识形态责任是中国精英和藩属统治者所共同期待的、外藩可以演变为内藩、异族统治者也可以成为中国的皇帝、中国世界秩序具有广泛性、参与中国世界秩序的异族统治者必须遵守正确的形式和礼仪等。概括地讲，他论及了"中国世界秩序"产生的客观环境、政治背景、天下观、万能的天子、儒教文化、礼治体制、行政体制、朝贡制度及其作用、朝贡贸易、夷夏关系、藩属制度等。其论证广泛而全面，几乎涉及古代中国政治、制度、文化、经济和民族等各个方面。

此外，费正清还论述了中国封建王朝为维护这种世界秩序所采取的手段，他认为主要有武力、礼与法、文与德、利益、宗教和外交等手段，其目的主要是要达到控制、吸引和应付。作者还特别就封建王朝在中国化地带、内陆亚洲地带和外围地带所要达到的目的及所采取的手段进行了分类。

接下来的十三篇实际上是独立的论文，分别就"中国世界秩序"的产生、发展以及清代的状况进行了探讨。比较而言，前三篇是从总体上论述"中国世界秩序"的观念、态度和各种制度发展。杨联陞的《中国世界秩序的历史诠释》认为宗亲关系概念或者"内服""外服"概念早就被用于对外关系中。作者对比了中国封建王朝对待外来者传统态度中的神话与现实，探讨了古典文献中使用黩武主义或者绥靖主义处理异族的手段和边疆靖绥的各种思想，并说明了羁縻绥靖政策的古代起源、变化范围和使用对象。王赓武的《明朝早期和东南亚的关系：背景探析》考察了清代以前的朝贡关系，分析了从汉代到宋代中国优越感神话构建的过程及其在对外关系中的应用。文章强调这种理论的基础是皇帝德行优越和德治的思想。文章特别追溯了明代皇帝为建立世界秩序而扩展中国朝贡关系所做的重大努力。曼考尔《清朝的朝贡制度：一种解释性的评论》涉及广泛，论述了中国世界观念是如何在越南、暹罗和中亚得到不同的接受，以及清代该理论在中国西北地区和东南地区所产生的影响。随后，作者考察了朝贡贸易的各种形式，研究了贡品及礼物交换之间的复杂联系，以及它作为边疆"贸易口岸"所呈显的管理贸易的性质。

全海宗《清代中朝朝贡关系考》就朝鲜遣清使团的许多类型、功能和经济都做了非常详细的说明和分析，包括使团的构成、去处、在北京的活动、使团来华频率、贡物和回赐物品的经济内涵。通过这些方面的详细研究与分析，作者认为朝鲜提供了朝贡关系的主要范例，几乎是理想的模式；中朝朝贡制度的政治动机要多于经济或者文化方面的动机。酒井《作为萨摩一块封地的琉球群岛》主要是根据萨摩记载，详细说明琉球岛王国既是萨摩大名的属国，又是中国的朝贡国的情况，并描述了中日在此进行贸易的情况。陈大端《琉球王在清代的授权》研究了琉球王请求册封和清朝正式册封琉球王的情况，并集中分析了清廷派赴琉球的八个使团及其构成、详细活动和各种仪式，简要描述了中国和琉球间经常性的朝贡贸易。作者认为这些使团奉行的仪式主要是从明代继承下来的，旨在宣扬皇帝的德治和儒教文化。张宝林《中越关系中的干预与朝贡：1788—1790》，考察了清朝对18世纪后期越南王位继承引起的一连串危机的综合反应，以及中越朝贡关系的重新确定。铃木《中国和内陆亚洲的关系：匈奴和西藏》纵览了汉朝和强大的匈奴统治者之间早期起伏不定的关系，探讨了清初利用喇嘛教控制蒙古人的过程。铃木发现在西藏赞助人和僧侣关系替代了皇帝德行优越性。法库哈尔《满族蒙古政策的起源》也研究清朝—蒙古关系，特别是对1644年满族入关之前的早期阶段进行了研究，认为满族人和蒙古人有着共同的根基，这也是满族成功的原因之一。弗莱彻《中国和中亚：1368—1884年》对明清与中亚绿洲国家间关系进行了研究，他发现这些地方首要关注的是商队贸易，并不承认中国的优越性，但是彼此仍然交换使者，中国方面还是将其记录为朝贡国。中国在中亚的影响经历了显著的起伏。作者通过一些中国以外资料的研究，认为在此地域偏远、文化迥异的边疆，朝贡神话业已反常。韦尔斯《清朝与荷兰的关系：1662—1690》研究的是中荷关系。17世纪，荷兰东印度公司的经营以及和中日之间的贸易远远胜过其对手英国。韦尔斯概述了中荷四十年关系史，分析了各种类型的冲突、相互缺乏了解、不和谐的期望和习俗、双方行政和司法上的陷阱以及中国对荷兰所使用的外交传统，认为这些困扰都源于文化差异。费正清的《中国世界秩序的早期条约体系》研究的是19世纪朝贡制度解体。作者认为通商口岸最早为外国人的特别居住地，而最惠国条款使西方人享有特权，并于1860年后迫使皇帝不再宣称比西方人优越。在随后的二十年里中国无法把西方人纳入其国家权力结构中，陷入危机的朝贡制度最后瓦解。史华慈《中国对世界秩序的理解：过去和现在》关注"中国世界秩序"观的起源，认为始于中国古代"王权远被"的观念。作者随后分析了"中国世界秩序"观的历史演变，认为它与德治特有的儒教神秘性及"儒教道德秩序的绝对化"密切相连，特别是随着儒家以天子为终极的社会道德秩序观臻于完善，普天王权的思想日益得到加强，这既是中国封建王朝形成独特的世界秩序观的原因，也是19世纪的中国不可能接受西方多国体系的根源。

二、"中国世界秩序"之构建及影响

从20世纪30年代末费正清阐述"朝贡制度"开始，"中国世界秩序"理论就逐渐在西方产生巨大影响。它不但是西方理解近代中国社会变迁的重要视点，而且还和学者们研究中国历史的模式密切相关。

（一）"中国世界秩序"的构建过程

费正清构建"中国世界秩序"理论体系是从阐述朝贡制度开始的，并且使后者成为前者的核心。我们知道，费正清在20世纪30年代求学于清华大学，学习和研究中国近代史。受蒋廷黻的影响，费正清对中国古代朝贡制度逐步进行系统阐述和理论性的概括，其开创性研究的成果影响广泛而深远。20世纪30年代，费正清在撰写博士论文时首次涉及朝贡制度。1941年，他与美籍华裔学者邓嗣禹合作，发表《论清代的朝贡制度》一文，系统论述了清代的朝贡制度。1942年，在对上文主要论点加工和提炼后，他又发表《朝贡贸易与中西关系》，从中西关系角度探讨朝贡贸易。1953年，经过修改后，费正清的博士论文《中国沿海的贸易与外交（1842—1854）》正式出版，朝贡制度被费氏正式阐释为一种和西方"条约体系（treaty system）"相对应的"国际体系"。

在这些研究中，费正清关注的核心是朝贡制度，并对其进行了系统研究，深入探讨了朝贡制度的理论依据、仪式、作用和朝贡贸易。我们知道，费正清受马士著作的影响开始研究中国对外关系史和中国近代史。他最先关注的是中国十九世纪四五十年代沿海贸易，此期为中国和西方激烈碰撞之时，出于对中国拒绝和西方进行平等贸易的困惑，费正清决意探究其中的原因。费氏从贸易和外交入手，深入研究英、法及中国清廷有关档案，不但注重分析中、英双方的利益，而且更注重双方的体制，详细探究西方"条约体制"在中国各通商口岸的建立过程。费氏认为，近代西方所赖以扩张的是"条约体制"（即"威斯特伐利亚体系"），而中国所依赖的是朝贡制度，[①]双方用以交流的话语体系迥异。虽然朝贡制度最早是蒋廷黻提出，但却是费氏详加研究和系统论述的。[②]在费氏上述的著作中，他初步建立起朝贡制度的理论体系，并与"条约体制"相对比。费氏认为中国这种传统制度是以中国为中心的、自足的和不平等的，因此当时中国与西方的冲突为制度之冲突。在《中国沿海的贸易与外交（1842—1854）》中，费氏清晰地描述了中国朝贡制度和西方"条约体制"的冲突，以及逐渐被后者取代的过程。这成为费氏理解与研究中国近代史乃至中国历史的钥匙，甚至也成为其研究中国现当代历史的基石。在现当代西方研究中国历史的三大模式中，不但"冲击—回应模式（impact-response model）"由此产生，而且"传统—现代模式（tradition-modernity model）"和"帝国主义模式（imperialism model）"也均与此密切相关。因此，从这个角度说费氏是西方研究中国近代史和中国史方法的集大成者似不为过。

费正清关于中国朝贡制度的理论影响了西方一批学者，不少历史学家都以此为视角探索中国历史。但是，费氏认为朝贡制度并不足以表达和西方"条约体制"相对抗的中国传统体制的全貌，为了深入研究这个"模糊的、多文化的和多解的主题"，[③]费氏随后组织召开或参与了一系列研讨会，就有关术语和问题进行更为详细的探讨。1963年美国"亚洲研究会"在费城举办"东亚传统国际秩序"研讨会，1965年"美国历史学会"在旧金山举办"中国世界秩序"国际研讨会。费正清、法库哈尔、弗莱彻、曼考尔和威尔斯等学者都出席了这两个会议。这些会议的视点更

---

① 朝贡制度（Tribute System，或者 Tributary System），有的将其译为"朝贡体系"或者"贡纳体系"。
② 参见余英时《费正清与中国》，[美]费正清著，黎鸣、贾玉文等译：《费正清自传》，天津人民出版社1993年版，第590页。
③ John K. Fairbank, *The Chinese World Order: Traditional China's Foreign Relations*. Harvard University Press.1968, p.vi.

高，视野更开阔，其研究重点也更集中，从朝贡制度转移到中国或东亚世界秩序上。

1965年9月，费正清在美国马萨诸塞州技术研究所召开为期一周的会议，与来自不同国家的有关学者继续研究该问题。在此次长会上，与会学者系统交换了意见，对许多术语的定义达成一致。在此基础上，各位学者又对自己的论文做了相当大程度的修改。1968年，经过费正清整理和编辑后，这些论文被结集出版，这就是《中国世界秩序：中国传统的对外关系》。该书是费氏"中国世界秩序"和朝贡制度的集成性作品，也可以说标志着费氏"中国世界秩序"正式构建完毕。

可见，费氏是从研究中国古代朝贡制度入手，逐渐构建出"中国世界秩序"的。因为在费氏看来，"中国世界秩序"的核心是朝贡制度，加之其建立始于朝贡制度，所以人们常将朝贡制度等同于"中国世界秩序"观。但是，笔者认为这二者不能完全相提并论，除了其内涵上的区别外，"中国世界秩序"观是有待深入和全面研究的一个体系。特别是当代全球化进程加快和酝酿建立国际新秩序的过程中，其内涵和当代意义也有待新的阐释。

（二）"冲击—回应模式"的理论基础

费正清朝贡理论的影响随后继续扩大，欧美研究中国历史，特别是中国对外关系的学者大都接受其理论。就亚洲而言，中、日、韩学者也深受其影响。朝贡制度、朝贡贸易等词语几乎成为近些年中国学者进行有关研究的常用术语。日本虽然多用"册封体制""华夷体制"，但是其实质和"中国世界秩序"名异实同，而且滨下武志等学者则直接用"朝贡制度"一词。韩国学者则全面接受朝贡制度理论。中国学者对该问题的研究趋于深化，对费正清"中国世界秩序"的理论框架中所涉及的问题进行细化，例如香港学者黄枝连《天朝礼治秩序研究》（上、中、下三卷）[1]专门从华夏礼治的层面，系统研究了中国传统文化在东亚的影响及其所形成的"天朝礼治体系"。台湾学者接受该理论更早，如张存武《清代中韩关系论文集》[2]和《清韩宗藩贸易1637—1894》[3]分别从对外关系和贸易角度探讨了清代中朝关系，其中受费氏影响之处颇多。大陆学者黎虎《汉唐外交制度史》、[4]李金明《明代海外贸易史》、[5]陈尚

---

[1] 黄枝连：《天朝礼治秩序研究》（上、中、下三卷），中国人民大学出版社1992、1994、1995年版。
[2] 张存武：《清代中韩关系论文集》，台湾商务印书馆1987年版。
[3] 张存武：《清韩宗藩贸易1637—1894》，"中研院"近代史研究所1978年版。
[4] 黎虎：《汉唐外交制度史》，兰州大学出版社1998年版。
[5] 李金明：《明代海外贸易史》，中国社会科学出版社1990年版。

胜《闭关与开放——中国封建晚期对外关系研究》①等则分别从中国古代外交、对外贸易和对外关系等角度进行研究,其中与朝贡制度问题相关之处颇多。

除了"中国世界秩序"和朝贡制度的概念和理论被广泛接受外,另一个重要的影响是研究中国近代史"冲击—回应模式"的产生。该研究模式认为19世纪中叶前的中国社会长期处于一种循环状态,而维持这种状态的核心是费正清所谓的"中国世界秩序"。这种社会状态内部缺乏突破既有框架的动力,基本停止不前。以中英鸦片战争为起点,西方列强对中国及其既定秩序产生巨大冲击,"对古老的秩序进行挑战,展开进攻,削弱它的基础,乃至把它制服"。在政治、经济、军事、外交、文化和教育等各方面产生巨变,中国历史开始向现代转变。"中国国内的这些进程,是由一个更加强大的外来社会入侵所推动的。它的庞大的传统结构被砸得粉碎。"②费氏描述了西方对中国的冲击,也展现了中国面对冲击所做的无奈应对和无力反抗,③并分析了中国未能更早、更有力地应对西方冲击的原因。④费氏后来在一系列著作中继续强化其上述观点,将鸦片战争后到义和团运动这段激荡的时期概括为"西方冲击"和"中国回应"的过程。而克莱德和比尔斯则不但全面吸收费氏研究模式的概念,而且进一步将这种"西方冲击""中国回应"的历史时段上限追溯到1830年,下限延长到20世纪中叶以后。⑤

这种"冲击—回应模式"以费氏"中国世界秩序"观为理论基础,严重夸大西方在中国近代史中的作用,也隐含着"西方先进""中国落后"的预设观念。这是西方殖民主义者"殖民地史"观的一种表现形式。在美国中国史研究中,这种模式于二十世纪五六十年代达到鼎盛,后来虽然受到一些批评,但由于作为教科书的核心概念,其影响可谓根深蒂固,至今不断。

(三)"中国中心观"的解构对象

如前所述,费正清以其"中国世界秩序"观为理论基础奠定的"冲击—回应模

---

① 陈尚胜:《闭关与开放——中国封建晚期对外关系研究》,山东人民出版社1993年版。
② Ssu-Yu Teng & John K. Failbank, *China's Response to the West: A Documentary Survey*. Harvard University Press, 1954.p.1.
③ John K.Fairbank &Ssu -Yu Teng, *Research for China's Response to the West: A Documentary Survey*, 1839 -1923.Harvard University Press, 1954.
④ John K.Fairbank &E.O.Reischauer, *East Asia: The Great Tradition*.Harvard University Press, 1960; John K. Fairbank &A.Craig, *East Asia: The Modern Transformation*.Harvard University Press, 1965; John K.Fairbak, E.O. Reischauer and A.Craig, *Tradition and Transformation*.Harvard University Press, 1973.
⑤ Paul H.Clyde and Burton F.Beers, *The Far East: A History of the Western Impact and the East Response*(1830 -1965), 4th rev.ed.Englewood Cliffs, N.J.: Prentice-Hall, 1966.

式",成为20世纪西方研究中国近代史三种模式的代表,另外两种模式即"传统—近代模式"和"帝国主义模式",①而费正清本人则可以说是这三种研究模式的集大成者。从实质上看,后两种模式和费氏的模式没有区别,都是以西方为中心的模式,认为处于停滞状态的中国在西方的刺激下才发生改变,才由传统向西方近代的标准转变,西方的冲击是中国近代变化的原因。正是因为如此,20世纪70年代后,费氏的理论和模式开始受到批评,其中批评最烈、影响最大的当属柯文。

柯文在其代表性著作《在中国发现历史——中国中心观在美国的兴起》一书中认为,费正清"冲击—回应模式"的问题首先在于预设西方先进、中国落后的前提,其次是以西方为中心来研究其殖民地史的扩展过程,再次是认为其在中国近代史研究中"足以说明全部问题"和"囊括一切思想框架"。柯文提出"中国中心观"(China-centered approach)试图摆脱"从外国输入的衡量历史重要性的准绳",②主张"以中国为出发点深入精密地探索中国社会内部的变化动力与形态结构,并力主进行多学科性协作研究"。③就研究方法而言,柯文本身并不否定理论框架的必要性,而且其"中国中心观"本身也初步成为一种研究框架,他所反对的是将理论框架封闭化和扩大化。笔者认为,尽管如此,柯文倡导从中国本身来研究中国历史变迁,批判费氏等所建构的理论体系,意味着反对当时西方史学的"现代"模式和标准,意味着对所谓现代理论体系的解构,这也暗合了后现代主义史学研究方法。

20世纪90年代中期,何伟亚出版了引起争论的《怀柔远人——马嘎尔尼使华的中英礼仪冲突》,试图以后现代研究方法解构西方既定的中国近代史研究准则和体系。他批评西方近代赖以扩张的国际关系理论是"自然化了的霸权话语",反对西方研究中国历史的三种既定模式;认为这些模式隐含着"西方先进优越""中国落后低劣"的观念;他对"现代"及"现代化"也持保留态度;提出要动摇史料(事实)与解释之间被人们通常认可的关系,采取更为开放的思维,超越既定的界限;他甚至对柯文"中国中心观"仅仅注意内部变化而忽视外部因素也提出批评。他几乎遍批既定的研究模式和体系,试图寻求一种既非"西方中心"也非"中国中心"的研

---

① "传统—近代模式"认为西方近代社会是世界各国的规范,也是中国所必须走的道路;处于停滞状态的中国,在近代受到西方的刺激才走上近代化的道路。"帝国主义模式"认为近代中国社会的崩溃、灾难和难以发展的根源在于帝国主义的入侵。
② [美]柯文著、林同奇译:《在中国发现历史——中国中心观在美国的兴起》,中华书局1989年版,第174页。
③ 林同奇:《译者代序》,[美]柯文著、林同奇译:《在中国发现历史——中国中心观在美国的兴起》。

究取向。

对费正清用朝贡制度解释"中国世界秩序"的系统,何伟亚批评尤烈。他以后现代主义的史学观,以中西关系中典型事件作为其个案研究突破口,"反现代""反权威""反系统",费氏的庞大体系成为其首要的解构对象。所以,如果我们从"解构史学重构"的角度来看,费氏的理论体系既是后现代史学批评的靶子和解构的对象,也成为后现代史学赖以产生的基础和参照的目标。这也从另一个角度说明了费氏理论体系影响之大。

三、"中国世界秩序"观在中国古代边疆研究中的意义

如前所述,费正清的"中国世界秩序"观是其为探究中国近代历史变迁及中西关系所建构的理论大厦,其落脚点在于中外关系。但是,需要指出的是,费氏所建构的"中国世界秩序体系"并不仅仅是西方近现代意义上的中国对外关系框架,涉及更多的则是中国疆域发展和中国治边思想、政策和制度。笔者认为,费正清的"中国世界秩序"观在中西关系的研究上产生了巨大影响,它理应在中国古代边疆研究中也产生积极意义,构成该理论框架的许多内容对中国古代边疆的研究和深化也理应有促进作用。

近些年来,一些研究中国边疆历史的学者,间接或者直接地受费正清"中国中心主义"理论框架影响,或者其研究暗合费氏的理论架构,或者深入研究了其中的一些问题。他们在朝贡制度、民族关系和民族政策等方面发表了不少论文,限于篇幅,此处不一一赘述。一批研究专著也相继出版,其要者如马汝珩、马大正主编《清代的边疆政策》[1]对清代的边疆政策做了全面的综合研究,薛宗正《安西与北庭——唐代西陲边政研究》[2]探讨了唐代西北都护制度,赵云田《中国边疆民族管理机构沿革史》[3]对历代中央政府管理边疆民族的机构之发展进行了研究,王静《中国古代中央客馆制度研究》[4]研究了历代中央政府接待贡使的馆待和制度,李大龙《都

---

[1] 马汝珩、马大正主编:《清代的边疆政策》,中国社会科学出版社1994年版。
[2] 薛宗正:《安西与北庭——唐代西陲边政研究》,黑龙江教育出版社1995年版。
[3] 赵云田:《中国边疆民族管理机构沿革史》,中国社会科学出版社1993年版。
[4] 王静:《中国古代中央客馆制度研究》,黑龙江教育出版社2002年版。

护制度研究》①研究了唐代管理边疆事务的都护及都护制度,李大龙《唐朝和边疆民族使者往来研究》②探讨了唐代中央政府和边疆民族使者往来情况,刘为《清代中朝使者往来研究》③则研究了清代中朝使者来往情况,张永江《清代藩部研究——以政治变迁为中心》④研究了清代藩部的政治变迁,李云泉《朝贡制度史论——中国古代对外关系体制研究》⑤则考察了朝贡制度的起源与发展史,彭建英《中国古代羁縻政策的演变》⑥探索了中国古代治边政策的演变历程。

上面这些研究或直接或间接涉及"中国世界秩序"观,有的则是对费正清"中国世界秩序"理论体系某些方面的深入探究。笔者认为,虽然这些研究直接或者间接受费氏理论影响,但仍都缺乏从中国疆域形成及中国边疆发展的整体角度对费氏理论做全面的研究与检讨。就目前来说,费氏"中国世界秩序"对中国边疆史地研究甚至中国边疆学的建构有着积极意义,其理论体系的"结构"价值远远大于对其"解构"的意义。在此笔者不揣冒昧,将一些初步感想陈述如下。

首先,从意识形态上讲,费氏的"中国世界秩序"观较好地阐述了中华共同意识的形成过程。费氏的"中国世界秩序"观将中国分为三个地带,即"中国化"地带(或称为"汉字书写系统"地带)、"内陆亚洲"地带和"外围"地带,而这个体系的中心拥有文化、制度和经济优越性并以此形成对核心的"朝贡"。

这种理论架构较好地描述了"中华意识"演进历程。我们知道,上古时期华夏之邦发源于黄河中下游地区,在向外围扩展的时候,强调"华夷之辨",反映的是华夏族身份的自我认同及其与周围其他族体的差异。⑦以王畿为中心,划分所谓的"五服"、⑧"六服"及"九服",⑨则突出了对中华意识原始母体的认同形式和差异。周王朝衰落时,周围较为落后的夷狄纷纷涌入中原,"夷狄之防"的观念得到加强,从另一个角度讲,这意味着中华意识得以突出。汉代以后是漫长的民族交流和融合时期,强调"以夏变夷",彰显了民族融合时期中华意识的主导作用。至唐代,太宗则称

---

① 李大龙:《都护制度研究》,黑龙江教育出版社2003年版。
② 李大龙:《唐朝和边疆民族使者往来研究》,黑龙江教育出版社2001年版。
③ 刘为:《清代中朝使者往来研究》,黑龙江教育出版社2002年版。
④ 张永江:《清代藩部研究——以政治变迁为中心》,黑龙江教育出版社2001年版。
⑤ 李云泉:《朝贡制度史论——中国古代对外关系体制研究》,新华出版社2004年版。
⑥ 彭建英:《中国古代羁縻政策的演变》,中国社会科学出版社2004年版。
⑦ 参见何芳川《"华夷秩序"论》,《北京大学学报》1998年第6期。
⑧ 参见《尚书·禹贡》。
⑨ 参见《周礼·夏官司马·职方》。

"自古皆贵中华，贱夷狄，朕独爱之如一"，①突出"华夏一家"。宋元时期，王朝分立、冲突、征服与历史认可，则是"中华意识"的另一表现形式。明清时期的"土司制度"和"藩部制度"及清代中期后的"改土归流"和建省高潮，则突显"中华意识"的空前高涨。到清末，随着民族革命的兴起，梁启超率先提出"中华民族"的概念，初步将"中华意识"和现代民族国家概念相结合。②经过辛亥革命的洗礼，"中华民族"之内涵逐渐丰富和清晰。③随后经历民主主义革命、抗日战争和新民主主义革命的锻铸，在保留中华意识传统意蕴和吸收现代民族国家理念的基础上，"中华民族"融合创新，成为包含五十六个民族的多元一体中国的代称。"中华意识"贯穿整个中国历史发展，为各民族所共同认同，成为中华民族认同的核心。

不但如此，现代以前，"中华意识"还逐渐在东亚、东南亚的一些国家广为认同，例如朝鲜、日本和越南。④虽然这些国家所理解的"中华"更多是从中国文化典章制度的角度来理解的，但也反映出"中国世界秩序"所产生的广泛影响。

由上面简述可知，"中国世界秩序"是有着久远历史的中华意识，就帝制时代而言，这种意识实质是居于至高无上统治地位的中国历代皇帝，负有抚驭、开化四夷的责任意识，以及对礼仪文化优越感的自负。因此"中华意识"的核心是以中国为宗主、以四夷为附庸的华夷一统的大一统理念，所谓"无怠无荒，四夷来王"。⑤当然，现代中华民族意识是对传统意识的超越。

其次，从政治观念上看，费氏"中国世界秩序"观描述了多元一体中国共同价值观的形成过程。在费氏所描述的"中国世界秩序"中，作为"世界秩序"最高顶点和联系天地的"天子"及其无限权威，不但为汉民族所坚信不疑，而且也得到广大边疆地区少数民族的认同；不但汉族王朝的"天子"为"天下"所认可，而且由边疆地区少数民族所建立的中央王朝之"天子"，也得到广泛的认同。

以儒教经典教义为核心、以指导社会关系的榜样为外在表现的"德"，共同"构

---

① 《资治通鉴》卷198。
② 参见梁启超《中国学术思想变迁之大势》（1902年）；又见梁启超《历史上中国民族之观察》，《新民丛报》第65—66号，1905年3—4月连载。
③ 参见黄兴涛《现代"中华民族"观念形成的历史考察》，《浙江社会科学》2002年第1期。
④ ［日］滨下武志著，朱荫贵、欧阳菲译：《近代中国的国际契机——朝贡贸易体系与近代亚洲经济圈》，中国社会科学出版社1999年版，第39页。
⑤ 《尚书·大禹谟》。

成了向全人类（包括夷狄）行使政治权利的道德基础"。① 这种理论是使边疆地区"夷狄"对可以教化自己的皇帝之"德"倾慕不已，成为"德化"边疆的教义，所谓"先王修文德以柔远人，而夷狄朝觐其来尚已"。② 同时，"德"是皇帝能否为天子之重要标准，也是其能否抚临天下之准则；君临天下者不在乎其是"华夏"之人，抑或是边疆"夷狄"之族，而在乎其"德"是否合乎天道，所谓"惟有德者为君"。所以，笔者认为"中国世界秩序"所包含的价值观，成为中国多民族国家形成的基础，历史上无论是汉民族建立的王朝或者是少数民族建立的王朝，无论是汉民族统治全中国或者是少数民族统治全中国，其王朝和皇帝都得到中国历史和各民族的认同。

第三，从政治制度和政策上看，费氏"中国世界秩序"观概括总结了中国边疆治理的制度。这种制度为历代所沿用并时有创新，为广大边疆地区所认同。这些制度包括朝贡制度、羁縻制度、藩属制度和朝贡贸易制度。

关于朝贡制度。虽然后来不少人将费氏"中国世界秩序"简单地等同于朝贡制度，但是无论是费氏的本意，抑或是其实际内涵和功用，二者是不能够等量齐观的；而且从中国边疆史研究的角度来看，就更不能简单划一，前者是后者的思想基础，而后者不过是前者在边疆治理上的制度化表现。

关于羁縻制度。中国历代王朝都对边疆地区实行羁縻统治，虽然有人将其作为政策，③ 但考虑到历代基本都沿用，笔者认为可将其视为一种治边制度，其思想基础也建立在"中国世界秩序"之上。

关于藩属制度。和中国宗法制度密切相关的藩属制度，是中国历代王朝治理边疆的一种制度，费氏在论述"中国世界秩序"时对其予以特别关注，将藩属划分为内藩、外藩。④ 虽然有论者认为其划分的依据和关注的内涵值得商榷，⑤ 但是笔者认为费氏并非未注意到中国古代藩属的复杂性，特别是他认为"外藩"可以转变成"内藩"的总结，⑥ 对研究中国边疆演变颇有借鉴意义。

---

① John King Fairbank, *Trade and Diplomacy on the China Coast: The Opening of the Treaty Ports 1842-1854*. Harvard University Press, 1953, p.27.
② 转引自[美]费正清、邓嗣禹：《论清代的朝贡制度》，第14页。
③ 参见彭建英《中国古代羁縻政策的演变》。
④ 参见[美]费正清编、中国社会科学院历史所编译室译《剑桥中国晚清史1800—1911年》上卷，中国社会科学出版社1985年版，第32—33页。
⑤ 参见张永江《清代藩部研究——以政治变迁为中心》，黑龙江教育出版社2001年版，第34页。
⑥ John King Fairbank, *The Chinese World Order*, *Traditional China's Foreign Relations*. Harvard University Press, 1968, p.8.

关于朝贡贸易。费氏在论述"中国世界秩序"时对朝贡所伴随的贸易活动着笔颇多,称之为"朝贡贸易"。费氏为西方学者,其中国近代史研究始于探索近代中国沿海对外贸易,他考察了中国古代朝贡"厚往薄来"及边疆地区的"互市"问题,将其概括为"朝贡贸易"。"朝贡贸易"一词因深得这种贸易活动的精髓而被广泛接受和深入研究,日本学者滨下武志从经济贸易角度出发,甚至称之为"朝贡贸易体系",将其与近代西方的自由贸易体系相提并论。①滨下武志所构建的体系颇得费正清研究方法之神,从全球范围和近代世界历史演进的视角构建中国"朝贡贸易体系",并探究其在近代中国和亚洲发展中的意义。笔者认为,在中国疆域的形成中,以贸易为视点研究体现边疆与内地经济关系的朝贡贸易,而不是仅仅将其作为王朝政治活动的点缀和附庸,有着重要意义,值得我们借鉴和深入研究。

第四,从文化角度看,费氏"中国世界秩序"提出的内地王朝用以"来化"边疆的中国"文化主义",描述了历史上内地与边疆文化交流和融合的手段。当代学者认为认同标准可分为归属性、文化性、疆域性、政治性、经济性和社会性六类,其中文化认同是民族或国家认同的重要方面,②而中国古代对以服饰和礼仪为代表的中华文化的认同与否是划分"夷夏"的极为重要的标准。孔子所感叹"微管仲,吾其被发左衽矣",③不只是反映服饰爱好问题,其实代表着认同的文化符号;《春秋左传正义》称"有服章之美谓之华,有礼仪之大故称夏",显示对"服章"和"礼仪"的强调。以服饰区别华夷,所谓"袭冠带以辨诸华,限要荒以殊遐裔,区分中外,其来尚矣",④甚至以"冠带"指代"华夏",所谓"内冠带,外夷狄",⑤可见服饰文化的认同成为区别"夷夏"的象征。

作为中华文化核心的"礼仪"文化更是认同的标准。"夷狄"与"华夏"之根本区别不在种族、血缘,而在于对"礼仪"文化的认同与否。唐代韩愈将孔子的思想进一步阐发,概括为"诸侯用夷礼则夷之,进于中国则中国之"。⑥这种文化至上的

---

① 参见[日]滨下武志著,朱荫贵、欧阳菲译《近代中国的国际契机——朝贡贸易体系与近代亚洲经济圈》。
② 参见[美]塞缪尔·亨廷顿著、程克雄译《美国国家特性面临的挑战》,新华出版社2005年版,第24页。
③ 《论语·宪问》。
④ 《晋书》卷97《四夷》。
⑤ 《史记》卷27《天官书第五》。
⑥ 韩愈:《原道》。

思想甚至被认为是中国思想之正宗。① 所谓"贵中国者,非贵中国也,贵礼仪也"。② 费氏在其理论中则既强调了儒教学说,也强调了作为仪式的礼仪。③

关于费氏此方面理论,黄枝连则将其称为"礼治体系",可以说从文化角度构建起又一个"华夏秩序"观。④ 惜黄先生着重从国际视角研究东亚的国家关系,而从礼仪文化角度系统探讨内地与边疆融合关系的内容甚少。西方一般研究者也关注到中国古代礼治问题,例如法国著名汉学家汪德迈(Lion Vandermeersch)指出:"礼治是治理社会的一种很特别的方法。除了中国以外,从来没有其他的国家使用过此类礼治的办法来调整社会关系,从而维持社会秩序。这并非说礼仪这种现象是中国独有的——此现象是很普遍的,任何文化都具有的——可是只有在中国传统中各种各样的利益都被组织得异常完整,而成为社会活动中人与人关系的规范系统。"⑤ 笔者认为汪德迈只是从整体上描述了礼治下井然有序的大中国,但是他尚未能明察中国古代存在"差序"结构的内地与边疆也存在着礼治上的"差序"。而费正清"中国世界秩序"观及其所阐述的"文化主义"或者说"礼仪文化",对我们研究中国古代边疆治理应有可开拓的空间。

第五,从现代中国疆域形成与结构看,费氏的"中国世界秩序"观对我们认识与描述中国边疆地区和中国多元一体国家的构成,有重要的启示意义。费正清以旁观者的身份,从外部描述中国多民族历史的融合进程,概括中国疆域的形成,虽然他的一些观点并不全都为我们所赞成,一些理论构成也存在问题,有的问题尚缺乏深入研究,但是他的"外藩"向"内藩"转换论、带有民族主义色彩的"文化主义"论等,说明中国多民族国家的构成和多元一体的国家形态是中国历史发展的必然结果。

笔者认为,就现代中国的最终确立来看,费氏所描述的"中国世界秩序"逐渐为西方"条约体制"所取代的过程,也就是传统的"文化中国"逐步为"领土中国"所取代的进程。"中国世界秩序"观缺乏清晰的领土和主权观念,所谓"普天之下,

---

① 参见梁漱溟《中国文化要义》,学林出版社 1987 年版。
② 陆九渊:《象山全集》卷 23,《四部备要》本。
③ John King Fairbank, *Trade and Diplomacy on the China Coast: The Opening of the Treaty Ports 1842-1854*. pp.9–10.
④ 参见黄枝连《天朝礼治体系研究》上卷,中国人民大学出版社 1992 年版。
⑤ [法] 汪德迈:《礼治与法制——中国传统的礼仪制度与西方传统的(JUS)(法权)制度之比较研究》,《儒学国际学术讨论会论文集》,齐鲁书社 1989 年版。

莫非王土,率土之滨,莫非王臣",①只要承认天朝的礼仪文化,就可被纳入天朝中来,从这个意义上说古代中国或可称为"文化中国"。费氏描述了西方"条约体制"取代"中国世界秩序"的过程:从西方人最初在中国建立的"广州体制",到"条约体制"下的共管,直至"条约体制"最后取代"中国世界秩序"。②虽然费氏着重从政治、外交和贸易等方面研究这个取代过程,但是笔者认为,考虑到此期中国边疆多次陷入危机,多次被迫割让领土、签订不平等条约确认边界,以及中国边疆地区的建省高潮等,都意味着中国传统的边疆意识受到挑战,被迫产生重大转变。这个中国领土主权在西方"条约体制"之下再"确认"的过程,也是中国传统边疆和内地一体化的改造过程,实际上正是中国传统模糊的"文化中国"向界定清晰的"领土中国"转变,尽管这种屈服于他人"规则"的过程中伴随着痛苦、抗争和大片传统领土的丧失。所以,就中国边疆研究而言,费氏"中国世界秩序"观及其用以对比的西方"条约体制"提供了一个更为宏观的视角,使我们可以在多种体系中研究中国疆域的发展进程,研究中国边疆和内地关系的演进历程,研究中国疆域在现代国际体系中的最后确认过程。

在本文结束前,要说明的是本文并非全面评价费氏《中国世界秩序:中国传统的对外关系》,对其理论及存在的问题也鲜有提及。笔者只是认为费正清长于思辨,他所建构的"中国世界秩序"观理论性强,视野开阔,其研究方法和理论框架对中国古代边疆研究,特别是理论建设应该有所启发。

原载《中国边疆史地研究》2006年第1期,
本文刊发时作者为史学博士,中国社会科学院中国边疆史地研究中心副研究员。

---

① 《春秋分记》卷76。
② John King Fairbank, *Trade and Diplomacy on the China Coast: The Opening of the Treaty Ports 1842-1854*, pp. 462–468; John King Fairbank, *The Chinese World Order: Traditional China's Foreign Relations*, pp.257-276;[美]费正清、赖肖尔著,陈仲丹等译:《中国:传统与变革》,江苏人民出版社1992年版,第262—308页。

汉唐藩属体制的多维复原
——读《汉唐藩属体制研究》

姚 胜 尚衍斌

中国社会科学院中国边疆史地研究中心编审李大龙先生所著《汉唐藩属体制研究》一书，已由中国社会科学出版社于2006年5月出版发行。该书系统研究了汉唐两朝与周边国家及少数民族政权之间建立的藩属体制及其历史演变，从一个侧面深刻反映了中国古代边疆管理体制的形成与发展，对中国古代外交史、政治史、边疆史、制度史等相关问题的研究具有重要参考价值。李大龙先生长期从事汉唐边疆史地研究，侧重于民族关系、管理机构以及高句丽等方面的探索，其中关于中原王朝与边疆民族使者来往、都护制度、高句丽方面的研究在学界有较大影响。该书正是他在这一领域的结晶之作。

全书共七章，分上、下编。上编通过四章介绍了两汉王朝藩属体制的构筑和维系，下编三章介绍了唐王朝藩属体制的构建和维系。

第一章讲的是两汉王朝藩属观念的形成和发展，分两节。第一节介绍先秦时期服事制理论的形成。所谓"服事制"，是基于五服观念的藩属统治秩序。虽然关于五服的具体名称和三代五服涵盖的具体范围仍有不同说法，但服事制的核心必然包含"天下观"和"夷夏观"是没有异议的。著者也正是通过介绍先秦的天下观和夷夏观来确立全书的逻辑源头，全书内容亦由此如同高屋建瓴般贯彻下来。第二节是两汉王朝藩属观念的形成和发展。众人皆知，西汉是在秦王朝基础上建立的第二个大一统帝国，与三代政治统治的基础和体制有着很大不同。在经过武帝时期的儒家学说修改之后，服事制有了新的发展，即以天子人君之"盛德"先正朝廷百官，后正万民，继而正四方，四海之内，莫不为臣。西汉也正式确立了九州之内为海内，是天子之家；四海以外为海外，是防范的对象；而九州之外、四海之内的地带则是"藩臣""藩附"。这样，用于指导、协调西汉中央与边疆民族政权关系的"藩属观念"由此产生了。笔者认为，这一观念的两大基石就是：天子应"德被四海"、海内"莫不徕臣"。

第二章是西汉时期藩属体制的建立和维系。第一节介绍了在西汉藩属体制建立和发展过程中确立的四种类型的边疆统治体系。由郡县、属国、特设机构、"藩臣"（称臣但不设置管理机构）四种管理方式组成的藩属体制，大约是在宣帝时期基本定型的。暴秦早亡，西汉可以看作大一统封建帝国草创时期。在经历汉高祖分封和文景之治之后，西汉中央集权力量逐步加强，武帝彻底解决"王国"问题，全境落实郡县制。西汉初年，汉、匈之间本是互不隶属的"敌国"关系，但西汉基于先秦形成的藩属观念，并不能容忍这种关系长期存在。从高祖开始就有所努力，直至宣帝时才最终得以改变。作为与匈奴长期斗争的一个结果，一种新的藩属结构"属国"出现了。西汉将南匈奴降众一分为五，设属国都尉管辖。可以说，属国是享有一定程度"自治"权的地方建制。其后，这一方式被逐渐推行至其他边疆民族地区。不过，应当特别强调的是，属国并非一级行政区划，它只是所在郡县中管理方式比较独特的少数民族聚落而已，对其"自治"程度不应估计过高。在与匈奴斗争的过程中还出现了另一个特殊的统治体制，即特设机构，例如"护乌桓校尉""护羌校尉""西域都护"等。特设机构是在西汉郡县统治区域之外设置的，它既是西汉边疆防御的军事体制，也是西汉对"九州"以外区域实施统治的一种方式，是边疆少数民族在自治条件下服从中央统治的一种特殊的制度安排。这种制度安排对后世影响很大，是后世诸多"民族地方自治"的滥觞。第四种类型就是"藩臣"，出现在宣帝时期匈奴分裂及南匈奴降汉之后。这种体制在西汉仅实施于南匈奴，汉朝并不在南匈奴内部设置官署，但要求南匈奴单于向汉称臣、入贡。第二节是西汉王朝藩属体制的维系。为了实现稳定边疆地区政治、经济秩序，维护中央王朝统治权威的目的，西汉王朝在落实藩属管理体制中主要运用了规范朝贡礼仪、设立专门机构、进行朝廷调控和推行以儒家文化为主的边疆内地化政策等手段。著者在书中重点研究了使者在中央王朝调控与边疆民族关系中所起的作用。使者是统治集团意志的代表，除了宣扬和实施中央王朝的政策外，西汉王朝通常还通过使者协调与匈奴和其他少数民族关系，收集少数民族地区的信息，为中央王朝治理边疆提供决策方面的建议。

在规范西汉与匈奴藩属关系的过程中,使者自身也逐步规范化、制度化,至东汉时期其演变为主管南匈奴事务的专职机构——使匈奴中郎将。

第三章是王莽新朝藩属体制的调整,分藩属体制的调整和瓦解两节。西汉藩属体制到后期逐渐出现不稳定因素,作为应对措施以及为了满足篡位需要,王莽靠收买手段暂时性地实现了"绝域殊俗,靡不慕义"局面。然而,当王莽上台之后,便采取了加强控制的手段来调整西汉的藩属体制。由于新莽政权实力衰微,王莽这种强力政策不仅不足以支撑并巩固藩属体制的运转,反而激化了新朝与边疆少数民族的矛盾,并最终从西南、西域乃至东北全方位地摧毁了西汉以来确立的藩属体系。

第四章是东汉王朝的藩属体制,分为三节。东汉王朝的边疆形势与西汉颇多相似,东汉王朝对于藩属的观念基本上延续西汉王朝的认识,因而东汉藩属体制的确立和维系与西汉有着极大的共同之处。除第一节介绍东汉的边疆形势和疆域形成之外,该章第二节东汉藩属体制的重建与第三节藩属关系的维系,同第二章西汉藩属体制的建立和维系在体例上比较,是颇为类似的。正如标题所言,东汉藩属体制基本上是西汉藩属体制的重建、维系,以及相关政策和制度的完善、推广。当然,东汉藩属制度也有着自身的特点和发展。由于东汉建立初期边疆地区割据政权的存在,迫使东汉王朝将大量精力放在消灭这些割据政权的威胁之上。加之朝廷实力所限,东汉对边疆地区少数民族政权的经营及藩属体制的确立,其积极性则远远不如西汉。另外,由于边疆少数民族的发展和部分民族内徙,东汉藩属体制有如下特点:其一,郡县和属国范围内的藩属体制更为内地化;其二,特设机构有了新的变化,正式设立了管理南匈奴的"使匈奴中郎将"和总领东北、北方及西羌事务并可以节制中郎将的"度辽将军","西域都护"则在经历了"三绝三通"后演变为"西域长史";其三,以儒家文化为主的教化政策进一步拓展,促进了边疆地区社会、经济的发展,在推动中华民族和古代疆域的形成方面起到了积极作用。

下编讲唐王朝藩属体制的构筑和维系,共分三章:

第一章介绍了唐王朝的藩属观念直接承继于秦汉,仍然是天子应"德被四海"、海内"莫不徕臣",或曰:"中国,天下本根,四夷犹枝叶也。"当然,由于经历了"五胡乱华"、东晋偏安、南北朝对峙,唐代初年的天下观和夷夏观有了新的变化,也更为开明,唐太宗自诩与古人不同,能够"(夷狄)爱之如一"。在继承前代基础而又有所变更的情况下,唐代建立了"藩臣""舅甥""敌国"三个层次的藩属体制。

本章着重强调，三个层次中"舅甥"体制仅存在于唐蕃关系之中，而"敌国"仅存在于唐代初期的唐王朝和突厥汗国之间。

第二章以时间为线索，分四节介绍了唐朝藩属体制构筑的四个阶段：高祖、太宗时期的形成，高宗至睿宗时期的定型，武则天至玄宗时期的调整，安史之乱以后的逐步衰败。唐朝初年，边疆形势远较两汉复杂，不仅受到取代匈奴（鲜卑、柔然）雄居北方草原的突厥的直接威胁，还面对西南迅速崛起的吐蕃和东北桀骜不驯的高句丽。同样是"敌国"关系，与西汉刘邦和匈奴和亲不同，唐高祖李渊则直接称臣于突厥。唐太宗通过军事斗争不仅扭转了这种"反向藩属"，而且彻底迫使突厥臣服于唐，并代之以羁縻府州实施统治；通过和亲与吐蕃建立了"子婿"（其后演变为舅甥）关系；通过设置各都护府，规范了对诸如吐谷浑、高昌、薛延陀等边疆地区的统治；但对于高句丽的用兵则没有达到目的。高、中、睿三朝主要是高宗朝取得了对高句丽用兵的胜利，完成了东北藩属体制的确立；对北方草原地区实现了羁縻府州化；在西域和南疆则逐渐完善了都护体制。面对吐蕃扩张、南诏崛起、突厥复国和渤海出现的复杂形式，武则天至玄宗朝，唐代藩属体制进入了剧烈的调整时期，并处于无奈的守势。吐蕃加剧扩张动摇了唐蕃的"舅甥"体制，并直接造成此后唐朝对西域和河西走廊控制的丧失。南诏崛起与渤海的出现，改变了汉代以来中央王朝对东北与西南地区的郡县化统治，但同时也拓展了中央王朝与西南、东北少数民族地区的交流，对中国疆域的形成起到了促进作用。突厥复国危及唐朝对北方草原的统治，而随后的崩溃与回鹘的兴起则不仅将唐朝在北方的直接统治逼退到两汉的水平，而且再次造成了来自北方的新威胁。唐朝这一时期在藩属体制构筑方面的表现远远不如太宗时期积极，这不仅仅是唐朝国力迅速衰微所致，也是边疆少数民族社会与政治经济发展对中央王朝造成猛烈冲击的必然结果。面对新的形势，唐朝推出了消极应对的藩镇制度，而这种制度反过来又削弱了唐朝对藩镇的管理，并进一步对唐朝内部政治造成巨大破坏。作为藩镇制度的毁灭性结果，"安史之乱"最终爆发，唐朝国力不仅受到了根本的削弱，藩属体制也遭到了破坏。在西方，唐朝彻底丧失了对西域藩属国的统治；在东北则失去了对渤海的控驭能力；在北方，回鹘汗国虽然表面上维持着与唐朝的藩属关系，但二者之间实质上则是建立在回鹘占尽主动权益基础之上的"兄弟"或"舅甥"体制；在西南，吐蕃多次破坏双方"舅甥"体制，在二者关系中唐朝处于绝对的被动地位；在南方，南诏虽然由于实力有限无法突破与唐朝的"藩臣"关系，却破坏了唐朝安南节度使的统治。

第三章介绍的是唐朝藩属体制的维系。唐朝藩属体制的维系亦是基于礼仪制度的确立和管理机构的设置两大基础上，而使者派出、册封、和亲及武力讨伐则是维系藩属体制正常运转的重要手段。当然，由于边疆形势和内政演变的不同，唐朝藩属体制的维系与前代相比也存在大同小异之处。

或许是受现代国际关系理论中"民族国家""国际外交"观念的影响，近年来学界关于古代东亚朝贡关系研究比较多，而对于中央王朝与边疆或周边地区的藩属体制研究较少。现有关于藩属研究的文章或偏重于清代，或关注东亚地区，《汉唐藩属体制研究》的出版，不仅填补了这一领域的空白，而且有其鲜明的特点。

《汉唐藩属体制研究》的第一个特点是格局宏大，结构精巧。著者从汉唐时期中央王朝的边疆观念入手，构筑一个时间线索和空间跨度交叉的立体平台，通过考察汉唐具体政策和措施的落实及其结果，对中央王朝藩属体制的构建和维系进行了深入分析。该书客观、完整地复原了汉唐时期宗藩体制的全貌，有助于加深读者对中国疆域形成的认识，推动对边疆民族政权性质的深入研究。

该书第二个特点是观点新颖。所谓新颖，重点不在"新"，而在于"颖"。如汉匈关系和唐与突厥关系一直是学界研究的重点，研究者会注意到确立藩属关系之前双方的和战，但对这种关系性质的描述却语焉不详或浮于表面。该书对这一问题则做出了恰当的结论，即不论汉匈还是唐与突厥，双方确立藩属关系之前是一种对等而互不隶属的关系，该书定义为"敌国"性质。该书强调，这个"敌"是"力敌"之敌，而非"敌对"之敌。

该书的第三个特点是史证精当。著者在论述王莽调整藩属体制的措施之一"改王为侯"时，强调其目的在于通过改变西汉宽松的藩属政策以加强对边疆地区和民族政权的控制，并由此确立自己的"绝对"统治地位。以前学界普遍认为"改王为侯"是导致新莽政权与边疆民族政权矛盾激化的主要原因之一，然而著者通过对《汉书》等相关史料的辨析，撩开班固对王莽负面的遮蔽，从史实上确认了这一政策不仅得到全面实施，也获得了多数藩属民族政权的认可。

该书第四个特点是思路清晰，善于总结。该书每一章节或重大问题之后均有条理清晰的总结归纳，帮助读者理清思路，更为方便、准确地理解论述，掌握观点。

《汉唐藩属体制研究》全书四十九万字，分上、下编，分别为广义上的汉、唐两个朝代，篇幅基本一致。不过从体例上来看，与下编专论唐代不同，上编实际分为西汉、新莽和东汉三个朝代，也分别包括王朝藩属观念、藩属体制确立和藩属体制维系三部分内容。笔者认为，如果该书分成《汉代藩属体制研究》和《唐代藩属体制研究》两部书，可能会更"好看"一些，也有利于将藩属体制研究延续至宋元明清，或许最终能形成一套断代的"藩属体制研究"丛书。

正如著者所言，由于受篇幅所限，该书仅限于汉、唐藩属体制的史事研究。作者在论述"敌国关系"性质时若能够引入现代国际关系理论对当时藩属关系进行解析，可能更便于其他专业读者的理解，以促进国际对话。笔者在研读过程中感觉到，不仅在"敌国"关系中存在类似现代国际关系的现象，就是在藩属体制内，尤其是在各藩属之间也存在一定的"国际关系"因素。著者在书中也提到，吐蕃和南诏都曾试图突破与唐朝的藩属体制，成为"敌国"或"兄弟"之国，只是或者因为自身实力不及而没有成功，或者因为唐朝的崩溃而无疾而终。

或许是受到现代国际关系理论的影响，我们非常关注该书论述藩属体制内各政权之间关系性质方面的内容。正如著者在余论中所说：不仅仅中央王朝存在藩属，作为藩属的众多边疆民族政权也往往有自己的藩属体系。著者将这两种体制分属不同层次，后者从属于前者，前者可称为藩属体制，而后者可称为亚藩属体制。众所周知，唐高祖在立唐之初曾经臣服于突厥汗国，著者也提到了这个问题，二者不属于"敌国"关系，更不属于常态的"中国为本根，四夷犹枝叶"的藩属关系。但是，就这一问题，著者论述偏少。我们对这个问题很感兴趣，其原因不仅仅在于后世如后晋和南宋也曾臣属于北方政权，还在于唐初的这一做法是否为传统的藩属观念注入了新的因素，是否作为先例而影响到后世建立所谓正统王朝的统治者。这些问题，均值得我们认真思考。

最后需要特别指出的是，该书几乎没有文字错误，是如今难得的高质量出版物。我们有理由相信，著者本人与出版单位在审校上下了很大功夫。

原载《中国边疆史地研究》2007年第2期，
本文刊发时作者为中央民族大学历史系博士研究生；
中央民族大学历史系教授、博士生导师。

回顾与展望：中琉关系史研究三十年*

赖正维　李郭俊浩

明清时期的琉球是位于中国东南太平洋中的一个岛国，从明洪武五年（1372）与中国建立正式藩属关系始，到清光绪五年（1879）为日本吞并为止的五百余年间，中琉关系始终极为密切，政治、经济、文化交往频繁。因此，有关琉球史及中琉关系史的研究一直是中国学界关注的研究课题。"二战"后美国"托管"冲绳二十七年，并于1972年将冲绳"返还"日本，使得琉球问题的研究再次成为中外学界的聚焦点。20世纪80年代迄今，冲绳美军基地问题、钓鱼岛问题、美国重返亚太政策、日本政府修改和平宪法，都使得东北亚地区一再成为国际关系的热点区域，更加推动了琉球王国史及中琉关系史研究的不断升温。本文主要针对20世纪80年代迄今包括台湾、香港在内的中国史学界有关中琉关系史研究的进展及学术成果做相应梳理，以期对研究者有所裨益。①

一、三十年来中琉关系史研究的学术回顾

包括台湾、香港在内的中国史学界有关中琉关系史的研究，大致可分为三个时期。

（一）20世纪80年代以前是中琉关系史研究的起步时期

早在清末，中国学者就开始注重琉球历史的研究及档案资料的收集。《小方壶斋

---

* 本文为国家社科基金项目"清末中琉日关系研究"（项目批准号：14BZS081）的阶段性研究成果。
① 本文写作中参考了已有相关研究综述，包括李玉昆《中琉关系史研究述略》，《海交史研究》1992年第1期；徐恭生：《九十年代以来中琉关系史研究概述——以中国大陆为中心》，《福建师范大学学报》2002年第4期。

舆地丛钞》①集册出版了历史上出使琉球的册封使的报告，如《使琉球录》《使琉球记》。日本吞并琉球前后中日交涉的部分史料也被收录到李鸿章全集即《李文忠公全集》②中。但进入民国之后，战乱不断，琉球问题的研究陷于停滞。

随着"二战"的结束，有关琉球王国及中琉关系历史的研究开始升温。1948年，著名历史学家傅衣凌先生调查了福州的琉球馆，并撰写了《福州琉球馆历史遗址调查报告》，刊载在福建省科学院的院刊《福建对外贸易研究》第五辑。这个时期，由于日本战败，琉球的归属问题引发了台湾研究琉球史的一个小高潮，出版了一批专著，其中包括蔡璋《琉球亡国史谭》、③吴壮达《琉球与中国》、④陈大端《雍乾嘉时代的中琉关系》。⑤上述论著，开创了中国史学界有关琉球问题研究的先河。

此外，20世纪60年代，台湾地区学者组织编纂了《台湾文献丛刊》⑥三百零九种、五百九十五册，收集了包括册封使录在内的诸多琉球史料。1972年，台湾大学影印出版了日本学者小叶田淳收集的1424—1867年琉球王国外交文书《历代宝案》（共十五册）。⑦该资料共分三大集、一别集、一目录，合计二百七十册（卷）。内容绝大部分是中琉间有关册封、朝贡、留学及护送海上漂风难民等活动的往来文书，亦有少量是琉球与朝鲜、东南亚诸国、法国、美国往来的外交文书。《历代宝案》无疑是琉球王国史及中琉关系史研究最基础亦是最珍贵的原始档案资料之一。

1963年，在福建师范大学刘蕙孙教授主持下，徐恭生与李茂忠两位先生对福州仓山琉球墓进行了初步调查，并由刘蕙孙教授执笔撰写了《福州南郊白泉庵琉球墓群遗址调查初记》。⑧这次调查不仅发现了许多珍贵的历史资料，为福建师范大学中琉关系史研究打下了良好的基础，而且对此后福州地区琉球人墓的保护和研究意义深远。20世纪80年代，徐恭生教授再次对福州仓山白泉庵、鳌头凤岭、陈坑山、张坑山等地的琉球墓群做了调查，从而揭开了福建师范大学中琉关系史研究的序幕。此后，福建师范大学刘蕙孙、徐恭生、王耀华、谢必震、方宝川等人，从考古学、

---

① （清）王锡祺：《小方壶斋舆地丛钞》，学生书局1971—1975年版。
② （清）李鸿章：《李文忠公全集》，沈云龙主编：《近代中国史料丛刊续编》，文海出版社1966年版。
③ 蔡璋：《琉球亡国史谭》，正中书局1951年版。
④ 吴壮达：《琉球与中国》，正中书局1948年版。
⑤ 陈大端：《雍乾嘉时代的中琉关系》，明华书局1956年版。
⑥ 台湾银行经济研究室：《台湾文献丛刊》，台湾银行1957—1972年排印本。
⑦ 《历代宝案》，台湾大学1972年版。
⑧ 刘蕙孙：《福州南郊白泉庵琉球墓群遗址调查初记》，1962年，现藏福建师范大学图书馆。

历史学、经济学、社会学、音乐学、教育学、文献学、民俗学等角度，开始对中琉关系史进行深入研究。1986年，福建师范大学历史系中外关系史研究室主编了《中琉关系史论文集》（油印本），这是大陆第一本有关中琉历史关系研究的论文集。该集收录了刘蕙孙、徐恭生、王耀华、谢必震等人的八篇研究论文。论文集还附录了"琉球国王世系表""中国册封使表""福州市与那霸市缔结友好城市议定书""1980年至1986年福州市那霸市友好交往大事记"等资料。

福建师范大学中琉关系史的研究带动了20世纪80年代大陆有关琉球史研究的发展。这十年有关中琉关系史研究的成果，论文方面涉及明清册封琉球、中琉航路、朝贡贸易、明代闽人移居琉球、中琉民俗交流、泉州福州与琉球友好往来、琉球人墓等问题的研究。20世纪80年代，徐恭生先生应琉球大学之请，在冲绳出版了日文专著《中国与琉球》一书。

20世纪60—70年代，美日之间开始所谓"归还冲绳"问题的谈判，遭到中国的强烈反对。因此，这一时期琉球史、冲绳史以及中琉关系史日益引起包括台湾、香港学者在内的中国学者的关注。而钓鱼岛主权归属问题的研究也开始浮现。此间，港台学者推出一批专著，如徐玉虎《明代琉球王国对外关系之研究》、①杨亮功等《琉球历代宝案选录》、②杨仲揆《琉球历史地理之研究》③和《中国·琉球·钓鱼台》。④

总的来说，迄20世纪80年代末，中国的琉球史及中琉关系史研究虽取得一定的成就，但无论资料收集与研究领域，均尚处于起步阶段，其中尤为遗憾的是各地学者之间缺乏交流与沟通。

（二）20世纪90年代是中琉关系史研究的突破性进展时期

第一，中国各地学者开始携手研究，并且开启了与日本、韩国学者进行的学术交流，这是90年代最重要的转变。

1986年台北召开了首届中琉历史关系国际学术会议。1988年，第二届学术会议在冲绳召开。1990年，台北召开第三届中琉历史关系国际学术会议，大陆学者福建师范大学王耀华、谢必震首次参加，并提交了会议论文。⑤1994年，第五届会议

---

① 徐玉虎：《明代琉球王国对外关系之研究》，学生书局1982年版。
② 杨亮功、周宪文、连震东、洪炎秋：《琉球历代宝案选录》，开明出版社1975年版。
③ 杨仲揆：《琉球历史地理之研究》，中国文化学院史学研究所1971年版。
④ 杨仲揆：《中国·琉球·钓鱼台》，友联研究所1972年版。
⑤ 厦门大学历史研究所所长杨国桢提交论文，未出席会议。

在福州和泉州召开,这是大陆首次承办该会议。目前,该会议已召开十五届,历时三十年,成为中琉关系史学科领域最重要、最有影响力的国际学术交流平台之一。每届会议结束后,主办方都严格遴选会议论文并正式出版。目前已正式出版会议论文集十五部。

第二,出版了一系列重要的清代中琉关系档案资料汇编。

从1990年8月开始,福建师范大学与中国第一历史档案馆开始了清代中琉关系档案的整理及出版工作。1993年出版了第一部档案资料《清代中琉关系档案选编》[1],正式启动了大陆有关中琉关系研究重要档案资料的出版工作。20世纪90年代,中国第一历史档案馆共出版了三部中琉关系档案资料汇编以及《清代琉球国王表奏文书选录》[2]。这项出版工作一直持续到2009年,由中华书局共出版了《清代中琉关系档案选编》[3]等资料汇编七部。这批珍贵的故宫档案资料主要包括以下几方面内容:(1)清朝历代皇帝对琉球国王的册封;(2)琉球国王派遣各类使团到中国进行朝贡、请封、谢恩、庆贺等活动的情况;(3)清廷官员接待护送琉球使臣入京及回国等情况;(4)琉球在国子监官生及福州勤学生的学习、生活情况;(5)中琉两国朝贡贸易、册封贸易及文化交流活动的情况;(6)中琉两国对双方漂风难民的救助、抚恤及遣返护送情况;(7)清廷惩治违法官员及打击危害琉球贡使的海盗情况等。

第三,中琉关系研究机构的建立及国际合作研究项目开始启动。

为了充分发挥各学科优势,促进琉球史的深入研究,1995年福建师范大学成立了"中琉关系研究所",其研究领域涵盖政治、经济、外交、教育、文学、音乐、戏曲和民俗等方面。此外,中国第一历史档案馆、厦门大学、南开大学、浙江大学、中国海洋大学以及福建社会科学院都涌现不少从事琉球问题研究的专家和学者。同时,上述机构及人员还积极开展与日本琉球大学、冲绳国际大学、冲绳县立艺术大学、法政大学、关西大学、早稻田大学等学术机构的合作研究,成果丰硕。

20世纪90年代,中国第一历史档案馆与冲绳县教育委员会合作,共同开发利用和研究清代中琉关系档案,规定每两年轮流举办一次学术研讨会,从1992年迄今,从未间断。此外,历届会议均邀请国家图书馆、首都图书馆、福建师范大学以及日

---

[1] 中国第一历史档案馆、福建师范大学:《清代中琉关系档案选编》,中华书局1993年版。
[2] 中国第一历史档案馆:《清代琉球国王表奏文书选录》,黄山书社1997年版。
[3] 中国第一历史档案馆、福建师范大学:《清代中琉关系档案选编》,中华书局1993—2009年版。

本本土尤其是冲绳相关学者参会，大大促进了中琉关系史研究学术成果的沟通与交流。1995年8月及2000年8月，中国第一历史档案馆还与冲绳县政府联合在冲绳县举办了两届中琉关系史档案文书特别展览，吸引了众多学者的关注，深受冲绳各界欢迎。

第四，一批高质量的专著及论文问世。

20世纪90年代，随着《历代宝案》及清代中琉关系档案等珍贵文献档案资料的整理出版，中国学者间的互相沟通也日益频繁，为研究工作创造了良好的空间与平台，从而大大促进了中琉关系史研究的发展。20世纪80年代曾有学者感叹"大陆方面尚不见有关中琉关系史研究方面的专著或论文集出版"，[①]但90年代中琉关系史研究已是硕果累累。这一时期，徐恭生、谢必震、米庆余、王耀华、杨仲揆先后推出了他们的力作，有关中琉关系史方面的高水准论文也大量涌现。

1996年，谢必震教授撰写的《中国与琉球》一书，由厦门大学出版社出版。这是大陆第一部全面系统研究中琉关系史的专著。谢必震教授充分利用了中琉双方往来文书档案及各类出使琉球记录等原始资料，详尽论述册封琉球、琉球朝贡、中琉贸易、闽人三十六姓、琉球官生与勤学生、在华琉球人墓等相关问题，并以独特的视角全面考证了琉球的政治制度、经济生活、民风民俗、文化教育等状况，同时也论述了中琉关系及中琉贸易对福建、琉球两地经济的影响。1997年，南开大学米庆余先生在天津人民出版社出版了《琉球历史研究》。该书首次以琉球王国为中心，全面系统地阐述了琉球王国兴亡的历史，并深刻分析了延续数百年的中日琉三国关系，可谓中国有关琉球王国史研究的开山之作。

1990年，杨仲揆先生在台湾商务印书馆出版了《琉球古今谈：兼论钓鱼岛问题》，汇集其有关琉球问题专论及散论数十篇，视野宽阔，是研究琉球及中琉关系史的入门书籍之一。

值得关注的是，中国学者对琉球问题的研究不仅仅限于历史方面。1987年，由福建师范大学音乐学院王耀华教授撰写的《琉球·中国音乐比较论》（日文版）在日本那霸出版社出版。作为中国音乐与日本琉球音乐比较研究的开拓者，王教授认为，中国的音乐、舞蹈以及福建的民间戏曲、民俗音乐传播到琉球之后，首先被纳入宫

---

① 李玉昆：《中琉关系史研究述略》，《海交史研究》1992年第1期。

廷仪式，改造创新之后进行演出，并且随着时代的变迁，又从宫廷艺术转变为流传广泛的民间民俗，这便是中琉音乐文化交流的一个显著特征。该书被中日学术界称为"划时代的崭新研究成果"，获得第八届日本冲绳出版文化奖。1991年，王耀华教授在海峡文艺出版社出版了另一部专著《三弦艺术论》。该书由上卷"中国三弦及其音乐"、中卷"日本冲绳三弦及其音乐"和下卷"中国三弦音乐与日本冲绳三弦音乐之比较研究"三部分组成。王耀华教授认为，正是通过中琉音乐的频繁交往，中国的三弦艺术以琉球王国为中介传入日本本土，逐渐形成了现在的日本三弦艺术。该书1992年获中国图书奖，并在1998年由日本第一书房出版了日文版。此外，丁锋《琉汉对音与明代官话音研究》也于1995年由中国社会科学出版社出版。该书选择明代会同馆编辑的《华夷译语》中的《琉球馆译语》、陈侃编《使琉球录》所附"夷语""夷字"，以及萧崇业编《使琉球录》所附"夷语""夷字"作为研究的基本资料，并参考了琉球王府官修辞书家谱、碑文以及琉歌、组舞等大量文献资料，通过研究琉汉对音的规律，进而归纳出对音的声母系统和韵母系统，因此备受中国和日本学者的重视。

总之，20世纪90年代对大陆方面琉球史研究而言，是取得突破性进展的时期，不仅出版了一批珍贵的档案文献资料，成立了专门的研究机构，高质量的专著、论文集也相继问世。更为重要的是，打破了以往大陆、台港学者缺少交流的局面，学者们开始携手交流，并且频繁与日本、韩国等地学者进行学术沟通，有力推进了中国琉球史研究的蓬勃发展。

（三）21世纪中琉关系史研究进入纵深发展时期

进入21世纪，尤其近年伴随着中日两国间有关钓鱼岛争端的加剧以及日本政府有关解禁集体自卫权、修改和平宪法等一系列右倾政策的不断推进，东北亚地区紧张局势不断升温，中国的中琉关系史研究也进入了深入发展时期。

第一，研究队伍的不断扩大。

随着中琉关系史研究的不断深化，中国学界关注和从事琉球问题研究的学者及学术机构也在日益增多。如中国海洋大学不仅参加了2007年在那霸举行的第十一届琉中历史关系国际学术会议，还于2009年在青岛主办了第十二届中琉历史关系国际学术会议。2009年北京大学历史系召开了"萨摩藩侵攻琉球四百周年学术研讨会"。2014年6月、2016年5月，北京大学历史系分别召开两届"琉球·冲绳前沿学术问题国际研讨会"。此外,复旦大学、南开大学、浙江大学、山东大学、中山大学等高校也有越来越多的学者开始对中琉关系史进行深入研究。

第二,持续不断编纂出版有关琉球研究的档案及资料。

2000年,北京图书馆出版社出版了黄润华、薛英编纂的《国家图书馆藏琉球资料汇编(全三册)》,① 共收集了十六种中琉交往历史文献,多为古籍善本。主要内容涉及册封琉球使之使录,琉球留学生所著的汉诗、文集等。在此基础上,北京图书馆出版社又于2003年继续出版了由殷梦霞、贾贵荣、王冠编辑的《国家图书馆藏琉球资料续编》,② 2006年出版了王菡所编《国家图书馆藏琉球资料三编》。③

此外,中国历史第一档案馆也继续出版了两部清代中琉关系档案资料汇编。其中包括《中琉历史关系档案(顺治朝·康熙朝·雍正朝)》(上下册)、④《中琉历史关系档案(乾隆朝)》(1—12册)。⑤

2012年,厦门鹭江出版社整理出版了《传世汉文琉球文献辑稿》⑥ 计三十册;2015年又整理出版了翟金明主编的《传世汉文琉球文献辑稿》(第2辑)⑦ 计二十册。2013年,复旦大学出版社出版了高津孝、陈捷主编的《琉球王国汉文文献集成》,⑧ 共计三十六册。2015年,福建师范大学图书馆整理出版了馆藏中琉关系相关资料《琉球文献史料汇编》(上下册)。⑨ 此外,台北故宫博物院规划以三年时间编辑出版《清代琉球史料汇编》,包括《宫中档朱批奏折》《军机处档奏折录副》以及其他档册中之琉球史料辑录。2013年,台湾大学与琉球大学合作出版了《琉球关系史料集成》(第一、二卷)。2015年由陈龙贵主编的《清代琉球史料汇编——宫中档朱批奏折》(上下册)⑩ 出版。

上述琉球相关档案资料的不断出版及参与出版机构的不断增多,无疑大大提升了中国琉球史研究的水准。

---

① 黄润华、薛英编:《国家图书馆藏琉球资料汇编》,北京图书馆出版社2000年版。
② 殷梦霞、贾贵荣、王冠编:《国家图书馆藏琉球资料续编》,北京图书馆出版社2003年版。
③ 王菡:《国家图书馆藏琉球资料三编》,北京图书馆出版社2006年版。
④ 中国历史第一档案馆:《中琉历史关系档案(顺治朝·康熙朝·雍正朝)》(上下册),中国档案出版社2005年版。
⑤ 中国历史第一档案馆:《中琉历史关系档案(乾隆朝)》(1—12册),中国档案出版社2005—2009年版。
⑥ 传世汉文琉球文献辑稿编委会:《传世汉文琉球文献辑稿》,鹭江出版社2012年版。
⑦ 翟金明主编:《传世汉文琉球文献辑稿》(第2辑),鹭江出版社2015年版。
⑧ 高津孝、陈捷主编:《琉球王国汉文文献集成》,复旦大学出版社2013年版。
⑨ 福建师范大学图书馆:《琉球文献史料汇编》(上下册),海洋出版社2014年版。
⑩ 陈龙贵主编:《清代琉球史料汇编——宫中档朱批奏折》(上下册),台北故宫博物院2015年版。

第三，国际合作研究课题也在持续进行中。

2000年之后，不仅中国学者间的学术交流活动日益频繁与密切，而且中国学者与日本尤其是冲绳学者的合作研究课题日益增多。如2008年以来，福建师范大学中琉历史关系研究所参与琉球大学重大科研项目"人口移动与21世纪全球化社会"的合作研究，双方连续四年一同考察了明清福建至北京贡道及其沿途中琉关系相关遗址，并在2009年和2015年于福州和冲绳两地分别召开了相关问题的学术研讨会。会后，双方出版了会议论文集《琉中关系学术讨论会论文集（第一回）》①以及专著《琉球与中国——人口移动与21世纪全球化社会》。②

第四，高水准的学术专著及论文层出不穷。

2002年，何慈毅在江苏古籍出版社出版了《明清时期琉球日本关系史》。紧接着，谢必震2004年在海洋出版社出版了又一部力作《明清中琉航海贸易研究》。在此之后，福建师范大学中琉关系研究所在海洋出版社相继出版了一系列有关中琉关系的专著，如赖正维《康熙时期的中琉关系》，③丁春梅《清代中琉关系档案研究》，④谢必震、胡新《中琉关系史料与研究》，⑤赖正维《清代中琉关系研究》，⑥徐斌《明清士大夫与琉球》，⑦陈硕炫《琉球闽人家谱资料研究》，⑧孙清玲《明清时期中琉友好关系历史遗存考》。⑨

值得指出的是，中琉关系史研究在钓鱼岛归属问题研究中有其特殊的意义，有关琉球王国与中琉关系的史料亦是研究钓鱼岛及其附属岛屿主权归属问题的重要依据。明清时期册封琉球使臣的"使录"、有关琉球国的"志略"及个人文集，乃至琉球方面、中琉关系方面的诸多文献史料，均充分证明了钓鱼列屿主权归属中国的不争事实。如杨仲揆《中国·琉球·钓鱼台》，⑩《琉球古今谈：兼论钓鱼台问题》⑪等，在论及钓鱼台主权问题时，都引用了中琉关系史料，尤其是明清册封使录中的珍贵

---

① 琉中关系研究会：《第一回琉中关系学术讨论会论文集》，冲绳2009年版。
② 赤岭守、朱德兰、谢必震：《琉球与中国——人口移动与21世纪全球化社会》，日本彩流社2013年版。
③ 赖正维：《康熙时期的中琉关系》，海洋出版社2004年版。
④ 丁春梅：《清代中琉关系档案研究》，海洋出版社2009年版。
⑤ 谢必震、胡新：《中琉关系史料与研究》，海洋出版社2010年版。
⑥ 赖正维：《清代中琉关系研究》，海洋出版社2011年版。
⑦ 徐斌：《明清士大夫与琉球》，海洋出版社2011年版。
⑧ 陈硕炫：《琉球闽人家谱资料研究》，海洋出版社2014年版。
⑨ 孙清玲：《明清时期中琉友好关系历史遗存考》，海洋出版社2015年版。
⑩ 杨仲揆：《中国·琉球·钓鱼台》，友联研究所1972年版。
⑪ 杨仲揆：《琉球古今谈：兼论钓鱼台问题》，台湾商务印书馆1990年版。

资料。

吴天颖《甲午战前钓鱼列屿归属考——兼质日本奥原敏雄诸教授》[①]根据包括中琉关系史料、册封使录等在内的大量丰富翔实资料及收藏于国内外的重要图籍，阐明了钓鱼列屿属中国人首先发现并命名的事实，揭露了日本通过甲午战争及之后的《马关条约》窃取钓鱼岛的史实，并反驳了日本奥原敏雄等人歪曲历史事实的谬论。此后鞠德源《日本国窃土源流——钓鱼列屿主权辨》，[②]主要对中国台湾附属岛屿、以钓鱼岛为中心主岛的东北诸岛的领土主权、历史与地理，做了全面系统的考察论证，揭露了日本歪曲、篡改历史与地理的具体事实和真相。郑海麟《钓鱼岛列屿之历史与法理研究》（增订本）[③]是迄今有关钓鱼岛研究内容详尽、涉及面广、体例新颖、注释精确、史料丰富的一部专著，尤其作者首次将钓鱼岛问题放进中西交通史学科领域进行考察与研究。此外，福建师范大学闽台区域研究中心编著《钓鱼岛：历史与主权》、[④]褚静涛《中日钓鱼岛争端研究》、[⑤]李理《近代日本对钓鱼岛的非法调查及窃取》，[⑥]在论及中国对钓鱼岛拥有绝对主权时都使用了中琉关系研究档案资料加以论证。

二、中琉关系史研究的主要方向及成果

20 世纪 80 年代以来，中国学者相继发表了许多很有学术价值的论文。概述起来，主要集中在以下几个方面：

（一）琉球王国历史的研究

陈捷先《琉球王位继承略考》[⑦]一文认真考证了琉球王国王位传承的沿革，强调了中国宗法与继承古制尤其是嫡长子传承制对琉球的重要影响。胡沧泽《琉球官制略论》[⑧]主要研究了琉球的官阶等级制以及中国官制对琉球的影响。张正军《日本冲

---

① 吴天颖：《甲午战前钓鱼列屿归属考——兼质日本奥原敏雄诸教授》，社会科学文献出版社 1994 年版。
② 鞠德源：《日本国窃土源流——钓鱼列屿主权辨》，首都师范大学出版社 2001 年版。
③ 郑海麟：《钓鱼岛列屿之历史与法理研究》（增订本），中华书局 2007 年版。
④ 福建师范大学闽台区域研究中心：《钓鱼岛：历史与主权》，海洋出版社 2013 年版。
⑤ 褚静涛：《中日钓鱼岛争端研究》，海峡学术出版社 2013 年版。
⑥ 李理：《近代日本对钓鱼岛的非法调查及窃取》，中国社会科学出版社 2013 年版。
⑦ 陈捷先：《琉球王位继承略考》，《第八回琉中历史关系国际学术会议论文集》，琉中历史关系史国际学术会议执行委员会 2001 年。
⑧ 胡沧泽：《琉球官制略论》，《第五届中琉历史关系学术会议论文集》，福建教育出版社 1996 年版。

绳的御岳信仰及其祭祀》①则深入探讨了琉球王国时代的宗教问题以及宗教与王权的关系。张存武《朝鲜人所知的盛世琉球》，②谢必震《中国人眼中的琉球社会》③主要探讨了朝鲜使臣、中国册封使眼中琉球社会政治、经济、文化、教育、官制、宗教等方面的情况。武尚清《琉球古代航运初探》、④徐玉虎《琉球暹罗两王国通商之研究》⑤重点探究了琉球王国的海外交通以及与东南亚诸国的贸易情况。赖正维《琉球王国接待册封使团规制考述——以丙寅年赵新册封琉球使团为中心》⑥依据琉球王家档案《尚家文书》，重点分析了琉球王国对中国册封使的接待规制和礼仪。廖肇亨《球儒蔡温三教思想鳌探》⑦深入探究了琉球三司官蔡温的思想形成及其渊源。

（二）中琉册封体制的研究

中琉册封关系是中琉宗藩体制的核心部分，有关这方面的研究很受关注。谢必震《明清册封琉球论略》和《明清册封琉球趣谈》，⑧傅朗《清嘉庆朝赵文楷使琉球的影响与贡献》，⑨徐恭生、谢必震《论郭汝霖〈重编使琉球录〉的史料价值》，⑩针对册封琉球的由来、册封舟的建造、册封使团的构成及活动、册封琉球的历史意义等问题进行了全面论述。此外，相关文章还有吴怀民《清代中国对琉球的册封》，⑪吴元丰《清初册封琉球国王尚质始末》，⑫邹爱莲、高焕婷《钦使赵文楷、李鼎元赴琉球册封活动浅析》，⑬李金明《试论明朝对琉球的册封》⑭等等。值得关注的是，米庆余在《明代中琉之间的册封关系》⑮一文中指出，明廷派遣梁民、路谦出使，其目的是通过和平外交调节琉球三王争斗，而此前中外学术界仅重视明清册封使研究，

---

① 张正军：《日本冲绳的御岳信仰及其祭祀》，《思想战线》2000年第2期。
② 张存武：《朝鲜人所知的盛世琉球》，《"中研院"近代史研究所集刊》1998年第30期。
③ 谢必震：《中国人眼中的琉球社会》，《第四届琉中历史关系国际学术会议论文集》，琉中历史关系史国际学术会议执行委员会1993年。
④ 武尚清：《琉球古代航运初探》，《太平洋》1987年第1期。
⑤ 徐玉虎：《琉球暹罗两王国通商之研究》，《政治大学边政研究所年报》1980年第11期。
⑥ 赖正维：《琉球王国接待册封使团规制考述——以丙寅年赵新册封琉球使团为中心》，《第十三届中琉历史关系国际学术会议论文集》，海洋出版社2013年版。
⑦ 廖肇亨：《球儒蔡温三教思想鳌探》，《第十四届中琉历史关系国际学术会议论文集》，中琉文化经济协会2015年。
⑧ 谢必震：《明清册封琉球论略》，《海交史研究》1991年第1期；《明清册封琉球趣谈》，《台湾历史月刊》1994年第3期。
⑨ 傅朗：《清嘉庆朝赵文楷使琉球的影响与贡献》《福建师范大学学报》2001年第1期。
⑩ 徐恭生、谢必震：《论郭汝霖〈重编使琉球录〉的史料价值》，《海交史研究》1996年第2期。
⑪ 吴怀民：《清代中国对琉球的册封》，《福建师范大学学报》1992年第3期。
⑫ 吴元丰：《清初册封琉球国王尚质始末》，《历史档案》1996年第4期。
⑬ 邹爱莲、高焕婷：《钦使赵文楷、李鼎元赴琉球册封活动浅析》，《清史研究》1998年第1期。
⑭ 李金明：《试论明朝对琉球的册封》，《历史档案》1999年第4期。
⑮ 米庆余：《明代中琉之间的册封关系》，《日本学刊》1997年第4期。

对册封使之外的使节如梁民、路谦等,重视不足。

近年来,随着史料的不断挖掘,学者越来越关注从区域史的角度进行宏观研究,如在宗藩体系研究方面,出现了以中国、琉球、朝鲜、日本、东南亚为大背景、大视野来重新探究和演绎宗藩体系以及宗主国与朝贡国之间、朝贡国与朝贡国之间复杂关系的论文。如连晨曦《明清中琉宗藩关系对东亚国际关系秩序的影响》、[①] 陈尚胜《朝贡制度与东亚地区传统国际秩序——以16—19世纪的明清王朝为中心》、[②] 沈玉慧《明代朝鲜、琉球于北京交流——以致赠咨文为例》、[③] 杨雨蕾《万历年间朝鲜与琉球使臣在北京的交往》[④] 等。

(三)日本吞并琉球研究

论及日本吞并琉球,必然涉及宗藩关系、"琉球处分"、"球案"等问题的研究。此外,册封体制崩溃的原因、清末中日琉关系的演变都是重要的研究内容。有关这方面的论文有张先清、谢必震《清代台湾与琉球关系考》,[⑤] 米庆余《琉球漂民事件与日军入侵台湾(1871—1874)》,[⑥] 赖正维《"球案"与近代中日关系》,[⑦] 朱淑媛《清末日本吞并琉球原因初探》,[⑧] 陈在正《驳日本琉球处分的借口》[⑨] 等。

有关宗藩体制、日本通过"琉球处分"实现其吞并琉球计划的研究也得到重视。相关论文有张启雄《何如璋的琉案外交》。[⑩] 值得一提的是,张启雄有关东亚宗藩体制研究的一系列论文,受到研究者的高度关注。如《论清朝中国重建琉球王国的兴灭继绝观——中华世界秩序原理之一》《"中华世界帝国"与琉球王国的地位——中西国际秩序原理的冲突》《"中华世界帝国"与中琉宗藩体制的秩序原理性展开——

[①] 连晨曦:《明清中琉宗藩关系对东亚国际关系秩序的影响》,《海交史研究》2016年第1期。
[②] 陈尚胜:《朝贡制度与东亚地区传统国际秩序——以16—19世纪的明清王朝为中心》,《中国边疆史地研究》2015年第2期。
[③] 沈玉慧:《明代朝鲜、琉球于北京交流——以致赠咨文为例》,《第十四届中琉历史关系国际学术会议论文集》,中琉文化经济协会2015年。
[④] 杨雨蕾:《万历年间朝鲜与琉球使臣在北京的交往》,《第十五届琉中历史关系国际学术研讨会论文集》,琉球大学国际冲绳研究所2016年。
[⑤] 张先清、谢必震:《清代台湾与琉球关系考》,《中国社会经济史研究》1998年第1期。
[⑥] 米庆余:《琉球漂民事件与日军入侵台湾(1871—1874)》,《历史研究》1999年第1期。
[⑦] 赖正维:《"球案"与近代中日关系》,《福建师范大学学报》1996年第3期。
[⑧] 朱淑媛:《清末日本吞并琉球原因初探》,《第七届中琉历史关系国际学术会议论文集》,中琉文化经济协会1999年。
[⑨] 陈在正:《驳日本琉球处分的借口》,《第九届中琉历史关系国际学术会议论文集》,海洋出版社2005年版。
[⑩] 张启雄:《何如璋的琉案外交》,《第一届中琉历史关系国际学术会议论文集》,中琉文化经济协会1988年。

中华世界秩序原理的考察》。① 此外，李中勇《1844—1848年中法关于在琉球的法国传教士之交涉考》，② 深刻揭示了清末西方列强及新崛起的日本对传统宗藩体制的严峻挑战最终导致了宗藩体制的瓦解与崩溃。赖正维《清末琉球王国在华的复国运动》，③ 追溯了琉球志士为挽救国家危亡，四处奔走呼吁，甚至不惜以死乞师求救的悲壮历史，探究了琉球救国运动失败的原因。

（四）琉球来华使团及主要活动研究

琉球遣使中国，有各种名义，如进贡、接贡、庆贺进香、谢恩、报丧、请封及接封等。来华进贡是维系中琉宗藩关系的最重要手段之一，因此，有关方面的论文很多。如郑樑生《明廷对琉球贡使的处置》、④《琉球在清代册封体制中的定位试探——以顺治、康熙、雍正三朝为例》，⑤ 陈捷先《清代琉球使在华行程与活动略考》、⑥《明清中琉封贡关系源流略考》，⑦ 戈斌《清代琉球贡使居京馆舍研究》和《清代琉球国朝贡活动概述》，⑧ 赖正维《清代福建委派官员护送琉球使臣赴京考》、⑨《清同治五年琉球谢册封恩使团在华行程和活动考叙》，⑩ 吴霭华《论明清时代琉球朝贡团之组织》，⑪ 徐玉虎《明琉球国王世子尚丰请封袭爵考》。⑫ 上述文章分别探究了明清琉球使团到华的目的、贡期，各类别使团的组织，琉球使者在福州的活动、赴京贡道交通、在京活动及居京馆舍，琉球的贡品及中国皇帝的赏赐品等。

---

① 参见《第二届琉中历史关系国际学术会议论文集》，琉中历史关系国际学术会议执行委员会1989年；《第三届中琉历史关系国际学术会议论文集》，中琉文化经济协会1991年；《第四届琉中历史关系国际学术会议论文集》，琉中历史关系国际学术会议执行委员会1993年。
② 李中勇：《1844—1848年中法关于在琉球的法国传教士之交涉考》，《历史档案》2016年第2期。
③ 赖正维：《清末琉球王国在华的复国运动》，《中国边疆史地研究》2015年第1期。
④ 郑樑生：《明廷对琉球贡使的处置》，《第五届中琉历史关系学术会议论文集》，福建教育出版社1996年版。
⑤ 郑樑生：《琉球在清代册封体制中的定位试探——以顺治、康熙、雍正三朝为例》，《第四届琉中历史关系国际学术会议论文集》，琉中历史关系国际学术会议执行委员会1993年。
⑥ 陈捷先：《清代琉球使在华行程与活动略考》，《第二届琉中历史关系国际学术会议论文集》，琉中历史关系国际学术会议执行委员会1989年。
⑦ 陈捷先：《明清中琉封贡关系源流略考》，《第四届琉中历史关系国际学术会议论文集》，琉中历史关系国际学术会议执行委员会1993年。
⑧ 戈斌：《清代琉球贡使居京馆舍研究》，《历史档案》1994年第3期；《清代琉球国朝贡活动概述》，《历史档案》1993年第2期。
⑨ 赖正维：《清代福建委派官员护送琉球使臣赴京考》，《第五届中琉历史关系学术会议论文集》，福建教育出版社1996年版。
⑩ 赖正维：《清同治五年琉球谢册封恩使团在华行程和活动考叙》，《第十四届中琉历史关系国际学术会议论文集》，中琉文化经济协会2015年。
⑪ 吴霭华：《论明清时代琉球朝贡团之组织》，《第五届中琉历史关系学术会议论文集》，福建教育出版社1996年版。
⑫ 徐玉虎：《明琉球国王世子尚丰请封袭爵考》，《第五届中琉历史关系学术会议论文集》，福建教育出版社1995年版。

（五）中琉间朝贡贸易与册封贸易研究

俞玉储《清代中国和琉球贸易初论》（上、下）和《再论清代中国和琉球的贸易——兼论中琉互救漂风难船的活动》，① 谢必震《明清时期的中琉贸易及其影响》，② 徐晓望《清代中琉贸易与福建手工业》，③ 赖正维《清康乾嘉时期的中琉贸易》④ 等，主要涉及了清代中琉贸易的性质，商品的种类、税收、利润以及贸易对琉球和福建的经济影响等。俞玉储还撰文《三论清代中国和琉球的贸易——围绕册封活动所进行的贸易》，⑤ 专门对清政府在册封琉球国王过程中与琉球展开的贸易活动进行了研究。此外，林仁川《明代中琉贸易的特点与福建市舶司的衰亡》⑥ 则详尽介绍了福建市舶司的历史变迁及其与中琉贸易的关系。值得关注的是，李晓《21世纪以来明清中琉贸易研究回顾》⑦ 对近十五年来有关中琉贸易方面研究的学术成果进行了梳理和介绍。

明清中国海禁政策的实施是影响琉球中介贸易兴衰的重要因素，谢必震《试论明代琉球的中介贸易》、⑧ 郑国珍《中琉历史商贸交往在"海上丝绸之路"中的地位与作用》⑨ 则在这方面做了探索。

（六）闽人三十六姓研究

闽人三十六姓是中琉关系史研究的一个重要方面。谢必震《略论明代闽人移居琉球的历史作用》和《明赐琉球闽人三十六姓考述》，⑩ 方宝川《明代闽人移居琉球史实考辨》和《关于明初闽人移居琉球若干问题的再思考》，⑪ 吴霭华《琉球历史上的久米村》《十四至十九世纪琉球久米村人与琉球对外关系之研究》和《久米村人在

---

① 俞玉储：《清代中国和琉球贸易初论（上、下）》，《历史档案》1993年第3期、1993年第4期；《再论清代中国和琉球的贸易——兼论中琉互救漂风难船的活动》，《历史档案》1995年第1期。
② 谢必震：《明清时期的中琉贸易及其影响》，《南洋问题研究》1997年第2期。
③ 徐晓望：《清代中琉贸易与福建手工业》，《海交史研究》1997年第2期。
④ 赖正维：《清康乾嘉时期的中琉贸易》，《中国社会经济史研究》2005年第3期。
⑤ 俞玉储：《三论清代中国和琉球的贸易——围绕册封活动所进行的贸易》，《历史档案》1995年第4期。
⑥ 林仁川：《明代中琉贸易的特点与福建市舶司的衰亡》，《海交史研究》1988年第1期。
⑦ 李晓：《21世纪以来明清中琉贸易研究回顾》，《海交史研究》2015年第1期。
⑧ 谢必震：《试论明代琉球的中介贸易》，《南洋问题》1986年第1期。
⑨ 郑国珍：《中琉历史商贸交往在"海上丝绸之路"中的地位与作用》，《海交史研究》1996年第2期。
⑩ 谢必震：《略论明代闽人移居琉球的历史作用》，《海交史研究》1986年第2期；《明赐琉球闽人三十六姓考述》，《华侨华人历史研究》1991年第1期。
⑪ 方宝川：《明代闽人移居琉球史实考辨》，《福建师范大学学报》1988年第3期；《关于明初闽人移居琉球若干问题的再思考》，《第五届中琉历史关系学术会议论文集》，福建教育出版社1996年版。

中国册封琉球王过程中所扮演之角色》，① 陈捷先《琉球久米系家谱研究》，② 林国平《冲绳久米村阮氏、毛氏门中清明墓祭的调查》，③ 沈玉慧《近世往来于中日两国间的久米村人》，④ 分别对闽人三十六姓移居琉球原因、时间以及他们移居琉球后对琉球经济、文化及社会进步所做出的贡献以及他们对中华文化和福建生活习俗的坚守等进行了探讨。

（七）琉球来华留学生研究

明清时期，琉球王国曾派遣大量官生及勤学生到华学习，留学生回国后为琉球社会经济发展做出了杰出贡献，其中许多人是闽人三十六姓后裔。反映这方面研究的论文颇多，如徐恭生《琉球国在华留学生》、⑤ 谢必震《明清时期中国培养琉球留学生述略》、⑥ 秦国经《清代国子监的琉球官学》、⑦ 郑樑生《明清两朝对琉球官生的处置——以〈琉球入学闻见录〉所见为中心》⑧ 等。上述文章分别考证了琉球选派留学官生方式的历史变迁、明清国子监对琉球官生的严格培养及优厚的生活待遇，以及琉球官生及勤学生返国后对传播中国思想文化、政治制度、先进的生产技术及手工技艺所发挥的重要作用等。

有关琉球勤学生的研究亦是学者关注课题。琉球勤学生云集福州，其学习领域遍及儒家学说、宗教思想、政治制度、天文历法、水文地理、农业栽培，甚至包括缝合兔唇等民间特技。反映这方面研究成果的论文也不少，如赖正维《福州先生与琉球学生》《略论明清时期福建生产技术在琉球的传播》《明清时期福州手工技艺在琉球传播与影响》。⑨

---

① 吴霭华：《琉球历史上的久米村》，《台湾师范大学历史学报》1985年第13期；《十四至十九世纪琉球久米村人与琉球对外关系之研究》，《台湾师范大学历史学报》1991年第19期；《久米村人在中国册封琉球王过程中所扮演之角色》，《台湾师范大学历史学报》1993年第21期。
② 陈捷先：《琉球久米系家谱研究》，《第三届中琉历史关系国际学术会议论文集》，中琉文化经济学会1991年。
③ 林国平：《冲绳久米村阮氏、毛氏门中清明墓祭的调查》，《第十三届中琉历史关系国际学术会议论文集》，海洋出版社2013年版。
④ 沈玉慧：《近世往来于中日两国间的久米村人》，《第十五届琉中历史关系国际学术研讨会论文集》，琉球大学国际冲绳研究所2016年。
⑤ 徐恭生：《琉球国在华留学生》，《福建师范大学学报》1987年第4期。
⑥ 谢必震：《明清时期中国培养琉球留学生述略》，《教育评论》1992年第2期。
⑦ 秦国经：《清代国子监的琉球官学》，《历史档案》1993年第1期。
⑧ 郑樑生：《明清两朝对琉球官生的处置——以〈琉球入学闻见录〉所见为中心》，《第六届中琉历史关系学术研讨会文集》，中国第一历史档案馆2000年。
⑨ 赖正维：《福州先生与琉球学生》，《文史知识》1995年第4期；《略论明清时期福建生产技术在琉球的传播》，《海交史研究》2002年第1期；《明清时期福州手工技艺在琉球传播与影响》，《中共福建省委党校学报》2005年第1期。

（八）中国文化及科学技术对琉球的影响研究

中国文化及生产科技传入琉球的渠道很多，传播的内容也十分宽泛，上至儒家思想文化、政治制度、宗教、文学、艺术，下至造船航海技术、农业生产技艺乃至衣食住行。谢必震《从清朝档案看中国文化在琉球的传播》，①从琉球使团贸易清单上的物品种类来考察中国文化在琉球的传播情况及其影响。有关论文还有赖正维《明清时期福建沿海地区与琉球造船航海技术交流考述》，②谢必震《福建文化在琉球的传播与影响》和《中国人眼中的琉球民间习俗》，③李学玲、单承彬《道教文化在琉球的传播》，④刘富琳《明清时期中国戏曲的对琉、对日传播》《中国戏曲〈和番〉在琉球的传播》，⑤傅朗《清代中国药材输入琉球考》，⑥陈捷先《明清时代华人对中国文化东被琉球的贡献——以食衣住行等事为论述中心》，⑦黄裔《琉球汉诗五探》和《程顺则和〈雪堂燕游草〉》，⑧郭丹《论琉球中山诗的汉诗传统》，⑨徐斌《从客林熙及其诗集〈中山纪游吟〉考释》。⑩

（九）中琉关系历史文献资料研究

近年来，随着《历代宝案》、册封使录、中琉关系档案资料的陆续出版，有关档案资料研究的论文亦不断发表。如鞠德源《明清档案中琉关系史料之构成状况》，⑪徐艺圃《中国第一历史档案馆所藏明清时期中琉关系档案简介》，⑫傅朗《中琉关系档案史料概述》，⑬徐恭生、谢必震《〈历代宝案〉与中外关系史研究》，⑭陈培坤《从

---

① 谢必震：《从清朝档案看中国文化在琉球的传播》，《历史档案》1994年第3期。
② 赖正维：《明清时期福建沿海地区与琉球造船航海技术交流考述》，《长沙电力学院学报》2003年第4期。
③ 谢必震：《福建文化在琉球的传播与影响》，《东南文化》1996年第4期；《中国人眼中的琉球民间习俗》，《历史月刊》1993年第2期。
④ 李学玲、单承彬：《道教文化在琉球的传播》，《世界宗教文化》2014年第3期。
⑤ 刘富琳：《明清时期中国戏曲的对琉、对日传播》，《第十二届中琉历史关系国际学术会议论文集》，北京图书出版社2010年版；《中国戏曲〈和番〉在琉球的传播》，《第十三届中琉历史关系国际学术会议论文集》，海洋出版社2013年版。
⑥ 傅朗：《清代中国药材输入琉球考》，《第五届中琉历史关系学术会议论文集》，福建教育出版社1996年版。
⑦ 陈捷先：《明清时代华人对中国文化东被琉球的贡献——以食衣住行等事为论述中心》，林天蔚主编：《亚太地方文献研究论文集》，香港大学亚洲研究中心1991年版。
⑧ 黄裔：《琉球汉诗五探》，《第九届中琉历史关系国际学术会议论文集》，海洋出版社2005年版；《程顺则和〈雪堂燕游草〉》，《福建师范大学学报》2003年第5期。
⑨ 郭丹：《论琉球中山诗的汉诗传统》，《第十一届琉中历史关系国际学术会议论文集》，琉球中国关系国际学术会议2008年。
⑩ 徐斌：《从客林熙及其诗集〈中山纪游吟〉考释》，《第十三届中琉历史关系国际学术会议论文集》，海洋出版社2013年版。
⑪ 鞠德源：《明清档案中琉关系史料之构成状况》，《历代宝案研究》1991年第2号。
⑫ 徐艺圃：《中国第一历史档案馆所藏明清时期中琉关系档案简介》，《历代宝案研究》1993年第3、4号。
⑬ 傅朗：《中琉关系档案史料概述》，《福建档案》1993年第2期。
⑭ 徐恭生、谢必震：《〈历代宝案〉与中外关系史研究》，《明清档案与历史研究论文集》，中国友谊出版公司2000年版。

清宫档案看清政府对琉球的优惠保护政策》，①丁春梅《从清代中琉关系档案看中琉两国的贸易交往》，②陈捷先《清宫档册中所见雍正朝中琉关系略述》。③同时，在对档案资料的查阅中，发现中琉交往中也存在摩擦与冲突，包括清廷严肃处理违法官员。如朱德兰《清乾隆朝对中琉交流活动中违法问题的处置方式》、④赖正维《清政府对中琉交往活动中违法事件的处置》⑤等论文对此做了探究。陈龙贵《琉球久米系家谱与中琉文化关系——以"通事"为中心的考察》⑥则利用久米村家谱资料对闽人三十六姓的历史地位进行了研究。此外，有关档案资料公文格式研究的论文有朱淑媛《清代琉球国的谢恩与表奏文书》、⑦秦国经《清代中琉关系文书研究》、⑧丁春梅《琉球国给中国表奏文书的特点》、⑨王庆云《明清时期琉球中山王表奏文的内容与体制》。⑩

吴元丰《新近发现的清代中琉关系满汉文档案及其价值》⑪介绍了清朝前期顺治和康熙两朝有关中琉关系的满汉文档案的由来和内容，这些档案为清初中琉间请封、册封、进贡、颁赏等活动及其相关制度的研究提供了新的资料来源。徐艺圃《新发现的研究中琉关系的重要史料——梅孙著〈汉文〉》⑫分析了《汉文》一书中有关琉球当年行政区划、中琉转口贸易、琉球应用文字（汉文、日文）演变、琉球国王对"三藩之乱"的政治态度等问题，具有很高的史料价值。方宝川、兰英《明人别集散见中琉关系史料与史实钩沉》⑬介绍了从明代私人文集、笔记中收集整理的琉球珍贵资料，引起中外学者广泛兴趣。

---

① 陈培坤：《从清宫档案看清政府对琉球的优惠保护政策》，《福建师范大学学报》1994年第1期。
② 丁春梅：《从清代中琉关系档案看中琉两国的贸易交往》，《档案学研究》2015年第6期。
③ 陈捷先：《清宫档册中所见雍正朝中琉关系略述》，《第十四届中琉历史关系国际学术会议论文集》，中琉文化经济协会2015年版。
④ 朱德兰：《清乾隆朝对中琉交流活动中违法问题的处置方式》，《第七届中琉历史关系国际学术会议论文集》，中琉文化经济协会1999年。
⑤ 赖正维：《清政府对中琉交往活动中违法事件的处置》，《福建师范大学学报》2002年第4期。
⑥ 陈龙贵：《琉球久米系家谱与中琉文化关系——以"通事"为中心的考察》，《第八回琉中历史关系国际学术会议论文集》，琉球中国关系国际学术会议2001年。
⑦ 朱淑媛：《清代琉球国的谢恩与表奏文书》，《清史研究》1998年第4期。
⑧ 秦国经：《清代中琉关系文书研究》，《历史档案》1994年第4期。
⑨ 丁春梅：《琉球国给中国表奏文书的特点》，《档案学研究》2007年第3期。
⑩ 王庆云：《明清时期琉球中山王表奏文的内容与体制》，《中国海洋大学学报》2016年第2期。
⑪ 吴元丰：《新近发现的清代中琉关系满汉文档案及其价值》，《清史研究》1998年第1期。
⑫ 徐艺圃：《新发现的研究中琉关系的重要史料——梅孙著〈汉文〉》，《历史档案》1996年第3期。
⑬ 方宝川、兰英：《明人别集散见中琉关系史料与史实钩沉》，《第十五届琉中历史关系国际学术研讨会论文集》，琉球大学国际冲绳研究所2016年。

（十）中琉关系历史遗存研究

明清时期，福建是中国与琉球交往的官方指定口岸，是中国册封琉球使团启程和返港的港口。琉球来华使团均在福建上岸，进京人员亦是由福建官府派人全程往返护送，其余人员皆在福建休整并从事贸易活动。琉球政府曾派遣大批留学生"勤学"，在福建学习典章制度、儒家思想及手工技艺，包括闽人三十六姓在内的福建人还曾移居琉球久米村。因此，福建在中琉交流中发挥了特殊作用，而福建东南沿海自然成为研究中琉友好关系历史遗存最为重要的地区之一。有关这方面的论文有朱振声《从福州的几处古迹看古代中琉关系》，[1]徐天贻、郑丽生《有关福州琉球馆的几则史实》，[2]徐恭生《福州与那霸友好关系史初探》和《福建与冲绳的友好往来——以嘉庆五年中琉关系为中心》，[3]肖忠生《明代中琉友好交往的窗口——福州河口》，[4]等等。

20世纪80年代后，福建、北京以及两地间贡道上的琉球人墓遗址问题成为中琉交往历史遗址的重要研究课题，出现了一批高质量的论文。如徐恭生《福州仓山区琉球墓初探》《中国琉球墓调查情况》，[5]谢必震《兰溪琉球墓碑考释》，[6]牧英《淮阴王营的"琉球国使臣郑文英墓"》，[7]朱淑媛《清代琉球国贡使官生的病故及茔葬考》[8]等。

在福建至北京的贡道上，有大量有关中琉交往历史的遗存。2008年以来，福建师范大学中琉关系研究所的研究人员同琉球大学共同参与重大科研项目"人员移动与21世纪全球化"，历时四年，重点考察了福建、浙江、江苏、山东、河北、北京贡道沿途的中琉关系历史遗址，参与编写了《福建中琉关系历史遗址调查报告》（2008年）、《北京中琉关系历史遗址调查报告》（2010年）、《浙江江苏中琉关系历史遗址调查报告》（2011年）、《山东河北中琉关系历史遗址调查报告》（2012年），

---

[1] 朱振声：《从福州的几处古迹看古代中琉关系》，《海交史研究》1981年第3期。
[2] 徐天贻、郑丽生：《有关福州琉球馆的几则史实》，《福建文史》1990年第1期。
[3] 徐恭生：《福州与那霸友好关系史初探》，《中日关系史论集第二辑》，吉林人民出版社1984年版；《福建与冲绳的友好往来——以嘉庆五年中琉关系为中心》，《第七届中琉历史关系国际学术会议论文集》，中琉文化经济协会1999年。
[4] 肖忠生：《明代中琉友好交往的窗口——福州河口》，《第五届中琉历史关系学术会议论文集》，福建教育出版社1996年版。
[5] 徐恭生：《福州仓山区琉球墓初探》，《福建师范大学学报》1985年第3期；《中国琉球墓调查情况》，《福建文史》1991年第2期。
[6] 谢必震：《兰溪琉球墓碑考释》，《福建论坛》1989年第2期。
[7] 牧英：《淮阴王营的"琉球国使臣郑文英墓"》，《东南文化》1991年第5期。
[8] 朱淑媛：《清代琉球国贡使官生的病故及茔葬考》，《历史档案》1994年第2期。

并在冲绳出版。赖正维全程参与并撰写论文《关于中琉关系历史遗迹调查与研究》①。此外，赖正维、胡新、邱成海《清代四川籍册封使周煌李鼎元调查考述》②介绍了对册封使周煌、李鼎元墓茔、祠堂、家谱、方志以及后人的调查与研究，引起了国内外学者的广泛兴趣。

（十一）与钓鱼岛主权归属问题有关的研究

由于明清时期册封使录等中琉关系相关史料在论证钓鱼岛主权归属问题上特殊的史料价值，早在20世纪70年代，中国学者就陆续发表一系列论文，从册封使录等资料论证钓鱼岛是我国领土。如吴幅员《从〈使琉球录〉看钓鱼屿——钓鱼屿等岛屿非琉球所属史证之一》《从清代〈使琉球录〉看钓鱼屿——钓鱼屿等岛屿非琉球所属史证之二》。③此外，还有梁嘉彬《从明清两代中国日本琉球文献看钓鱼台群岛问题及琉球问题》、④杨仲揆《琉球日本史籍上所见之钓鱼台列屿》⑤等。

其后的代表性成果有米庆余《钓鱼岛及其附属岛屿归属考——从明代陈侃〈使琉球录〉谈起》、⑥刘江永《论钓鱼岛的主权归属问题》、⑦吕一燃《历史资料证明：钓鱼岛列岛的主权属于中国》、⑧王春良《略论钓鱼岛列岛是中国固有领土》、⑨徐斌《徐葆光的〈中山传信录〉与钓鱼岛历史主权的考察》、⑩谢必震《从中琉历史文献看钓鱼岛的主权归属》、⑪陈硕炫《〈指南广义〉中有关钓鱼岛资料的考述》、⑫万明《从明清文献看钓鱼岛的归属》。⑬此外，还有福建师范大学海峡两岸文化发展协同创新中心署名东南风撰写的《论钓鱼岛主权属于中国》，⑭吴巍巍、方宝川《清代钓鱼岛

---

① 赖正维：《关于中琉关系历史遗迹调查与研究》，《南开日本史研究》2013年第2期。
② 赖正维、胡新、邱成海：《清代四川籍册封使周煌李鼎元调查考述》，《第十五届琉中历史关系国际学术研讨会论文集》，琉球大学国际冲绳研究所2016年。
③ 吴幅员：《从〈使琉球录〉看钓鱼屿——钓鱼屿等岛屿非琉球所属史证之一》，《东方杂志》1971年第5、6期；《从清代〈使琉球录〉看钓鱼屿——钓鱼屿等岛屿非琉球所属史证之二》，《东方杂志》1972年第5、11期。
④ 梁嘉彬：《从明清两代中国日本琉球文献看钓鱼台群岛问题及琉球问题》，《食货月刊》1971年第6期。
⑤ 杨仲揆：《琉球日本史籍上所见之钓鱼台列屿》，《文艺复兴》1971年第18期。
⑥ 米庆余：《钓鱼岛及其附属岛屿归属考——从明代陈侃〈使琉球录〉谈起》，《历史研究》2002年第3期。
⑦ 刘江永：《论钓鱼岛的主权归属问题》，《日本学刊》1996年第6期。
⑧ 吕一燃：《历史资料证明：钓鱼岛列岛的主权属于中国》，《抗日战争研究》1996年第4期。
⑨ 王春良：《略论钓鱼岛列岛是中国固有领土》，《烟台大学学报》1998年第2期。
⑩ 徐斌：《徐葆光的〈中山传信录〉与钓鱼岛历史主权的考察》，《太平洋学报》2012年第12期。
⑪ 谢必震：《从中琉历史文献看钓鱼岛的主权归属》，《太平洋学报》2013年第7期。
⑫ 陈硕炫：《〈指南广义〉中有关钓鱼岛资料的考述》，《太平洋学报》2013年第7期。
⑬ 万明：《从明清文献看钓鱼岛的归属》，《人民日报》2013年5月16日。
⑭ 东南风：《论钓鱼岛主权属于中国》，《东南学术》2013年第4期。

隶属于台湾行政管辖史实考——兼驳日本外务省的"基本见解"》。① 谢必震《近年来钓鱼岛问题研究综述》② 总结归纳了中国与日本有关钓鱼岛归属争论的主要观点及其论据。

殷昭鲁、赵飞飞《美国琉球战略演变与中日钓鱼岛问题》，③ 侯毅《"二战"后琉球问题的处置与钓鱼岛问题的产生》，④ 殷昭鲁《美日奄美群岛归还及台湾当局的因应对策研究》⑤，崔修竹《1969—1972年美日关于琉球群岛美军基地的谈判及其影响》⑥ 等则从国际关系角度进行了研究。

三、中琉关系史研究的特点及今后应该努力的方向

综观三十年来中国的中琉关系史研究，主要有以下几个方面的特点：

第一，研究起步早，基础研究厚实，并且坚持不懈、薪火相承。早在1948年，著名历史学家傅衣凌先生就开始注意中琉关系史的研究，撰写了《福州琉球通商史迹调查记》。⑦20世纪60年代，福建师范大学在刘蕙孙先生的率领下开始了对琉球墓的调查研究。进入80年代，朱振声先生曾先后六次对琉球馆进行调查研究。此后随着台湾大学版《历代宝案》的问世及中国第一历史档案馆清代中琉关系档案的相继出版，中琉关系史研究开始有了突破性发展，中国第一历史档案馆、福建师范大学、南开大学、中国海洋大学、山东大学、北京大学、北京师范大学等研究机构、大学的学者不断加入研究行列，琉球研究进入良性循环时期。

第二，档案资料丰富，且有独特的文献优势。我国有关琉球王国、中琉关系史的档案文献相当丰富，除目前中国第一历史档案馆已出版的七部清代中琉关系档案资料、《清代琉球国王表奏文书选录》以及多卷本的康熙、雍正、乾隆三朝中琉历史关系档案，北京国家图书馆相继出版了多卷本的琉球资料汇编、续编以及三编，台

---

① 吴巍巍、方宝川：《清代钓鱼岛隶属于台湾行政管辖史实考——兼驳日本外务省的"基本见解"》，《福州大学学报》2016年第1期。
② 谢必震：《近年来钓鱼岛问题研究综述》，《中国史研究动态》2015年第2期。
③ 殷昭鲁、赵飞飞：《美国琉球战略演变与中日钓鱼岛问题》，《台湾研究集刊》2016年第2期。
④ 侯毅：《"二战"后琉球问题的处置与钓鱼岛问题的产生》，《中国边疆史地研究》2015年第4期。
⑤ 殷昭鲁：《美日奄美群岛归还及台湾当局的因应对策研究》，《中国边疆史地研究》2015年第4期。
⑥ 崔修竹：《1969—1972年美日关于琉球群岛美军基地的谈判及其影响》，《世界历史》2015年第6期。
⑦ 傅衣凌：《福州琉球通商史迹调查记》，《傅衣凌治史五十年文编》，中华书局2007年版。

湾也出版有《历代宝案》《台湾文献丛刊》等。近年来复旦大学、厦门鹭江出版社也整理出版了琉球王国汉文文献资料，涉及中琉册封、朝贡、贸易、文化交往以及琉球社会政治、经济、外交乃至山川地理情况，为研究提供了深厚的史料基础。

第三，研究成果丰硕多彩，涵盖了各学科。三十年来，中国各地学者共同努力，编撰出版了多部档案文献汇编、众多学术论著，尤其是发表大量有关琉球王国史、中琉关系史的学术论文，学术成果丰硕。特别需要强调的是，相关研究学科面广，涉及历史学、考古学、社会学、人类学、文学、哲学、地理学、音乐学、舞蹈学、美术学等各个学科，各专业领域学者共同研究，融合各学科优势，研究态势宽广而深入。

第四，国内外交流频繁，国际合作优势明显。不断加强学术合作和交流，是推动琉球史及中琉关系史研究的强大动力。三十年来，中国学者与冲绳、日本本土学者之间的交流和合作已经有畅通的渠道。除上述已提到的坚持三十年、举办了十五届的中琉历史关系国际学术研讨会外，中国第一历史档案馆与冲绳县教育委员会两年一度轮流主持的学术会议亦坚持了十余年。此外，中国学者与日本国立琉球大学、冲绳县立艺术大学、冲绳国际大学、法政大学、关西大学、神奈大学等大学科研学术机构的友好合作日益加强，并取得了许多学术成果。仅以福建师范大学为例，王耀华、谢必震、徐恭生等教授参加了日本法政大学冲绳文化研究所主持的文部省研究课题，研究成果《中国福建省·琉球列岛交流史的研究》在1995年由日本第一书房出版。频繁的国际交流，开拓了中国学者的研究视野，也保障了我们的学科领先优势。

第五，研究力量不断壮大。三十年来，以中国第一历史档案馆、福建师范大学、南开大学、中国海洋大学为主的研究力量不断壮大。更为可喜的是，在一些高校，教学与研究相结合，形成本、硕、博完整的人才培养体系。以福建师范大学为例，自2004年起，福建师范大学社会历史学院就开设了"中国与琉球关系史"本科选修课，每年选修该课程的本科学生多达五十余人，并且迄今已经指导完成了几十篇有关琉球王国史及中琉关系史研究的硕士及博士毕业论文。此外，南开大学、山东大学、中国海洋大学近年来也不断有高质量的硕士论文、博士论文问世。

三十年来，尽管我们在琉球王国史及中琉关系史研究方面取得了可喜的成果，但是保持学科优势，在国际同行中保持话语权，仍然是我们面临的严峻挑战，尤其要做好：其一，秉承创新意识，不断扩展和深化学术研究的视角及领域。总体来说，目前有关琉球王国史的研究相对薄弱，关于中琉关系史研究虽然取得一些成绩，但仍要拓展新的研究角度，在许多方面，研究还是比较肤浅，对《历代宝案》《中琉关系史料汇编》等原始档案资料的解读还很不足，有待于做进一步深入研究。其二，不断推进新资料的挖掘与整理工作。新史料的挖掘与研究，不仅能开辟新的研究领域，而且能深化和纠正先前的研究。我国文化悠久，地方文献记载很多，尚有许多珍贵的相关历史资料需要研究人员不断地努力挖掘、整理和研究。其三，继续不断加强国内外学术交流与合作。三十年来的经验证明，良好的学术交流与合作，是推动中琉关系史研究的强大动力。定期召开国际学术研讨会，资料共享，共同参与研究课题与项目，将大大增进中国学者与冲绳及日本本土学者的整体研究水准，减少和避免重复研究。其四，重视培养高水准的青年研究人才，不断充实研究团队。学术研究是一个薪火相承的过程，重视年轻学者、学生的培养对于学术研究的发展至关重要。人才的培养、研究队伍的发展壮大及国际交流是我国中琉关系史研究经久不衰的重要保证。

原载《中国边疆史地研究》2017年第1期，
本文刊发时作者为福建师范大学社会历史学院教授、博士生导师；
福建师范大学社会历史学院研究生。

中国古代朝贡关系研究评述

权赫秀

人类的历史是由不同地区的不同人种、民族乃至国家的历史构成的，起源于不同文化与历史背景下，并拥有各自的不同理念与习俗之不同类型与不同性质的地区性体系或国际秩序的长期共存，才是世界历史的一个真实面貌。[1] 约从16世纪以来，随着资本主义在全球范围内的崛起和次第扩张，近现代的世界才开始逐步出现并形成一个以西方文明为主导的全球性体系，而文明程度曾经高于或至少不亚于西方世界的广大第三世界地区则逐步沉沦衰落，变为基本上可以说附属于西方中心区域的边缘区域和半边缘区域。[2] 从这个意义上说，研究已经成为历史的非西方世界的地区性体系或国际秩序，不仅具有重构一个完整和客观的世界历史之学术性意义，对于重新建立一个更加合理和完善的国际新秩序无疑也有重要的"温故知新"作用。国内外学界历来重视对古代中国朝贡关系的研究，即是因为朝贡制度（the tributary system）曾是古代中国与周边国家传统关系的主要形态，进而成为近代以前以中国为中心之整个东亚地区的一种基本国际关系形态。

一、欧美学界的相关研究

按照美国学者费正清（John King Fairbank）的说法，朝贡制度不仅是历史上中国

---

[1] 参见 Andre G. Frank and Barry K. Gills ed., *The World System: Five Hundred Years or Five Thousand?* London and New York: Routledge, 1993。

[2] 参见［英］伊曼纽尔·沃勒斯坦著、罗荣渠等译《现代世界体系》第一卷，高等教育出版社1998年版。

与周边国家关系的基础,而且还是近代中国与欧美国家关系的依据。① 欧美学界有关中国近代历史尤其是对外关系史的论著,无一不首先谈到朝贡关系的原因概在于此。早在 1910 年,英国学者马士(Hosea Ballou Morse)在其代表作《中华帝国对外关系史》第一卷中就将"中国的朝贡国一览"写入第三章"早期的对外关系",并在历述第一和第二次鸦片战争史实之后断然宣称:"现在,作为三次战争的结果,中国人认识到并且也作为他们的规律而接受了:以前中国是处于命令的地位去决定国际关系的各种条件,而现在是西方各国强把他们的意图加在中国身上的时候了。"② 如此内容显然谈不上是对朝贡关系的一种真正研究,而马士的上述记述却表明了迄今仍影响欧美学界的一种普遍认识,即:"在鸦片战争及《南京条约》签订以前,中国是没有所谓'现代的外交关系'的,因为传统中国没有用西方的国际公法处理对外关系,也没有派外交使节到别的国家去。"③ 按照上述的逻辑,朝贡关系是近代以前中国的传统对外关系形态,因而无疑是落后的和理应被西方近代的条约制度取代的。

就是这样一种明显具有所谓"东方主义"④色彩的观点却成为影响欧美学界的一个主流而绵延至今,其代表人物便是已故美国学者费正清。1941 年,费正清曾与邓嗣禹一起发表题为《清代的朝贡制度》⑤的论文,开始专门探讨有清一代朝贡制度及清与西方的关系。在 1964 年出版的成名作《中国沿海的贸易与外交:条约口岸的开放 1842—1954》中,费正清指出:"无论由中国人还是由夷狄统治这个帝国,朝贡一直是中国对外关系的方式。"⑥ 并进一步认为:"朝贡制度既像一个处理贸易、外交关系的机构在起作用,又像一种断言儒教秩序之普遍性的宗教仪式在起作用。这个制度的最成功之处在于它与中华帝国的各种制度和社会生活融为一体,同时表明了它的既稳定又脆弱。"⑦ 至于费正清的结论则可以用该书的结语标题来概括,即"条约代替朝贡制度"。费正清有关朝贡制度的上述见解,不仅成为贯穿其本人有关中国近

---

① 参见 John King Fairbank and Ssu-yu Teng(邓嗣禹),"On the Ch'ing Tributary System",*Harvard Journal of Asiatic Studies*, Vol.6, No.2, 1941。
② [英]马士著、张汇文等译:《中华帝国对外关系史》第一卷,上海书店 2000 年版,第 55—56、696 页。
③ 梁伯华:《近代中国外交的巨变——外交制度与中外关系的研究》,台湾商务印书馆 1980 年版,第 6 页。
④ 参见[美]萨义德著、王宇根译《东方学》,三联书店 1999 年版。
⑤ John King Fairbank and Ssu-yu Teng(邓嗣禹),"On the Ch'ing's Tributary System",*Harvard Journal of Asiatic Studies*, Vol.6, No.2, 1941, pp. 135-264.
⑥ John King Fairbank, *Trade and Diplomacy on the China Coast: the Opening of the Treaty Ports, 1842-1854*, Cambridge, Mass.: Harvard University Press, 1964. 此处译文转引自陶文钊编选,林海、符致兴等译《费正清集》,天津人民出版社 1991 年版,第 54 页。
⑦ [加]保罗·埃文斯著、陈同等译:《费正清看中国》,上海人民出版社 1995 年版,第 195 页。

代史研究的一个基本观点，后来又成为风靡整个欧美学界的一个主流观点。

1963年与1965年，美国亚洲研究协会与美国历史学会曾先后两次召开有关东亚传统国际秩序的研讨会，1965年9月又在麻省理工学院举办了有关这一问题的学术讨论会。费正清将后一次会议的论文汇编成集出版《中国的世界秩序：中国传统的对外关系》①一书。这部书收录了包括日本、韩国及中国台湾地区学者在内的十三位学者的论文，试图用"现代的语言评估近代初期中华帝国对外关系的理论和实践"，从而使"中国古老的朝贡制度从里到外、从理论到实践都得到详细的剖析"。费正清撰写了有关19世纪朝贡制度衰落的论文，还作为编者撰写该书序言，其中不仅简要介绍了上述十三篇论文的基本观点，对朝贡制度也做出了如下的基本评价："中国人与其周围地区，以及与一般'非中国人'的关系，都带有中国中心主义和中国优越的色彩。中国人往往认为，外交关系就是将中国国内体现于政治秩序和社会秩序的同一原则向外示范。因此，中国的外交关系也像中国社会一样，是等级制的和不平等的。久而久之，便在东亚形成一个大致相当于欧洲国际秩序的中外关系网。不过我们可以看到，'国际'甚或'邦际'这些名词对于这种关系似乎都不恰当。我们宁可称它为中国的世界秩序。以中国为中心的、等级制的中国外交关系，所包括的其他国家可以分为三大圈：第一是汉字圈，由几个最邻近而文化相同的属国组成，即朝鲜、越南，它们的一部分古时曾受中华帝国的统治；还有琉球群岛，日本在某些短暂时期内也属于此圈。第二是亚洲内陆圈，由亚洲内陆游牧或半游牧民族等属国和从属部落所构成，它们不仅在种族和文化上异于中国，而且处于中国文化区以外或边缘，它们有时甚至进逼长城。第三是外圈，一般由关山阻绝、远隔重洋的'外夷'组成，包括最后在贸易时应该进贡的国家和地区，如日本、东南亚和南亚其他国家，以及欧洲。"②

笔者目力所及，费正清编辑的这一论文集是迄今为止欧美学界专门深入研究中国古代朝贡关系的唯一代表作，也是当时国际学界（包括汉语学界）有关这一主题的唯一专门研究论著，并对此后欧美学界乃至其他国家和地区有关这一主题的研究产生了堪称决定性的重要影响。1978年，费正清主编的《剑桥中国晚清史》上卷

---

① John King Fairbank ed. *The Chinese World Order: Traditional China's Foreign Relations*, Cambridge, Mass.: Harvard University Press, 1968.

② 转引自前揭《费正清集》，第4—5页。

由哈佛大学出版社出版,基本上反映了当时欧美学界的相关研究水准,其中第一章"导言:旧秩序"部分及第五章"条约制度的形成"部分则由费正清执笔撰写,①至于有关朝贡制度的观点大体上还是一仍其旧。总之,所谓"中华世界秩序"范式遂成为此后欧美学界及整个西方学界有关古代中国朝贡制度研究的一个基本模式,其中既包括曼卡尔、赵遂生等学者对近现代时期的综合性研究,②也包括奈尔森、瓦尔科、普隆蓬、维拉普尔等学者对中朝、中泰等朝贡关系个案的具体探讨。③

问题在于,上述认识与观点实际上是费正清首倡于20世纪50年代的有关东亚世界所谓"冲击—反应说"的一个组成部分,究其根源则理应被视作"西方中心论"在学术领域的一种反映。正因为如此,费正清的上述认识与观点不能不受到包括西方学者在内之国际学界日益增多的批判与挑战,其中有关西方尤其是美国学者的最有力的批判详见柯文著《在中国发现历史——中国中心观在美国的兴起》一书。④因此,从新的角度来重新探讨古代朝贡关系问题,遂成为东、西方学界的一个日渐一致的共识。

二、日本、韩国学界的相关研究

日本学界对于古代中国朝贡关系以及与此相关的前近代东亚区域体系的探讨,可以说是由来已久。早在20世纪初,日本京都学派的创始人内藤湖南就曾明确指出:"所谓的东洋史,就是中国文化发展的历史。"⑤他还根据其"文化移动中心说"理论来解释东亚历史就是中国文化向周边国家扩张,以及这些国家对中国的文化扩张做出反应的历史。他借用同心圆结构来解释这个历史过程,主张中国作为圆心不断向周边地区扩张,并在不同程度上将周边国家纳入中国的政治轨道。第二次世界大战

---

① 参见[美]费正清编、中国社会科学院历史研究所编译室译《剑桥中国晚清史1800—1911年》上卷,中国社会科学出版社1993年版,第1—38、233—291页。
② 参见 Mark Mancall, *China at the Center: 300 Years of Foreign Policy*, Free Press 1984; Zhao Sui-sheng(赵遂生), *Power Competition in East Asia: From the Old Chinese World Order to Post-Cold War Regional Multipopality*, St. Martin's Press, 1997。
③ 见 M. Frederick Nelson, *Korea and the Old Orders in Eastern Asia*, Louisian State University Press, 1946; Hugh D. Walker, "The Yi-Ming Rapprochement: Sino-Korean Foreign Relations, 1392–1592", Ph. D. Dissertation, University of California, 1971; Suebasaeng Promboon, "Sino-Siamese Tributary Relations, 1282–1853", Ph. D. Dissertation, University of Wisconsin, 1983; Sarasin Viraohol, *Tribute and Profit: Sino-Siamese Trade*, 1652–1853, Harvard University Press, 1977。
④ 详见[美]柯文著、林同奇译《在中国发现历史——中国中心观在美国的兴起》,中华书局1989年版。
⑤ 《中国上古史》,《内藤湖南全集》卷14。转引自严绍璗《日本中国学史》,江西人民出版社1991年版,第396页。

之后，西嶋定生在内藤湖南观点的基础上进一步提出"册封体制论"，主张古代东亚的国际秩序是以册封体制为媒介而形成，汉文化、儒教、律令制和佛教则是其四个标志。他认为，册封体制在意识形态上是传统的"中国中心论"的反映，在制度上是中国国内身份制度的外延。① 此后，藤间生大、鬼头清明、菊池英夫等人在批判西嶋定生以中国为中心的册封体制论的同时，进一步提出了"东亚世界论"，其共同点就在于不仅重视册封等官方的政治关系，同时也强调贸易等非官方的经济文化关系。

1974 年，信夫清三郎等日本外交史研究会所属学者联合编写《日本外交史》（上、下两册），② 对 1853 年"开港"至 1972 年中日恢复邦交凡一百二十年的日本外交史进行了全面的综合整理。其中由中山治一撰写的该书序论部分，提出朝贡关系体制应称作"华夷秩序"，并就其具体内涵做如下表述："这种东亚所特有的国际秩序，其总的关系就是以'中华帝国'为中心，周围夷狄各国接受册封（授予外交文书，承认其地位），后者向前者朝贡，前者羁縻（牵制）后者。这种关系，在渊源上是汉帝国内部皇帝与诸侯的上下关系，在汉皇帝同夷狄君主之间关系上的投影，而且来自结合儒教王道思想而设想出来的独特的国际秩序观念。因此，它虽然是若干国家的联合体制，但其中各国相互之间并不发生直接关系，而是完全由对'中华帝国'的直接关系规定的一元化上下秩序构成的。"③ 尽管该书将日本德川幕府以来所谓"大君外交体制"同朝贡关系以及欧美近代国际关系相提并论的观点并不具有充分说服力，然而关于 18—19 世纪之际欧美各国要求亚洲各国"开国"时亚洲已经存在有别于欧美之特殊国际秩序的主张，却成为影响此后日本乃至东亚各国学界的一个基本观点，"华夷秩序"的概念也广为研究者所接受和利用。20 世纪 90 年代，日本东京大学教授滨下武志等学者开始提出"亚洲经济圈"理论，从亚洲近代史尤其是中国近代经济史的角度对上述"西方中心论"提出强有力的挑战，并在日本学术界激起广泛的关注与一系列争论。滨下武志于 1990 年出版的《近代中国的国际契机：朝贡贸易体系与近代亚洲》④ 一书可以说是这一理论的代表作。

---

① ［日］西嶋定生：《中国古代国家和东亚社会》，东京大学出版会 1983 年版；《日本历史的国际环境》，东京大学出版会 1985 年版。
② ［日］信夫清三郎等编：《日本外交史》（上、下册），东京每日新闻社 1974 年版。商务印书馆 1980 年版中译本。
③ ［日］信夫清三郎等编：《日本外交史》上册，中译本，第 12—13 页。
④ ［日］滨下武志：《近代中国的国际契机：朝贡贸易ツステムと近代アジア》，东京大学出版会 1990 年版。按：该书中译本已于 1999 年由中国社会科学出版社出版，国内学界有关该书之评价，参见朱荫贵《朝贡贸易体系与亚洲经济圈——评滨下武志教授的〈近代中国的国际契机〉》，《历史研究》1999 年第 2 期。

滨下武志在该书中指出，过去对亚洲史的研究通常都是将亚洲与近代欧洲的接触视作亚洲近代的开始，于是欧洲成为主动的角色，而亚洲则成为被动的角色。唯有将关注从欧洲转向亚洲，从亚洲出发进行思考，才能真正作为一个有机的整体来把握亚洲，并寻求亚洲历史内在的连结纽带和亚洲发展的内在原动力。他认为，以中国为核心的与亚洲全境密切联系的朝贡关系，以及在此基础上形成的朝贡贸易关系，是亚洲而且只有亚洲才具有的唯一的历史体系。就其政治方面而言，朝贡关系是中国统治者将中央与地方的统治关系扩大到周围和四边，按中央——各省——藩部（土司、土官）——朝贡诸国——互市诸国的顺序排列，并依其邻接的中心——周边关系之同心圆方式交错产生出一种体系，而该体系至16—17世纪逐渐成熟。

应该指出，滨下武志有关朝贡关系的所谓同心圆结构之描述（包括其图式），无疑与前述费正清有关朝贡关系三大圈之概括有着明显的继承关系，甚至所谓"同心圆"之概念也早见之于费正清在1978年版《剑桥中国晚清史》上卷所撰写的导言部分。① 同时，主要作为中国近代经济史专家的滨下武志在该书中的关心点仍集中于所谓"亚洲经济圈"，因而他对朝贡关系的关注应该说有别于费正清将其作为近代以前中国传统对外关系形态之专门关注。1993年11月，滨下武志等学者在日本国际交流基金的机关杂志《国际交流》季刊第62号《所谓东亚地域世界》特辑上发表十二篇论文，还包括一份对谈记录。1999年5月，滨下武志将上述内容结集为《东亚世界的地区网络》，② 由日本国际文化交流推进协会作为国际交流丛书之三出版。该书计236页，所收录的十二篇论文分为三个部分，第一部分主要是关于地区变动论、东亚地区秩序、东亚与周边地区关系的探讨；第二部分主要是对东亚与东南亚相互关系的探讨；第三部分是对欧洲、美洲、日本与东亚关系的探讨。该书还收录了滨下武志与世界体系论的首倡者美国学者沃勒斯坦（Wallerstein）③ 的对谈记录，表明该书之趣旨已不仅限于侧重经济内容的"亚洲经济圈"问题。滨下武志在该书"后记"中明确提出希望该书所探讨之"各种历史的地区间关系模式"能够对思考当今现实

---

① 参见［美］费正清编、中国社会科学院历史研究所编译室译《剑桥中国晚清史1800—1911年》上卷，第35页。该段原文先是简述清朝统治者通过不同方式将"个人—封建关系的结构"逐步扩大到外藩、周边邻国乃至远方的国家，并称"这就完成了同心圆式的分成等级的世界体制"。
② ［日］滨下武志编：《东アジア世界の地域ネット——ク》，东京山川出版社1999年版。
③ 国内学界关于沃勒斯坦及其世界体系论之介绍，参见王正毅《世界体系论与中国》，商务印书馆2000年版。

乃至"有关20世纪亚洲地区网络形成之思考"有所贡献。①

1997年,滨下武志将自己于1989—1994年间有关朝贡关系的八篇论文结集出版,即《朝贡体制与近代亚洲》②一书。该书内容分为"华夷秩序的展开与中华观""朝贡体制的生成及其结构""欧洲与亚洲"三个部分。第一部分探讨作为东亚国际秩序之"华夷秩序"的内涵与外延,并论及中国与东南亚之历史关系;第二部分从移民、银贸易及海洋圈等经济史角度来探讨朝贡体制之生成及其内在结构;第三部分则以日本、朝鲜、中国近代史为切入点来具体分析朝贡体制之近代转变过程。滨下武志于该书"后记"中如下自述:"本稿所欲探讨者,就是作为历史地形成于东亚至东南亚的广域地区秩序之朝贡体制,与亚洲的近代化有着怎样的关系。迄今为止,亚洲的近代化问题主要是在国际形成与近代化政策的框架下得到思考。因此,对于朝贡体制所体现之地区秩序及地区活力之历史连续性的认识,则难免退居其后,有关亚洲之近代源自欧洲之冲击并因其冲击而导致近代化之认识,甚至成为主流。然而,目前的这种观点不过是由欧洲来看亚洲的产物,理应得到反思。"③可知该书的主要关心点仍在于亚洲地区体系及其近代化,而且不仅探讨朝贡体系的政治结构,同时还深入分析朝贡体系的经济意义,即朝贡体系促发和推动亚洲各国各地区之间的交易活动,从而产生连接亚洲各地的交易网络、交易中心、汇兑渠道和金融中心等,形成了朝贡贸易关系的交易网络。该书可以称得上是滨下武志近期研究中有关朝贡关系问题探讨最为深入与专门的论著,其中有关朝贡体制的观点则见于该书"前言"中的如下概括:"朝贡体制由汉至清而存续,并呈现出向心与离心的历史周期,尤其在14至20世纪初期之东亚,以明朝与清朝为中心之朝贡关系形成于周边各地区诸国之间。所谓朝贡关系,并不仅仅局限于朝贡与册封两者之间的关系,而是体现为包括各成员之间相互对等关系在内之整体的一个松散而又统一的统治关系。这个统一体能够形成拥有其内部独自原动力的历史的地区秩序(体制),从而形成广域地区秩序和广域统治。"④

专治中国古代史的日本学者堀敏一则在批判地继承西嶋定生"册封体制论"、松本新八郎"世界帝国论"以及藤间生大等学者观点的基础上,提出新的东亚世界

---

① [日]滨下武志编:《東アジア世界の地域ネット——ク》,第235—236页。
② [日]滨下武志:《朝貢システムと近代アジア》,东京岩波书店1997年版。
③ [日]滨下武志:《朝貢システムと近代アジア》,第229页。
④ [日]滨下武志:《朝貢システムと近代アジア》,前言第2页。

论,成为日本学界关于东亚世界体系的又一重要观点。他在1993年出版的《中国与古代东亚细亚:中华的世界与各民族》①一书,就是对唐代以前东亚朝贡关系体制的研究著作。全书计281页,依次由中国民族意识及国土意识的形成、中华思想与天下观念、中国之异民族统治的原型——秦汉、被送往异域的人们、中国内部的异民族国家——魏晋南北朝、对东方各国之中华的世界(1)——四世纪以前、对东方各国之中华的世界(2)——五六世纪、中华的世界帝国——隋唐(1)兴隆期、中华的世界帝国——隋唐(2)变貌期、往来中国的人们等十个部分组成。不难看出,该书所谓"中华的世界",即援用费正清等提出的"Chinese World Order"概念,并从中国古代以及与之相关的东亚各国、各民族历史的角度予以具体论证,从而对古代中国及东亚地区朝贡关系体制之形成和发展过程进行了相当全面细致的论证与记述。根据该书的主张,古代东亚世界是一个以中国为中心并以松散的结合为媒介的世界帝国,至于中国王朝与周边国家的关系则是一种多元的状况,既包括隶属性的册封(如对朝鲜),同时还有对等的盟约(如吐蕃)、单纯的朝贡(如日本),甚至还有羁縻关系。尽管该书在国际关系体制等宏观与理论方面远不如滨下武志前述研究之自成体系并影响广泛,而在有关东亚地区古代朝贡关系体制形成与发展史实的论证和整理方面,却不无"历史性考察"方法所特有之"实事求是"优势。

韩国学界对朝贡关系尤其是中韩关系史上朝贡关系问题的研究,也有相当丰富的成就。在费正清编的《中国的世界秩序》中就有当时国立汉城大学史学科教授全海宗撰写的《清代韩中朝贡关系考》一文。②而后,全海宗在《韩中关系史研究》及韩国史研究会编《古代韩中关系史之研究》③等相关论著中集中分析朝贡制度,并通过对汉代和清代中韩朝贡关系的个案研究指出,朝贡制度无论在政治上、经济上还是在文化上、理念上都构成了中韩关系的重要基础。西江大学教授金翰奎则通过《中国的世界秩序研究》④和《韩中关系史》⑤等论著,系统分析汉代时期中国的世界秩

---

① [日]堀敏一:《中国と古代东アジア——中华の世界と诸民族》,东京岩波书店1993年版。
② Hae-Jong Chun, "Sino-Korean tributary relations in the Ch'ing period", in John King Fairbank ed., *The Chinese World Order: Traditional China's Foreign Relations*, Harvard University Press, 1968, pp. 90-111. 按:该文已收入[韩]全海宗《韩中关系史研究》,汉城一潮阁1970年初版,第59—112页;后又收入全海宗著、全善姬译《中韩关系史论集》,中国社会科学出版社1997年版,第181—242页。另《费正清集》第21页作"金海宗",系"全海宗"之误。
③ [韩]韩国史研究会编:《古代韩中关系史之研究》,汉城三知院1987年版。
④ [韩]金翰奎:《中国的世界秩序研究》,汉城一潮阁1976年版。
⑤ [韩]金翰奎:《韩中关系史》(1、2),汉城图书出版阿勒咯1999年版。

序的理念及其制度，并指出所谓"四方""四海""九州""天下"等都是中国的世界秩序的空间范畴，而封贡体制与边郡体制构成中国的世界秩序的制度规范，至于和亲关系和内属关系等则是中外关系的若干类型。

高丽大学李春植教授在1997年出版的《事大主义》一书中，根据众多夷狄民族也曾统治中原大陆的历史事实指出："以朝贡和事大为媒介之差等国际秩序的形成，并不仅仅是以中国为主的国际秩序，而宗主国的位置也并不只是中国的专有物。因此，在研究曾经作为过去东亚国际秩序之朝贡与事大之际，要从包括中国以及包括周边民族之东亚细亚的立场与视角来进行分析和研究。"①作为中国古代史研究者，李春植在该书中集中分析了先周时期朝贡的起源及其实体与性质，并试图阐明西周时期与春秋战国时期朝贡的变迁及其性质。他认为，在弱小国家与大国之间通过朝贡而建立的事大关系，不仅是一种政治与军事上服属的象征，同时也是由于弱小国家方面强有力的实力对抗，以及大国方面在政治与军事上无法彻底消除这种抵抗的局限性。②也是在1997年，国立汉城大学金容九教授在其《世界观冲突的国际政治学：东洋之礼与西洋公法》一书中指出，古代东方以"天下"为名的世界秩序就是基于事大字小之"大礼"名分的制度化亦即朝贡制度，较之西方以所谓"公法"为基础的近代国际秩序，实际上是起源于完全不同的两种世界观。③

1998年，李春植通过其新著《中华思想》④一书分析了中国在历史上能够成为东亚唯一的政治、经济乃至文化大国的思想背景。釜山外国语大学权善弘等学者则在1999年出版的论文集《传统时代中国的对外关系》⑤一书中，分别探讨了古代中国与朝鲜、越南、泰国、缅甸及突厥的朝贡关系。在上述研究中，李春植关于还应从中国周边各国的角度来研究朝贡关系的主张，应该说是有关古代朝贡关系研究的一个颇有价值的新思路；而金容九有关东、西方不同世界观或"天下观"导致不同国际政治秩序的观点，也颇有启迪意义。另外值得一提的是，金翰奎教授提出应将朝贡关系称为"册封—朝贡关系（简称封贡关系）"，以全面表达该关系之双边与双向内涵。

---

① ［韩］李春植：《事大主义》，汉城高丽大学校出版部1997年版，前言第1页。
② 参见［韩］李春植《事大主义》，第336—337页。
③ 参见［韩］金容九《世界观冲突的国际政治学：东洋之礼与西洋公法》，汉城罗南出版1997年版。
④ ［韩］李春植：《中华思想》，汉城教保文库1998年版。
⑤ ［韩］权善弘等：《传统时代中国的对外关系》，釜山外国语大学出版部1999年版。

三、中国学界的相关研究

众所周知,在近代以前的历史时期,中国长期以来就是东亚世界的地理与政治、经济、军事乃至文化的中心,实际上也是作为东亚区域性国际秩序以及古代时期一个重要的世界体系之朝贡关系的中心。然而包括台湾、香港在内的中国学界对朝贡关系的研究较之国际学界的上述丰富研究成果则不能不说是相形见绌。

早在20世纪初,傅斯年就曾借鉴欧洲学者对古代罗马帝国的研究提出古代中国"由部落进为王国后来又进为帝国"的所谓"中华帝国"论,并曾试图阐明古代东亚文明的中心与周边问题。[1] 然而,傅氏的这一研究惜未能进一步展开,实际上也没有对中国学界此后该问题的研究产生更大的影响。到20世纪后半叶,旅美学者杨联陞曾从历史的角度探讨"中国的世界秩序"问题,[2] 张存武、[3] 高明士、[4] 张启雄[5]等台湾学者则从中韩、中琉朝贡关系的不同角度分别涉及过这一问题。

香港学者黄枝连教授的天朝礼治体系研究三卷本著作,[6] 可以说是迄今为止中国学界有关古代朝贡关系最有影响的系统性理论研究成果,约达一百四十万字的著作自1992年以来已经陆续在国内出版。作者指出,由小农经济发展而来的礼治主义体系是"汉族文明"及由此组成的中华传统的主要精神与内容。这样一种"礼治主义文明对外的作用,即在于推动民族之间、区域之间、国家之间、人与大自然之间等层面的秩序的建立。根据'礼治主义'来探索并建立国际社会和自然世界以及宇宙等层面的秩序;而这一'秩序'的维持和发展,交由中国的封建王朝(自称并被称为'天朝'者)来推进,即是'天朝礼治体系'"。所谓"天朝礼治体系"是黄枝

---

[1] 参见傅斯年《夷夏东西说》,《"中研院"历史语言研究所集刊》外编第一种,1933年。
[2] 杨联陞:《从历史看中国的世界秩序》,收入杨联陞《国史探微》,联经出版事业公司1993年版。按:杨氏该文原为1965年提交费正清所主持的"中华世界秩序研讨会"的论文,此前曾由邢义田翻译并发表于台湾《食货》月刊复刊2卷2期,1972年。
[3] 张存武:《清韩宗藩贸易:1637—1894》,"中研院"近代史研究所1978年版。
[4] 高明士:《从天下秩序看古代的中韩关系》,台湾韩国研究学会编:《中韩关系史论文集》,1983年。
[5] 张启雄:《"中华世界帝国"与中琉宗藩体制的秩序原理性展开:中华世界秩序原理的考察》,《第四回琉中历史关系国际学术会议琉中历史关系论文集》,1993年。
[6] 黄枝连所著三卷本即:《天朝礼治体系研究》(上卷),《亚洲的华夏秩序——中国与亚洲国家关系形态论》,中国人民大学出版社1992年版;《天朝礼治体系研究》(中卷),《东亚的礼义世界——中国封建王朝与朝鲜半岛关系形态论》,中国人民大学出版社1994年版;《天朝礼治体系研究》(下卷),《朝鲜的儒化情境构造——朝鲜王朝与满清王朝的关系形态论》,中国人民大学出版社1995年版。

连经过多年研究而形成的有关国际关系形态的一种新概念,其具体内涵则见于著者的如下概括:"在十九世纪以前,即西方文化、西方国家、西方殖民帝国主义兴起之前,这里有一个突出的区域秩序,是以中国封建王朝(所谓'天朝')为中心而以礼仪、礼义、礼治及礼治主义为其运作形式;对中国和它的周边国家(地区)之间、周边国家之间的双边和多边关系,起着维系与稳定的作用,故称之为'天朝礼治体系'。"①于是,"天朝礼治体系"遂成为能够涵盖"中国同朝鲜、安南、日本、琉球、暹罗以及更广泛的亚太区域的关系"乃至"陆上丝路和海上丝路"的一个国际关系形态及其概念。作为论证该理论之个案与史实基础,黄枝连集中探讨了古代中朝关系,自隋唐而至明清各朝,实际上囊括了近代以前几乎全部的中朝关系史。如果说费正清等人的朝贡关系研究主要代表着西方世界本位的视角及其观点,滨下武志等人的朝贡关系研究更多地代表着"日本本位"(所谓从亚洲进行思考实际上首先是从日本进行思考)的视角及其观点的话,黄枝连的研究则主要代表着"中国本位"的视角及其观点。黄枝连为探明"礼治主义"的文化内涵而穷三年之工来反复研读《朱子语类》,其著作中不顾"拿来主义"之嫌而大量征引相关史料文献,乃至著者于该项研究基础上积极参与探索亚太地区新秩序之"学问外"社会活动等,即足以表明著者之中国视角及其宏观趣旨。应该说,黄枝连的上述研究在史实论证方面显然不若其国际关系理论方面之功力,却仍不失为中国学界有关古代朝贡关系研究中最具理论意义与广泛影响的研究成果,至其"天朝礼治体系"概念亦日渐得到国内学界的接受,成为频见于各种相关研究论著之中的一个"关键词"。

另外,北京大学叶自成教授等曾从地缘政治的角度分析古代中国与周边国家及地区的关系。②北京大学何芳川教授则通过考察古代华夷秩序从酝酿、形成、充实到衰亡的两千多年历程,指出华夷秩序是"自汉代直至晚清在古代世界大大小小国际关系格局中发展得最为完整"的"以中华帝国为核心的古代类型的国际关系体系",而和平、友好、积极则是这一"在古代世界的社会条件下产生的一个有理念、有原则和有着自身一套比较完备体制的国家关系体系"的主流。③王正毅还曾援用沃勒斯

---

① 黄枝连:《天朝礼治体系研究》(上卷),《亚洲的华夏秩序——中国与亚洲国家关系形态论》,前言第2页。
② 叶自成主编:《地缘政治与中国外交》,北京出版社1998年版。
③ 何芳川:《"华夷秩序"论》,《北京大学学报》1998年第6期。

坦的"世界体系论"分析古代中国与东亚世界的朝贡体系。①陈尚胜、②高伟浓③等学者也曾运用华夷秩序的概念与框架分析过明清时期中国与周边国家关系的个案。

中国学界的相关研究在系统性方面尤其是创造性的理论构架方面显然有所不足，而在朝贡关系的概念问题上却已有相当深入的讨论。早在1986年，大陆学者陈伟芳教授就曾分析朝贡关系的概念问题，并指出学界常用的"宗藩关系"或"藩属关系"概念极容易与近代西方的宗主国与殖民地关系概念相混淆。④20世纪初傅斯年所发明的"中华帝国"概念以及20世纪末香港学者黄枝连所发明的"天朝礼治体系"概念等，都是中国学界在这一问题上的独创性贡献。2002年，大陆学者陈文寿在《近世初期日本与华夷秩序研究》一书的附录中指出，鉴于古代时期向中国"朝贡"的国家未必都是接受中国的册封而成为中国的藩属国，因此欧美学界常用的"Tributary System（朝贡制度）"一词并不是形容正式册封关系的准确用词，似宜代之以"Investiture System（册封制度）"一词。⑤姑且不论这一"新名词"能否为欧美学界所接受，通过这种方式而积极与欧美学界平等对话的姿态与努力仍应说是可嘉的。

四、代结语：若干思考与建议

毋庸讳言，拙稿首先在语种上未能涉及除英语以外的其他语种（如俄语、德语、法语等），在研究成果方面也主要是关注一些代表性专著而基本上未能顾及国内外学界的重要研究论文，因此只能说是一个极其初步的考察结果。即便如此，仍不难发现国内外学界有关中国及东亚世界朝贡关系的研究尽管已经积累了相当多的成果，实际上仍没有达到能够与其实际的历史地位和作用相符合的程度。国内外学界有关朝贡关系的概念，从朝贡关系（或制度）、朝贡册封关系到宗藩关系、藩属关系、属国关系、事大（字小）关系以及华夷关系（或制度、秩序）乃至中华（中国的）世界秩序、天朝礼治体系等等，五花八门，不一而足，就是反映这一研究尚处于"初

---

① 王正毅：《世界体系论与中国》，商务印书馆2000年版。
② 陈尚胜：《闭关与开放：中国封建晚期对外关系研究》，山东人民出版社1993年版。
③ 高伟浓：《走向近世的中国与"朝贡"国关系》，广东高等教育出版社1993年版。
④ 参见陈伟芳《甲午战前朝鲜的国际矛盾与清政府的失策》，山东省历史学会编：《甲午战争九十周年纪念论文集》，齐鲁书社1986年版，第31页。
⑤ 参见陈文寿《近世初期日本与华夷秩序研究》，第490页注①。

级阶段"的一个例证。在冷战终结之后，国际社会正在致力于建设一个更加合理、健康的国际新秩序以及中国的"和平崛起"努力导致中国和世界重新关注中国与周边国家乃至世界的历史与现实关系的今天，有关古代朝贡关系的研究无疑有待于进一步加强和深入发展。

有鉴于此，笔者愿意根据上述考察的结果及相关思考提出如下三点建议，以就教于斯界大方。

首先，尽管国内外学界关于朝贡关系的起源迄今仍无一个明确的结论，而朝贡关系至少拥有两千多年历史却是一个不争的事实。中国的二十四史有关古代朝贡关系的内容多见于四夷列传或外国列传部分，至民国初期的《清史稿》中才首次出现属国列传（卷526—529，列传313—316），就说明中国本身对古代朝贡关系的认识与定位也有一个历史的演变过程。因此，应深入开展对这一历史性制度的事实研究，即要深入分析这一历史性制度的起源、发展乃至最终衰亡的全部过程，尤其应深入探讨其在不同历史时期的演变过程和特点。毫无疑问，这样一种深入细致的历史考察，理应先行或至少不应滞后于对朝贡关系的宏观理论探讨与概括性研究。在这一方面，香港学者黄枝连通过对朝贡关系历史性个案的深入研究提出"天朝礼治体系"说的研究方法与思路，应该说颇有启发意义。

其次，既然朝贡关系本身是已经成为历史陈迹的前近代性制度与现象，则有关的研究自然也要从解读和阐释朝贡关系在两千多年发展历程中所产生的相关制度性经典文献入手而展开。就中国方面而言，如果说一部二十四史中有关"四夷""属国"以及"外国"的列传等内容提供了朝贡关系发展的具体历史资料的话，《通志》《通典》《文献通考》等古典以及明清时期《礼部则例》等制度文献则可以说是展示了有关朝贡制度的具体理论与规范乃至惯例。唯有通过对这些制度性文献深入挖掘和分析朝贡制度本身的内在逻辑，才能真正深入理解与阐释古代朝贡制度。美国学者何伟亚通过深入研究《大清通礼》有关宾礼的内容而对马嘎尔尼使华史实做出一个全新的后现代主义阐释，就是一个值得借鉴的范例。[1]

最后，鉴于朝贡关系作为一种国际关系体制或地区性国际秩序，涉及中国及其

---

[1] 详见［美］何伟亚著、邓常春译《怀柔远人：马嘎尔尼使华的中英礼仪冲突》，社会科学文献出版社2002年版。有关该书的评价则参见罗志田教授为该中译本撰写的译序（第1—31页，原文见《历史研究》1999年第1期所载《后现代主义与中国研究：〈怀柔远人〉的史学启示》）。

周边各国家和地区乃至历史上与中国有关的世界各国，有关朝贡关系的研究不仅要关注作为朝贡关系之中心国家和地区的中国，同时还要充分关注曾经作为这一体制与秩序内成员的中国周边国家乃至其他相关国家和地区。唯有坚持这样一种双向乃至全面的跨国和跨地区视角，才能真正揭示朝贡关系作为一种地区性国际秩序的历史真相，并从中获得有益的历史教训。

原载《中国边疆史地研究》2005年第3期，
本文刊发时作者为东北师范大学历史文化学院教授、博士。

后 记

　　《中国古代藩属与朝贡研究》辑录了《中国边疆史地研究》已经刊发的 28 篇论文，选择的标准有二：一是主题为"中国古代藩属与朝贡"；二是有一定的引用率和下载量。文稿的编辑尽量保持刊出时的原样，只是对个别表述方式和明显的错误做些订正，同时为了格式统一删节了内容提要、关键词和作者简介。感谢文稿作者多年来对《中国边疆史地研究》的大力支持和对中国边疆研究学科发展做出的贡献！

　　文集的编辑得到了中国边疆研究所所长邢广程研究员、党委书记刘晖春研究员及国家社会科学基金办公室相关领导的大力支持，在此由衷表示感谢！

　　文集的出版得到了华夏出版社的大力支持，责任编辑杜晓宇、董秀娟、王敏、吕方等为文集的出版付出了辛苦劳动，在此深表感谢！

编者　李大龙　刘清涛
2022 年 8 月 30 日